CONFISSÕES de um SACERDOTE

EDITORA EME

Edição e distribuição

EDITORA EME

Caixa Postal 1820 - CEP 13360-000 - Capivari-SP

Telefones: (19) 3491-7000 | 3491-5449

Vivo (19) 99983-2575 | Claro (19) 99317-2800 | Tim (19) 98335-4094

vendas@editoraeme.com.br - www.editoraeme.com.br

Dineu De Paula
Espírito Padre José Maria

CONFISSÕES de um SACERDOTE

ROMANCE MEDIÚNICO

Capivari-SP
- 2016 -

A Editora EME mantém o Centro Espírita "Mensagem de Esperança" e patrocina, junto com outras empresas, a Central de Educação e Atendimento da Criança (Casa da Criança), em Capivari-SP.

1ª edição - outubro/2016 - 5.000 exemplares

CAPA | André Stenico
PROJETO GRÁFICO E DIAGRAMAÇÃO | Marco Melo
REVISÃO | Rubens Toledo

Ficha catalográfica

Maria, Padre José, (Espírito)
Confissões de um sacerdote / pelo espírito Padre José Maria: [psicografado por] Dineu de Paula - 1ª ed. out. 2016 - Capivari, SP | Editora EME.
528 p.

ISBN 978-85-66805-89-5

1. Romance mediúnico 2. França, século 18. 3. Reencarnação missionária
4. Lei de ação e reação
I. TÍTULO.

CDD 133.9

Sumário

Para Ilda Garcia, com gratidão, por seu
inestimável auxílio na elaboração deste livro
e por ter partilhado todas as emoções
e dores que ela ensejou.

Prefácio

Após a morte do corpo físico, padre José Maria deu-se conta de que a vida continuava de forma semelhante à vida carnal. Também compreendeu as razões pelas quais era tão profundamente ligado a uma família de paroquianos que tinha em seu seio uma garota de coração puro e conduta irrepreensível, a qual lhe tocava o coração de forma tão especial.

Ana Maria, espírito elevado, tinha a missão de zelar pelos demais membros da família. Esta tinha um pai esforçado e uma mãe com curta passagem pela vida terrestre, cuja tarefa fora trazer os filhos ao mundo e deixá-los aos cuidados da filha mais velha, Ana Maria.

Então, o padre José Maria decidiu acompanhá-los durante aquela existência, procurando, por meio da intuição, auxiliá-los sempre que provas mais difíceis se apresentavam. Viu com resignação muitas vezes sucumbirem a antigos vícios e com alívio superarem outros tantos.

Sentia-se grato ao Céu pela oportunidade de presenciar na intimidade a forma amorosa com que Ana Maria cumpria a missão de orientar, apoiar e consolar os irmãos naquela passagem pela vida corporal. Também por saber que esse espírito abnegado acompanharia os membros daquela família em encarnações futuras, a fim de auxiliá-los, sem interferir no livre-arbítrio, até que conseguissem superar suas maiores fraquezas e vícios.

Ana Maria ainda hoje segue incansável na missão de acompanhar, orientar, consolar e motivar aqueles espíritos, com o coração em festa pelos que superaram seus problemas e perseverante na tarefa de intuir os demais até atingirem o patamar esperado.

Este romance é a história de Ana Maria e sua família.

Espírito Irmão Justus, pela médium Ilda Garcia Kolling.

Prólogo

Este relato é sobre Ana Maria, nascida em Lyon[1], França, em meados do século 18. Trata de sua vida e das de várias almas cujos destinos se entrelaçaram ao dela. Foi um período crítico, a envolver guerras e paixões, no qual a determinação e a bondade foram colocadas à prova em grande intensidade.

Ainda hoje, vejo com piedade muitas dessas almas a se debaterem no mundo. Lutam como podem para se libertar de certas emoções e tendências que permitiram se acrisolassem nesse período.

Poderia ter sido um momento de transcendência para o grupo como um todo. Momento de perdão, tolerância, devoção ao bem e ao próximo de forma desinteressada. Infelizmente, para muitos não foi assim. Todos sofreram, em alguma medida, mas poucos sofreram bem. A maioria, contudo, e isso eu lamento profundamente, permitiu que velhas tendências do passado, dos tempos do primitivismo mesmo, eclodissem com força, desarvorassem e adoecessem seus psiquismos.

Ah, a guerra e suas lamentáveis consequências! Sem dúvida, permite alguns avanços e importantes acertos, para quem consegue viver com dignidade

1 Lyon, ou Lião (em português), é a cidade de nascimento de Allan Kardec, codificador do espiritismo. Respeitando a forma mais conhecida e o desejo do espírito autor, manteremos a forma Lyon. Nota do Revisor

momentos de dor atroz. Mas, para a imensa maioria dos envolvidos no relato, a redenção não se deu.

A experiência por certo não foi vã. Ela serviu de combustível do progresso, na medida em que a dor fez crescer e refinar a sensibilidade. O que então viveram e tiveram de viver na sequência despertou em vários os dons psíquicos. Outros tomaram horror da violência física.

Enfim, embora mais atroz do que o necessário, a evolução se fez. Hoje já vejo neles o prenúncio da redenção. Apesar de algumas dificuldades, vivem o ideal do bem.

Desde pequena, Ana Maria sentia uma grande apreensão quanto à guerra. Sempre que se via na iminência de uma rebelião, uma briga de bairros mesmo, ou uma dificuldade diplomática qualquer, a menina sofria. Preocupações muito estranhas em uma menina de tenra idade. Ela me tomava por partícipe de suas angústias infantojuvenis.

No começo, eu sorria despreocupado, dizendo-a um tanto exagerada. Sempre de forma carinhosa, tomava suas preocupações juvenis por pequenos delírios. Por vezes, pensava que ela queria chamar a atenção. Recomendava que cuidasse de seus estudos e de suas bonecas. Mas com o tempo percebi a gravidade de suas preocupações.

Então, lançava mão comigo do único recurso capaz de acalmar seu coração: longas orações aos pés do altar, com os olhos voltados para o Crucificado. Eu percebia que realmente ela sofria com a iminência de uma guerra que na verdade nada parecia anunciar. Mas, em seu coração, parecia intuir que sua vida seria determinada ao influxo de um conflito bélico.

Ignorava, contudo, o quanto isso seria pujante, como tudo seria impactante. Não podia saber, ainda, o impacto que uma batalha distante teria em vidas preciosas para ela. Isso em um sentido muito mais amplo do que o de corpos que são destruídos ou enfermam. Tratava-se de uma grave programação de reajuste a ser colocada em prática.

Ah, em seu coração, ela sentia e temia pelo malogro do grave projeto! Estranhamente, não pensava na morte. Não temia morrer ou mesmo que outros simplesmente morressem. O que não conseguia precisar, nem para si mesma, era o temor da crueldade que degrada o cruel, da dor que desespera e tira a dignidade de quem não consegue ter força bastante para enfrentá-la. Temia a indiferença que enregela o coração. Temia, enfim, sem o saber, a derrocada moral de seus amores.

A infância deve ser um período de deleite e repouso para o espírito. As obrigações infantis, cingidas ao estudo e ao desempenho de pequenas atividades domésticas, nada têm de inquietante. Deve ser assim para que o espírito possa tomar contato gradualmente com a matéria, suas aflições e limitações.

Por entre lições, folguedos, cuidados e carinhos, em situação ideal a alma se assenhoreia de seu novo instrumento. A princípio, ela pertence mais ao plano espiritual do que ao material. Gradualmente, a polaridade se inverte, ela vai perdendo algumas sensibilidades e deixa de ter variadas percepções, mergulhando, por assim dizer, de modo definitivo na carne.

Muitas desencarnações em tenra idade decorrem de dificuldade de adaptação. Dores muito pronunciadas, abandono afetivo, inseguranças engendradas por situações penosas causam indesejável e profundo impacto nos pequeninos. Assim, sua frágil ligação com seus corpos tende a se romper. Por isso, nunca será demais bem cuidar da infância, poupá-la de dores e estremecimentos morais desnecessários.

Tal não significa mimar os petizes, insuflar neles egoísmo e vaidade. Precisam ser educados e orientados na vida, por certo, mas com amorosa firmeza. Não há razão para produzir choques desnecessários em sensibilidades delicadas.

Fora casos de todo excepcionais, o retorno à carne constitui operação melindrosa, envolta em apreensões e dúvidas. Muito se coloca em jogo, mesmo no caso de almas com importantes conquistas evolutivas. Estas não temem propriamente quedas morais, uma vez que ninguém degenera. Mas receiam não cumprir todo o programa trazido, fragilizadas por laços afetivos com amores ainda hesitantes e retardatários na senda do progresso. Elas temem não exemplificar o bastante, não ser convincentes o suficiente. Receiam não conseguir emocionar, impulsionar o grupo espiritual ao qual se vinculam e que com elas se projeta na carne.

Não se trata de falta de fé em Deus ou de alguma insegurança crônica nas próprias possibilidades. Mas de reconhecimento da magnitude e da gravidade da tarefa, assim como da fragilidade, quiçá até da dureza dos que pretendem impulsionar rumo à redenção.

Capítulo

1

Primeiros anos

Ana Maria nasceu em um belo dia de inverno, sem neve nem chuva, mas com um céu azul olímpico, que doía de tão belo. Era esperada para dali a algumas semanas, mas parecia ter pressa em vir ao mundo. Da mesma forma que no dia em que chegou ao mundo, ela não tardou a demonstrar nas feições uma beleza tocante.

Por certo, não deveria ser feia, pois sua mãe sempre fora uma bela mulher. Mesmo após dar à luz vários filhos, seguia vistosa. Seu pai era menos impressionante, mas ainda assim fazia boa figura. Demasiado sério também, com um semblante no qual se percebia certa frieza.

A menina impressionava à primeira vista. Com cútis rosada, sem exagero, belos e fartos cabelos louros, bem-feita desde sempre, olhos azuis grandes e límpidos. O conjunto agradava, sem dúvida, mas havia algo de diferente na menina. À parte certa gravidade, de todo inesperada em pessoa tão jovem, havia nela um toque de doçura e de melancolia.

Desde pequena, era sempre muito ocupada com seus pequenos deveres. Conscienciosa ao extremo, sem degenerar para a neurose, estava sempre atenta aos pequenos serviços que podia desempenhar. Passava as horas de folga na cozinha, na horta ou no jardim, a auxiliar os serviçais da casa. Curiosa a mais não poder, tudo queria aprender. Indagava desde receitas a períodos de plantio e floração de árvores e hortaliças.

Possuía uma característica especial, que era a atenção com os semelhantes. Mesmo muito jovem, quando há em regra certa inconsciência, tinha o hábito da percuciente observação das ocorrências à sua volta. Parecia ter especial habilidade para identificar os problemas alheios e ardia de vontade de ajudar.

Poderia ser considerada enfadonha com tantas peculiaridades, mas não o era. A rigor, encantadora demais, meiga e generosa demais para desafiar punições e malquerenças. Era difícil resistir àqueles formosos olhos azuis, imensos e límpidos, a indagar como podia ajudar.

Quando a conheci, foi pelas mãos de sua mãe, que a trouxe à igreja para iniciar os estudos do catecismo. Fiquei impressionado com o charme da menina e imaginei quanta dor poderia causar aos outros, com sua beleza. Mas logo, a breve tempo de convivência, cessei de temer pelos outros.

Eventuais apaixonados não correspondidos - eles seriam inúmeros, eu poderia apostar - sofreriam sem que ela fosse a causadora de qualquer mal-entendido ou perfídia. Ao percebê-la pura e querida em demasia para causar qualquer dor deliberada, passei a temer por ela.

A beleza deve ser boa, por ser um dos requintes da criação. Por meio dela, o Senhor da Vida mostra seus talentos de artista consumado. Contudo, a beleza rematada, que foge ao padrão, não será um peso para quem a porta? Essa dúvida inusitada surgiu em minha mente ao começar a educar e a cristianizar Ana Maria. Nada temia dela, mas por ela, sem saber direito a razão.

No princípio, incluía-a na aula coletiva comunal, mas não tardei a perceber o desperdício, pois a menina era evidentemente mais rápida de raciocínio, no que se referia à interpretação evangélica, do que as demais crianças. Não queria nela insuflar o pecado da vaidade, mas me enamorei da ideia de lhe conferir educação cristã especial. Porém, como fazer isso sem despertar antipatia na paróquia, sob a justificativa de preferir uma criança em detrimento das outras?

Talvez egoisticamente, resolvi a coisa do modo mais cômodo para mim. Combinei de ministrar aulas privadas em duas tardes da semana, sem que ela deixasse de comparecer à aula coletiva dominical. Um problema se resolveu - minha vontade de cuidar melhor de uma flor de virtude que se anunciava - mas outro se aprofundou: ela se adiantava muito em relação aos colegas.

A solução foi fácil, porém: convenci-a a também deixar os demais meninos e meninas responderem às questões. Salientei-lhe as virtudes da modéstia e da renúncia e aquiesceu com gosto. Havia algo de surpreendentemente maduro em Ana Maria.

Com isso, os tempos passaram e ela crescia em graça e beleza. A saúde de sua mãe, contudo, em decorrência de um parto malsucedido, começou a definhar. Além disso, outro problema se anunciou inesperado: a pobre criança começou a dar sinais de delírios. Inicialmente, temi por sua saúde mental, até cogitei de algum desejo de brilhar, mas não era isso.

A menina parecia ter um inusitado pavor: tratava-se da guerra. Qualquer notícia sobre conflito, ainda que pífio, a transtornava. Nunca antes havia visto pessoa tão jovem e tão torturada por questões a ela estranhas. A guerra era uma ocorrência tão distante, que a menina inferia a partir das menores notícias e dos mais improváveis sinais.

Sinceramente, eu não sabia como acalmá-la nem como interpretar tudo aquilo. Parecia-me tão exagerado, tão sem propósito que uma menina, recém-saída da primeira infância, apresentasse temores tão profundos. Indaguei-lhe se temia morrer, ou que seu pai morresse. Fiz-lhe ver que dificilmente nossa cidade seria atingida por qualquer ameaça bélica. Demonstrei-lhe racionalmente que seu pai era muito adentrado em anos para ser convocado e que seus irmãos eram muito jovens.

O medo dela era difuso, indefinido, não temia que ninguém em específico morresse, nem que ela própria perecesse. Algo de inacreditável, talvez até de místico, ali se passava.

Meio desesperado também eu, por não saber como acalmar a menina de meu coração, sugeri-lhe que rezássemos ambos pela paz. Surpreendentemente - talvez nem tanto, pelo histórico de fervor de Ana Maria, o recurso se revelou produtivo. Tomávamos do terço, ajoelhávamo-nos em frente ao altar e deixávamos passassem as horas. Isso tinha certo encanto pungente, embora por vezes me perguntasse se não estava também eu um pouco louco por me deixar impressionar assim pelos delírios de uma criança.

Havia algo de tocante em seus olhos marejados de lágrimas a fitar a figura do Cristo. O rosário era mais propício para ser orado em frente à imagem da Virgem, mas ela gostava mais de utilizá-lo em longas orações em frente ao Crucificado. Quem era eu para interferir no método que estava dando resultado?

De repente, rápida como vinha, a preocupação ia-se embora, e a paz voltava ao coração. Esse era um problema interessante e volta e meia eu me via envolto nele. Mas, com o remédio já conhecido, não me causava mais muito transtorno. No fundo, apreciava tais horas de oração e desejava que não terminassem, embora meus joelhos já velhos dessem logo sinal de sua existência.

Entre o júbilo da alma, envolta em doce contemplação e em misteriosa alegria, e o pesar do corpo idoso, eu me decidia por suportar a dor física e seguir com a alma repleta. Hoje, vendo tudo em retrospectiva, percebo que tomei a decisão mais certa. Aquelas tardes de orações são a lembrança mais doce de minha passada existência.

Outro problema logo se fez presente: a enfermidade de dona Constância. Ela nunca se recuperou por completo do parto de seu último filho e logo os achaques se tornaram mais e mais frequentes. Cedo ficou visível que o quadro complicaria, por entre dores, febres e outros sintomas a mim estranhos. Minha condição de celibatário tornava-me um confidente pouco provável desses problemas femininos. Aliás, eu preferia deles não me inteirar: pudor de corpo e alma.

A casa, sempre algo austera, em decorrência da personalidade do senhor Filipe, a pouco e pouco tomou o aspecto de enfermaria desolada. As crianças, abandonadas aos cuidados das servas, pareciam sentir que algo de terrível pairava sobre seus destinos.

Ana Maria, na qualidade de segunda filha, com seus 12 anos, viu-se na obrigação de substituir a mãe que definhava. Passou a tutelar a educação dos irmãos mais jovens e também a incomodar o mais velho, a fim de que não causasse preocupações aos outros. Fábio tinha uma personalidade muito avessa a admoestações. Não gostava de ser repreendido, parecia ter algum profundo sentimento de inferioridade e sempre reclamava de qualquer observação. Detestava ser questionado em seus atos e opções. Tudo que não era elogioso configurava uma afronta, um desrespeito.

Quando o cristianizei, tentei enfatizar ao pequeno o máximo que eu pude a importância da virtude da modéstia. Lembrei-lhe do Senhor Jesus fazendo-se de servo, lavando os pés dos apóstolos. Fábio me lançava olhares escandalizados quando eu defendia a necessidade de servir o semelhante, de pensar as feridas dos outros, de aceitar críticas sem se ofender.

Parecia sentir que o mundo tudo lhe devia e que os outros muito lhe pretendiam tomar. Personalidade complicada, que a mãe não conseguiu conduzir a contento e que o pai abandonou por completo, na medida em que só prestava atenção em seus labores mercantis. Assim fazendo, assegurava conforto para a família, mas se arriscava a perder os filhos para os vícios.

Filipe nem deve ter notado quão pesada ficou a vida de sua filha mais velha, quando a esposa passou a ficar mais no leito, a delirar entre febres, a reclamar de dores atrozes. Parecia encontrar as mais estranhas desculpas para se ausentar do lar. Talvez temesse os gemidos da companheira, como a lhe lembrar do amor que via lentamente sumir em direção à lápide do túmulo. O seu maior problema mesmo, embora ele nem o desconfiasse, residia em Fábio, com seu temperamento arredio, desconfiado, egoísta e agressivo.

Surpreendentemente, Fábio parecia se sujeitar, por alguma razão misteriosa, à influência da irmã, que era um ano e poucos meses mais jovem do que ele. Não chegava a prestar atenção de verdade nos argumentos dela, mas de vez em quando lhe acedia a algum desejo. Parava de atormentar os mais jovens, cessava de criticar os servos, de torturar os pequenos cachorros, quando Ana lhe rogava, muitas vezes com os olhos nublados de lágrimas.

Estabelecia-se entre eles uma estranha troca de olhares. Era como se Fábio tivesse sentimentos dúbios em relação a ela. Estimava-a, não conseguia ignorá-la, mas também se agastava que estivesse sempre entre ele e seus projetos; entre ele e seus maus instintos, diria eu, se isso não parecesse pouco cristão.

O tempo passava, e dona Constância ficava cada dia pior. Chegou uma época em que se tornou evidente que não viveria muito. Ela pareceu tomar consciência de que não podia mais focar toda a atenção em sua dor, com esquecimento de seus deveres maternos e conjugais. Convocou o marido a que se fizesse presente para o jantar todas as noites. Por entre dores e dificuldades, tornou a reunir a família em volta da mesa.

Nessas ocasiões, inspirada pelos bons anjos do Senhor, adotou o hábito de ler o Evangelho posteriormente à refeição. Lia-o muitas vezes com voz arquejante, com o semblante tisnado de dor, mas o fazia. Sugeria o tema e pedia comentários. Todas as crianças tinham a oportunidade de interpretar as passagens.

Por muitas vezes, eu fui convidado a me fazer presente nesses serões evangélicos e o fiz com gosto. Feliz, reparei que o tempo por mim gasto com Ana Maria tinha surtido resultados. Com delicadeza, sem parecer uma sabe-tudo, fazia comentários pertinentes e interessantes, que colocavam as palavras do Evangelho sob uma luz nova, muito confortadora. Chegava a ficar inquieto por notar em tais interpretações algumas nuances que eu não havia ensinado, nem sabia se com elas concordava. Mas como não tinha nada de objetivo para criticar, eu me calava, algo incomodado por não ter pensado naquilo antes e porque alguns argumentos colocavam em xeque muitas das minhas convicções. De onde tirava a mocinha aquelas interpretações? Como sabia ela, ao que parece intuitivamente, o contexto dos relatos evangélicos? Por que enfatizava tanto a importância da comunhão entre os grupos de pessoas?

Não cessava de comparar o colégio apostolar com as famílias e de dizer que o Cristo deveria sempre ser o fator de união entre todos e suas palavras consideradas o norte, em qualquer situação. Que as dissensões se extinguiam entre aqueles que levavam a sério a mensagem evangélica e se compenetravam da importância de fazer a vontade de Deus. Raciocínios interessantes, embora com certo viés um tanto revolucionário, senão condenável, como a ideia de que todos podiam e deviam se conectar diretamente com Deus, como o fazia Jesus. A prosperar essa tese, as igrejas seriam abandonadas, pensava eu.

Entre perplexidades e dores, aquela fase passou, e em uma noite de outono dona Constância faleceu. Ah, noite de grandes dores para o pequeno grupo familiar! Avisado por Moacir, o garoto de recados do senhor Filipe, dirigi-me ao local pouco depois da meia-noite.

A casa estava às claras, os vizinhos começavam a se ajuntar para os serviços de orações, tudo estava em um estranho movimento. Meu coração ficou pequeno ao ver o semblante desolado das crianças mais velhas, pois as pequenas, mercê de Deus, persistiam a dormir.

Não é um milagre o sono dos pequeninos? Com o passar do tempo, esse sono tão pesado, genuína comunhão com o lado ignorado da vida, torna-se leve e parece nos abandonar, salvo em algumas noites abençoadas em que a meninice se afigura retornar, apenas para deixar saudade e se retirar novamente.

Os três filhos mais velhos lá se encontravam: Ana Maria, Fábio e Doralice. Quanta dor em seus semblantes! Fábio tentava disfarçar, fazendo-se de forte, aparentemente irritado por mostrar alguma fraqueza, a contragosto. A dor nele assumia um ar de revolta.

Doralice, frágil como sempre, delicada à semelhança de uma flor, parecia se ressentir da ausência emocional do pai. Visivelmente desejava o colo paterno, um abraço, que lhe dissesse que tudo ficaria bem, que a vida seguiria normalmente e ela seria sempre cuidada e amada. Esses gestos preciosos faltaram da parte do senhor Filipe, ensimesmado, frio, distante, a receber os que chegavam com uma formalidade espantosa, que a partir daquela noite mais e mais se afirmaria em sua personalidade. Pobre homem, este sinalizava começar a morrer em vida, sem notar que os filhos careciam profundamente de seu afeto. Por certo os alimentaria; aliás, já tinha dinheiro para alimentar a todos por várias vidas. Era visível que se lançaria cada vez mais em questões objetivas, com esquecimento de sua família, dos petizes que Deus lhe confiara.

Já Ana Maria, semblante devastado pela dor, percebia as dificuldades de todos. Acalentava Doralice, confortava-a como podia, com seus recursos de pessoa calorosa e muito jovem. Ouvi-a lembrando à irmã do amor de Jesus, que jamais as desampararia, de que o pai era um homem forte e corajoso e sempre as protegeria. Com rara delicadeza, mencionou que a mãezinha não estava perdida, apenas se antecipara na ida para o Céu, e que mais tarde todos a reencontrariam.

No correr da noite, vi que tentou recurso semelhante com o taciturno Fábio, com menos sucesso. Este, já preocupado em parecer homem, e tendo por modelo alguém frio e distante, fez pouco caso das palavras e dos esforços da irmã. A certa altura, afastou-a inclusive com certa grosseria, quando o tentava confortar. Contudo, logo se apercebeu do que fizera e, coisa rara, demonstrou arrependimento, abraçou-a e choraram ambos.

Nunca imaginei que veria Fábio chorar, em seus esforços para nada demonstrar, e mesmo em sua dureza de coração, tantas vezes manifestada. Ali compreendi que o rapazinho tinha uma personalidade mais complexa do que parecia. Era possivelmente alguém torturado por algo de terrível, que não podia deixar à mostra. Esforçava-se para parecer inalcançável, mesmo seu gosto por infligir dor podia ser disso resultado: de seus medos e desassossegos secretos. Quais seriam eles, Deus meu? Ao longo de sua vida, talvez o soubéssemos, pensei na ocasião.

O tempo para tais divagações era escasso nessa noite de dor, pois precisei assumir meu papel de padre e pastor, de condutor de almas. Minha presença devia tornar o evento sóbrio e respeitoso, impedir as piadinhas infames, as conversas demasiado alegres. E realmente não economizei olhares de desagrado ao menor sinal de alacridade inconveniente. Por várias vezes tomei a palavra e convoquei todos, inclusive alguns nominalmente, para que orássemos em conjunto. O rosário correu solto, noite adentro, sob minha severa tutela, para desconforto de muitos. O dia amanheceu, rumou para a tarde e o enterro se fez.

Capítulo

2

Anjo tutelar

Eis que uma fase da vida de Ana Maria estava extinta. Ela deixava oficialmente a infância para trás e parecia ingressar precocemente no mundo adulto. O pai cedeu o comando da casa a uma governanta, já contratada no tempo de dona Constância. Entretanto, ninguém se surpreendeu quando Ana Maria passou a conduzir a casa em verdade.

Dela passou a ser a responsabilidade da educação dos irmãos, que lhe respondiam diretamente. Essa parte, pesada para qualquer pessoa, não parecia ser para ela, ao menos não tanto. Os irmãos a consideravam uma espécie de tutora e se impunha por sua bondade, por sua racionalidade e por se esforçar sempre e tanto em fazer o melhor.

Apenas Fábio era uma exceção, em certa medida. Sinalizava viver sob alguma estranha pressão interna; não parecia em seu lugar, era como se a roupa o apertasse, como se a vida que vivia não lhe coubesse.

Eu tinha dúvida sobre qual caminho o rapaz tomaria, quando pudesse dispor de si. Por ora, terminava os estudos e auxiliava o pai nos afazeres da companhia familiar que mais e mais crescia. Também pudera! O dono só tinha olhos para ela, em detrimento de tudo o mais que lhe chamava a atenção. Eu me indagava: Fábio seria tentado pela riqueza do estabelecimento comercial, que se estendia em filiais por várias cidades importantes da França, ou cederia a seu desejo de se afastar de tudo e procurar alhures o seu lugar no mundo? Eu só tinha dúvidas.

Doía-me ver o abandono moral das crianças, por parte do pai, e tentava substituí-lo como podia, sem abandonar, por meu turno, a tutela espiritual da comunidade toda. Na medida do possível, tornei-me o pai espiritual das crianças amadas, por um lado tão mimadas, entre riquezas desnecessárias, e por outro, tão abandonadas, com seu pai ausente e seu irmão violento e irascível.

Ana Maria velava por todos, com sua bondade, suavidade e beleza cada vez mais notável. Na rua, chamava a atenção dos passantes. Mas tinha o ar grave demais para suscitar atenções desrespeitosas. Nela nada convidava ao deboche. Às vezes, chegava a doer anotar e detalhar sua beleza, em especial quando se confessava para mim, nas tardes de sexta-feira. Na penumbra da igreja, sob a luz de algumas velas, eu me perdia na contemplação do semblante perfeito e me estarrecia com o relato das ocorrências de seu dia.

Sempre muito escrupulosa, vasculhava a consciência e se acusava de ter pecado por omissão, de não ter feito mais, não ter conversado mais, atendido mais, amparado mais. Tentava dissuadi-la de tanta rigidez para consigo e demonstrava quão estranho era seu hábito de arrumar desculpas para todos, inclusive para Fábio e seu pai, mas se condenar por qualquer mínima coisa. Inúteis tentativas, bem o percebia.

Ela crescia em graça e beleza, como eu sempre dizia a mim mesmo. Rogava a Deus para que surgisse logo um bom rapaz, digno dela e generoso o bastante para acolher uma esposa que se dedicaria aos outros a vida toda. Não poderia ser ciumento de sua pessoa, pois assim a faria infeliz. Seguramente, teria uma esposa virtuosa e boa, excelente mãe, mas não teria todas as atenções para si.

Na casa, os pedintes já tinham descoberto a generosidade da nova dona e se aglomeravam com frequência em frente ao portão, em especial na hora das refeições. Se houve brigas com o pai por conta da nova clientela da casa, ela nunca me disse. Ignoro se Filipe percebia isso, em seu distanciamento. Afinal, entrava pela porta da frente, e os pobres, com a astúcia que lhes é peculiar, se aglomeravam e desfilavam pelo portão dos fundos. As despesas devem ter crescido na pequena mansão, com tantas cobertas, roupas e alimentos distribuídos. Mas seguramente o senhor Filipe não corria o risco de ficar pobre.

Tudo caminhava em relativa paz, com o pai ganhando muito e abandonando moralmente os filhos e Ana Maria gastando bastante com os pobres e amparando os irmãos. Era uma dinâmica interessante, como refleti várias vezes nessa época. Deus sábio tinha providenciado o equilíbrio possível naquele lar. Imagino o que não ocorreria com os pequenos se tivessem apenas o pai, Fábio e a frágil Doralice em suas vidas...

Aliás, Doralice cedo demonstrou o desejo de se furtar do convívio e das dores do mundo. Com pouco mais de 14 anos, falou comigo sobre seu desejo de seguir vocação religiosa. Queria fazer-se carmelita e contava com meu apoio para o projeto. Já tinha comentado com Ana Maria, que não se empolgara com a ideia. Ela temia pela fragilidade da irmã nos rigores da vida monástica. Temia por sua impressionabilidade, que talvez perdesse o juízo com a vida por demais mística. Esses temores, o tempo o demonstrou, não eram infundados.

Eu, como religioso católico, na época acolhi com encantamento a proposta de Doralice de tomar o hábito. Encarreguei-me de conversar com o senhor Filipe, que recebeu a notícia com indiferença e um pouco de espanto. Indagou se a menina sabia que teria de viver pobremente. Notei, aí, que ele dava aos filhos o melhor que conseguia, em seu deserto afetivo, notadamente após o falecimento da esposa. Pobre homem, que, ao perder o amor da companheira, encheu-se apenas de atividades rentáveis.

Conversamos e combinamos de providenciar o noviciado de Doralice, período no qual ela teria contato com os rigores monásticos, as atividades próprias das carmelitas, e poderia decidir.

A despedida da frágil Doralice foi mais um momento de dor para a família. Os pequenos choraram e mesmo Ana Maria se esforçou para ocultar a profunda dor e o intenso temor que a assaltavam pelo destino de Doralice. O que ela poderia fazer ainda, se já a tentara dissuadir? Se eu e seu pai, desastradamente, sem a reflexão devida, apoiávamos o projeto?

Como uma pequena estátua de dor, despediu-se da irmã e a viu entrar na carruagem em direção ao próprio destino. Ana adoeceu de tristeza e angústia. Parecia sentir que tinha falhado em providenciar amparo e conforto para a irmã mais jovem e sofria muito com isso. Por algumas semanas, frágil e enferma, pareceu definhar. Entretanto, qual uma bela flor, superou o evento, preocupada com o restante da família. Eu podia até ler seu pensamento: não conseguira cuidar bem de Doralice, mas cuidaria dos outros. Ah, pobre criança! E a vida seguiu.

Algum tempo depois, com Ana na flor de seus 17 anos, os pedidos de casamento começaram a cair em seu colo, por assim dizer. Sua figura cada vez mais bela, a fortuna do pai e sua fama de moça ajuizada a tornavam rara e tentadora para os rapazes casadoiros. Mas Ana, sempre delicada, não incentivava ninguém.

O senhor Filipe, não sei se por egoísmo, a fim de não perder a governanta mais do que eficiente, ou se por bondade, amor quem sabe, não colocava pressão na moça para que se casasse. Limitava-se a lhe dizer que tinham pedido permissão para cortejá-la e queria saber a opinião dela. A resposta era sempre negativa e nada sinalizava que se fosse alterar em breve.

Ainda hoje, tanto tempo depois, lembro a emoção penosa que tinha com tudo aquilo. Não sabia exatamente a razão para essa apreensão. Não era uma família desequilibrada, não mais do que a maioria. Faltava a eles a presença da mãe, por certo, e um dos filhos denotava singular desequilíbrio dos sentimentos. Mas o grupo familiar era bafejado pela fortuna, não havia nele vícios muito evidentes. O pai era sério, embora às vezes até demais, e Deus cuidara de colocar ali um anjo para amparar a todos. O que eu temia?

Por que acordava às vezes à noite, com um aperto no coração, ao lembrar aquele pequeno grupo de pessoas? Ah, intuição terrível de que as coisas deveriam se tornar muito difíceis ali, de um modo que eu nem suspeitava...

Surpreendentemente a saúde vigorosa e sólida do senhor Filipe começou a dar sinais de declínio. Jamais eu imaginaria esse como sendo o estopim das tragédias que temia. Gradualmente, ou talvez nem tanto, o comerciante passou a aparentar uma grave fragilidade. Notei-o, certo domingo, quando se fez presente na celebração da Santa Missa, juntamente com os seus. Pálido, emagrecido, com os cabelos de súbito começando a embranquecer, estava ele a sinalizar que algo estava mal. Jamais antes parecera frágil, mas, sim, distante, inacessível.

Debati-me em dúvidas antes de tomar coragem para abordá-lo. Não era pessoa que estimulasse intimidades ou fizesse confidências. Entretanto, temendo um desfecho estranho, fui ter com ele em certa tarde de domingo. Cheguei à residência lá pelas 16 horas, para não parecer que queria me banquetear de graça, hábito tão deplorável e presente em muitos sacerdotes. Eu não vivia para comer e nem prestava muita atenção nessas questões. Sinalizei que queria falar com ele a sós e indaguei, com a autoridade de diretor de sua consciência, se apresentava algum problema de saúde.

O olhar que recebi não foi dos mais encorajadores. Fosse eu mais jovem, mais impressionável, menos preocupado com Ana Maria e seus irmãos, teria recuado. Mas não o fiz e respondi-lhe com firmeza quando tentou negar e demonstrar espanto com minhas indagações. Com muito custo, por entre reticências e olhares azedos, eu lhe arranquei a verdade. Estava com singular problema estomacal, que o médico diagnosticava com dificuldade.

Havia o temor de doença grave, possivelmente um tumor, mas o quadro ainda não estava consolidado. Vendo-o bem de perto, era evidente sua fragilidade, que devia sentir dor e tomar medicamentos fortes para apaziguá-la. Disse que os filhos de nada sabiam, embora a filha mais velha andasse a lhe lançar olhares temerosos. Sua distância de todos e sua severidade extrema serviam-lhe de escudo a tentativas de confidências. Salvo, claro, em relação a um velho sacerdote, que há muito tinha perdido pudores desnecessários.

Se eu fosse esperar as confidências espontâneas de todos os paroquianos, as tragédias abundariam! Tinha um dom natural para cheirar encrenca no horizonte e ia-lhe ao encontro, sempre. A conversa ficou por aí, depois de eu lhe cobrar solene promessa de me noticiar qualquer sucedido. Ardi de curiosidade em saber quais providências ele estaria tomando, se é que elas existiam, para garantir a tutela de seus filhos, em sentido material e moral.

Fábio já era praticamente um adulto, mas eu não o via como guardião de ninguém. Aquele pai insensível e distante notaria o homem que estava criando, ou sua estupidez emocional seria grave o bastante para confiar a um já quase pervertido o cuidado de vários inocentes? Não posso dizer que saí do ambiente com o coração em paz, pois não saí.

Enquanto isso, Doralice, há alguns anos no convento e aparentemente decidida a tomar o hábito, também requeria atenção. Encarreguei-me de levar Ana Maria e as crianças menores para visitá-la, em um período no qual pude me ausentar da paróquia.

Por essa época, havia recebido um jovem padre, que não me agradava muito, por sua vaidade. Identificava nele algo de muito mundano para um sacerdote. Olhar sedutor, aparência esmerada até demais, um falar suave para além da medida. Em suma, antipatizei com o jovem padre de imediato e não lhe facilitei em nada a vida. Decidi-me a lhe ensinar o caminho das virtudes santificadas, a qualquer custo. Ele logo percebeu isso, mas não demonstrou agastamento. Talvez fosse político em excesso para se indispor com o vigário da grande cidade, bem relacionado com o bispo. Fosse como fosse, vivíamos ambos em uma espécie de paz armada. Eu sempre de olho nele, sem disfarçar muito, e ele sempre a me considerar com uma ponta de humor. Daria algumas moedas para saber o que pensava de mim.

Algo decididamente eu lhe reprovava: o ar de encantamento sempre que Ana Maria se fazia presente. A moça também logo demonstrou não gostar de atenções desmedidas por parte de um padre. Ficava deslocada, completamente sem graça, ruborizada, sem saber onde colocar as mãos e queria se retirar o quanto antes. Ah, como a genuína pureza é rara e como pode ser tentadora para quem nela identifica um desafio, e não algo a ser venerado!

Eu não deixei de aproveitar as facilidades que a presença do charmoso e fogoso sacerdote jovem propiciava. Certa feita, em carruagem fornecida pelo senhor Filipe, eu me dirigi com alguns de seus rebentos para visitar Doralice. Não posso dizer que essa visita foi tranquilizadora. Não a encontrei mais serena, no sentido que esperava. Havia certo alheamento, por vezes toldado por um estranho fogo no olhar.

Tentei me convencer de que era apenas emoção pela visita dos parentes, aos quais abraçou com sofreguidão, para logo se afastar, como se tivesse cometido um pecado. O que se passaria com aquela garota perturbada? Consideraria pecado amar a família? Teria tido o desejo de voltar ao seio de pessoas queridas e considerado isso um gênero de traição?

De todo modo, convicta a mais não poder, afirmou e reafirmou sua vocação, com alguma estridência. Louvou com surpreendente empolgação os rigores a que se submetia em variadas oportunidades. Fiquei a me indagar o que tanto a enlevava naquilo tudo. No fundo do coração, comecei a partilhar o temor inicial de Ana Maria: caminharia a moça para a loucura?

Suspeitei que, para evitar perder mais alguma pessoa querida, decidira se afastar de todos de uma vez. Coisa triste, tarde triste, em que ninguém sabia muito bem o que falar ou como falar. As moças, Ana Maria e Doralice, afastaram-se para um passeio pelo jardim do convento, enquanto fiquei com as crianças, com a morte no coração.

Quando voltaram, Ana Maria controlava a custo as lágrimas, enquanto Doralice trazia estranho desassossego. Era como se lhe tivesse sido feito um desafio, uma tentação, que a afastaria de sua tranquilidade. Com alguma rispidez, despediu-se de nós, desejou-nos bom retorno e entrou rapidamente na porta que conduzia ao claustro.

A viagem de regresso foi triste e silenciosa. Por vezes, surpreendi lágrimas ameaçando rolar dos belíssimos olhos de Ana Maria. Uma dor pungente tomava conta de meu peito e eu me limitava a afagar suas mãos. Não podíamos fazer qualquer comentário mais sincero na frente dos pequenos. Além disso, eu tinha secreta vergonha por ter avalizado o ingresso de Doralice no convento, por ser parte, em certa medida, da estrutura que podia enlouquecer impunemente uma jovem delicada e suave. Ah, a dor de existir em um mundo imperfeito...

A vida seguia assim, por entre dificuldades, mas com nada de tão terrível para a pequena família lionesa. Um pai que escondia a enfermidade, um filho cruel, beirando o sadismo, uma irmã flertando com a loucura portas adentro de um convento, três crianças que cresciam sob a tutela de uma irmã lúcida e bondosa.

Não parecia um arranjo de todo mau, para quem olhava de fora, mas ele prometia desgraças iminentes, como uma bomba prestes a explodir. Eu torcia pelo melhor, sem saber exatamente o que seria ele. Talvez um bom casamento para Ana Maria, que lhe permitisse apoiar-se em um homem de alto gabarito, se possível mais velho do que ela e bem situado na vida. Surpreendentemente para uma jovem tão bela e prendada, o tempo passava e nada de firmar aliança nesse sentido.

Certa feita eu admoestei-a e obtive como resposta uma de suas habituais gargalhadas. Foi quase como se lhe sugerisse algo muito estranho, mas o que seria de se estranhar em uma jovem bem-nascida contrair matrimônio? Aliás, é oportuno esclarecer que, embora sua natural gravidade, seu apego acendrado ao dever, sua preocupação com os outros, a moça persistia com uma alegria contagiante. Ao contrário de Doralice, nela a religiosidade era saudável e demonstrava um apetite de vida bem natural. Só esse apetite não parecia seguir os caminhos normais. Dava-se por satisfeita em cuidar da família em que fora nascida, em vez de procurar fundar a sua.

O pai desnaturado não demonstrava incômodo algum com isso e eu, sozinho em minhas cogitações, também não podia fazer muita coisa. Foi quando ali surgiu um jovem um tanto perdido, que teve imediata afinidade com Fábio. Tratava-se de um moço austríaco, de nome João, moreno, troncudo e com um olhar que inspirava pouca confiança. Não se sabia nada de sua origem, além das bazófias que contava. A dar crédito a suas histórias, deixara tudo, e por tudo se havia de entender uma fortuna em sua terra, pertencente a sua família, para conhecer o mundo. Apenas não se via nada da tal fortuna.

Em minhas cogitações, pensava que devia ser tudo mentira, ou que ele fora deserdado por algum pai cansado das loucuras filiais. Aliás, João bem parecia alguém suscetível de ser deserdado. A crer-se em seus relatos, tratava-se de um herói, um paladino da liberdade, sempre envolto em altas façanhas guerreiras, na defesa dos pobres e dos fracos. Entretanto, era desatento com os deveres de polidez, ríspido com os serviçais e lançava olhares maliciosos para quase todas as mulheres.

Por várias vezes percebi a centelha de seu olhar lúbrico em direção a Ana Maria e meu coração congelava. Entretanto, o moço, se não possuía vergonha nem coerência entre discurso e modos, era decididamente esperto. Imaginei que desejava conquistar a filha do rico comerciante e entrar para a família, quem sabe se tornar o continuador dos negócios, ali mesmo ou alhures. A empreitada prometia.

Ele apenas não contava com a aversão que seus modos causaram em Ana Maria, sensitiva e perspicaz. João disfarçava bem seu interesse na moça, em especial do irmão dela, que lhe votava especial amizade. Quanto ao pai, envolto em suas dores cada vez mais fortes, definhava a olhos vistos e não mais conseguia esconder de ninguém a enfermidade.

Enfim, João era a nova pedra do tabuleiro. Esforçava-se para aparentar honradez perante a moça que pretendia seduzir, mas ignorava que ela conversava muito com a criadagem. Com isso, sabia dos maus-tratos que prodigalizava aos deserdados da sorte, de seus ditos picantes e inoportunos para a jovem serva da casa, que trabalhava na cozinha. Nada poderia desagradar mais Ana Maria do que aquilo e suas chances, se é que algum dia ele as teve, foram por ladeira abaixo.

O fato é que, pela primeira vez na vida, Fábio encontrara uma alma irmã da sua. Os dois moços, lá pelos seus 20 e poucos anos, fizeram-se companheiros de loucuras. Tentavam ser discretos, mas eu sabia o que faziam, em minha condição de confidente oficial do povo da cidade.

Mais de uma moça me contou em confissão o que lhe ocorrera em contato com um deles ou mesmo com ambos. Percebi que aquela dupla caminhava a passos largos para a mais ampla devassidão. O que os segurava possivelmente eram a rigidez do senhor Filipe, a gravidade de Ana Maria e algum pudor perante a opinião pública de uma cidade na qual Fábio era conhecido por demais.

João, após muitas tentativas malsucedidas de captar a atenção de Ana Maria, pareceu se agastar com aquela situação. Buscava de todo modo ficar sozinho com ela, e não o conseguia porque, embora boa, ela não era boba. Cuidava de sempre estar acompanhada de uma serva ou de um dos irmãos, em todo lugar. Mesmo na própria casa, ela tratava de não ficar sozinha em nenhum cômodo, salvo se absolutamente necessário, e, nesse caso, passava a chave na porta.

Esses detalhes, eu os soube em confissão, com o coração tomado de um frio gélido. Confessou-me suspeitar de que o moço desejava comprometê-la, talvez de modo muito efetivo, com um estupro ou algo do gênero, a fim de forçar o casamento. O irmão fizera-se surdo a quaisquer rogos ou tentativas de conversa ou confidência. Considerava que ela apenas tentava lhe estragar a amizade, por antipatizar com João. Mais de uma vez foi rude com a irmã, quando ela tentou fazê-lo compreender a impropriedade de abrir as portas da casa para alguém cuja vida era de todo desconhecida. Quanto ao pai, caminhava já a passos largos para o túmulo.

Percebi ser o caso de adotar as medidas necessárias a salvaguardar a honra de Ana Maria. Contrariamente aos costumes da época, e em especial aos de minha religião, eu não me preocupava em excesso com essas questões. Não era muito severo nas penitências para com os que cometiam os pecados da carne. Achava que a crueldade, a frieza e a indiferença em relação aos pobres e aos pequenos do mundo eram coisa muito mais grave.

Minha preocupação não era exatamente que Ana Maria perdesse a virgindade. Preocupava-me, e isso intensamente, que tivesse sua vida ligada à de um crápula. Seria um escândalo que mulher tão virtuosa, por força de preconceito, fosse obrigada a contrair um matrimônio tão escandalosamente infeliz. Por certo, também me causava a mais profunda antipatia a possibilidade de ela ser vítima de alguma violência. Precisava agir.

Fiz o que me pareceu o melhor na oportunidade: chamei Fábio em meu gabinete particular, para uma conversa. Como era previsto, não obtive resposta fácil, mas um dia ela chegou.

Eu estava evidentemente em situação delicada, pois não podia revelar o que soubera por meio da confissão. Era necessário alertar o desatinado a respeito da falta de caráter de seu amigo, e mesmo cientificá-lo da própria ausência de discernimento e honradez. Também era preciso auxiliá-lo a perceber a gravidade da situação em que sua família mergulhava com a enfermidade cada vez mais severa do chefe da casa.

Em meu coração, indagava-me se ele continuava a trabalhar na empresa de verdade, se permitia que o doidivanas do amigo, com quem cometera o desatino de se ligar, também a ela tivesse acesso. Afinal, ele cessara de conversar com a irmã, e o pai pouco confidenciava de suas atividades comerciais. Enfim, eis que numa tarde Fábio foi anunciado na casa paroquial.

Ao vê-lo de perto, após algum tempo, sob a luz forte do sol de plena tarde, fiquei chocado. A janela de meu gabinete de trabalho estava aberta e a claridade incidia com força na cadeira em que Fábio se sentou. Tão jovem e já com as marcas do deboche no rosto e no corpo! Não consegui conter uma expressão de espanto. E esse foi um mau início de conversa.

Fábio, vaidoso que só ele, por certo se ressentia das transformações que sua aparência sofria, e logo ficou na defensiva. Sentiu-se criticado e tratou de encontrar os piores argumentos possíveis para refutar minhas colocações.

A discussão envenenou-se, pois eu desejava fazê-lo curvar-se à voz da razão, e ele jamais se curvaria a nada. Quanto à empresa paterna, asseverou que havia assalariados suficientes para dar conta de tudo. Gerentes que se ocupariam dos negócios mais importantes, balconistas e transportadores para o que mais se fizesse necessário. Quanto à irmã, revelava uma inexplicável má vontade para com o pobre João. Talvez temesse a influência de João sobre ele, que lhe abria os olhos para inúmeras outras possibilidades de vida, aventuras, vitórias, conquistas. Como o afastava do acanhado círculo das ideias de Ana Maria, ela antipatizava com o estrangeiro.

Debalde fiz-lhe ver que sua irmã era habitualmente bondosa, ao contrário de João, cujo proceder causava escândalo. A resposta, enfática e agressiva, foi que o militar, eis que assim ele gostava de se apresentar - militar em licença, era jovem e não tinha culpa se as mulheres não lhe resistiam. Que o dever de manter a virtude era das mulheres. Não temia nada nesse sentido, pois Ana era carola demais para permitir avanços de qualquer pessoa. Caminhava para ser uma senhorita ressequida, uma solteirona, a palpitar sobre a vida da família.

Enfim, malogro total de nossa conversa. Começou mal e terminou ainda pior, com ele saindo da casa paroquial a vociferar ameaças caso eu me imiscuísse em suas empreitadas ou dificultasse sua vida com o pai. Aliás, disse pretender sair em viagem, longa viagem, com o novo amigo, e desejava obter o patrocínio paterno. Sempre fora filho exemplar, sob sua ótica, e o pai lhe devia a possibilidade de viver algumas aventuras, conhecer outros ares, antes de se afundar nas lides árduas e cansativas dos labores mercantis.

Percebi que tencionava fazer chantagem com o pobre pai, no sentido de que ficaria precocemente com uma responsabilidade imensa sobre os ombros, com a morte daquele, e merecia gozar um pouco a vida. Fiz o que pude e mais compliquei do que melhorei as coisas. Apenas me felicitei com a perspectiva da ausência de ambos. Um problema a menos, pareceu-me, sem atinar com o nível de degenerescência que ambos atingiriam alhures, longe dos olhos familiares e amigos.

Depois de alguns dias, soube que eles se aprestavam para fazer uma longa viagem pela Europa toda. A família combinou um pequeno jantar, ao qual fui convidado, seguramente sem que Fábio fosse consultado ou concordasse. Na data aprazada, lá estava eu, desconfortável como um roceiro que calça seu primeiro sapato para se casar. Mas até que não foi muito ruim. Ana Maria estava triste com a situação. Não se permitia alegrar com a partida de seu perseguidor, uma vez que ele lhe levava o irmão junto. Irmão muito amado, em relação ao qual parecia sentir responsabilidades de mãe.

Eu já não tentava entender nada, pois havia concluído que aquela personalidade de moça era complexa demais para mim. Por qual razão se sentia responsável por toda a tropa familiar? Aquilo beirava a insânia, pensava eu. É que ignorava sua real posição espiritual em relação a todos nós. Via-a só como uma jovem notavelmente bela e muito ajuizada. Não sabia, por não ter mesmo como atingir esse conhecimento, que era seu o patrocínio espiritual para o renascimento coletivo de todos nós, os envolvidos na história daquela família.

Aliás, eu nem sabia por qual razão me ligava tanto a eles, quando outras famílias da paróquia, em situação visivelmente pior, careciam também de minha atenção. De um modo ou outro, a noite chegou ao fim. Despedidas, olhares emocionados, choro das crianças. Notei que o moço pervertido não cansava de olhar langorosamente para a dona da casa. Mas esta não parecia nem um pouco disposta a lhe conceder qualquer esperança, muito menos algum favor a título de despedida.

Como a alma humana é curiosa! O pervertido não conseguia mesmo perceber a impressão que causava na moça eleita de seu coração. Se é que a eleição era mesmo do coração. Ele devia achar que Ana Maria padecia de alguma frieza, algum defeito de sua feminilidade, e que isso a tornava inacessível a seu charme, tantas vezes testado em moças menos ajuizadas.

Ah, pobre rapaz! Pobre mesmo, em espírito e em ideias. Não conseguia atinar com o significado da honradez de uma mulher. Devia-lhe parecer doentio que uma moça cuidasse tanto dos outros, sem que tal configurasse uma fuga dos próprios sentidos. Vá-se saber o que compunha o pensamento do alegado militar. Mas ele não se saía tão mal assim, uma vez que se lançava em uma longa viagem, patrocinado por rico comerciante. Devia contar com esse período para mais facilmente se impor ao espírito de Fábio, torná-lo seu amigo inseparável, quiçá até obter alguns conhecimentos que lhe permitissem efetuar alguma chantagem.

Decididamente, eu não simpatizava com ele e também não chegava a temer por Fábio. Vergonhosamente para um sacerdote, acalentava a esperança de que nenhum deles retornasse. Não chegava a lhes desejar o mal, ao menos não conscientemente. Mas quem sabe não se casariam com moças ricas alhures, não fundariam algum negócio? Enfim, torcia para que eles fossem felizes o mais longe possível de todos nós.

Esses pensamentos não me dignificavam, mas hoje, após tanto tempo passado, posso admiti-los, reconhecer que faziam parte de minha humanidade imperfeita. Foram-se os moços, para o bem e para o mal, e levaria um bom tempo para que deles se tivesse notícias novamente.

Capítulo

3

Do Além

De repente, a minha própria saúde pareceu periclitar. Comecei a ter estranhos padecimentos, sentia palpitações e canseiras totalmente novas para mim. Em meus 60 e poucos anos, ainda não tinha pensado a sério em minha própria mortalidade. Mas eis que ela deu sinal de alerta e isso me reconfortou. Será que o bom Deus considerava que eu já tinha cumprido minha tarefa de pastor? Esse pensamento me deu uma paz muito estranha, feita de plenitude. Só me ressentia um pouco pelo abandono em que Ana Maria ficaria, entre servas e irmãos menores, com um pai muito enfermo e o irmão ausente. O que eu poderia fazer?

Minha enfermidade, ao contrário da do senhor Filipe, evoluiu com grande rapidez. Logo comecei a ficar estranhamente inchado: mãos, rosto, pescoço, tudo muito grande e meio avermelhado. Compreendi que sofria de grave enfermidade cardíaca que logo me conduziria ao encontro do Pai.

Ana também entendeu isso e, generosa, passou a tentar me confortar, totalmente esquecida de seus próprios dissabores. Vendo minha serenidade, aquietou-se também. Para nenhum de nós dois a morte digna era algo a ser lamentado. Lamentávamos a ignorância, a crueldade, a descrença e a indignidade. Mas não o retorno tranquilo ao regaço do Senhor. Muito oramos em conjunto, enquanto eu piorava.

Em determinada noite, percebi que algo estranho me ocorria. Uma pressão enorme no peito, uma sensação de que algo se rompia, e caí em estranho amortecimento de meu ser. Acordei algo perdido, em local estranho, mas belo, calmo. Parecia-me estar um tanto alheado, com a mente desconectada da realidade, e sofria de uma perturbação indefinível, que não chegava a ser ruim.

Logo fui abordado por meu primeiro confessor do seminário e compreendi que tinha adentrado o reino dos mortos. Uma paz imensa se fez em mim, ao ver que fora tudo calmo, que era algo natural, bom. Ah, que delícia morrer com paz na consciência!

Se o povo em geral soubesse como é simples passar da condição de vivo à de morto! Toda a gente faria por viver com dignidade, se entregaria à religião, aos deveres mais santos. A vida na Terra é tão efêmera, seus problemas tão pequenos, quando olhamos de uma nova perspectiva, a de quem chegou ao termo da jornada.

Eu continuava interessado no que se passava com a pequena família lionesa. Após um tempo de descanso e refazimento, indaguei a respeito deles. Fui informado de todos os detalhes da empreitada que se desenrolava e fiquei espantado.

Contrariamente à minha fé católica, os renascimentos eram uma lei natural e todos se submetiam a eles! E naquele núcleo familiar alguns amores meus se preparavam para provas aspérrimas. Interessei-me, condoído, por tudo o que se anunciava, ao tomar conhecimento da programação espiritual. Soube que poderia acompanhá-los e o fiz, como uma tarefa nova que passava a cumprir. É sob essa nova perspectiva, a de morto, que passo a falar.

Uma bela tarde, eu cheguei à residência da família de meu coração. Surpreendi-me ao notá-la iluminada, de modo diferente das demais da região. É tão interessante a perspectiva de quem já morreu e olha o mundo sob novo enfoque! Agora, tinha acesso a informes novos, a matizes desconhecidos.

Antes de lá chegar, andei com calma pelas ruas, como se vivo ainda fosse. Encontrei meus paroquianos, ouvi seus pensamentos, reparei em como pareciam diferentes. Muitos se aureolavam de uma dignidade apartada do desgaste de seus corpos. Outros, embora envergando ricas vestes, apresentavam-se tristes e obscuros.

E as companhias! Ah, as companhias de muitos deles... Chegava a dar medo, e pena dava mesmo, vê-los a tantos em tão triste companhia. Algumas mocinhas, mal saídas da adolescência, tinham verdadeiras meretrizes espirituais a lhes acompanhar os passos. Quais vínculos anteriores, ou quais tendências atuais, justificariam aquilo? Entre surpreendido e apavorado, tudo olhava com a alma em suspenso e o coração em prece.

Ao chegar à casa a que me dirigia, tive uma agradável surpresa. Uma espécie de magnetismo imperava no local e traçava uma divisão muito clara entre o exterior e o interior da vivenda. Atravessei-o sem problemas, sentindo como uma lufada de ar fresco. Logo identifiquei a origem, aliás, muito previsível. Tratava-se de Ana Maria, que no momento em que cheguei a seu lar estava em prece, diante de um pequeno altar que possuía em seu quarto. Ajoelhada em frente à Virgem, mostrava-se completamente enlevada em seus pensamentos que se dirigiam à mãe do Salvador. Encantei-me ao vislumbrá-la com os olhos do espírito: uma formosa luz, mais formosa ainda do que sua aparência física, em si mesma muito encantadora, adornava-a. Sua presença tranquila e benfazeja criava uma atmosfera de paz e harmonia.

Logo me inteirei de tudo o que ocorrera em minha ausência, cuja duração ignorava, em realidade. Percebi que, na ausência de Fábio e João, a vida adquirira contornos de normalidade. Ela não mais precisava se defender dentro da própria residência; não necessitava proteger os irmãos menores e os criados das investidas cruéis dos dois moços abusados. Sua preocupação cingia-se no momento à enfermidade do pai, que mais ficava no leito do que fora dele.

Filipe raramente ia a seus estabelecimentos comerciais e costumava receber seu intendente, Jerônimo, homem muito sério e pouco falante, na saleta de estar. Entretanto, identifiquei uma causa nova de preocupação nos fios dos pensamentos de Ana. Aliás, em minha condição de morto recente, não sabia como fazia muitas coisas: simplesmente as fazia de modo intuitivo.

Tratava-se de problemas os quais vinha tendo para visitar Doralice, interna em um convento. Entendi que o jovem sacerdote que me auxiliava, e havia me substituído, estava a criar embaraços às visitas. Fiquei com alguma dificuldade para compreender a má vontade do sacerdote. Quando finalmente captei o que se passava, minha indignação não teve limites.

O descarado não hesitava em abusar de sua condição de sacerdote para tentar seduzir minha antiga pupila! Começara se insinuando na residência, logo após meu falecimento, querendo me substituir no afeto da família. Ana não se agradou da novidade e, em breve, passou a mandar as servas despistarem a visita inconveniente. Como nunca foi convidado para sentar ou esperar, e muito menos para fazer qualquer refeição no local, compreendeu que não era bem-vindo. Mas isso não foi razão suficiente para que desistisse do tentame.

Quando Ana Maria ia à igreja, não se contentava em confessá-la com perquirições irritantes a respeito de seus pendores, desejos e sonhos. Focava muito na questão de sua solidão de moça bela e desejada, se não sentia necessidade de amar a um homem em especial. Ela, boa, mas não boba, sempre foi dura e firme, segundo entendi de suas recordações, que estimulei pelo pensamento, a fim de me inteirar de tudo.

Dizia-lhe que, qual ele, escolhera amar a Deus antes de tudo e seria sempre fiel a esse amor. Que o manifestava cuidando de sua família, dos servos, dos pobres que Deus lhe enviava. Não tinha ojeriza à ideia do casamento, mas também não tinha muita atração por ela. Se algum dia surgisse em sua vida um homem bastante bom, com conduta honrada, generoso e cumpridor dos próprios deveres, que protegesse a inocência como um projeto de vida, aí consideraria a possibilidade de uma ligação afetiva. Fora desses critérios, ficaria bem sozinha.

O padre Francisco entendeu o recado, muito a contragosto. Sentiu-se indignado pela rejeição, e mais ainda pelas indiretas que levou. Viu-se pelos olhos dela como um pervertido abusado e não gostou desse enfoque. Nesse momento, deve ter brotado em sua mente a ideia de tê-la de qualquer modo, nem que fosse para fazer desforra.

Um dos recursos de que se utilizou foi visitar Doralice, inteirar-se de sua situação e recomendar à madre superiora do convento que não permitisse visitas. Usou sua condição de sacerdote para influenciar a religiosa, no sentido de que visitas poderiam ser deletérias, na medida em que Doralice dava sinais de fraqueza mental. Cada dia mais, ela era tomada de estranhos fervores religiosos. Queria se penitenciar, flagelar-se, parar de comer, orar incontáveis horas de joelhos na pedra fria. Enfim, a loucura ameaçava a pobre criatura.

Feito isso, mandou avisar Ana Maria de que precisava lhe falar com urgência sobre a irmã. Como não poderia deixar de ser, com o coração aos saltos, a moça compareceu na casa paroquial. Mas cuidou de ir acompanhada por dois de seus irmãos menores.

O padre Francisco não gostou desse detalhe. Seguramente tinha imaginado uma boa oportunidade para tecer alguns comentários mais íntimos, insinuar-se, quem sabe romper a frieza da belíssima jovem. Teve de se contentar com olhares insinuantes, que faziam a pobre moça corar de vergonha e indignação. Eu, que a acompanhava, também fervia de indignação. Chamei-o com força e vigor à dignidade de sua posição. Deve ter percebido minha intervenção, pois demonstrou sentir grave desconforto físico, afrouxou o colarinho da camisa, abriu a janela, começou a suar. Nem por isso criou vergonha, lamentavelmente.

Após alguns rodeios, nos quais elogiou a pele, os olhos, os cabelos e o talhe da visitante, falou de sua irmã. Pintou com as tintas mais negras que conseguiu o quadro da noviça transtornada. Fez parecer que a loucura era questão de dias. Também disse, com um olhar muito firme, cujas intenções eram por demais claras, que desejava levá-la em viagem para visitar a irmã. Que a madre superiora proibira Doralice de sair do convento e mesmo de receber visitas fora de sua cela. Que o único modo de Ana Maria visitá-la era em sua companhia, como sacerdote, e que crianças não poderiam estar presentes na visita.

Ele arrumou argumentos os mais pífios para organizar a visita de modo que coincidisse com tais e tais orações, em horários determinados, a fim de que tivessem de pernoitar no próprio convento. Em suma, uma viagem apenas para eles dois, sem crianças nem outras pessoas. Somente ambos poderiam entrar e pernoitar no convento, por força de determinação expressa da madre superiora.

A moça foi ficando chocada no correr da conversa e notei que não era mesmo apenas boa. Quando necessário, tinha uma energia descomunal. Fitou em Francisco um olhar que deve tê-lo feito se sentir um cisco, o último dos mortais.

Disse-lhe que entregava a irmã nas mãos de Deus. Amaria visitá-la, mas em outras condições, nas quais não precisasse abandonar seus deveres de moça honesta, com irmãos menores que dela dependiam, material e moralmente, e com um pai enfermo. Não houve clareza nas palavras, mas a mensagem era evidente ao extremo. O sacerdote teve a decência de corar, mas não a de rever sua conduta.

Ali, vendo o sofrimento de Ana Maria, angustiada pela irmã, mas intransigente na defesa da própria virtude, alguns sentimentos dividiram meu ser. De um lado, orgulho e carinho infinitos pela moça decidida e nobre. De outro, vergonha profunda pela conduta de um sacerdote que eu tentara orientar enquanto na carne. Ela arrebanhou os irmãos e saiu da igreja muito ereta, com as faces afogueadas e o andar firme. Já ele ficou com a mente em turbilhão, indignado, sentindo-se ofendido. Pude ouvir-lhe os pensamentos com uma clareza que me estarreceu. "Quem ela achava que era? Incontáveis damas da sociedade lhe disputavam a atenção! E seria a filha de um mercador a tratá-lo como se fosse um peralvilho? "

Era bem-nascido, escolhera a carreira religiosa por pendor pessoal, mas poderia ter trilhado outros caminhos. Nunca levara a sério a castidade, nem nos tempos de noviço. Sempre houvera alguma paroquiana disposta a lhe conceder favores. Mas de repente tudo o mais parecia perder seu encanto. Só conseguia pensar na figura belíssima de Ana Maria e esta ousava tratá-lo como se fosse um joão-ninguém!

Ela não tinha namorado, nem prometido. Caminhava para ser uma solteirona, o que não deixava de ser surpreendente! Que aproveitasse a vida de forma discreta, com um homem confiável e charmoso como ele! Se mais tarde resolvesse se casar, seu dote deveria ser grande o bastante para fazer o noivo esquecer os deslizes do passado. Poderia ajudá-la mesmo nisso, com alguns conselhos e conversas com o pretendente.

Poderia inventar uma história de abuso em que a socorrera. Tudo já estava em sua mente, uma historieta bem montada, com a qual contava convencê-la a amenizar sua vida de rigores e solidão. Bastava um sinal de boa vontade. Mas ela saía de sua casa indignada como se um mascate de rua a tivesse abordado! Ah, não perderia por esperar! Haveria de convencê-la, por bem ou por mal. Era uma questão de honra.

Honra? Deus meu! Ele achava que havia honra em seduzir uma donzela decidida a permanecer honesta!

Saí do ambiente preocupado ao extremo e tratei de alcançar Ana e seus irmãos, que já iam longe. A pobre moça a custo continha as lágrimas, para não preocupar as crianças que a acompanhavam. Seu semblante denunciava a imensa tristeza que experimentava, ao saber que Doralice se encaminhava para a loucura e ela não podia fazer nada para auxiliá-la. Um mau sacerdote se colocava entre ela e seu dever fraterno de socorrer Doralice.

Chegou à casa, foi para o quarto e chorou sentidamente. Em pensamentos, reviu a irmã enquanto menina, sua fragilidade, seus temores, seus choros noturnos, que costumava atender. A menina desde sempre tivera estranhos medos, achava que via vultos, tinha crises e só se acalmava com ela ou a mãe a ampará-la.

A mãe se fora há tempos e Ana Maria tivera esperança de conseguir fazer o papel, que entendia ser o seu, de figurar como um misto de mãe substituta e irmã mais velha, para a frágil Doralice. Infelizmente, ela decidira tomar o hábito, colocara-se fora de seu alcance, e experimentava estranhas transformações dentro do convento. O que se passaria exatamente com ela? Após muito chorar, lembrou-se de orar e o fez com grande unção.

Não pude deixar de ficar feliz ao ver que ela seguia religiosa, apesar de todas as decepções que os representantes da Igreja - a madre insensível e manipulável e o sacerdote pervertido - lhe causavam.

Orou longamente e eu lhe acompanhei os pensamentos, tocado da mais profunda emoção. Via-a lindamente coroada de luz, percebi que se acalmara ao entregar toda a situação à misericórdia divina. Entretanto, a situação ainda haveria de piorar muito antes de dar qualquer sinal de melhora.

Em poucos dias, ao sair de casa acompanhada das crianças, notou algo de inusitado: as mulheres não mais a cumprimentavam! Algumas chegavam a atravessar a rua quando a viam, para não passar ao seu lado. Ficou surpreendida ao extremo com aquela conduta. O que estava se passando? Enquanto isso, os homens, quando desacompanhados, passaram a lhe lançar sorrisos e olhares insinuantes, quando não de mofa.

Ana Maria ficou desconcertada ao extremo com aquela situação, que não conseguiu entender. Aquilo se estendeu por vários dias seguidos, a ponto de ela parar de sair à rua. Havia se tornado uma prisioneira em seu lar, sem atinar com a razão pela qual repentinamente se convertera em uma proscrita. Revisou sua consciência e nada encontrou de que pudesse se acusar. Questionou os irmãos se haviam brigado na rua, perguntou ao pai se ele havia feito algum negócio prejudicial aos comerciantes locais. Com todas as respostas negativas, quedou-se silente, sem nada entender.

Após alguns dias de reclusão, resolveu assistir à missa, em uma tarde de quarta-feira, no horário da novena. Chegou mais cedo para orar na igreja e perdeu-se nos próprios pensamentos. Quando tomou consciência de que o horário avançava, já era quase momento da celebração. E, coisa muito triste, constrangedora ao extremo, a igreja continha um bom número de paroquianas, mas todas aglomeradas no lado oposto ao em que se postara. Olhou espantada para aquela situação, mas nenhuma paroquiana demonstrou perceber sua presença. Era como se tivesse lepra!

Suportou como pôde a novena e tratou de sair quase correndo, mal o padre havia dito amém, envolta em uma vergonha incompreensível. Afinal, não fizera nada, mas todas a tratavam como se fosse uma adúltera ou uma portadora de doença contagiosa. Mortificada, com o coração aos saltos, cabeça baixa, encaminhou-se a toda velocidade para casa. Apenas conseguiu respirar profundamente quando entrou porta adentro a residência familiar.

Alguns dias mais tarde, Ana teve um vislumbre do que ocorria, para sua tristeza e perplexidade. Tudo começou com uma conversa sem sentido, aos seus ouvidos. Maria, uma das servas da casa, já um tanto idosa, recomendou-lhe que parasse um pouco com o atendimento dos pobres. Ou pelo menos que não mais deixasse que homens entrassem pelo portão dos fundos. Que a caridade, se continuasse, ficasse restrita às mulheres.

Ana Maria indagou a razão daquilo. Nunca tivera qualquer problema com os desafortunados que ali compareciam em busca de socorro para si ou para suas famílias. Ao contrário, todos a respeitavam. Era tratada como se fosse uma espécie de santa, o que não deixava de contristá-la, mas não conseguia impedir demonstrações efusivas de gratidão. A serva disse:

- Mas, senhora... As pessoas falam!

- Falam o quê?

- Falam bobagens. Elas são cheias de maldade na cabeça.

- Que maldade pode haver em socorrer pessoas pobres, sejam homens ou mulheres?

Lentamente, a serva lhe participou dos boatos que corriam a cidade como um rastilho de pólvora. Há algumas semanas, surgira o comentário de que ela não se casava, não aceitava a corte de nenhum pretendente, porque tinha um vício muito pronunciado. Em suma, permitia-se as maiores intimidades com vários peralvilhos, que se misturavam aos pobres para adentrar e ficar nas dependências da mansão, sem despertar suspeitas. Havia até quem jurasse tê-la visto em atitudes equívocas com alguns deles. Não se casava, porque não queria ter apenas um homem, já que necessitava de vários para se dar por feliz!

Estupor profundo, vergonha incomensurável! Ana Maria ficou vermelha como um pimentão e arrebentou em soluços. Não conseguia acreditar em tamanha maldade! Não fazia senão socorrer aquelas pessoas. Quem teria tido a coragem de espalhar semelhante crueldade a seu respeito?

A pobre serva não sabia o que fazer. Disse-lhe que todos os serviçais sabiam desse boato e tinham tal procedimento como uma infâmia. Afirmavam os serviçais, para quantos quisessem ouvir, que a dona da casa era boa e honrada. Infelizmente, o povo se regozijava com um belo falatório. Muitas senhoritas, que se sentiam diminuídas pela beleza de Ana Maria, aproveitavam a oportunidade para tirar uma desforra. Com isso a coisa ganhava dimensões cada vez maiores. Não se sabia sua origem nem que proporção tomaria.

Aterrada, Ana Maria pensou imediatamente no pai. Com a saúde extremamente fragilizada, talvez não suportasse notícia tão vergonhosa e devastadora. E seus irmãos? Já saberiam de alguma coisa? E se viessem saber?

A pobre moça levantou-se do banco de jardim no qual conversava com sua auxiliar e, cambaleante e arqueada como uma velha, sob o peso da terrível calúnia de que era objeto, foi em direção ao seu quarto. Nele chegando, deitou, com o coração opresso.

Lentamente, as lágrimas retornaram. Começaram suavemente e logo cresceram para fortes soluços. Mas também estes cessaram, e ela ficou deitada na cama por várias horas, como que em suspenso, evitando até respirar fortemente, tal a dor moral que sentia e que repercutia em seu corpo.

A tarde correu, a noite chegou e Ana Maria não se levantou. Deixou de atender o pai e os irmãos, não foi jantar com eles, não supervisionou o serviço noturno. Em seu íntimo devastado, havia dor e vergonha. Jamais imaginara ser vítima de tal infâmia e sentia um vexame profundo, como se tivesse mesmo feito algo errado. Pela vez primeira em sua vida reta, temia encontrar os olhares dos familiares.

Maria, a serva que lhe dera a notícia, teve a inspiração de falar para todos que Ana Maria estava com uma forte dor de cabeça e não queria ser incomodada.

Um tanto mais tarde, em plena madrugada, a moça atingida pela maldade continuava sem saber que rumo dar a sua vida. Deveria também ela tomar o hábito? Talvez fosse o caso, para fazer minorarem os comentários, de passar a atender apenas mulheres em sua residência. Com o coração em suspenso, indagava, indagava, indagava... Buscava uma resposta, queria saber a razão e a finalidade de tudo aquilo.

Muito lentamente, uma ideia salvadora começou a brotar em seu íntimo. Seria aquela a sua cruz de cristã? Ninguém no mundo se livrava de exemplificar o bem, e sempre se sofria de algum modo. Quem se entregava a loucuras, arcava com as consequências, que sempre se faziam sentir, nem que apenas por dores íntimas de remorsos, na juventude ou na velhice. Quem vivia retamente também tinha sua cota de dores e incompreensões. Se o sublime Crucificado sofrera na Terra, por entre incompreensões e maldades, quem era ela para desejar se furtar a algum testemunho?

Estava sendo tentada a parar com a obra de atendimento aos pobres e aos enfermos, ao socorro das famílias carentes, muitas das quais já não contavam com a figura de uma mãe, mas apenas com a do pai. Seria justo que, por conta de maldade de algumas pessoas, ela deixasse ao desamparo pobres crianças e desesperados homens honrados que lutavam contra dificuldades extremas, a fim de alimentar, criar e educar os filhos? Não, isso seria uma indigna covardia. Era essa a sua prova: enfrentar a maledicência, tolerar a incompreensão da sociedade, as conjecturas de maldosos e levianos, enquanto fazia o bem. Até que não era tão grande coisa assim. Era chato, claro, sentir-se vítima de olhares maldosos, em especial de alguns homens que pareciam agora identificar nela uma oportunidade de aventura. Mas, ah, saberia enfrentá-los a todos. Não era cristã à toa. Olharia a todos nos olhos, não fugiria, não pararia seus serviços. Cuidaria de esclarecer a situação a seus irmãos, com toda a cautela possível, a fim de que não ficassem sabendo por terceiros. Quanto a seu pai, tentaria poupá-lo. Para isso, contava com sua saúde debilitada, com sua reclusão e também com seu temperamento arredio. Parecia mesmo altamente improvável que alguém se aventurasse a contar para Filipe algo de desabonador sobre a família dele.

Uma estranha paz se fez no coração da moça. Ela até sorriu, quando concluiu que estava em pleno processo de testemunhar sua fé cristã. Isso lhe deu um estímulo diferente, uma coragem nova. Foi em boa hora que essa metamorfose se deu, a fragilidade foi embora e uma resolução firme se instalou no coração da caluniada.

Na tarde seguinte, anunciou-se na residência a visita do padre Francisco. Ana Maria não teve muito tempo para pensar em uma saída e, um tanto atrapalhada, mandou que o fizessem entrar. Com seu ar melífluo, suas maneiras afetadas de tão elegantes, ele mais deslizou pela sala do que nela entrou. Não conseguiu conter um olhar de admiração ao ver a moça em seus trajes singelos de ficar em casa. Em sua simplicidade, ela lhe pareceu maravilhosamente bela, e seu rosto não ocultou bem tal pensamento. Foi um mau começo, diria eu, que assistia à cena.

Após as cortesias de praxe, indagações sobre a saúde dos familiares, do pai da anfitriã em especial, disse a que veio. Falou que estranhos boatos circulavam pela cidade e que estava preocupado. Ana Maria, apesar de sua força nova, não conseguiu se impedir de corar. Mas se empertigou, em uma atitude plena de nobreza, e indagou o que diziam. Com mil cautelas e salamaleques, ele deu a entender de que se tratava.

Ela não se fez de desentendida. Afirmou já ter sido cientificada de tudo e que, após ficar indignada e muito triste, resolvera não valorizar a coisa. Sendo tudo evidentemente falso, o boato haveria de morrer de forma natural. As pessoas logo encontrariam fofoca nova com que se ocupar. Como não tinha marido, noivo ou pretendente, não havia razão para dar explicações para ninguém de fora de seu círculo familiar. Sua família sabia de sua dignidade, que era moça virtuosa e jamais se entregaria a deboches, ainda mais daquele gênero, tão aviltante.

Notei com certo espanto que o sacerdote ficou desconcertado. Ele visivelmente não esperava encontrá-la tão firme e tranquila. Como não era de desistir fácil, cuidou de habilmente valorizar os boatos e demonstrar quão devastadores poderiam ser na vida de uma donzela de boa família, em idade casadoira.

Com todo o tato possível, denotando um notável domínio da arte da diplomacia, ofereceu-se para ajudar. Seria de todo conveniente que Ana Maria se fizesse mais assídua na igreja, até atuando como sua secretária pessoal, nos assuntos da paróquia. Sim, ele também cuidava dos pobres e receberia de bom grado o auxílio dela. Poderia passar a atender seus pobres no âmbito da igreja, ou, melhor ainda, na casa paroquial, que era vasta e confortável.

Sob sua tutela direta, a coisa toda ganharia um ar de dignidade incontestável. Ainda mais, tencionava fazer, por ocasião da homilia da páscoa, que se anunciava, um grave e contundente sermão sobre a maledicência e deixar mais do que claro seu posicionamento sobre o tema. Preservaria o nome dela, claro, mas todos saberiam de que se tratava. Afiançaria do púlpito seu conhecimento direto da dignidade de sua conduta, que se tratava de uma cristã afeita às obras pias. E elogiaria a nova configuração do atendimento social da congregação, mencionando de forma expressa que se encontrava sob a tutela direta dela, Ana Maria, pessoa de sua inteira confiança.

Tudo ficou claro naquele momento: bastava ela passar a estar com o assanhado sacerdote o máximo de tempo possível, à sua inteira disposição, para se livrar de qualquer boato. Os olhos de Ana, ah, os olhos dela! Habitualmente de um azul cândido, naquele momento brilharam com uma indignação sem precedentes. Fiquei encantado com a transformação e tive até pena do padre Francisco.

Olhou-o com muita firmeza e dispensou qualquer ajuda. Disse ter a firme intenção de continuar a cumprir todos os seus deveres de cristã, no seio de sua família. Era honrada e trabalhadora e continuaria a sê-lo, mas em sua casa. Não mudaria nada de sua rotina, em especial não passaria a estar sob novos ares, com atividades novas, com as quais intuía desde já, com clareza solar, que não se adaptaria. Em suma, agradecia, mas não se incomodaria com os impuros, sempre dispostos a semear maldades, a vê-las em todo lugar e a se aproveitarem delas, quando possível. Ele podia se sentir dispensado de auxílios e sermões, de todo desnecessários e inoportunos.

Levantou-se, dando a entender que a conversa chegara ao fim. O sacerdote ficou muito desconcertado, vermelho de vergonha, de raiva e desapontamento. Levantou-se também, mas não parecia mais saber de que lado ficava a porta. Ana não se fez de rogada e lha indicou, com uma dignidade de rainha. Ah, a minha menina, que orgulho dela!

Decidi seguir o jovem padre, por uma razão bem específica. Felizmente para mim, tive piedade de sua conduta desastrada e do carão que passara. Era bem feito, sem dúvida. Um completo escândalo querer se aproveitar assim de sua condição de sacerdote, da possibilidade de dar sermões e das atividades pias da paróquia. Mas, acompanhando seus pensamentos e também as emoções fortes que literalmente exalava, percebi que se encontrava transtornado de paixão. Também notei alguns fios que pareciam prendê-lo alhures, como se alguém lhe estivesse insuflando ideias malsãs. Achei curioso aquele sistema, com fios muito tênues, de má aparência, que o ligavam a alguém distante. Dei um pequeno beijo, pleno de respeito e admiração, na testa de minha antiga paroquiana e saí rapidamente.

Observei um fenômeno interessante. Uma autêntica turba de malfeitores, de inimigos da religião, encontrava-se fora da casa da moça. Intuí com perfeição que nela não puderam entrar, pelo clima de oração e pureza ali reinante. Nem por isso perderam o vínculo com sacerdote desavergonhado que se permitia ser por eles conduzido.

Não me perceberam, pois eu tinha uma sutileza em minhas vestes espirituais que me resguardava desses contatos indesejados, salvo se o quisesse. Era interessante, não pude deixar de refletir, como eu sabia muitas coisas sem atinar direito como as sabia. Simplesmente ia me inteirando de ocorrências e atinando naturalmente com a razão delas.

Nessa linha, refleti que meus pensamentos e sentimentos mais puros me tornavam etéreo, para o que contribuía diretamente meu hábito de orar. Quanto mais orava, mais pensava em Deus e me encantava com a maravilha de Sua obra, mais suave, etéreo e perceptivo me tornava. Com base nessas assertivas, não pude deixar de imaginar e lamentar pelo naipe dos pensamentos e sentimentos cultivados por aquela malta que envolveu o padre Francisco, como se tomasse posse de algo que lhe pertencia.

Sem o saber, em sua invigilância, ele, tão orgulhoso, era comandado por bufões mal-intencionados. Pobre Francisco! Imaginava fazer uma boa figura, mas era literalmente um infeliz para quem tinha olhos de ver. A que vergonheira não se sujeitava, com aquelas companhias que cultivava sem o saber! Acabara de passar um vexame homérico perante uma jovem a quem tinha o dever de proteger e instruir. Deveria, sim, fazer sermões para condenar a maledicência, mas sem esperar receber estranhos favores em troca deles.

Decidi acompanhar aquele estranho time de seres decaídos. Logo fiquei chocado, ao me esforçar por ouvir as ideias que permutavam. Eles incutiam em Francisco pensamentos de indignação e de revolta, faziam-no se sentir injustiçado em seus esforços. Que esforços? Esforços em perder uma donzela de boa família, já de si só em situação delicada, pela maldade dos paroquianos malconduzidos? Mas era bem pior.

Francisco fazia uma recapitulação de todo o ocorrido. Para minha estupefação, havia sido ele o iniciador dos boatos! Tivera a brilhante ideia quando do último encontro dos dois, oportunidade na qual tencionara falar a sós, mas ela comparecera com os irmãos e lhe rechaçara os avanços. Nessa oportunidade, decidira se vingar das afrontas feitas a sua dignidade de belo homem, segundo seu sentir. Após muito meditar, chamara uma das paroquianas que lhe prestava especiais favores, uma senhora casada e que trabalhava nas atividades caritativas da igreja. Vergonha, profunda vergonha!

Falara à senhora que Ana Maria dera a entender que os serviços da paróquia nesse sentido não estavam bem conduzidos e que, por conta disso, ela própria tinha de socorrer os pobres em casa. Sutilmente, cogitou se não haveria nesse atendimento privativo, a que muitos compareciam quase diariamente, algo de escandaloso. Lançou muito bem todos os argumentos para construir a tragédia, que tão cara haveria de lhe custar no futuro.

Mexeu com o orgulho da dita senhora, quanto à atividade que desenvolvia na paróquia.

Sabedor de que ela amava um boato, deixou no ar que sabia de coisas ouvidas em confissão, no sentido da impureza das atividades de Ana Maria, mas que não podia aprofundar a conversa. Demonstrando uma fina habilidade de político com as palavras, e também uma completa falta de pudor, lamentou que a caridade servisse de fachada para comportamentos vergonhosos.

Ainda sinalizou que seria bom se tudo um dia viesse à tona, pois condutas da espécie poderiam enegrecer toda a atividade assistencial dos cristãos na cidade. Em suma, iniciou o boato e ainda fez parecer que era virtude espalhar a cizânia. Considerando o talento da paroquiana em questão para a fofoca, a coisa logo tomou proporções de um escândalo, que engolfou a minha antiga tutelada.

Passada a indignação, fiquei a refletir sobre o quanto as más companhias são responsáveis pela conduta indigna dos homens. Ignorantes do que se passa no lado mais sutil da existência humana, entregam-se a pensamentos e a desejos impuros, sem saber que com isso abrem terríveis brechas para que o mal neles penetre.

Um singelo desejo pouco a pouco começa a crescer no íntimo, na medida em que o homem se permite pensar nele, cultivá-lo. Logo alguns desafetos do passado, ou simples desocupados viciosos, se lhe agregam à psicosfera pessoal. Lentamente o desejo cresce; as ideias mais insanas, que em princípio poderiam ser rejeitadas, tomam corpo e empolgam o homem. É assim que a queda surge.

Seria tão mais fácil vigiar, seguindo a orientação do senhor Jesus. Orar e vigiar. Por oração, não se deve entender apenas o momento da prece propriamente dito, mas o cultivo de pensamentos bons, o desejo de ser puro, de entender a vida, de fazer-se útil. Essa é a genuína oração, que propicia integração com as forças superiores da vida. Não se trata de ladainhas, de curta ou longa duração, mas de um contato contínuo com as forças superiores da existência, donde provém o belo, o bem, a paz e o amor.

E também a vigilância, claro, pois o mestre divino não seria redundante. Cuidar com as próprias fraquezas, identificá-las e evitar manter o pensamento nelas centrado, no sentido de permitir que façam o coração palpitar. Essas fraquezas necessitam ser vigiadas, sem temor, sem paranoias, mas também sem tréguas. Nada de acalentar devaneios do que poderia ser vivido, com coisas que se sabe serem indignas, mas que se deleita em imaginar. Esse deleite continuado, uma espécie de exaltação do que passou (vícios vividos no passado) e deve morrer em definitivo, faz com que a fraqueza avulte na economia espiritual do ser.

Esse processo doentio, tão comum no homem, de viver na imaginação o que não se permite fazer no dia a dia, torna-o hipócrita e presa fácil de espíritos viciosos. Faz com que se abram brechas em seu psiquismo, com que se torne mais e mais fraco. O que antes parecia indigno e escandaloso, já não parece sê-lo tanto. Uma conduta que no princípio jamais seria adotada passa a surgir como normal.

Foi assim com o padre Francisco. Pelo que percebi, sempre fora debochado: a castidade nunca lhe dissera muita coisa. Entretanto, perseguir uma donzela decidida a permanecer honesta, espalhar boatos sobre ela, utilizar uma irmã enferma para chantageá-la, tudo isso representava algo inimaginável no início de sua carreira. Ao conhecer Ana Maria, começara a sonhar com ela, a vê-la em situações amorosas e indecorosas, de todo incompatíveis com a dignidade espiritual da moça. As constantes recusas atiçaram sua vaidade e o tornaram mais e mais apaixonado. Começou a remoer no coração seus desejos, suas frustrações, e lentamente virou um monstro pervertido, para sua própria tragédia. Enfim, tudo muito triste e vergonhoso.

Eu estava vendo na minha frente aquela troca de pensamentos e sentimentos e ela se dava por uma permuta de fluidos de cheiro nauseabundo. Todos me pareciam terrivelmente feios e sujos. O sacerdote ainda moço e bonito, vaidoso em suas vestes impecáveis, com todo o apuro no qual mantinha sua pessoa, surgia a meus olhos como espiritualmente deformado. Sua face, quando a mirava de uma forma especial, destinada a vê-la em realidade, sem o disfarce da matéria, já apresentava algumas deformações. Ele principiava a se assemelhar a um lascivo, deformado e asqueroso.

Como tudo passa pela vida, em especial o que não possui bases reais, aquilo haveria de passar. Aquelas companhias tristes, aqueles boatos, toda a dor semeada nos caminhos alheios em breve deveria fazer parte de um pretérito a ser lamentado e reparado, arduamente reparado.

A responsabilidade de quem sabe muito é bem grande aos olhos do Eterno, e por certo o sacerdote infiel é dos mais complicados perante as divinas leis, quando esquece seus deveres e, pior, utiliza sua posição para ferir e obter privilégios indevidos. De sacerdote e pastor, converte-se em títere do deboche e do mal.

De fato, aquela história se encaminhou para o esquecimento. Muitos fatores contribuíram para isso. Um deles foi que nada se alterou na rotina da caluniada. Ela persistiu a atender seus pobres, saía pelas ruas, sempre acompanhada dos irmãos, com porte altivo. Sua própria beleza imaculada, a sinalizar a candura de sua alma, ajudava a confundir os fofoqueiros. No fundo, parecia improvável que uma moça de beleza tão perfeita, sem qualquer traço de coquetismo, tão simples, pudesse dar-se a deboches como os propalados. Outros escândalos também surgiram e chamaram a atenção.

Por certo, sempre fica algo a ser recordado, a ser comentado em conversas ao pé do ouvido, entre comadres maldosas e sem ocupação. Mas sem aquela atração de uma novidade quente, por assim dizer. E a vida seguiu como deveria seguir.

A saúde do senhor Filipe finalmente dava sinais de periclitar em termos irremediáveis. Já não saía do leito para nada, contando com o auxílio de um criado pessoal para fazer a própria higiene. Ele, tão reservado, deveria sofrer com isso, mas é o caminho natural da vida: no princípio e no fim, o pudor do próprio corpo precisa ser abandonado, pois não mais o dominamos. Felizmente, meu passamento se deu em termos mais suaves, a bem de meu recato.

Uma bela tarde, eu lá estava a sua cabeceira, tentando confortá-lo com pensamentos cristãos que lutava para lhe infundir. De repente, percebo uma movimentação pouco usual. Tratava-se de uma equipe espiritual que se instalava no local para providenciar o retorno do enfermo ao verdadeiro lar. Compunha-se de três pessoas: dois pareciam enfermeiros e o outro tinha ar de médico.

Com efeito, logo que travamos conversação, percebi que essa era aproximadamente a colocação dos visitantes, quanto ao trabalho que desenvolviam. O doutor Ataliba chefiava a caravana socorrista, ao passo que André e Anselmo a completavam, na qualidade de auxiliares. Uma espécie de auréola luminosa cercava o cérebro do médico, o que me tranquilizou por completo quando se apresentaram na residência.

É uma maravilha a ausência de enganos na vida verdadeira, quanto à posição moral em que nos encontramos. Não há possibilidade de equívocos, basta que se preste um pouco de atenção. Claro que há belas figuras que não passam de fachada, mas nenhuma consegue se mostrar em formosas luzes. São apenas simulacros, como fantasias mal colocadas, que não resistem a uma atenção detida.

O doutor Ataliba cientificou-me de que o enfermo seria retirado do corpo naquela noite mesmo, pois seu ciclo na Terra estava terminado. Aproveitou para me deixar a par de alguns acontecimentos que deveriam dar-se quanto aos seres que habitavam a residência e outros que lhes eram ligados, mas estavam distantes.[2] Tive um sentimento de profunda piedade por todas aquelas almas, que seriam colocadas à prova de formas muito severas. Mas quem era eu para contestar ou perquirir os desígnios do Eterno? Se a vida lhes apresentaria dados problemas a solucionar é porque podiam fazê-lo e isso lhes seria útil.

A fé é um recurso precioso, quando sincera, pois nutre o ser de conformação e esperança. O homem revoltado, desesperado ou desesperançado não tem verdadeira fé. Pode até acreditar, superficialmente e sem grande reflexão, mas não crê no Eterno, em Sua sabedoria, em Seu amor e em Seu poder.

Quanto a mim, após tanto viver, entendi, embora com o coração algo confrangido pela dor que atravessaria a vida da família amada, que a misericórdia divina não lhe faltaria. Também já havia visto e ouvido o suficiente para perceber que teria oportunidade de muito aprender, ficando ao lado de todos. A moça, de aparência tão suave, frequentemente me surpreendia com seu tirocínio. Não lhe faltava firmeza, quando necessário. Entre curioso e algo apreensivo, dispus-me a tudo acompanhar atentamente, sempre em oração para que o melhor se desse.

Sabedor de que seu pai morreria naquela noite, intuí Ana Maria a conversar longamente com ele, a trazer os irmãos e a insistir para que o Evangelho fosse lido no próprio quarto.

O senhor Filipe, envolto em suas dores, nem sempre concordava com orações prolongadas em seu quarto, mas aquela noite foi diferente. Havia um clima de grande doçura e também de leve apreensão. Leram o Evangelho, comentaram-no, inclusive as crianças, e a conversação se prolongou. Quando os filhos menores se retiraram para dormir, Ana Maria persistiu ao lado do pai. Falaram do irmão distante, da mãe que já havia desencarnado, e

2 Para não atrapalhar a narrativa, confundindo o leitor, reservo-me a relatá-los à medida que se forem dando. (Nota do Autor).

algo de triste, mas belo se instalou entre os dois. Era uma despedida, embora nenhum dos dois verbalizasse isso ou mesmo estivesse plenamente ciente de que tal se dava. O pai tinha um nó na garganta ao observar a filha tão moça, tão bela, sem mãe e com o único irmão mais velho distante.

Disse-lhe que não havia cumprido a contento seus deveres de pai, pois não providenciara um marido para ela. Que deveria ter insistido, estabelecido um vínculo, sem deixar que ela palpitasse tanto. Era exigente demais e acabaria solteirona. Ana riu alegremente, em um pequeno momento de completa despreocupação, envolta naqueles eflúvios de paz. Disse não ser casadoira, que nem pensava no assunto. Tinha os irmãos para cuidar, o pai para lhe fazer companhia, os pobres para socorrer e recursos suficientes com os quais poderia viver bem. Para que precisava de um marido de que não gostava? Se algum dia conhecesse algum rapaz bondoso e digno, como o próprio pai sempre o fora, pensaria no assunto.

O doente se emocionou com essa generosa apreciação de sua pessoa e seu coração se acalmou: havia criado uma boa filha, que cuidaria e instruiria os irmãos, em sua eventual ausência. Aliás, naquele clima tranquilo, com um leve toque de tristeza, terminou por se convencer de que coisas boas poderiam ocorrer. Quem sabe algum facultativo novo não lhe poderia prescrever tratamento mais eficiente? Poderia recuperar a saúde, ver nascerem netos, brincar com eles...

Pensamentos surpreendentes em homem sempre tão austero, mas entendi que eles eram o prenúncio de uma renovação de seu caráter. Os anos de doença, de dores e dificuldades acabaram por amolentá-lo. Sempre tão sisudo, autossuficiente, vira-se lentamente na dependência dos outros, e se surpreendera com a generosidade da família, em especial de sua filha mais velha.

Bem ao final da vida, compreendeu a importância dos laços de família, vislumbrou que o afeto tem um papel importante a desempenhar na vida de um homem. Em seu íntimo, lamentou não ter se apercebido disso antes, mas também se tomou de esperanças de que poderia melhorar e viver de modo diferente, mais próximo dos filhos. Traçou planos de atentar mais para os empregados, aproximar-se deles, ser mais amigo e generoso para todos os que dele dependiam.

Ah, os projetos derradeiros e irrealizáveis no ocaso de uma vida! Tudo aquilo ele haveria de realizar no futuro, em outra existência na Terra. Porque aquela findaria em reduzidas horas. Entretanto, aquelas reflexões, aquelas resoluções, os dissabores experimentados, nada seria inútil. Aportaria no lado da verdadeira vida transformado em seus sentimentos. Como sempre fora honesto, a existência que se findara era bem exitosa, eu podia afirmar sem medo de erro. Mas era um fato: ela findava. O moribundo partiu em paz, em plena madrugada.

Quando a casa começou a se movimentar, na manhã seguinte, o criado pessoal do senhor Filipe encontrou apenas o seu cadáver na cama, pois o ser pensante já estava longe. Acompanhei com vivo interesse o processo de retirada do espírito imortal da roupagem física e notei que se deu com grande facilidade. A enfermidade prolongada, a consciência tranquila e as emoções renovadas facilitaram muito o desligamento. Adormecido, partiu nos braços da equipe que o veio buscar. Restava cuidar dos vivos, segundo a carne.

Houve tristeza, mas esta não foi lancinante, pois os longos anos de dor a todos haviam sinalizado que a vida do enfermo findava. Chorou-se, orou--se, vigiou-se o cadáver, com todas as praxes. A comunidade se fez presente nesse momento crítico, e parecia que os falatórios a respeito de Ana Maria perdiam mesmo a força. A virtude sempre termina por se impor.

Atentei que muitos dos presentes se comoveram com a atenção por ela dispensada aos irmãos, como figurava à conta de uma mãe, carinhosa e zelosa, para os petizes. Sua autoridade incontestável na residência, junto à família e à criadagem, militava contra os boatos que a anunciavam como uma devassa. Aliás, sua figura tinha um quê de pureza, com seu semblante sem maquiagens, sem artifícios, de todo desataviada, embora nem por isso descuidada.

Até o prefeito da cidade compareceu, acompanhado do filho, jovem médico recém-chegado da capital. Foi mais do que evidente o impacto que este sentiu na presença de minha tutelada. O rapaz possuía um sorriso gentil que ficou congelado em seu rosto ao lhe ser apresentado. O doutor Arquimedes, nome estranho para alguém tão moço, visivelmente foi atingido em seu íntimo de modo contundente. Não pude conter um sorriso e me indaguei se teria mais sucesso do que todos os outros que o antecederam. Contudo, também notei algo estranho: Genoveva, irmã de Ana Maria, pareceu impactada com o médico, ao seu turno. Isso acabaria por perturbar a paz doméstica? – indaguei com meus botões.

A moça, já com seus 17 anos, fazia uma boa figura: era uma morena de tez e traços delicados, com belos olhos e cabelos negros. Entretanto, nunca seria páreo para a irmã mais velha e devia ser bem ciente disso. Tratava-se de algo a se pensar no futuro, pois aquele era um dia de dor e luto.

Capítulo

4

Genoveva

Ao anoitecer, após o enterro propriamente dito, a família se encontrava reunida: Ana Maria, Genoveva, Luís e Pedro. Ausentes estavam Fábio e Doralice. Era a prole do senhor Filipe e de dona Constância, que persistia na residência, a continuar a história da família. Combinaram de no dia seguinte chamar o notário e o intendente e se inteirarem do estado das finanças familiares.

Não havia especial preocupação com isso, mas desejavam saber a realidade de sua situação. Observei que Ana não pretendia impor-se aos irmãos, não almejava tomar a frente sozinha: contava com a participação e a anuência deles para os projetos familiares. Desejava que eles fossem um grupo unido pelo afeto, com decisões partilhadas. Irmãos, seriam fraternos, viveriam juntos, tudo partilhariam, sem nada de oculto.

O projeto em tese era bom, mas eu desconfiava um pouco do método. Desde sempre, notara que muita conversa, decisões muito partilhadas costumavam tomar estranhos e inusitados rumos. Sempre me parecera conveniente que o mais hábil e sábio tomasse as rédeas da situação. Contudo, não seria a primeira vez que teria minhas concepções alteradas ao sabor dos acontecimentos e das ocorrências daquele núcleo de pessoas. Ao que se anunciava, pretendiam viver em comuna, agora que os pais já se tinham ido.

Luís, com seus 15 anos, parecia já muito grave, lembrando bastante o pai. Mas isso se dava de um modo agradável, pois era sério, mas não distante. Quanto a Pedro, era mais uma criança crescida do que qualquer outra coisa. Vivia rindo e pregando peças na família e nos criados. A todo instante, ouvia-se sua risada ecoando pela residência. Não gostava lá muito de estudar, mas o fazia, para não merecer reprimendas. De natureza simples, satisfeita e feliz, deveria levar a vida com bonomia.

Já Genoveva naquela noite estava com ar sonhador, distante de seu habitual. Em regra, tinha um ar mais prático: era moça decidida, que tudo queria resolver de imediato, nem que fosse só para se livrar de um problema ou discussão. Gostava de cozinhar e de cuidar do jardim. Uma perfeita dona de casa em perspectiva, eu pensava.

Bastava que lhe aparecesse um bom marido e tudo ficaria bem. Mas e se o eleito de seu coração escolhesse a irmã mais velha como objeto de sua admiração? Era mais do que evidente que Genoveva vivia na expectativa de uma vida caseira. Seus interesses eram os da casa, como roupa limpa, comida gostosa, sendo francamente apaixonada por crianças. Não achava muita graça no desfile de pobres no portão dos fundos da residência, mas sempre se rendia ao encanto dos pequenos esfomeados. Para estes, não regateava nada. Reclamava, por vezes, do burburinho, dos danos aos canteiros e da grama do quintal pisoteada, nos dias em que se criou o hábito da distribuição de alimentos e roupas. Mas, quando via as crianças, seu coração se confrangia. Em tudo e por tudo, Genoveva era uma dona de casa, uma mãe de família que aguardava com impaciência o momento de cuidar de sua própria residência, de ter seu marido e seus filhos.

Para mim, ela era transparente naquela noite: de todo desatenta da conversa, dos projetos do grupo familiar, já se via como a esposa do novo médico, cheia de planos e ideias. Mas os sonhos humanos nem sempre se realizam, pois o homem põe e Deus dispõe, na conformidade de Seus desígnios superiores. Por ora, que a menina sonhasse embalada em seus doces projetos, antes que a realidade a atingisse.

Viveu-se na sequência um período de relativa calma. O contato com o intendente e o notário não revelou nada de preocupante. Ao contrário, as finanças familiares eram das melhores, de todo invejáveis. Os irmãos dividiriam os bens em partes iguais, com a previsão de ser a maioria deles inalienável até que todos tivessem mais de 25 anos de idade. O sábio pai estipulou uma renda a ser entregue nas mãos de Ana Maria, na ausência de Fábio e na menoridade dos outros. Com a chegada de Fábio, este teria direito a um percentual da renda, que lhe seria entregue diretamente, mas a irmã persistiria a administrar a parte atinente aos outros irmãos mais jovens.

O comércio familiar continuaria nas mãos de um administrador previamente nomeado, que não poderia ser destituído, salvo falta grave, até que fosse atingido o referido limite de idade. Era da incumbência desse administrador providenciar o pagamento da renda, aliás, bem generosa, ao grupo familiar. Nada de surpreendente e tudo muito confortador, na verdade. Poderiam enfrentar alguns problemas, mas dificilmente, pelo quadro exposto, estes teriam conotação econômica ou financeira. Como diz o ditado, é melhor chorar no palácio do que na choça.

Os dias se sucederam em relativa paz, à parte certa angústia de Genoveva para ter notícias do filho do prefeito. Terminou por ser alvo de troça de Pedro, que não tardou a perceber o interesse amoroso da irmã. O pequeno grupo familiar se inteirou do que ocorria. Genoveva, com o rosto à cor de pimentão maduro, deixou a mesa do jantar, tão logo Pedro lhe anotou o notório interesse no jovem médico. Isso valeu por uma confissão, na frente de todos, o que rendeu algumas risadas.

No dia seguinte, tudo mais calmo, a situação retornou à normalidade. Uma vez tornado público o interesse, a moça perdeu o pudor em frente de seus irmãos e logo aventou que precisava dar um jeito de marcar uma consulta. Queria saber se o doutor Arquimedes tinha consultório e como era o regime de atendimento. Pedro, para se penitenciar do clima da véspera, propôs-se a descobrir o que Genoveva anelava saber. E, de fato, na tarde do mesmo dia o menino já tinha todas as informações.

Com certo ar de surpresa, Ana Maria indagou qual pretexto ela utilizaria para consultar um facultativo, uma vez que tinha a saúde de uma roceira. Genoveva não se deu por achada e passou a relatar sintomas visivelmente imaginários, como tonturas, calores e suadouros, falta de sono em uma noite, com muito sono na noite seguinte... Os olhares que lhe foram dirigidos bem revelaram a opinião dos irmãos, mas, tendo em mente a crise da véspera, nenhum deles fez comentários desairosos.

No dia seguinte, logo após o almoço, eis que a pretensa enferma se dirigia ao consultório de seu futuro marido, como ela imaginava. Como recomendava o bom-tom, fez-se acompanhar pela irmã. Esta tratou de deixar claro que não participaria de nenhuma farsa. Apenas se faria presente durante a consulta, mas guardaria silêncio sobre os tais sintomas. Tudo acertado, ambas tomaram o rumo do consultório. Decidi-me por acompanhá-las, movido por uma ponta de curiosidade e também pela preocupação com eventual decepção da donzela sonhadora.

Genoveva caprichou na indumentária e parecia pronta para assistir à missa do dia de Natal. Esmerou-se no penteado, na escolha do vestido, embora devendo guardar luto por seu pai. Estava, de fato, muito bela e mesmo emocionante, com o rubor das faces próprio de uma moça envolta com o sonho do primeiro amor. Olhei-a com uma ponta de piedade. Era mesmo digna de chamar a atenção, mas a presença da irmã lhe empalidecia a beleza de modo irremediável. Também vestida de negro, Ana Maria, com pequenos toques de cinza e branco aqui e acolá, com um diadema a lhe prender os bastos cabelos loiros, ela era a própria imagem da beleza, simples e perfeita. Observei-as, algo enlevado e um tanto temeroso. Foram-se ambas, em direção a seu destino.

Chegando ao consultório, tiveram de esperar um bom tempo, pois a fila era grande. Ao despedir um cliente, o doutor Arquimedes viu-as sentadas na sala de espera. Ficou sem jeito, qual um adolescente, e veio cumprimentá-las. Para qualquer um que observasse a cena, era evidente que ele só tinha olhos para Ana Maria, que pareceu notar o que ocorria, algo contristada. Também era notório o interesse de Genoveva no médico. Triste triângulo, a prenunciar apenas sofrimento para os envolvidos.

Estava presente no local um senhor mais maduro, que aguardava para ser atendido, tendo chegado antes das moças. Lançou-lhes olhares inquiridores, um tanto despropositados para a situação e por não lhes ter sido apresentado formalmente. Ele até tentava disfarçar um pouco, mas a cada instante voltava o olhar para as jovens. A situação começava a ficar desconfortável, quando Cícero - era esse o nome do senhor - foi chamado para o atendimento. Não gostei do seu jeito nem das companhias espirituais que o rodeavam. Era evidentemente um debochado, e deduzi, de modo pouco generoso, que deveria estar em busca de tratamento para alguma das ditas enfermidades de rapaz.

Finalmente, as moças foram recolhidas na saleta, a qual ressumava bom gosto e sobriedade. Preciso reconhecer que gostei logo do rapaz, embora lamentasse o papel que lhe cabia junto à família de meu coração. Atencioso, examinou a alegada enferma, com a mescla perfeita de cuidado, respeito e diligência, para concluir que nada tinha de grave.

Aliás, até eu, nulidade em medicina, atingiria esse diagnóstico com grande facilidade. Aventou alguma alteração do sistema nervoso, em razão do passamento do pai. Perturbada das emoções ela claramente estava, mas não por conta do óbito, e sim pela presença máscula e gentil do médico que a atendia.

Ruborizada, com o coração palpitante, era a própria imagem da mulher apaixonada, para quem tivesse olhos de ver. Mas o profissional não estava na melhor das condições para julgar. Por seu turno, também estava perturbado pela presença de Ana Maria. Esta, por sua vez, atinando com o que ocorria, vivia uma situação muito desconfortável. Sempre se colocara na posição de uma autêntica mãe dos irmãos, e o bem-estar deles constituía a sua prioridade absoluta. Via-se muito mal no papel de ladra do afeto eleito pela irmã. Esses pensamentos tristes a empalideceram um pouco, o que só fez ficarem ainda mais charmosos seus cândidos olhos azuis.

O médico, atencioso ao extremo, propôs-se a fazer visitas na residência, para acompanhar o andamento da enfermidade. A proposta foi imediatamente acolhida por Genoveva. Ana Maria não apreciou tanto a medida aventada, mas não encontrou nenhum argumento para contrariar o projeto. O que poderia dizer que não parecesse extremamente antipático aos olhos da irmã apaixonada? Ah, quanto custa a alguém a retidão de caráter no mundo, em especial quando se junta à delicadeza de sentimentos, ao desejo ardente de não magoar os outros!

Elas se despediram e foram à drogaria para aviar a receita. Quando chegaram à casa, foram surpreendidas com um estojo muito rico, colocado em cima da mesa da sala de estar por uma das empregadas. Junto ao estojo, havia uma carta endereçada a Genoveva. Esta ficou trêmula de emoção, seguramente por imaginar que havia recebido um presente do médico. Grande foi sua surpresa ao abrir o envelope e notar que a missiva estava assinada por outro, por um tal Cícero, que se apresentava como o barão de N. Perturbada, passou a missiva para a irmã, com um gesto largo, como a pedir socorro. Ana a leu, também tomada de perplexidade.

O barão Cícero de N. não deixava muito à imaginação. Dizia, grosso modo, que pela primeira vez na vida tinha encontrado uma mulher que se encaixava em seu ideal superior e tomava a liberdade de se apresentar e pedir uma entrevista, quando fosse oportuno. Como não tinha mais idade para rodeios, cuidava de encaminhar uma pequena lembrança para aquela que lhe tocara o coração.

Aberto o estojo, as moças se depararam com um conjunto de gargantilha e brincos de grande valor, com muitas esmeraldas. Mesmo eu, em minha condição de espírito desligado da matéria, fiquei impressionado com a riqueza do presente, que seguramente valia uma pequena fortuna. O galanteador anotara seu endereço - um hotel das proximidades, mas disse que enviaria um criado para saber da resposta a seu pedido de entrevista.

Como nunca havia sido objeto desse tipo de atenção, Genoveva estava visivelmente perdida. Sem falar na decepção atroz que lhe tomou o coração, ao perceber que o presente não se originava do doutor Arquimedes, mas de um desconhecido. As moças nem tinham prestado atenção no homem do consultório o bastante para notar que o nome era o mesmo.

Rapidamente concluíram que o presente era um disparate e que não ficava bem para uma jovem senhorita receber dádivas de estranhos, por apaixonados que se declarassem. Combinaram de aguardar a chegada do mensageiro para devolver a prenda e avisar que estavam de luto fechado e não poderiam receber visitas, mesmo se quisessem. Aquilo não terminaria ali, eu já podia antever. Mas a solução foi boa.

Com efeito, no meio da tarde, o mensageiro se apresentou, foi verbalmente cientificado de tudo e recebeu o pacote de volta. Aquilo gerou pequena crise no ambiente familiar, no qual passou a haver certa apreensão, como se todos temessem alguma desgraça iminente. De repente, houve a consciência de que, sob certo aspecto, estavam todos muito frágeis: já não havia no local uma figura masculina forte e respeitada. Faltava-lhes o pai, para sempre. Se o senhor Filipe estivesse vivo, a coisa talvez se resolvesse com maior leveza. Naquela situação, com apenas dois meninos e duas moças na casa, de repente evidenciou-se uma fragilidade muito grande. Não que Filipe fosse fisicamente forte, no final da vida, mas era o chefe da casa, um comerciante respeitado e maduro. Sua presença conferia à casa certo ar de normalidade. Restava-lhes esperar que não houvesse maiores incômodos, que não passassem a brotar admiradores do chão, ainda que portadores de títulos de nobreza e condições de fazer elevados gastos com presentes.

À noite, o ambiente no lar persistia apreensivo, como se temessem uma tempestade da qual não poderiam se livrar. Contudo, não foi uma tempestade que se anunciou, mas uma visita espiritual muito interessante: dona Constância retornava à casa, na companhia de uma irmã sua, morta há muito tempo. Quando vi que adentraram a residência, fiquei jubiloso, pois a senhora estava bastante bem. É certo que sua irmã, Cassiana, parecia muito melhor, aureolada de certo fulgor que lhe denotava as virtudes peregrinas. Recebi-as efusivamente.

Dona Constância disse que há tempos desejava rever a família, mas fora aconselhada a permanecer distante, enquanto conseguia equilíbrio bastante para não atrapalhar. Com esse discurso, notei que ela realmente carecia de notas distintivas de elevação. Não pude deixar de me surpreender, pois sempre fora uma dama bastante correta em suas atitudes.

Não segui muito tempo surpreendido. Ao refletir, concluí que fora esposa e mãe correta, mas não especialmente hábil. Ao final da vida, tocada pela proximidade da morte, tornara-se mais religiosa e exemplificara uma conformação toda cristã à vontade divina. Entretanto, durante todos os anos de sua juventude e madureza, cuidara só da casa e dos seus, sem qualquer preocupação especial em fazer o bem. Dona de vastos recursos financeiros, com facilidades extremas, deixara de fazer muito bem, podendo. À sua volta, ela não se esforçara por arrefecer a miséria; não diminuíra a dor dos pobres e dos aflitos. Essa falta, decorrente de não ter feito o bem que podia, eu intuí que lhe pesava no coração.

Ah, como é grande a responsabilidade do homem e da mulher encarnados! Acham, em sua ilusão momentânea, que basta não errar muito, que fazer o mínimo já basta para obter um passaporte para o céu. Algumas esmolas dadas ao acaso, auxílio às obras da paróquia e tudo se resolve. Entretanto, o mundo precisa melhorar, e isso é tarefa dos que nele habitam. Ali na minha frente estava o exemplo vivo do resultado da oportunidade desperdiçada.

Por certo, Constância tivera uma vida digna, pois se casara cedo, com o primeiro namorado, criara vários filhos e nunca fora injusta com os serviçais. Mas nisso se resumira sua vida. Nenhuma dedicação a mais, nenhuma preocupação sincera com o bem alheio lhe abrilhantava a ficha de serviços espirituais. Por conta disso, apresentava-se opaca, embora não feia nem deformada como tantos outros. Vivera bem, mas não acendera a própria luz, o que só consegue quem anda os passos a mais de que falou Jesus. Já a irmã, Cassiana, de quem não havia ouvido falar antes, seguramente tivera vida diferente.

Constância, após me saudar, abeirou-se dos filhos, abraçando a cada um de forma apaixonada. Instantaneamente, pairou na sala um clima diferente de alegria, em substituição à melancolia anterior. De súbito, começaram a falar na mãe, contar o tempo desde que ela falecera. A falecida se tornou o assunto do serão familiar, para sua alegria, na medida em que todos os comentários eram doces e generosos. Decidiram orar por ela, o que lhe causou sublime emoção. Tocada por um intenso sentimento de amor, eis que nela se acendeu uma centelha de luz espiritual.

Ah, como o homem considera pouco o sentimento de amor e seu potencial transformador! Ao ver a família reunida, ao se perceber lembrada e estimada, um sentimento de profunda gratidão a Deus por ter participado da vida daqueles jovens tomou o coração de Constância. Junto com essa gratidão, intensa e profunda, algo nela se modificou para sempre, notei com clareza.

Por vezes, os homens temem se envolver com profundidade, por entender que o afeto enfraquece. De fato, o amor mina as carapaças do egoísmo e pode produzir emoções lancinantes. Entretanto, nunca há motivo de arrependimento na vivência de um afeto bem situado, que nada contém de indigno e de reprovável. Em suma, se o afeto não se funda na indignidade e na desgraça alheia, ele só faz bem ao coração.

Certos sentimentos não podem ser vividos no contexto de uma vida, pelas mais diversas razões. São os desencontros que se destinam a sublimar as emoções, a tornar o homem e a mulher sensíveis às dores do próximo, a lhes ensinar a valorizar os encontros felizes. Entretanto, mesmo esse toque de amargor, se bem administrado, só faz bem. É apenas necessário ter esperança no coração, para não se afundar em atitudes próprias de quem não tem fé. A revolta nada produz de bom, em especial nas graves questões do coração.

A mãe estava no ambiente, jubilosa. Olhava seus filhos, enternecida, achando-os a todos belos, crescidos e articulados. Estranhava um pouco a idade dos menores, pois vários anos tinham se passado desde seu óbito. Uma ponta de dor pelo que perdera tocou seu coração. Cassiana notou isso e lhe disse para pensar com gratidão no tempo em que vivera com eles e não no tempo que passara longe. Essa intervenção feliz alterou o rumo dos pensamentos e dos sentimentos de Constância, que passou a aguardar ansiosa pelo momento em que seus filhos estariam adormecidos[3], a fim de po-

3 Durante o sono, o espírito deixa o corpo físico e entra no gozo das suas faculdades plenas, como os desencarnados. Com a diferença de que continuam ligados ao corpo por um cordão fluídico. Esse estado, Kardec denominou "emancipação" pelo sono.

der conversar com eles diretamente. Pressenti que aquela seria uma noite de grandes emoções. E de fato o foi. Cuidamos os três desencarnados presentes na casa, sem falar, é claro, dos tutores espirituais dos que nela viviam, de providenciar que todos sentissem sono logo.

Cedo, a família se recolheu e não demorou muito todos saíram do corpo e se encaminharam novamente para a sala. Ah, a alegria do reencontro! Noite de delícias, de lágrimas cheias de ternura e de sorrisos plenos de esperança. Quem jornadeia no mundo na falsa convicção de que depois da morte nada mais existe é um autêntico tolo. A verdadeira vida reside aqui, quando o entorpecimento da matéria fica para trás. Aqui, sim, os pensamentos são vivos de verdade; as emoções, intensas; os reencontros, genuinamente felizes. O negador contumaz do mundo não concebe a alegria extrema que produz o reencontro de uma mãe amorosa com os filhos que permaneceram na carne.

Também ali observei a diferença que a evolução espiritual propicia em termos de lucidez e de todo tipo de facilidade. Longe, mas muito de longe, Ana Maria situava-se com mais propriedade do que os irmãos. A lucidez de seu raciocínio era comparável ao nosso, já desencarnados. Olhava-nos a todos com suave alegria, sem surpresas nem reticências. Já os demais, cada qual ao seu modo, demonstravam alguma estranheza. Apenas Ana Maria conversava com a mãe em termos de vida imortal, indagava como e onde residia, quais eram suas atividades e se estava bem. Os outros se restringiam a abraçá-la, plenos de felicidade, mas sem atinarem direito com o que ocorria.

No dia seguinte, tudo correria à conta de um sonho vago e bom com a mãe já falecida. Após muitos abraços, emoções e lágrimas, com a noite avançando, os mais jovens e Genoveva se retiraram, em direção a seus quartos e corpos.

Ana Maria permaneceu um tanto mais, intuindo, com segurança, que aquela não era apenas uma visita corriqueira. De fato, Cassiana e Constância vinham em tarefa de alerta e socorro. Logo trataram de prevenir a moça de que o reencontro de Genoveva e Cícero não era fortuito e poderia prenunciar graves problemas. Ambos, na derradeira encarnação, haviam cometido graves desatinos e se vincularam por força de uma paixão carnal. Enquanto padre e freira, eles haviam menosprezado seus votos e deveres e se entregaram a importantes delitos, que incluíram o abandono de uma criança e o cometimento de um aborto.

Havia um notável perigo de que aquela paixão despertasse novamente, em havendo oportunidade. Por isso, era muito importante que todo o convívio entre Genoveva e Cícero fosse impedido. Havia uma grande diferença de idade, mas isso poderia não resolver o problema. O filho abandonado renascera na figura do doutor Arquimedes e se contava com ele, com o fascínio que exerceria sobre Genoveva, para desviá-la do amor nocivo. Segundo informaram, Genoveva e Cícero traziam um histórico de incontinência e indignidade, que se aprofundava em todo reencontro que tinham. Isolados, até conseguiam manter-se em relativa dignidade. Uma vez juntos, tendiam a despertar no outro o que havia de pior, em se tratando de paixão carnal, e a muito se permitir.

A presença de Arquimedes entre eles era proposital. Ele deveria despertar uma crise de culpa em ambos, por razões que ignorariam e não conseguiriam atinar direito. Arquimedes já havia sido traído por ambos no pretérito remoto, renascera como um filho no passado e agora se interpunha de novo no caminho dos dois. Tudo isso, essa longa construção dos séculos, destinava-se a fazer surgir naquelas almas impenitentes a possibilidade da sublimação de um afeto e de uma energia sexual que as destrambelhavam. Deveriam aprender a renunciar, a sublimar e a viver com dignidade. Por isso, o irmão e esposo traído do passado, feito recentemente um filho abandonado, ressurgia no caminho deles, como um freio e um alerta da consciência.

A coisa poderia se complicar, pois o moço, com certa recordação do passado, não simpatizava muito com Genoveva. Sentia, ao contrário, alguma desconfiança em relação a ela. Para complicar ainda mais, identificava em Ana Maria o seu ideal de mulher, sem entender que tal se dava por intuir nela uma dignidade espiritual que faltava naquela a quem se vinculara há muito tempo. Cansado de sofrer com a indignidade da companheira de muitas lutas, em seu íntimo brilhava a esperança de encontrar uma mulher genuinamente honrada. Vendo a dignidade de Ana Maria, a notória, mesmo para os encarnados, limpeza de seu ser, apaixonava-se por ela.

Havia aí uma tarefa delicada para Ana levar a cabo: buscar aproximar Arquimedes de Genoveva, a fim de que um consórcio entre ambos servisse de proteção contra a paixão que Cícero, cedo ou tarde, seguramente despertaria na jovem. Precisava, de algum modo, colocar-se perante Arquimedes como uma irmã espiritual, cuidar de muito evidenciar para Genoveva a importância da dignidade da mulher e, assim, prevenir a repetição da tragédia do pretérito.

Ana Maria, como a recordar coisas importantes, tinha um brilho novo no olhar. Era como se finalmente algumas peças se encaixassem em sua mente. Intuições e impressões finalmente se completavam com causas lógicas e poderia agir com propriedade. No dia seguinte, não deveria acordar com plena ciência de todo o ocorrido. Mas uma intuição segura a guiaria na relação com a irmã e com Arquimedes e também quanto às cautelas a adotar com Cícero.

Quanto a este, segundo soube, tenderia a sentir por ela própria, Ana Maria, certa devoção. Isso se devia ao fato de que fora ela a socorrê-lo em sua desgraça material, quando precisou até abandonar a batina, após sucessivos escândalos. Doente, pobre e desprezado de todos os lados, encontrou amparo junto à residência que Ana Maria mantinha, em pobre lugarejo afastado, juntamente com uma irmã sua. Ambas praticavam a medicina das ervas, à qual agregavam fluidos salutares de seus sentimentos elevados.

Com essa junção especial, feita de conhecimentos de herbanário, fluidos saudáveis, orações e cuidados, logravam socorrer e mesmo curar muitos enfermos. O sacerdote falido, doente anônimo, portador de várias das denominadas "doenças do amor", acabou na humilde casa das moças, ali foi atendido, tendo seus sofrimentos minorados o quanto se fez possível. Ele desencarnou lá mesmo, grato pelo socorro recebido, alguns meses depois. Ali pôde identificar o que significava a caridade cristã, com a qual nunca se ocupara enquanto sacerdote requisitado e louvado, mas indigno. Após sua desencarnação, seguiu para região triste do plano espiritual, pois eram muitas as vítimas de seus desatinos.

As moças não tardaram a também encontrar a morte física, em razão da intolerância e do preconceito de infeliz sacerdote que lançou sobre elas uma população supersticiosa. Em boa condição espiritual, quando possível, socorreram o antigo sacerdote, mais uma vez, agora no plano espiritual. Cícero, sacerdote falido do passado e debochado atual, seguramente teria no olhar de Ana Maria um motivo para se comportar com decência.

Só não se sabia o que venceria naquela alma tantas vezes perdida. Seria a paixão a renascer, violenta, fazendo-o novamente enxovalhar deveres sagrados? Ou seria a gratidão para com Ana Maria, o respeito com a família dela, a culpa em relação a seu filho e irmão traído do passado? Ali estavam lançadas as cartas, e o futuro diria se haveria redenção ou nova e mais grave queda dos desafortunados Cícero e Genoveva.

De minha parte, assisti emocionado e pensativo às despedidas, enquanto Constância e Cassiana afastavam-se dali, de retorno ao seu local de residência. Conversei longamente com Ana Maria a respeito de tudo o que havíamos ouvido. Era preocupante, mas também estimulante a perspectiva de assistir ao renascimento espiritual dos seres amados, como amantes do dever e não de fantasias de todo descabidas. Ao final, quando ela tomou o leito, porque o dia já ensaiava nascer, nosso sentimento era de esperança no porvir.

Capítulo

5

Doralice

No dia seguinte, Ana Maria acordou com disposição renovada e não tardou a se tomar da ideia de auxiliar a irmã a conquistar o jovem doutor. Em sua mente, perpassava a certeza de que eram feitos um para o outro e de que a atração do médico por ela refletia uma ilusão descabida. Quanto mais refletia no assunto, mais se convencia de que os dois deveriam se unir. Deliberou convidar o rapaz para tomar um lanche na residência, no próximo domingo à tarde. Em sendo elas duas moças solteiras, com apenas irmãos mais jovens, não ficava bem que o convite fosse para uma visita noturna. Chega de fofocas e maledicência, pensou consigo mesmo, divertida.

No tal domingo, um lanche caprichado foi providenciado e Genoveva também parecia um doce feito com esmero, tal o cuidado com que se vestiu. Perfumada, penteada, com um sorriso nervoso nos lábios, as faces rubras de emoção, antecipando o encontro, estava realmente bela. Pena, claro, que não chegava a ser tão bela quanto a irmã, embora esta se apresentasse da forma mais simples possível, justamente com o propósito de não lançar sombra na donzela apaixonada. Mas a simplicidade apenas lhe realçava a beleza. Nada tirava a atenção do talhe esbelto, da tez delicadamente rosada e dos magníficos cabelos e olhos. Enfim, era preciso aguardar o resultado.

O doutor Arquimedes fez-se presente na hora exata, bem-posto e gentil. Conversou com Pedro e Luís, com toda a atenção possível. Notei essa delicadeza dele, de atentar para os rapazolas, que por certo se ressentiam de viver em uma casa conduzida por duas moças. Logo se estabeleceu um clima afetivo saudável, com os três rapazes combinando uma pescaria para o final de semana seguinte. A coisa prometia!

Entretanto, o olhar do moço seguia brilhando mais quando olhava para a irmã errada. Esta teve o cuidado de se ausentar da sala por seguidas vezes, a pretexto de orientar os domésticos e de ver uma ou outra coisa. Com os dois jovens a sós, tratei de fazer a minha parte. Sem saber ao certo como fazia, notei novamente em mim habilidades desconhecidas. Teria sido um feiticeiro no passado? Afinal, não tive muita dificuldade em envolvê-los por uma rede magnética especial.

Acionei, com uma intuição precisa que me assombrava e deslumbrava a um tempo, certas conexões em seus corpos espirituais, a fim de que seus corpos físicos liberassem determinados hormônios. Fez-se uma corrente de atração sexual entre eles. Observei que Genoveva era mais sensível a esse influxo. A razão era óbvia: ela portava importantes desequilíbrios da sexualidade e tinha nisso sua maior fraqueza, à parte certa desconsideração para os próprios deveres e os alheios sentimentos.

Reflexo de seu sofrimento após a derradeira encarnação, e também das salutares decisões tomadas no plano espiritual, era verdadeira sua devoção à família e à vida doméstica. Anelava com força possuir um marido e filhos e dedicar-se a eles. Por conta disso, nem se interessara por estudos do modo que poderia. Leituras, passeios, saraus, nada disso lhe interessava naquela vida. Mesmo em mocinha, gostava mesmo era de cozinhar, bordar, tricotar, cuidar da horta e do jardim. Em seu íntimo, amadurecido após incontáveis sofrimentos, residia intuição de que sua redenção estava em um lar bem cuidado, em viver para ele, valorizá-lo, honrá-lo e enfeitá-lo com a graça da mulher honesta e prendada.

Ao longo da conversa, ela deixou claro para o jovem médico esse aspecto de sua personalidade: um lar bem formado constituía seu máximo ideal de felicidade na Terra. Essa revelação logrou tocar em algum ponto do íntimo do jovem e desarmá-lo, de certo modo. Para mim, que olhava aquilo com informações privilegiadas, tudo parecia muito óbvio. Ele receava, em relação a Genoveva, mesmo sem o saber, de que se lançasse em leviandades e o fizesse novamente experimentar um atroz sofrimento, o desprezo, a desesperança e a vergonha.

Ao ouvi-la falar com encantamento da perspectiva de ter filhos, dedicar-se a eles, amá-los, educá-los junto a um homem digno, isso repercutiu bem em sua emotividade. Lançou-lhe um olhar diferente e um pouco perturbado. O fio de seus pensamentos era claríssimo: estava emocionado com essa faceta inesperada de Genoveva, mas se sentia em certo perigo. Ele tentava identificar para si mesmo qual era o perigo pressentido. Temeria perder a oportunidade de conquistar a mulher mais bela que já vira? Ou seja, Ana Maria. Por qual razão estava temeroso ao se emocionar junto a Genoveva? Estava perdido, dividido, emocionado.

Para esse estado de espírito contribuía fortemente a teia magnética que eu lançara na sala e sustentava com vigor. Quem diria, eu virara um casamenteiro de primeira! Os dois jovens emocionados se olhavam, entre desejosos e receosos do que sentiam. Sim, receosos, pois também Genoveva estava impressionada, pela primeira vez, com a força de um instinto que nela brotava com uma força nunca antes imaginada. Era a perturbação do sexo que ela experimentava. Dantes, nunca convivera com nenhum homem que a instigasse. Houvera João, mas este lhe despertara o máximo desprezo por sua conduta indigna, visível a quem se dispusesse a olhar um pouco. Fora João, convivera intimamente apenas comigo, um velho sacerdote, com seu pai e com Fábio, seu irmão.

Agora, ao primeiro contato com um homem jovem e atraente, notou o quanto era fraca e se envergonhou. Pensou na irmã, que sempre apresentava um ar de limpeza, não física, mas um estado de pureza diferente, refletido em seus olhos e plasmado em sua face de forma muito marcante. Sentiu-se envergonhada pelo que sentia. Ao notar isso, achei que talvez tivesse colocado força demais na tal teia e tratei de quebrá-la. Só faltava ser eu a engendrar as matrizes de um comportamento indigno!

Mas me tranquilizei, pois era mesmo necessário magnetizá-los, a fim de que se perturbassem um com o outro e experimentassem uma atração mais viva. Afinal, Cícero já andava por perto e era conveniente que Arquimedes notasse a bela moça que tinha a sua frente.

A chegada de Ana Maria terminou de quebrar aquele encanto, e os jovens ficaram desconcertados, como se pegos em flagrante delito. O olhar da irmã mais velha brilhou feliz, ao notar que seu plano dava certo. Falaram amenidades, e Pedro e Luís, que tinham se ausentado também, retornaram para combinar os detalhes da pescaria da próxima semana.

Quando a noite começava a cair, Arquimedes saiu da residência, entre feliz e perturbado. A rigor, estava dividido em seu afeto pelas duas moças. Uma era o seu ideal de mulher: maravilhosamente bela e visivelmente boa. Ela o impressionava, embora também o intimidasse um pouco, sem que soubesse bem a razão. Já a outra lhe despertava a paixão de homem jovem e vigoroso. Quando ela lhe falou de um lar, da vontade de se dedicar a um esposo e a filhos amados, viu-se como o marido daquela mulher e como o pai de seus filhos. Essa visão, um vislumbre estranho, feito de um sonho que poderia ser, mas também de uma espécie de lembrança de algo já vivido, emocionou-o de uma forma muito estranha e muito forte. Algo de instintivo, quase de primitivo, se passava entre eles.

Ao presenciar tudo aquilo, refleti o quão sábia é a Providência Divina! O que se poderia reputar como indigno, a rigor, era um precioso recurso para aproximar dois espíritos antigos, encarnados em corpos jovens e que deviam se unir para resgatar um passado de equívocos. Ah, como Deus sabe fazer as coisas!

Confesso que fiquei feliz com minha participação nesse princípio de envolvimento. Na medida certa, eu os havia feito emocionarem-se com a presença um do outro. A coisa estava bem encaminhada, pensei comigo, muito satisfeito. Acabava de agir como uma potência da natureza, o que é o papel dos espíritos no mundo. Deus os criou para que auxiliem na concretização de Seus desígnios. Infeliz de quem se coloca como entrave aos projetos de regeneração e progresso do Altíssimo, pois se candidata a terríveis dores. Em sua ignorância, feita de prepotência, imagina-se ao abrigo de consequências. Ignora os deveres de colaboração, dignidade, perdão e bondade e com isso cava um fundo abismo para nele entrar com muita força.

Algo principiava a germinar em minha mente inquiridora: o que seria feito de Doralice, dentro daquele convento? Ainda não tinha atinado direito com a natureza da provação da menina, com as razões pelas quais escolhera se furtar ao convívio de uma família amorosa, em uma residência confortável, para se atirar nos rigores da vida monástica. O que a teria movido, verdadeiramente? Com isso em mente, intentei visitá-la.

Tudo na casa estava bem encaminhado: a ausência de Fábio e de João, o esmaecer dos boatos sobre Ana Maria, o romance principiando entre Arquimedes e Genoveva. Enfim, eu podia me ausentar sem maiores preocupações. Assim resolvido, lancei-me em direção ao convento das carmelitas. Ao chegar às imediações, notei um movimento que não esperava, pois parecia haver um estranho comércio de encarnados e desencarnados. Era como se as portas entre os dois mundos estivessem escancaradas naquele ambiente, de modo muito peculiar. Muitos eram os que se movimentavam para ali, dentre os desencarnados, infelizmente a maioria de baixo padrão vibratório.

O que poderia provocar aquilo no âmbito de um convento? Era uma casa de Deus, destinada a abrigar mulheres que se Lhe devotavam de modo todo especial. Notei, ao cruzar a porta principal, que as barreiras protetoras eram frágeis, e isso me preocupou. Vislumbrei que os encarregados da proteção psíquica do ambiente estavam assoberbados, fazendo o que podiam, mas sem grande sucesso, no que concernia à tarefa de evitar a entrada de inoportunos. Logo identifiquei quem, pela postura e pela irradiação mental, pareceu-me dotado de alguma autoridade sobre o ambiente. Dirigi-me a ele, disse a que vinha e não pude deixar de fazê-lo ciente do quão perplexo estava com aquela anarquia.

Levemente contristado, Francisco, pois era esse o seu nome, disse que fazia o possível com sua equipe. Entretanto, viviam-se dias tristes no convento. A madre superiora era adepta de grandes rigores quanto à disciplina e disseminava sentimentos de ódio e desespero no local. Por tudo e por nada, as noviças eram castigadas rigorosamente. A pobre madre encontrava certo prazer em infligir dor. Achava-se no direito de seviciar as candidatas ao posto de noivas do Senhor. Algumas moças caminhavam para a loucura, por entre privações e desespero. Ela tinha adotado o cilício, com a ampla utilização das tais crinas de cavalo, que deveriam ser firmemente apertadas em torno das coxas e da cintura. Tudo, dizia, para evitar o demônio e as tentações que costumava lançar nos conventos, para desgraça da fé.

Francisco me disse que a madre na verdade tinha um profundo desequilíbrio sexual. Temendo a si própria, já que ardia em desejos sexuais toda noite, pensava que se tratava do demônio a rondá-la e a suas tuteladas. Não usava tantas penitências quanto prescrevia às demais freiras e noviças. Curiosamente, encontrava desculpas para não se torturar em excesso: precisava manter o raciocínio lúcido para identificar os próximos passos do capeta, ao tempo em que também necessitava manter boa saúde para administrar o convento. Um dos problemas é que todo esse clima nefasto, de desespero meio generalizado, estava abrindo importantes comportas psíquicas. Malnutridas e seviciadas, muitas das moças começavam a ter visões e transes, rigorosamente interpretados como arte demoníaca. Também, com aquele clima psíquico, a atrair desequilibrados do plano espiritual, como as manifestações entre vivos e mortos poderiam ser harmônicas? Impossível, simplesmente impossível.

Fiquei perplexo com a situação e muito preocupado com Doralice. Mal pensei nisso e Francisco me endereçou um olhar peculiar, pleno de entendimento intuitivo. Sem palavras, dirigiu-se a uma cela afastada e eu o segui. Ao entrar no ambiente, fiquei estarrecido. A bela menina que eu havia evangelizado estava convertida em uma besta fera: magra, desgrenhada, esbravejava envolta, dominada mesmo, por duas entidades de baixíssimo calibre. Às vezes, ela gritava, às vezes se debatia, avançava contra as paredes, cheia de hematomas. A pobre Doralice literalmente enlouquecera. Tomei-me de infinita piedade, avancei e abracei a infeliz jovem. Com uma ternura que me brotou profunda do coração, lembrei-me da imagem cândida que oferecera no dia de sua primeira comunhão.

Com os olhos marejados, apertei-a de encontro ao peito. Meu forte sentimento de piedade teve efeito imediato. Ela parou de se debater, demonstrou recobrar um pouco a lucidez e as entidades que a infernizavam pareceram inquietas e desconfortáveis, embora não conseguissem identificar minha presença com clareza. Medi ali a força do amor. De fato, eu amava a menina Doralice, cuja história conhecia. Também lamentava profundamente ter patrocinado seu projeto de tomar o hábito. Como Ana Maria fora clarividente ao se opor àquilo, por vislumbrar na irmã certa fragilidade psíquica que a poderia infelicitar na solidão do claustro!

Indaguei a Francisco se aquela situação vinha de longa data. Ele me disse que Doralice já chegara ao local mal acompanhada. Com o rigor monástico a que se entregara com volúpia, certo fanatismo logo nela deu sinal. Parecia sentir culpa por qualquer pequeno prazer ou conforto: achava que precisava sofrer mais, orar mais, dormir menos, comer o mínimo, desempenhar as atividades mais baixas e pesadas. Com isso, gradualmente suas defesas psíquicas haviam degenerado.

A oração nela não mais era saudável, pois focava pecados imaginários, na danação, em um Deus malvado e disposto a puni-la até por gostar da refeição que eventualmente provava. As entidades se aproveitaram desse estado de ânimo e logo começaram a entretecer perigosos laços. Em breve tempo, aquelas figuras sinistras estavam senhoras da situação.

Quando as comportas psíquicas da instituição começaram a ceder, com a chegada da nova madre, Doralice fora uma das primeiras presas. Não demorou a começar a ter crises, a ver figuras ameaçadoras, que cuidavam de aparecer diante de seus olhos trajando carmesim e portando rabos e chifres. As penitências para ela passaram a ser das mais graves, em amplo prejuízo para seu já depauperado organismo.

Foquei o olhar naquelas entidades e tive um vislumbre de reconhecimento. Elas não me eram estranhas. Eram dois homens, na faixa de seus presumíveis 40 ou 50 anos. Ostentavam marcas de queimaduras e sevícias, por vezes balançavam as mãos como se doessem. As tais mãos estavam cheias de feridas, como se tivessem ficado em um braseiro por tempo significativo.

Fixei o olhar naqueles dois e comecei a matutar. Muito devagar, a história deles começou a surgir em minha mente. Era verdade: eu os conhecia, sabia quem eram! Tratava-se dos irmãos Jerônimo e Lázaro, dois infelizes judeus queimados pela Santa Inquisição. Pegos em franco delito de negativa ou traição à fé católica, que haviam abraçado para salvar os próprios bens, foram conduzidos à fogueira, não sem antes uma boa estada nos porões do suplício. Ah, eu os reconhecia, sabia quem eram!

Lembrei sua história, como tinham tentado fugir, sem sucesso, tão logo correu o boato de que vários novos cristãos estavam traindo a Santa Madre Igreja. Eles tinham em sua casa uma criada, que os denunciara: a infeliz Doralice! Por causa dela, a fuga malograra. Tinham reunido a família e começaram a arrumar as malas. Doralice, previamente aliciada por uma religiosa que nela identificara a propensão para a intriga e o desejo de lucro, correra para o convento dar o alarme.

Em pouco tempo, a sólida mansão foi cercada por guardas, que prenderam toda a família. Doralice achou que tudo ficaria impune. Não tivera nem o cuidado de disfarçar sua participação, certa de que os patrões a quem não amava encontrariam uma morte triste. Fora junto com os policiais e os homens do clero, para acompanhar a prisão. Dera seu testemunho no processo, dissera sobre as reuniões de práticas do judaísmo que assistira. Sem pudor, encaminhara a família toda para a desgraça. Mas os dois irmãos que encaminhara à morte, com sua deslealdade, continuaram vivos após o trauma da fogueira. Pelo visto, não encontraram recursos para perdoá-la, ao tempo em que descobriram meios certos de torturá-la.

Era esse o quadro que eu via ali: um terrível sentimento de culpa e um lamentável projeto de vingança levado a efeito. Ah, que tristeza! Aquele espetáculo fez surgir em minha mente, sob uma luz nova, o aviso do senhor Jesus: a cada um segundo suas obras! Mais do que um chamamento à conduta correta e generosa, era um alerta para os viandantes do mundo: ninguém escapa da colheita do que semeia.

Ante aquele quadro, quedei-me a imaginar o que fazer. Não parecia que, sozinho, naquele ambiente que degenerava, eu pudesse tentar algo de efetivo. Seria necessário conseguir alguma ajuda. O ideal mesmo era tirar Doralice do convento, mas isso parecia impraticável com a menina naquele estado de loucura quase completa. Ademais, eu tinha o problema do padre desequilibrado, que a mantinha longe da família como se fosse um troféu, algo com que barganhar para conseguir favores de Ana Maria.

Tudo muito complicado. Teria de refletir bem e orar muito para descobrir o que fazer. Talvez Cassiana pudesse me ajudar. Quem sabe Ana Maria em desdobramento, nos momentos de sono físico, também algo pudesse tentar. Já notara que ela, fora do corpo, ostentava talentos e habilidades que eu não possuía. Com essas reflexões, permaneci no quarto triste e desolado de minha antiga pupila, da menina a quem ensinara o catecismo. Vendo-a naquele estado, chorei. Chorei por seu presente, por não ter realizado nenhuma das promessas da vida de moça inteligente, bem-nascida e formosa, que se desenhava para ela.

Chorei especialmente por saber que aquela tragédia era justa, que Doralice cavara com as próprias mãos o fosso em que finalmente entrara. Primeiro, como serva fofoqueira, invejosa e gananciosa, que não hesitara em fazer mal aos seus patrões. Segundo, por olvidar os conselhos da irmã sábia que Deus lhe dera, por nunca se interessar pelas atividades de benemerência que em sua própria casa eram desempenhadas. Talvez, se tivesse tomado gosto por auxiliar o próximo, a sentença triste tivesse sido abrandada ou, quem sabe, suspensa. Afinal, Deus é tão misericordioso!

Doralice jamais se interessara pela bondade legítima, por cuidar dos pobres, dar de vestir aos órfãos e socorrer os aflitos. Seu gosto sempre estivera voltado aos rituais, às penitências e aos mistérios sem sentido da fé. Claro que era uma manifestação de sua culpa inconsciente todo esse gosto por se mortificar e cumprir ritos exaustivos. Mas era também um sinal de sua enfermidade psíquica: à bondade simples de vestir e alimentar os pobres e os enfermos, ela preferira a esterilidade de ritos e penitências. Esse gosto equivocado pelas aparências é que a fizera, em seu passado de serva, desejar a fortuna dos patrões. Valorizara menos uma vida de moça honesta e trabalhadora, para desejar um conforto conquistado à força de crimes. Sob outra ótica, ela continuava com essa opção infeliz: a aparência sofisticada em detrimento da essência simples.

Ah, a religiosidade legítima sempre se funda no auxílio ao próximo! Nesse sentido, as lições da vida do senhor Jesus foram absolutamente claras. Sempre que instado, ele não se furtara em demonstrar a supremacia da bondade e do amparo ao semelhante, em detrimento de formalidades. Muitos eram os exemplos da Bíblia, mas eu gostava em particular da parábola do bom samaritano, de uma eloquência manifesta.

Como amava aquela menina, e sentia também infinita piedade por Jerônimo e Lázaro, só me restava orar por todos eles. Tomei Doralice no colo e orei longamente pelos envolvidos naquela trama macabra, cujo fim eu não divisava. Uma tênue claridade jorrou do Alto, em sinal de que os poderes celestes aprovavam minha conduta e estavam velando por todos nós. Ao influxo daquela luz suave, os três se acalmaram e dormiram. Fiquei muito tempo ali, orando e meditando, entre triste e esperançoso. Aquela luz tão confortadora era um sinal claro da proteção divina e me dava a certeza de que a solução haveria de se manifestar. Mas quando?

Saí finalmente da cela da infortunada freira, despedi-me de Francisco, desejando-lhe boa sorte, e tomei o rumo de casa. Fui pensativo, fazendo o caminho à moda humana, embora me locomovendo com rapidez inimaginável para alguém que carregue um corpo físico.

Ao chegar a Lyon, fui para a igreja em que celebrara a maioria imensa de minhas missas. Confortado, notei-a luminosa em seu interior, com as imagens dos santos impregnadas das luzes oriundas das orações de todos os que perante elas habitualmente se prosternavam. Era uma alegria perceber que, malgrado algumas aparências um tanto infantis e injustificadas para minha consciência agora desperta para realidades superiores, a fé que esposara no mundo era e permanecia venerável. Imaginei quanto tempo demorariam a surgir, no mundo, noções mais realistas da vida espiritual, de nosso intercâmbio contínuo. Tomara não demorasse muito para essa realidade ser conhecida, pois ela haveria de funcionar como um poderoso incentivo a que as pessoas prestassem atenção em coisas importantes, em detrimento das bobagens com que habitualmente gastam seu tempo e saúde.

Ajoelhei-me em frente ao altar e novamente orei por longo tempo. Não tive ânimo para ver o interior da casa paroquial, pois sentia virem de lá estranhas vibrações. Mesmo sem querer fixar a percepção no que ocorria, notei que cenas de deboche entre o sacerdote e alguma paroquiana estavam a acontecer. Fiquei triste por aqueles seres que não honravam seus votos, pelo padre indigno de sua batina, pela paroquiana que devia violar deveres sagrados na busca de um prazer efêmero e de consequências infelizes.

Sabendo que a toga de juiz não assentava em minha falibilidade humana, orei também por ambos, pensando se, em razão de minhas preces, eles experimentariam algum decréscimo em sua empolgação de pecar contra a castidade. Com essa ideia bailando na mente, afastei-me do local.

Andei pelas vias públicas, a refletir sobre os mistérios da vida, em como o bem por vezes se disfarça e se torna invisível, ao passo que o mal também se mascara, vestindo-se de virtude.

Em um convento próximo, uma madre histérica e muito lasciva abria as comportas espirituais do ambiente santo, em seu desequilíbrio. Se focasse sua energia no trabalho, no atendimento aos pobres, no ensino às crianças da região, ela e suas freiras encontrariam a rota do equilíbrio. Ali, na casa paroquial que eu habitara por anos, também o deboche grassava. Entretanto, em uma casa comum a caridade era praticada sem alardes e sem a procura de qualquer vantagem. Ah, a religiosidade sincera sempre veste a capa da bondade! Que assim seja!

Com esse pensamento, apressei-me em direção à moradia da família cuja história acompanhava. Notei certa agitação no ambiente, mas era um movimento aparentemente benfazejo. Ao me aproximar, ouvi gargalhadas de pessoas jovens e meu coração desanuviou. Desejoso de participar daquele clima feliz, daquela jovialidade espontânea, eu adentrei o local. Genoveva dançava com seu irmão Pedro, enquanto Ana Maria tocava piano. Não precisei de muito tempo para notar o ocorrido. Altamente interessada em fazer boa figura para o doutor Arquimedes, Genoveva praticava a arte da dança. Os risos vinham de Luís, que os observava e achava Pedro um tanto desajeitado. O moleque o era, de fato, em sua inexperiência, mas aquela cena familiar tinha algo de idílico. Ali eu tinha pessoas jovens, de caráter e coração bem formado, que viviam em pureza de atos e sentimentos. Que isso persistisse!

Eu só não entendia como seria possível para Genoveva dançar em algum baile, se ostentava luto pelo falecimento de seu pai. Para piorar sua situação, ela não tinha nenhum tio ou irmão mais velho que a pudesse ciceronear em atividades sociais noturnas. Parecia pouco provável, para mim, que duas moças solteiras se lançassem sozinhas em algum baile ou sarau. Mas, enfim, não seria eu a lançar naquela família feliz qualquer dúvida quanto ao porvir que desejavam risonho.

Postei-me a um canto da sala e desfrutei aquele momento. A música era muito bem tocada, a evidenciar genuíno talento da pianista. Conscientizei-me de que nunca atentara para esse talento de Ana Maria. Também notei que os movimentos de Genoveva tinham grande desembaraço. A meus olhos experimentados, identifiquei uma sensualidade latente, a qual deveria ser canalizada o quanto antes em um sólido matrimônio.

Com essa reflexão em mente, aguardei que o sono natural propiciasse à irmã mais velha o desprendimento do corpo físico, a fim de conversarmos. Quando abordei o assunto que me inquietava, concernente a Doralice, o semblante da moça se velou um pouco de tristeza. Disse-me estar ciente de tudo e que aguardava que o desenrolar dos dias arrefecesse a cólera dos seus amigos judeus do pretérito. Achei interessante a expressão que utilizou: "os meus amigos judeus do pretérito". Ela notou a minha curiosidade mal disfarçada e adiantou que os conhecia de longa data. Que há muito tempo, em uma encarnação que o tempo fazia deles esquecida, tiveram oportunidade de conviver. Contava com esse trunfo para, no momento oportuno, conseguir sensibilizá-los para a importância do perdão.

Segundo inferia, a cobrança seguia no momento pela condição de grande devedora de sua irmã. Era como se a dívida tivesse de ser desbastada um pouco, a fim de que Doralice perdesse seu gosto pelos ardores religiosos, em descompasso com a sabedoria da natureza, que reside nas coisas simples. Em breve, contava que tudo fosse esclarecido, que o ódio amainasse, e que os cobradores cansassem, enquanto a devedora retificava sua concepção de vida.

Não pude me impedir de demonstrar profundo espanto com as observações de Ana Maria, com sua apreciação justa das ocorrências e mesmo de seu seguro conhecimento do que ocorria. Decididamente, ela me espantava. Asseverou-me que seguidas vezes tinha notícias da irmã, por vias espirituais, e mesmo que chegara a visitá-la no local. Contudo, pelas razões já alinhavadas, aguardava o momento propício para agir.

Entendi que me sairia muito mal, se acaso quisesse me entender por anjo da guarda da família. Além de para anjo faltar quase tudo em mim, a título de virtudes, quem eu deveria proteger era mais esperta e talentosa que eu. Felizmente para mim, a vaidade começara a me abandonar quando ainda no corpo físico. Reiteradas vezes tivera oportunidade de identificar em pobres paroquianos virtudes muito mais definidas do que as minhas. Também notara em gente simples, sofrida e mesmo ignorante, segundo os padrões do mundo, uma sabedoria que me faltava, em minha sofisticação intelectual e em minhas leituras sem fim dos textos sagrados.

Capítulo

6

Dom Nicolau

É VERDADE: O SANTO se afirma no mundo! Eu iria até mais longe no conceito, para dizer que o santo se forma no mundo. Nada como conviver com os pobres, os desgraçados e os oprimidos. Neles, em sua dor, é possível vislumbrar razão real de consolação para os pequenos problemas do cotidiano. Nas soluções que alvitram, feitas de sacrifício e fraternidade, reside toda uma sabedoria celestial. Quem quer que deseje mesmo crescer em espírito, necessita gastar tempo com os pobres. Isso é uma verdade insofismável!

Mas até essa descoberta não constituía novidade naquela casa, na qual, desde tenra idade, Ana Maria já se dedicava com ternura aos infortunados do mundo. Matutando sempre, após uma longa conversa, vi-a retomar o corpo físico para em breve acordar.

Como a vida é surpreendente! Quem imaginaria que tudo aquilo fosse possível? Eu, um padre morto, a confabular rotineiramente com uma jovem paroquiana, a praticamente residir na casa dela, a me imiscuir na rotina de tantas pessoas! Como era ilusória a ideia de que morrer é descansar: eu continuava vivo, extraordinariamente vivo. Sofria, amava, preocupava-me, absorvia-me em incontáveis atividades.

Por certo, era mais feliz após a morte do corpo, pois não mais me cansava, não precisava ficar comendo, bebendo, dormindo. Meu velho corpo já dava sinais de estar remoçando, embora eu não fizesse nenhum esforço nisso. Aliás, amava minhas cãs e as rugas de meu rosto. Mas no geral estava mais moço, bem disposto e, felizmente, muito felizmente, com um razoável brilho a me envolver.

Não cessava de agradecer a Deus pelas agruras da vida que me haviam feito compreensivo com os erros dos outros, desejoso de ajudá-los. Louvava também o Senhor da Vida por me haver concedido uma mãe que me ensinara o caminho da retidão. Sem violências, minha santa mãezinha sempre me ensinara a importância dos deveres retamente cumpridos.

De família ilustre, mas empobrecida, ela não se furtara ao trabalho como governanta em uma grande casa, a fim de educar seus dois filhos. Viúva muito cedo, sua sorte residira em uma cultura incomum, assimilada junto a seu pai e a seu avô, dois sábios da época. Dona Natália, minha mãe, acabara trabalhando como governanta em uma residência muito rica, frequentada por um bispo emérito.

Esse bispo, dom Nicolau, gostava de identificar jovens talentos cristãos e um dia me notara, enquanto eu fazia as lições a um canto da sala em que o filho mais velho do dono da casa estudava. Eu lá ficava para ouvir as lições, sem direito a nada perguntar. Mas, curioso e inteligente, ouso dizer que aprendia mais do que o aluno propriamente dito. Dom Nicolau observou, divertido, a rapidez com que fizera minha tarefa, pois a terminara muito antes de Jacob, que seguia com dificuldades, orientado pelo mestre-escola. Aproximou-se de mim, elogiou a elegância de minha letra e começou a conversar. O professor não gostou muito daquela conversa e o bom sacerdote também notou aquilo, com uma ponta de malícia. Por certo, faltaria coragem para o pobre mestre expulsar o poderoso bispo da sala. Já este aproveitou o ensejo para me convidar a um passeio.

Saímos a caminhar pelas vastas alamedas da residência. Gostei instantaneamente de dom Nicolau, que me pareceu imenso em tamanho, sabedoria, bom humor e bondade. Falamos sobre tudo e sobre nada. Ele puxou o tema da religião e eu ousei apresentar algumas dúvidas que me povoavam a mente a respeito de Jesus Cristo e da Santíssima Trindade. Isso aos oito para nove anos: decididamente, eu era abusado!

Longe de se agastar, o bom sacerdote explicou-me, na conformidade da fé então vigente, o quanto era arrogante o homem que desejasse tudo entender no que concernia ao Criador. Era como um grão de areia pretender interpretar o deserto. Asseverou que alguns conhecimentos nos vinham de forma simbólica, pela impossibilidade de os entendermos em sua plenitude, mas que um dia eles haveriam de ser compreendidos. Enquanto isso não se dava, o relevante era não se perder em raciocínios muito abstratos, que faziam os loucos, os insensíveis e os fanáticos. Que eu meditasse livremente sobre os mistérios, mas não tomasse gosto por estéreis discussões nem encontrasse neles justificativa para me afastar da fé ou para esquecer o essencial.

Alertou, com aquela sabedoria tão característica das grandes almas, que o essencial do cristão é fazer-se sentir irmão do semelhante, realmente próximo e bondoso. Para isso, a igreja fornecia ferramentas importantes, que confortavam a alma. Era só uma questão de bem utilizá-las para atingir o fim: uma vida digna e generosa. Quanta sabedoria naquelas palavras!

Na época, eu não atinei com tudo o que havia de transcendente naquele homem, tão altamente colocado, que conseguia realmente entender a essência da mensagem cristã. Ao longo de minha vida, compreenderia quão raro era dom Nicolau e quão feliz eu fora ao ser colocado sob sua tutela.

Indagou-me se tencionava casar, formar família, que profissão desejava seguir. Confessei-lhe, com a espontaneidade própria das crianças, que não me conseguia ver seguindo profissão alguma. Sentia-me um pouco como um peixe fora d'água, meio sem lugar no mundo. Perguntou-me se era assíduo na igreja. Confessei-lhe que não, pois achava os sermões do pároco local um tanto sonolentos. Ele disfarçou um sorriso, com um brilho alegre no olhar. Disse-me que, se quisesse e minha mãe permitisse, eu poderia acompanhá-lo à capital, onde costumava dizer missas. Talvez achasse seus sermões menos sonolentos. Fiquei impressionado, tanto pelo convite daquele grande senhor, com um interesse inexplicável por mim, quanto pela possibilidade de ir a Paris! Ah, minha mãe precisava concordar! Ela tinha de concordar!

Ao término da conversa, ele se adiantou para a sala de estar da mansão, enquanto eu fui infernizar minha mãe. A rigor, não precisei insistir muito. Minha pobre genitora recebeu como uma bênção a notícia do interesse do velho e bom sacerdote por minha modesta pessoa. A reputação de virtude de dom Nicolau funcionava como escudo a qualquer apreensão materna. Enfim, minha mãe viu naquele convite uma resposta celeste às suas preces. No fundo, temia por meu futuro, que gastasse a vida no estábulo ou em algum pequeno comércio.

Feitas as necessárias tratativas, ao final de alguns dias eu me punha a caminho de Paris, na carruagem do bispo. Mudança surpreendente na vida de um pequeno e pobre órfão de pai. Chorei bastante ao me despedir de minha mãe, como se intuísse que não mais a veria. Quando a carruagem se adiantou pela estrada, ela ficou encostada em uma pequena cerca, com o lenço nas mãos. Aquela visão torturou meu coração com uma angústia infinita: minha boa mãe, que tanto se esforçara por mim, eu a deixava para trás!

Hoje, ao recordar, percebo como era grande e generosa aquela mulher. Não receara ocupar posições modestas para manter os filhos. Nascida na abastança e também dotada de uma impressionante riqueza cultural, a vida gradualmente a acuara. Mas não se tornara lamuriosa. Não se proclamara uma injustiçada. Refletida, mas bem-humorada, decidida sempre, agira com dignidade ante as exigências de uma vida pouco generosa.

Eu ia para Paris! Em pouco tempo, a dor daquela despedida diminuiu em meu coração, enquanto o pensamento de um futuro risonho me assomava à mente. Dom Nicolau, com sua natural percuciência, notou tudo aquilo em meu ser, a dualidade, a divisão entre a dor da separação e a animação por um futuro desconhecido, tentador. Logo começou a discutir questões estranhas comigo. Estranhas por não fazerem parte de meu dia a dia; questões de cunho filosófico e religioso.

Falou-me sobre o papel da Igreja na sociedade, e quão importante era que os sacerdotes fossem a reserva moral de seu tempo. As coisas mudavam, os costumes se alternavam, os regimes políticos e os governantes se sucediam. Nesse mundo de mudanças, a Igreja Católica e seus sacerdotes necessitavam funcionar como um símbolo de estabilidade. Para tanto, urgia colocar o interesse da sã doutrina acima de confortos e interesses pessoais. Segundo ele, o sacerdote consciente de seu dever não regateia horas de sono para socorrer e amparar as ovelhas a ele confiadas pelo Senhor da Vida.

Assim as horas passaram, enquanto nos encaminhávamos para Paris e eu ia aprendendo com o melhor dos padres como ser um bom sacerdote. Ao longo dos anos, a imagem dele seria um sustentáculo em minha vida. Quando surgiram as tentações, o desânimo, a incompreensão, as dores naturais da jornada, eu pensava em dom Nicolau, em sua generosidade, na bênção que fora Deus tê-lo colocado em meu caminho.

Ele fora o meu exemplo vivo de dedicação ao semelhante, de como compatibilizar os velhos dogmas com as necessidades prementes e atuais de um povo necessitado de tudo. A sabedoria sempre reside na simplicidade. Quem muito complica está em mau caminho. Ao abrigo de dom Nicolau, fiz meus estudos. Ele patrocinou meu ingresso no seminário, tutelou minha educação, inspirou-me e guiou meus passos pela vida afora.

Enquanto estava no seminário, recebi a notícia da morte de minha mãe. Ciente disso, o nobre bispo se fez presente no estabelecimento. Também por ele vim saber da morte de meu irmão, Guido. Menino estouvado, metera-se em confusão por conta de uma mulher casada e tombara na mira da arma do marido traído.

A figura de dom Nicolau funcionava como um escudo. Os mestres nunca se sentiram inspirados a abusar de correções em mim. Mesmo minhas perguntas incômodas eram toleradas. Ninguém facilitava minha vida, o que nem era necessário, pois eu estudava com gosto e tinha profundo senso do dever. Sempre fazia a minha parte nas tarefas.

Entretanto, nas aglomerações religiosas infelizmente não são raros os pequenos ditadores e mesmo os pervertidos. Impossibilitados de canalizar certas energias mais animalizadas, e sem ter condições de sublimá-las, muitas vezes se tomam de gosto por ferir e perseguir. Comigo, isso nunca aconteceu, pois o nome de dom Nicolau, nunca pronunciado, mas onipresente, funcionava como um saudável e poderoso escudo. Mas esse era um passado tão distante.

Ao refletir sobre isso, indaguei-me sobre onde e como andaria aquela figura veneranda. Devia estar em alguma região celestial, isso se não estivesse, ao contrário, junto dos pobres, a ampará-los. Algo de bom e doce se moveu em meu íntimo ao lembrar a grande alma de dom Nicolau. Mas também me veio à mente que minha mãe e meu irmão igualmente seguiam vivos. Como eu, eles deviam estar desempenhando suas tarefas, cuidando de alguma coisa. Onde andariam? Tomei a decisão de buscá-los, tão logo cessassem meus afazeres mais imediatos com aquela que se tornara minha família nos últimos tempos de vida terrena e mesmo agora, em minha condição de morto.

Cessado o devaneio, notei que o dia amanhecia muito belo, pleno de promessas. Enderecei ao Senhor da Vida uma prece de agradecimento e de admiração pela maravilha de Sua obra. Entendendo que a gratidão ociosa é um crime, busquei lembrar meus deveres.

O que me competia fazer, naquele ambiente? Notei que Genoveva fora a primeira a levantar-se e que vinha inquieta. Foquei minha atenção nela e notei, com certo espanto, que a figura do homem maduro que vira de relance no consultório do doutor Arquimedes bailava em sua mente. Sonhara com Cícero e estava perturbada, pois, ao influxo de alguma lembrança, algo que a envergonhava estava ocorrendo. A menina estava perturbada sexualmente. Era disso que se tratava!

Aquilo me alarmou, mas não em excesso, pois já estava prevenido quanto à possibilidade. Só havia uma coisa para fazer: aproximá-la o quanto antes do jovem médico, que deveria servir de anteparo a possíveis desatinos. Parecia pouco caridoso com ele esse projeto, mas os três estavam envolvidos naquele jogo de sedução e traições há longa data. Era realmente preciso, a bem de todos, que se consorciassem o quanto antes.

Como um raio, rumei para o consultório do doutor Arquimedes. Cheguei lá antes de todo mundo. Antes dos vivos, claro, pois havia mortos no local. Notei, satisfeito, a boa ambiência psíquica do consultório, onde a preocupação em curar era genuína. Que bom: o moço estava bem encaminhado e muito bem assessorado no que tocava ao plano espiritual!

Conversei amigavelmente com a entidade encarregada dos trabalhos médicos, em nosso plano. Informei-a de qual era a minha tarefa, cientifiquei-a do projeto de vida do jovem médico, no que se referia aos laços afetivos. O semblante da nobre matrona se velou um pouco, mas, lúcida como era, captou com clareza que, se algo de difícil se anunciava, cuidava-se do caminho de redenção de todos.

Com sorte, o doutor Arquimedes haveria de socorrer os doentes do corpo e de participar do resgate espiritual dele próprio, de Cícero e de Genoveva. O projeto era ambicioso, mas tinha grandes chances de dar certo.

Logo chegou o facultativo, com uma impressão de vida e juventude que me alegrou. Aquele mancebo, saudável e vigoroso, era exatamente o de que Genoveva necessitava, a fim de canalizar suas energias criativas. Eles haveriam de se casar, formar um lar feliz, ter muitos filhos, para alegria geral!

Ah, os planos humanos, como são belos em nossa imaginação! É uma pena que não costumem se realizar como idealizados, pois as imperfeições dos homens sempre terminam por dificultar o que poderia ser fácil. Realizações importantes que se dariam em clima de paz e leveza terminam por se complicar de forma desnecessária.

Naquele momento, eu era só alegria e otimismo, firme em meu propósito de despertar sentimentos românticos nos dois jovens, que já estavam prometidos um ao outro mesmo antes de seus renascimentos na carne. Observei como o jovem médico tinha hábitos dignos, mesmo a sós. Esse é um diferencial importante na observação que nós, os mortos, fazemos. Muitas criaturas apresentam uma imagem para consumo público, mas que não sustentam em momentos nos quais se imaginam sozinhas. Não se trata de sustentar formalidades de todo desnecessárias em momentos de relaxamento. Mas há criaturas que, sofisticadas e mesmo de aspecto puro em público, quando estão a sós, chegam a dar medo. Falam palavrões em seus monólogos, têm alguns vícios pronunciados do corpo, do falar e do pensar, os quais se acham no direito de externar e cultivar em sua imaginária solidão. Se soubessem que nunca estão sozinhas, salvo alguns momentos muito específicos, ainda assim apenas os moralizados...

O jovem médico sentou-se em sua poltrona e começou a revisar fichas e anotações, com a mente voltada para as consultas que se seguiriam. Ele gostava de chegar mais cedo e sentir o consultório vazio e silencioso a sua volta. Revisava o histórico dos pacientes do dia, listava sintomas e medicamentos que já lhes havia prescrito. Também - ó maravilha! - orava rogando ao Senhor da Vida inspiração e discernimento para ser bem-sucedido em sua tarefa.

Eu decididamente aprecio quem ora! Eis um recurso de valia ignorada pelos homens no mundo. Muitos têm a oração na conta de uma panaceia despida de efeitos práticos, mas não é o caso.

Vendo-o com a mente iluminada pelo contato com as faixas superiores da existência, acerquei-me dele com todo o respeito que inspiram as pessoas sinceramente dispostas a viver o bem. Coloquei a mão em sua fronte e oramos os dois juntos, em uma sintonia perfeita, que me encheu de alegria. Acompanhei seus formosos pensamentos em direção à divindade, identifiquei seu propósito de ser um bom médico, seu desejo de amenizar as dores dos semelhantes e o vi crescer em meu conceito. Ali estava alguém a caminho da redenção. Tomara que a frágil Genoveva não causasse dores desnecessárias naquele coração jovem e desejoso de paz.

Lentamente, ao final de sua oração, indaguei-lhe o que sentia quanto a Genoveva, se pensava nela com frequência. Ele não me registrou a indagação de forma direta, mas a imagem da moça imediatamente lhe veio à mente. Isso provocou certa comoção no jovem, um misto de alegria, esperança e receio. Pôs-se a pensar naquela donzela que lhe suscitava sentimentos tão contraditórios. Será que estava a caminho de amá-la? Isso seria bom ou mau? Não sabia direito a razão, mas nutria certas desconfianças quanto a ela.

Essas desconfianças não tinham o menor fundamento, pois Genoveva era de boa família, sem nada que a desabonasse. Tinha dinheiro, era bem-educada, vivia de forma respeitável entre seus irmãos, após a morte dos pais. Nada, absolutamente nada a desabonava. Também nunca fizera ou dissera nada que justificasse a desconfiança. Ainda assim, intuía vagamente que a moça poderia lhe causar profundas dores. Ficara muito emocionado com o último encontro, no qual ela falara com ardor do desejo de ter uma família, dedicar-se ao marido e aos filhos, formar um lar venturoso. Aquilo mexera com ele de uma forma inesperada.

Entretanto, também havia a figura da irmã de Genoveva. Quanto a Ana Maria, não nutria desconfiança alguma, guardava a mais profunda convicção de ser uma pessoa acima de qualquer suspeita. Visivelmente, jamais causaria dor a pessoa alguma, podendo evitar. Era a própria imagem da beleza. Em seus pensamentos, vira-se várias vezes a cortejá-la. Mas ela lhe causava certo constrangimento indefinível, embora de outro modo. Como se fosse quase um incesto desejá-la, como se a visse como uma mãe, uma protetora. Sentimentos estranhos os seus, indefiníveis, impenetráveis e inexplicáveis para sua lógica de cientista.

Aproveitei aquela linha de pensamentos e projetei com veemência sobre ele a imagem de Genoveva, sua figura de moça bela, frágil e necessitada de proteção. Mentalmente, fi-lo ver que era uma jovem órfã, necessitada de um homem forte para guiá-la com segurança pelos caminhos da vida. Não sentiria um ímpeto de protegê-la? Nenhum instinto lhe dizia que aquela mulher nascera para ele? Que tal se outro se adiantasse e a pedisse em casamento? Era jovem, bela, rica, educada e de boa família. A irmã não era mesmo para ele, o sentimento possível entre ambos era o fraterno. Enquanto cunhado, saberia protegê-la e aos outros irmãos. Poderia ser o braço forte das moças, resguardá-las contra tentações e armadilhas. Assim segui naquela linha de pensamentos, insuflando-lhe ideias às quais não opunha qualquer resistência.

De início, é preciso reconhecer, ressentia-se um pouco com a perspectiva de abandonar o sonho de consorciar-se com Ana Maria. Entretanto, não conseguia mesmo se ver como o homem de tal mulher. Sentia-se, sem que soubesse direito a razão, em posição de inferioridade quanto a ela. Já em relação a Genoveva, via-se facilmente na posição de marido, pai de seus filhos, como protetor e amparo.

Em suma, cumpri o meu papel tanto quanto o respeito ao livre-arbítrio do médico o permitia. Após, afastei-me, pois ele precisava voltar a atenção para os pacientes que se seguiriam. Em meu afã de casamenteiro, jamais ousaria causar qualquer embaraço aos compromissos profissionais e mesmo à liberdade do jovem. Abençoei-o, despedi-me da entidade que o amparava em suas lides profissionais e saí feliz para a rua.

Capítulo

7

Matrimônio

A luz do sol me atingiu com força e um pensamento de gratidão ao Eterno que providenciava dia tão belo tomou conta de meu ser. Ainda envolto em meus hábitos de religioso romano, ajoelhei-me em plena rua, tomado de unção e respeito pela maravilha da criação. Alguns espíritos que estavam por perto me olharam divertidos, como se observassem um louco. Eram os acompanhantes dos enfermos que chegavam para a consulta, em sua maioria. A diversão não demorou muito, segundo notei, e foi logo substituída por respeito. A profundidade de minha oração e de meu sentimento de gratidão logrou coroar-me de uma luz suave.

Os espíritos que transitavam na região passaram a prestar mais atenção em mim. Alguns identificaram em minha pessoa o falecido pároco e se aproximaram para conversar. Foi um dia muito feliz, no qual tive oportunidade de orientar alguns de meus paroquianos com os quais não tinha mais contato. Não deixava de ser inusitado, embora satisfatório, alegre mesmo, que eu continuasse com minhas atividades de padre após a morte.

Em contexto completamente diferente do em que me colocara em vida, não perdera a essência de minha faina de pastor: conduzir almas a Deus. Cuidei de orientar a todos os que se aproximaram de mim. Convidei-os a que, mais à tarde, comparecessem na igreja local. Comprometi-me a lá estar e a orientá-los da melhor forma que pudesse quanto à realidade na qual estávamos mergulhados. Muitos seguiam junto aos familiares, causando-lhes até enfermidades com suas presenças ainda impactadas por ideias e apegos materiais. Enfim, minhas atividades de pastor haveriam de continuar, para minha profunda alegria.

Esse foi o prenúncio de singulares acontecimentos, que repercutiriam naquela comunidade. A partir daquele dia, tomei o hábito de estar presente na igreja em que oficiara em vida. Todas as tardes, eu lá comparecia e me colocava à disposição dos fiéis. Os desencarnados de toda ordem, doentes, desesperados, desorientados e mesmo os só necessitados de algum apoio também lá passaram a ir com frequência.

Em torno de dezesseis horas, em horário humano, cuidava de estar no local, a fim de ouvir, aconselhar e orar com eles. Com muito mais simplicidade do que antes, claro, pois já entendia que podia abdicar de certas formalidades, de alternância de posições do corpo. Não mais ministrava a sagrada partícula[4], providência que substituía, sem qualquer prejuízo, pela imposição das mãos sobre os que sofriam.

O horário definido talvez possa causar espanto, em se tratando de criaturas não mais dotadas de um corpo físico. Ocorre que, em sua grande maioria, as entidades carentes eram muito materializadas, acompanhando a rotina de familiares, algumas até se imaginavam a trabalhar corriqueiramente, em seus antigos empregos. Era preciso fixar uma rotina e fiz isso, pois tal atendia às necessidades daquele pessoal.

Com infinito carinho e profundo amor, acolhia-os a todos na igreja que por tantos anos estivera sob minha tutela direta. Já naquele novo período, a pureza se afastava do ambiente paroquial, por incúria do padre que me sucedera. Mas o relevante é que ali, na igreja, a luz celeste se fazia abundante. Eu ainda aproveitava aquele horário por ser o período em que menos pessoas havia no ambiente. Era então mais fácil fazer prédicas, gastar o tempo com os denominados mortos.

Alguns dos paroquianos sempre se faziam presentes, de um modo ou de outro, e falo dos vivos propriamente ditos. Muitos eram levados pelos parentes desencarnados, pela completa sintonia em que viviam. Outros, espe-

4 Sagrada Partícula. Nos rituais católicos, trata-se da hóstia, que simbolizaria o "corpo de Cristo". (N. R).

cialmente os idosos, também apreciavam a hora do silêncio, em que a igreja estava quase deserta, para fazer as preces. Sempre há uma ou outra pessoa mais sensível que, em um momento de oração e enlevo, consegue devassar, ainda que minimamente, o véu que separa os dois mundos, o da carne e o do espírito. Algumas dessas pessoas chegaram a me ver, com alguma claridade em torno de mim, a falar para as almas que me rodeavam.

Não faltou quem desmaiasse, tomado de profundo pavor. Pavor de quê? - eu me indagava: o que haveria de apavorante em um padre falecido que continuava a cuidar das almas que Deus anteriormente lhe havia confiado para que as orientasse? O que poderia chocar em um sacerdote, em especial quando se apresentava em franca atividade do bem e se fazia rodear de antigos paroquianos? Mas a Humanidade é estranha e fantasia muito quando se trata da vida após a morte.

Qualquer que fosse a razão daquelas reações estranhas, a notícia correu: o antigo pároco aparecia perto do altar, rodeado de pessoas, a quem confortava! Ainda mais estarrecedor, para as almas cândidas e despreparadas, o tal sacerdote guardava uma luminosidade em torno de si, a evidenciar a condição de santo!

Santo, bom Deus! Eu? Aquilo me causou profundo constrangimento e até pensei em abandonar as prédicas por algum tempo, ou transferi-las para outro local. Mas imediatamente recordei a conduta de Ana Maria, que se recusara a parar com a caridade que fazia no quintal de casa, mesmo quando a maledicência resolvera atacá-la. Não seria eu, invisível aos olhos comuns, que me comportaria com menos coragem! Assim, resignei-me com a novidade inesperada e indesejada: o povo me santificava. Pouca coisa é mais constrangedora do que se ver objeto de uma veneração que se sabe ser imerecida. Mas o que eu poderia fazer?

Para complicar minha situação, muitos passaram a identificar em suas melhoras a minha intervenção. Por tudo isso, a igreja passou a ser objeto de um desusado e fervoroso culto, destinado a minha pessoa. O padre Francisco, que não morria de amores por mim, tratou de desestimular a prática o quanto pôde. Em suas homilias, cuidou de condenar o obscurantismo que tornava as pessoas exaltadas, mas isso de pouco adiantou.

As melhoras efetivamente se davam, embora sem qualquer conteúdo de maravilhoso. Eu orientava as almas sofredoras que circundavam os lares dos paroquianos ainda na carne. Cuidava delas, evangelizava-as, abençoava-as, orientava-as com infinito carinho. Muitas entendiam que não mais militavam entre os vivos, que precisavam abandonar os lares antigos. Outras perdoavam ofensas, passavam a orar por quem lhes havia complicado a vida. Por tudo isso, o clima psíquico das casas dos paroquianos melhorava.

Eu atentava para as orações feitas na igreja, uma vez que me eram dirigidas com grande fervor. Muitas se assemelhavam a altos gritos de socorro. Assim, não me restava senão atender aos pleitos, na medida do possível. Esse movimento foi crescendo e passei a receber a ajuda de um posto de socorro espiritual que atuava perto dali. Em breve, muitas almas decididas pela própria renovação passaram a me secundar nas tarefas. A antiga igreja tornou-se um foco de trabalho, luz, paz e saúde para encarnados e desencarnados.

Eu passei a me envolver cada vez mais com os destinos da comunidade. O lado bom era o auxílio que providenciava, contando com o socorro e a ajuda de muitos. Tal me causava uma alegria inimaginável, desmesurada. O desconforto ficava por conta da apreciação equivocada da população terrena, sempre disposta a crer no maravilhoso e a buscar caminhos fáceis.

Os benefícios que conseguia espalhar, com as graças de Deus, constituíam resultado de muito trabalho. Eram o fruto lógico de minhas ações e das dos que me auxiliavam, por amor ao bem. Nada tinham de maravilhoso que pudesse se assemelhar, ainda que minimamente, aos tais milagres, que sempre povoam o imaginário dos crentes de todas as épocas. Mas, para meu profundo desconforto, eu caminhava para virar santo...

Essa passou a ser a minha rotina: gastava uma parte das tardes a cuidar do povo da cidade, vivos e mortos. O restante do dia eu consagrava à tarefa que era minha propriamente dita, o meu compromisso anteriormente assumido: auxiliar Ana Maria em sua jornada de resgate e orientação de um grupo de almas a que me afeiçoava há longa data.

Nesse ínterim, os meses rolaram e o luto da pequena família terminou. Os moços, Arquimedes e Genoveva, se aproximaram de forma definida e estabeleceram compromisso. Marcado o matrimônio, colocou-se a questão de onde morariam. Cogitou-se que passassem a residir na própria casa da família, mas Genoveva sonhava em ser senhora de sua casa: esse era o projeto de sua vida. Ela sentia que, morando junto com a irmã, por mais que a amasse, sempre ficaria em posição de orientada, quiçá de subordinada. Queria se mudar, morar só com seu esposo e com os filhos que teriam. A medida na época pareceu boa e razoável e ninguém a ela se opôs.

O matrimônio se realizou e foi um evento coroado de alegria. No dia dos esponsais, a igreja estava maravilhosamente enfeitada; a noiva, magnífica e o noivo, emocionado. Tudo era como deveria, inclusive no mundo espiritual. Eu me fiz presente e cuidei de inspirar o sacerdote, tanto quanto me foi possível, a fim de que as palavras mais adequadas àqueles dois fossem ditas.

Apenas um detalhe me preocupou um pouco. Na saída, identifiquei alguém que olhava o casal de noivos de forma soturna, antipática mesmo. Parecia o semblante de quem havia sido roubado e observava a felicidade dos ladrões. Tratava-se do barão Cícero de N., que, após uma viagem para cuidar de suas propriedades e de seus negócios, em Paris, retornava a tempo de ser participado da cerimônia.

Aproximei-me dele e o instei mentalmente a me contar as últimas ocorrências de sua vida. Ele chegara à véspera, contando com o final do período do luto, com o firme propósito de travar conversação com a donzela que antevira no consultório médico e que tanto o emocionara. De fato, a desculpa usada pelas moças para não recebê-lo na ocasião consistia no luto pelo passamento do pai. Ele ficara com aquilo na mente, sem saber ao certo até que ponto não se tratava apenas de uma desculpa.

Entretanto, não conseguia tirar aquela dupla de mulheres do pensamento. Sentia certa obsessão por elas, sem atinar direito com a razão daquilo. Eram belas, sem dúvida, mas em sua vida nunca faltaram mulheres belas. Em Paris, costumava dar festas às quais fazia comparecer renomadas cortesãs da época. Nunca lhe faltaram belas companhias. Sem falar no matrimônio falido, que felizmente terminara, com a recente morte da esposa.

Aliás, esse fora um dos motivos de sua última ida a Paris. Havia comprado uma propriedade rural nas vizinhanças de Lyon e pretendia ali ficar um bom tempo, envolto nas atividades de exploração da terra. Empreendedor talentoso, não lhe faltava tino para os negócios. A morte da esposa, internada em uma instituição para doentes mentais, na verdade, um convento, que remunerava regiamente, fizera com que lá tivesse de comparecer para finalizar aquela fase triste de sua vida.

A rigor, tentara se apresentar a Genoveva quando ainda era casado. Contava estabelecer um vínculo, ocultando o seu estado civil. Como a esposa morrera, conformara-se em ter uma retirada estratégica e retornar mais tarde. Em seu coração, a moça surgia aureolada de uma luz diferente, desejava-a como jamais desejara alguém. Mantinha-se um tanto confuso quanto ao sentimento nutrido pela irmã dela, que também o impactara. Entendia ser difícil desfrutar da intimidade de ambas, no sentido menos digno da palavra, pois pareciam atreladas a costumes antigos, a ponto de devolver uma joia muito rica. Mas nunca chegara a descartar a ideia de todo.

Cogitando um envolvimento mais sério ao menos com Genoveva, se fosse preciso chegaria a contrair matrimônio. Primeiro, precisaria conseguir conviver com ela, para ver se era mesmo virtuosa ou se apresentava apenas uma dignidade de fachada, como ocorria com tantas outras que conhecera ao longo de sua vida de homem rico e debochado.

Com a ideia de que talvez fosse necessário chegar ao matrimônio para consumar seus intentos, cuidou de alardear o quanto pôde o falecimento da esposa. Avisou amigos e vizinhos de que ela falecera em um convento, ao qual se retirara por conta de um tardio ímpeto religioso. Que, após uma longa vida secular, decidira se dedicar ao claustro e às orações, com o que ele, marido generoso, concordara. Anunciara o óbito nos jornais, mandara dizer missas pela alma da falecida, colocara luto. Desse modo, abrira o caminho para o caso de necessitar casar novamente, a fim de conseguir o carinho da moça que o colocava quase louco em seus pensamentos.

Tropeços se seguiram, com inúmeros problemas familiares, notadamente com seu filho, com quem tinha um péssimo relacionamento. Necessitara também cuidar de variados negócios, envolvera-se um pouco com política, uma vez que a notícia de sua estada na capital se espalhara. Irritado, várias vezes pensara que alguma força parecia querer retê-lo longe de Lyon e das duas moças.

Enquanto eu acompanhava o raciocínio e lia as imagens mentais que ele externava, pensava que a tal força era na verdade a Providência Divina atuando. Ela dava tempo para colocar a pobre Genoveva sob o amparo do afeto de Arquimedes, a fim de protegê-la, quanto possível, do vulcão de sensualidade que poderia brotar, uma vez que ela e Cícero se encontrassem e, eventualmente, se unissem. Deus, misericordioso, cuidava de colocar a menina em uma posição na qual lhe fosse mais difícil cometer o pecado da luxúria. As providências estavam todas tomadas, a bem dela e do próprio Cícero, quando este finalmente conseguiu se desvencilhar dos problemas que o retinham em Paris.

Logo que chegou à cidade, tratou de se informar a respeito da família que lhe interessava. Soube que uma das moças se casaria no dia seguinte. Com o coração aos saltos, torceu para que a casadoira fosse a moça loira das irmãs, e não a morena. A fonte não conseguiu lhe esclarecer e restou apenas comparecer à igreja, no momento oportuno, e aguardar a cerimônia.

Com a alma contristada, roído de inveja e despeito, viu que a noiva era a eleita de seu coração, ou de sua concupiscência, mais propriamente. Seu despeito não teve limites e quase rugiu de ódio dentro da igreja. Por não aguentar aquele espetáculo, saiu do ambiente santo e se colocou do lado de fora. Viu-a sair de braço dado com o médico, tomado de um sentimento indefinível. Sentia como se tivesse perdido uma oportunidade única. Odiou-se, lamentou sua ida a Paris, sua permanência lá, detestou ainda mais seu filho por lhe dar problemas. Enfim, odiou a tudo e a todos, enquanto via a moça receber os cumprimentos ao lado do marido.

Nisso, observou a irmã da noiva e deteve nela o olhar. Ela também o emocionava, mas de modo distinto. Muito bela, mais ainda do que a noiva, mas de um modo diferente, talvez espiritual demais para o seu gosto. Apreciava uma beleza mais carnal, enquanto Ana Maria, cujo nome não conseguira guardar, tinha um ar de limpeza, de desapego das alegrias terrestres que lhe parecia suspeito. Indagou-se se aquilo não era apenas uma fachada, mas algo impediu seus pensamentos de irem adiante. Não conseguia definir o motivo, mas lhe parecia um pouco sacrílego se aprofundar em conjecturas indignas sobre ela. O pervertido Cícero não o sabia, mas eu sim. Era a gratidão para com a pobre curandeira do passado, que o atendera em sua miséria física e moral, que o constrangia no momento em que cogitava seduzi-la.

Não, aquela mulher não era mesmo para ele, podia sentir. Entretanto, a noiva, ah, a noiva! Genoveva, belo nome, nome de mulher terrena, feita para o amor de um homem como ele! Entendia que o matrimônio constituía um impedimento de peso, que no momento dificultava muito os seus planos. Talvez não em definitivo, refletia, em seu delírio. Maridos podem morrer, pensava. Maridos podem ser traídos. Maridos podem abandonar as esposas. Maridos podem trair as esposas. Esposas podem abandonar maridos que as traem. Deveria esperar a oportunidade certa, aproximar-se de ambos, fazer-se amigo quanto possível, talvez urdir nas sombras para retomar a mulher que por direito era sua!

Ah, pensamentos doentios, alma envilecida, criatura lamentável! Acompanhei aqueles pensamentos, tomado de compaixão e algum temor. À medida que ele os enunciava, era como se projetasse imagens com sua mente, e essas imagens atraíram inúmeros seres da redondeza. Aqueles projetos obscuros clamavam por companhia das mais tristes, e essa companhia se fez presente.

Naquele momento tão especial, em que o matrimônio por mim favorecido acabava de acontecer, lamentei profundamente aquele conúbio triste. Aproximei-me dos vilões espirituais, fiz-me visível e os exortei a que respeitassem a igreja de que estavam próximos. Fiz-lhes ver quão funestos eram aqueles planos e o quanto ruim seria para todos os que se irmanassem em concretizá-los.

Minha autoridade moral logrou espantá-los dali, embora eu tivesse plena ciência de que esse afastamento de Cícero era por reduzido tempo. Ele continuaria a pensar loucuras e seus pensamentos atrairiam seres dispostos a cometê-las junto com o desatinado barão. Vi-o finalmente se afastar do ambiente, enquanto os noivos tomavam uma carruagem com destino ao local da festa: a casa do prefeito.

Cícero ia envolto nas tristes e feias emanações de seus pensamentos pervertidos e despeitados. Já o casal ia envolto em alegria, paz e esperança. Restava aguardar como aquilo se desenrolaria.

No momento, eu estava mais interessado na alegria dos que se reuniam, do que no rancor do que pretendia descumprir a programação espiritual do trio. Havia algo interessante que eu notava: o funcionamento da Lei e o amparo da Misericórdia. A Lei fazia com aquele trio, tantas vezes antagonista e falido, se reencontrasse. Pelos meios mais fortuitos, eles se reuniram: por questões magnéticas incompreensíveis, acabaram na mesma cidade e até no mesmo consultório médico, em um específico dia. Tratava-se do magnetismo incontornável da Lei a ligar e a religar os seres que deviam se acertar.

Entretanto, também havia a misericórdia, o atuar da Providência. Esta é uma manifestação do amor, a temperar a justiça, a fim de que os seres cresçam para Deus, mas o façam com a suavidade possível. Evoluir é necessário, mas os altos transes dolorosos, com as exceções compreensíveis, correm por conta das criaturas. Na feição da misericórdia, havia uma série de providências de grande valor. Ana Maria, a impor freios morais nos três envolvidos, com sua presença, seus conselhos, seus exemplos e inclusive com sua vibração. A ciência do mundo espiritual e nossa atuação direta, a dos desencarnados, a fim de unir os jovens Genoveva e Arquimedes. Os problemas em que Cícero se vira envolvido, enquanto labutávamos para que o matrimônio fosse estabelecido.

Em minhas reflexões, senti-me pequeno ante a complexidade da atuação do Pai. Também me senti infinitamente grato por Ele se dar a tanto trabalho, a fim de assegurar o melhor para Seus filhos. Já os homens descrentes, os ateus e mesmo os crentes pouco refletidos veem o acaso nas ocorrências de suas vidas, mesmo as mais marcantes. Se soubessem o quanto agimos para que o mal não lhes ocorra, e se ocorre, para que as consequências sejam mínimas.

A criatura refletida, ciente do poder celeste a lhe conceder e guiar a vida, esta deve orar e agradecer muito. Afinal, segue como uma criança com os pais velando por sobre seus ombros. Com isso, suas quedas tendem a ser evitadas e minoradas em seus efeitos. Homens! Levantem os braços, os pensamentos e os corações ao Céu, em agradecimento pelo muito que recebem e quase sempre nem chegam a notar!

Após tantos devaneios, dirigi-me rapidamente para a residência do prefeito: depois de tanto trabalho, tinha o direito de acompanhar a festa. O ambiente estava razoavelmente bem frequentado, no que tange ao mundo espiritual. Quanto aos homens, lá se encontrava a fina flor da sociedade lionesa, como não poderia deixar de ser. Vislumbrei que o matrimônio resgatara definitivamente a respeitabilidade social de Ana Maria. Ninguém mais ousava destratá-la ou menosprezá-la, uma vez que se tornava íntima da família do importante político local, com carreira promissora em um âmbito mais amplo.

Como os seres humanos são interessantes e como seus raciocínios são falhos! Se aqueles senhores e senhoras, tão bem-vestidos, tão ricamente enfeitados, pudessem observar a realidade espiritual, mudariam de opinião. A moça a quem desprezaram e vilipendiaram no passado não se reabilitava porque nunca caíra, como pretendiam eles. Ela seguia digna como sempre fora e era uma felicidade a sua presença ali, espiritualmente luminosa, em sua alegria pela felicidade da irmã. Mas, enfim, ela era bem recebida por todos, cercada de atenções, e fiquei feliz por isso. Era um problema a menos. Quanto aos desencarnados, a qualidade deles na realidade oscilava grandemente. Naturalmente, havia os protetores das famílias que se integravam, os que tinham trabalhado para o evento, e também os futuros filhos do casal, felizes porque o planejado antes do renascimento deles estava bem encaminhado.

Entretanto, era um matrimônio e não faltavam os pensamentos malsãos, algumas piadinhas indesejadas, alguns comentários menos dignos e de todo desnecessários. De outro lado, malgrado se tratasse de uma festa da alta sociedade e os presentes guardassem as aparências e o decoro em suas atitudes, muita bebida alcoólica corria. Tal fazia com que entidades infelizes buscassem de todo modo sorver os eflúvios.

Não havia muito a fazer, pois era a liberdade de todos o que estava em jogo. Quem se propõe a ser canal de pasto e repasto, no caso um autêntico sorvedouro para os viciados do além-túmulo, desempenha o seu papel. Não se trata de tentar impedir a alegria das festas ou de impor regimes desnecessários aos seres humanos. Contudo, entre um brinde levantado, um copo de vinho que se toma honrando os anfitriões, e as sucessivas taças, sempre mais e mais cheias e constantes, vai uma grande diferença.

O ponto é que eu não estava ali como juiz, embora pudesse atuar como sentinela, por minhas vinculações com a família da noiva. Tanto quanto possível, tratei de obstar a entrada dos mais desequilibrados, fiz com que os bebedores mais empolgados tivessem pequenos mal-estares e assim foi minha noite, em grande parte.

Também não poderia deixar de ficar próximo dos meus amores, as jovens irmãs e o noivo feliz. Acompanhei Luís e Pedro, igualmente contentes. Naquilo tudo havia uma espécie de retorno à ordem. O prefeito da cidade, de certo modo, estendia sua proteção à família que se encontrava órfã de pai e mãe. Era um augúrio de bons tempos, todos pensavam.

Observei, a certa altura, uma visita inesperada: Filipe e Constância chegavam para beijar a noiva em seu dia. O casal chegou feliz, emocionado, e se abeirou da mesa principal. Ambos depositaram um beijo na testa da noiva, abençoaram o noivo e abraçaram os outros filhos. Quem imagina que a morte separa as famílias, não sabe de nada. Nada mais risível do que pensar que a morte do corpo logra destruir os afetos genuínos. Ao contrário, estes se depuram, tornam-se mais vivos e fortes. O amor espiritual é infinitamente maior do que o experimentado quando na carne.

As ardências da matéria, as distrações da vida muitas vezes produzem um entorpecer que impede se sintam todas as vibrações da alma com a intensidade possível. A alma, livre da matéria, é como um bebê desembaraçado de suas faixas e cueiros. Ela se expande, vibra, vive com uma intensidade inimaginável para quem está habituado às limitações corporais. Isso, claro, quanto a quem está em boa situação. Para os arrependidos, os criminosos, os impenitentes, tudo muda de figura. Se o amor acalenta mais fora do corpo, o ódio também vibra como intensidade desconhecida do lado de cá. O mesmo se dá com o remorso, a culpa, as dores morais em sua totalidade.

Ali, contudo, eu tinha pais amorosos a visitar os filhos. Viram-me e vieram pedir minha bênção, ainda um tanto apegados aos velhos hábitos da matéria. Sorri, dispensei-os de tal prática e sugeri que pedíssemos os três as bênçãos de Deus para todos os presentes. Fizemos rápida oração, nem por isso menos sentida, e a Misericórdia, sempre atenta, derramou delicadas luzes sobre os nubentes. Risonhos, observamos aquele fenômeno, sumamente agradecidos.

Como é bom notar o quanto Deus é atento aos nossos pedidos! Trata-se de um conforto inestimável: ninguém está só no mundo. Os pensamentos ardentes, as orações, os clamores, todos eles repercutem na ordenação cósmica. Nem toda súplica é atendida prontamente, nem é bom que seja assim. Muita gente pede coisas que não suportaria receber. Se vivesse o que imagina querer, perder-se-ia de forma irreversível. Mas, quando possível, o Deus bondoso sempre atende aos rogos de Seus filhos. Isso eu o afirmo com conhecimento de causa, pois até hoje nunca vi uma rogativa justa ficar sem resposta. Se a resposta não é a esperada, nem por isso ela deixa de ocorrer, da forma mais expedita que a Bondade e a Justiça conjugadas podem fazer.

Não demorou muito e no ambiente também adentrou uma figura interessante, alma ornada de belos fulgores, a qual imediatamente chamou minha atenção. Cuidava-se, é certo, de uma autêntica aristocrata espiritual, se é que se pode falar assim. Por toda a sua apresentação, ali estava alguém com um sólido passado de vivências dignas e conquistas no bem. Delicadamente se apresentou e disse ser uma futura filha do casal. Chamava-se Emerenciana, segundo ela própria se anunciou. Disse haver concluído recentemente uma tarefa em distante colônia espiritual e que, sabedora de que seus futuros pais se uniam, ali estava para doravante ficar com eles. Tão logo fosse possível, tomaria novo corpo de carne.

Olhou com doçura para a filha de meu coração e se aproximou de Ana Maria. Enlaçou-a com uma ternura infinita, a denotar uma emoção de almas que se reencontram. A esse toque, pleno de carinho, a moça encarnada se emocionou, sem que soubesse bem a razão. Observei-a detidamente e notei que experimentava a um tempo saudade e alegria. Não sabia de quem se mostrava saudosa e vasculhava na lembrança quem lhe estava faltando no momento. Não eram seus pais, nem os irmãos distantes, Fábio e Doralice. Embora os amasse, nenhum lhe inspirava aquele sentimento tão doce, aquela união tão plena, de que parecia sentir falta no momento. Entretanto, também se sentia completa. A moça se pôs a cismar, evidentemente sem a mínima condição de atinar com a realidade.

Emerenciana sorriu ao notar os sentimentos contraditórios de sua futura tia e, ao ver-me a observá-la, tratou de esclarecer. Eram companheiras de longa data, mas Ana Maria se adiantara na reencarnação com o grupo familiar, enquanto ela se demorara em outros planos. Agora, voltava para cumprir determinada programação.

Dito isso, aproximou-se de seus futuros pais e orou sentidamente pela união do casal. Como não poderia deixar de ser, uma chuva luminosa desceu do Céu e envolveu os jovens nubentes. A entidade os abraçou, em um pronunciado júbilo, e quedou-se com eles. Não pude deixar de ficar muito contente com aquele acréscimo de auxílio. A presença de uma alma assim luminosa só poderia aplainar os caminhos de todos. Também refleti quão grave seria a responsabilidade de dificultar a caminhada e os projetos de alguém como Emerenciana.

A festa findou, os convivas se retiraram e também os noivos e familiares. A nova integrante da família foi comigo para a residência de Ana Maria e seus irmãos, com o claro propósito de não interferir na intimidade do casal que se unira. Era o momento de deixá-los a sós com suas emoções. As almas nobres sempre têm o cuidado de não interferir na intimidade alheia. As pessoas dignas, com hábitos decentes quanto aos aspectos mais privados de sua existência, sempre podem contar com o seu pudor resguardado.

As almas boas, ao tempo em que lhes asseguram a paz necessária aos seus assuntos íntimos, também cuidam de evitar que seres pervertidos do mundo espiritual logrem interferir neles, de algum modo. Já os pobres desavisados do mundo, os que se permitem atos de vadiagem e perversão, estes se convertem em repasto da mais baixa curiosidade. Se soubessem como se prestam ao papel de atores de peças indignas, parariam imediatamente com seus hábitos estranhos.

Fomos todos para a casa em que habitavam os irmãos. Os pais, Filipe e Constância, tinham pouco tempo para permanecer ali. Obtiveram notícias quanto à paz da família, manifestaram preocupação quanto à situação de Fábio e Doralice, mas não havia muito que pudessem fazer. Não haviam conquistado grandes méritos na última encarnação, lhes falecia luz íntima para ajudar com mais propriedade. Restava-lhes rogar a Deus que protegesse seus filhos e trabalhar para adquirir o merecimento necessário, a fim de viabilizar uma provável intervenção no futuro. Foram-se de retorno, com hora certa para não perder uma caravana espiritual que passaria pelas redondezas no princípio da madrugada.

Ficamos eu e Emerenciana, além dos hóspedes espirituais comuns à residência. Não demorou muito e Ana Maria veio ter conosco. Ah, a alegria dos santos reencontros! Noite de alegria infinita, de recordações felizes, de choro emocionado... Elas se reencontravam. Em existência bastante próxima, como irmãs, haviam se dedicado a cuidar dos enfermos do corpo e da alma em pequeno vilarejo. Dotadas de variados dons espirituais, promoviam curas e viviam para o socorro do próximo. Em uma época de ignorância, isso lhes custou caro e morreram sob tortura. Mas a luz que as envolvia bem dizia que tudo valera a pena. Emocionadas, falavam do passado e projetavam o futuro.

Eu as observava perdido em minhas indagações. Seria mesmo uma alegria que tantos projetos se efetivassem. Só faltava que Cícero e Genoveva não se revelassem frágeis demais, não se destruíssem, a Arquimedes e ao projeto familiar. Essa sensação era partilhada por nós três, sem a necessidade de palavras. Enfim, a noite findou e a vida nova iria começar.

Enamorei-me da ideia de acompanhar a reencarnação de uma alma redimida. Quando Ana Maria retomou o corpo, perto da manhã, Emerenciana me participou que doravante habitaria com seus futuros pais. Ajudaria a uni-los, buscando despertar-lhes a maior ternura possível. Sua presença na casa os imantaria e em breves meses a jovem esposa deveria engravidar. Para isso, seria definido um evento específico, no qual contaria com o auxílio de uma equipe. Ficava ao seu cargo observar e alimentar psiquicamente o amor dos pais. Quando os sentisse prontos, no dia mais propício à fecundação, convocaria a equipe que haveria de ligá-la ao organismo materno. Projeto interessante que eu apreciaria muito acompanhar.

Sugeri-lhe que levasse sua futura mãe para passar algumas tardes na igreja, a fim de se beneficiar do clima de oração que ali vigorava. Secretamente, eu tencionava contar com a lucidez e os recursos de Emerenciana no desempenho de minha tarefa. Se ela levasse sua futura mãe junto, não se desviaria um mínimo de seu novo projeto e poderia me ajudar. Ela identificou meu propósito, mas se limitou a concordar e a aceder com a doçura própria de quem fica feliz em auxiliar.

Há algo muito diferente em quem já venceu o egoísmo e tal reside no prazer de ser útil. Os homens mundanos temem tanto perder seu espaço, algo ceder de si, sem notar que com isso perdem o melhor da vida, as doces alegrias espirituais. A alma só consegue se sentir plena a partir do momento em que se doa por inteiro, em que serve, sem a espera de contrapartida. É um ensinamento difícil, porque contraria uma educação milenar equivocada, fundada na escassez. A criatura sempre imagina que o que possui é pouco e que logo pode ser privada de seus recursos. Contudo, a divindade nunca fica pobre de recursos e talentos e sempre é pródiga em providenciá-los em favor de quem já aprendeu a partilhar. Trata-se de um ensinamento que, quando assimilado pela maior parte das criaturas, engendrará importantes e radicais mudanças no mundo.

Eu me encontrava um tanto fascinado por aquela personalidade de mulher, no sentido mais puro da expressão. Dispus-me a acompanhá-la em direção à casa de seus futuros pais. Chegando lá, na manhã seguinte ao matrimônio, tudo ainda era silêncio. Compreendi intuitivamente que o momento era de reserva e requeria muito tato, quanto à intimidade do jovem casal. Despedi-me de Emerenciana e retornei a meus afazeres. Embora fosse cedo, passei em frente à igreja, um tanto perdido em meus pensamentos. Muita coisa passava e perpassava por minha cabeça. Onde andariam minha mãe e meu irmão, dom Nicolau e mesmo Fábio e João? Quanto a estes últimos, eu ficava levemente aliviado pela ausência, embora esta também me preocupasse um pouco. Também pensava em Doralice e em sua loucura no convento. Fiz a anotação mental de verificar com Emerenciana a possibilidade de contar com seu concurso em favor da desventurada moça.

Na igreja, completamente deserta, ajoelhei-me em frente ao altar e perdi-me em meus pensamentos, em sentida prece ao Senhor da Vida. Pedi em favor de todos que amava, roguei pelos meus paroquianos e pelo padre Francisco, que os orientava tão mal. Nesse estado de alma, lembrei-me com dolorida saudade da figura venerável de dom Nicolau, o bispo e mentor amado de minha juventude.

Tão pungente foi o meu sentir que, extasiado de alegria, vi-o adentrar pela porta da igreja, nimbado de luz. Estava mais moço, com a aparência distinta de um homem nos primeiros anos da madureza. Contou-me que na atualidade se encontrava em desempenho de tarefas junto a um país do Novo Mundo. Estava na América, mais especificamente no Brasil, e muito me disse de positivo quanto a tal terra. Ouvi-o enlevado, pleno de uma felicidade indescritível.

Capítulo

8

Emerenciana retorna

É maravilhoso poder encontrar velhos amigos, ainda mais quando ambos não se envergonham um do outro. Esse aspecto pode parecer tolo, para quem desconhece a ampla comunicação que vigora no plano espiritual. Após a morte, muitas das ilusões quanto à privacidade caem por terra. Por certo, não ficamos nos imiscuindo nas intimidades alheias, inclusive por falta de gosto pela fofoca e pela indiscrição. Contudo, o que somos, o de que gostamos, os pensamentos que alimentamos, nossos sentimentos mais ou menos puros, tudo isso está estampado, escancarado mesmo em nossa face e em toda a nossa veste espiritual. O ser com hábitos vergonhosos, cheio de vícios, tem como uma trombeta anunciando seus pesares e infortúnios.

Já a alma redimida, com gostos e hábitos sutilizados, também anuncia sua condição, mesmo a contragosto. Algumas vezes, a alma já evoluída esconde um pouco de seu fulgor, em atitude de modéstia ou para o desempenho de específicas tarefas. Por exemplo, para se fazer visível a espíritos ainda muito materializados. Em condições ordinárias, marcadas pela espontaneidade, tudo se estampa com clareza, seja a grandeza, seja a baixeza.

Falei longamente com dom Nicolau, permutamos as mais felizes observações, contei-lhe de minhas atividades na paróquia e também da família de que cuidava. Ele sorriu com suavidade, sinalizando estar ciente de tudo. Não o disse expressamente, provavelmente por uma questão de modéstia, para não deixar evidente quão profundo era o seu poder de penetração psíquica.

Foi um dia feliz. Levei-o para visitar e abençoar meus pupilos, em suas casas. Contei com seu auxílio nas atividades da igreja durante a tarde. Generosamente, concordou em se incumbir do sermão, enquanto eu cuidava dos doentes da alma, aconselhando-os de forma direta. Seu verbo luminoso, ornado da força moral de quem vive o que prega, pacificou e iluminou a muitos. Ao início da noite, despediu-se de mim e se foi para sua tarefa começante naquelas terras longínquas.

Esse breve relato, eu o fiz com o propósito de evidenciar que os suaves encantos e os laços da alma não se perdem. Quem viveu o bem se reencontra em clima de felicidade, para partilhar as alegrias da vida que leva. Já quem se permitiu o cultivo de vícios, notadamente se o fez em conjunto, também se vê vinculado pelos tristes resultados de sua vida.

Transcorridos alguns meses, com a vida seguindo tranquila, Emerenciana avisou que seu retorno à carne se daria em pouco tempo. Já identificara o período mais factível para seu retorno à matéria e agendara com a equipe espiritual para uma noite próxima. Antes disso, tencionava ter uma conversa mais detida com seus pais e desejava contar com minha presença e também com a de Ana Maria. Marcamos o evento para aquela noite.

Perto de duas horas da manhã, com Ana Maria em estado de desdobramento pelo sono, eu me encontrava na sala de estar da casa de Arquimedes e Genoveva. Obedecendo a um leve comando mental de Emerenciana, o casal veio do quarto, parecendo um tanto confuso, inclusive em trajes de dormir. Evidentemente, não atinavam direito com o que ocorria, como se vivessem um sonho estranho, com desconhecidos em sua casa. Entretanto, não se assustaram. A presença de Ana Maria os confortou, sendo certo que Genoveva também me reconheceu. Em sua leve confusão, nem lhe passou pela cabeça que eu já havia morrido. O clima era suave, muito tranquilo, e não havia razão para sustos e alardes.

Emerenciana fê-los sentar em uma espécie de liteira e ficou entre eles, abraçando-os carinhosamente. Convidou-nos a todos para fazer uma oração. Ao influxo desta, o ambiente se tornou ainda mais acolhedor, com uma suave chuva de pequenas pétalas luminosas que desciam propositalmente sobre o jovem casal. Maravilhados, eles pareciam viver um sonho tão fantástico quanto feliz. Começou a falar de seu projeto de renascer como filha deles. Enalteceu o valor da paternidade e da maternidade, do quanto os filhos necessitam de bons exemplos, e de quão importante é a família unida.

O discurso foi longo e tocante, com especial enfoque na grave responsabilidade dos pais, em seus papéis de educadores de almas para Deus, e não para as ilusões do mundo. Enfatizou o quanto pôde a importância da união familiar e que pretendia tudo fazer de si para ser uma filha boa e dedicada. A perspectiva de ter aquela moça boa, sábia e nimbada de luz por filha causava a mais viva alegria em Arquimedes e em Genoveva. Eles sorriam, embevecidos, sem conseguir disfarçar seu contentamento.

Emerenciana tocou em partes específicas de seus cérebros, a fim de torná-los naquele momento mais conscientes do que se passava. Entendi que eles conseguiriam guardar lembrança mais precisa daquele momento. Fê-los prometer que tudo fariam por manter a família unida, que se dedicariam aos filhos, esquecendo as ilusões do mundo. Que exemplificariam o bem, custasse o que custasse, a fim de bem orientar os filhos de seu amor. Com voz embargada, ambos juraram comovidamente tudo o que lhes foi pedido. Feito isso, conduziu-os ao leito.

Quando os deixou ali, fez nova operação magnética no cérebro de ambos, mais especificamente nos olhos. O casal logo deu sinal de acordar e, profundamente espantados, ambos viram aquela jovem mulher, bela e risonha a acenar-lhes da porta. Ficaram aparvalhados sem atinar com o que ocorria. Arquimedes se levantou e foi correndo para a sala, a fim de conversar com a moça, saber como tinha entrado na casa. Como era compreensível, não encontrou ninguém. Vistoriou a casa, viu que estava vazia, com portas e janelas muito bem fechadas. Voltou ao leito e conversou longamente com sua esposa. Em que pese o espantoso da situação, não estavam com medo. Guardavam a nítida impressão de ter tido uma conversa com o tal fantasma, como definiram a pobre Emerenciana, e de que noticiava o propósito de ser filha deles. Também se lembravam de ter feito solenes votos de união, de fidelidade e dedicação à família.

Espantados, assombrados mesmo, mas felizes, aventaram que tudo poderia ser realidade. Talvez Genoveva já estivesse grávida e fosse ter aquela linda moça por filha! Concluíram em erro, levemente, pois a gravidez ainda não ocorrera, mas não demoraria muito para se dar. A solenidade dos votos que foram levados a proferir os encheu de certo medo. Secretamente, embora nenhum declarasse, eles receavam sucumbir diante de tentações mais fortes, e que por isso Deus lhes providenciara tão estranha experiência.

Como se vê, entenderam o recado muito bem. Restava aguardar para ver se cumpririam as promessas feitas. Ficaram conversando o resto da madrugada, sem conseguir conciliar o sono, enquanto nós acompanhamos por muito tempo os seus projetos, feitos a um tempo de temor, de esperança e de alegria.

Realmente, a Divindade é muito pródiga de cuidados em relação à felicidade de Seus filhos. Nunca faltam na vida das criaturas os salutares avisos, os conselhos sábios, as vivências destinadas a conduzi-las pelos caminhos mais suaves e promissores. Entretanto, a ânsia por viver paixões e satisfazer apetites costuma desviar do caminho reto e conduzir a vivências de todo desnecessárias, que ensejam sofrimento e queda moral.

Certo é que o aviso foi feito e só restava esperar que surtisse os melhores efeitos, ou seja, que Cícero não lograsse reatar os laços infelizes do passado com Genoveva. Passadas algumas noites, novamente estávamos na residência do casal, a fim de participar da ligação do nobre espírito que regressava às lutas carnais. O ambiente era da mais pura santidade, haja vista a categoria impressionante das almas que ali se faziam presentes. Não fosse clara por sua própria apresentação a categoria espiritual de Emerenciana, e os visitantes presentes na noite a evidenciariam por demais.

A reencarnante, em razão de seus méritos, em especial de sua lucidez mental, a ressumar sabedoria, encontrava-se tranquila e não parecia perturbada com a perspectiva do regresso, nem mesmo com a iminência da situação. Almas menos categorizadas, com a mente menos lúcida, tendem a entrar rapidamente em processo de bloqueio das próprias faculdades. A fim de não intervir negativamente nos primeiros e cruciais instantes da ligação com o novo soma, com seus receios e atavismos mal dominados, elas entram em perturbação e começam a se esquecer de si mesmas. Com uma alma com a consciência tranquila, cristalina mesmo, e importantes atributos mentais, tudo ocorria de modo diverso.

Uma equipe especializada se fazia presente no local e tudo estava preparado. A reencarnante, já vinculada psiquicamente aos pais, identificou com precisão o momento em que era possível adentrar o quarto deles, sem invasões desnecessárias e mesmo inadmissíveis na privacidade do casal. Com uma solenidade que nada tinha de ritual, mas advinda da gravidade do momento, deslocamo-nos todos. A futura mãezinha estava expectante, com o semblante radioso, ao lado do esposo, igualmente feliz.

O encarregado da equipe espiritual adiantou-se em direção ao corpo adormecido de Genoveva. Por meio de complexas operações, pareceu ter identificado a semente masculina mais apta e insuflou nela uma gama poderosa de energia. Eu acompanhava tudo com a curiosidade de um neófito e reparei que a semente escolhida disparou vertiginosamente em direção ao seu destino, logrando distanciar-se de suas competidoras.

Não parou nisso a intervenção do operoso e competente médico. Por métodos para mim de todo desconhecidos, mas que se tornavam estranhamente lógicos, na medida em que conectava minha mente à dele, parecia separar ou favorecer material genético da semente de Arquimedes, a fim de que preponderasse na elaboração do futuro corpo de Emerenciana.

Convém dizer que a entidade encarregada da ligação e da escolha do material genético aceitou o pedido mudo que lhe fiz de partilhar suas percepções. Enderecei-lhe um rogo, com a delicadeza que me foi possível, a fim de me permitir participar daquele momento tão especial, com uma lucidez que ela me emprestaria. Como identificou o equilíbrio de minha mente e de minhas emoções, aceitou imediata e gentilmente partilhar comigo seus dons visuais e seu especial talento médico-espiritual.

Trata-se de um fenômeno parecido com o da mediunidade, por meio do qual a mente do médium repentinamente se esclarece e se abrilhanta com ideias e possibilidades que não lhe são normais. Os recursos mediúnicos consistem em precioso potencial evolutivo, que o futuro haverá de revelar em toda a sua grandeza. Neles reside a chave de uma evolução em escala geométrica, em substituição à aritmética, que ordinariamente vigora. Quando as criaturas se libertarem de certas necessidades e limitações muito próprias do estado de grande animalidade em que ainda vicejam, quando a preguiça não mais nelas fizer morada certa, adquirirão possibilidade de evoluir de forma fácil e suave, aprendendo com uma rapidez hoje inimaginável.

Contando com preciosos recursos de empréstimo, assisti, compreendendo, a escolha do material genético mais adequado às atividades futuras de Emerenciana. Após se cientificar de que na semente masculina a melhor parte estava acesa, por assim dizer, a entidade médica voltou sua atenção para o ovo fornecido por Genoveva. Cuidou de minorar alguns fatores de deficiência, ao passo que favorecia ou incentivava outras heranças atávicas para que crescessem em importância.

Não pude deixar de notar que Genoveva trazia, marcadas por suas emoções e experiências deletérias do passado, certas fragilidades mentais, que poderiam degenerar em loucura, e isso se refletia no material genético que tinha para fornecer à própria prole. Em decorrência de suas características espirituais, o corpo vibrátil de Genoveva gravara no corpo físico aquela deficiência, ao lado de outras, que consistiam em alguma fragilidade genésica, suscetível de desencadear dificuldades na procriação e mesmo enfermidades na região pélvica e em todo o setor reprodutivo.

Haja vista o gabarito espiritual de Emerenciana, tudo isso foi minorado ao extremo, para que não a prejudicasse. Essa minoração, segundo eu entendi, somada às vibrações harmoniosas da alma reencarnante, deveria nulificar por completo a herança algo infeliz. Após longas e melindrosas operações, de favorece e desfavorece, de potencializa e minora, pareceu que tudo estava pronto. Emerenciana compreendeu que o momento era chegado, pois a semente estava praticamente ligada ao ovo, abraçou seus pais e formulou sentida oração ao Senhor da Vida, rogando proteção para a nova etapa que se propunha a viver. Alongou-se nos louvores de gratidão pelos imensos benefícios que recebia, pela presença de tantos amores naquele momento junto dela. Ornou-se das mais belas luzes.

Como que por instinto, o jovem pai se afastou para contemplar aquele espetáculo, ficando as duas mulheres abraçadas em lindo caleidoscópio de luzes e emoções. Gradualmente, Emerenciana pareceu começar a se fundir em sua mãe, por processos de todo inexplicáveis ao homem normal. O que posso dizer é que naquele momento a essência de Emerenciana começava a se ligar ao seu futuro corpo, pois a fecundação já havia ocorrido, enquanto seu envoltório espiritual iniciava um processo de desagregação ou devolução de parte de sua matéria de composição ao reservatório universal.

Não é demais esclarecer que, consoante as felizes explicações de Allan Kardec, o envoltório dos espíritos é feito também de matéria, mas matéria muito mais sutil e vibrátil do que a que compõe o corpo físico ([5]). Assim, Emerenciana começou a se sutilizar aos nossos olhos, enquanto, jubilosa, aparentava se fundir com sua mãe, em um espetáculo de harmonia e beleza.

5 O tema é tratado no capítulo XIV de *A Gênese (Os Fluidos)*.

Feliz a mais não poder, Genoveva chorou, enternecida de alegria. Passados alguns momentos, cuidou-se de promover o retorno dos dois ao corpo físico, assegurando-se que tivessem um sono sem sonho e sem desdobramentos. A emoção é boa, mas não convém extrapolar certos limites. Muito sofrimento faz perder as forças e o gosto de viver. Contudo, estranhamente, emoções muito celestiais podem produzir efeito semelhante. A criatura perde o encanto pelas alegrias comezinhas da vida, tão necessárias ainda ao homem encarnado, e corre o risco de perder o interesse pelo que lhe cumpre fazer no mundo. Assim, nós colocamos os dois para dormir, enquanto, encantados, observávamos aquele fenômeno da vida que se renovava e rendemos graças a Deus, em sentida oração.

Após, todos nos retiramos, deixando no ambiente apenas os guardiões do lar, reforçados em razão da presença de uma alma de elite que retornava às lutas terrestres. A partir daí, senti que o tempo literalmente voou. Envolto em múltiplos afazeres, entre meus paroquianos encarnados e desencarnados, a residência de Ana Maria, os cuidados com Genoveva, a atenção a Doralice no convento e a expectativa pelo nascimento, quando me dei conta, o bebê já tinha posto a cara no mundo dos homens.

Nesses eventos todos, nada houve digno de nota, o parto foi tranquilo, pois Genoveva decididamente merecia aquele período de paz e fortalecimento para as lutas que viriam na sequência. Com segurança, em tudo isso contribuiu o mérito da reencarnante, que fazia jus a uma chegada pacífica no mundo das formas.

Capítulo

9

Provações à vista

O tempo correu célere, enquanto a menina crescia. Por mercê do Senhor da Vida, Cícero se viu envolvido em penosos processos na capital do país e teve de se ausentar da localidade em que viviam os partícipes do drama. Tinham decorrido cerca de dois anos, quando o muito rico e dissoluto barão de N. retornou a Lyon, ao que tudo indicava desejoso de se imiscuir na vida da mulher que cobiçava.

Tinhoso, cuidou de fazer amizade com o fazendeiro que era o pai de Arquimedes. Tratava-se de velho político, o qual, malgrado sua boa índole, tinha certo gosto pelas intrigas palacianas e não desdenharia da amizade com alguém tão bem relacionado nos altos círculos, como efetivamente era o caso de Cícero.

Este realmente era um sedutor em suas vestes, nas expressões, gestos e conversa. Sabia envolver e seduzir, para sua própria desgraça, como também para a dos que privavam de sua intimidade. Tinha expressões singulares, um senso de humor fino, era o perfeito anfitrião e o mais delicado dos convivas.

Envolveu muito bem o pai de Arquimedes, fazendo-se íntimo e frequentador de sua casa. Como não poderia deixar de ser, não tardou para encontrar Genoveva e Arquimedes. Esperto, tratou de manifestar um apreço polido e reservado em relação ao casal, com absolutamente nada que chamasse a atenção ou parecesse indecoroso. Não teceu elogios à beleza da jovem senhora, limitando-se a uma reverência plena de refinamento e bom gosto. Quanto ao jovem senhor, seu rival, tratou de envolvê-lo nas malhas de uma longa conversa sobre as virtudes da vida interiorana, afastada das inevitáveis noitadas e desgastes da capital.

Seguramente fora informado pelo pai a respeito dos gostos do jovem médico, pois logo travou com ele uma interessante discussão a respeito de filosofia, dos sábios da antiga Grécia, e também de política, sob o prisma do pensamento clássico e antigo, sem abordar preferências quanto a partidos e tendências atuais.

A primeira impressão causada foi bastante boa, embora ambos os jovens sentissem certo desassossego com o visitante. Como ele se apresentava com uma educação primorosa e tinha conversa envolvente, não atentaram para essa intuição que o passado lhes segredava à consciência: havia perigo naquele homem tão inteligente, culto e charmoso.

De minha parte, observei tudo com uma profunda apreensão, pois lia com clareza solar na mente de Cícero seus projetos de sedução em relação a Genoveva. Os encontros foram se sucedendo, enquanto a mãe de Emerenciana, agora já chamada Joana, lentamente ia se sentindo seduzida pela figura daquele homem maduro, mas ainda vigoroso e pleno de sofisticação. Ela começava a comparar sua vida monótona em uma cidade interiorana com a que entrevia nos relatos dos feitos do barão na capital da França. Muito, mas muito lentamente, ia se sentindo seduzida por aquele senhor tão rico, e ideias perturbadoras passaram a bruxulear em sua mente.

Seu marido, tão simples em essência, tão ocupado em atender os pacientes, tão atencioso com ela e sua filha, já não lhe parecia sedutor. Começou a imaginar como se sentiria nos braços de um homem daquele, experiente, conhecedor seguro da natureza feminina. Passou a fantasiar com uma vida de baronesa, em Paris, em uma rica mansão, recebendo os elegantes da época, envolta em intrigas políticas, como uma espécie de musa social, extremamente refinada. Aquela linha de pensamento me causava arrepios, mas eu pouco podia fazer, já que ela se deliciava com aquela imaginação exaltada.

Profundo conhecedor da arte da sedução, Cícero soube fazer-se querido e de confiança de Arquimedes, cuja casa passou a frequentar. Também arrendou uma imponente residência na cidade, onde fazia reuniões seletas e brilhantes. Em tais reuniões e visitas, cuidava de valorizar mais Arquimedes do que Genoveva, que ficava muito agastada com a situação. Ela sentia ciúmes do próprio marido em relação às atenções de Cícero, de modo completamente incompreensível.

Ali se via novamente o triângulo, oculto, mas palpitante, entre os dois irmãos e a moça por eles ardentemente amada no passado. Porque tinham efetivamente sido irmãos no passado, Cícero e Arquimedes retomavam, sem o saber, a antiga intimidade, que parecia excluir tudo e todos. Até suas discussões, quando discordavam sobre este ou aquele assunto, tinham um toque de fraternidade. Justamente essa fraternidade, essa sensação de intimidade de irmãos, deveria colocar um freio nos projetos de Cícero.

Homem sensual, habituado a satisfazer a todas as suas vontades, deliciava-se com a camaradagem que até o surpreendia, de tão inesperada e profunda que era, mas nem por isso desistia do propósito de ter a mulher cobiçada. Cícero também gastava mais tempo com as outras damas do que com Genoveva, e fazia isso de modo premeditado. De algum tempo, notara ter chamado a atenção da irmã de Ana Maria e se dedicava a espicaçar seus ciúmes. De vez em quando, dedicava-lhe uma deferência toda especial, para na sequência esquecê-la por completo, ao palestrar com seu esposo ou alguma outra dama presente.

Entretanto, em um jantar oferecido pelo médico à fina flor da sociedade, a irmã de sua esposa se fez presente, o que me deu alguma esperança. Aproveitando nossa afinidade de longa data, tratei de lhe chamar a atenção para a energia sexual que circulava entre Genoveva e Cícero. Ana, a princípio um tanto incrédula, começou a notar que a irmã olhava demais para o visitante.

Este, era preciso reconhecer, cativava e centralizava as atenções com grande maestria. Sem ser inconveniente, oferecia a cada um dos convivas a oportunidade de brilhar, de forma muito magnânima. Valorizava as opiniões alheias, era de uma sedução extrema e sofisticada, rendia-se aos argumentos lançados na mesa. Não havia dúvida possível: era o centro das atenções. Com seus cabelos nevados e seu porte que ainda impressionava, suas roupas com um ar de capital, seus modos requintados, sem exagero, era um homem sedutor. E esse homem, com todo o cabedal de recursos oriundos de uma vida de devassidão e deboches, plena de convivência mundana, lançava-se no propósito de seduzir a singela Genoveva, em si já bastante frágil nesse setor.

Ana Maria tudo foi compreendendo, enquanto seu coração se confrangia. Notava os olhares ora divertidos, ora graves, que Cícero lançava a Genoveva. Também notava que sua irmã, embora disfarçasse como podia, só tinha olhos para o político famoso. Fez uma anotação mental de conversar com a irmã no dia seguinte, a fim de prevenir uma tragédia. Intuía que não seria uma conversa fácil, mas era algo a ser feito.

De seu lado, Cícero, com sua fina psicologia, construída em anos de tratos e distratos políticos, viu-se flagrado pelos límpidos olhos de Ana Maria. Aquela mulher o desconcertava, provocava-lhe sentimentos estranhos! Admirava sua beleza, claro, mas não era esse o ponto, pois, mulheres belas, isso não era novidade em sua vida. Usava a todas e sabia descartá-las, quando não mais lhe convinham. Aquela senhorita, um tanto passada já da idade de casar, à parte sua aparência gloriosa, tinha algo diferente.

Não entendia porque ainda não se havia casado, já que era tão bem relacionada. Por certo não lhe faltariam um belo dote nem rapazes interessados em desposá-la. Caso sua beleza não fosse o suficiente para levar algum rapaz ao matrimônio, do que duvidava, a fortuna de sua herança haveria de seduzir a muitos. Mas a moça, contra toda a previsão, seguia sozinha. Até onde se informara, à parte um boato já esquecido, que não parecia merecer muita fé, pelo extremo mau gosto que refletia, não havia notícias de que estivera envolvida em qualquer espécie de romance.

Essa moça, que caminhava para ser uma solteirona, já a passos largos, quando sustentava o seu olhar, de modo algo inquiridor, fazia com que se sentisse descoberto em suas intenções e em falta. Ficava desconfortável, como se lhe devesse algo! Com todo o seu traquejo social, não conseguia disfarçar ou sustentar o olhar de uma provinciana, que nunca saíra de sua cidade natal e sinalizava ser bastante carola. Não entendia, mesmo, o que se passava.

A noite passou, enquanto eu intuía Ana Maria com segurança sobre o ocorrido, ela matutava, olhava com piedade para Arquimedes e tentava participar a contento da conversa que se desenvolvia naquele ambiente festivo. Com efeito, na tarde do dia seguinte, Ana se fez anunciar na casa da irmã. Arquimedes se encontrava recluso em seu gabinete, a estudar alguns casos médicos mais intrincados, enquanto Genoveva estava no quarto da pequena Joana, envolta em seus afazeres de mãe.

É preciso registrar, por uma questão de justiça, que se tratava de uma mãe efetivamente dedicada. Ao contrário do que ocorria com as damas mais abastadas da burguesia, em imitação infeliz dos hábitos da nobreza, Genoveva não abandonava a filha aos criados, para cuidar de bobagens. Dedicava-se com ternura à filha, encontrando muito prazer nesse trato.

A menina era mesmo encantadora, com todos os dengos próprios da idade, mesclados a uma grande doçura e a uma surpreendente firmeza de vontade. Aos olhares desavisados, tal firmeza poderia passar por mera teimosia, quando na verdade retratava a força de uma inteligência que atingira a maturidade em afanosos séculos e agora retornava ao palco terreno. Dócil, pela sua condição infantil, nem por isso deixava de mostrar que ali estava uma grande personalidade, definida e firme.

Aquela pequenina vontade, que por vezes via chocar-se com a sua, a um tempo agastava e divertia Genoveva. Vivia entre espantada e encantada com sua pequena boneca viva. Sossegava seu coração perceber que a menina sinalizava possuir um bom coração, embora seus pulmões poderosos, quando decidia requerer o que pensava ser seu direito.

Ana Maria entrou no quarto e se enterneceu com a imagem de mãe e filha, entretidas e sorridentes, na companhia uma da outra. Com toda a delicadeza possível, buscou adentrar o tema. Tendo ligado o nome à figura, mencionou que o barão de N., presente na festa do dia anterior, fora o mesmo que um dia tomara a liberdade de enviar um rico estojo de joias para Genoveva, então uma moça solteira. Disse ter ficado um tanto espantada em identificar aquele pretendente do passado em um convidado de honra na mesa da irmã e de seu marido. Genoveva, pega de surpresa, não pôde se impedir de corar. Começou a gaguejar, toda desconcertada, com isso colocando a nu o que se passava em seu íntimo.

Ana, com sua peculiar percuciência, não precisava de mais nada para entender todo o drama que se descortinava. Não quis agredir o tema de plano e voltou sua atenção para a menina. Brincou com ela, ergueu-a, fê-la sorrir. Havendo Genoveva se acalmado, cuidou de voltar à carga, mas sob um viés algo diferente. Lembrou risonha da pretensa enfermidade que a irmã arrumou como desculpa para consultar o atual marido, então recém-chegado à cidade, após concluir seus estudos. Ambas se divertiram com aquela lembrança.

Com sua fina psicologia, Ana tratou de discorrer sobre como é maravilhoso quando os sonhos finalmente se convertem em realidade. Há poucos anos, Genoveva era uma moça sonhadora, que desejava acima de tudo ser uma esposa e mãe dedicada e feliz. A misericórdia divina atendera seus rogos e realizara seus sonhos da forma mais esplendorosa. Conhecera um rapaz digno, muito bem colocado socialmente, apaixonara-se por ele e fora imediatamente correspondida. Ambos se casaram e receberam por filha a mais bela e doce das meninas. Eram bênçãos de subido valor.

Genoveva acusou a estocada e demonstrou tristeza e culpa no olhar. Sob aquela exposição de seus sonhos realizados, vislumbrou o tanto que tinha e como deveria ser grata. Cuidou de desconversar, dizendo que estavam ficando melancólicas e estranhas. Que eram moças e deveriam sorrir e aproveitar a vida.

Ana estava decidida a abordar o tema e não se deu por achada, não permitindo a fuga do assunto. Em tom grave, mas doce, disse temer a presença do barão nas relações da irmã. Afirmou tê-lo visto a observar Genoveva de forma estranha, considerando sua condição de mulher casada. Que algumas trocas de olhares, a se repetirem, estas não passariam despercebidas dos convivas, notadamente das mulheres presentes, sempre mais hábeis em identificar tais coisas. Não ficaria bem a irmã expor a honra do marido a falatórios desnecessários. Pior ainda, seria terrível se ela acaso colocasse em perigo, por ilusões descabidas, a construção maior de uma mulher cristã: seu lar, a educação de seus filhos, a exemplificação dos valores da família. Fê-la recordar a figura de sua mãe, Constância, que sempre fora um exemplo das virtudes domésticas, integralmente dedicada à casa e à família. Indagou se Genoveva conseguia ver-se em algum tipo de futuro que não incluísse o marido e a filha.

Ante o olhar espantado da interlocutora, cuidou de esclarecer que, havendo algum tipo de rusga, notadamente com ela desempenhando o papel de mulher indigna, não haveria dúvida possível de que o pai conseguiria ficar com a filha. Visivelmente, a irmã nunca pensara naquilo. Em suas fantasias, só ganhava coisas, nunca perdia. Via-se como baronesa, rica e festejada, em altas rodas sociais, contando com as atenções de um homem maduro, sensual, experiente. Sem que isso implicasse qualquer perda, fosse moral ou social. Afogueada, respondeu que a irmã parecia ter enlouquecido em suas divagações. Ana disse que tanto melhor que assim fosse, pois detestaria ver a pequena Joana envolta em desgraça em razão de alguma leviandade de Genoveva.

A conversa pode parecer estranha, assim relatada, uma vez que passada entre duas irmãs. Entretanto, há um ingrediente que o leitor precisa levar em conta: a ascendência moral da irmã mais velha sobre a mais nova. A primeira terminara de criar a segunda, em razão do prematuro falecimento da mãe de ambas. Além disso, dera-lhe sempre os maiores exemplos de conduta digna e bondosa, para além do que seria razoável exigir. Para rematar, havia um fator espiritual, consistente na elevação incontestável de Ana Maria, e também em seu patrocínio para a reencarnação de Genoveva. Tudo isso pesou naquela conversa, naquele momento crítico.

A certa altura, a irmã mais nova começou a chorar, por entre fortes soluços. Ana Maria a abraçou sob o olhar curioso da pequena Joana. Assim, ninada e confortada, Genoveva chorou longamente e terminou por abrir o próprio coração: sim, para sua desgraça, estava tentada pela figura de Cícero. Acreditava estar apaixonada por ele, embora continuasse a amar ternamente Arquimedes. Pensava estar enlouquecendo, pois ardia quando o político maduro e sedutor lhe lançava olhares. Sonhava com ele, tinha reações vergonhosas para uma mulher de sua condição, esposa e mãe. Não sabia o que fazer, estava perdida! Sentia-se no caminho da perdição...

Delicadamente, Ana lhe indagou se já lançara mão do sagrado recurso da oração. Disse que deveriam ambas orar à Virgem Maria, modelo de todas as esposas, de todas as mães e mesmo de todas as mulheres do mundo! Em sua pureza, em sua bondade materna, haveria de fortalecer Genoveva na luta contra as tentações da carne e da paixão.

Observando aquela conversa, que caminhava do melhor modo possível, notei que Genoveva, naquele instante, sentiu piedade da irmã: pobrezinha, tão crédula e ingênua, acreditava ser possível furtar-se a uma paixão à custa de ladainhas! Em sua mente, passou a ideia de que a irmã era uma mulher diferente das outras, alheia às dificuldades comuns à imensa maioria delas! Talvez devesse tomar o hábito, em sua visão ingênua do mundo...

Ah, pobre Genoveva, que não conseguia atinar com a sabedoria de sua irmã e mentora e que identificava ingenuidade onde residia uma força muito peculiar, fruto de longas vivências dignas. Ela não era deficiente em sua feminilidade, não era apartada do mundo, era apenas mais senhora de si. Se a vida lhe apresentasse o ensejo correto, afim com sua programação espiritual e seus valores, seria a melhor das esposas e das mães. Não lhe faltava nada, seja juízo ou sentimento, muito menos uma visão realista do mundo.

Tal era o ascendente de Ana Maria sobre a irmã que ambas se puseram de joelhos com a finalidade de orar à Virgem. O que se seguiu foi um momento muito formoso. Em voz baixa, a fim de não suscitar qualquer escândalo ou inconveniente, Ana Maria dirigiu uma súplica fervorosa à mãe de Jesus. Rogou-lhe lucidez e forças para Genoveva, para que se desvinculasse da tentação e seguisse firme no cumprimento de seus deveres de esposa honrada e mãe dedicada. A oração foi um primor de beleza, sinceridade e simplicidade.

A resposta não se fez esperar e um jorro de luz penetrou o quarto, vindo das esferas superiores, e incidiu com força sobre as duas jovens, mais especialmente sobre Genoveva. Esta sentiu vacilarem suas convicções sobre a ingenuidade da irmã e a inutilidade da prece. Uma maravilhosa paz a envolveu, para sua surpresa, e ambas continuaram longo tempo naquele estado beatífico, com a mente focada na Senhora Santa. Naquele instante, com a paz que visitava seu coração, Genoveva aderiu verdadeiramente à prece, para meu regozijo. Entretanto, os vastos problemas do passado espiritual dos três envolvidos naquele imbróglio sentimental sinalizavam que muito mais do que uma oração seria preciso para preservar a paz da família da minúscula Joana.

Após obter da irmã a promessa de que sempre oraria à Virgem, rogando forças para permanecer virtuosa, e de que a procuraria em caso de alguma emergência, Ana Maria ficou um tanto mais tranquila. Passou a tarde com a pequena família e retornou aos próprios afazeres, junto aos irmãos mais jovens.

Capítulo

10

Cícero de N.

O PROBLEMA MAIOR RESIDIA em Cícero, nada afeito a orações e boas intenções. Enquanto Genoveva orava para permanecer honesta e Arquimedes ignorava a tempestade que se formava sobre sua cabeça, Cícero gastava horas a fantasiar e a planejar a conquista da mulher desejada.

Insistiu com o pai de Arquimedes que deveria travar relações na capital e se dispôs a lhe dar cartas de recomendações, a fim de que fosse recebido pelos políticos mais prestigiosos da época. Habilmente se escusou de acompanhá-lo nessa viagem, a qual deveria servir para estabelecer tratativas com o objetivo de viabilizar uma futura candidatura do ex-prefeito ao cargo de governador da província. Insistiu, seduziu o já vaidoso político, logrando convencê-lo de que tinha todo o estofo necessário para maiores voos em cenário mais amplo. Fê-lo perceber, ou acreditar, que sua experiência bem-sucedida em Lyon, a ausência de escândalos em sua vida, sua sólida fortuna, seus hábitos morigerados, sua idade, nem muito avançada, nem muito reduzida, tudo o credenciava aos maiores êxitos políticos.

O político provinciano dava claros sinais de que preferia ser acompanhado em tal viagem pelo barão de N., hábil conhecedor da política da capital e frequentador dos mais altos meios sociais da época.

Mas Cícero alegou que tinha compromissos inadiáveis na região, receberia em breve visitas e tinha muitos negócios a serem fechados de um instante para o outro, ao tempo em que apressava o pai de Arquimedes para que se lançasse na carreira que lhe indicava o quanto antes. Sutilmente, fê-lo ver quão preciosa seria a companhia do próprio filho na empreitada.

Moço bem falante, com ar aristocrático e maneiras a um tempo sóbrias e elegantes, por certo causaria boa impressão em Paris. Ambos, lado a lado, pai e filho fariam um bonito papel e impressionariam. A isso se seguiram longas conversas nas quais o pai tentava convencer o filho a acompanhá-lo nessa viagem política. Arquimedes, embora estudioso da política, em suas origens clássicas, por meio da leitura dos grandes pensadores, não tinha grande pendor ou gosto para se imiscuir na política partidária da época. Também não se via bem como um embaixador lionês em Paris.

Após tantos anos em Lyon, cuidando apenas do consultório e da família e frequentando a sociedade de quando em quando, sentia-se algo bronco, à feição de um médico interiorano com os sapatos fedendo a esterco, por assim dizer. O pai insistiu até que o rapaz se deu por vencido e concordou. Mas colocou como termo limite o prazo de quinze dias, que era o máximo que poderia permanecer afastado de seu consultório. Observando todas aquelas tratativas e reuniões, com preocupação identifiquei a vontade de Cícero consistente em afastar Genoveva do esposo, a fim de mais facilmente seduzi-la.

Quando foi comunicada pelo esposo da intenção da viagem, Genoveva ficou apavorada, pois se sabia fraca em face de uma investida mais enérgica ou envolvente. Tentou convencê-lo a levá-la e a Joana junto com ele. Mas era inverno e a menina estava um pouco resfriada, de modo que a prudência paterna vetou a viagem de ambas. Consolou como pôde a esposa, disse-lhe que tentara de tudo para dissuadir o próprio pai de levá-lo na empreitada, mas sem sucesso. Seu dever filial o levava a se afastar por reduzidos quinze dias, pois tal era o máximo que concebia permanecer ausente.

Em uma fria manhã de inverno, chuvosa e brumosa, eu vi a saída de Arquimedes de sua casa, em direção a Paris, em uma carruagem bem-posta. O ingênuo rapaz nem imaginava o perigo em que, com tal atitude, colocava sua felicidade e sua paz. Logo à tarde, Genoveva estava envolvida com seus afazeres de dona de casa, pois era mesmo muito prendada, quando a avisaram de que tinha visita. À criada, acostumada com a frequência de Cícero nos almoços e jantares que se davam na casa, nem ocorreu que talvez a patroa não quisesse recebê-lo. Sem maiores indagações, informou-o de que a patroa estava, acomodou-o em uma pequena saleta e foi chamar sua senhora.

Ao ouvir o nome do visitante, o coração de Genoveva disparou, enquanto eu a observava, entre curioso e temeroso. O que faria aquela criatura, a quem o bom Deus tantos talentos havia dado, com tantos recursos de resistência ao vício postos ao seu dispor? Ela se lembraria de orar? Recusaria receber a visita, alegando algum mal-estar súbito? Fá-lo-ia esperar, enquanto mandava chamar a irmã às pressas?

Um mundo passou na cabeça de Genoveva, enquanto ela se lembrava da figura de Cícero, que lhe surgia à mente plena de seduções. A menina não orou, não recusou a visita e não fez chamar a irmã. Ao contrário, foi trocar de roupa, com a intenção de surgir o mais bela possível. Em sua cabeça perturbada, surgiu a ideia de mostrar o que ele perderia para sempre, uma vez que era casada e comprometida.

Tratava-se de um autoengano, claro. Ela discursava para si que tal era o seu intento, um discurso de vaidade, quando na verdade sentia-se enamorada e desejosa de participar de um jogo de sedução. Ignorava que já se perdera e descera muito no pretérito, ao se permitir tal jogo. Que dera causa à morte do próprio marido, que causara uma tragédia de grandes proporções. Que perdera tudo e se arriscava a fazê-lo novamente. Orei fervorosamente ao Pai Celestial, tentei intuí-la e alertá-la, praticamente bati em sua cabeça, a fim de despertar-lhe o senso do dever. Mas tudo foi inútil: ela estava bem decidida a brincar com fogo.

Decorrido algum tempo, quase uma hora, pois a toilette fora complicada, eis que Genoveva surge na sala. Bonita, perfumada, elegantemente vestida, pronta para seduzir. Cícero, raposa velha, percebeu a razão da demora: ela se enfeitara para ele. Lançou-lhe um olhar claramente admirador, como jamais se permitira antes. Genoveva corou, secretamente feliz em se ver assim admirada. Sentia-se como uma jovem à frente de seu pretendente, sem se lembrar de que era uma esposa e mãe de família, cuja conduta deveria ser muito diferente.

A conversa entre eles começou, enquanto eu a tudo observava. Ao menos minha presença impedia que o ambiente se tornasse insuportável, em termos espirituais. Por quanto tempo eu conseguiria manter afastados os comparsas habituais de Cícero do ambiente era algo a ser visto. Uma vez que a dona da casa se permitia atitudes de deboche, as defesas psíquicas da residência logo começariam a ficar mais frágeis. A favor de meus intentos, havia a presença da pequena Joana na residência. Tratava-se de um espírito ornado das mais lindas virtudes, com merecimentos que a faziam atrair proteção sensível do Alto.

Mas vamos à conversa entre os dois doidivanas, dispostos a cair em tentação. Cícero se levantou à entrada de Genoveva e lhe beijou as mãos, em um gesto que reconheci muito sedutor, embora minha grande má vontade para com ele. Temi, mas tive de reconhecer: ele sabia o que fazer para impressionar as damas!

- Senhora, que alegria vê-la tão bem-posta. Temi que as circunstâncias lhe causassem muito desgosto. Sentindo-me em parte responsável pela ida de seus familiares a Paris, entendi-me no dever de me colocar ao seu dispor para aquilo de que necessite. Quero que veja em mim, neste período em que sua proteção habitual se afasta, um parente muito chegado. Talvez nunca tenha tido oportunidade de lhe fazer ver em quão elevada estima a tenho!

Genoveva corou de satisfação, seu coração palpitou com força no corpete, enquanto ela se sentava, ensaiando sua melhor pose. Inconscientemente, copiava a postura da irmã, dotada de uma elegância natural. Para sua desgraça, não lhe passou pela mente imitar a postura moral da irmã ou mesmo indagar o que ela faria se estivesse em seu lugar naquele momento.

A conversa começou amena, com Genoveva ora se fazendo de sofredora, com a ausência do esposo, ora lançando olhadelas langorosas em direção a Cícero. Este compreendeu que a partida, se não estava de antemão ganha, já se encontrava muito bem encaminhada. Elogiou as delícias de Paris, fez a descrição de seu palácio na Cidade Luz e terminou por afirmar que se desgostara de lá residir. De pronto, Genoveva, incrédula, indagou a razão.

- Ah, minha senhora, sinto-me muito sozinho em minha residência que se faz muito vasta para um homem como eu, privado de família. Viúvo, meu filho único tem vida própria. Falta-me a alegria de uma companhia de qualidade. Se a possuísse, o mundo seria pequeno para mim!

- Mas, senhor, falta-lhe companhia apenas porque assim o deseja. Se decidir se casar, muitas haverão de se sentir imensamente felizes em aceitá-lo por esposo.

- Não o duvido, mas provavelmente fariam isso pelos motivos errados. Almejo ser amado por uma dama de qualidade, de modo que não me interesso por quem esteja disposta a se vender para mim, em um negócio chamado de matrimônio, sem afeto nem interesse sincero.

- Faz juízo muito severo das mulheres, senhor barão!

- Talvez o faça mesmo, mas minhas experiências nessa área não foram boas após minha viuvez. Houve muito interesse social e financeiro em torno de minha pessoa, mas não um afeto genuíno, de alguém que me quisesse pelo que sou, e não pelo que possuo.

Genoveva silenciou, pois o natural seria ela começar alguma confissão imprópria. O silêncio pesou entre eles, quando Cícero o quebrou, com ar sofrido e sonhador, de todo inusitado em cavalheiro de tal idade e experiente como ele.

- Senhora Genoveva, tudo isso são quimeras. Se o cargo de esposa junto a mim está vago, o mesmo não ocorre com meu coração. Este, para malgrado meu, está ocupado em definitivo e de forma total por uma dama de rara beleza e virtudes, mas inacessível.

- Mas qual seria a razão da impossibilidade? - indagou Genoveva, com o coração opresso. Em sua mente uma dúvida bailava: seria ela essa dama tão especial ou haveria outra, a quem Cícero amava?

Um misto de esperança, terror e tristeza invadiu a alma da tola esposa do médico.

- Trata-se de uma dama comprometida, para minha desgraça. Por encontrá-la demasiado tarde, perdi para sempre qualquer possibilidade de ser feliz.

- É casada?

- Sim, é uma senhora casada. A rigor, eu a encontrei quando ainda solteira, mas as circunstâncias da vida impediram uma maior aproximação na oportunidade. Tive de ir a Paris, para tratar de assuntos graves e inadiáveis. Quando retornei ao local de sua residência, era o dia de seu matrimônio. Restou-me vê-la entrar na igreja, com a morte no coração e a certeza de ter perdido para sempre a felicidade com a qual sonhara.

Um silêncio perturbador se fez entre eles e se alongou por um tempo que pareceu infinito. Genoveva já entendera que ela era a mulher eleita daquele homem charmoso e sofredor!

- Sabedor de que jamais a terei para mim, pretendo ficar apenas mais um pouco em contato com essa dama. Estou a ajeitar alguns negócios, para em breve me despedir para sempre. Dói-me demais vê-la pertencendo a outro.

- Deseja ir embora de Lyon?

- Sim, muito brevemente, talvez ainda neste ano.

– E voltará para nos visitar? Afinal, fez incontáveis amigos aqui.

– Não, minha senhora. Sofro demais nessas paragens, como bem pode depreender das confidências que lhe fiz. Quando eu me for, será para sempre. Levarei a lembrança de amigos queridos e da dama que meu coração elegeu e não pode ser minha!

– Mas senhor...

– Senhora?

– Não sei o que dizer!

– Entretanto, uma palavra sua pode mudar meu destino para sempre...

– ...

– Desculpe, estou sendo importuno, creio que me excedo, que ultrapasso as conveniências. Jamais me perdoaria se lhe causasse qualquer transtorno, logo à senhora, a quem dedico a mais ardente admiração.

Os olhos de Genoveva marejaram de lágrimas, enquanto Cícero mantinha nela fixado o olhar. Lentamente, ele se levantou, dirigiu-se para a poltrona em que Genoveva estava e lhe tomou as mãos.

– Desculpe-me, novamente, cara senhora! Sinto que lhe causei tristeza, logo eu, cujo maior sonho era o de fazê-la para sempre feliz!

Beijou-lhe as mãos com enternecimento. O que ocorreu, àquela altura, era mesmo inevitável. Em breve, estavam se beijando na pequena saleta, correndo o risco de entrar algum criado. A fagulha havia se reacendido entre eles, que já ultrapassavam as conveniências.

Fiquei a observá-los, imensamente penalizado e constrangido, pois não tardou para os carinhos se tornarem mais avançados. Isso me causou tristes reflexões. Genoveva namorara Arquimedes dentro das regras de recato da sociedade da época e casou donzela. Nunca teve qualquer intimidade maior com o médico enquanto eram namorados ou noivos, mas, naquela situação de adultério, já começaram aos beijos, que se fizeram mais e mais despudorados.

Não deveria haver mais prudência quando se tratava de cometer um pecado gravíssimo, como o adultério? Os namoros eram castos e cautelosos, mas se a coisa em si já não era digna, tal constituía motivo para que se perdessem todas as regras do decoro? Em suma, como era uma relação espúria, nada de pensar um pouco na própria dignidade? Nada de conhecer com vagar, antes de se permitir altas intimidades?

Felizmente, muito felizmente, não puderam continuar com aquele completo despudor. Joana começou um imenso alarido em seu quarto, chamando a mãe a plenos pulmões, como se estivesse em grande perigo. O que aconteceu foi que a menina dormia enquanto os dois faziam suas tratativas e tinham sua estranha conversa. Semiliberta do corpo, a garota deambulava pela casa e viu a mãe aos beijos com um homem estranho. De um átimo, compreendeu o horror do que presenciava e retornou ao corpo.

Aquele choro desesperado de criança caiu sobre os amantes como uma ducha fria. A consciência de Genoveva pareceu retornar e ela corou, tomada da mais profunda vergonha. Viu-se tal qual se apresentava: com as roupas descompostas, em intimidades com um amigo de seu marido, na ausência deste, em sua casa, com a filha por perto. Ficou horrorizada consigo mesma e pensou, instintivamente, no que a irmã diria se a surpreendesse naquela situação!

Cícero notou o ocorrido e disse para ela ir atender a menina, que em outra hora conversariam com mais calma. Que não se sentisse em pecado, pois era de amor que se tratava, e no amor não havia medidas!

Um belo discurso, embora despropositado. Não era exatamente amor, mas ardências, sendo certo que o senso do dever precisa sempre guiar o homem no mundo. Não dá para seguir ao inteiro sabor dos instintos, sob pena de se assemelhar aos brutos, ao gado no pasto, que simplesmente entra no cio, sem qualquer cogitação ética.

Enquanto Cícero se retirava, Genoveva correu para o quarto, tomada de vergonha, indo para junto da filha. A menina chorava desconsolada e não se acalmava. A mãe necessitou niná-la por longo tempo, inclusive dormir com ela naquela noite. Com a alma opressa, a consciência em fogo, Genoveva fazia o que podia para se aquietar. Balbuciava palavras sem nexo, revivia vezes sem conta o ocorrido em sua mente, tomada de horror para consigo mesma, mas também com uma pontinha de satisfação.

Eu a olhava penalizado, antevendo a tragédia em que mergulharia, de livre e espontânea vontade. Ah, homens do mundo! Se querem viver em paz, preciso é que considerem os próprios deveres! Não é à toa que as coisas se encadeiam em suas vidas. Os amores ou apegos que chegam fora do tempo, por assim dizer, têm seus motivos para apresentar essa conotação tardia. Frequentemente, trazem a lição da temperança, da continência dos desejos, inclusive do sacrifício dos próprios sonhos, para evitar causar mágoas a entes a quem já magoaram em excesso no passado.

Urge surja no mundo uma consciência mais séria e efetiva do modo pelo qual a Providência atua. Ela cuida de regular e ensejar o aperfeiçoamento dos seres que se acomodam às Suas determinações.

Genoveva e Cícero bem atentaram para o fato de que uma série de circunstâncias impediu sua reunião anteriormente ao vínculo matrimonial estabelecido com Arquimedes. Nesse encadear de fatos, poderiam, com humildade, cogitar da atuação de uma força superior e reter seus impulsos.

Até porque os tais amores humanos, que se permitem tudo violar e destruir a sua volta, raramente representam um afeto genuíno. O mais das vezes, refletem antigas viciações entre dois seres que já se permitiram loucuras demais e bem fariam em sublimar o sentimento. Quando o amor surge demasiado tarde, convém convertê-lo em uma casta amizade e assim assegurar o cumprimento do próprio projeto de evolução, tal como traçado antes da reencarnação. Nada disso passou na mente daqueles doidivanas.

Logo que me foi possível, decidi acompanhar um pouco o muito considerado barão de N., a fim de verificar os seus planos e tentar algo fazer a benefício dele próprio. Ao me aproximar da residência que havia alugado, notei que ali o ambiente psíquico não era dos melhores. A casa era literalmente uma terra de ninguém, pois a entrada e a saída eram as mais livres possíveis. Logo tive de retificar essa impressão inicial: ela não era de ninguém, pois havia certa ordem na aparente anarquia.

Na casa havia debochados e viciados do plano espiritual, que nela perambulavam, entravam e saiam. Mas também havia alguns indivíduos mal-encarados, que pareciam controlar o que ocorria, com o propósito de assegurar o que desejavam: a mantença do clima psíquico perturbador. Tratava-se de inimigos espirituais de Cícero, que instigavam seus vícios, na esperança de levá-lo a situações irremediáveis, à perda de seu prestígio, ao seu envolvimento em algum escândalo de grande porte.

Eles não representavam nenhum perigo para mim, pois acabara de terminar minha tarefa na igreja, onde socorrera e esclarecera os meus antigos paroquianos e muito orara, em conjunto com eles. Com minhas vestes espirituais rarefeitas e opalinas, era de todo imperceptível àqueles malfeitores.

Ao adentrar na mansão, registrei o péssimo clima psíquico nela reinante e me tomei de compaixão para com os pobres criados que ali necessitavam residir. Com isso em mente, dirigi-me à cozinha, onde os serviçais estavam reunidos, fazendo sua refeição do princípio da noite. O clima era de tristeza.

As pobres criaturas foram arrendadas, por assim dizer, juntamente com a casa pelo proprietário nobre, um tanto afundado em dívidas. Por certo não eram escravas, mas em sua humílima condição não possuíam recursos para simplesmente se afastar da vivenda. Lamentavam a diferença do ambiente da casa, na qual agora se sentiam mal, sem conseguir atinar com a razão. Falavam com saudade dos seus patrões, que estavam residindo temporariamente em uma chácara no interior do município.

Apiedado, orei por todos aqueles homens e mulheres simples, a fim de que perseverassem, saudosos do clima psíquico habitualmente saudável em que viviam, mas ao mesmo tempo que tivessem as forças necessárias para seguir em seu labor, no ambiente nefasto atual. Apliquei-lhes energias revivificadoras e, feliz, observei que tomavam novo alento.

Feito isso, encaminhei-me para a parte mais íntima da mansão, ou seja, a sua parte nobre, os quartos dos proprietários. Adotei alguma cautela nisso, temendo encontrar Cícero em alguma atitude de deboche mais pronunciada. Com aquele clima psíquico, eventuais intimidades que ele tivesse com alguma mulher seriam um espetáculo público, acessível a todos os desatinados espirituais da vizinhança. Sem qualquer barreira psíquica, à míngua da correspondente moralidade, o fidalgo, cioso de sua imagem pública, passaria bem por um sátiro a fazer sexo em praça pública. Como não desejava presenciar cena da espécie, adentrei o ambiente lançando minha percepção de forma cautelosamente medida.

Felizmente, ele estava a lidar com alguns papéis. Pelo teor de suas emanações mentais, entendi que Genoveva era o centro de suas preocupações, enquanto se dedicava a escrever cartas e mais cartas. Cuidava de recomendar que Arquimedes e seu pai fossem retidos em Paris o maior tempo possível. Que se estabelecessem compromissos, reuniões a se dilatarem mais e mais, com promessas e insinuações, mas com a manutenção dos dois provincianos na capital. Tudo isso o fazia para manter Genoveva afastada do marido, consequentemente mais frágil. Contava que, quando o médico e o político retornassem, seu romance já estivesse consumado.

Em sua mente, passava uma longa viagem com Genoveva, provavelmente com destino à Itália, local onde tinha negócios e interesses. Não desejava levar a menina, mas entendia ser necessário adotar alguma providência quanto a ela. A rigor, de seu jeito peculiar e desastrado, preocupava-se com a felicidade de Genoveva. Sabia que, uma vez que ela adulterasse de forma notória, viajando com ele, seria proibida de ver a própria filha, e que isso lhe causaria grande sofrimento. Imaginava ser uma medida oportuna internar a pequenina Joana em algum convento próximo a Paris, sob nome falso. Assim, Genoveva poderia tê-los a ambos.

Quanto a Arquimedes, evitava pensar nele, pois isso lhe causava um grande desconforto. Preferiria que fosse outro o traído, ah, sim, com efeito, de forma ardente! O médico, em sua ingenuidade, despertava em seu ser vicioso emoções contraditórias: piedade, inveja, desprezo, mas também certo instinto de proteção! Era o seu irmão do passado, a quem já infelicitara ao extremo... Não sabia disso, mas se sentia desconfortável em que fosse Arquimedes a maior vítima. Evitava pensar no médico, mas não conseguia se impedir de imaginar como ele se sentiria ao retornar a Lyon e encontrar o lar vazio. Talvez, tentava se consolar, não sofresse em demasia! De repente, poderia encontrar consolo junto à belíssima cunhada. Com a mente em fogo, seguia em suas cartas.

Além das providências destinadas a reter em Paris os dois desavisados, a quem manipulava, também cuidava de providenciar um evento festivo em Lyon, a fim de ofuscar a cidade toda. Contava trazer a nata intelectual, e também a fina flor da nobreza parisiense, para um jantar que promoveria. Genoveva haveria de vê-lo com o esplendor possível, com suas brilhantes relações, os grandes nomes que frequentavam sua casa e jantavam em sua mesa! Além da atração carnal que sabia exercer sobre ela, trataria de atacar também a sua natural vaidade de mulher! Apresentar-se-ia importante, sedutor, único, destacado, em comparação com o marido interiorano! Ela identificaria todas as vantagens em ser dele, em viver com ele, e se decidiria por aderir ao plano que formulara!

Estarrecido, entendi que o plano tinha grandes chances de funcionar. Eu tinha pouco mais de uma semana para tentar alguma medida, a fim de impedir aquela loucura. O que faria? Naquela mesma noite, comecei a articular a defesa da harmonia familiar de Arquimedes. Postei-me no quarto de Genoveva e aguardei que adormecesse. Mas a jovem mulher estava literalmente afogueada. Dividida entre a culpa e pensamentos completamente lascivos, não tinha paz alguma. Tentei induzi-la à oração, mas não obtive muito sucesso, pois a todo o momento retomava seus devaneios com Cícero. Fiz o que estava ao meu alcance, enquanto Genoveva persistia em seus delírios. Orei com fervor, abençoei-a, pedi a intervenção celeste.

O Céu não se fez de avaro, pois do Alto desceram cintilantes emanações que envolveram a casa toda. A mente de Genoveva se aquietava com dificuldade e ela parecia caminhar para a loucura, tal qual ocorrera com sua irmã Doralice. Acompanhar o fio de seus pensamentos era um martírio. Eu tinha à minha vista o quão desastrosa pode ser a indisciplina da mente e dos sentimentos.

Se ela refletisse com serenidade sobre a questão, as possibilidades e as consequências, eu poderia auxiliá-la de forma mais efetiva. Mas, ao tempo em que se aterrorizava com o que havia feito e envergonhava-se com a perspectiva de Arquimedes e sua irmã descobrirem, também ardia de vontade de estar nos braços de Cícero. A coisa foi longa, até que consegui literalmente anestesiá-la para que adormecesse.

Logo que saiu do corpo tinha a mente fixa em seu quase amante e ensaiou mesmo alguns passos em direção à porta do quarto. Mas eu a retive magneticamente, interceptei mesmo seus passos. Sem atinar direito com o que ocorria, tomou-se do mais profundo horror ao me reconhecer! Esquecida de que eu já desencarnara, em seu delírio imaginou que eu ali estava por já saber de tudo, que a deduraria, que a faria perder sua filha e o conceito de que desfrutava junto à família. Caiu ajoelhada perante mim e pediu misericórdia. Que eu não lhe destruísse a vida, não a perdesse, pois estava desesperada e não sabia o que fazer! Chorou longamente, com certo toque de loucura, pela sofreguidão com que o fazia.

Gastei um tempo imenso para acalmá-la, assegurando-lhe que nada faria para desacreditá-la. Lembrei-lhe de que já havia morrido faz tempo. Com a informação, ela me lançou um olhar estupefato e indagou o que eu ali fazia. Ao leitor desatento, pode parecer muito pedante a explicação que lhe dei, mas foi a melhor que pude elaborar nas circunstâncias, a fim de impressioná-la. Sob determinado enfoque, não era de todo errônea, embora pudesse dar uma impressão exagerada de minha realidade espiritual. Com a maior ternura do mundo, disse-lhe que os Poderes Celestiais me haviam incumbido de lhe recordar os seus deveres sagrados de mãe e esposa. Lembrei-lhe de que havia ofertado no mesmo dia de seu casamento seu pequeno buquê ao Santuário da Virgem e rogado proteção para sua família. Agora, sua súplica rendia frutos: em seu momento de desatino, a Virgem determinava fosse ela esclarecida a que seguisse virtuosa.

A moça estalou os olhos, imensamente impressionada. Retornou a chorar, dizendo que estava perdida, consumida de desejo por Cícero e também pela culpa que experimentava pela iminência de trair seu amado esposo. Não se entendia, ela não era assim, não deveria ser assim! Choro, choro e mais choro...

Falei-lhe longamente, mas a conversa ora produzia frutos, ora não. Essa alternância devia-se a que, quando se lembrava do barão, Genoveva experimentava funda excitação erótica que lhe anuviava profundamente o raciocínio. Convenci-a que orasse e, juntos, nos ajoelhamos em frente à imagem da Virgem, rogando sua proteção. De novo, a proteção se fez marcante, por eflúvios calmantes que desceram do Céu. Expliquei longamente a Genoveva a situação em que se colocava, que coisas terríveis aconteceriam a ela. Fi-la recordar como pude o que ela e Cícero já haviam causado a Arquimedes, que o haviam levado à morte.

Nesse ponto, tomada de horror, a jovem senhora teve uma espécie de desmaio. Recoloquei-a carinhosamente no corpo e aguardei. Passados alguns minutos, Genoveva acordou aos gritos, com a forte imagem do marido morto muito clara em sua mente. Aterrorizada, pensou que, se o traísse, talvez ele se matasse. Ou quem sabe desafiaria o barão em um duelo e terminaria assassinado. Chorou convulsivamente e, impactada por aquela imagem fortíssima, a lhe esmagar o coração, decidiu permanecer honesta. Não mais atenderia Cícero em sua casa, não mais o receberia e trataria de muito orar. Não, nunca, jamais se perdoaria se causasse a morte de seu esposo! Tomada a decisão, por entre arrepios, ficou no leito como se estivesse acometida de terrível febre.

Saí dali quase de manhã e ainda assim não de todo convencido de que ela persistiria em suas boas resoluções. Restava-me aguardar, enquanto buscaria cooptar Ana Maria para me ajudar na tarefa. Parecendo um andarilho, de tanto que me locomovia de um local a outro, fui à casa dos irmãos de Genoveva. Lá chegando, abracei longamente Ana Maria, enquanto lhe segredava o que estava se passando. Ela não registrou com clareza o que lhe disse, mas de súbito se tomou de cuidados quanto à solidão da irmã, que contava apenas com os criados e a pequena filha em sua casa. Entendeu-se com os irmãos de organizarem um pequeno passeio ao campo e de convidarem Genoveva e Joana para irem juntos. Feito o acordo, enviou o menino de recados da residência com um bilhete.

Genoveva mesma veio com a resposta, junto com a filha. Estava realmente necessitada de conviver com os irmãos, precisava com urgência se fortalecer ao contato de sua família. Tinha o semblante perturbado, pálido, visivelmente não estava bem. Hábil observadora e dotada de fina psicologia, a irmã anotou que algo estava causando profunda perturbação em Genoveva. Um calafrio a percorreu ao intuir que se tratava da estranha ligação afetiva com Cícero, que talvez se estivesse aprofundando, com a ausência de Arquimedes.

Deus abençoe as pessoas perceptivas, que já vivem em boa parte as questões espirituais, mais interessadas em seus deveres e em suas almas imortais do que em conquistas materiais, como dinheiro e beleza. Elas são infinitamente úteis na prevenção de misérias e desgraças, com suas poderosas antenas psíquicas.

Capítulo

11

Entre o bem e mal

Pouco tempo depois, arregimentados com dois criados, os irmãos e Joana se lançaram a um passeio no campo. Para tal, aproveitaram um belo dia de sol, como se a Providência estivesse auxiliando a empreitada. A rigor, a temporada não era das melhores para piqueniques, mas se estava atravessando um pequeno período de calor, que favoreceu os propósitos de espairecimento.

Dito isso, registro que estava mesmo começando a me preocupar com a saúde mental da candidata a perjura. Ela vivia um terrível conflito íntimo: de um lado seus valores, oriundos de um prolongado convívio com duas mulheres de virtude inatacável: sua mãe e sua irmã. De outro, uma tentação terrível, na forma de uma atração sexual que a desnorteava, pois jamais havia experimentado algo semelhante. Puxada de dois lados, ela ameaçava periclitar em sua sanidade psíquica. Era só o que faltava: mais uma enlouquecida na família!

Feliz com o lenitivo que a moça experimentaria, eu fui, fiel a minha rotina de andante, cuidar de outros afazeres. Precisava passar a tarde na igreja, pois lá muitos de meus paroquianos também careciam de cuidados e aconselhamento. Era natural que eu tivesse predileções, em minha condição de alma que principiava a trilhar o caminho das altas virtudes. Ainda cheio de apegos, amava uns mais do que outros. Entretanto, meus deveres de pastor estavam sempre em primeiro lugar. Para Deus, não há diferença entre Seus filhos e não seria legítimo que eu, a pretexto de amar mais uns, descuidasse de outros que também constituíam o rebanho que me havia sido confiado.

Acalmei minha mente, entreguei aqueles jovens à proteção divina e foquei a atenção no propósito de bem servir ao Senhor da Vinha em outras paragens, com seres não menos merecedores de minha atenção. O amor é precioso sim, extremamente precioso. Os afetos puros do coração são uma conquista magnífica, mas gradualmente o sentimento precisa se universalizar. É preciso, a pouco e pouco, espraiar os cuidados aos outros filhos de Deus, às outras crianças que não as saídas do próprio corpo, para as demais famílias, todos dignos e carentes de atenção e carinho. Com essa ciência falando imperiosa em minha consciência, pus-me a caminho da igreja.

Pareceu que a tempestade havia amainado, mas não dava para esperar que Cícero não aproveitasse a situação única, com Arquimedes fora da cidade, para consumar a sedução de Genoveva. Mesmo eu não aguardaria, com minha esperança inquebrantável, um gesto de renúncia da parte do infeliz barão, em tal altura dos acontecimentos.

Dali a dois dias, quando cheguei à casa de Genoveva, eu encontrei-a com um rico envelope nas mãos. Tratava-se de convite para comparecer a um jantar que nosso velho conhecido parisiense pretendia levar a efeito na cidade. Oficialmente, ele o fazia a título de homenagem ao sogro de Genoveva, como um apoio a suas pretensões políticas.

Em carta anexa, explicava que, num acaso feliz, vários luminares sociais e políticos da capital, íntimos seus, haviam resolvido lhe fazer uma visita. Entendia tratar-se de oportunidade imperdível para recordar e exaltar as virtudes do político que se lançara em direção à capital, na busca de condições para promover o bem-estar da cidade. Como o filho do político não poderia estar presente, restava que Genoveva representasse formalmente a família.

Para que não restasse nenhuma dúvida sobre a honorabilidade de suas intenções, já que havia percebido a reserva com que era tratado nos últimos dias (a porta da casa lhe fora de fato fechada), comunicava estar enviando convite, semelhante a esse, aos cuidados de Ana Maria. Seria uma ocasião por demais festiva. Primeiro, o jantar na noite de sexta-feira, seguido de comemorações e eventos durante todo o final de semana. Além dos convivas ilustres que chegariam de Paris, tencionava reunir em sua mesa a fina flor lionesa.

Genoveva estava a meditar com a missiva e o convite nas mãos. O que poderia fazer? Mais do que seus pensamentos tumultuados, eu percebia os sentimentos da jovem mulher. Ela tencionava permanecer casta, pois não sabia se suportaria o baque emocional de uma traição consumada. Notava em si algo de transtornado e temia enlouquecer, mas também ardia de vontade de se encontrar com Cícero.

Como tantas vezes ocorre, o desejo falou mais alto e a mente logo tratou de encontrar justificativas para viabilizar a sua realização. Pensou que o sogro se encontrava longe, juntamente com seu esposo. Sua sogra, enferma, não poderia comparecer ao evento. Seu esposo tinha apenas um irmão mais velho, que morava em outro canto do país. Como poderia explicar a Arquimedes o seu não comparecimento ao jantar em honra do sogro? Pior, como se justificaria perante seu estimado sogro?

Eu resolvi esse problema para ela na hora: diga que você estava enferma, ou fale que a menina Joana não estava bem! Ela registrou minha sugestão, praticamente gritada em seus ouvidos, mas dela se desembaraçou rapidamente, como se fosse algo muito absurdo. De fato, não era meu papel incentivar o hábito da mentira, mas Genoveva estava mesmo doente da alma. Ademais, a verdade não constitui um valor absoluto no mundo. Se fosse para preservar um bem infinitamente maior, como a dignidade de uma família inteira, eu absolveria uma pequena mentira com muita facilidade no confessionário! Por quantas vezes, a título de falar a verdade, semeia-se a crueldade e a dor na vida do semelhante! Entretanto, raros são os que lançam um olhar claro e percuciente para dentro de si próprios, para seus vícios e necessidades de ajuste. A batalha ali estava perdida, de modo que restava ver como seria o tal jantar. As irmãs combinaram de ir juntas, já que Ana Maria não encontrara meios de dissuadir Genoveva do intento.

Em minha afanosa vida de padre morto, que nunca havia trabalhado tanto em sua vida material, na noite do famoso jantar acompanhei as duas moças. Ao vê-las a caminho do evento, intuí que fariam grande sucesso: estavam realmente belíssimas! Aliás, eu pensei comigo mesmo: bem que Genoveva poderia ter se vestido de modo menos sedutor... Ela sabia que, tal qual uma pomba, caminhava em direção ao ninho de uma serpente que desejava devorá-la. Ainda assim, tratou de caprichar o máximo possível na indumentária.

Como eu convivia com ambas e tinha enorme facilidade em ler seus pensamentos, não pude deixar de notar certo desagrado de Genoveva ao observar a figura da irmã. No fundo, temia ser eclipsada! Temia que Cícero de repente se tomasse de desejos por Ana Maria, que era linda e desimpedida. Isso lhe pareceu uma tragédia sem par e se contorceu intimamente com a perspectiva!

Ei-las que entram no ambiente, devidamente anunciadas. Sorri ao notar certo impacto nos presentes. Cícero se adiantou para recebê-las, haja vista a qualidade que ostentavam de representantes da família do homenageado oficial da noite. Seu olhar brilhou de admiração e ele se esmerou em mostrar toda a sua conhecida sedução. Genoveva a princípio pareceu resistir ao encanto peçonhento que lhe era dirigido.

Após as apresentações, as mesas foram logo compostas. Como era de se esperar, as irmãs foram colocadas na mesa principal, junto com o anfitrião e alguns de seus amigos vindos de Paris. Havia apenas mais duas mulheres na tal mesa e claramente demonstraram desagrado, em especial com a presença de Ana Maria. Esta, em um traje de veludo branco, estava mesmo deslumbrante. As mulheres pareciam gritar seu despeito. Percebi que desejavam brilhar na cidade provinciana e se agastaram em sentar na mesma mesa com uma jovem senhorita que lhes fazia facilmente sombra. Ah, as pequenas vaidades humanas, sempre tão ridículas!

Genoveva sentou ao lado de Cícero, enquanto Ana foi colocada um tanto mais afastada. Ao lado dela, estava um jovem de tez algo amorenada, que logo lhe lançou um olhar brilhante e toda a atenção possível. Tratava-se de um jovem brasileiro, de nome Damião, que se encontrava na França para aprimorar seus conhecimentos. Não devia contar mais do que 23 ou 24 anos, mas já aparentava muita sofisticação. Se integrava o grupo dos amigos íntimos do barão, por certo não lhe faltava vivência mundana, da espécie mais temível.

O moço, muito sedutor, lançou todo o seu charme sobre a minha antiga pupila. À parte a evidente beleza física de Damião, seu clima psíquico era lamentável. Naquele ambiente mundano, não pude atinar se aquela vibração pestilenta e aquela sexualidade pesada retratavam apenas uma herança de vivências pretéritas, ou se naquela vida mesmo ele já tivera oportunidade de cair tanto. Parecia-me moço demais para já ter feito muitas loucuras. Entretanto, era um fato: o moço era encantador, de aparência e maneiras, e pestilento, em seus fluidos espirituais. Essa combinação poderia ser das mais perigosas se lançada sobre alguém com menores recursos psíquicos.

Ana Maria, com sua sensibilidade, logo identificou o tipo de conviva com que se defrontava, embora não conseguisse sintetizar o pensamento. Cedo lançou ao moço um olhar apiedado, que ele registrou com certo choque. Falou-lhe das fazendas de sua família no Brasil, de seu recém-conquistado bacharelado em direito, de sua fortuna, da importância de que a família desfrutava no país distante. Falou bastante, mas, hábil na convivência mundana, também cuidou de fazer Ana Maria falar. Moça educada, ela lhe fez relatos um tanto curtos, mas não a ponto de isso configurar alguma indelicadeza. Não sinalizava ter o menor interesse no rapaz, não parecia impressionada com ele, o que lhe espicaçava a vaidade.

Eu podia ler o pensamento do moço: quem era aquela mulher? Por que lhe parecia tão diferente, por que não se impressionava com ele, por que não tentava reter sua atenção? A princípio, ocorreu-lhe a ideia de lhe fazer ciúmes, dando atenção a mais do que disposta Angélica, que se sentava na cadeira ao lado da sua. A interiorana, de aparência verdadeiramente angelical, não deu o menor sinal de se importar. Ao contrário, logo se lançou em uma delicada conversa com outro senhor, a respeito de literatura!

Não tendo dado certo o estratagema do ciúme, Damião o abandonou rapidamente. Angustiado, fascinado mesmo, seguiu em sua tentativa de sedução. Queria saber se ela não pensava em ir a Paris. Resposta negativa. Se ficasse ali mais algum tempo, poderia lhe mostrar a cidade? Resposta negativa: tinha compromissos demasiados com seus irmãos mais jovens, aos quais tutelava nos estudos. Assim a noite foi, com uma resposta negativa a cada avanço, para desespero do ardente rapaz.

Enquanto isso, Genoveva dava muito menos trabalho para Cícero. Ela finalmente o via como ele desejava ser visto: cercado por uma elite cintilante, grandes nomes, vastas fortunas, pessoas sofisticadas, a quem fazia rir a cada instante. Cícero se esmerou na sedução, caprichou na justa medida, a fim de dar a Genoveva um vislumbre do que seria a vida junto dele. A pobre mulher realmente sonhou com isso e foi capturada na rede.

Cícero levantou um brinde ao sogro de Genoveva, com grande eloquência. Depois, brindou a Genoveva, que o representava na reunião. Belas palavras, modos sofisticados, olhares ardentes, mãos roçando mãos, pernas roçando pernas. Genoveva foi se perdendo de modo definitivo. Pobre moça, a quem a Providência Divina forneceu tantos recursos para que se saísse vitoriosa em seu projeto de viver virtuosamente!

Eis que o jantar terminou, e os cavalheiros se retiraram para fumar em ambiente à parte. Decidi-me por acompanhá-los, curioso a respeito do que Damião falaria com Cícero, pois ele pensava nessa conversa com tal ardor que era como se gritasse. O jovem brasileiro logo adiantou ao anfitrião que desejava falar a sós com ele. Com um brilho divertido nos olhos, Cícero lhe disse que aguardasse um pouco: tinha de acomodar todos os convivas, dar alguma atenção ao conjunto. Cumpridos os deveres que lhe competiam, em sua qualidade de dono da casa, aproximou-se do jovem, que se sentara em uma poltrona um tanto afastada.

- O que o coloca nesse estado, meu jovem?

- Preciso de sua ajuda. Estou meio transtornado pela senhorita Ana Maria, que sentou junto de mim à mesa.

- O que exatamente tem em mente?

- Não sei ao certo, mas ela me pareceu enigmática em demasia. Fiz de tudo para impressioná-la e ficou a me lançar estranhos olhares. Cheguei a temer que tivesse piedade de mim!

- Mas o que deseja dela?

- Ora, eu desejo tudo o que conseguir obter! Diga-me o que sabe dela, qual o seu ponto fraco, de que modo posso investir.

- Meu caro, eu me espantaria se você, sem qualquer ofensa, obtivesse sucesso onde todos falharam.

- O que quer dizer com isso?

- Essa moça simplesmente não existe, é isso.

- Não estou entendendo nada! Como assim, não existe? Existe, sim, e é maravilhosa! Nunca vi mulher tão bela!

- Entendo seu entusiasmo, também já pensei a respeito e também já tive minha cota de olhares de compaixão. Ela não parece dada a romances.

- Qual o motivo disso? Uma jovem assim, notavelmente bela, deve ter tido muitos romances.

- Até onde sei das coisas, nunca os teve.

- Inacreditável!

- De fato, inacreditável, mas é o que ocorre.

- Ela tem alguma fraqueza, envolveu-se em algum escândalo? Se tiver a reputação maculada, eu não me importo!

- Claro que não se importa com nada, seu pervertido! Conheço-o bem.

- É sério, estou transtornado, nunca me senti assim. Preciso ter um romance com ela!

- Desista, é muito religiosa para isso. Por espantoso que pareça, é uma moça piedosa, que gosta de gastar seu tempo em novenas, em cuidados com os irmãos mais jovens e também com os pobres.

- Mesmo?

- Sim, perca qualquer ilusão de torná-la sua amante.

- Não posso acreditar! Isso não pode ser verdade. É belíssima, mas parece estar passando da idade de casar, deve estar preocupada com isso.

- Meu jovem, escute-me. Tive o cuidado de sindicar a vida dela, por pura curiosidade. Confesso que sempre me deixou intrigado com seus olhares piedosos, sua conduta irrepreensível, seu porte altivo. O que levantei é o seguinte: à parte alguns mexericos, oriundos provavelmente de mulheres feias e invejosas, e que são muito exóticos para retratarem a realidade, nada de negativo se fala dela que possa merecer alguma fé. É piedosa e dedicada à família. Rejeitou todos os pretendentes que lhe surgiram, pobres ou ricos, importantes ou humildes, sem lhes dar a mínima esperança. Contenta-se com sua vida sem emoções e não necessita mesmo de marido, pois o pai lhe deixou em herança dinheiro suficiente para viver ao abrigo de qualquer necessidade material.

- Então, então...

- Desista, é melhor para você.

- Nunca, nunca!

- Acha mesmo que conseguirá torná-la sua amante? Sou capaz de apostar meu palacete de Paris que tal não se dará!

- Veremos, veremos...

- Esqueça isso. Aproveite a estadia com Angélica, que está mais do que interessada em você e não se faria de rogada em lhe ministrar alguns carinhos.

- Eu não quero Angélica.

- Faria bem em querer, pois isso simplificaria sua vida.

- Olhe quem fala. Acha que não vi seus olhares em direção à irmã casada de Ana Maria?

- Ali, a história é outra. Não falemos nisso aqui, pois pode dar complicação. Saiba, contudo, que, casada ou não, ela é muito mais acessível do que a irmã solteira.

- Vou pensar sobre o assunto; traçar uma estratégia.

- Pobre desatinado, esqueça, pois não a convencerá a viver em pecado com você. Acredite em mim, tive mesmo o cuidado de me inteirar da vida dela.

- Posso chegar a propor casamento. Uma mulher assim bela e virtuosa é exatamente o que procuro. Vejo-a bem como senhora das fazendas de minha família no Brasil. Creio que receberia magnificamente em nossa casa no Rio de Janeiro. Seria a anfitriã perfeita, todos a admirariam e me invejariam. Mamãe seguramente gostaria dela. Até papai, já que deve trazer um belo dote.

- Meu conselho seria para esquecer, a bem de sua paz. Mas se quer mesmo, aproveite. Não lhe importa que ela já tenha passado da idade de casar?

- Não mostra ter nenhum sinal de envelhecimento.

- Não se trata disso. Segue bela, claro, mas já deve se aproximar dos 30 anos.

- Não vejo problema algum nisso, uma vez que continua adorável.

- Boa sorte!

Acompanhei aquele diálogo entre divertido e preocupado. O que aquele jovem iria fazer para se aproximar de minha filha do coração? Com isso em mente, voltei à sala onde as mulheres haviam permanecido. As duas irmãs se encaminharam a uma varanda, de onde apreciavam o jardim. Genoveva demonstrava uma estranha perturbação.

Registrei seus pensamentos e, desolado, notei que já se dava por vencida: sentia-se sem forças para resistir ao convite da sedução! Tentava disfarçar, não queria falar no assunto. Sob o olhar percuciente da irmã, irritou-se e disse-lhe que se equivocava em suas impressões. Ali eu tinha o retrato vivo de alguém que caminhava a passos largos para o abismo.

Outras damas se juntaram a elas, e a conversa íntima não foi mais possível. Atendendo à insistência de Ana Maria, Genoveva concordou em ir embora cedo. Dois motivos houve na pressa de Ana em ir embora: primeiro, a intuição certeira de que Damião ainda a incomodaria bastante, se ele tivesse oportunidade. Vislumbrou que figurava para o moço como um desafio. Acostumado a impressionar as mulheres e conseguir tudo o que queria delas, ficara transtornado por não a encantar, nem de leve; segundo, para afastar Genoveva daquele ambiente de sedução, no qual ela dava mostras de chafurdar. Assim, as moças se foram, sob o olhar desolado de seus apaixonados.

No dia seguinte, pouco depois do almoço, um mensageiro chegou à casa de Ana Maria: tratava-se de um recado enviado por Damião, pedindo a gentileza de ser recebido para uma conversa. A moça até sorriu e não chegou a ficar surpreendida, mas não titubeou. Fez o mensageiro esperar e respondeu a missiva de modo gentil, mas firme, afirmando-se impossibilitada de receber visitas naqueles dias e desejando um retorno tranquilo a Paris. Eu observei aquilo, sem grandes preocupações, as quais se centravam na conduta de Genoveva.

Com isso em mente, dirigi-me à casa da jovem senhora, a fim de verificar o que lá ocorria. Quando cheguei, Genoveva se encontrava no quarto da pequena Joana, com a mente opressa e o coração perturbado. Abraçava a filha, acariciava seus cabelos e matutava o que fazer. Segui o curso de seus pensamentos, com a morte no coração.

Refletia, refletia... Sentia-se fraca até a medula, absolutamente incapacitada de resistir por mais tempo ao assédio de Cícero. Era como uma serpente que a hipnotizava. Não conseguia, não queria resistir. Sentia que toda a sua vida até ali fora um simulacro, sim, um simulacro. Fingira que era feliz, que amava e era amada. Sim, Cícero, Cícero... Este sim era um homem de verdade, experimentado, vivido. Não, estava ficando louca! Sim, era feliz com seu esposo...

Entretanto, o que vivera com ele era pálido em comparação com que poderia viver com Cícero. Via em seus modos de homem experimentado, galante, a perspectiva de emoções e sensações com as quais jamais sonhara. Entretanto, também lhe parecia que já conhecia aquele homem intimamente. Estava perturbada, enlouquecendo. Sentia que, se não fosse daquele homem, sua vida seria sempre cinza, sem graça, sem brilho. Precisava lhe pertencer, nem que fosse uma vez! Sim, uma vez. Quem sabe se o desejo não arrefeceria depois disso! Era isso, era exatamente isso de que necessitava...

Assim seguia a pobre louca em seus devaneios. Tentava se iludir, claro. Uma vez que nela ressurgisse a antiga sexualidade, que tantas vezes já a perdera, que fosse restabelecido o vínculo com Cícero, não seria tão simples se livrar dele. Ela abraçava a filha, admirava-lhe os olhos cândidos e chorava. Chorava de pena de si mesma, de sua fraqueza. Chorava pela filha, que tinha uma mãe tão indigna. Chorava por Arquimedes, que merecia uma esposa melhor. Chorava por sua irmã, que morreria de vergonha se algum dia soubesse da sua desonra. Chorava, chorava... Grossas e quentes lágrimas rolavam de seu rosto, enquanto sorria para a menina, que lhe respondia com pequenos sons infantis. Estava nessa situação quando vieram lhe dizer que um cavalheiro desejava falar-lhe.

A esta altura, eu já estava quase conformado com o inevitável: Genoveva se perderia, naquele dia ou logo na sequência, pois parecia disposta, com todas as forças de sua alma, a pecar contra a castidade. Como não poderia deixar de ser, tratava-se de Cícero que se anunciava. Ela nem pensou em não o receber. Resignada, como se cumprisse um desígnio imutável, mandou recolhê-lo em uma saleta mais íntima e discreta, onde eram recebidos os notários por seu marido, quando vinham tratar de negócios e havia necessidade de mais discrição.

Beijou a menina, devolveu-a a seus afazeres infantis, por entre seus brinquedos, e chamou a serva que costumava se encarregar de Joana. Foi para seu quarto, mirou-se longamente no espelho e se achou bela, em sua perturbação. Feito isso, encaminhou-se à pequena saleta. Em nela chegando, fechou a porta e permaneceu em pé, olhando para o homem que a esperava. Os acontecimentos logo se precipitaram e eu me retirei, com meu pudor de homem religioso e minha tristeza de pai espiritual que vê uma filha se perder.

Após um tempo que me pareceu excessivamente longo, lancei minha percepção em direção à saleta e percebi que o momento do ardor havia passado: eles se recompunham e planejavam o futuro. Orei intensamente, rogando ao Senhor da Vida forças para intervir com proveito. Aureolei-me de luz, pacifiquei meu coração e penetrei na saleta. Apliquei-lhes energias calmantes, emiti-lhes pensamentos bons, tentei chamá-los ao dever, mas era tudo inútil: estavam bem decididos a semear a tragédia na vida de seres amados, em nome de uma paixão doentia que atravessava os séculos e já deveria ter findado havia longa data.

Falavam em fugir, em sair do país, em viver preferencialmente na Itália por um tempo, até o escândalo amainar. Cícero, muito convincente, logo convenceu sua amante de que o que sentiam era especial e que precisavam viver aquele sentimento com toda a intensidade possível. Era a essência da sua vida. Como continuariam a viver sem experimentar novamente aquele ardor? Propôs que se ausentassem naquela madrugada mesmo, rumo aos arrabaldes de Paris, para ficarem no castelo de um amigo, que os receberia com a máxima discrição. Desejava levar a menina para ser internada em um convento.

Aí ao menos eu consegui intervir a contento. Chamei com vigor a atenção de Genoveva para a extrema crueldade que faria com Arquimedes, privando-o da filha a quem ele amava devotadamente. Estava em vias de lhe destruir a felicidade doméstica, expô-lo ao ridículo como marido traído perante toda a cidade. Não poderia também privá-lo da filha! Aliás, que vida poderia oferecer à menina, em sua condição de amante de um nobre? Ela pareceu ficar chocada com o pensamento, com o se ver assim qualificada, mas era exatamente isso o que se tornara e se dispunha a ser doravante: não mais uma esposa honrada, mas uma perjura, uma amante, uma decaída! O choque, infelizmente, não a fez retroceder em seu projeto infame, mas a impediu de arrastar consigo a menina.

Sim, ela deixaria Joana aos cuidados de seu marido. Também deixaria uma missiva para Ana Maria, rogando-lhe que educasse sua filha como se fosse dela. Sabedora do grande coração da irmã, e de suas virtudes superiores, podia ficar em paz quanto a isso: sua filha teria a melhor mãe do mundo, uma vez que ela própria falhava de modo tão miserável nessa tarefa. Um choque parecia percorrê-la ao notar o que fazia naquele momento e meditava no caminho que começava a trilhar. Eu a influenciava ao máximo, com todas as minhas forças. Bradava junto a ela: retroceda, retroceda agora, minha filha! Ainda não é muito tarde. Ninguém precisa ficar sabendo dessa tarde de loucuras! Silencie para o seu bem, para o bem de sua família, opte por seu marido, por sua filha!

O magnetismo que os envolvia era mais forte do que minhas súplicas e minha influência: ela estava decidida a viver e a reviver aquela paixão, com todas as consequências que dela adviessem. Ao menos decidiu deixar a filha. Combinaram que ele a buscaria em dada hora da madrugada. Ela não levaria quase nada, pois Cícero pretendia cobri-la de joias, vesti-la como uma rainha, mimá-la como uma imperatriz! Conduziria consigo apenas uma pequena valise, discreta o bastante para não ser percebida pelas servas ao ser preparada.

Quando Cícero saiu, Genoveva ficou a tremer, como se tivesse febre, enquanto sua mente fervilhava. Precisava, sim, precisava passar algumas horas com seus irmãos, a fim de despedir-se deles, embora de modo silencioso. Abraçaria os três, veria novamente a casa em que nascera e crescera, conversaria com sua bela e doce irmã, tão pura, tão boa. Depois, somente depois, se lançaria nessa aventura louca a que não podia resistir. Com esse plano em mente, enviou o garoto de recados à casa dos parentes, informando-os de que tencionava lá jantar naquela mesma noite.

Na sequência, escreveu duas longas cartas. Uma para Arquimedes e outra para Ana Maria. Nelas, explicava o ocorrido, pedia desculpas infindas e também que se unissem para cuidar de Joana. Rogava ao marido que não afastasse a menina de seus parentes, em especial de sua irmã, que tudo fizera para que não cedesse à tentação que intuíra investir sobre ela. Escritas as cartas, preparada a maleta, em um estado de suspensão, com tremores por todo o corpo, passou o resto da tarde e o princípio da noite no quarto da filha, a brincar e a cantar com a menina.

Eu chorei longamente ao ver uma das filhas mais próximas ao meu coração naquele estado, mais do que disposta a colocar a perder o seu projeto de vida, longamente preparado e acalentado no Mundo Maior. Tentei tudo o que estava ao meu alcance para dissuadi-la daquele projeto insano, mas em vão. Ainda me restava uma esperança e residia no jantar na casa dos irmãos.

Entretanto, também aí nada de produtivo ocorreu. Ela estava estranha entre eles, com o rosto muito corado, aparentando estar febril. Desejou que todos cantassem ao redor do piano, fez relembrar antigas histórias e afetou uma alegria um tanto histérica, fora do tom. Luís e Pedro, com o descaso próprio das pessoas muito jovens, não prestaram muita atenção e se divertiram. Ana Maria notou que algo de errado havia e sugeriu que conversassem a sós.

Contudo, Genoveva estava mais do que decidida a não ter nenhum tipo de conversa com a irmã, pois temia trair seus projetos e sentia que não conseguiria desistir deles. Também não conseguia mais se ver como a esposa de Arquimedes. Parecia-lhe que o que até então vivera com o jovem médico era algo muito distante, que compunha outra vida, que já ia ao longe, imprecisa. Os seus irmãos, ali presentes, já faziam parte desse passado que rápido se esfumaçaria. Apenas iria restar, para o bem ou para o mal, aquela ardente paixão, que a desnorteava até a medula. Tinha por vezes um frêmito, como se reconhecesse uma loucura muito próxima de sua consciência. O que era aquele sentimento? Não se reconhecia mais. O que diria sua mãe, se ela fosse viva?

A esse pensamento que se intensificava, mais uma vez ela estremeceu ao pensar que sua mãe pudesse se inteirar, de algum modo, da imensa vergonha que em breve lançaria sobre o nome de sua família. Evidentemente, não foi preciso muito mais do que isso para que dona Constância adentrasse a residência, um tanto aflita. De forma muito rápida, inteirou-se de que o seu temor maior se concretizava e de que Genoveva estava em vias de se perder.

A pobre mãe abraçou a filha e ficou a intuí-la de todos os modos que pôde. Inspirou-lhe pensamentos e sentimentos de dignidade, falou-lhe em vivas imagens do papel da mulher no mundo, da gravidade da tarefa que tinha para com a filha. Pediu-lhe que tivesse piedade dos irmãos, do marido e da filha. Que pensasse um pouco nos outros, lembrasse o sonho que realizara ao se fazer esposa e mãe.

Instintivamente, Genoveva balançava a cabeça, como a querer espantar alguns pensamentos. Para se livrar daquelas ideias, ofereceu-se para cantar algumas cantilenas da moda e focou a mente em rememorar as letras. Ao se despedir, prometeu solenemente a sua preocupada irmã que no dia seguinte conversariam. Disse algumas meias verdades, que estava tocada novamente por Cícero e apavorada com os próprios sentimentos. Combinaram de se encontrar logo pela manhã, a fim de entretecer algum plano, quem sabe se ausentarem todos da cidade rumo a alguma fazenda, para passar um tempo.

Também Ana Maria encontrava dificuldades para se desvencilhar de Damião, que se tornara um autêntico perseguidor. Ela via próximo o minuto em que teria de chamar a polícia para fazer cessar o assédio do moço sem medidas. A essa imagem, Genoveva riu e disse que o rapaz era muito bem apessoado, que a irmã deveria pensar melhor. Ana também riu e afiançou que, se ele fosse o último homem na Terra, ainda assim preferiria ficar só. Ante o olhar perplexo de Genoveva, esclareceu que o moço lhe passava uma impressão ruim, que não podia precisar. À parte sua beleza notável, havia algo de obscuro no moço brasileiro, que não tencionava desvendar.

Sem palavras, Genoveva deixou claro, com um muxoxo, o quanto achava singular a sua irmã, que rejeitava todos os partidos, por mais ricos, importantes, belos e apaixonados que se apresentassem. Não conseguia entender isso, em sua recém-descoberta leviandade. Na despedida, abraçou fortemente os irmãos, o que não deixou de causar espanto em todos eles. Os jovens lhe disseram que devia estar se sentindo muito só na casa, apenas com a pequena Joana, e por isso se mostrava tão expansiva. Por entre sorrisos, Genoveva se despediu dos irmãos para todo o sempre, rumo a uma aventura estranha e perigosa que preparava para si própria.

Ao chegar a sua casa, foi beijar a filha, com a qual ficou por alguns instantes. Eu não conseguia entender aquela loucura: abandonar a mais linda das crianças por conta de um desatino, uma paixão espúria! Ela muito haveria de se arrepender no futuro por aquela opção, eu bem o sabia. Ninguém descumpre deveres santos e consegue viver em paz com isso na consciência. Sempre chega o momento em que os ardores mundanos arrefecem e a voz sagrada que Deus depositou no íntimo dos seres levanta-se e brada! Ela realmente se despediu da menina, a quem dirigiu um último olhar de ternura.

Percorreu a casa toda, em uma despedida silenciosa. A seguir, dirigiu-se a seus aposentos, trocou de roupa e postou-se ao lado de sua maleta, sentada na cama, enquanto esperava a hora combinada. Perto de 2 horas da madrugada, uma série de assovios soaram próximos à janela de seu quarto: era o sinal combinado. Com o coração aos saltos, ela se dirigiu à porta lateral da mansão, ganhou a rua e se internou em uma carruagem fechada que lá estava. A loucura estava consumada. Restava aguardar os desdobramentos daquilo tudo.

Eu havia feito tudo o que podia e fiquei ali, junto a Constância, com o coração despedaçado. Oramos juntos e entregamos o destino da moça doidivanas ao Senhor da Vida, sempre pródigo de recursos para fazer surgir o bem de onde os outros só vêm o mal. Entristecida, a senhora se despediu, pois precisava retornar a seus afazeres. Eu entrei na casa, percorri os seus aposentos em penumbra e quedei-me no quarto da pequena Joana, que dormia um sono sereno. Seu espírito, envolto na ingenuidade infantil, mercê de Deus, não captava naquele instante a reviravolta que ocorria na própria família e também repousava.

Capítulo

12

Arquimedes

Na manhã seguinte, Ana Maria logo cedo foi visitar a irmã. Ficara com uma impressão ruim da noite anterior, que lhe pareceu enigmática, como se portasse significados que não conseguia decifrar. Aviou-se e, logo que chegou uma hora decente para visitas, apresentou-se na mansão.

A serva que a atendeu fê-la entrar, mas já avisou que a patroa não estava. Indagada sobre onde teria ido a sua senhora, não soube dizer, mas que devia ter sido algo urgente, pois ela se fora sem levar bagagem e deixara algumas cartas. A essa notícia, Ana estremeceu com um arrepio terrível. Imaginava que não estar significasse apenas uma saída rápida, uma eventual ida ao consultório do marido, para fiscalizar a limpeza, algo assim. Com o desembaraço e a intimidade de uma pessoa da família, adentrou no quarto do casal e ali encontrou as tais cartas, uma para si e outra para Arquimedes. Dispensou a menina que a atendera, sentou-se em uma pequena banqueta e começou a leitura.

Seus belos olhos azuis se encheram de lágrimas, que passaram a escorrer abundantemente por seu rosto. Acompanhei seus pensamentos cheios de tristeza e estupefação. Ela o fizera! Genoveva tivera a coragem de abandonar a filha e o marido por uma aventura! Deus, como não percebera esse projeto na noite anterior? Por que não retivera a irmã, não a fizera dormir em sua casa, ou não a acompanhara no retorno? Por que não a forçara a uma conversa?

Foram muitos os porquês da jovem, que se sentia responsável pela loucura alheia. Abracei-a e fi-la ver que não tinha qualquer responsabilidade naquilo tudo. Fizera o possível para evitar o desatino e agora lhe restava reparar ou minorar os estragos. Tinha Joana a quem deveria dedicar-se agora, e que seguramente precisaria de uma figura feminina, de alguém que a educasse e amparasse. Não seria o jovem médico, tão ocupado, que se encarregaria disso. Não poderia deixar sua irmã do pretérito, sua companheira de martírio, crescer sem orientação moral segura. Deveria também amparar emocionalmente o seu cunhado, caso ele o permitisse. Como ela tinha psicologia saudável, essas reflexões repercutiram em seu imo e, embora a compreensível tristeza, logo voltou a atenção para coisas práticas.

Religiosa como era, decidiu gastar uns minutos em uma sentida oração ao Crucificado, pedindo-lhe que perdoasse, orientasse e cuidasse de Cícero e Genoveva, e também dos que ficaram no abandono, vítimas da traição. Feito isso, encaminhou-se para o quarto da sobrinha.

A menina sorriu ao vê-la e lhe estendeu os bracinhos, cheia de confiança. Ana a abraçou, plena de ternura, tocada pela imagem do anjo abandonado pela própria mãe. Novamente captei seu pensamento, claro como o dia: como Genoveva tivera coragem de abandonar a própria filha?

Quedou-se ao lado da menina, brincando com ela, enquanto fazia planos. Quanto tempo Arquimedes demoraria para retornar da capital? Deveria levar a menina para sua casa? Ele não interpretaria mal esse gesto, pois talvez se tomasse de raiva dela, por extensão da conduta da irmã? Não podia correr o risco de se indispor com o cunhado, pois se sentia responsável por Joana. Com a mente fervilhando, pensou, pensou, pensou sobre o problema. Então decidiu chamar os irmãos para almoçarem com ela na casa de Arquimedes.

Sua presença constante ali lhe dava autoridade para comandar a criadagem. Aliás, era muito querida no lugar, pois sempre tratava a todos com bondade. Disse aos criados que a irmã tivera de se ausentar de inopino, mas que tudo se esclareceria em breves dias.

Os irmãos chegaram, todos almoçaram com tranquilidade, embora pairasse no ar certo mistério, com os rapazes lançando olhares indagadores.

Após o almoço, Joana foi posta para dormir e os irmãos se reuniram em uma saleta reservada. Aí, Ana Maria, com toda a delicadeza possível, inteirou Pedro e Luís sobre a fuga da irmã. Narrou toda a história, da melhor forma que pôde, buscando lhes apresentar Genoveva sob um enfoque de fragilidade. Os rapazes ficaram boquiabertos. Luís, que lembrava o aspecto sisudo, severo e sombrio do pai, obtemperou:

- Ela teve coragem de fazer isso? Tornar-se uma perdida, envergonhar o nome de nossa família?

- Meu irmão, modere as palavras. Genoveva ainda é nossa irmã querida, que cometeu um equívoco. Lembre-se da piedade de Jesus para com a mulher adúltera. Ele era puro e não condenou. Vamos nós fazer isso?

- Ih, não venha com carolices nesta hora. É fácil ser tranquilo quando são as mulheres das famílias dos outros. Difícil é aguentar a vergonha de ter uma irmã perdida!

- Ela não está perdida, pois um dia poderá voltar para nós e será muito bem recebida.

- Só se por você! Eu não tenho o menor interesse em ter mais qualquer contato com ela. Doravante, você e Doralice são minhas únicas irmãs.

- Querido, não seja assim severo. Todo mundo está sujeito a errar, ninguém está acima do bem e do mal.

- Fale o que quiser, mas a conduta de Genoveva não tem desculpa. Como iremos encarar os outros na rua?

- Todo mundo tem seus problemas. Nossa consciência está tranquila, não fizemos nada de errado. Você não está preocupado com a honra de nossa família, mas com seu orgulho.

- Pode ser, estou sim. Mas e agora? Arquimedes já sabe?

- Não, ele ainda não sabe e ignoro qual a data correta em que retornará. Justamente por isso, eu os chamei aqui. Tenciono amparar Joana nesta casa, enquanto o pai não retorna. Não quero tirar a menina daqui, para evitar que ele imagine que estou tentando lhe roubar a filha. Já perdeu a esposa, será compreensível se ficar muito cioso da menina. E também não será de estranhar se preferir se afastar de nós.

- Sim, eu faria isso mesmo, nunca mais nos dirigiria a palavra.

- Veja como seu raciocínio é injusto, em seu rancor, já que não fizemos nada de errado.

- Trata-se de sangue, Ana!

- Não. Trata-se de orgulho e injustiça, isso sim. Ninguém pode responder pelos erros dos outros.

- Pedro, trate de me ajudar aqui.

- Eu não sei o que dizer. Estou muito triste por Genoveva e também por nós. Eu gostava dela.

- Todos ainda gostamos muito dela.

- Fale por você!

- Luís, quanta severidade! Aquiete esse seu coração.

- O que espera de nós, em suma?

- Espero que me ajudem. Primeiro, silenciem a respeito disso. O principal atingido é Arquimedes, compete a ele decidir o que tornar público e quando isso deve ser feito. Segundo, passarei o dia todo aqui e só irei a nossa casa uma vez ao dia por reduzido tempo, para buscar algumas roupas e passar orientações à criadagem. Vocês devem causar o mínimo transtorno em casa.

- Isso vai virar um escândalo bem vergonhoso.

- Provavelmente, mas não seremos nós a deflagrá-lo nem a aumentá-lo. Genoveva agiu mal, reconheço, mas ela deve prestar contas apenas à própria consciência, não nos compete julgá-la e muito menos condená-la.

- Você não existe, Ana. Parece viver em um mundo de conto de fadas.

- Ao contrário, estou tomando as medidas mais práticas possíveis. Tem alguma ideia melhor?

- ...

- Adira ao meu plano e pare de se fazer de grande vítima. As vítimas maiores são Arquimedes e Joana, que ficou privada da mãe. Na medida do possível, se formos aceitos, seremos muito próximos deles. Quanto a Joana, se Arquimedes permitir, pretendo assumir o ônus de sua educação.

- Quero ver no que isso vai dar!

- Eu também quero, confesso. Espero que Deus nos ajude a todos.

Esse ajuste foi mais simples na teoria do que na prática. A casa da família tinha lá suas peculiaridades, tendo em vista o hábito de nela se receberem e atenderem muitos pobres. As servas, malgrado sua boa vontade, não se saíam muito bem nessa tarefa sem a dona da casa e ficavam em dúvida quanto ao que dar, se dar, em quais condições, para quem... Ana bem que tentou ficar de babá da sobrinha, mas não o conseguiu, pois logo percebeu que as atividades pias de sua casa a reclamavam. Dividida, corria entre uma casa e outra, procurando tudo organizar.

Foi assim que Arquimedes, ao retornar à casa, encontrou-a vazia, pois a menina tinha sido levada por Ana, a fim de ficar com ela em uma tarde de auxílio aos pobres. Fui alertado pelo guardião espiritual do jovem médico e acorri ao local, para me inteirar. Quando lá cheguei, ele estava sentado em uma poltrona, derreado mesmo, com a carta nas mãos. Parecia presa de um pavor insano, por vezes fazia correr os olhos pela escrita, sem acreditar no que via. Bem ou mal, ele revivia ocorrências semelhantes do pretérito, quando também fora traído pela dupla, e a sua dor se multiplicava ao infinito. Sentia-se sufocar e pensava: eu bem temia, eu bem temia!

Não conseguia verbalizar, mas recordava sua prevenção em relação a Genoveva, quando a conhecera. Lembrou-se de como temera o pior dela, sem que nada augurasse isso. Fora em uma tarde de conversa, quando ela lhe falara muito de seu ideal de mulher, de ser mãe e esposa, que essa prevenção começara a ceder. Vira-a, então, sob um novo enfoque, o de uma mãe e esposa honrada. Lembrei-me de que interferira nesse dia, a fim de reforçar o magnetismo entre eles e experimentei um baque em minha sensibilidade: tinha uma parcela de responsabilidade por aquilo!

No entanto, o enlace fazia parte da programação espiritual de ambos. Era uma pena que Genoveva tivesse falhado, mas por certo havia algo na trajetória espiritual de Arquimedes que o candidatava àquela vivência, a título de expiação ou de prova. Faltavam-me recursos no momento para aquilatar o que era, mas fiz a anotação mental de tentar descobrir, quando a oportunidade surgisse. Por ora, restava-me confortá-lo.

Em sua mente, passou fulgurante como um raio a ideia de morrer, e ele se apavorou com isso. Devia mesmo se apavorar, pois já fora suicida e muito sofrera. Era de todo conveniente que aquele pensamento malsão o abandonasse imediatamente. Eu e o guardião do moço trocamos um rápido olhar e imediatamente passamos a intuí-lo para se preocupar com sua filha, que necessitava de sua presença.

Rapidamente, sua mente se voltou para a pequena Joana. Era verdade: ficara ali sentado, nem fora no quarto da menina. Em sua imensa saudade da esposa, buscara-a primeiro e, ao ser confrontado com a missiva que lhe dirigira, perdera as forças. Sabia que havia algo na carta sobre a menina, mas não conseguia lembrar direito. Com certo temor, receoso da dor que se aprofundava em seu peito, buscou reler com calma. Genoveva lhe pedia para não obstar o contato de Joana com os irmãos dela, em especial com a irmã, que sugeria devesse orientá-la em seu amadurecimento. Ficou quieto, sem compreender.

Lentamente, a percepção se fez: Joana cresceria sem a presença da mãe, sempre com a mancha de ser filha de uma adúltera a lhe toldar o destino. Irritou-se com a sugestão, que leu nas estrelinhas, de que talvez ele não fosse o suficiente para a menina e necessitasse dos parentes da adúltera para cuidar da própria filha. Que disparate! Sentiu o ímpeto de contrariar tudo o que Genoveva desejava; tudo o que ela sugerira, e também de nunca mais permitir que a família dela sequer chegasse junto da pequena. Repentinamente, ao seu malgrado, surgiu em sua mente a imagem bela e pura de Ana Maria. Ficou desconfortável com a visão e vacilou em sua decisão. O que faria? Conseguiria afastar a cunhada de sua vida? Conseguiria conviver com ela? Por que a moça lhe era tão importante? Ah, loucura, loucura, não sabia o que pensar.

Andando cambaleante, como um ancião ou um enfermo, dirigiu-se ao quarto da filha. Não a encontrou e indagou aos berros sobre o seu paradeiro. Essa conduta, tão surpreendente, fez com que a criadagem quase toda se reunisse a sua volta. Todos passaram a lhe informar, ao mesmo tempo, que a senhorita Ana Maria, desde a partida da patroa, passara a estar muito tempo na casa, a cuidar da sobrinha. Naquele dia, a menina estava muito chorosa, a procurar a mãe pela casa, e se grudara na tia, com desespero. Parecia temer que esta se fosse também por longo tempo. A tia a levara junto com ela para a própria casa, com o aviso de que estariam de retorno antes do princípio da noite.

Arquimedes, de modo irracional, sentiu uma fúria descomunal: tentavam lhe tirar a filha, de forma dissimulada, de sua casa! Chamou o moço da cavalariça, mandou que aviasse a carruagem e se foi rapidamente em direção à casa dos irmãos da esposa.

Quando lá chegou, Ana Maria estava envolvida com os pobres no quintal. Entrou sem permitir que o anunciassem e indagou da menina, que estava adormecida no quarto da dona da casa. Ao chegar ao recinto, seu coração se apequenou pela imagem da menina, dormindo confiante naquele reduto feminino. Acariciou a cabeça da pequena e lágrimas rolaram de seus olhos, as quais ele rapidamente limpou. Não, não faria o papel de homem fraco e chorão. Seria forte pela menina. Viveria por ela, seria uma referência moral, uma fortaleza, nada mais o abalaria. Chegava de pieguices em sua vida, de choros e delicadezas. As mulheres não gostavam mesmo disso. Doravante, seria firme, implacável.

Tomou-a nos braços e nisso ouviu a voz da cunhada, que conversava com algumas mães acompanhadas dos filhos. A janela do quarto dava para o pátio interno da mansão e ele se aproximou devagarzinho. Viu a cunhada rindo, enquanto conversava com suavidade com várias senhoras de humílima condição, que a olhavam com o que lhe pareceu adoração. Acariciava a cabeça de um meninote pobremente vestido. Seu coração novamente fraquejou na decisão de afastar a filha dos parentes. Ali estava uma mulher de qualidade! De forma incompreensível, permanecia solteira e inacessível a quaisquer candidatos, por mais afoitos que se apresentassem. Sentiu que não a podia confrontar no momento, não depois de vê-la naquela atitude tão honrosa e elogiável de protetora dos desvalidos.

Discretamente, saiu com a menina e foi embora para a própria casa, com a morte no coração. Ao chegar à residência, nela se internou sem ânimo para atender ou falar com ninguém. Deu ordens terminantes para que os criados não deixassem ninguém entrar, fosse parente ou amigo. A partir daí, por variados dias, apenas se levantava da cama para ficar com a filha algum tempo, sorrir para ela. Parecia um fantasma descarnado e pálido. Emagrecia rapidamente e sua tristeza era assombrosa. Mesclava períodos de tristeza com outros de raiva. Sentia uma raiva abissal daquele casal que o havia traído, em especial da esposa a quem se dera tanto, com quem trocara tantas juras. Especialmente, votava uma raiva profunda contra si mesmo. Acusava-se de fraco por não ter ido atrás deles e resolvido tudo a tiros de pistola. Entretanto, não se conseguia ver no papel de assassino. Era um médico, toda a sua vontade era curar e aliviar dores, jamais produzi-las. Em sua raiva, acusava-se de impressionável. Sentira desde o primeiro instante que Genoveva não merecia confiança. Mas ela se apresentara embalada na forma de uma moça honrada, de família irretocável, e comprara gato por lebre. Sim, era um idiota, um rematado idiota.

Quando a raiva cessava, caía em uma estranha apatia, uma vontade imensa de se perder no abismo de uma mente vazia e nunca mais acordar. Era nesses momentos que a pequena o chamava com força, que chorava pedindo pela mãe. O rapaz encontrava forças que imaginava não existirem para ir ao encontro da filha. Sorria-lhe como podia, com certo esgar no rosto. Aliás, o rosto do rapaz se transformara em reduzidos dias. Antes, tinha uma aparência viçosa de pessoa bem tratada, com cabelos de um preto retinto, pele lisa. Agora, seu cabelo encanecia rapidamente e rugas precoces marcavam sua tez. Ele sofria e envelhecia em dias o que seria normal de ocorrer em anos.

Soube que seu pai tentara falar com ele, mas os criados, atentos a suas ordens, não o deixaram entrar. O vetusto senhor não entendeu nada e lhe enviou uma missiva, que não abrira. Também sua cunhada tentou falar com ele, mas em vão. Perdia-se em dor e vergonha. Seu orgulho o fazia se sentir menor, menos homem do que era. Sua mulher preferira um homem bem mais velho que ele. Em sua mente, aquilo era um sinal de que nunca fora o bastante para ela. Pensava, pensava, pensava... Sofria a mais não poder.

Eu o acompanhava naqueles momentos, em fervorosa oração. Imaginava que logo a natureza vigorosa daquela alma a impeliria à ação. Mas também me lembrava de que ele já cometera suicídio no passado, em situação semelhante, e essa mácula ainda nele estava presente e me fazia temer o pior. Por certo, na presente encarnação havia alguns poderosos elementos de apoio e redenção. Primeiro, ele era médico e amava sua profissão. Segundo, tinha uma filha encantadora. Terceiro, eu contava que a influência salutar de Ana Maria o auxiliasse de algum modo. Contudo, para isso ele precisava tomar um pouco de coragem, levantar-se, retornar ao trabalho.

Umas duas semanas após o isolamento, ele ouviu um alarido em frente à residência, na porta da frente. Um homem discutia em altas vozes com o criado encarregado de atender as visitas. A conversa seguia exaltada, quando de repente cessou. Logo o criado se apresentou e lhe disse que um de seus clientes exigia vê-lo. Um tanto enfadado, indagou de que se tratava.

O moço, constrangido, explicou que era um jovem pai com um filho pequeno à beira da morte. Àquela notícia, o médico levantou-se como se tivesse levado um chute.

Notei que a salvação daquela alma residia em sua bondade, em seu gosto por ajudar o semelhante, bendita semente que Deus depositou em todos os Seus filhos, mas que alguns buscam impedir que cresça. Como estava muito desgrenhado, pediu que o criado fizesse entrar o tal homem, enquanto se ajeitava. Passados poucos minutos, fez-se presente na sala de visitas. Embora a preocupação que tomava conta do visitante, este não conseguiu impedir uma expressão de espanto ao ver o facultativo.

- Doutor Arquimedes, o senhor está doente?

- Sim, da alma, mas não falemos nisso. O que o traz aqui?

- Trata-se do pequeno Júlio, cuja doença dos pulmões avançou de modo impressionante nos últimos dias. Procurei-o no consultório, mas me disseram que o senhor nele não se faz presente há um bom tempo. Rogo sua ajuda.

- Onde está o rapazinho?

- Está em minha casa, pois não me atrevi a tirá-lo com este tempo, ainda mais que não sabia se o senhor já havia retornado da capital.

- Vamos nos aviar com rapidez. Está com condução aí?

- Sim.

- Passemos em meu consultório, que lá tenho os remédios e instrumentos necessários. Depois, iremos a sua residência para ver o Júlio.

O semblante do jovem pai se iluminou:

- Deus o abençoe, doutor!

- Estou mesmo precisando de bênçãos, acredite.

Ambos foram saindo, limitando-se o médico a gritar algumas instruções para os criados enquanto se afastava da residência. Instruções estas concernentes a manter a menina isolada de todos e não permitir a entrada de ninguém.

Acompanhei-os em sua viagem, que muito me interessava. Vi-os sacolejando em uma carroça que avançava mais depressa do que seria de se esperar. A casa do cliente não chegava a ser pobre, mas estava longe de ser confortável; quanto mais, rica. Quando nela chegaram, dirigiram-se rapidamente para um quarto no qual um belo garoto repousava agonizante, no colo da mãe. Os olhos desta se encheram de lágrimas ao ver o médico.

- Doutor, por favor, salve o meu filho!

- Farei o possível, mas me dê espaço.

Vi-o lutar contra a febre e a infecção que tomava conta do menino por horas a fio. Ele suava, não obstante a temperatura amena, mas aquilo lhe fez bem. Sempre é salutar prestar atenção nas dores dos outros. Não há remédio melhor para as próprias crises do que auxiliar o semelhante. O menino em questão devia ter em torno de 6 ou 7 anos e parecia um anjo: belos olhos azuis, cabelos louros encaracolados. No momento, sua tez, que devia ser normalmente rósea, encontrava-se rubra de febre.

A tarde avançou, a noite chegou e se aprofundou. A manhã seguinte surpreendeu Arquimedes dormindo exausto aos pés do menino, que respirava com mais facilidade. Os pais também haviam pegado no sono. A mãe acordou primeiro e, ao ver o filho respirando de forma mais tranquila, com a febre visivelmente mais baixa, dirigiu uma profunda oração de agradecimento a Deus. Ela rogou ao Todo-Poderoso suas mais lindas bênçãos para o médico ali presente.

Após, cuidou de preparar um caprichado café da manhã e aguardou que os homens acordassem. Pouco tempo depois, médico e enfermo acordaram. Meu sofrido amigo dirigiu um sorriso melancólico à criança e teve para com ela algumas palavras suaves. Sempre fora piedoso, mas a sua tragédia recente o tornara mais sensível à dor do semelhante. Teve um gesto surpreendente: beijou a testa do menino, que lhe sorriu em resposta. Logo, estavam os pais da criança e o médico tomando café.

Arquimedes, com uma melancolia no semblante que não mais o deixaria, observava aquele casal e se sentia pobre perto deles. Tinha muito mais dinheiro, mas não merecera da Providência Divina uma mulher honrada... Para ele, não mais haveria cafés da manhã com uma esposa, não mais confidências trocadas à noite, nada mais de parceria. Estava fadado à solidão.

Ah, querida Genoveva, onde estava você com a cabeça quando assumiu a responsabilidade por infelicitar a vida de um homem digno? Mas, enfim, todos são livres para agir, embora raros gostem de assumir as consequências do que fazem.

Era quase hora do almoço quando Arquimedes chegou a sua residência. Soube logo na chegada que parentes o haviam buscado e tentado entrar na casa. Ana Maria lá estivera novamente à cata de notícias da sobrinha. Ficara muito triste ao ter sua entrada firmemente barrada e os criados ficaram muito desconfortáveis ao impedir a boa moça de ver a menina. Também seu pai o buscara, em vão.

O rapaz estava transformado pelo atendimento que prestara. Sabiamente, vislumbrou em sua profissão a salvação de sua alma e de sua sanidade. Não mais amaria, não mais confiaria em mulheres. Viveria só com a filha, sem frequentar a sociedade. Mas seria para sempre um bom médico. Sem esposa, suas despesas haveriam de minorar bastante, ainda mais que não teria outros filhos cujo futuro precisasse garantir. Assim, poderia atender muitos clientes dentre os pobres. Quem sabe, talvez isso lhe trouxesse alguma paz, dando-lhe à existência um sentido de utilidade, já que se sentia tão inferior e infeliz com o abandono da esposa.

Saudáveis reflexões, que incentivei ao máximo. Sim, que amasse os infelizes e os derrotados do mundo, pois nisso certamente encontraria sua redenção. Orei junto dele, implorando ao Senhor da Vida que o mantivesse firme em seus propósitos. Ele tirou a tarde para refletir e tomar decisões. No princípio da noite, banhou-se e, procurando fazer boa cara, saiu em direção à casa de seu pai.

Ao chegar ao destino, foi recebido de forma efusiva pelo político, que estava ardendo de preocupação. Com palavras simples e precisas, inteirou-o do ocorrido: Cícero se aproveitara da ausência de ambos para lhe seduzir a esposa e levá-la embora. Felizmente, Genoveva deixara a filha. Estupefato, o idoso senhor quase teve uma síncope. Viu-se a nu em sua vaidade de homem maduro, que se deixara seduzir pela perspectiva de um grande futuro político e fora feito de marionete. Por certo, os atrasos e remarcações de compromissos na capital tiveram um único propósito: mantê-los ausentes de sua cidade o maior tempo possível. Entendeu que fora ludibriado, que todos os protestos de ajuda de políticos parisienses nada representaram além de uma farsa. Uma raiva profunda surgiu em seu peito e eu entendi que Cícero fizera um grave inimigo, que não lhe perdoaria a afronta com facilidade. Como se o adúltero precisasse de mais inimigos no mundo...

Foi um serão triste, com o velho a bradar rancoroso, a desancar Genoveva, a invectivar contra toda a família dela, recomendando ao filho, a um tempo discrição, a outro a adoção de medidas enérgicas em represália. Arquimedes, de seu lado, não queria represália alguma. Não desejava rever Genoveva, que o ferira no mais fundo de seu ser. Se a visse, temia vir a matá-la. Como não queria ser assassino, desejava ao menos a bênção de nunca mais saber dela. Quanto à família da esposa, silenciou, com a mente invadida pela imagem da cunhada a cuidar dos pobres.

Ambos decidiram se retirar da vida pública, por vergonha do ocorrido. Por certo, a notícia correria. O político já se considerava velho demais para circular na sociedade lionesa assim, coberto de vergonha. Iria se retirar para uma propriedade rural por um longo tempo. Abdicaria de qualquer pretensão política, por compreender o papel de grande tolo que se permitira representar. Tal retiro, ele o faria com o coração pesado de rancor. Eu sinceramente esperava que se recuperasse do trauma e da revolta, em suas lides campestres.

Já o médico pretendia apenas se dedicar ao consultório e à filha, permanecendo inacessível a convites, festividades e reuniões de qualquer espécie. Estava, pois, definido o destino, no que lhes concernia. Restava ver como as coisas caminhariam, pois o homem põe, e Deus dispõe..., como diz o velho ditado.

Ao sair da casa do pai, Arquimedes foi caminhando com vagar pelas ruas, pois não morava muito longe. Passou na frente da residência de seus cunhados e relembrou o dia em que vira Genoveva pela primeira vez. Com uma ponta de tristeza, recordou que prestara mais atenção na irmã dela. Em sua mente, passaram imagens fugidias do namoro, do noivado, do casamento, dos primeiros tempos de casados.

Com o semblante triste, chegou a sua casa e ficou chocado com o silêncio reinante. Compreendeu que aquela doravante seria a sua vida: noites vazias, silenciosas e solitárias. Não se animou a ir ao quarto da filha, com o estado de espírito em que se apresentava. Recolheu-se ao seu aposento e só então notou que ele ainda tinha todos os vestígios da recente passagem de sua esposa. Ela não levara quase nada. Na manhã seguinte, mandaria que se varresse da casa qualquer traço da existência de Genoveva. Meu triste amigo deitou e soluçou no escuro, amargando sua dor.

Vendo aquilo, novamente pensei na responsabilidade grave assumida por Cícero e Genoveva. Era o irmão de Cícero, do pretérito, que ali chorava as dores, novamente traído, enquanto os adúlteros iam longe, em busca da felicidade que esperavam. Eu sinceramente duvidava de que tivessem alguma possibilidade de encontrar a felicidade, pois ninguém jamais atinge a plenitude semeando desgraças na vida alheia. Velei pelo sono do infeliz irmão, imaginando as experiências do pretérito que o candidatavam àquela vivência.

Uma coisa eu já verificara: à parte algumas poucas almas de escol, dispostas a sofrer pela redenção de seus amores e mesmo de desconhecidos, na exemplificação do bem, a esmagadora maioria simplesmente atrai as situações dolorosas de que necessita para o seu reajuste. Esse reajuste cura feridas antigas, esquecidas pelo correr dos séculos, mas ainda assim vivas o bastante para clamar por corrigenda.

No contexto da eternidade gloriosa, não há equívocos nem esquecimentos. Cada um é livre para agir, mas escravo dos próprios atos. Alguns mais felizes se decidem pela firme vivência do bem e com isso desbastam seus débitos dos períodos de inconsequência e leviandade. A ampla maioria, contudo, leva longe demais a ilusão, não se decide pelas vivências retificadoras, centradas no amor e na renúncia em favor do semelhante, e com isso só se resgata mesmo pelas experiências dilaceradoras. À míngua de boa vontade, resta a dor como grande educadora de caracteres. Mas não me animei a penetrar em excesso no passado de Arquimedes, para dele extrair, quem sabe, as matrizes de seu sofrimento.

De que isso adiantaria? Eu estava já bem convencido de que Deus não erra e de que ninguém vive experiências que não lhe sejam proveitosas, a título de resgate ou de preparação para etapas mais felizes. Era-me de todo inútil perquirir as razões. Bastava-me, como deve bastar a todos os espíritos, encarnados ou desencarnados, a ciência da extrema bondade e da inefável sabedoria do Pai Celeste, a fim de acalmar o coração ante os percalços naturais da jornada. Convém a todo homem esquecer a tolice de ser uma vítima injustiçada, um mártir lamuriento, para assumir a própria realidade de alma necessitada de reajustes, por vezes muito duros.

Assim, eu o velei pela noite. Seu acabrunhamento lhe tolheu, de certo modo, a liberdade espiritual. Aproveitei-me do ensejo e apliquei-lhe energias de prostração, a fim de que tivesse o sono mais profundo possível. Logo que começou a dormir mais profundamente, retirei-o delicadamente do corpo físico, em estado de inconsciência. Levei-o ao jardim e, sob a blandícia da natureza, com o vento fresco da noite a incidir sobre nós, como a desanuviar todo aquele clima funesto, orei longamente em favor de sua paz. Era quase de manhã quando o devolvi à vestimenta física.

Era bem hora, pois a mentora de suas atividades médicas não tardou a se fazer presente, na esperança de que retomasse o cumprimento do ministério curativo que lhe competia. Ao ver-me, demonstrou alívio. Conversamos brevemente, com a precisão e a rapidez que a mente adestrada no bem facultam, e o semblante da entidade médica se iluminou. Não demorou muito para que Arquimedes acordasse.

Surpreendentemente para ele, que ignorava o cuidado de que fora objeto durante a noite, espreguiçou-se, sentindo-se imensamente bem. Teve até algumas interjeições de espanto: de onde viria aquele sentimento, de todo incompatível com seu estado de espírito da véspera? Aí lhe veio uma ideia salvadora: teria sido o socorro ao menino doente que lhe fizera tanto bem? Não duvidava, pois sempre gostara de minorar as dores dos clientes. Apenas, como antes era feliz, nunca notara o potencial lenificador de sentir-se útil, o quanto aquilo afastava pensamentos e sentimentos malsãos.

Sentindo uma grande fome, dirigiu-se à cozinha para fazer a primeira refeição do dia. Seu semblante mais descontraído foi percebido com alegria pela criadagem. Após a refeição, dirigiu-se ao quarto da filha, beijou-a e brincou com ela um pouco. Não pôde se impedir um pequeno estremecimento ao identificar nos traços da pequena a imagem da trânsfuga. Afastou esse pensamento com energia.

Antes de sair, chamou uma moça de sua confiança, dentre as serviçais, e lhe recomendou que fizesse uma limpeza em tudo o que pertencera a sua esposa. Disse-lhe que podia ratear com as demais mulheres da casa e, se sobrasse alguma coisa, que providenciasse a doação para os pobres. Apenas deveriam ser guardadas as joias de Genoveva, pois talvez Joana as quisesse usar quando fosse mais velha. Em seu pensamento, notei a esperança de que, quando isso viesse a ocorrer, suas feridas já estivessem cicatrizadas o bastante. Talvez então não mais sofresse ao se lembrar da esposa. Talvez...

Dirigiu-se ao consultório e, quando lá chegou, levou um susto ao vê-lo quase às moscas. Era normal, pois se ausentara por tanto tempo. Sua auxiliar o recebeu efusivamente e disse que muitos clientes tinham estado a sua procura por dias a fio. Se concordasse, enviaria um menino de recados, comunicando seu regresso. Ele anuiu e logo se internou no consultório, no qual começou uma tarefa de quase obsessiva organização e limpeza de materiais e papéis. Não demorou muito para que os clientes se apresentassem para consultas, o que lhe causou um bem-estar profundo. Era daquilo mesmo que precisava: sentir-se útil, preencher as horas.

Observando-o, identifiquei que realmente necessitava se sentir estimado e precioso. A deserção da esposa minara sua autoestima e engendrara algumas dúvidas um tanto perigosas sobre o seu valor pessoal, sua aparência e sua masculinidade. Essas dúvidas não deveriam ganhar forma, sob pena de causarem grande prejuízo à estrutura psíquica do moço.

Capítulo

13

Dona Quitéria

Após o almoço, dirigi-me a minha antiga igreja, para dar continuidade às atividades de atendimento e socorro aos antigos paroquianos, já afastados da carne. Feliz, lá pelo final da tarde, percebi a entrada de Ana Maria no recinto sagrado. Ela tinha o semblante entristecido e visivelmente fora na busca de forças e orientação. Ajoelhou-se e perdeu-se em seus pensamentos.

Terminei de atender os paroquianos mais necessitados e me aproximei da moça, cuja fronte estava ornada de um formoso halo luminoso, a atestar a sublimidade de seus pensamentos. Conectada com as esferas superiores, ela alçava o pensamento à Virgem, rogando por sua desatinada irmã. Pedia que ela recebesse orientação e buscasse refazer o próprio caminho, como conseguisse. Pedia também a intervenção do Céu em favor do cunhado e da sobrinha. Seu coração ficava apertado ao imaginar a menina crescendo afastada da própria mãe. Desejava, ah, com que ardor, servir-lhe de mãe substituta, mas temia que o cunhado não lhe permitisse, magoado como estava. Clamava pela oportunidade de auxiliar o cunhado e a sobrinha, que era o que lhe restava fazer.

Busquei acalmá-la, enquanto tomava a decisão de auxiliá-la o quanto possível. Tentaria naquela mesma noite reuni-los, a fim de que, em estado de emancipação, pudessem travar um diálogo preparador de uma conciliação de esforços em favor de Joana.

Assim foi feito. Tão logo a noite se aprofundou, eu fui até a residência do médico e fiquei de prontidão, a fim de mantê-lo tranquilo, sem que se aventurasse para fora de casa. Enquanto isso, eu chamei a moça pelo pensamento, confiante de que, em sua maior desenvoltura espiritual, compareceria, sem maiores problemas.

Arquimedes ainda padecia grandemente as dores e os recalques decorrentes da traição e do abandono de que fora vítima. Sentindo-se injustamente vitimado e atacado, adquiria um temor novo. Comportava-se de forma arredia, como se em estado de prevenção quanto a qualquer futuro mal que o pudesse atingir. Tratava-se de algo preocupante, que o impediria de formar novos vínculos, caso se consolidasse, em seu prejuízo, e mesmo no de Genoveva e Cícero, que assumiram, com seu agir egoísta, as consequências nefastas que pudessem advir para todos os atingidos.

Quando Ana Maria chegou, notei que ela muito orara recentemente, pois estava com um fulgor espiritual dos mais interessantes. Ao vê-la entrar na pequena saleta a que eu o conduzira, Arquimedes ficou desassossegado e quis fugir. Entretanto, eu o impedi, tolhendo-lhe vigorosamente o impulso. A visita, percebendo o ocorrido, encaminhou-se para junto dele e lhe falou com doçura:

- Arquimedes, meu amigo... Venho lhe pedir perdão em nome de minha pobre irmã, que não conseguiu honrar o compromisso que tinha com você.

O moço foi pego de surpresa, tanto pelo pedido de desculpa, quanto pela atmosfera de piedade e ternura que o envolvia, partindo da cunhada. Ela continuou:

- Lamento profundamente a dor que nossa família está lhe causando. Se dependesse de mim, nada disso teria acontecido. Dentro de minhas possibilidades, tudo eu tentei para manter Genoveva no caminho do dever. Infelizmente para todos, eu falhei e agora você sofre. Peço-lhe humildemente que me permita minorar o mal, como me for possível, mas para isso preciso que continue meu amigo. Acaso sente que ainda sou digna de ser sua amiga?

O moço gaguejava, sem conseguir concatenar os pensamentos. Ele estava perturbado pela visão da grandeza espiritual da moça, pelo seu brilho, por tudo o que ela representava ali, a lhe pedir desculpas, a lhe rogar por amizade. Repentinamente, Arquimedes começou a chorar com violência. Desesperado, soluçava, dando margem a toda a angústia que o acometia. Sim, ele sofria horrivelmente e naquele momento extravasava. Lamentava por todo o ocorrido e estava perdido, completamente perdido. Seus pensamentos gritavam, suas imagens mentais tomavam conta do ambiente.

Ele sempre acreditara que, sendo uma boa pessoa, coisas boas lhe aconteceriam. Imaginara-se abençoado com um lar venturoso, uma esposa bela e boa, uma família perfeita. Entretanto, fora golpeado de modo injusto e agora temia a tudo e a todos. Não queria mais confiar, pretendia se tornar mais e mais arredio, fechar-se em um mundo no qual apenas sua filha penetraria. Mas eis que ali estava sua cunhada a desconcertá-lo, ao oferecer a imagem de uma mulher enobrecida, doce e, pior, nimbada de uma luz estranha. Ah, temia capitular, temia se abrir a novas dores.

Ana Maria, com o desembaraço e a autoridade de sua vibração peculiar, que não permite mal-entendidos na verdadeira vida, avançou para o moço e o abraçou, enquanto alçava o pensamento em uma sentida prece em favor dele. Logo foram envolvidos em uma doce claridade que parecia descer do Céu, na forma de pequenos flocos de neve, calmantes e revigorantes. Os soluços foram passando e o moço se acalmou. Ela o conduziu a um pequeno móvel a um canto da sala, no qual ambos se sentaram.

- Minha irmã nos abandonou a todos, partindo para viver seus sonhos. Que Deus a proteja. Mas nós continuamos aqui e podemos nos ajudar. Tenho irmãos muito jovens, que carecem da figura de um homem que lhes sirva de exemplo. Meu pai já faleceu e meu irmão mais velho segue caminhos ignorados. Não pode você, em um gesto de generosidade, aceitar ser para eles um guia seguro? Não conseguiria substituir, em alguma medida, o afeto de Genoveva pelo nosso?

Surpreendido, ele a olhava, registrando a generosidade da cunhada, que lhe solicitava ajuda, em vez de se oferecer para ajudá-lo.

- Minha cunhada, no momento eu me sinto tão fraco. Não sei se teria essa grandeza de alma.

- Sim, você tem, eu bem o percebo. É bom, digno e generoso. Não se permita matar o homem bom que é, porque lhe fizeram mal.

Endereçou-lhe um olhar admirativo e encorajador. Sob aquele olhar magnífico, pleno de vibrações superiores, ele começou a recuperar a autoestima. Sentiu-se bem, valorizado: aquela mulher tão especial o admirava! Ela prosseguiu:

- Ainda há a pequena Joana, a quem amo ternamente, como se a conhecesse há séculos. É muito importante, para mim, tê-la por perto, vê-la crescer. Minha vida segue por um caminho no qual não parece que terei a alegria de ser mãe. Deixe-me ser a mãe substituta de sua filha. Prometo-lhe envidar todos os esforços para que cresça em graça e dignidade, a fim de que só alegrias lhe proporcione.

Ela seguia assim, rogando a ajuda dele, enquanto o valorizava, sabendo exaltar as virtudes daquele moço sofrido. Aquela conversa foi um lenitivo sem par. Confesso que eu não teria feito melhor. Espantei-me com a habilidade da moça, que não precisou da ajuda de ninguém e, magistralmente, soubera impor-se de forma generosa, engendrando nele o princípio da cura do complexo de inferioridade que começava a tomar corpo em seu íntimo.

Houve, enfim, o acordo. O moço foi colocado no leito, enquanto lhe aplicávamos determinadas energias e trabalhávamos de certo modo seus centros neuronais, a fim de que se lembrasse, quanto possível, das ocorrências da noite. Quando ele perdeu a consciência, emaranhado nas emanações animais de seu corpo, que lhe serviam de abrigo, eu e Ana Maria saímos para o jardim. Ela estava transfigurada, em sua alegria.

- Ah, meu bom padre, que felicidade! Deus é maravilhoso, em Sua bondade, pois me auxiliou a quebrar a barreira que Arquimedes começava a colocar entre nós. É muito importante que eu me mantenha próxima dele, em especial de Joana, a bem de nossa programação espiritual.

- Sim, querida filha, eu o sei.

Após mais algumas observações, ela quis afagar a sobrinha que, em sua condição infantil, persistia no recinto do próprio quarto, devidamente cuidada por sua guardiã espiritual. Seguiu-se um novo momento de enlevo, enquanto aquelas duas almas se reencontravam e se felicitavam com a presença uma da outra. Após isso, Ana Maria tomou o caminho do próprio lar, pois a madrugada avançava e logo teria de retomar a rotina de sua vida de encarnada.

Conforme ajustado entre nós, na tarde seguinte ela se faria presente no consultório de Arquimedes, a fim de terem uma conversa, desta vez em estado de vigília. Evidentemente, as coisas mudam de figura no corpo físico. Muitas das resoluções tomadas em estado de emancipação da alma não são colocadas em prática com perfeição. Mas a emoção que os envolvera quando eles formularam o ajuste em espírito, a lembrança que cuidamos de deixar na mente do médico, tudo isso era um penhor de que o acerto se faria do modo combinado. Quanto a mim, aguardaria ansiosamente, pois queria ver a vida retomar, o mais rapidamente possível, o seu tom de normalidade.

Como sempre acontece nesses casos, quando as coisas de Deus se põem a caminho, coincidências se sucedem para ajudá-las. No dia seguinte, o jovem Pedro amanheceu febril. Tossia muito e ardia em febre, o que era pouco usual para sua natureza jovem e sadia. Tentou-se remediar a situação com estratagemas caseiros, sem sucesso. O rapaz realmente não estava bem e a febre crescia de modo lento, mas contínuo. Pouco depois do almoço, a situação já estava preocupante. Guiada por sua intuição e, verdade seja dita, pela imperiosa situação que vivia, Ana Maria enviou um moleque de recados à casa do cunhado e, caso já tivesse saído, ao seu consultório, com o pedido de que fosse socorrer o rapaz, que se fazia gravemente enfermo.

As visitas médicas domiciliares eram um hábito da época. Houve alguma hesitação na tomada da decisão, por saber das atitudes hostis de Arquimedes em relação a ela e a seus irmãos. Era compreensível, refletia, mas isso prenunciava algumas dificuldades a mais. Talvez ele não quisesse mais atendê-los, o que a faria ter de optar por algum outro facultativo. Terminou por se decidir pela chamada do cunhado e contar com seu senso de dever profissional para quebrar a barreira que os separava. Quem sabe, pensava ela, se um mal não viera para o bem de todos? Quem sabe a enfermidade de seu irmão não provocaria a união da família, do modo que isso era possível?

Após aplicar energias em Pedro, saí no encalço do garoto de recados. Com a esperteza típica da idade, este deliberou encaminhar-se diretamente ao consultório, tendo em mente que, pelo horário, o médico já deveria lá estar. Se não estivesse, pensava, logo haveria de chegar, de modo que ele economizaria uma "pernada". Sorri a essa reflexão de uma esperteza de camponês e o acompanhei.

Com efeito, ele chegou ao local junto com Arquimedes e o interpelou quando ainda adentrava o prédio. Ao saber de que se tratava, o médico empalideceu, enquanto uma funda convicção o invadia: sonhara exatamente com isso, que era necessário aos familiares da esposa. Em sua mente, passou a imagem da cunhada a lhe pedir ajuda para socorrer os irmãos. Era um sinal! O que faria? Poderia se afirmar muito ocupado e encaminhar o rapaz atrás de um colega seu. A imagem de Ana Maria passava e repassava por sua mente.

Entendi que o livre-arbítrio do moço se manifestaria. Qual caminho ele tomaria? Resisti à tentação de influenciá-lo naquele momento, deixando-lhe a responsabilidade e o mérito pelo que decidisse. Caso fraquejasse e optasse pelo rancor e pela negativa ao cumprimento de seus deveres, eu seguramente tentaria demovê-lo. Mas decidi esperar, enquanto sua mente oscilava. O resultado não se fez esperar e, para minha alegria, foi o mais positivo de todos. Fez o moleque entrar com ele no consultório. Como Deus estava decididamente ajudando, naquela tarde o ambiente estava surpreendentemente vazio: ali só estava sua auxiliar e secretária. Ele se informou sobre os sintomas de Pedro, apanhou alguns vidros em uma cristaleira e logo se pôs a caminho.

Quando chegou à frente da residência, ele titubeou ainda, constrangido. Mas aí eu não me fiz de rogado e quase lhe gritei no ouvido: você não tem nada de que temer ou se envergonhar ao abrir mão do orgulho para socorrer inocentes! Ele registrou meu aviso e, seguindo o jovem, entrou na residência. Encaminhou-se logo ao quarto do rapaz, cujo caminho bem sabia, e o encontrou rodeado pelos irmãos. Seguiu-se um momento de embaraço, em que ninguém parecia saber muito bem o que fazer ou dizer. A tosse do enfermo quebrou aquele momento de tensão, e o médico falou mais alto do que o marido traído e abandonado.

Logo tomou conta da situação e principiou seus exames. Sua voz era tranquilizadora e gentil para com o menino. Ele sentia naquele momento um profundo afeto pelo rapazinho, uma vontade imensa de curá-lo e protegê-lo. Sim, era verdade, aquele moleque não contava com uma presença masculina em quem pudesse confiar. Com quem poderia abrir o coração em suas angústias de rapaz? Seu irmão mais velho, com fama de doidivanas, andava perdido no mundo. Com a irmã, ele devia ter pruridos demais para fazer confidências. Precisava, sim, precisava fazer-se presente na vida daquele rapaz e também na do outro irmão.

Tomado de um profundo desejo de curar, confortar e amparar, sua voz fez-se persuasiva e inspirou confiança. De suas mãos passaram a sair chispas luminosas, oriundas de seu cérebro e de seu coração iluminados do dom da cura que o felicitava, em seus bons propósitos e sentimentos.

A situação era algo grave. Tudo indicava se tratar de um princípio de pneumonia, a requerer medidas atentas e rápidas Arquimedes pensou o doente, friccionou-o, deu-lhe drágeas de beber e fez vastas recomendações a respeito dos cuidados que deveriam ser observados. Embora de forma não muito patente, sob o influxo do ambiente de confiança e emoção que se formou no aposento, o menino parecia já estar no caminho da convalescença. Quando a consulta terminou, Pedro começava dormir, envolto em profundo cansaço, mas já um tanto mais sereno. Luís ficou com ele no quarto, enquanto a dona da casa acompanhou o médico na saída.

- Meu cunhado, eu serei grata, eternamente, pela prontidão de sua presença salvadora em nosso meio. Bem sei que tem razões de sobejo para nos querer longe, e não o recrimino por isso, de modo que ainda mais valioso se torna o seu comparecimento aqui.

Arquimedes ficou visivelmente constrangido, pois não esperava que o assunto fosse abordado com tanta clareza. Aliás, nos últimos instantes no quarto, ele passara a temer o momento em que ficaria a sós com a cunhada. Imaginara conseguir manter tudo em tom de grande formalidade, a fim de que não se confundissem seus papéis de parente e médico. Ana Maria o surpreendia com a franqueza de suas palavras. Apenas lhe restava responder no mesmo tom.

- Confesso que hesitei ao receber seu pedido, mas não vi motivo bastante para que os abandonasse nessa hora.

- É um bom homem, Arquimedes, e somos gratos por isso. Peço que nos perdoe os transtornos que nossa família lhe causou. Acredite que nenhum de nós que aqui estamos nesta casa nos envolvemos, incentivamos ou aceitamos, de qualquer modo, o que lhe foi feito. De minha parte, antevendo a tempestade, fiz o que estava ao meu alcance para dissuadir Genoveva da loucura que a acometia.

O rapaz corou de vergonha, em seu pudor de homem abandonado, mas foi forte o bastante para seguir com a conversa, olhando nos olhos da interlocutora.

- Cunhada, confesso que me sinto desconfortável em esquadrinhar esse assunto.

- Entendo e peço que me desculpe se o constranjo. Apenas achei que era necessário esclarecer ao menos isso, para que as coisas sigam transparentes entre nós.

- Sim, era mesmo necessário que isso fosse dito.

- Também gostaria de lhe dizer que o estimo e a Joana como pessoas de minha família, tanto quanto estimo aos meus irmãos. Ficarei imensamente feliz em participar da vida de ambos, conforme você me permitir. Imagino que possa ser de alguma utilidade junto à menina, já que seus afazeres de médico o devem absorver imensamente. De outro lado, sua presença em nossa casa será um motivo de infinita alegria. Ignoro se percebe o quanto meus irmãos o estimam e admiram. Agora que nosso pai já se foi, você é a única figura masculina em quem podem se mirar. Como bem sabe o amigo, meu irmão Fábio, que nunca foi muito ajuizado, segue livre pelo mundo, despreocupado de nós.

Aquelas palavras calaram fundo no coração do jovem médico, que efetivamente sentira um afeto de pai pelos dois garotos no quarto.

- Minha cunhada, penso que esse arranjo há de ser o melhor para todos nós. Vou tentar passar por cima do orgulho, que nunca é bom conselheiro. Vou me esforçar para não lhes transferir a profunda mágoa que desenvolvi em relação a Genoveva, a fim de que possamos conviver.

Ele foi brindado com um sorriso fascinante, que iluminou as feições e os olhos de Ana Maria. O jovem homem levou até um choque, ao notar quão bela era a cunhada. Ela, envolta em sua inocente alegria, nem percebeu o brilho nos olhos daquele a quem considerava um irmão.

Acertaram ainda alguns detalhes concernentes aos medicamentos e a visitas subsequentes, com o cuidado de que ele fosse avisado de qualquer mudança. Também deixaram no ar um acerto para que ela se fizesse presente na vida da sobrinha, enquanto ele faria o papel do homem da família em relação a Pedro e Luís.

O moço se foi, com o coração entre leve e perturbado. Leve, pois cumprira sua tarefa de médico, atendera seu dever, socorrera o menino, a quem descobrira estimar além do imaginado. Leve, pois tomara boas resoluções e as colocara em prática. Leve, pois estava feliz e mesmo emocionado com a perspectiva de fazer parte da vida dos cunhados. Eis que não seguiria tão amargurado na vida quanto imaginara. Perturbado, na medida em que se descobrira não só ainda vulnerável aos encantos femininos, mas também particularmente sensível à beleza da cunhada. Já a vira descartar pretendentes em demasia para nutrir qualquer esperança. Além de tudo, era um homem casado. Abandonado, mas casado, não podia acalentar qualquer esperança de reconstruir sua vida, nesse limbo em que se encontrava: nem comprometido nem livre.

Eu, de minha parte, estava profundamente feliz pelo resultado de minhas maquinações. Na medida do possível, a vida retomou algum aspecto de normalidade. Eu antevia no horizonte algumas possíveis nuvens, que poderiam se originar da má vontade do velho político, pai de Arquimedes, em relação à família de Genoveva, quanto de um eventual retorno de Fábio. Isso sem falar na loucura de Doralice no convento. Como não estava no controle das coisas, restava-me agir pelo bem e confiar no Senhor da Vida.

Eu me guiara por essa bússola durante toda a existência e não me saíra muito mal. Por certo, estava longe, mas muito longe mesmo da angelitude. Contudo, tinha a ventura da consciência tranquila e gozava de um extremo bem-estar, que não cessava de me surpreender: a morte era boa demais!

Nem por isso eu deixava de notar alguns de meus antigos paroquianos envoltos em árduas lutas, mesmo após passarem pela experiência de baixar o corpo no sepulcro. Aliás, no dia anterior havia recebido um pedido de ajuda de uma paroquiana muito devota, mas um tanto encrenqueira, que agora se via em apuros para libertar o próprio esposo das vísceras cadavéricas. Ele tomara muito gosto por bebidas alcoólicas no correr da vida, gosto este que mais se pronunciara após a viuvez. Nos derradeiros tempos no corpo, tornara-se inclusive motivo de vexame. Alcoolizado, dava-se ares de deboche com as jovens da vizinhança, fazendo um papel ridículo de Romeu idoso, bêbado e à cata de qualquer Julieta. Ah, como é triste a falta de temperança na velhice! Na juventude, ainda se tende a dar mais descontos para os desatinos, em razão da falta de experiência. Mas um homem que viveu, fez-se esposo, pai e avô e de repente vira um amalucado traquinas é muito triste.

O pior é que ele nem estava acometido de qualquer enfermidade da mente. Ao contrário, quando se permitia ficar são, conversava em tom de normalidade e até se ressentia das reprimendas que eu várias vezes lhe endereçava. Mas todo final de semana se pegava a beber, o que lhe deturpava por completo o senso. Era esse cidadão, João de nascimento, que agora estava grudado nas vísceras cadavéricas, que apodreciam no cemitério. A esposa, com uma humildade toda nova, buscava ajuda para ele em qualquer lugar. Ao me saber pregando novamente na igreja, lá se fez presente.

Era notável, pensei eu, o que alguns anos de sofrimento podiam fazer com uma pessoa. Aquela senhorinha, toda cheia de si em vida, agora trazia uma doçura nova no olhar e na voz. Seguramente já não se sentia mais tão poderosa e tão disposta a altercar por tudo e por nada.

Combinamos que, na primeira oportunidade, eu a seguiria ao campo santo, onde tentaria o que estivesse ao meu alcance em favor de seu esposo. Como o trabalho junto a Ana Maria e Arquimedes estava bem encaminhado, decidi que naquela mesma tarde eu faria a visita que me era requisitada. E assim foi que, no final da tarde, princípio da noite, após o atendimento dos paroquianos na igreja, eu me pus a caminho, juntamente com dona Quitéria.

Era sempre um espetáculo triste ladear o cemitério, quanto mais nele entrar. O apego a aspectos comezinhos da existência, a falta de espiritualidade e a entrega ao gozo de apetites grosseiros fazem muito mal às almas. Eram tantos os que choravam, bradavam e enlouqueciam naquele lugar! Não esquecidos, claro, pois ali havia vigilantes. Entretanto, era preciso desgastar as energias grosseiras, o apego doentio ao corpo e ao que ele proporcionava de sensações, antes de ter condições de viver a vida do espírito. Tratava-se de algo natural, uma fase a ser vivida, uma ladeira a ser subida, e ninguém podia fazer isso pelo outro. Justamente por isso, naquele dia eu lá compareci sem esperanças em excesso.

Quando cheguei próximo ao túmulo em que, segundo a concepção popular, João deveria descansar, ouvi-o a gemer dolorosamente. O pobre gemia e chorava baixinho, clamando por socorro. Meu coração se apequenou por aquele espetáculo. Pobre João, a quem eu tanto aconselhara! Por que não me ouvira e se poupara daquela dor tamanha? Mas não era o momento para reprimendas, e sim para auxílio. Sempre devemos orientar, exortar e apontar o caminho reto enquanto há tempo. Contudo, quando as escolhas já foram feitas, o mal já se consolidou e o criminoso sofre, só resta socorrê-lo. O socorro é o primeiro passo, quando a dor se converte em mestra. Irmãos é o que devemos ser perante os desafortunados do mundo.

Com o desembaraço que uma longa convivência com meus pobres me dava, acerquei-me do infeliz e tentei confortá-lo. Ele estava enlouquecido pela dor e pela experiência aterrorizante de se sentir comer vivo por vermes, sem chegar a morrer. Não tinha condições de registrar minhas palavras, como anteriormente não registrara as da esposa. Dentro de minhas possibilidades, busquei confortá-lo. Notando que era possível, afastei-o um pouco das vísceras putrefatas, cuidando de manter a mente em disciplina, a fim de não me emocionar demais com o espetáculo deprimente. Tirei-o para fora do túmulo, embora ainda mantendo o vínculo com o corpo extinto. Depositei-o no colo da esposa, que o recebeu, naquele estado triste, como se o fizesse a um tesouro precioso. Convidei-a que me acompanhasse em uma prece, de modo que ambos alçamos o pensamento ao Senhor da Vida, implorando mercê para nosso irmão adoecido e enlouquecido.

Nossa oração foi longa e sentida e nela buscamos recordar os méritos de João, seu passado de bom esposo e pai, de trabalhador dedicado e honesto, antes que se deixasse dominar pelo infeliz hábito da ingestão de bebidas alcoólicas. Nossas vibrações lograram atingi-lo, de alguma forma, pois se acalmou enquanto relatávamos as razões pelas quais fazia jus ao auxílio divino. Na sequência, do Céu passaram a descer sobre nós três, em especial sobre João, eflúvios calmantes e refrescantes. O atendido passou a respirar melhor (perdoem-me a expressão, mas era disso o que se tratava, pois ali estava uma alma ainda profundamente mergulhada na matéria e em suas sensações, que se sentia, dentre outras angústias, morrer por falta de ar) e resvalou para um sono quase tranquilo.

Permanecemos um tempo bastante prolongado naquele processo, no qual eu apliquei passes balsâmicos sobre meu antigo paroquiano. Notei que o vínculo fluídico ao corpo se tornara mais rarefeito, mas não a ponto de permitir sua retirada, sem que isso lhe produzisse choques desagradáveis. Combinei com dona Quitéria que ela ali permaneceria de vigia, buscando induzi-lo a pensamentos saudáveis. Tão logo ele recobrasse alguma lucidez e a identificasse, deveriam orar ambos, clamando pela misericórdia divina. A fim de não deixá-la desamparada naquele ambiente que podia ser assustador, pois eram muitos os pervertidos e vampiros que por ali perambulavam, tratei de recomendá-la de modo especial aos vigias do ambiente, que me prometeram todo o apoio possível.

Eu me afastei, enquanto o casal continuaria, em circunstâncias imprevistas, sua convivência. Todo dia eu compareceria ali, para rendê-la se necessário por algum tempo e para fortalecê-la também. Se houvesse alguma emergência, alguma necessidade ou possibilidade de socorro mais efetivo, ela se comunicaria comigo pelo pensamento firme e bem direcionado, e eu trataria de comparecer o quanto antes.

Nossa oração conjunta lograra estabelecer uma divisa vibratória perceptível entre ambos e os que por ali perambulavam em atitude menos digna, na cata de vítimas desavisadas para serem vampirizadas. Que a ninguém cause estranheza a utilização desse termo, que se presta a tanto folclore e crendices, pois era bem disso que se tratava. Faltam-me conhecimentos para identificar quando a lenda surgiu e até que ponto se embasa em eventos reais, ou a partir de qual momento passou a se ornar do caricato que a torna mais atraente ao vulgo. Mas posso afirmar com certeza que abundam pela Terra os mortos que não conseguem deixar sua vida para trás. Sem valores necessários, sem força legítima para se submeterem ao processo da vida, como estabelecido pelo Pai Eterno, eles se recusam a deixar morrer em si os apetites materiais. Ardem com uma sede de sensações perto da qual a sede de sangue dos vampiros das lendas parece coisa pequena, tanto pela ardência em si, quanto pelo aspecto de podridão e degeneração que encerra a ideia de mortos se nutrindo dos vivos.

Os que nascem na Terra, animando corpos vivos, trazem um determinado estoque de energia vital, que os acompanha durante sua jornada física. Quando vivem com dignidade, decência e equilíbrio, eles gastam de forma conveniente tais estoques de vitalidade e, ao desencarnarem, eles já se encontram mesmo no final e pouca serventia têm para os denominados vampiros. Entretanto, quando a vida se extingue de inopino, em razão de acidentes, suicídio ou falta de juízo, o estoque vital pode ser imenso. O ser fica como um alambique de fluidos que os vampiros procuram sorver. E por que estes se dedicam a isso? Porque são demasiado apegados às sensações físicas e já não dispõem de órgãos para vivê-las. Com a vitalidade alheia, tomada de empréstimo, eles vivem uma espécie de vida fictícia, com a grosseria que reputam necessária para se sentirem confortáveis.

Sim, é de conforto que se trata. Acostumados com sensações grosseiras, sentem imensa saudade de alimentos sólidos, excitação sexual, calor, bebidas e prazeres os mais variados que o corpo físico proporciona. Mortos sem recursos íntimos para fazer a transição de forma completa e em paz, seguem atormentados por desejos que não podem saciar em sua nova condição de desencarnados. Resta-lhes suscitar desejos doentios nos vivos, junto aos quais querem viver essas emoções por empréstimo. Ou sugar a vitalidade de corpos recém-desencarnados, ou mesmo de quem morreu antes do tempo previsto e se encontra encharcado de fluidos vitais. São doentes tais seres e adoecem os que lhes servem de repasto.

Quem tem algum merecimento, mas desencarna sem consumir todo o "estoque de vida" que trouxe da pátria espiritual, é protegido e resguardado desses ataques infelizes. Mas são incontáveis os que necessitam dessas experiências traumatizantes, a fim de tomar juízo, e são convertidos em banquetes muito tristes de serem observados. Infelizmente para eles, permitiram a si mesmos ser banquetes em vida, pelos seus hábitos desequilibrados. Comeram demais, beberam demais, fizeram sexo em contexto de libertinagem e com isso se tornaram aliados de comilões, beberrões e libertinos. Como se trata de uma sociedade livremente estabelecida, e a liberdade é observada como lei do Universo, sempre com sua contraparte, a responsabilidade, pouco há que se possa fazer em casos tais, a não ser orar pelos envolvidos e tentar, no momento certo, socorrê-los e orientá-los.

Para minha alegria, por força de atenuantes que a misericórdia divina soube encontrar para o seu caso, João não estava sujeito a tais espetáculos lamentáveis e eu o deixava com a esposa querida. Os vínculos humanos são interessantes e um tanto difíceis de serem entendidos, sem a chave correta. Por vezes, alguém se permite tecer juízo crítico sobre determinada relação mantida por terceiros, que lhe parece inverossímil ou despropositada. Entretanto, o Pai do Céu tem os seus segredos, que desvela com vagar aos próprios filhos.

De minha parte, entendia que determinados vínculos magnéticos se estabelecem entre alguns espíritos e se mantêm por períodos longínquos, a ponto de, em dadas circunstâncias, parecerem até perpétuos. Eles costumam principiar com toques de animalidade e lentamente se refinam. Se ambos os envolvidos vão evoluindo no mesmo ritmo, eles se fazem companheiros de lutas que os séculos abençoam, embora não estejam sempre juntos na carne. Ocorre com frequência de um renascer enquanto outro continua em tarefa meritória no mundo espiritual. Muitas vezes, eles estão envolvidos na mesma empreitada, em auxílio ao mesmo grupo de espíritos, mas com tarefas distintas. Enquanto um está labutando na carne, nas agruras do corpo, outro o inspira, tutela, ampara, sem que com isso desempenhe a função de seu anjo guardião, que sempre pressupõe grande diferença evolutiva entre guardião e guardado.

Em tudo isso eu refletia enquanto me afastava do campo santo e ali deixava marido e mulher, envolvidos na luta pela libertação de equívocos do passado e pelo refazimento do caminho. Que vínculos manteriam eles, que caminhos teriam trilhado, para ser justo e bom que, naquele momento, se unissem daquela forma? Sabedor de que Deus faz flecha de toda madeira, ou seja, aproveita qualquer oportunidade para educar e iluminar, a queda de João serviria como um fator de união do casal e mesmo de impulso a altos trâmites espirituais.

Em minha imaginação, pensei vê-los, no futuro, unidos no socorro a irmãos dependentes de alcoólicos ou substâncias ainda piores. Foi um vislumbre, que pensei pudesse ter sido uma luz que o Senhor da Vida resolveu lançar sobre Seu servo obscuro, a fim de orientá-lo em suas divagações.

Eu também tivera momento semelhante, de indicação de um caminho claro a seguir, quando encontrara dom Nicolau, o bispo que se encarregara de minha educação e fora tão importante em minha vida. Sem ele, tudo teria sido mais difícil, quem sabe eu até tivesse me tornado um intendente na casa que me acolhia, a meu irmão e a minha mãe. Ao vê-lo, algo diferente ocorreu naquela hora, equivalente ao dobrar dos sinos do destino, indicando que, a partir dali, eu deveria seguir caminho diferente e mais significativo. Outro encontro que me pareceu repleto de significados foi com Ana Maria, quando a vi, ainda criança, parecendo um anjo. Aquela imagem de beleza perfeita, a promessa que nela havia de uma mulher magnífica, externa e internamente, chegou a me assombrar e torturar. Senti-me de certo responsável pela orientação que lhe seria dada.

É grave demais perverter a inocência, ou mesmo desampará-la, deixar de lhe fornecer os recursos para que vença no mundo. O valor da educação cristã ainda está por ser entendido. Ainda por muito tempo, intuo que não se verá nas vivências cristãs senão um passaporte místico para o Céu, com especial ênfase em formalidades de todo supérfluas. Não que sejam deletérias, pois eu, como sacerdote romano, ministrara incontáveis sacramentos, convicto de que atuava como servo de Jesus. Fizera-o com unção, desejoso de fazer diferença na vida dos paroquianos. A minha sinceridade, e também a dignidade de minha vida, convém reconhecer sem que isso pareça falta de modéstia, fizeram muita diferença. Por não adotar postura demasiado severa, os pobres decaídos não receavam me contar seus equívocos, e pude orientar a muitos deles, fortalecê-los a fim de que retificassem seu caminho.

Ainda falta bastante para que se entenda que dignidade, perdão, frugalidade e bondade não são apenas requisitos para ser feliz no Céu, mas para desfrutar da felicidade possível na Terra mesmo. Os pais que exemplificam a vida reta e plena de generosidade aos filhos têm uma chance muito grande de neles encontrar motivos de alegria quando se tornarem adultos. Tratados com bondade pelos pais, eles aprendem a amá-los e a admirá-los e tendem a se fazer seus companheiros, cuidar deles em sua velhice. Já os que maltratam os próprios filhos, enquanto são frágeis, esquecidos da exortação do Messias sobre os cuidados que se deve ter com as criancinhas, formam indiferentes ou mesmo inimigos no seio do próprio lar.

O Evangelho de Jesus é um roteiro de alegria, como o próprio nome sugere. Nem sempre é fácil segui-lo, pois isso implica a renúncia a si mesmo, a ser entendida não como a nulificação da própria personalidade, mas como um lento e efetivo processo de abrir mão de hábitos infelizes do passado. Quem se fez libertino em várias vidas vê com antipatia os convites à continência e ao recato. Tendo abusado das energias criadoras, por uma lei natural, sua vida é direcionada a caminho distinto, no qual deve encontrar recursos para sublimar o que permitiu fosse banalizado e vilipendiado.

Assim ocorre com todos os vícios e defeitos humanos. A vida cuida de dar indicativos precisos do que deve ser contido e revisto, em termos de hábitos e pendores. O homem, esquecido de seus propósitos superiores, sente-se um infeliz por não conseguir realizar todas as fantasias de seu coração. Entretanto, perdeu tanto tempo nessas vivências que agora convém que recupere um pouco desse tempo, por decisões mais fortes em sentido contrário. Tal não implica um discurso de ascetismo, de todo desnecessário. Mas a indicação do quanto é conveniente aprender a apenas moderar os próprios apetites e entender quando a vida, de forma peremptória, se nega a facilitar que sejam fruídos.

Todas essas reflexões nasceram da observação do casal no cemitério, sofredor, mas pleno de promessas para o amanhã. Essas mesmas promessas estiveram presentes no casal formado por Genoveva e Arquimedes, antes da triste intervenção de Cícero. O correto teria sido Genoveva se apresentar ciosa da própria honra e rejeitar com firmeza os avanços do nobre parisiense. Se ele ficasse por perto, talvez chegasse até a sublimar o sentimento malsão que por ela nutria. Poderia se tornar parceiro de Arquimedes, seu irmão do passado, e auxiliá-lo no projeto de medicina nesta vida. Tal esperança malograra pela indignidade dos envolvidos.

A coisa complicara para o lado dos adúlteros, Arquimedes dava sinal de que conseguiria se sair bem do acréscimo de dor que se lhe colocara no caminho. Felizmente, aceitara se aproximar da família da esposa. Sua natural bondade o salvara, sem sombra de dúvida. Porque dois eventos o haviam transformado e tirado do turbilhão negro em que se encontrava. Primeiro, o rapazinho doente a quem socorrera, a instâncias de pai. Ao livrar aquele entezinho da morte, ao lhe devolver a saúde, recordara a alegria que sempre sentia em tais momentos e vislumbrou que conseguiria continuar vivendo, desde que se fizesse sempre útil ao semelhante. Segundo, o cunhado enfermo, a quem socorrera, mas nesse caso, o ponto primordial fora a piedade por dois jovens rapazolas sem orientação de uma figura masculina, que contavam apenas com a presença de uma irmã para guiá-los na vida.

Ao constatar aquela realidade, lembrou-se de suas dúvidas quando a vida adulta se iniciava e de como seu avô, Afonso, fora hábil e gentil ao orientá-lo. A ideia de copiar o comportamento de seu avô, de amparar moralmente aqueles jovens em suas dúvidas e angústias de rapaz, sem permitir que chafurdassem na libertinagem tão em voga, foi-lhe extremamente sedutora. Por certo, a cunhada cuidaria de orientá-los como pudesse. Mas intuía que seu pudor de donzela a tornava pouco habilitada a ter determinadas conversas com os irmãos mais jovens.

Capítulo

14

Doralice

É SEMPRE A BONDADE que salva verdadeiramente os homens. Como também é a leviandade que costuma perdê-los em sua grande maioria, ao invés da crueldade, como comumente se pensa. Digo isso, pois nesse mesmo período surgiu um escândalo na cidade.

Tratava-se do padre Francisco, acusado de ter seduzido e engravidado a filha de um importante comerciante. Quando a notícia surgiu, eu não duvidei dela nem por um instante. Conhecia bastante o deboche de meu sucessor na paróquia e já reparara que a infeliz moça frequentava demais a casa paroquial e nela se demorava além do que a decência permitia.

Por alguma razão, as maquinações dele para casá-la com algum apaniguado seu não deram certo. Fosse porque a moça tinha esperança de que ele largasse a batina, fosse porque o pai, orgulhoso demais, não simpatizara com o estranho pretendente, surgido do chão para lhe pedir a mão da filha. Como o casamento não se anunciara logo, e a cintura da moça começara a engrossar, o escândalo se fez irremediável. Indagada sem qualquer piedade pelos pais, terminou por apontar o padre como culpado.

Tentou-se manter aquilo em segredo, mas isso nunca dá muito certo, pois a novidade é tentadora demais para os fofoqueiros de plantão. O padre

Francisco negou, claro, fez-se de inocente e disse que a paroquiana o tomava de bode expiatório, pois devia estar de romance com algum homem casado.

Ocioso dizer do drama da moça, assim escorraçada e acusada. Aconteceu o que geralmente acontecia em casos da espécie: ela foi mandada à força para um convento, com a previsão de que seu filho lhe seria tirado tão logo viesse ao mundo.

O desconforto fez-se grande demais, pois a família envolvida era de posses, e o caso chegou ao conhecimento do bispo. As relações do padre faltoso eram muito importantes para que recebesse a punição merecida. O que se concertou a seguir foi mais um prêmio do que uma punição, consistindo em uma remoção para Paris. É preciso reconhecer a boa figura do padre Francisco, sua habilidade verbal. Tudo isso somado a uma família de renome lhe garantia uma carreira de sucesso na capital do país. Lá não faltariam vítimas para sua lábia nem ouvintes encantados de seus sermões. Foi assim, desonrosamente, que ele partiu às pressas da cidade, a fim de evitar maiores vexames para a Igreja que representava.

Por sorte, foi sucedido por um pároco idoso, vindo de uma pequena cidade da região. A escolha deve ter sido feita a dedo, pois aquele senhor bonachão, com jeito de camponês, não deveria se animar a seduzir as paroquianas. Era o padre Mário, um tanto preguiçoso demais para cumprir todas as tarefas que repousariam em suas mãos, mas ao menos com a dose necessária de vergonha para não causar escândalo.

Quando Ana Maria soube da notícia, em seus olhou surgiu um brilho peculiar. Não precisei ser muito atento para identificar de que se tratava, pois uma imagem pareceu saltar em sua psicosfera: tratava-se de Doralice, sua pobre irmã enlouquecida no convento.

Naquela época, a Igreja ainda era forte demais para ser desafiada de qualquer modo. Era preciso contornar o obstáculo colocado pelo padre Francisco, na intenção de seduzi-la, e assim ter acesso ao claustro em que Doralice repousava.

A moça maquinou longamente, temendo se precipitar. Esperou que o padre Mário se firmasse na condução dos assuntos da igreja que conduzia, e tratou de conhecê-lo.

Embora não fosse o mais inteligente dos homens, era um senhor de bom coração, desejoso de acertar. Recebeu com simpatia a visita de Ana Maria, que o convidou a almoçar com ela e os irmãos. O ajuste foi feito justamente para um dos dias em que o atendimento aos pobres ocorria na mansão. Como o padre, grande amante da boa mesa, tardou no ambiente, entre várias repetições de sobremesas e seguidas xícaras de café, terminou por observar a movimentação que se fazia no pátio interno.

Indagou e foi esclarecido de que se cuidava de um atendimento a algumas famílias pobres. Ocioso dizer que ele se quedou encantado pelo que observava, impressionado também pelo elevado número de pessoas atendidas. Quando se foi, era já um ardoroso adepto e futuro defensor de sua paroquiana, tão bela quanto boa, que ademais sabia receber tão bem a sua rica mesa.

Por isso, quando ela lhe expôs, alguns dias depois, o drama da irmã, tomou-se de simpatia pela causa da família. Propôs-se escrever para a madre superiora do convento, na busca de informações. Ofereceria, já nessa carta, uma visita, na companhia de Ana Maria. Esta corou de prazer, com o coração cantante de alegria. Nada tinha a temer da presença desse padre a um tempo simples e bondoso, ao contrário do que ocorria com o assanhado e sofisticado padre Francisco.

Algumas semanas depois, a resposta chegou. Doralice continuava muito mal, tinha acessos de loucura, brigava com seres invisíveis, batia a cabeça na parede, em completa demência. O acesso ao local pelo senhor sacerdote era garantido, assim como a qualquer pessoa que levasse junto.

Ana Maria arquitetou um plano de socorro à irmã. Acreditava firmemente no poder da prece, sempre lembrando que Jesus afirmara que o Pai celeste nunca nega o que Seus filhos lhe pedem. Por certo, isso não era uma autorização para que os cristãos passassem a pedir bobagens e desatinos. Mas, em se tratando da saúde da irmã, era perfeitamente possível que a misericórdia divina interferisse. Lembrava-se de que sempre tivera ascendente moral sobre Doralice, que costumava ouvi-la, sendo a única exceção a infeliz decisão de se tornar freira.

Ela planejou ir com o padre Mário, mas permaneceria no local, ou em alguma hospedaria próxima, para conviver um pouco mais com a irmã. Contou seu plano a Arquimedes e pediu a ajuda dele. Que abrigasse seus irmãos em sua casa, enquanto ela estivesse fora. Por certo, os rapazes poderiam ficar na própria mansão, sozinhos por um tempo. Mas ela entendia que lhes faria bem a companhia de um homem mais velho.

Arquimedes inflou de orgulho com a sugestão de que sua companhia fosse benfazeja aos cunhados e aderiu imediatamente ao plano. Combinaram também que ela ficaria no convento, ou próximo dele, o tempo necessário. Se conseguisse alguma melhora, enviaria uma missiva para que a família toda fosse visitar Doralice, no tempo oportuno. Ele também se oferecia para ir medicar a freira, caso houvesse permissão para tanto.

Conhecedora da natureza humana, Ana Maria levou consigo uma quantidade considerável de dinheiro, inclusive algumas letras de câmbio. Intuía que, se fizesse uma doação significativa ao convento, terminaria por se movimentar nele com mais liberdade e mesmo seu pedido de trazer um médico de fora teria maiores chances de repercutir favoravelmente junto à administração. Esse raciocínio, em essência tão triste, traduzia uma realidade da época, quando os interesses mundanos preponderavam sobre a caridade, mesmo nos ambientes que deveriam ser santos.

Em uma manhã ensolarada, Ana Maria, juntamente com o padre Mário, tomou o caminho do convento em uma bem equipada carruagem. Eu estava muito curioso quanto aos desdobramentos daquela viagem e no fundo lamentava não poder acompanhá-la em sua integralidade. Mas tinha de atender primeiro o dever, para só depois me permitir realizar pequenos desejos, tão caros ao coração humano. Dentre os meus deveres, figurava a assistência aos meus paroquianos, toda tarde. Calculei que eles chegariam ao convento no princípio da noite e tencionava conseguir me libertar dos afazeres, a fim de lá me fazer presente. Para isso, antecipei-me na ida à igreja, para iniciar logo as conversas e atendimentos. Bem se vê como a vida espiritual não difere muito da material, quanto ao essencial. Em toda parte temos deveres a cumprir e são eles que sossegam nosso coração e nos asseguram mérito para seguir em frente na infinita jornada evolutiva.

Deus foi generoso para com o meu intento e cheguei ao convento ainda antes dos viajantes, mercê de minhas habilidades espirituais. Na chegada, cumprimentei o guia espiritual do convento, com quem já tinha tido contato quando lá estivera anteriormente. Sem precisar observar muito, vislumbrei que a situação não melhorara em nada. O ambiente continuava psiquicamente pesado, com as barreiras magnéticas profundamente fragilizadas e um intenso intercâmbio espiritual de baixo nível. Havia em todos os corredores espíritos levianos e debochados, ao lado de muitos desnorteados, sofredores. Estes iam ao local consagrado na esperança de receber auxílio, mas pouco ou nada encontravam. Ali não havia o silêncio tranquilo que a oração e a continência proporcionam. Ao contrário, respirava-se o desespero do ascetismo sem sentido, das sevícias e dores infligidas sem critério.

A veneranda entidade me adiantou que Doralice parecia muito exaurida. Antes ela gritava e se debatia mais. Agora, à parte surtos de demência mais violentos, ficava a maior parte do tempo deitada, chorando e falando baixinho. Eu lhe adiantei que a irmã de Doralice e um sacerdote amigo da família se encaminhavam ao local, para visitar a moça e tentar ajudá-la. Notei o olhar espantado do nobre vigilante ao perceber um laivo de esperança em minhas palavras. Era evidente que colocava pouca fé na influência de apenas duas pessoas para colocar ordem naquela anarquia conventual. Abstive-me de tecer qualquer comentário, inclusive porque uma movimentação na porta principal indicava a chegada das visitas.

Ana Maria e padre Mário tinham acabado de fazer estacionar a carruagem no pátio do convento e pediam uma entrevista com a madre superiora. Como os sacerdotes exercem fácil ascendência sobre as religiosas, a entrevista se deu em questão de minutos. A madre os recebeu em seu gabinete, negro e austero como ela própria se apresentava, em sua magreza doentia, tesa, inflexível, tudo gritando desequilíbrio. Os olhos de minha antiga paroquiana brilharam de surpresa incontida com a aparência desagradável da religiosa.

Conversaram sobre algumas amenidades, o clima, a viagem, mas logo o assunto principal da visita foi abordado: Doralice. As notícias não eram boas, pois a moça dava sinais de perder as forças e entrar em apatia. No ritmo em que a enfermidade seguia, não seria de se estranhar se fosse a óbito em futuro não muito distante. A completa falta de tato da madre, sua ausência de piedade e ternura tornaram-se patentes no modo seco como anunciou isso. O padre Mário imediatamente atalhou, falando da misericórdia e dos infinitos recursos da Providência.

Decidiu-se que Ana Maria poderia permanecer em uma cela destinada a visitantes quanto tempo quisesse. Apenas não deveria atrapalhar a rotina do convento, cuidando de observar estritamente suas regras, sem pretender qualquer luxo ou exceção. Cumprindo tal programa, seria bem-vinda. Para essa acolhida, foi um poderoso incentivo a oferta que Ana Maria fez a título de doação logo no princípio da conversa.

A madre superiora, toda encastelada em imagens de privação e perversão, nem por isso deixava de gostar de dinheiro e de valorizá-lo sobremaneira. Aquilo confirmava algo que eu já sabia: a virtude é sempre suave e equilibrada. Esses discursos e hábitos excessivos, a envolverem dor, para si e para os outros, e também ausência de compaixão, são sinais de vício mal disfarçado. Fechou-se o acordo nestes termos: o padre ali pernoitaria, aproveitando para rezar missa naquela noite e também na manhã seguinte, e iria embora logo em seguida.

Ana Maria fez entrar sua bagagem na cela que lhe foi indicada, aliás, bem confortável. Essa deferência, inferi, era consequência direta da generosidade da doação colocada nas mãos da madre. Com tudo devidamente acomodado, os visitantes foram encaminhados à cela de Doralice.

A noviça que os encaminhou parou na porta e apenas eles entraram, para se depararem com uma cena triste. A pobre Doralice, acocorada a um canto do aposento, gemia baixinho, enquanto se feria com as unhas. Ana Maria ficou visivelmente chocada com o espetáculo produzido por sua irmã.

Rapidamente, encaminhou-se para ela, sentou-se no chão e abraçou-a, chorando. Apertou-a longamente junto ao peito, enquanto a chamava de querida. A entrada da jovem foi como uma lufada de ar fresco no ambiente pestilento. Ela sempre estava envolta em suaves luzes, que traduziam a beleza de seu interior equilibrado e pacífico.

Os dois obsessores, que se enredavam com a freira doente, pareceram levar um choque e receberam a intervenção com muita antipatia e desconfiança. Conheciam a intrusa: era a irmã de sua vítima, cuja presença sempre lhes embaraçara os propósitos. Lançaram-lhe olhares de antipatia, de raiva mesmo, mas não tiveram muitos recursos com que atacá-la, uma vez que estava envolta em atmosfera de profunda compaixão. Doralice demonstrou imediato conforto ao ver a irmã.

- Ana, Ana, o que você faz aqui?

- Vim vê-la e ficar alguns dias aqui com você, querida.

- Aqui não é lugar para você. Há demônios neste lugar, eu os vejo o tempo todo e eles me agridem sem cessar.

- Ora, Doralice, não há demônios fortes o bastante para resistir ao poder da oração. Se eles realmente existem aqui neste lugar dedicado a Deus, haveremos de orar juntas, muitas vezes, como fazíamos quando éramos pequenas, com nossa mãe e nossos irmãos, e o Senhor haverá de nos amparar.

- Acho que não vai dar certo. Eu oro e não acontece nada.

- Ah, mas seremos duas a orar juntas e o senhor Jesus bem disse que estaria presente sempre que dois ou mais se unissem no nome dele. Mas por que você está aí, caída no chão?

- Estava muito infeliz, sendo atacada pelos demônios. Eles gritam nos meus ouvidos, acusam-me de coisas horríveis, mas param um pouco quando eu mesma me ataco.

- Que triste! Querida, não faça mais isso. O melhor meio de resistir ao mal é se entregar ao bem, e não há bem nenhum em ferir seu corpo, templo de seu espírito. Venha, sente em sua cama comigo. Preciso lhe apresentar alguém.

O olhar desvairado da moça indicava que entendia pouco o que lhe era falado. O sacerdote disfarçou como pôde o choque que sentiu ao ver a freira desgrenhada, exangue, sanguinolenta, em estado mais do que lamentável. Esperara encontrar uma versão menos bela de Ana Maria, talvez mais sofrida, não sabia ao certo. Mas seguramente não esperara por aquele espantalho. Dirigiu a palavra a Doralice, que não pareceu atinar direito com a presença dele. Logo a moça, olhando para um canto, deu um guincho:

- Os demônios estão ali, eles me perseguem!

- Esqueça os demônios. Você está comigo e com um sacerdote. Demônios pouco podem em face do amor e da oração de um sacerdote consagrado.

O padre concordou com um sorriso amarelo, sem saber direito o que dizer. Cuidou de escapar logo que pôde, deixando a Ana Maria a tarefa ingrata de lidar com a insana.

A irmã sadia notou o desgrenhamento e mesmo a sujeira da outra. Habituada a tomar decisões, pediu os equipamentos necessários para banhar e arrumar Doralice e foi rapidamente atendida. Com meu pudor de padre e de celibatário, deixei-as a sós, nessa operação de limpeza. Quando a tarefa findou, entrei novamente na cela e Doralice já parecia melhor. Banhada, perfumada, vestindo uma camisola confortável que a irmã lhe trouxera, repousava na cama. Ana Maria lhe penteava os longos cabelos, enquanto cantava uma antiga cantiga de ninar, que ambas conheciam da infância. Buscou confortar a irmã, acalmá-la, embora a moça de tempos em tempos desse uns gritos, assustada, ao mirar o canto do quarto em que se encontravam Jerônimo e Lázaro. Quanto a estes, lançavam chispas pelos olhos e era evidente a raiva com que presenciavam o desenrolar dos acontecimentos.

- E agora, Lázaro, será que essa aí pretende nos arrebatar a presa?

- Que pretende, pretende, mas isso não ocorrerá. Temos direito a nossa vingança e não será uma rapariga qualquer que nos impedirá.

- Mas não é esta a que sempre nos embaraçava a influência, antes de a gazela vir para cá?

- Era, mas aqui estamos em outro território. A casa aqui é nossa, há muitos desocupados andando para lá e para cá. Se precisarmos, pediremos ajuda.

- Isso de pedir ajuda não funciona bem. Começamos pedindo e logo estamos obedecendo, já vimos isso acontecer.

- É perigoso mesmo, mas prefiro virar pau-mandado de uma tropa infernal a ver a noviça sair fácil dessa.

Eles não me identificavam a presença, pois vibrávamos em faixas diferentes. Também tinham dificuldade em identificar o fulgor espiritual de Ana Maria, mas não podiam deixar de sentir que a presença da visitante os enfraquecera de algum modo. Após muito mimar e confortar a irmã, Ana deitou-a na cama, cobriu-a e disse que era o momento de orarem juntas, implorando a proteção do Alto.

- Cuidado, Ana Maria!

- Cuidado ao orar? Não entendi. Desde quando isso é perigoso?

- Os demônios me atacam com força sempre que penso em orações. Olhe: eles já estão nervosos só de você falar nisso.

- Com todo o respeito a eles, podem ficar nervosos o quanto quiserem, que jamais desistirei de falar com o Pai Celeste só porque alguém não gosta.

Assim falando, ajoelhou-se ao lado da cama, juntou as mãos às da irmã e começou a proferir uma prece sentida, que brotava do fundo de seu coração. Orava em ritmo lento, a fim de ser acompanhada pela enferma, exorando a misericórdia celeste com profunda confiança. Pediu as bênçãos para todos os que viviam naquele ambiente santo, em especial para os que tivessem alguma mágoa no coração. Seguiu longa e lindamente, clamando pelo auxílio divino.

A resposta celeste não tardou. Uma suave luz como que brotou do teto do quarto e invadiu o ambiente todo, descendo também sobre os dois obsessores, que se acalmaram, malgrado seu. A luz atingia principalmente Ana Maria, transformava-se ao contato com ela e se dirigia veloz, precisa e forte sobre os três envolvidos naquele drama. Ao longo da prece, Doralice dormiu tão suavemente quanto era possível para alguém na situação dela, toda ferida e com a mente quase de todo controlada por seres trevosos.

Os obsessores lutaram como podiam, mas também ficaram em estado de torpor. Nessa paz relativa, puderam observar a luminosidade que envolvia a visita e isso ficou gravado na mente deles. Brotou-lhes naquele momento algo diferente no fundo da consciência: desde quando conheceriam aquela donzela envolta em luz? Tinham a impressão de conhecê-la de outro ambiente, de uma época antiga, que não conseguiam precisar. Claro que já haviam visto Ana Maria na casa da família, sempre como um obstáculo a ser transposto, por sua influência salutar junto à irmã. Mas, por alguma razão ignorada, pareceram levar um choque, ao tempo em que buscavam na consciência uma imagem ou uma história esquecida. Ficaram a cismar.

Finda a oração, Ana Maria permaneceu um longo tempo junto com a irmã, a olhá-la com tristeza. Lamentava-lhe a decadência física, pois Doralice já parecia uma velha. Seus cabelos estavam sem viço, sua pele marcada, seus dentes feios, isso sem falar em várias equimoses. Como aquilo pudera ocorrer, sem que ninguém a socorresse?

Ela aventava a hipótese de que naquela casa dedicada a Deus faltasse caridade. Na verdade, faltava muito mais do que caridade: ali faltava tudo o que era evangélico. Sobravam crueldade, indiferença e fanatismo, mas isso ela descobriria a seu tempo. Intuindo que a hora da missa se anunciava, deixou a irmã, com um sorriso triste, e buscou identificar o caminho da capela.

Permaneci ali, observando o sono que tomava conta dos obsessores. O começo era promissor, mas não dava para ignorar que eles tinham sido surpreendidos. Ninguém espera encontrar, na figura de uma bela e rica jovem, alguém dotado de peregrinas virtudes e interessantes talentos magnéticos. Intuía que não venderiam barato a derrota. A coisa prometia e a mim cabia auxiliar Doralice e Ana Maria. Finalmente, decidi-me por acompanhar a missa e também rumei para a capela.

Quando adentrei o local, tomei um susto: jamais havia visto tamanho contingente de pessoas perturbadas, entre mortos e vivos. Era um intercâmbio terrível e imensamente infeliz. As freiras, em sua grande maioria, estavam em triste estado psicológico, esmagadas por perseguidores espirituais ou gozadores. Naquele ambiente pouco saudável, com autênticas sevícias, penitências exageradas e um gosto pronunciado pelos temas pecado e danação, as mulheres feneciam a olhos vistos. Havia muitos espíritos vingativos, debochados e mesmo simples ociosos, que se aproveitavam do ambiente desequilibrado para sorver energias vitais no local.

O padre Mário demonstrava certo desalento enquanto dizia a missa. Era evidente seu desconcerto com tudo aquilo, sua surpresa negativa com o semblante perturbado do rebanho que se lhe apresentava para o culto, isso sem falar na energia francamente nociva que reinava no ambiente.

Aqui e ali havia uma moça equilibrada, lutando heroicamente para não sucumbir naquele clima pestilento. Havia mesmo algumas senhoras, cuja fé sincera e psiquismo sadio as faziam emitir suaves luzes, mas essas eram objeto de tenaz perseguição, uma vez que identificadas como um perigo para a tropa espiritual que se assentava no local.

Evidentemente, os espíritos desequilibrados ali presentes se regozijavam com a situação. Eram dezenas de mulheres, com a imaginação exacerbada, a emitir fluidos vitais e elétricos em regime de desequilíbrio, de que os desencarnados se nutriam. Elas eram como gado no pasto, sendo psiquicamente ordenhadas em caráter constante.

Uma vez identificada a situação, reparei que o padre não se saía muito bem em sua homilia. Ele, que já não era grande coisa em matéria de oratória, estava visivelmente acanhado e perturbado. Como nunca me faltava inspiração, aproximei-me, com a licença de seu orientador espiritual, e tratei de influenciá-lo com vigor.

De repente, foi como se ele se eletrizasse, o que foi perceptível para a plateia, que passou a prestar mais atenção no orador. Lentamente, fi-lo mudar o tema do sermão. Levei-o a discorrer sobre a simplicidade da vida de Jesus, que convivia com prostitutas e ladrões, comia e bebia com tranquilidade, sem se preocupar com os rigorismos dos fariseus. Enfatizei, por seu intermédio, o quanto possível, a importância da vida simples, tocada de bondade, em detrimento de rigorismos desnecessários. Algumas máximas do Evangelho, como "não é o que entra pela boca que torna impuro o homem, mas o que sai, pois provém do coração", desfilaram pelos lábios do sacerdote, tomado de um fulgor pouco usual.

O sermão se alongou, para desgosto dos obsessores presentes, que se aperceberam do perigo daquelas reflexões sadias. Mas desconheciam por completo o poder celestial, se imaginavam poder agredir um sacerdote que falava inspirado para ovelhas necessitadas. Formou-se ao redor do altar um círculo magnético luminoso que atraía a atenção de todos os presentes, mas também impedia a aproximação dos mal-intencionados. Ah, como o Senhor é bondoso e sempre rico de recursos no socorro de Suas ovelhas! Assim, aos circunstantes restou prestar atenção nas palavras do sacerdote, envoltos por um magnetismo a que não podiam se furtar.

Para que a coisa não se alongasse em demasia, colocando a perder o lucro pelo enfado que um sermão muito comprido produziria, lentamente retirei minha influência. As ideias do sacerdote encarnado foram se tornando mais lentas, seu verbo, menos enfático, até que encerrou sua palavra com as fórmulas habituais.

A bênção da eucaristia ficou a cargo da equipe espiritual que cuidava da capela, genuinamente feliz pela intervenção que havia sido produzida no local. Seguiu-se um desfile de almas tristes e perdidas em direção ao altar, para entrar em contato com a sagrada partícula. Como sempre, esta se fazia luminosa nas mãos do sacerdote, embora perdesse boa parte de sua cintilância ao entrar em contato com as crentes desequilibradas. Claro que algum bem sempre se produzia, em especial porque elas se beneficiavam do círculo magnético estabelecido em torno do altar.

Ao se aproximarem dele, muitos dos obsessores tomaram choques dolorosos e se afastaram gritando. Esse espetáculo dissuadiu os outros de acompanharem suas presas, que tiveram instantes de genuíno alívio. Tudo isso lhes produziu reflexões salutares a respeito da sabedoria do sermão. Na mente de muitas, brotou a ideia de que se ocupavam demais de pecado, penitência e castigo, quando poderiam louvar o Senhor de modo mais profícuo, como dando atenção às crianças e aos pobres da redondeza.

Fiquei jubiloso com aquele começo e beijei a fronte do padre Mário, que tão bem servira aos propósitos de reajustamento daquele convento. Quando a missa terminou, retirei-me do local juntamente com Ana Maria, em direção à cela de Doralice.

A moça ressonava suavemente, enquanto seus obsessores continuavam um tanto hebetados. Havia uma atmosfera de quase paz, embora eu soubesse que isso não deveria durar. Todos haviam sido tomados de assalto com nossa intervenção e, desprevenidos, não tiveram condições de se defender. Restava ver como a coisa caminharia.

Na manhã seguinte, a missa praticamente repetiu o clima da véspera, sem quaisquer alterações dignas de registro. Na sequência, o bondoso padre Mário se retirou de retorno a Lyon, enquanto Ana Maria permanecia. Eu tinha meus compromissos na igreja de que cuidava, mas apenas no período da tarde, de modo que podia ali permanecer e acompanhar os desdobramentos.

Com muito custo, Ana convenceu a irmã a tomar sol no jardim. A enferma receava, sabe-se lá o quê, ao se permitir aquele prazer tão suave e puro.

Sua mente parecia mesmo perturbada com ideias sem fundamento, no sentido de que qualquer prazer era pecaminoso e de que precisava sofrer para purgar seus múltiplos pecados. Por certo, tinha consciência de culpa pelo que fizera com Jerônimo e Lázaro, cuja presença constante exacerbava ao extremo o seu desconforto íntimo. Mas a irmã era decidida e terminou por levá-la consigo em direção ao sol e ao ar fresco.

O dia estava mesmo bonito, naquela manhã suave e ensolarada. Elas se sentaram em um pequeno banco e ficaram a observar o belo jardim, que, entretanto, já devia ter conhecido dias melhores. Havia ali um ar de abandono, malgrado a natural beleza das flores e plantas ornamentais. Ao que parecia, a freira que se encarregava dele no pretérito em dado momento começara a se sentir culpada pelo cultivo de algo belo e passara a se dedicar a atormentar o próprio corpo, com jejuns, penitências e cilícios, como se isso fosse agradável a Deus.

Na mente de Ana, uma ideia surgiu: cuidar do jardim juntamente com a irmã. Debilitada ao extremo, Doralice não conseguiu aderir à ideia. Cansava só de se imaginar no cultivo da terra, ainda mais que o abandono ali já estava produzindo estragos consideráveis. Mas sua irmã era insistente e conhecia o valor do trabalho na manutenção de um psiquismo sadio: sempre cuidara de bem ocupar suas horas. Não houve desculpa possível, mas elas intuíram, com razão, que era necessário obter autorização da madre para se lançarem na empreitada.

Feliz com o rumo dos acontecimentos, eu me deparei com o olhar de ódio que Jerônimo e Lázaro, a um canto do jardim, endereçavam às moças. Era tão lamentável que aqueles dois, em si mesmos infelizes e doentes, gastassem o seu tempo, não em buscar melhorar, mas em infelicitar o semelhante, com isso gerando mais causas de dores em seu viver.

Fiz a anotação mental de lhes falar sobre isso, tão logo surgisse a oportunidade. Contudo, a minha condição de sacerdote católico não me habilitava de modo especial a essa tarefa: haviam sido torturados em nome da Igreja que eu representava. Era uma tarefa difícil, senão impossível, conseguir que eles, naquele diapasão mental, estabelecessem a necessária diferença entre a genuína doutrina cristã e as deturpações que engendraram a sua desgraça.

Ainda assim, invisível aos seus olhos, aproximei-me em estado de oração e roguei fundamente ao Pai pela iluminação deles. Haja vista o profundo ódio que sentiam no momento, que funcionava como um autêntico escudo contra a luz superior, minha intervenção teve reduzido alcance, embora, de algum modo, eles tenham experimentado um leve vacilo em seus propósitos.

Nesse momento, Doralice se declarou cansada e foi conduzida ao quarto pela irmã. Caminhava como uma anciã anquilosada, com passos vacilantes, pouco lembrando a jovem viçosa que adentrara no convento poucos anos antes. Tinha fundas viciações mentais e sentia culpa por ficar ao sol, por apreciar o jardim, por se sentir bem ao lado da irmã. Em seu íntimo torturado, havia um fundo sentimento de culpa, a exigir que sofresse muitas vicissitudes, sentimento tal que era estimulado pela presença e pelas emissões mentais dos dois irmãos judeus.

Devidamente deitada em sua cama, de repente Doralice principiou a soluçar incontidamente. Não conseguia parar nem se explicar, embora todos os pedidos da irmã. Como poderia verbalizar, sem ofender a parente, que achava estar cometendo uma traição por tê-la por perto, que sabia não merecer aquilo, que deveria ficar sozinha, que não merecia consolo? Rememorava, de alguma forma, que afastara Jerônimo e Lázaro no passado de tudo o que lhes era mais caro, que os enganara para que tudo perdessem. Agora, em seu coração havia a convicção de merecer destino semelhante.

Menina boba, que ignorava por completo a misericórdia divina. Deus não é um tirano que busca meios de torturar Seus filhos e os infelicita incansavelmente. O erro é comum por demais na história de seres em evolução para que seja assim tão importante para a ordenação cósmica. É preciso responder por eles, repará-los, mas isso se dá com mais efeito pelo trabalho, pelos belos gestos de amor, do que por torturas, suplícios e enfermidades. Se Deus decidisse cobrar os equívocos dos terrícolas com o aguilhão da dor e da miséria, sem compaixão, quase todos andariam curvados e o progresso cessaria.

Deus não é o Deus da punição, mas o do amor e do perdão. É preciso se arrepender sinceramente e se dispor à reparação. Contudo, atingido esse estágio, o caminho que se abre é o do trabalho. Não é um caminho exatamente fácil e suave, pois o trabalho no bem pressupõe renúncia. Velhos hábitos infelizes não se desfazem de um instante para o outro. O ser egoísta demora a se converter em altruísta. Todavia, é no dia a dia, em seus labores e suores, que a alma se retempera e transforma para o bem. Tudo isso a desvirtuada Doralice ignorava, enquanto se perdia em dolorosos soluços.

A irmã, sem ter como agir de outro modo, tal o desespero da reclusa, limitou-se a abraçá-la, enquanto orava silenciosamente ao Senhor de todas as coisas, rogando Seu auxílio. Findo um tempo considerável, o choro cessou e a moça se acalmou, passando a um sono um tanto perturbado por sobressaltos. É que seu espírito, com a parcial liberação do corpo em razão do sono, se deparava com suas vítimas do passado, sedentas de vingança, e tremia de pavor. Sempre havia o contrabalanço das emissões saudáveis da oração ali proferida, dos pensamentos e sentimentos de paz e equilíbrio que lhe vinham de sua irmã, mas estava acostumada por demais às vibrações doentias, de modo que as sentia de forma mais intensa e profunda. A tarefa não seria nada fácil, mas eu torcia com fervor para que desse certo.

Após o decurso de algumas horas, Ana Maria se afastou no intuito de obter autorização da madre para os serviços de jardinagem. Solicitou a entrevista e soube que seria informada tão logo fosse possível.

A madre superiora gostava de tomar ares de grande governante. Cercava-se de acólitos, que a bajulavam, com isso parecendo mais importante do que na realidade era. Exercia um poder um tanto medíocre naquele local, onde deveria ser a serva de todos. Gostava de mandar, de aplicar e sugerir penitências. Era doente da alma, uma cega que guiava outras cegas. Não lhe faltavam preparo e acuidade mental, pois era rápida de raciocínio, mas estava praticamente teleguiada por entidades trevosas. Era com dificuldade que os mentores da instituição eventualmente conseguiam lhe infundir uma ou outra ideia. Tal como Doralice, ela optava e sentia mais facilidade em estabelecer conúbio com seres trevosos. Em sua alma tomada de concupiscência, tudo lembrava pecado e danação. Sentia que todos precisavam expiar, a fim de se purificarem. Ela, no entanto, pouco se penitenciava. Transferia de bom grado os rigores para os outros. Alimentava-se e dormia razoavelmente bem, conquanto esse bem significasse longo tempo gasto no repouso. Este em si era de má qualidade, pois sempre perturbado por visões de orgias e demônios, quando ela era arrastada para locais estranhos, com os quais seu coração sintonizava.

Vinha de um passado de extrema devassidão, no qual, como dona de um bordel, escravizara e prostituíra incontáveis jovens. Nesse afã, não se privara de acolitar moças em cidades do interior, com a promessa de vida melhor. Algumas iam movidas pela ambição, outras vendidas pelos pais, outras simplesmente enganadas. A infeliz cafetina adquirira os mais feios vícios físicos e mentais, aos quais agora se sentia ligada.

Naquele local santo, a misericórdia divina a situara para que recebesse e orientasse muitas das moças a quem perdera no passado. Entretanto, ao pressentir nelas as falhas que outrora lhes engendrara, não se lembrava de incentivar o trabalho legítimo em favor do próximo, como mecanismo de prevenção do mal. Ao contrário, queria debilitá-las fisicamente, exauri-las em orações, jejuns, penitências e cilícios, a fim de que não pensassem em pecados.

Era assim que naquele ambiente as coisas iam de mal a pior. Embora não todas, muitas das noviças e freiras presentes no ambiente tinham um passado de desequilíbrio, fruto dos vícios a que a madre as arrastara. Eram justamente essas as mais desequilibradas e mais suscetíveis a aderir à proposta de horrores físicos como método de adquirir pureza.

Havia, felizmente, as mulheres sem qualquer compromisso com aquele passado sombrio, que funcionavam como o esteio da instituição. Algumas, um tanto frágeis, à falta de genuína vocação para o claustro, sofriam bastante com aquele sistema opressivo. Já outras, emocionalmente fortes e alheias àqueles apelos doentios, cuidavam de se candidatar ao cumprimento das mais variadas tarefas, enquanto as penitentes se contentavam com a tortura de si próprias.

A culpa costuma ser mal utilizada no contexto evolutivo. Tem um papel a cumprir, como um aviso de que o caminho trilhado contém equívocos. Uma vez atingida essa ciência, a culpa deve sofrer uma transformação, pelo acréscimo do desejo de reparação, sempre por meio do trabalho árduo e efetivo no bem. Somos colaboradores do Senhor, esse é o nosso papel no mundo. Tudo o que desborda disso constitui desequilíbrio que corre por nossa conta.

Já no passado remoto a voz profética anunciava que Deus não quer a morte do pecador, mas que ele viva e se arrependa. A mensagem, em essência simples, é que o bem é o caminho, sendo o mal apenas um percalço momentâneo, que deve funcionar como combustível para um jornadear mais rápido em direção ao Alto.

Ana Maria levara para a estada no convento suas roupas mais sóbrias, quase lutuosas, desejosa de se mostrar respeitosa e passar despercebida naquele ambiente afastado do mundo. Foi assim que, vestida de preto, apresentou-se finalmente à chefe do local. O problema é que a vestimenta escura assentava maravilhosamente em sua lourice e lhe dava uma candura especial, como um halo ou uma moldura que destacasse um belo quadro.

Completamente desataviada, à exceção de pequeno arranjo de cabelo, à semelhança de um diadema, estava belíssima, malgrado seu.

A madre superiora, perturbada em suas emoções, ficou estática ao vê-la entrar em seu gabinete de trabalho. Por alguns instantes, pareceu perder o raciocínio, enquanto admirava a bela moça, dividida entre o desejo e o temor de sua presença. Vivia um conflito: perturbada com seu passado de deboche, enquanto dona de um prostíbulo, ela anelava por pureza. Era uma terrível contradição, dividida entre seus desejos impuros e os ideais que esposava, o que lhe dava um imenso sentimento de culpa, a clamar por expiações dolorosas (que mais aplicava às outras do que a si própria), mas também um relevante sentimento de inferioridade.

Até a prática de infelicitar primeiro as irmãs do que a si própria, com penitências dolorosas, encontrava alguma explicação, embora nunca uma justificativa. Sua maior complicação com a lei divina não vinha de seus deboches particulares, mas de haver conduzido e mantido na prostituição inúmeras mulheres. Era relativamente compreensível que se ocupasse antes de aplicar às tais mulheres, ou às que as representavam, em sua mente doentia, o que imaginava constituir um meio eficaz de prevenir a impureza e assegurar a conquista do Céu.

Foi àquele ser contraditório e pouco racional que a bela lionesa se apresentou, sem atinar com a impressão que produzia. Ao notar o abalo emocional da madre, tentei identificar o que ocorria e sondei o seu mundo íntimo. Ela se sentia inferior em face da visível pureza da visitante, cujo semblante retratava de modo eloquente a limpidez de seu mundo íntimo. Também a desejava, de um modo inconfessável para ela própria.

O ambiente apresentava-se em situação de completa singularidade. Em atenção à importância da tarefa que repousava em suas mãos, a madre era sempre assistida por um ser luminoso, um autêntico mártir do dever, o que lhe fazia partilhar, em alguma medida e de modo inevitável, a intimidade de uma depravada psíquica. Mas ali também acorriam entidades trevosas, com as quais ela tinha sintonia mais fácil, haja vista as próprias condições psíquicas.

Desejosa de afetar virtude e impressionar a visitante, a madre empertigou-se na cadeira e afetou uma rigidez exemplar.

- A que devo sua visita, minha jovem?

- Peço-lhe a bênção, reverenda madre.

- Deus a abençoe, minha filha, mas diga a que veio.

- Desejo pedir sua autorização para auxiliar minha irmã a cuidar do jardim do convento.

- Qual a finalidade disso? - indagou a madre, visivelmente surpresa.

- Penso que ela fica muito triste e sem propósito, a chorar em sua cela.

- Pode ir à capela sempre que quiser!

- Evidentemente pode e isso é uma bênção de inestimável valor. Ocorre que Doralice está enferma, abatida, até um pouco perturbada das ideias. Alguma atividade ao ar livre lhe faria bem.

- Isso precisa dar-se no jardim? Desde algum tempo tomei por divisa inibir nas irmãs qualquer traço de vaidade.

- Desculpe, mas não entendi a correlação entre vaidade e cuidados com o jardim.

- É simples, minha jovem. O demônio se serve das coisas mais banais para penetrar a alma humana. Notei que as irmãs encarregadas do jardim costumavam fazê-lo cantando e estavam sempre a admirar e a louvar a beleza das flores e dos canteiros, como se isso fosse obra delas. Essa alacridade inconveniente, assim como essa presunção, terminou por fazê-las adquirir uma postura algo despreocupada, inconveniente em uma freira, em uma carmelita.

- Entendo o seu zelo, senhora, mas ainda assim me permito insistir. Ninguém ignora que os venenos na quantidade certa podem curar os enfermos. Embora a senhora vislumbre perigo na alegria que vem de cuidar das flores, minha irmã necessita muito de algum motivo de alegria. Esse cuidado com a natureza, ao ar livre, seria um remédio para ela. Quando estiver melhor, se a senhora assim o entender, a tarefa poderá ser cessada.

- Seu argumento é especioso, mas preciso refletir. Temo favorecer a queda de Doralice nas garras do demônio, mesmo sendo meu maior desejo socorrê-la e levá-la a merecer o paraíso.

- Seu zelo a dignifica, senhora, mas humildemente peço que atenda o meu pedido, considerando-o em sua feição medicamentosa. Se a ninguém ocorre dar compostos químicos a uma pessoa sadia, pois isso a poderia enfermar, a um doente, frequentemente, isso é feito e termina por salvá-lo.

- Vou refletir. Quando chegar a alguma conclusão, eu a informo.

- Agradeço profundamente, senhora.

- Mas, minha jovem, diga-me o que tem achado da vida no convento.

- Tem algo de encantador a ideia de viver dedicada a Deus, não o nego.

- Poderia pensar em tomar o hábito.

- Ah, senhora, isso não é algo que eu possa fazer. Meus pais faleceram, meu irmão mais velho está ausente há muito tempo e tenho sob minha responsabilidade os irmãos menores e os bens da família.

- Os interesses de Deus vêm primeiro.

- Evidentemente, mas no meu caso penso que o interesse imediato do Senhor é que eu bem oriente e cuide de minha família. Depois que estiverem todos encaminhados, estarei livre, quem sabe, para trilhar o caminho da religião.

- Cuidado para não confundir as prioridades.

- Anoto seu conselho e refletirei sobre ele, com a atenção devida.

- Gostaria que viesse me visitar mais vezes. Aprecio sua companhia.

- Seria uma honra visitá-la mais amiúde.

- Pois o faça. Venha tomar chá comigo. Costumo fazer uma pequena refeição em torno de 16 horas e estimaria contar com sua presença, quando possível.

- Prometo que virei, senhora. Sempre que me seja possível sem prejuízo dos cuidados que minha irmã inspira.

A freira ficou enciumada com o fato de os cuidados com Doralice virem antes na escala de prioridades de Ana Maria. Porém, estava um tanto inibida na presença da moça. Desejava seduzi-la, que gostasse dela, que a admirasse, mas via o pecado nesse desejo, o que a tornava mais insegura e conflituosa, em sua intimidade.

Seu anjo tutelar me enviou um olhar pleno de piedade, ao vislumbrar o que se anunciava ali. Talvez não estivesse longe o momento em que Ana Maria teria de colocar a madre em seu lugar, chamar-lhe a atenção para a dignidade de seus deveres. Como isso poderia se dar sem prejuízo de sua estada no ambiente, dos cuidados com Doralice?

A moça não era boba e notou algo estranho em tudo aquilo, sem atinar direito com o que era. Jamais lhe passara pela cabeça a possibilidade de que a freira já madura se tomasse de desejos por ela e lhe dedicasse especial atenção. O convite para o chá a surpreendera, mas imaginara que isso advinha do fato de ser uma visita e receber um tratamento diferenciado. Entretanto, algo no olhar da madre a contristara de modo doloroso. Sentira-se até um pouco envergonhada com aquela voz entre severa e melíflua.

Saiu do ambiente com uma sensação de profundo alívio e nem um pouco desejosa de voltar para os tais chás. Caminhou diretamente para o tão falado jardim, sentou-se em um banco, fruiu o abençoado ar fresco, a carícia do sol e do vento e se perdeu em um êxtase contemplativo da natureza. Esse êxtase aformoseou Ana de modo impressionante, ao conectá-la com as faixas superiores da existência, plenas de beleza, gratidão e bondade.

Capítulo

15

Desobsessão

Os DIAS SEGUIRAM NO mesmo ritmo, na atmosfera opressora do convento. A madre, envolta em suas crises e complexos, não conseguia se decidir por atender ou negar o pedido que lhe fora feito. Sentia a beleza e a leveza como se fossem inimigos da alma, uma vez que, em seu passado, a título de proporcionar alegria a homens de grandes posses, na verdade pervertera inúmeros seres e se complicara enormemente. Em sua mente enferma, a alegria, na forma que viesse, nunca estaria sem a companhia da perdição.

Entretanto, delirava com a figura da visitante do convento, imaginando-se a viver um idílico romance com ela. Esse romance, em sua mente, era também algo indeciso, pois se misturava com amizade e perversão. Queria ser especial para a jovem mulher que pernoitava no convento. Seguidas vezes saía a perambular tarde da noite e parava em frente à porta da cela que Ana Maria ocupava. Ali ficava tremendo de desejo e medo. Temia que a jovem adormecida do outro lado da porta a descobrisse, por vezes encostada furtivamente, sem saber exatamente o que fazer. Temia que a convidasse a entrar, pois se sabia muito fraca para recusar um convite do gênero. Temia, mais ainda, que a rejeitasse com grosseria, pois tinha em seu coração uma profunda admiração pela moça de hábitos severos, gestos graciosos e beleza pura.

Ficava ali, a andar em círculos, indo e voltando do fim do corredor, enquanto segurava um rosário na mão. Não conseguia rezar, em sua perturbação, mas o objeto sacro deveria lhe servir de desculpa, caso alguém a surpreendesse: pretendia dizer que estava orando enquanto andava pelo convento todo, a título de vigia da santidade do local. Delirava, sofria, definhava. Por vezes se olhava no espelho e quedava estarrecida: estava pálida, muito pálida, e com olheiras. O que poderia fazer? Estava perdida, sim, perdida, que Deus a ajudasse.

Assim o tempo transcorria. Doralice não dava sinais de melhoras efetivas, pois seus algozes sempre estavam a espioná-la e influenciá-la. Estava bem melhor do que antes de receber a preciosa visita da irmã, é claro. Ao influxo positivo desta, tivera de cessar com costumes muito doentios, como os de se arranhar e morder, dormir no chão frio e passar dias sem tomar banho, entre tantos outros igualmente desequilibrados e desonrosos. Mas lhe faltava uma atividade, que funcionasse como terapia. O ócio é terrível conselheiro, seja para indivíduos sadios, seja para doentes, em especial os doentes do espírito. A Ana Maria restava entretecer com a irmã conversas construtivas, influenciá-la de modo positivo, levá-la à capela e ao jardim, mas isso era pouco.

Doralice oscilava: tinha dias bastante positivos, quase normais, e outros em que se quedava inerte e subjugada por uma triste opressão, a choramingar no leito. Comia pouco, em sua percepção equivocada de que o Senhor da Vida se ofende em que Seus filhos cuidem convenientemente do corpo que lhes deu.

Quanto a Ana Maria, vivia um dilema. Por várias vezes indagara, por meio da secretária pessoal da madre, se já havia uma resposta quanto à "questão do jardim", mas em vão. Não sentia a menor disposição de comparecer no chá para o qual fora convidada, pois, ao refletir, concluíra haver algo de positivamente errado no modo como fora mirada durante a entrevista que tivera com a madre. Entretanto, sentia que precisava agir e lamentava a própria covardia em enfrentar o problema, como se apresentava.

Uma tarde em que Doralice dormia, foi à capela e rogou sentidamente o auxílio divino para a situação em que se encontrava. Envolveu a responsável pelo local em suas preces, pedindo que ela fosse orientada a fazer o melhor, que a auxiliasse a providenciar o necessário à cura de Doralice. Como ninguém pede o auxílio divino em causa justa sem receber resposta, eis que adentra o recinto a imponente madre superiora.

Vinha acompanhada de um bando de seres malfazejos, dentre os quais Lázaro e Jerônimo. Evidentemente, estes se esforçavam por obstar o deferimento do pleito concernente ao jardim. Intuíam que não lhes interessava que Doralice ficasse ao ar fresco e se ocupasse com algo útil, de modo que buzinavam no ouvido da superiora incessantemente que aquilo era um disparate, uma perigosa inversão das regras do convento.

A religiosa teve um choque ao se deparar com a jovem ajoelhada em um dos bancos próximos do altar. Ana Maria estava visivelmente imersa em suas orações, com um fervor que não podia ser fingido, ainda mais que fora surpreendida naquele momento de íntima conexão com o Criador. Aquele espetáculo de religiosidade sincera abalou a madre de um modo inesperado.

A ideia que lhe infundiam a respeito do perigo que a moça representava, que na verdade era uma ímpia, uma perdida, perdeu imediatamente qualquer credibilidade. Aquela jovem loura e piedosa não podia representar nada de mau, nunca, jamais! Entretanto, se a prevenção que os espíritos inferiores suscitavam em seu íntimo diminuiu, o amor que temia dedicar à jovem cresceu e a engolfou, com a força de um maremoto.

Percebendo tudo aquilo, decidi-me por agir, tirando o melhor partido possível da situação. Aproveitei-me do ambiente santo, da energia radiante que vinha da aura da jovem em sentida oração, conjuguei meus esforços e lancei um jato de energia adstringente e purificante em direção à malta que envolvia a religiosa. Eles gritaram de surpresa e mesmo de dor, pois foi assim que sentiram os fluidos que atirei em sua direção: um vento gelado e penetrante, cortante mesmo. Alguns foram parar fora da capela, outros rolaram por entre os bancos, mas todos momentaneamente perderam seu império sobre o psiquismo da madre. Ela própria pareceu cambalear, sentiu-se fraca e sem propósito.

Imediatamente, aproximei-me, devidamente autorizado por seu anjo guardião, e falei com autoridade e decisão. Disse-lhe que devia anuir à providência requerida, pois o jardim estava mesmo um lixo. Era uma vergonha deixar abandonado às ervas daninhas o que era um presente de Deus para as criaturas. Deveria se envergonhar por deixar fenecer uma de suas freiras, quando podia permitir que fosse auxiliada. Sendo a visitante uma pessoa decente, incumbia-lhe prestar todo o auxílio possível em sua tarefa de recuperação da saúde da irmã. Falei, falei, falei. Com autoridade, de forma vigorosa, fazendo-a praticamente presa de minhas ideias. Aliás, isso não era muito difícil, pois ela já estava deveras frágil, em suas resoluções. Gastava tanto tempo sendo manipulada por seres trevosos, a temer sua própria essência, que se enfraquecera por demais e com isso era facilmente conduzida. Assim influenciada, sentou-se em silêncio ao lado de Ana Maria.

Esta demorou a perceber a presença da recém-chegada. Quando finalmente a viu, Ana levou um pequeno susto, mas nada que pudesse soar como ofensivo. A irmã sorriu, dispensou-a de se levantar para cumprimentá-la e disse que também vinha rezar, que deveriam fazê-lo juntas.

As duas mulheres tão distintas ajoelharam-se lado a lado, tentando a conexão com o divino, cada uma dentro de suas possibilidades. O resultado foi o melhor possível. Houve um momento de genuína paz e elevação, que propiciou grande refrigério para aquela alma atormentada. Momentaneamente, os ardores sexuais arrefeceram, e a madre viveu momentos de religiosidade sincera, de autêntica conexão com o Alto. Pareceu entender na hora um pouco dos mistérios do bem, que nem são tão misteriosos assim, pois se resumem em uma vida reta e bondosa. Naquele instante, denotou ter um vislumbre do que era a conexão com Deus, plena de alegria e bem-estar. Conseguiu naqueles minutos de oração uma paz que não lhe vinha de seguidas penitências. Ao término da oração, deu sua autorização para os trabalhos do jardim, embora frisando que o fazia em caráter temporário.

Um sorriso maravilhoso iluminou o semblante de Ana Maria, que lhe beijou as mãos, agradecida. Naquela atmosfera especial, nenhum sentimento malsão visitou o coração da religiosa, mas apenas uma leve alegria por propiciar ao semelhante uma causa de felicidade. Ana Maria pediu licença e disse que ia contar logo a novidade à irmã.

A madre permaneceu no local, com um sorriso bailando em seus lábios e gozando um bem-estar completamente novo para ela. Os jagunços espirituais que a acompanhavam notaram a cena com rancor, mas sem poder fazer muita coisa naquela hora. Por certo, retornariam à carga, desejosos de retomar seu império sobre a mente e o coração da madre. Mas não naquele momento, para a felicidade de todos nós, os que lutávamos pelo reequilíbrio do convento.

Logo no dia seguinte, após as preces e o café da manhã, Ana Maria e Doralice se encaminharam para o jardim. Ana havia se munido previamente dos instrumentos necessários à tarefa, os quais ela obtivera com a antiga responsável. Esta não escondeu sua perplexidade com a autorização recebida da madre, mas ficou quieta. Sentiu-se um tanto ofendida por ter sido liberado a terceiros aquilo que fora proibido às internas. Entretanto, a delicadeza de Ana, a esperança que bailava em seus olhos de obter melhoras para Doralice, tudo isso fez arrefecerem as prevenções da religiosa, que não se fez de rogada e lhe cedeu a chave do pequeno paiol que continha os instrumentos de jardinagem.

É preciso reconhecer que Doralice não estava muito empolgada com a ideia de virar jardineira. Nunca gostara muito de atividades úteis, jamais se interessara pelo socorro aos pobres, pelos cuidados da casa, do jardim e do pomar. Ao contrário, seu gosto sempre pendera para as coisas místicas, além de uma desagradável tendência a fiscalizar e a comentar a vida alheia. Refém do entusiasmo da irmã, ali estava no jardim, queixosa e emburrada. Ana Maria não se dava por achada e não parecia ligar a mínima para o mau humor da outra.

- Querida, considere isso como um remédio amargo. Você não precisa gostar dele para que faça efeito. Basta que o tome.

- Será você médica agora, para ministrar remédios amargos para mim?

- Exatamente, pode me chamar de doutora Ana Maria, ao seu dispor.

- Estou muito mal de médica.

- Pare de reclamar e demonstre um pouco de boa vontade. Mal não lhe fará cuidar das rosas, tomar ar fresco e um pouco de sol.

- Sou uma religiosa, devo me ocupar de questões espirituais.

- Sem dúvida, e há coisa mais espiritual do que cuidar dos seres que Deus colocou no mundo? Dentre elas, de modo direto, as rosas e as flores, imensamente belas, como a demonstrar o amor divino. Depois, as próprias freiras, suas companheiras, que hão de ficar felizes ao ter este local bem cuidado para nele meditar. Por fim, ainda poderá enfeitar a capela com o produto de seu trabalho. Só vejo vantagem nisso.

- Eu não consigo ver vantagem alguma em me sujar, se posso ficar na cela orando e lendo o breviário.

- E adoecendo também, confesse. Não adianta, você precisa tomar sol, precisa se mexer um pouco. A continuar nesse ritmo, em breve estará uma velha. Aliás, já resmunga como uma.

Assim seguia a arenga entre as duas, com Ana não perdendo seu bom humor nem sua firmeza. Doralice, contrariada e resmungona, nem por isso deixava de seguir as orientações da irmã, que tinha real ascendente sobre ela.

Sem o saber, Doralice repercutia as ideias de Jerônimo e Lázaro, que com ela entretinham estreito vínculo mental. Estes sofriam com a presença e o vigor de Ana, que lhes combatia a influência com o calor de sua personalidade sadia e de seu psiquismo iluminado. Ali se travava uma interessante batalha, a que eu me regozijava de assistir.

Foi assim que, por entre reclamações e resmungos, Doralice se iniciou em sua nova atividade de jardineira. Faltavam-lhe habilidade, talento, entusiasmo e boa vontade. Ou seja, tudo. Nem por isso ela deixou de trabalhar ao sol, com a mente focada em fazer algo útil. Ah, o trabalho é uma bênção de grande valor! O homem no mundo, com sua mente viciada, procura fazer o mínimo possível e lucrar o máximo, identificando nisso a sua felicidade. Dia virá em que sua mente se esclarecerá e ele entenderá o favor divino que é ser útil.

Por duas horas, Doralice bufou e suou, enquanto preparava a terra. Ficou um tanto furiosa ao ver que Ana Maria lhe deixava a maior parte da tarefa.

- Querida, pare de reclamar, que a jardinagem é para você um tratamento, já disse. Não estou doente e não vou fazer a maior parte do trabalho. Irei orientá-la e auxiliá-la um pouco, claro. Mas não agirei de modo a abreviar seu tempo de trabalho, nem pense nisso.

Os resmungos se avolumaram, enquanto Ana Maria ria gostosamente. A verdade é que Doralice estava mesmo fraca, enferma de corpo e alma, e não podia labutar o dia todo. Ao fim de duas horas, nas quais o sol se fez presente, assim como uma deliciosa brisa, elas se retiraram para o interior do convento. Após a higiene, conversaram na cela de Doralice, que estava corada feito uma camponesa e seguia firme em suas reclamações.

- Irmã... Irá me perdoar a franqueza? Teme pela beleza de suas mãos, mas essa preocupação é indigna de uma freira e mesmo de uma cristã. Que as mãos se engrossem no trabalho útil é uma honra, não um prejuízo. Ademais, se isso lhe restituir a saúde, creio que ganhará muito em beleza, e não o contrário, já que tal é agora uma de suas preocupações. Acaso se acha bela em sua palidez doentia, com os arranhões que faz em si mesma?

A religiosa não teve resposta a esses comentários.

- Sabe que não digo por mal, mas precisa parar de reclamar. Alegre-se por fazer algo útil, por suas crises estarem diminuindo.

- Ainda vejo os dois demônios que me atormentam.

- Aproveitemos a ocasião para orar por eles, pedindo a Deus que os ilumine.

- Orar por demônios! Você enlouqueceu?

- Entendo pouco de demônios, confesso. Entretanto, havendo um só criador, que é Deus, se eles existem, devem ser Seus filhos tanto quanto nós. Apenas devem estar mais perdidos. Não tenho como entender o modo pelo qual a misericórdia divina poderá se manifestar quanto aos tais demônios. Mas me parece que o Senhor é poderoso o bastante para tocar o íntimo de todas as Suas criaturas, se o desejar. De todo modo, orar nunca é um mau negócio. Oremos, oremos.

As duas se puseram de joelhos e iniciaram uma longa oração em honra dos irmãos ali presentes. Estes ficaram muito desgostosos com a situação e se afastaram a passos rápidos do ambiente, com certo ar de incompreensão e temor.

De minha parte, estava muito feliz com o desenrolar dos acontecimentos. A coisa havia decididamente começado bem, restava aguardar que assim continuasse. Havia ali uma realidade a considerar: Doralice nunca fora fã do trabalho e das coisas simples. Seu coração sempre pendera para o misticismo e as frivolidades. Donde vinha sua afinidade com os tais demônios, que dizia apoquentarem-na.

Já no dia seguinte, após forte investida sobre a moça, aproveitaram-se dos remoques a que ela costumeiramente se entregava e colaram nela com força. Depois do relativo progresso do dia anterior, pelo esforço que fizera, Doralice amanheceu fisicamente cansada e dolorida. Era algo normalíssimo, uma vez que havia longos meses apenas ficava na cama ou rolando pelo chão, em estado quase comatoso. Sentia os dedos feridos, as costas doloridas, todo o seu ser um tanto agredido. Intimamente começou a vociferar quanto àquela situação, a se revoltar contra a irmã que se permitia tratá-la como a uma inferior, que ousava mandar nela. Era uma religiosa, deveria ser respeitada e acatada pelos familiares! Tanto se indignou e reclamou, em seus pensamentos, que entrou na faixa vibratória mais propícia à dominação espiritual.

Os dois a acompanharam e incentivaram mentalmente, e de forma gradual se lhe acoplaram. Quando a moça percebeu, estava envolta pelos seus "demônios", e aí foi tardio qualquer esboço de reação. Eles principiaram a bater-lhe com violência, arrastaram-na pelo chão, em xingamentos inomináveis. Aquilo durou um tempo considerável e foi com um espetáculo muito triste que Ana se deparou ao entrar na cela.

- Doralice, minha irmã!

A resposta foi uma horrível gargalhada, que arrepiou a jovem. Mas ela não era covarde e se assentou no chão junto a Doralice, que era realmente uma sensitiva, o que hoje, à luz do espiritismo, compreendemos tratar-se de uma médium, a requerer controle e educação de suas faculdades. Justamente por isso, colocava-se em estado tão passivo perante seus obsessores. Não digo que os médiuns sejam obsidiados, mas estes estão, sim, sob influência direta dos espíritos, o que pressupõe determinado nível de sensibilidade. Doralice efetivamente era uma médium portadora de muitas faculdades, em época em que isso constituía uma novidade. Nada mais natural do que ser tida por uma possuída, a reclamar pela vigorosa atuação de um sacerdote em um rito de exorcismo.

O tal rito em si é inócuo, pois fórmulas não costumam produzir efeitos em inteligências sofisticadas, como em geral o são os espíritos que enveredam pelo triste caminho da obsessão. Os eventuais sucessos decorrem da genuína virtude de um ou outro sacerdote, cujos exemplos e saudáveis emanações fluídicas logram tocar, confortar e esclarecer os obsessores, em si mesmos sempre muito sofridos.

Ali se tinha uma médium literalmente vencida por dois inimigos espirituais. Lázaro se apoderara dela literalmente, habilitando-se até a falar por seu corpo e a fazê-la rolar e a se movimentar, enquanto era coadjuvado por Jerônimo. Seguiu-se um estarrecedor diálogo:

- Doralice, minha querida, reaja, fale comigo!

- Perde seu tempo, ela é nossa!

A pobre moça, embora fosse uma alma valente e esclarecida, padecia da falta de conhecimentos específicos sobre o assunto e intimamente ficou aterrada com a perspectiva de estar a conversar com um demônio. Guardou silêncio, sem saber o que fazer. Lançou mão do sagrado recurso da oração, recordando que o senhor Jesus costumava levar a melhor sobre todos os demônios com quem cruzava. Por certo, faleciam-lhe os méritos do amigo divino, mas ele não haveria de estar menos poderoso do que o fora no passado. Como um amigo fiel, haveria de ajudá-la naquele momento. Com essas saudáveis reflexões e a alma em prece, ela principiou a falar com o antagonista.

- O que quer de nós?

- De você, apenas que guarde distância e não se intrometa com o que não é de sua conta.

- Minha irmã é de minha conta. Sou responsável por ela: prometi-o a nossos defuntos pais.

- Onde estão eles, esses pais a quem você se refere?

- Estão mortos, ora essa!

- Eu também estou, mas aqui permaneço cuidando de sua irmã. Já eles a abandonaram. Bem se vê que sua promessa é sem sentido. Se quisessem cuidar de sua irmã, seus pais aqui estariam.

- Ignoro como se processam as coisas após a morte, mas sei que amo minha irmã e sempre me importarei com ela.

- Perde seu tempo. Ela é leviana e mesquinha, ressente-se o tempo todo de sua interferência.

- Está doente. Sempre foi frágil e precisa de ajuda.

- Afaste-se, ela é nossa.

- Ela é de Jesus, isso sim. Afaste-se você, seu mal-intencionado.

- Moça, eu a tolero aqui, não sei bem a razão. Poderia feri-la por mil modos por você desconhecidos.

- Não digo que não o possa fazer, pois sei quão frágil e sozinha sou. Mas eu me confio à amizade de Jesus, que há de me socorrer.

- Ele é sempre indiferente aos sofrimentos dos outros. Aliás, ele os incentiva. São sempre os religiosos católicos os que mais fazem sofrer.

- Jesus nada tem com isso. Sua doutrina sempre foi e é de compaixão.

- Palavras vãs! Moça... Desista de socorrer esta infeliz, que é nossa. Ela gosta de ser nossa.

- Não conte com isso.

A conversa se alongou de modo cansativo. Embora indagado de modo específico quanto ao motivo pelo qual tratava Doralice daquele jeito, o comunicante não o quis dizer. Ao notar que a conversa se arrastava sem qualquer proveito, Ana silenciou em profunda oração, rogando o auxílio celeste para a triste situação. Em resposta, o teto da sala se iluminou e começaram a chover pequenos flocos luminosos. Esses flocos, ao tocarem as entidades perturbadas, deixaram-nas sonolentas, frágeis e desconfortáveis. Aproveitando-me do ensejo, promovi a separação delas e de Doralice.

Ao fim de algum tempo, a moça retornou à consciência, gemendo baixinho. Com os olhos marejados de lágrimas, Ana a recuperou do chão onde se achava, colocou-a na cama e ninou-a com antigas canções do tempo da infância de ambas. Era evidente a tristeza de minha antiga pupila, seu desconcerto com aquela situação, com a qual não se sentia habilitada a lidar.

Entretanto, mesmo sem qualquer teoria a embasar seu proceder, ela agira da forma mais correta e efetiva possível. Não se furtara ao diálogo, tentara esclarecer os irmãos desajustados e, quando a conversa se alongara em demasia, de forma retórica, recorrera à prece, que se mostrara um recurso efetivo. Ela não podia ver, mas Lázaro e Jerônimo dormiam no chão do quarto, por entre pesadelos, ao influxo da benfazeja luz espiritual que brotara do teto no momento mais oportuno.

Sensível às crenças da época, Ana sentia certo terror com a perspectiva de estar a lidar com demônios. Ignorava tudo dessas criaturas! Não tinha ninguém com quem contar, pois não podia falar para a madre ou para alguma das outras religiosas. Pelo que percebera, o remédio vaticinado seriam penitências horríveis, possivelmente a proibição da continuação do trabalho pelo qual tanto lutara. Sentia-se frágil, indecisa e desamparada, enquanto eu me apiedava de sua situação. Restava-lhe acalentar a irmã, acalmá-la e contar com o auxílio divino.

Por longo tempo, as moças conversaram baixinho. Assustada ao extremo com o ocorrido, Doralice se fiava na irmã como uma criança à própria mãe. Em seu medo, sentia que apenas com sua amiga da vida toda podia contar. Sem ela, estaria perdida, completamente perdida. Falaram, choraram e oraram por muito tempo.

Naquele dia, o trabalho foi esquecido, pois a possessa estava exausta física e emocionalmente por demais para qualquer atividade. Seria até inconveniente que, naquele estado, se colocasse à vista dos outros. Isso faria surgir com facilidade a ideia de que o trabalho havia sido deletério e deveria ser evitado.

Ana indagou com carinho o que desencadeara aquela crise, se algo a anunciara. Quando foi instada a responder, pela mente perpassaram suas reclamações e mágoas, mas Doralice teve vergonha de falar a verdade. Ao fim de algum tempo, disse que acordara cansada e começara a se sentir infeliz e que, quando percebera, estava apanhando dos demônios.

Com delicadeza, mas também de forma precisa, entenderam-se sobre a necessidade de que Doralice não apenas orasse bastante, mas também vigiasse os próprios pensamentos e sentimentos. Assustada e temerosa de que a cena se repetisse, talvez pela primeira vez na vida, ela aderiu a uma proposta de religiosidade mais saudável, fundada no cuidado com os produtos do próprio psiquismo, a fim de não estabelecer sintonias infelizes.

Tudo entre elas não se passava com essa clareza, que apenas a mensagem espírita consegue transmitir aos seus adeptos. Mas o essencial foi desenvolvido e acertado entre as moças. Doravante, Doralice seria mais cuidadosa com suas reclamações e mais sensível aos conselhos da irmã. Gastaram o dia entre descanso, orações e conversas, enquanto aguardavam que as forças da enferma retornassem.

Essa disposição mais positiva da moça impediu que Lázaro e Jerônimo se assenhoreassem dela novamente. Quando acordaram, um tanto atordoados, eles demoraram a entender o ocorrido. Pela primeira vez, haviam sentido o ricochete do que faziam com Doralice. Assustaram-se por se sentirem doentes e fracos, mais do que lhes era normal em sua condição de almas apegadas a um passado doloroso. Passaram a conversar baixinho entre si.

– Jerônimo, essa tal irmã é mesmo perigosa. Veja o que fez conosco. Como ela conseguiu isso?

– Não sei, mas precisamos encontrar um jeito de afastá-la daqui.

– Vai ser difícil. A moça não é medrosa e parece bastante decidida.

– Sim, eu sei. O pior é que não nos dá brechas, não fica remoendo coisas negativas e volta e meia começa a orar.

– Isso é o pior de tudo. Nossa desgraceira começou com as ladainhas dos católicos e continua sempre perto delas. Foi quando ela deixou de falar com você e começou a rezar que passamos a tomar choques e desmaiamos.

– Nunca vi nada assim. Não sei como ela faz isso.

– Poderíamos assustá-la à noite, fazê-la ter medo de nós.

– É uma ideia, mas tenho certo receio disso. Ela parece uma pessoa realmente boa e isso talvez lhe dê algum tipo de defesa ou recurso que ignoramos.

– Acha que podemos levar a pior? Quando estão fora do corpo, homens e mulheres são mais fracos e impressionáveis.

– Alguns são; outros, nem tanto. Não há como saber o comportamento deles antes de enfrentá-los.

– Nossa situação não é boa. Devemos pedir ajuda a algum dos grupos que controlam as freiras?

– Não, isso não. Com esses, sempre começamos pedindo e logo estamos obedecendo. Já vimos isso ocorrer muitas vezes.

– Sim, é verdade.

A conversa seguiu, com os dois assustados e fracos, no fundo duvidando um pouco de suas possibilidades de sucesso naquela empreitada, mas de modo algum dispostos a desistir.

Capítulo

16

Com os carmelitas

Foi apenas dali há alguns dias que o trabalho no jardim recomeçou. Em uma manhã de sol, Doralice estava novamente em sua dolorida tarefa braçal. Sua pele frágil se ressentia do calor do sol, algumas moscas a infernizavam, mas evitava reclamar. Parecia haver aprendido a lição, ao menos temporariamente. Ana a olhava sorridente, enquanto fazia pequenos acertos na fileira de mudas de rosas e aparava pequena cerca viva. A madre passou pelo local e parou para conversar com elas.

– Bom dia! Achei que haviam desistido de seu projeto de jardinagem.

– Bom dia, reverenda madre! Sua bênção.

– Deus as abençoe.

– Não desistimos, não. Apenas Doralice se ressentiu um pouco do início da tarefa e precisou repousar uns dias.

– É verdade, madre. Fiquei muito cansada, após tanto tempo de cama, em trabalhar ao sol.

– Não se canse demais.

– Estou bem, a cada dia melhor.

A religiosa mais velha não pôde se furtar de admirar, com olhadelas disfarçadas, a moça que constituía o objeto de seu desejo. Como era bela! Alguém tão bela poderia ser realmente pura? Não teria passado por tentações em demasia em sua vida de moça solteira? Já não era menina, por que não havia se casado, se não desejava tomar o hábito? Deliciava-se na contemplação de Ana Maria, que não tardou a perceber o ocorrido e se contristar. Não entendia direito o que ocorria, mas conseguia perceber o essencial para se acautelar. Deu a desculpa de precisar de um instrumento de jardinagem e se afastou a passos rápidos. O pensamento da madre foi quase um grito: não vá!

Mas ela se foi e a madre teve a impressão de que tinha levado o sol junto, pois tudo então lhe pareceu cinzento e desinteressante no jardim, ainda bastante inculto. Despediu-se secamente de Doralice e se afastou em direção ao seu gabinete, com a alma ardendo de uma paixão que não confessava de forma clara nem para si própria.

Eu esperava sinceramente que ela tivesse pudor o bastante para não tomar nenhuma atitude mais ousada, nem se aproveitasse de sua autoridade no local para forçar alguma situação constrangedora para a visitante.

Por entre percalços, os dias passaram. Doralice, temerosa de ser novamente dominada, esforçava-se para não reclamar, ou ao menos para não reclamar demais. Era da natureza dela ser chorosa, manhosa mesmo. Gostava de se sentir vítima, amava o conforto e não apreciava o trabalho físico. Mesmo as pequenas prendas domésticas não eram de seu agrado: não sabia fiar, coser ou pintar. Apenas sabia cantar lindamente, embora tivesse perdido o hábito do canto. Outrora, abrilhantava minhas missas domingueiras, com sua voz pungente, magnífica mesmo. Havia algo até de inquietante naquela voz de menina moça, que sempre dava um jeito de parecer frágil, deslocada. Sempre gostara de chamar a atenção, de ser adulada, de se fazer de especial. Contudo, agora se esforçava para manter os próprios pensamentos em ordem. Eu notava que ela sentia saudade de reclamar, da emoção que tinha ao se sentir vítima. Ah, os vícios humanos, como são estranhos para quem os olha com algum distanciamento!

De esforço em esforço, os dias seguiam, com ela trabalhando no jardim, orando na capela, conversando muito com a irmã e descansando em sua cela. Era um regime positivamente saudável, que se tornara possível por uma importante crise. Bem se vê como a dor ainda é necessária nos círculos humanos, não por desejo divino, mas por opção dos pecadores. Onde falham os conselhos, a dor costuma ter sucesso.

Aquela equação era complexa e o equilíbrio ali vivido, frágil por demais. Havia muito a ser equacionado. Primeiro e mais importante, o convento inteiro era algo convulsionado, pois praticamente dominado por seres trevosos da espiritualidade inferior. Segundo, Doralice era efetivamente uma devedora da lei. Terceiro, Lázaro e Jerônimo estavam de vigília, extremamente desgostosos com a aparente recuperação da jovem que detestavam. Quarto, a desequilibrada madre superiora ardia de desejos impuros por Ana Maria.

Era a presença desta que lograva manter tudo em relativa calma, com sua serenidade e sabedoria. Os seres trevosos que dominavam o ambiente não tardaram a perceber como lhes era impossível exercer sua influência sobre ela. Vendo-a tão desejável, muitos intentaram fazê-la motivo de escândalo, levá-la a seduzir os sacerdotes que se apresentavam para os tradicionais serviços religiosos. Acostumados a tratar com mulheres desequilibradas e frágeis, surpreenderam-se com a resistência psíquica de minha querida amiga.

Ela registrava com frequência o assédio, com um desassossego íntimo, uns pensamentos que lhe eram estranhos. Rapidamente se resguardava na prece, conectando-se com as forças superiores da Vida, o que nulificava as tentativas.

Os tentadores não tardaram a partilhar suas impressões sobre a moça e decidiram apossar-se dela enquanto dormia. Pretendiam causar-lhe um grande susto, desequilibrá-la mesmo, a fim de alquebrar suas fibras morais. Jerônimo e Lázaro, sempre algo afastados, souberam do projeto, mas não o integraram. Desejosos de que o plano surtisse efeito, planejaram assistir ao que ocorreria. Assim, um magote de espíritos perversos ficou literalmente de tocaia, esperando a noite, enquanto buscava rodear e influenciar a visitante que tanto os desconcertava. Percebendo o ocorrido, cuidei de ficar perto dela o tempo todo, fortalecendo-a. Temia que se impressionasse em demasia com o que pretendiam.

Segundo notei, muitos apresentariam faces deformadas, à semelhança de demônios ou de sátiros. Pretendiam simular atos de grande deboche, a fim de chocá-la, amedrontá-la, quiçá até emocioná-la com a perspectiva da vivência de alguns vícios. Não eram tolos, pois conversavam, muitas vezes, a respeito da impressionante fraqueza humana nos capítulos do sexo. Diziam ainda não haver encontrado pessoa que resistisse por muito tempo ao convite à sensualidade. Realmente, trata-se de um ponto fraco da Humanidade em geral e comumente explorado pelos adversários desencarnados.

Com aquele magote de seres planejando o mal, só me restava permanecer orando e intuindo minha jovem amiga. Ainda por um tempo considerável, a vivência do bem despertará a ira e a revanche dos maus. Cuida-se talvez até de um processo de inveja mal disfarçada. A visão de uma alma equilibrada faz com que os viciosos percebam sua triste realidade. É como se, conseguindo rebaixar o semelhante, comprovassem para si mesmos que não são baixos, mas apenas normais.

Ana Maria se sentiu algo perturbada o dia todo, mas nem por isso deixou suas atividades. Trabalhou no jardim, orou na capela, almoçou no refeitório, sempre mantendo uma aparência serena e suave. Conversou longamente com a irmã no princípio da noite e decidiu deitar um pouco mais cedo. Estava exausta pelo esforço em resistir a tantos fluidos negativos que eram projetados para ela, isso enquanto precisava conversar com todos, sorrir e desempenhar suas atividades diárias.

Sua pequena cela tinha já importante proteção magnética, oriunda de sua simples presença, de seus pensamentos equilibrados e suas constantes orações. Ao entrar nela, sentiu um fundo alívio, como se lhe tivessem tirado um peso do coração. Respirou profundamente e entendeu que algo de singular se passava. Como de hábito, ajoelhou-se em frente a uma velha cruz que eu lhe havia ofertado, por ocasião de sua primeira comunhão. Foi com alegria que notei que ela havia levado o objeto em sua viagem. Este, impregnado dos fluidos das constantes orações de Ana Maria, sempre cintilava suavemente. Seguiu-se uma pungente oração, na qual rogou orientação e proteção ao Céu em relação ao que pudesse estar pondo sua paz sob ameaça. A oração foi longa e sentida, e a resposta não tardou.

Produziu-se uma autêntica chuva de flocos luminosos, à semelhança de neve, que se concentraram na moça ali presente. Notei algo interessante: nada desse fenômeno era perceptível do lado de fora; nenhum resquício de luz saía do ambiente. Curioso ao notar uma espécie de vedação do ambiente, para que a luz não saísse, por assim dizer, observei o exterior da cela. Os seres trevosos ali permaneciam, algo angustiados, sem saber porque esperavam como que um sinal para agir. Estavam meio anestesiados, um tanto atoleimados, indecisos, esperando, esperando...

Na pequena cela, parecia haver uma festa espiritual, embora eu não vislumbrasse a presença de nenhuma entidade ali. Indaguei-me da razão pela qual não se fazia presente algum espírito superior para ajudar a jovem. Acaso se pretendia que ela tudo enfrentasse sozinha? Talvez aquilo fosse uma prova para ela. Ou quiçá estivesse presente uma entidade evoluída demais para que eu a pudesse notar.

Finalmente, a jovem decidiu deitar. Algum tempo depois, logrou conciliar o sono e surgiu liberta de seu corpo, ainda mais formosa do que de hábito, após a intensa comunhão com o Alto. Rapidamente, inteirei-a das coisas que estavam a ocorrer, do perigo que a espreitava. Ouviu serenamente, sorriu e novamente se ajoelhou em frente ao Crucificado. Ao cabo de alguns instantes, começou a refulgir em luzes espirituais. Focou o olhar na porta, devassando-a, como se certificando do que ocorria lá fora. Por força de sua vontade, a proteção magnética do aposento pareceu ceder.

Eu observava como um aprendiz, bastante curioso. Ela parecia saber o que fazia, embora eu não atinasse com o propósito daquilo. No exterior, os maldosos de plantão pareceram refazer-se de seu atordoamento e começaram a preparar uma entrada estrondosa. Metamorfosearam-se em imagens demoníacas uns, debochadas, outros, entre ridículos e assustadores todos eles. Com as barreiras psíquicas da cela momentaneamente levantadas, entraram em grande estrépito, gritando, ameaçando e fazendo poses e gestos estranhos, inclusive muitos arremedando atos sexuais.

Contudo, eles é que foram tomados de surpresa. No interior, não se depararam com uma jovem assustada e temerosa. Ali havia uma autêntica madona, revestida de luzes que circulavam à sua volta, em uma magnífica oscilação de cores. Era um caleidoscópio luminoso com que se defrontaram, em forma de mulher. A luz os atingiu e imediatamente os enfraqueceu, em seus propósitos e certezas. Foi um espetáculo de uma beleza tocante.

Ao contrário do que minha descrição possa sugerir, havia simplicidade naquilo tudo. Havia, sim, uma moça sozinha, notavelmente bela com as luzes que a circundavam. Mas não era um fenômeno acintoso. Tratava-se antes de algo acalentador, tocante mesmo. A imagem de uma moça solitária, em uma pequena cela, sendo defrontada por seres de aparência demoníaca, mas que os observava com serena indulgência, emitindo intensas ondas de compaixão. Faltam-me palavras para descrever a contento o que presenciei e como me emocionei, compreendendo minha pequenez para entender o planejamento de tudo aquilo. Os delinquentes, estarrecidos, perderam seu ímpeto e sua força, enquanto a observavam. A moça luminosa começou a falar.

– Irmãos, sejam bem-vindos à pequena cela que me coube neste convento. Que o Senhor os abençoe em sua chegada aqui. Eu os aguardava há bastante tempo, pois sentia que nos devíamos entender.

Um silêncio completo recebeu essa singular saudação.

- Contem-me o que os traz aqui nesta noite.

- ...

- Como devem ter percebido, tenho uma irmã doente neste local e ambas nos debatemos com graves dificuldades. Contamos com a bondade das religiosas, em especial com a boa vontade da madre superiora. Entretanto, algo de inusitado se passa neste ambiente santo. Imagino que vocês, que por aqui circulam com desenvoltura, já libertos do corpo, poderão me esclarecer o que ocorre.

- ...

- Nada me respondem?

- ...

- Entretanto, muito apreciaria me entender com vocês.

Uma entidade particularmente deformada, cuja máscara parecia desfazer-se sob aqueles influxos luminosos, tomou a palavra.

- Moça, bem sabe que nossa intenção não é pacífica. Não viemos como amigos, mas como agressores. Não se faça de tonta.

- Muito lamento em saber disso. Creiam, recebo-os com o que tenho de melhor. Muito orei ao senhor Jesus, rogando que purificasse e alindasse a humilde cela em que temporariamente habito, a fim de melhor recebê-los. Não percebem como o ambiente está limpo, como o ar está refrescante, não se sentem bem aqui dentro?

- Não, não nos sentimos bem. Toda essa luminosidade nos é estranha e nos faz mal. E a moça deve saber disso.

- Não, eu de nada sei. Fiz o que de melhor me ocorreu. Quando se vai receber visitas, não é de bom-tom alindar a casa, abrir janelas, deixar a luz e o ar entrarem?

- Mas isso não nos faz bem. Somos das trevas. Essa luz nos enfraquece.

- Deve ser coisa passageira. Como alguém que passa muito tempo em local escuro e repentinamente sai ao sol: tem um desconforto momentâneo. Eu recebo vocês, senão como amigos, pois pouco os conheço, seguramente como meus irmãos em Deus. Desejo muito que nos entendamos, a bem de nós todos.

Enquanto a conversa se desenrolava, eflúvios salutares eram emanados de Ana Maria, tanto das irradiações de seu corpo espiritual, quanto da vibração de suas palavras, sempre tocadas de funda compaixão. A verdade é que aqueles seres estavam imprestáveis para os fins a que se tinham proposto. Enfraquecidos, alguns até emocionados com o espetáculo daquela moça só, em atitude tão serena e modesta, a defrontá-los como ninguém ainda o havia feito. Algumas entidades com aparência feminina pareciam medir a distância que as separava de Ana Maria, em termos de dignidade, e tomar ciência de quão condenáveis eram seus hábitos, seus trajes, seu vocabulário, tudo o que se permitiam. Já outras entidades masculinas sentiam despertar seu instinto protetor com a imagem da moça solitária, no centro do aposento pobremente mobiliado. A cada instante, ela ganhava uma vantagem nova.

Os chefes do movimento não eram bobos e perceberam o que ocorria. Ensaiaram uma retirada, mas se reconheceram paralisados. O parlamentar, notando tudo o que ocorria, começou a bradar:

- Você é uma feiticeira, que nos retém aqui à custa de perigosos encantamentos! Parem de prestar atenção nela, defendam-se da feiticeira, esforcem-se!

- Irmão, o que lhes faço de mal, a não ser conversar de forma tranquila? Não lhes proponho nada de indigno, não insulto, não maltrato. Ao contrário, tudo o que fiz foi muito orar, a fim de bem recebê-los. Quero conversar, fazer-me sua amiga. Quem sabe juntos descobrimos um modo de ajudar as irmãs deste pobre convento?

- Nunca! Jamais! Nosso propósito é pôr a perder todas essas meretrizes!

- O irmão não teme o poder divino, quando se permite investir contra uma casa que se abriga sob o nome de Deus e da religião?

- Os religiosos são sempre os piores. Ademais, só nos segue quem quer. Se elas estão tão perturbadas é porque gostam de nossos chamados.

- As irmãs são frágeis, claro, ninguém o ignora. Sabemos dos compromissos graves que assumiram no passado e que as tornam suscetíveis à sua influência. Mas vocês deveriam pensar nos compromissos que agora assumem, ao atacar de forma tão sorrateira este ambiente santo e pobres mulheres que desejam sinceramente a própria redenção.

- Se desejassem mesmo viver santamente, seus pensamentos e desejos seriam outros.

- Ah, querido irmão, por vezes há um mundo entre o propósito de redenção e as forças de um ser humano. Mas essa distância também pode ser nada, quando a misericórdia divina decide interferir. Bem sabe que, ao influxo de um sopro do Senhor da Vida, as maiores construções ruem, as perseguições cessam. Tudo tem uma medida que não pode ser ultrapassada, sob pena de graves consequências.

- Está nos ameaçando agora?

- De modo algum. Apenas os lembro de que Deus é o Senhor inconteste do universo. Talvez Ele já tenha decidido que essa desordem aqui na casa que Lhe pertence deve acabar logo. Talvez Ele, em Sua misericórdia, esteja me usando, em minha pequenez, para lhes lembrar do que podem viver. Podem se decidir pela própria redenção, ser socorridos, orientados. Se disserem que querem auxílio, serão amparados, levados a um ambiente purificado, onde aprenderão e se sentirão melhor.

- Não queremos nada disso!

- Se Deus decidir que o momento da anarquia deve cessar já, isso simplesmente ocorrerá. Se não aproveitarem o convite tranquilo da boa vontade, podem terminar expulsos daqui, encontrados por alguns inimigos seus do passado. Como negam misericórdia a essas pobres mulheres, podem ver cessado o momento de misericórdia também quanto a vocês. Não serão também, como estas irmãs, devedores da lei? Não haverá seres a quem ofenderam gravemente, que muito têm contra vocês?

- ...

- Aconselho-os a refletir sobre isso. Talvez, até agora, tenham ficado isolados de seus inimigos por força da bondade de Deus. Ele pacientemente aguarda que aprendam e exercitem o perdão, inclusive lhes permitindo ficar aqui. Tudo para que o espetáculo dessas moças frágeis, sofridas, lhes desperte ternura e leve-os a salutares reflexões. Se persistirem na rudeza de seus propósitos, quiçá de repente as portas desta casa se tornem atrativas a terríveis desafetos seus.

Ela falava com autoridade, com certo toque profético, que aterrorizou aqueles seres viciosos. Eles fizeram um esforço imenso para debandar, mas pareciam magnetizados, impossibilitados de fazer qualquer movimento.

- Vejo que desejam ir embora e não quero violentar sua vontade. Apenas precisava lhes falar. Ouçam minha voz como se fosse um sino que dobra em uma esquina de seus destinos. Não por qualquer mérito meu, pois sou neste momento apenas um instrumento de que a Vida se utiliza para chamá-los à razão. Reflitam sobre tudo o que lhes falei e vão em paz.

Algo pareceu se partir no ambiente, inclusive se fez ouvir certo estalido, e os espíritos perturbados saíram em debandada, como se mil demônios os perseguissem. Gradualmente, a proteção psíquica da cela foi refeita e Ana Maria apenas me sorriu, sem fornecer maiores detalhes de tudo aquilo. Também gradualmente, ela reduziu suas vibrações, tornou-se quase obscura e procurou retomar seu corpo no leito, pois o tempo havia passado rapidamente naquela longa conversa.

Enquanto eu observava tudo aquilo, pareceu-me que muito era dito pela oscilação das luzes. Talvez até muito do essencial tenha sido perdido por mim, pois era algo que se dava entre as almas envolvidas. Aquela pulsação de luzes e cores era uma conversa que ela entreteve com todos e com cada um daqueles irmãos infelizes. Como eu não dominava aquela arte, restou-me observar, em um humilde silêncio.

No dia seguinte, ela levantou com a felicidade estampada no rosto. Não lembrava com clareza o ocorrido, mas sentia que algo de muito bom havia se dado e estava esperançosa de que tudo se encaminhasse para o melhor. Tratou de requisitar Doralice para o serviço, o que sempre gerava alguma crise.

A menina decididamente não amava o trabalho, especialmente o braçal. Reconhecia que lhe fazia bem, mas sempre regateava o início e queria terminar antes da hora. Era simplesmente de sua natureza o desgosto com as atividades úteis e isso teria de ser burilado com paciência. Apenas o correr do tempo haveria de modificá-la. Na verdade, o medo de uma nova crise, terrível como a última, tornava-a mais dócil. Preguiçosa e mística em essência, ela trabalhava por receio. Era esse o móvel que funcionava: o medo de ser novamente dominada. Mais ou menos como uma criança que chora, mas toma o remédio amargo que a mãe lhe dá.

Conhecedora da natureza da irmã, Ana Maria não lhe dava trégua e não valorizava seus protestos de cansaço e seu desejo de burlar a tarefa tanto quanto possível. Lá pelas 10 horas da manhã, Doralice estava firme em sua tarefa de jardinagem, bufando de cansaço e má vontade. Ora era o sol que lhe podia prejudicar a pele, ora os mosquitos que a importunavam, ora suas mãos que se feriam na rudeza das ferramentas. Estava sempre meio irritada, em especial com o bom humor da irmã naquela manhã ensolarada.

– Francamente, você mal contém a alegria por me ver convertida em uma roceira!

– De fato, o espetáculo que presencio é alegre para mim. Aprecio vê-la recuperar a saúde enquanto faz algo útil e produz beleza para os olhos de todo o convento.

- Saiba que é muito irritante essa sua alegria tão desabrida.

- Estou mesmo feliz. Que posso fazer? Desejaria ver-me chorar?

- Chorar não é o caso, mas talvez se apiedar de sua pobre irmã, convertida em trabalhadora braçal!

- Minha irmã está em tratamento. Não é interessante como Deus ordena as coisas? Sempre fugiu de qualquer tarefa em nossa casa, mas agora encontra sua cura no trabalho! A lição não lhe é por demais clara?

- Você vê lições e sentido em tudo, até em um serviço de jardinagem, nunca vi nada semelhante!

- Reclama por gosto e por hábito, mas sabe que labutar lhe faz bem. Há quanto tempo não tem nenhuma crise?

- Acredita que não lembro há quantos dias estou em paz?

- Espero que lembre mesmo. Enquanto gasta seu tempo de forma útil e esquece suas penitências sem sentido, recupera a saúde do corpo e da alma.

- As penitências são parte importante da fé, Ana Maria! Não diga blasfêmias.

- Não blasfemo, só não vejo sentido em procurar a dor. Crê mesmo que Deus bondoso encontra alguma satisfação com a dor de Seus filhos?

- Ora, viver é sofrer. Todos nós sofremos, em alguma medida, pouco ou muito.

- Sim, mas com lições que nos vêm de fora. Não há necessidade de procurarmos mais dor.

- Suas palavras são ímpias e contrariam os ensinamentos dos Pais da Igreja.

- Confesso que conheço pouco da teologia que se ocupa com dores voluntárias. Mas recordo que Jesus participava de festins, converteu água em vinho em uma festa de casamento, ceava em casa de amigos, participava da vida normal de toda gente. Não consigo lembrar nenhum episódio nas Sagradas Escrituras em que tenha se ferido voluntariamente, aplicado açoites sobre si mesmo ou qualquer coisa do gênero.

- É que não procurou direito.

- Façamos o seguinte trato: você me indica no Evangelho o trecho do suplício voluntário de Jesus e depois conversamos.

- Você é muito irritante!

- Esqueça se sou irritante, alegre-se comigo: o dia está lindo, o céu está magnífico, o sol nos aquece e o jardim de que cuidamos está cada vez mais lindo!

- O jardim de que eu cuido, você quer dizer.

- Você cuida do jardim, e eu cuido de você. Também cuido do jardim, em última análise.

Ambas acabaram rindo a bandeiras despregadas e aquele riso tomou conta do jardim. A madre superiora que passava ali por perto se achegou, encantada pelo som da alegria juvenil e espontânea. Ao se deparar com as duas irmãs, nem tentou fazer cara sisuda. Por alguma razão, estava leve naquela manhã, como se de repente a vida tivesse ficado mais simples.

- Senhoritas, bom dia! Vejo que estão muito felizes.

- Bom dia, reverenda madre. É a beleza da natureza que nos alegra!

- Sim, é preciso reconhecer que este recanto está a cada dia mais formoso.

A conversa foi amena, tranquila e a mulher mais velha nem gastou tempo demais observando Ana Maria. Ela como que não queria estragar a leveza que trazia no peito ao relembrar a atração que sentia e que tantas crises de consciência lhe havia causado. Em breve se foi, em direção a seu escritório, para cuidar de variadas questões administrativas.

Logo outras irmãs surgiram no jardim. Havia um ar de leveza no convento naquela manhã. Para mim, aquilo era particularmente perceptível. A turba que atazanava as freiras não parecia estar em lugar algum. Eu duvidava um pouco de que se tivessem emendado, mas aparentemente haviam se dirigido a outro local. Quiçá estivessem parlamentando e refletindo para decidir seus destinos.

De todos, naquele dia eu vira apenas Jerônimo e Lázaro, que mantinham um ar assustadiço. Cuidavam de ficar a uma distância de Ana Maria que entendiam fosse segura, como se ela fosse uma pestilenta que lhes pudesse transmitir grave enfermidade. Após ver o que tinha produzido naquela multidão de seres malévolos, os quais eles próprios temiam confrontar, olhavam-na quase com terror. Eles observavam as irmãs sem saber muito bem o que fazer. Quando todos debandaram na noite anterior, eles, que não haviam entrado com os outros, permaneceram na porta da pequena cela, a qual se havia novamente selado com a proteção psíquica restabelecida.

Quando saí de lá, após minha antiga pupila retomar o corpo e nele ficar, em uma espécie de torpor calmo e benfazejo, eu contemplei aqueles dois judeus com ar perplexo, olhando-se, sem nada falar. Acerquei-me deles e lhes apliquei energias calmantes, sugerindo-lhes mentalmente que fossem dormir na capela. Seguindo meu conselho, dirigiram-se ao local, onde dormiram um sono reparador.

Ao acordar, experimentaram um bem-estar que há muito lhes era desconhecido. As queimaduras de suas mãos pareciam ter quase cicatrizado, respiravam com mais facilidade, o peito lhes estava menos opresso. Algo de maravilhoso ocorrera, pensavam, com certo torpor. Logo recordaram o ocorrido e se tomaram de terror. Como venceriam aquela moça? O que poderiam fazer para afastá-la dali? Precisavam seguir em sua vingança, era uma questão de honra. Seus familiares, eles deviam aos seus entes queridos a realização da vingança! Precisavam converter Doralice em uma louca perdida, humilhá-la, levá-la ao suicídio. Esses pensamentos os desnortearam um pouco e sentiram a volta das chagas do martírio. Chocados, notaram o ocorrido e, desejosos de se sentirem bem de novo, controlaram seus pensamentos e optaram pelo silêncio.

Era um bom começo, mas aquilo precisava avançar mais. De fato, uma melhora geral não se fez esperar. Como decorrência da momentânea ausência da ampla maioria dos irmãos desequilibrados, os trabalhadores espirituais do convento conseguiram reverter, em grande parte, os prejuízos que haviam sofrido. Por misericórdia divina, chegou ao local um sacerdote equilibrado e bastante dinâmico, autêntico missionário que percorria várias comunidades levando sua palavra. Ante suas credenciais, a madre lhe concedeu asilo de bom grado. Logo as missas e homilias em tom vibracional elevado foram iniciadas, incitando as freiras a que se fizessem úteis, em sua religiosidade.

A madre não gostou muito desse novo tom, que contrariava tudo o que sentia e entendia como correto. Mas à época era muito difícil para uma religiosa se opor frontalmente a um sacerdote em atividade. Aliás, o homem era hábil e em nenhum momento se opôs de forma franca à orientação da madre. Apenas cuidava de salientar com eloquência em seus sermões os exemplos de Jesus, indo ao encontro dos pobres, dos doentes e dos necessitados de toda ordem, seja física ou moralmente. Passou a ouvir as irmãs em confissão e a lhes dar conselhos saudáveis. Sob sua influência, as penitências tomaram outro rumo, deixaram de ter aquele tom cruel que encaminhava as freiras à loucura.

Tudo se encadeava da melhor forma possível, quando a malta desequilibrada resolveu retornar ao convento, para retomá-lo. Na realidade, uma boa parcela dos espíritos que a compunha não estava mais tão convicta de estar fazendo a coisa certa. As irmãs que evoluíam em formas femininas haviam ficado muito impactadas com o espetáculo a um tempo singelo e terrível ofertado por Ana Maria, naquela noite memorável.

Com as defesas psíquicas da casa em melhor situação, o jogo se tornou mais árduo para os chefes da turba. Muitos dos seus subordinados acabaram aceitando a orientação dos mentores da comunidade religiosa e se encaminharam para outros locais, para aprender e evoluir. Ao fim de um tempo, o quadro estava deveras modificado.

A própria madre não podia ignorar as melhorias que haviam ocorrido. Ela se sentia desgostosa com o que entendia como uma perda de sua influência no local. Isso de fato ocorria, pois o sacerdote, um pequeno frade, de aparência frágil e inocente, exercia um fascínio muito saudável na comunidade toda.

Meu homônimo, o frade José era uma figura espantosa. Malgrado sua aparência desgraciosa, por vezes parecia um gigante, notadamente quando se empolgava com uma linha de argumentação. Nesses momentos, era difícil despregar os olhos dele. Podia-se dizer que tinha fogo no olhar e que sua voz vibrava de modo estranho. A criatura em falta se sentia no juízo final, quando o ouvia falar da importância da caridade e da decência como meios de o cristão merecer o Céu.

Parece até ocioso dizer que ele e Ana Maria se entenderam à maravilha. Ele incentivou a terapia do trabalho aplicada em Doralice. Quanto a esta, sempre meio queixosa, viu-se sem defesa possível ante a energia daqueles dois. Deus bondoso havia decidido intervir naquele ambiente e tudo nele se encaminhava para o melhor.

Após muitos debates, o pequeno frade andarilho conseguiu convencer a madre a deixar suas tuteladas trabalharem a bem da comunidade circunvizinha. Tudo foi muito paulatino, entre avanços e recuos, com a madre ameaçando se rebelar a cada passo. Mas também ela resistia com dificuldade ao fogo do olhar do sacerdote e ao sorriso simples e puro que ostentava. Após algum tempo, tudo estava modificado.

Ana Maria tentou estabelecer uma conversa com Doralice, a fim de verificar se esta queria realmente fazer seus votos. Como havia principiado a perder o juízo pouco tempo após sua entrada no local, permanecia uma noviça. A irmã não tinha qualquer dúvida a respeito de sua vocação. Sim, era um fato: a vida prática não lhe interessava, gostava de misticismo e de contemplação.

De outro lado, o convento se tornava mais operoso. Começaram a ser aceitas crianças para os mais diversos tipos de aprendizado: catecismo para todas, prendas do lar para as meninas e mesmo lições de conhecimentos gerais, pois não faltavam irmãs preparadas. Uma vez colocado o projeto em andamento, parecia difícil pará-lo. No fundo, as freiras se sentiam melhores com aquele novo panorama, no qual se tornavam úteis. A própria madre superiora, embora primando por mostrar enfado e desgosto, muito secretamente estava se convencendo do acerto daquelas medidas.

Quanto a Doralice, sofria com as alterações. Em sua vinda para o convento, anelara por um completo afastamento do mundo. Vira-se como uma reclusa, orando, jejuando e louvando em silêncio e êxtases místicos. O religioso e sua irmã lhe frustraram o intento e ela lhes guardava uma mágoa secreta por conta disso.

O jardim estava adiantado em sua organização e ela estava bem melhor, em se considerando o aspecto triste que tinha quando da chegada de sua irmã. Contudo, tinha profundos problemas psíquicos, era sensitiva, em uma época em que nada se sabia a respeito disso. Ainda mais se complicava sua situação pelo vício que portava de muito reclamar e prestar atenção apenas no lado negativo das coisas. Para rematar, era uma grande devedora da lei e guardava marcante consciência de culpa. Em suma, sempre seria necessário cuidar dela, preservá-la quanto possível, pois a loucura jamais seria uma hipótese descartada.

Quanto a Jerônimo e Lázaro, persistiam no ambiente, descoroçoados, sentindo-se injustiçados e magoados. À noite, ainda importunavam Doralice. Se a encontravam, desprevenida, em especial nos momentos do sono, acusavam-na com violência, faziam-na recordar do que lhes fizera e a moça entrava em profundas crises. Adoecia por alguns dias, para novamente se recuperar. Mas era um fato: eles haviam perdido grande parte de sua força e influência. Restava auxiliá-los a que perdoassem e foi o que buscamos propiciar. Aliás, já estava na hora disso ocorrer.

Capítulo

17

Na luz do perdão

Em breves dias, Ana Maria deveria retornar a sua residência, para os seus deveres normais, e deixar o convento. Como Doralice havia decidido ali permanecer, ficaria por sua conta e risco. Recebera toda a ajuda possível, com recursos que jamais sonhara existir.

O acréscimo da misericórdia residiria em um acerto com suas vítimas do passado, a fim de que seguisse em frente com a paz possível. Sua natural perturbação bem poderia fazê-la cair em outras armadilhas urdidas pelas trevas, pois era uma candidata em potencial a isso. Tal era a sua luta e precisaria orar e vigiar, se desejasse continuar saudável e ter êxito naquela experiência carnal.

Já o meu papel era, enquanto amigo espiritual da família, colaborar para que ela tivesse as melhores chances de vitória. Foi assim que me aproximei de ambos os irmãos, intensamente desejoso de auxiliá-los. Em tal altura dos acontecimentos, uma humildade nova me visitava. Entendia a limitação de meus recursos e percepções, por haver presenciado acontecimentos visivelmente orquestrados por seres superiores a mim, os quais eu nem entendera direito. Também já entendera, há um bom tempo, que mais infeliz é quem fere e que quem odeia é sempre um importante enfermo da alma.

Com essa compreensão e com o coração tocado de funda piedade, busquei me fazer visível a eles.

Notei que se assustaram e fizeram um movimento de fuga. Eram as minhas vestes sacerdotais que os impressionavam negativamente. Infelizmente, haviam sido vítimas de religiosos desequilibrados no passado e demoraria um bom tempo até que pudessem confiar novamente nos cristãos em geral. Isso era muito triste e ainda mais me emocionei ao percebê-los temerosos à aproximação de um padre.

Sentia por eles naquele momento uma intensa ternura, estava inundado do desejo de ajudá-los, o que os acalmou. Meus sentimentos equilibrados e fraternos os envolveram antes que eu abrisse a boca. Aproximei-me com vagar, os olhos nublados de um pranto que não conseguia conter, e os abracei com emoção. Não devem ter entendido o que ocorria, mas, partícipes de minha emoção, choraram longamente, quais crianças a quem o pai abraça em seus momentos de dificuldade.

- Meus amigos! Estou muito preocupado com vocês.

- Padre, nós somos infelizes. Ajude-nos!

- É o que mais quero fazer. Digam-me o que os aborrece.

- Somos injustiçados neste local.

- Que injustiça eles fazem com vocês?

Eles relataram então tudo o que lhes havia ocorrido. Contaram da moça pobre que contrataram no pretérito remoto, da traição que sofreram e de toda a sua família perdida, das extremas dores da flagelação. O relato seguiu longo e choroso: eles realmente lavavam a alma naquele momento. Devia ser a primeira vez que relatavam tudo a alguém que os ouvia com atenção e sentimento fraterno. Terminaram por relatar a interferência de Ana Maria na história, em especial a noite em que lhes surgira tão impactante em seu domínio sobre toda uma legião de seres viciosos.

- Padre... Não sabemos como lutar com essa moça. Ela nos prejudica, impede a vingança a que temos direito.

- Amigos, eu os ouvi atentamente para bem sopesar suas razões. Já conhecia em parte sua história, mas, para fazer juízo reto, necessitava ouvir a sua versão. Primeiramente, peço-lhes perdão pelo mal que membros da Igreja a que sirvo e amo lhes fizeram. Esses religiosos estavam doentes da alma quando vilipendiaram seus votos para prejudicá-los. Nada disso encontra justificativa ou base na doutrina do suave Cordeiro de Deus.

Eles iam retrucar, mas o sentimento doce em que os mantinha envolto os silenciou, sem que pudessem resistir a esse influxo de paz e serenidade.

- Ouvi-os com atenção e creio que muito sofreram e ainda sofrem. Entretanto, não pensam que, mais importante do que se vingarem de uma moça em si mesma infeliz, é cuidar de sua própria felicidade?

- Juramos nos vingar dela!

- Juraram para quem? Que valor teria semelhante jura?

- Juramos para nossos parentes que conosco pereceram. Antes de sermos deles afastados em definitivo, fizemos essa promessa solene, esse juramento sagrado, de lhes desagravar a memória. Sim, porque foi nossa a culpa. Nós que demos liberdade à serva, nós éramos os chefes da casa, tudo foi nossa culpa.

- Queridos, vocês precisam entender um pouco do funcionamento das leis que regem a vida. Acaso não veem Doralice cheia de problemas, toda sensível ao mal que muitos lhe desejam causar?

- Sim, vemos.

- E não veem a irmã dela, Ana Maria, na realidade invulnerável à influência dos malévolos?

- Sim. Mas o que isso tem a ver?

- Precisam entender que essas diferenças não são gratuitas. Nossa vulnerabilidade ao mal que nos querem fazer vem de nossos próprios atos no passado. Ana Maria há sucessivas vidas guarda comportamento digno e bondoso e isso a isola em grande medida de influências deletérias. Trata-se de um mecanismo natural da lei. Já Doralice, crivada de equívocos, é presa fácil das trevas, de seus desafetos. Ela é frágil hoje como se permitiu ser ao longo de sucessivas vidas.

- O que quer dizer, padre?

- Digo-lhes com franqueza que Deus bondoso nunca perde o controle das coisas. O Universo está sob Sua tutela e Ele rege a evolução de Seus filhos. Entretanto, deixa-os livres para que decidam seus caminhos, ao tempo em que permite que colham os frutos das semeaduras que fizeram.

- ...

- Digo-lhes que não nos acontece nada, em nossas incontáveis vidas, que não nos seja útil ou necessário. Se vocês tombaram, vítimas da maldade alheia, da qual Doralice teve a infelicidade de fazer parte, é porque algo em seu passado autorizava isso. Não foram vítimas inocentes e fariam bem em perdoar, pois parece pouco provável que venham de vivências dignas, em seu estado odioso. Não conseguiram perdoar a fragilidade e a leviandade da pequena serva, sem eira nem beira, fortemente influenciada pelos religiosos da época. Isso bem diz de sua própria fragilidade espiritual. Muito podem ter errado no passado.

- Não nos diga isso, padre.

- Digo-lhes, pois é preciso. Convém-lhes refletir sobre isso para decidir seu destino. Desejam combater Ana Maria e não sabem como. Entretanto, presenciaram o poder de seu amor suave. Deveriam tornar-se amigos dela. Quem sabe se, todos juntos, não lograríamos encontrar seus familiares? Pode ser que eles os estejam aguardando se aquietarem, entesourarem alguma paz no coração, para revê-los. Não lhes interessa retomar a vida e reintegrar-se com eles em seu núcleo familiar, novamente amar, sonhar?

- Seria possível?

- Sim, perfeitamente possível, mas tem um preço.

- Que deixemos a moça em paz.

- Sim, que perdoem Doralice. Que entendam que ela se complicou enormemente com as leis do Eterno, quando lhes fez mal. Compete a Deus fazer justiça no mundo, e a ninguém mais. Só Ele tem a medida certa, entre a misericórdia e a justiça, para recompor os destinos e educar os seres.

- Padre, gostaríamos de anuir ao seu projeto. Sua palavra nos emociona, seu abraço nos conforta, mas receamos, tememos perder esse que é o objetivo de nossa vida. Só temos a vingança, padre. Nada mais nos sobrou. Nossas casas, negócios, depósitos bancários, móveis, joias, entrepostos de mercadorias, tudo se foi. Restou-nos tão somente o ódio.

- Que triste herança de uma vida em que poderiam ter-se redimido! Se tivessem perdoado, sua glória seria imensa, pela capacidade de perder e sofrer sem murmurar, em completo desapego das ilusões do mundo. Assim, vocês teriam preservado sua paz interior, sua dignidade. Infelizmente, mantêm essa triste herança em seu íntimo. Está na hora de rever isso. Meditem nisso, meus filhos. Meditem!

- Padre, nós não sabemos o que fazer.

- Vou dar-lhes um tempo para que reflitam. Proponho que conversemos amanhã à noite. Eu, vocês, Ana Maria e Doralice.

Eles deram um salto quando o nome de Doralice foi citado, pela perspectiva de conversarem em clima ameno com ela.

- Sim, conversaremos também com Doralice. Talvez seja a hora de a menina compreender todo o mal que fez, rogar perdão, arrepender-se com sinceridade. Quanto a vocês, também não seria cedo demais para que perdoassem e seguissem em frente, ornados de esperanças novas.

Eles ficaram chocados com aquela perspectiva.

- Reflitam nisso, queridos. Pensem em sua família, seus pais, irmãos, filhos, esposas, todos os que amaram e que se foram. Se vocês, após a morte do corpo, continuam tão vivos, o mesmo ocorre com eles. Não seria bom reencontrá-los?

- Seria...

Entendi que eles se envergonhavam de sua aparência doentia, deformada, chamuscada.

- Posso-lhes afirmar que, uma vez que consigam perdoar sinceramente e deixar para trás o ocorrido, suas vestes espirituais sofrerão importante modificação. Sentir-se-ão melhores, caminharão para recuperar a saúde. Em breve tempo, serão novamente como eram no auge de sua forma física da última vida.

Os olhos deles pareceram brilhar pela perspectiva de se livrarem em definitivo da miséria que os marcava agora, das dores e deformidades que os humilhavam. Deixei-os envoltos em fundos pensamentos.

Foi na noite seguinte que os encontrei novamente, na própria capela em que os tinha deixado. Haviam refletido sobre minhas observações e propostas. Lutavam contra si mesmos. A razão lhes dizia que eu estava certo e que bem fariam em se emendar, que só teriam a lucrar em militar ao lado da moça suave que demonstrara força incomum em noite não distante.

Contudo, ao pensamento de perdoar Doralice, sentiam-se desonrados, perdidos, envilecidos a seus próprios olhos. Eles desprezavam a moça que ainda viam como a serva desvalida a quem deram abrigo e assalariaram, e por quem desenvolveram afeto e confiança. Era um fato: eles gostaram de Doralice no passado, quiseram-na ternamente, quase como a alguém de sua família, e por isso tanto se revoltaram por sua vil traição.

Era sintomático que tivessem se desinteressado, em algum momento, dos religiosos envolvidos em sua tragédia. De Doralice não puderam largar e o terno afeto de antes se convertera em um ódio ferrenho, que os mortificava e fazia sofrer e também lhes dava razão para viver. Odiavam-na com frenesi pelo mal que lhes causara, por não ter honrado a atenção recebida.

Percebendo a realidade do mundo íntimo daqueles dois pobres irmãos, conscientizei-me de que o ódio e o desejo de vingança guardam importante componente de orgulho ferido. A criatura prejudicada se revolta às vezes não exatamente em relação aos fatos objetivos, mas ao contexto da conduta de quem a prejudicou. Sente-se ultrajada pela falta de simpatia daqueles em quem confiou, sente-se diminuída por seu afeto e sua confiança não terem sido correspondidos à altura, mas, ao contrário, vilmente depreciados.

Ali estavam aquelas almas sofridas, tristes em seu papel de vingadores que não sabiam mais como exercer. Aproximei-me deles, ciente do que lhes ia no íntimo. Tornei a abraçá-los e indaguei se haviam pensado em minha proposta.

- Nós pensamos na proposta, padre, e muito gostaríamos de atendê-lo, mas a honestidade nos impede de afirmar que perdoamos quando não conseguimos fazê-lo.

- Entendo seu sentimento, irmãos, e sua honestidade os dignifica. Entretanto, quem sabe... A noite ainda é uma criança, temos muito tempo para conversar. Penso que Ana Maria nos espera no aposento que lhe cabe neste convento. Vamos vê-la?

Em sua ignorância quanto às ocorrências do mundo espiritual, embora mortos há tanto tempo, demonstravam temor de minha jovem amiga. Necessitei tomá-los literalmente sob minha proteção e levá-los comigo, sem admitir qualquer réplica.

Quando chegamos à cela de Ana Maria, educadamente bati à porta. Ela, já liberta de suas vestes carnais pelo sono, rapidamente a abriu, em evidente sinal de que nos esperava. Portava uma luminosidade muito suave, atenta que estava à impressão que causava naqueles dois, e nos recebeu com um sorriso gentil.

- Queridos irmãos, entrem, é uma alegria recebê-los.

Meus dois acompanhantes balbuciaram qualquer coisa, sem ousar fitar a jovem nos olhos. Pareciam dois campônios desajeitados, ao invés dos ricos comerciantes, letrados e refinados que haviam sido no passado. O tempo gasto no ódio e na vingança parecia havê-los feito regredir em suas possibilidades espirituais. Ao agir como brutos, interessados em ferir e em montar armadilhas, passaram a se assemelhar a eles, em alguma medida. Tudo isso era contornável, fruto apenas de maus hábitos, que não chegavam a caracterizá-los, em sua essência. Não eram broncos, mas à força de se comportar como se fossem, por seus interesses deletérios, haviam perdido o antigo desembaraço. Eram semelhantes a um homem que tivesse ficado curvado por anos a fio, preso em ambiente estreito. Com o tempo, sua postura terminara por se adaptar àquilo. Nada de estrutural, nenhum defeito físico real, mas apenas um hábito mantido por longo tempo terminara por influenciá-lo, em sua postura. Colocado fora dali, demoraria um tempo para recuperar a antiga postura ereta. Assim eram os meus amigos, cheios de escuras escamas que os enfeavam e adoeciam.

Tudo isso eu e Ana Maria sabíamos, mas não externávamos, a fim de não os melindrar. A moça tentou manter uma conversa com os judeus.

- Em que lhes posso ajudar? Há algo que posso fazer por vocês?

- O padre nos trouxe aqui, senhora.

- O padre José é um homem sábio, seguramente teve uma boa razão.

- ...

- Já que não se animam a falar, falo-lhes eu. Bem sabemos que têm motivos de queixas contra minha irmã Doralice. Em sua incúria, ela os infelicitou no passado, infelicitando-se também. Entretanto, tenta se reerguer como pode, por entre múltiplas dificuldades. Desejaria, oh, sim, desejaria ardentemente que a buscassem perdoar!

- Senhora, nós não podemos comprometer nossa palavra quanto a isso. Não seria honesto de nossa parte dizer que a perdoamos, quando em realidade a odiamos!

Lázaro se emocionou ao dizer isso e suas mãos pareceram arder em brasas novamente, naquele instante. Instintivamente sacudiu as mãos, que fumegavam. Delicadamente, Ana Maria tomou-lhe as mãos e observou-as. Com voz suave, afirmou:

- Vejo que está ferido e sofrendo.

- Sim, minhas queimaduras nunca se curam. Às vezes melhoram, às vezes pioram, mas é uma dor intérmina, que nunca me deixa e não permite que eu esqueça o ocorrido.

- Talvez sua interpretação esteja equivocada, caro Lázaro. Talvez suas queimaduras não desapareçam porque você não se esforça para esquecer o ocorrido, deixar as dores para trás e seguir em frente.

Ele não teve resposta a essa observação.

- Permitiria que eu algo tentasse em favor de seu bem-estar e de sua saúde?

- Tentar o quê?

- Deixe-me tentar aliviá-lo. Deixe-me rogar ao Senhor da Vida para que restabeleça sua saúde!

- A senhora acredita que Ele se interessaria por mim, perdido como estou?

- Sim, creio que Ele o ama profundamente e apenas espera o momento oportuno para socorrê-lo.

O rapaz calou, sem ter mesmo o que falar. Mais do que os argumentos, eram as vibrações ternas e piedosas da interlocutora que o acalmavam e calavam. Aquelas mesmas palavras, se ditas em outro tom, apenas suscitariam discussões ásperas e intérminas. Minha jovem amiga chamou também Jerônimo para perto dela, como a convidá-lo a participar daquele momento. Embora tímido, ele aquiesceu.

Ela alçou os olhos ao céu, como que em busca de inspiração, e principiou a orar. Seguiu-se um belíssimo e delicado espetáculo de luzes espirituais, as quais desciam do teto do aposento, convertido em uma espécie de constelação. Essas luzes, à semelhança de pequenos flocos de neve, muito alvos e tênues, atingiam primeiramente a fronte de Ana Maria, pareciam sofrer pequena metamorfose dentro dela e ressurgiam com força em seu coração, donde se projetavam sobre os dois irmãos sofredores.

Estes pareciam viver um momento único em sua existência imortal. Durante tempo demais, haviam sofrido. Após as perseguições religiosas, que os haviam infelicitado na carne, gastaram um tempo longo para dar conta de si e que seguiam vivos, mas enfermos, desnorteados. Suas mentes haviam se cristalizado na tragédia e na traição que os infelicitaram e adoeceram, e não tiveram forças para seguir em frente. Após muito tempo, encontraram Doralice e a puniram como puderam. Mas aí também houve sofrimento e desesperação, pois estavam em descompasso com suas possibilidades, com a essência de seu ser. Não eram maus, mas desnorteados, haviam mais se perdido e enlouquecido do que qualquer outra coisa. Tinham passado tempo demais a fugir, a sofrer, a perseguir e a temer. Agora, após tanto tempo, a luz de uma sentida oração os envolvia e refrigerava seus ódios, recalques e temores. Sim, eles temiam há tempo demais. Temiam ter perdido para sempre o rumo de suas existências. Temiam seguir sofredores e ter-se tornado perversos, à semelhança de demônios. Também temiam terminar escravizados por grupos de obsessores, dos quais tentavam guardar distância, sem saber por quanto tempo o conseguiriam.

Agora choravam quais crianças, e as lágrimas, após tanto tempo, não eram amargas. Choravam por si mesmos naquele momento; pela dor do que tinham vivido e pelo desespero que os empolgara. Não havia sentimento negativo naquilo, era uma catarse. Sentiam-se amados, eles, os réprobos, os delinquentes, como infalivelmente se consideravam após tantos desatinos cometidos. A luz saía de um coração de mulher e os reconfortava como nada antes o fizera.

Demonstrando grande domínio do que ocorria, Ana Maria notou que eles estavam por assim dizer subjugados, e não teriam qualquer pensamento malsão quanto a gestos de familiaridade. Foi então que os enlaçou, em uma demonstração de profunda fraternidade. Os três formaram como um casulo de luz e permaneceram nessa situação por preciosos instantes. Nesse amplexo, algo deve ter ocorrido de muito importante no mundo íntimo dos queridos judeus. Escamas caíam de seus envoltórios espirituais e eles se transformavam ao influxo da luz. Gradualmente, deixaram o aspecto doentio, sofrido, mesmo miserável, e ganharam a aparência que deveriam ter tido em sua juventude no corpo físico.

Quando o abraço terminou, e a moça se afastou, eles pareciam muito mais jovens do que no início da complexa operação espiritual. Olharam um ao outro com espanto, observaram suas vestes, seus corpos novamente sadios e choraram ainda mais. Tinham dificuldade em externar a gratidão que sentiam, pois era grande o seu alívio. Foi Jerônimo, em regra o mais tímido, quem tomou a palavra.

- Senhora! Nós seremos para sempre gratos pelo que fez conosco, embora não entendamos direito o que houve. De minha parte, algo de muito importante se modificou em mim. Não quero mais odiar, sofrer, perseguir e viver no passado. Sinto, de um modo estranho, sem atinar direito como, que consigo perdoar sua irmã, a quem tanto ama. Seria bem ingrato de minha parte continuar a perseguir alguém a quem a senhora ama, após ter recebido intervenção sua que tanto bem me fez.

Ana Maria lhe dirigiu um sorriso cintilante e, na sequência, olhou para Lázaro. Este, que era o mais falante, apenas aquiesceu, sem conseguir articular qualquer coisa inteligível. A vibração que dele vinha dizia tudo.

Instado pelo olhar da jovem, dirigi-me ao aposento de sua irmã, retirei-a do envoltório carnal e a trouxe ao ambiente. Ao ali chegar, Doralice demonstrou espanto com a iluminação presente, mas foi o clima psíquico que a impressionou mais. Identificou os dois jovens a quem conhecera no passado e que haviam se transformado primeiro em suas vítimas, depois em seus algozes. Chocou-se ao vê-los em todo o fulgor de uma juventude que o tempo levara, que as torturas e a fogueira haviam consumido. Seu coração ficou pequeno, enquanto, por força daquela emoção, retomava a aparência da serva que fora. Apareceu não mais em seus trajes de religiosa, mas com os atavios próprios de uma serva bem nutrida e cuidada: era novamente a empregada da residência, e começou a chorar copiosamente. Pareceu ficar confusa, como se a tragédia ainda não houvesse ocorrido. Falou arfante, em tom de urgência:

- Senhores, senhores, por quem sois, fugi! Há uma armadilha preparada para enredar-vos. Deveis ser presos em breve, fugi, fugi! Tomai de vossos pertences, ou mesmo deixai-os aqui, mas fugi. É necessário que fujais, muito necessário. Por favor, por favor!

Ana Maria a abraçou e lhe disse:

- Querida Francisca, o tempo de alertá-los para que fugissem vai longe. O alerta não veio no tempo correto, eles foram presos e, para sua desgraça, você teve participação ativa na tragédia.

- Oh, sim, é verdade! Que tristeza, que desgraça! Oh, perdoai-me, por caridade, eu estava louca. Sentia-me fascinada pelo ouro de vossa casa, pela perspectiva de viver rica e folgadamente. Mas me enganei terrivelmente. Caí na conversa de irmã Maria, mas por leviandade minha, confesso. Oh, perdoai-me, perdoai-me, sou muito infeliz com a lembrança do que vos fiz passar!

Chorou copiosamente, sentidamente, por entre soluços comoventes, que bem denotavam a dor que trazia no peito. Algo magnífico ocorreu: Lázaro e Jerônimo pareceram sentir piedade da jovem serva que lhes dizimara a vida, quanto traíra sua confiança. Consultaram-se com o olhar e, olhos marejados, abaixaram-se para enlaçá-la. Sim, precisaram se abaixar, pois a serva Francisca se ajoelhara para lhes pedir perdão.

A palavra de novo coube ao ordinariamente tímido Jerônimo:

- Não chore mais, Francisca, tudo é passado. Entendemos que você errou, como também nós erramos ao persegui-la por tantos anos. Vamos esquecer isso tudo e nos tornar amigos de novo.

- Oh, como sois generosos... Não mereço isso!

- Creio que o merecimento não é algo que entre nas cogitações divinas quando se trata de equivocados como nós. Lázaro e eu também nada fizemos por merecer a milagrosa intervenção de sua irmã, mas ainda assim ela nos resgatou de nosso profundo desespero.

Francisca pareceu ficar confusa, pois não entendia quem era a irmã de quem lhe falavam. Em sua existência de órfã rejeitada, não houvera nenhuma irmã para cuidar dela. Relanceou o olhar pela sala e viu Ana Maria, a fitá-los com os olhos brilhantes de carinho e alegria espiritual.

- Sim, é verdade, minha irmã!

Tudo foi de uma beleza tocante. Finalmente, os três se afastaram. Doralice parecia algo confusa entre duas identidades, a de religiosa e a de serva, mas isso não era relevante. Delicadamente, eu a levei novamente para sua cela e a fiz adormecer.

Quando retornei ao ambiente, Ana Maria traçava planos de vida nova juntamente com os dois rapazes. Eles estavam radiantes em seu recente bem-estar, mas não sabiam que rumo tomar.

- Queridos irmãos, têm pensado em seus pais?

- Nossos pais?

- Sim, eles lhes querem muito bem.

- Teríamos muita vergonha de encontrá-los. Nosso pai era um homem justo, temente a Deus, e nossa mãe era uma santa. Jamais poderiam compreender o que fizemos.

- Ora, os justos e os bons são os que costumam compreender as falhas dos outros, não os que condenam e agridem.

- Ainda assim, senhora, como nós olharíamos nos olhos deles hoje, quando compreendemos quão baixo caímos?

- Talvez devessem pensar de forma diferente. Vocês vão olhá-los com os olhos de quem atravessou períodos muito difíceis, mas ao final conseguiu perdoar e ser perdoado, compreender as ocorrências do caminho e seguir em frente.

Ela tinha autoridade moral sobre os rapazes, que não resistiram muito tempo. Quando eles pensaram sobre os próprios pais, pareceram se tornar ainda mais jovens, como se mal tivessem saído da adolescência. Tímidos, ruborizados, quais colegiais temendo a repreensão paterna por algum equívoco.

Nisso, pequeno burburinho se fez junto à porta. Houve uma pequena batida, sinal de delicadeza de quem chegava. Ana Maria foi abrir e saudou um casal de judeus com trajes típicos de uma época que já ia longe. Uma senhora bem-posta, com ar de matrona bondosa, junto de um senhor de aparência simpática, malgrado o porte altivo. Ambos suavemente iluminados.

Aquilo foi muito emocionante. Ainda hoje, quando me lembro, sinto os olhos marejados de lágrimas. Ah, o poder do amor! Aqueles dois jovens tímidos a olhar com temor os pais que chegavam. Não houve tempo nem espaço para palavras: o amor de uma mãe fala mais alto do que tudo!

Ela se adiantou e os enlaçou, com profunda ternura, enquanto o pai observava. Aquele abraço valia por toda uma vida de espera. Os jovens tentaram se ajoelhar, mas a boa senhora não permitiu e os manteve junto ao peito. Abraço que parecia não terminar mais, momento de ternura infinita, que se seguiu a uma espera angustiante, a de uma mãe que aguardara ansiosamente o retorno de seus filhos a uma faixa de sintonia em que a pudessem contatar. O pai dos rapazes, com bonomia, interveio:

- Sara, Sara, não seja egoísta! Deixe-me também abraçar nossos rapazes.

- Não o estou impedindo, José. Chegue junto a nós, há espaço para todos nessa união.

O pai se achegou. Ana Maria e eu apenas olhávamos a cena, os olhos cheios de lágrimas. Finalmente, a emoção foi acalmada, e era hora de aquele grupo familiar partir. Sara e José, emocionados, beijaram as mãos de Ana Maria, em gesto de profunda gratidão.

- Senhora... Jamais poderemos agradecer o suficiente pelo que fez por nossa família.

- Não fiz nada além de cumprir um dever de fraternidade e sabem disso.

- Sabemos, mas isso não diminui a importância de seu gesto para nós. Tem em nossa família amigos pela eternidade.

- Eu sei, e sou grata por isso.

Os quatro saíram rumo ao destino que os esperava, na conformidade dos desígnios divinos. Ficamos eu e Ana Maria naquela humilde cela, com os corações a cantar.

- Ah, bom padre, quanta alegria! A bondade divina é mesmo infinita por nos propiciar a glória desta noite de paz e perdão.

- Nem diga, minha filha. Seguramente, trata-se da noite mais linda de que me recordo. Aliás, não estava preparado para tanto, achava que os resultados seriam menos notáveis.

- Deus é infinito em Seus recursos e em Sua bondade. D'Ele tudo nós podemos esperar, sempre.

Como a madrugada avançava, ela buscou se juntar ao corpo físico, enquanto eu ficaria de vigília, com o coração leve como há tempos não o sentia. Estava profundamente feliz. O problema de Doralice estava bem resolvido, por ora.

Desde que ela não retomasse seus hábitos infelizes, de reclamação e misticismo, poderia ter uma existência feliz. Claro que enfrentaria dificuldades, pois era uma devedora da lei divina. Entretanto, essa lei é feita mais de misericórdia do que de justiça. Se ela se decidisse pelo trabalho ativo no bem, se começasse a educar as crianças, a amparar os pobres, poderia esperar o melhor em sua caminhada espiritual. Tudo estava nas mãos daquela menina, dependia de suas decisões. Fora ajudada muito além do que seria razoável esperar.

No dia seguinte, Doralice estava pensativa. Guardava certa recordação das ocorrências da noite, sentia-se algo confusa por ter se visto como uma serva que traíra dois jovens e os desgraçara. Ao mesmo tempo, estava leve, como se um fardo tivesse sido tirado de suas costas. Ana lhe comunicou que pretendia retornar a sua casa

- Oh, Ana, é muito cedo. Fique mais, preciso de você.

- Creio que não precisa, em realidade. Já está bem melhor, entendeu a importância do trabalho útil para evitar pensamentos malsãos, parou com suas crises. Como decidiu mesmo tomar o hábito, faz parte dessa escolha a vida longe de sua família. Se quisesse ir comigo, eu a levaria com o coração cantando de alegria. Como decidiu ficar aqui, preciso incentivá-la a que cumpra seus deveres à risca.

- Você está certa. Depois que o vinho foi vertido, é preciso tomá-lo.

- Apenas trate de não se embriagar. Lembre-se de tudo o que conversamos e vivemos aqui, de como o trabalho lhe fez bem. Busque não se emocionar demais com penitências e cilícios. Mantenha a mente nos exemplos do senhor Jesus. Ele laborava o dia todo e orava para recuperar as forças. Não faça o contrário, vivendo apenas para orar, esquecendo-se do bem que suas mãos podem produzir.

- Seus argumentos procedem. Farei por colocar seus conselhos em prática.

- Além disso, nossos irmãos estão na casa de Arquimedes há tempo demais. Não é bom que abusemos do auxílio dele. Também preciso ver Joana, que deve estar irreconhecível após tantos meses.

- Ah, gostaria tanto de conhecer nossa sobrinha!

- Não faltará oportunidade. Um dia eu a trago para conhecê-la, prometo.

- Pensei agora em Genoveva. Como estará?

Uma nuvem pareceu envolver o semblante de Ana Maria, enquanto seu pensamento voava para a irmã distante, de quem não tinha notícias há tanto tempo.

– Espero ardentemente que esteja bem. Embora, com sinceridade, duvido que alguém consiga realmente ficar bem em situação semelhante.

– É verdade. Ainda mais Genoveva, cujos sonhos se resumiam em ser esposa e mãe. Acho que nunca entenderei a opção dela.

– Nem eu, Doralice.

As jovens conversaram longamente e ficou acertado que no dia seguinte Ana Maria iria embora. Ela precisava comunicar a decisão à madre superiora e agradecer a acolhida que tivera. A moça se arrepiou a esse pensamento, mas se tratava de um dever a que não se poderia furtar. Inclusive, precisava que a madre mandasse um mensageiro ao vilarejo mais próximo, a fim de ajustar uma condução para levá-la embora. Enfim, o adeus à madre constituía providência incontornável.

Minha jovem amiga, em geral tão desembaraçada, estava bem menos desenvolta ao pedir uma entrevista com a madre no dia seguinte. Seu constrangimento era visível, a ponto de parecer uma colegial temerosa. Eu sorri ao ver aquilo, pois ela nem imaginava como aquela postura a rejuvenescia e devia torná-la ainda mais desejável aos olhos da freira a quem temia enfrentar.

Eu realmente gostava da minha posição de testemunha privilegiada de tantos acontecimentos interessantes. Ainda não havia atinado que um dia me caberia escrever a história da vida de Ana Maria e seus familiares, para a instrução de quem se dispusesse a refletir sobre ela.

A freira, visivelmente encantada, não fez a moça esperar muito tempo. Estava radiante e um tanto nervosa, quase como uma adolescente às voltas com um sonho de amor. Que situação complicada e quanta decepção a religiosa iria colher...

Logo de início, como quem se livra de um dever espinhoso, Ana Maria falou que ali estava para se despedir e agradecer. A decepção no semblante da madre foi visível e atroz. Ela realmente acalentara no coração a esperança de alguma coisa que talvez não colocasse em palavras. Talvez imaginasse uma terna amizade, gestos de carinho... Eu não me animava a perquirir seu mundo íntimo, a fim de ver o que esperara de um possível vínculo com a jovem ali presente. Qualquer que fosse a esperança, estava irremediavelmente perdida. O sorriso nervoso do princípio da conversa desapareceu, as mãos dela começaram a tremer e seus olhos ficaram brilhantes demais, com lágrimas perigando rolar.

- Por que nos deixa assim tão cedo? É muito bem-vinda aqui em nosso convento, sua irmã precisa de sua companhia.

Em seus pensamentos, ela gritava: "Não me abandone, eu preciso de você! Fique comigo, fique comigo! Não me deixe! Não seja ingrata! "

Intuitiva a mais não poder, Ana Maria balbuciava com um nervosismo pouco usual.

- Senhora, suas palavras são generosas, e sempre lhe serei grata pela acolhida que tive aqui. Mas tenho uma família dependente de meus cuidados.

- É uma moça solteira!

- Sim, e também sou a irmã mais velha responsável por dois irmãos menores e uma sobrinha que ficou sem a mãe muito jovem, pouco mais do que uma criança de colo. A administração da casa repousa em minhas mãos.

- Esperava que ficasse mais tempo conosco, que pudéssemos conversar bastante. Gastou quase todo o seu tempo junto da irmã Doralice, enquanto eu fiquei a esperá-la inutilmente...

A entonação daquelas palavras era inequívoca. Embora ela tentasse dar um tom jovial, de brincadeira, sua voz desafinara ao final e ficou mais do que claro o quanto sofria, como era cruel sua decepção.

- Infelizmente, minha irmã demorou muito para recuperar a saúde e precisei me dedicar a ela. Mas a senhora sempre estará presente em minhas orações. Será com fervor que orarei para que Deus a mantenha sempre a postos e zelosa no cumprimento de seus deveres. Seu exemplo de cristã, ao me acolher aqui de forma tão desinteressada, é algo que nunca esquecerei.

A freira ficou chocada com aquelas palavras, ditas de forma tão espontânea. Reconheceu que não recebera a moça nem lhe possibilitara tanta liberdade no ambiente conventual de forma desinteressada. Sempre agira impressionada por sua beleza notável, pela candura de seus olhos, pela esperança de algo inominável, ou que não conseguia nominar. A freira, que também estava de certo modo transformada com as modificações ocorridas no convento, ficou estarrecida ao se descobrir interesseira na administração de uma casa de Deus.

Aquilo a fez se tornar mais razoável, embora continuasse tremendo e com a voz falseando, enquanto seus olhos brilhavam de lágrimas não derramadas. Tomou a si a responsabilidade de providenciar a condução da moça, ofertando-lhe uma carruagem que servia o convento e deveria mesmo se pôr em viagem para local próximo de Lyon.

O ajuste era perfeito, e Ana Maria estava disposta a concordar com o que quer que fosse, contanto que a tirasse rapidamente daquela situação. A madre apenas colocou como condição que partisse só no dia seguinte pela manhã, a fim de poderem conviver mais um dia. Arrepiada com o que aquilo poderia significar, restou à moça lionesa concordar.

Mas a madre não arquitetou nada que ferisse a decência. Ao contrário, mandou providenciar um jantar diferenciado, com o qual pretendia honrar a visitante em sua despedida. O frade José se fez presente no jantar, o qual foi alegre e despretensioso. O religioso discursou, louvando as virtudes da visitante, no que foi imitado pela madre. Foi com alegria que notei a simpatia generalizada de que gozava Ana Maria naquele ambiente.

Não era raro na época que muitas jovens, colocadas em conventos sem genuína vocação, se perdessem em hábitos mundanos, em pequenas intrigas e querelas, cheias de inveja umas das outras. Isso ocorria ali, em certa medida, mas Ana sempre se mantivera tão suave com todas, tão envolvida com a saúde da irmã, que granjeara a simpatia geral.

Capítulo

18

De volta ao lar

No dia seguinte, as irmãs se despediram por entre lágrimas. O espetáculo daquela emoção serviu de desculpa para que também a madre chorasse copiosamente. Ela até justificou que se emocionava com o carinho daquelas irmãs, quando na verdade seu coração estava dilacerado.

Foi assim que, vários meses após sua chegada, Ana Maria entrava na carruagem para retornar a sua residência. Deixava para trás um ambiente praticamente saneado e uma irmã quase recuperada. Mais do que isso não teria podido fazer. Aliás, é justo e necessário reconhecer que a presença do pequeno frade fora crucial no sucesso da empreitada.

Ela ficou olhando pela janela, com o coração apertado, enquanto a carruagem se distanciava pela estrada. Seu coração estava pequeno, pois sabia que demoraria muito tempo para ver novamente a irmã tão querida e também tão frágil. Ah, se estivesse em seu poder, levaria Doralice junto com ela! Se ela queria uma vida religiosa, podia se dedicar às atividades da paróquia, junto ao padre Mário, e também cuidar dos pobres na residência da família. Afinal, a religiosidade não era exatamente isso? Não se tratava de louvor e trabalho em doses bem equilibradas? Mas Doralice preferia ficar ali e era seu direito decidir a própria vida. Esperava apenas que fosse feliz, que continuasse a trabalhar e a vigiar os próprios pensamentos.

A carruagem lentamente se distanciou e ela mergulhou em seus pensamentos. Pensava nos irmãos Pedro e Luís e também na pequena Joana, sua sobrinha. Indagava-se se Arquimedes estava melhor, se já se recuperara da deserção de Genoveva. Ah, Genoveva, que triste decisão tomara! Como estaria? Viveria algum arremedo de felicidade? Já não estaria arrependida? Como gostaria de falar com ela! Nessa linha de pensamentos, lembrou-se também de Fábio. O que estaria ocorrendo com ele, o que estaria vivendo? No fundo, era por Fábio que mais temia. Genoveva fora fraca, desertara de importantes deveres, abandonara um lar bem constituído, um marido amoroso e uma filha carente de seus cuidados. Mas o fizera pelo que imaginava ser amor. Havia uma justificativa, ainda que pífia.

Ela fora fraca e leviana, mas não era nada além destas coisas. Mas e Fábio, o que andaria fazendo pelo mundo? Nunca ignorara que ele possuía instintos estranhos, quiçá até perversos, que se abrandavam em sua presença, mas eram reais, muito reais. Para piorar as coisas, fora embora com aquele João, péssima companhia. Só de pensar em João, ficava arrepiada. Que dupla aquela, Santo Deus!, que se lançara no mundo, com muito dinheiro, nenhum juízo, nenhuma compaixão e profundo gosto por aventuras. Será que um dia tornaria a ver seu irmão tão querido? Ele voltaria em quais condições? Principiou a orar por todos os familiares, com o desejo ardente de que fossem felizes, enquanto a carruagem a conduzia de volta para casa.

Chegou à residência de sua família ao entardecer e foi recebida com festa pela criadagem. Era visível, nos olhos de todas as pessoas, o alívio que sua presença causava. Ana Maria ficou emocionada com a recepção calorosa, pois foi uma oportunidade para colher os frutos do carinho que dedicava aos mais humildes. A velha serva Maria cuidou de informá-la das novidades.

- Senhora, que alegria vê-la bela e disposta como sempre.

- Agradecida, Maria. A alegria é minha por vê-los todos tão felizes e a casa tão bem cuidada. Tudo transcorreu bem em minha ausência?

- Mais ou menos, senhora.

- O que quer dizer?

- Senhora, embora sabedora de minhas dificuldades, fiquei com o encargo de substituí-la na organização das atividades junto aos que batem à porta desta casa.

- E...?

- Foi mais difícil do que eu esperava. Os pobres são reclamões, senhora, impacientes. Não são humildes como quem pede. Parecem exigir o que é dos outros.

- Ora, Maria, eles sofrem. Não é muita coisa esperar gentileza de quem padece a falta de coisas essenciais?

- Sim, mas que briguem com os outros e não com aqueles que lhes distribuem comida, agasalhos e remédios!

- Remédios? Isso é novo para mim.

- Sim, senhora, as atividades aqui sofreram alguma modificação. O doutor Arquimedes passou a acompanhar o atendimento uma tarde da semana. Para não prejudicar as atividades do consultório e afugentar a clientela bem-posta e bem-nascida, cuida dos doentes aqui mesmo. Atende-os no alpendre, quando não há necessidade de alguma privacidade a mais. Do contrário, leva-os para dentro da casa. Em casos mais graves, aí sim os encaminha ao próprio consultório, no princípio da noite.

Um sorriso radiante recebeu essas informações.

- E você ainda me diz que as coisas caminharam mais ou menos? Parece-me que estão a correr de modo maravilhoso.

- Se a senhora acha bom que nossos afazeres cresçam sem cessar, é um modo de ver. Há também a pequena Joana, que anda bastante enferma.

- Que tem Joana?

- Ela emagrece a olhos vistos, quase não come, está perdendo o viço. Creio que sente falta da mãe. Também acredito que sente muito sua ausência, senhora.

- Nem me fale uma coisa dessas. Também eu ardo de saudade de Joana. Nada posso fazer quanto à ausência de Genoveva, mas cuidarei de encher a menina de mimos, de atenção e carinho. Não será por minha falta que deixará de crescer sadia e viçosa.

- Assim espero. Poderia me falar o que houve com a senhora Genoveva?

- Outra hora eu lhe conto tudo, prometo. Agora preciso organizar minha bagagem, tomar um banho e alimentar-me. Quero ver se ainda hoje faço uma visita a Arquimedes. Como estão os meninos?

- Parecem muito bem. Acho que a companhia do doutor Arquimedes tem lhes feito bem, parecem mais ajuizados e tranquilos.

- Mesmo Pedro está a tomar juízo?

- Ah, esse sempre segue alegre e disposto a pregar peças, mas possui um coração bondoso.

- Eu sei. E isso me tranquiliza.

- Como vai Arquimedes?

- O doutor sempre parece tristonho e taciturno. Nunca mais foi o mesmo, desde que dona Genoveva sumiu. E também agora, com a doença de Joana, o pobre se consome.

Um tanto assustada com a história de Joana, Ana Maria se apressou em colocar as próprias coisas em ordem. Pouco mais de uma hora depois, saiu em direção à casa do cunhado. Como já era noite, fez-se acompanhar de uma serva e um servo e foi caminhando.

Ao chegar ao seu destino, novos sorrisos satisfeitos a esperavam. Os irmãos a saudaram ruidosamente. Até Luís, habitualmente taciturno como o pai o fora, se permitiu gestos espontâneos. Já Pedro, sempre estridente, iniciou uma dança com a irmã, em plena sala.

Arquimedes a tudo observava, com o olhar brilhante de admiração. Seu pensamento era cristalino: como era doce e bela a sua cunhada! Uma pena que não se casara com ela, mas com a trânsfuga. Ana Maria conseguiu se libertar dos irmãos para cumprimentar decentemente o cunhado. Notou-o emagrecido, abatido e com o semblante preocupado.

- Caro Arquimedes, é uma alegria revê-lo. Agradeço o haver acolhido e mantido meus irmãos em sua casa durante minha ausência. Espero que não o tenham incomodado demais.

- Ana Maria, a alegria é minha ao revê-la. Quanto a seus irmãos, sua presença e sua alegria juvenil têm sido um lenitivo neste período difícil de minha vida.

- Soube que Joana não está muito bem.

- Ah, nem sei mais o que fazer com ela. Anda pela casa chamando a mãe, grita por ela. Pouco come, dorme mal, resfria-se e adoece o tempo todo. Ora, tem problemas na garganta, ora é sua pele que se fragiliza. Não sei mesmo que fazer.

- Desejaria vê-la. Já está dormindo?

- O sono da menina é leve ao extremo na atualidade. Creio que espera o retorno da mãe e a está aguardando. Aliás, creio que também se ressente de sua ausência, cunhada. Talvez sinta que ambas a abandonaram.

- Entendo e lamento, mas sabe que eu tinha de cuidar um pouco de Doralice.

- Nossa, havia até esquecido isso. Como está ela?

- Bastante bem, graças ao bom Deus. Melhorou muito, está quase boa. Mas por favor, desejo ver Joana.

Ambos se dirigiram ao quarto de Joana. A menina ressonava, enquanto uma serva se fazia presente no ambiente. Como a criança acordava gritando com frequência durante a noite, providenciaram uma cama para que sempre uma das criadas ali pernoitasse.

Ao vê-los entrar, a jovem serva se retirou delicadamente. Aproximaram-se da caminha com vagar e Ana Maria ficou chocada com a aparência da menina. Mesmo naquele ambiente com pouca luz, era visível sua magreza e abatimento. Embora toda a delicadeza dos dois, a menina se agitou e abriu os olhos.

Ao se deparar com o rosto da tia debruçado sobre ela, soltou um grito de alegria e literalmente se jogou em seus braços. Eu observava a cena com enlevo: as irmãs do passado se reencontravam de forma emocionante. Elas eram extremamente unidas em espírito, a ponto de a menina pressentir com segurança a presença de Ana. Esta acariciava a menina, falava-lhe com suavidade, com um carinho infinito. A menina sorria e gritava de alegria, no colo da tia.

Arquimedes olhava aquilo com um sentimento ambíguo. Seu coração ficava apertado sempre que refletia que se havia equivocado ao propor casamento a Genoveva, e não a Ana Maria. Mas também reconhecia que esta havia rejeitado tantos pretendentes, que talvez o tivesse rejeitado também. Por certo, ela nunca se colocaria no caminho da felicidade da irmã. Algo que compreendera a respeito da cunhada é que se tratava de uma mulher generosa, sempre disposta a fazer sacrifícios pelos outros. Ao mesmo tempo, ficava sinceramente feliz ao ver a alegria de sua filha. Talvez agora a menina melhorasse. Sempre fora tão apegada à tia, costumava rir mais para ela do que para qualquer outra pessoa.

Não houve mais jeito de separar as duas naquela noite. A menina tomara posse de Ana Maria, literalmente, parecendo ter pouca disposição para abrir mão de sua presença. A solução foi enviar os servos para buscar roupas de dormir na casa da moça, a fim de que pernoitasse ali. Instalou-se familiarmente no quarto de Joana e foi mesmo necessário aproximar as camas, para que pudessem se tocar durante a noite.

Quando finalmente se retirou para dormir, Arquimedes tinha um sorriso triste no rosto. Observei-o preocupado, pois havia nele um marcante desencanto pela vida. Quase nada sobrara do jovem idealista que eu conhecera havia poucos anos, por ocasião do velório de Filipe, pai de Ana Maria.

Dei-lhe o tempo necessário a que se aviasse para deitar, respeitoso de sua privacidade, e fui ter com ele. Reparei bem em sua aparência e já estava emaciada. Embora ainda estivesse na casa dos 30 anos, seus cabelos estavam bastante embranquecidos e seu rosto, vincado com as rugas que a amargura pode produzir em um homem. Emagrecido, triste, embora não desesperado.

Busquei seguir a linha de seus pensamentos e eram de uma tristeza pungente. Sentia-se abandonado por Deus, em sua condição de homem traído pela esposa. Embora não tivesse feito qualquer escândalo, as pessoas falavam na cidade sobre a ausência de Genoveva. Não faltou quem ligasse essa ausência à repentina debandada do barão Cícero de N. e de seus convidados. Não tardara a ficar sabendo das festas promovidas na cidade, a título de homenagear sua família, e em particular seu pai. Enfim, o povo atinara com o ocorrido e seu aspecto triste e reservado fora como uma confissão. Sabia que falavam de sua desdita, que muitos o consideravam com desdém.

Muitos deviam achar que se acovardara ao não procurar a esposa fujona, ao não buscar lavar sua honra com sangue. Havia nele uma desesperança tão profunda, um desânimo tão marcante com tudo. De que lhe adiantaria matar Genoveva e Cícero? Seria feliz depois disso? Pior, conseguiria matar a irmã de Ana Maria, a irmã de seus cunhados, a quem a cada dia mais estimava? Não, seu ofício era o de salvar vidas, não o de extingui-las.

Eu acompanhava essa linha de raciocínio emocionado com a nobreza do jovem médico. Ele sofria, sim, mas com dignidade. O bom Deus certamente o haveria de recompensar. Havia nele, por certo, um ar de desgraça e de abandono, fruto de sua tristeza. Mas também havia a marca da dignidade espiritual: ofendido, vilipendiado em seus direitos e em sua honra, optara por trabalhar com valor, por bem criar sua filha. Estava desencantado, claro, mas trilhava o bom caminho.

Ele seguia em seus devaneios e pensamentos. Por que seus sentimentos eram tão ambíguos? Ressentia-se de não se ter casado com Ana Maria. Entretanto, amara Genoveva com paixão e ternura, embora sempre temesse que lhe trouxesse sofrimento. Quanto a Cícero, sentia uma dor estranha. Também tivera apreensão em relação a ele, mas mesclada com um sentimento profundamente fraterno. Era decididamente um frouxo, pensou, em um ímpeto de raiva. Não conseguia nem odiar os que o traíram, como seria de se esperar. Antes ficava ali, sem entender em plenitude o que sentia. Algo sabia com perfeição: o capítulo do amor estava encerrado em sua vida. Nunca, jamais tornaria a confiar em uma mulher novamente! Sua cunhada era um capítulo à parte, pois mais se assemelhava a uma santa, com suas renúncias tão constantes. Não podia ser levada em conta.

Notei que aquele jogo mental se repetia noite após noite, com Arquimedes somente conseguindo conciliar o sono em plena madrugada. Decidi interferir e lhe proporcionar, ao menos naquela noite, o repouso merecido. Apliquei-lhe energias calmantes, fi-lo acalmar a mente, bocejar e finalmente adormecer. Não desejava que ficasse muito lúcido: era bom que descansasse especialmente sua mente, tão consumida pela dor de sua tragédia matrimonial. Mantive-o, assim, vinculado ao corpo físico, em um estado de feliz amortecimento.

No dia seguinte, quando a família se reuniu para o café da manhã, todos estavam com boa aparência. Ana Maria já estava refeita da viagem, Joana saltitava feliz no colo da tia, os rapazes nunca haviam estado mal mesmo, ao passo que Arquimedes trazia no semblante os reflexos da noite bem dormida que eu lhe proporcionara.

Houve as tratativas inevitáveis e Arquimedes concordou que Joana doravante passasse as tardes na casa dos tios. A menina ficaria durante as manhãs em sua residência e voltaria todas as noites. Mas as tardes ela ficaria sob os cuidados de Ana Maria. Naquele dia, por razões óbvias, iria logo cedo com a mudança dos tios e pernoitaria na casa deles. Apenas na noite seguinte é que o programa seria colocado em prática mais à risca.

Logo todos estavam novamente acomodados na mansão que outrora fora de Filipe e Constância. Ana retornava à condição de senhora de sua casa, inteirava-se de tudo o que havia ocorrido ali, do andamento dos estudos dos irmãos, e até dos negócios da família teve o cuidado de se informar. Programou uma visita ao estabelecimento principal, a fim de falar com o administrador dos negócios.

Pouco depois das 14 horas, chegava ao local. Sua presença nunca deixava de causar certa comoção. Isso se devia tanto ao inusitado, pois raramente lá comparecia, como também à admiração que sua aparência causava nos jovens empregados.

Não é interessante o efeito que a beleza causa? Pode ser um perigo ou um facilitador da vida, a depender dos propósitos de quem a possui. Minha amiga era quase inconsciente desse seu dom. Quase, digo eu, pois era bem mulher e por vezes se alegrava ao ver o próprio reflexo no espelho. Mas estava longe de ser coquete e nunca buscava chamar a atenção para a própria aparência. Especialmente, não se lançava em nenhum jogo de sedução, por leve que fosse. Era justamente essa falta de vaidade, essa sua inocência que a tornava tão notável aos olhos masculinos.

Ana Maria foi recepcionada pelo intendente da família e administrador das empresas, o senhor Jerônimo. Viúvo havia alguns anos, este nutria certos sentimentos por Ana, que sequer suspeitava do interesse romântico que despertava. O empregado não mantinha qualquer esperança. Sempre dizia com seus botões que, se a senhorita resolvesse se casar, não seria com ele, um empregado, além de tudo bem mais velho do que ela. Restava-lhe observá-la com admiração.

Eu sorria vendo aquilo tudo. Não havia o que temer: o homem era respeitoso, sabia o seu lugar e jamais se aventuraria no papel de conquistador. Seus sentimentos apenas o tornavam mais confiável no mister a que se entregava.

- Senhorita Ana Maria, que alegria vê-la!

- Boa tarde, senhor Jerônimo!

- A que devo a honra de sua visita?

- Estive fora por alguns meses, enquanto visitava minha irmã Doralice no convento em que reside. Desejo saber como estão os negócios da família.

- Os negócios vão muito bem. Nada de preocupante há neles.

- Faz tempo que o senhor não me inteira dos números da contabilidade. Desejaria ter uma noção real do que ocorre.

Os olhos de Jerônimo brilharam felizes pela oportunidade de demonstrar o sucesso de seu trabalho. Lançaram-se em uma enfadonha conversa comercial. A certa altura, o homem lançou uma frase que me chamou a atenção.

- Sua visita é mesmo providencial, senhorita Ana Maria. Preciso lhe falar de uma ocorrência.

- Que ocorrência?

- Trata-se de seu irmão Fábio.

- O que houve?

- Como deve saber, ele sempre me enviava pedidos de dinheiro, como parte da mesada a que fazia jus, e mesmo, por vezes, como adiantamento da parte que lhe caberia em uma futura partilha dos bens de seus pais.

- Não mais envia tais pedidos?

- É justamente isso: há alguns meses, deixei de receber os pedidos. Antes, por um ou outro correspondente, sempre os pedidos chegavam. Agora, um silêncio completo impera. A senhorita sabe de algo, para onde devo enviar dinheiro, o que aconteceu com seu irmão?

- Infelizmente, não sei dele há muito tempo. Desde que se foi, abriu mão de escrever para a família.

- Com as ordens de pagamento, eu costumava fazer pequenos relatos das ocorrências mais relevantes, como o falecimento de seu pai, o casamento de sua irmã, essas coisas.

- De onde veio o último pedido?

- Da Áustria.

- Agradeço-o me haver inteirado disso, mas não sei exatamente o que fazer.

- Imaginei que talvez mantivesse algum contato com ele.

- Não. Esse contato não existe.

- Lamento se a preocupei em vão.

- Não foi em vão. Vou refletir a respeito. Talvez ajuste alguém para investigar o destino de Fábio. Vou conversar com meu cunhado para depois decidir.

A partir daquele momento, era visível a preocupação no semblante da moça. Forçou-se a prestar atenção nos detalhes técnicos dos negócios que lhe eram relatados, mas o fazia com dificuldade. Uma profunda angústia tomava conta de seu coração.

A caminho de casa, ia mergulhada em seus pensamentos e não percebia os passantes. Mais de um conhecido a cumprimentou, e Ana Maria não notou. Chegou à residência e se retirou para seu quarto, a fim de orar, como era de seu costume. Justamente por isso, a ambiência daquele aposento era especial, em comparação com o restante da casa. Havia ali certa rarefação de fluidos pesados, tudo era mais sutil e mesmo cintilante, para quem conseguia perceber.

O clima psíquico do quarto da donzela se assemelhava bastante ao de uma igreja, o que é bastante raro. Homens e mulheres encarnados não costumam cuidar muito da higiene espiritual de suas casas em geral, e em especial de seus aposentos particulares. Não raro, quando se imaginam sozinhos, entregam-se a estranhos devaneios, fantasiam com coisas que não têm coragem ou oportunidade de colocar em prática. Vivem em suas mentes as maiores baixezas, brigam com familiares, vizinhos ou conhecidos, sem imaginar que com esse proceder fazem vistosos convites aos passantes desequilibrados do mundo espiritual, que costumam aceitar com alegria tais convites. Depois não sabem porque dormem mal, sem que consigam descansar direito, embora passem muitas horas no leito. É que não repousam de verdade, antes fogem de visitas desequilibradas, assustam-se com elas. Isso quando não se encaminham com tais companhias para tristes regiões da espiritualidade inferior, onde participam de vergonhosas festividades, para não utilizar um nome mais feio.

Nada disso ali havia. A moça primava por manter em boa ordem não só sua vida de aparência, mas também sua vida em essência, refletida em seus pensamentos e sentimentos. Orava bastante e bem e, em decorrência, seus aposentos privados tinham o melhor tônus psíquico possível.

Agora, ela se encontrava angustiada e orava com unção pelo irmão ausente. Temia por sua vida, por seu bem-estar e também por sua liberdade. Sim, sabia-o doidivanas e vicioso; além de tudo, muito mal acompanhado. Bem podia estar preso ou enfermo em algum local distante. Pelo que conhecia de Fábio, não havia a menor possibilidade de que a frugalidade o inibisse de buscar recursos amoedados junto à família. Jamais fora econômico, sempre gostara imensamente de coisas boas, de ser bem servido, de comer bem e viver o mais luxuosamente possível. Se não pedia dinheiro era por absoluta impossibilidade. Qual seria o empecilho?

Decidiu não contar para os irmãos mais novos, a fim de não preocupá-los. Reservaria o tema para uma futura conversa que conseguisse manter a sós com o cunhado. Este, como um homem vivido, saberia aconselhá-la. Assim, precisava fazer cara boa e cuidar de sua família. Saiu para a sala e foi conviver com os irmãos, acompanhá-los em seus estudos, que estavam em vias de findar. Os rapazes já estavam bem amadurecidos, espadaúdos mesmo, e logo o mestre-escola nada mais lhes teria a ensinar. Se não fosse pela insistência da irmã, já teriam se lançado na vida prática.

Luís visivelmente pendia para a continuidade dos negócios da família. Desejava começar a trabalhar nos estabelecimentos, aprender tudo o que fosse possível, para expandi-los. Tinha a mente de um negociante, um empreendedor. Era sério, mas não parado. Lembrava em demasia o pai, Filipe, não apenas nos modos, no semblante algo sisudo, mas também na aparência e no gosto pelo dinheiro.

Já Pedro parecia apenas querer se livrar das obrigações escolares para gozar a vida. Há algum tempo, aprendera cantar, o que fazia com grande competência. Também tocava alguns instrumentos e era disso que gostava. Lembrava bastante a irmã mais velha, com sua aparência sedutora, e era visível que ardia por se converter em um sedutor em larga escala.

Ana, atenta ao caráter do rapaz, não cessava de lhe ministrar lições de moral evangélica. Sempre lhe repetia incansavelmente que não deveria fazer com outras mulheres o que não gostaria que fizessem a ela. Falava-lhe do triste episódio de Genoveva, que, seduzida, abandonara a família, causando dores e prejuízos a inúmeros seres. Lembrava-lhe que toda moça tem pais e irmãos que a amam. Em suma, que deveria sempre ser respeitoso e cuidadoso com a família dos outros.

O rapaz ouvia aqueles sermões sem muito interesse. Nada daquilo parecia fazer sentido para ele. A seu ver, Genoveva errara porque quisera e era a única culpada. Quanto a Ana Maria, parecia que ninguém jamais conseguiria desvirtuá-la. Era mais fácil ela converter o sedutor em um frade franciscano, vivendo e pregando a pureza em praça pública. Certa vez lhe falou isso, por entre gargalhadas.

Ela não achou muita graça, pois, à parte a troça a seu respeito, irrelevante, nele via um caráter debochado, a prenunciar problemas. Nada tinha dos desequilíbrios de Fábio, pois era leve e feliz, sem aparentar crises de consciência e torturas íntimas. Tratava a todos bem e era estimado, adorado mesmo, pela criadagem. Esse era o problema: o rapaz era sedutor demais, ele dominava essa arte com grande requinte. Aproximando-se dos 18 anos, começava já a testar seu charme em cima do sexo oposto e só não o fazia mais acintosamente pelos freios que a presença da irmã lhe impunha.

Embora ela ainda não o soubesse, também seu cunhado, Arquimedes, contribuía para que o rapaz permanecesse contido, em sua ânsia de romance e sedução. Eles tinham longas conversas, nas quais o médico fazia tudo o que estava ao seu alcance para demonstrar ao jovem Romeu sem Julieta os perigos reais que a promiscuidade podia causar na vida de um rapaz. Sua fala era a de um médico e o foco central eram as questões de saúde, que na época ainda eram bastante graves, com muitas das ditas "enfermidades do amor" ainda sem cura efetiva. Também era a de um esposo traído e abandonado, que trazia no semblante a marca da dor que a desonra de uma mulher pode causar em seus familiares.

O jovem rapaz seguia como um cavalo de boa raça roendo o freio que lhe colocavam na boca. Era possuído por uma sensualidade poderosa e portava uma beleza impressionante. O que o poderia salvar de gravíssimos erros eram o seu bom coração e as palavras e os exemplos dos familiares. Restava aguardar o curso dos acontecimentos, para ver o que ocorreria. Quem sabe se nosso bondoso Deus não colocaria na vida dele uma moça por quem nutrisse real afeto, que o encaminhasse para os sagrados deveres de esposo e pai? Eu torcia por aquilo, do fundo do meu coração, pois amava verdadeiramente aquele rapaz ingênuo e feliz, embora muito ciente de sua propensão ao deboche.

Quanto ao problema de Fábio, não sei bem a razão, mas receava me inteirar do que ocorria. Não me seria difícil tentar localizá-lo, mas algo em mim titubeava a esse pensamento. Pensava repetidamente: o que o seu retorno faria naquele núcleo familiar? Decidi deixar que as coisas corressem, sem me aprofundar muito naquele aspecto da vida dos jovens. Ana Maria falou com Arquimedes e combinaram de contratar um investigador para verificar o destino do moço.

Adotada a providência, restou-lhes seguir a vida, em clima de regularidade. A irmã mais velha de Fábio orava constantemente por ele, com o coração ralado de angústia. Mas suas tarefas eram vastas e ela não era de se desviar do rumo de suas obrigações.

Dedicava bastante tempo à educação da pequena Joana, que crescia bela e faceira, em muito lembrando a mãe. A semelhança em questão era meramente física, pois eram outros os pendores da menina. Como passava as tardes na casa da tia, conforme combinado, cedo tomou gosto por ajudá-la no cuidado dos pobres e enfermos. Era um passado que reconquistavam, nessa parceria feliz e abençoada de socorro aos pobres.

Em sua tenra idade, a menina pouco podia fazer, mas se contentava em imitar a tia, em secundá-la, oferecendo-se sempre para ajudar. Por vezes se distraía e começava a brincar com as pobres crianças que ali se faziam presentes. De repente, parecia recordar dos deveres que acreditava serem seus desde tão cedo e retomava o posto ao lado da tia. Buscava imitar-lhe até os gestos e era a um tempo emocionante e hilário vê-la a adotar ares adultos e graves. Era uma boneca rechonchuda fazendo-se de adulta.

O tempo parecia correr célere e nada de surgirem notícias de Fábio. O investigador retornou após alguns meses e disse que a pista dos dois jovens havia simplesmente sumido. Tivera notícias deles pela última vez por terem participado de uma arruaça em uma cidade austríaca. Foram presos, mas haviam conseguido fugir e depois disso simplesmente evaporaram.

Ocioso dizer que Ana Maria recebeu tais informes com profunda angústia. O que sempre temera ocorria: seu irmão se perdia em loucuras, distante dela, que nada podia fazer.

Capítulo

19

Pedro e Genoveva

Os anos foram transcorrendo sem muita coisa digna de nota. Luís, ao abandonar definitivamente os estudos, colocou-se nos negócios da família. Sóbrio e previdente, soube ser humilde para adotar a postura de aprendiz junto ao intendente Jerônimo. O moço era sério e competente e não demorou muito a se posicionar com acerto na estrutura empresarial.

Pedro fazia de conta que trabalhava, para que não o incomodassem muito. Comparecia ao estabelecimento e fazia alguma coisa. Seu charme não era de todo inútil aos negócios familiares, pois sabia seduzir clientes e fornecedores, com seu verbo fácil e singular. Era realmente um sedutor. Entretanto, seu coração estava mesmo era na música e nas artes. Tinha bastante talento e a elas se dedicava nas horas vagas. Isso no tempo que lhe sobrava dos afazeres nos negócios e de seus jogos de sedução. Possuía uma corte de fãs, que fazia sofrer horrivelmente. Era a versão masculina de Ana Maria, na aparência, mas sem a sua ética. Ou seja, um perigo e um desastre nas vidas das moças casadoiras da cidade.

Arquimedes envelhecia prematuramente no amargor que não conseguia vencer. Dedicava-se à filha, ao consultório e ao atendimento aos pobres, juntamente com a cunhada. No mais, remoía a dor de sua desgraça familiar, imensamente recluso. Frequentava apenas a casa dos pais e a dos cunhados.

Ana Maria seguia sua vida normal, sempre pensando nos destinos ignorados de Fábio e Genoveva. Fazia já vários anos que esta havia abandonado o esposo. Joana contava quase 13 anos de idade e era uma bela e doce adolescente, com um brilho incomum no olhar. Era também uma jovem decidida, que argumentava com grande vigor na defesa do que acreditava correto. Seu temperamento era muito semelhante ao da tia, com quem possuía marcante afinidade. Fisicamente, era a própria imagem da mãe ausente, para desconforto de seu pai, que sofria com tal semelhança.

A esse tempo, Luís já havia se casado com a filha de um importante fazendeiro da região. Pedro seguia fazendo estragos nos corações das moças das redondezas, sem se decidir verdadeiramente por nenhuma.

Foi por essa época que chegou uma missiva que alteraria de modo significativo o rumo dos acontecimentos. Ana Maria se encontrava envolvida em seus trabalhos de costura, quando lhe avisaram que um senhor desejava lhe entregar uma correspondência. Um tanto curiosa, fez entrar o mensageiro. Não se tratava de um moleque de recados nem de um emissário qualquer. Evidentemente, era um serviçal de categoria, pertencente a uma grande casa. O senhor a cumprimentou respeitosamente e disse:

- Senhora Ana Maria, presumo.

- Com efeito.

- Venho da parte do senhor barão Cícero de N.

Ana Maria empalideceu ao ouvir aquele nome que tanta desgraça havia causado em sua família.

- O que deseja de mim o senhor barão?

- Ele lhe envia uma missiva, e tenho ordens de não retornar sem levar a sua resposta.

Dizendo isso, ofertou-lhe um grande envelope, no qual era visível o brasão do remetente, afixado em um imponente fecho de cera. A moça o tomou nas mãos e hesitou. Evidentemente, temia o teor da correspondência e não teve ânimo para lê-la na frente daquele estranho.

- Senhor, o que quer que contenha a carta, por certo não poderei dar resposta imediata.

- O senhor barão já previa isso e me orientou a buscar acomodação na cidade. Assim, toda tarde voltarei aqui, para indagar se há alguma resposta. Basta que oriente a criadagem a me responder, a fim de que não importune a senhora com minha presença constante.

- Parece uma medida sensata.

- Eu me retiro daqui, senhora. Com sua licença.

Ele se foi, após lhe fazer uma elegante mesura. Ana Maria ficou na sala, com aquele envelope que parecia queimar suas mãos: temia mesmo abri-lo. Finalmente, saberia o que era feito de Genoveva e temia que as notícias não fossem boas. Decidiu por se recolher a seus aposentos privados, para não ser interrompida por alguém da família. Intuía que talvez necessitasse de algum tempo para assimilar o teor do documento, antes de decidir o que quer que fosse ou mesmo de participar a sua existência aos familiares. Chegou ao quarto, trancou a porta, sentou-se na cama e orou longamente. Após, rompeu o lacre e começou a leitura.

Com a elegância de um homem que dominava a arte das relações mundanas, Cícero a cumprimentava de forma requintada, com a observância de todos os melindres da época. Mas também, como homem prático, não fez floreios demais para abordar o assunto principal: Genoveva. Comunicou-lhe que a irmã estava bastante enferma e rogava por sua companhia. Viajaram muito e permaneceram por longo tempo no exterior. Em decorrência de alguns partos malsucedidos, Genoveva adoecera de modo irremediável. À custa de muito esforço, e com grandes sacrifícios para a enferma, voltaram para a França e hoje residiam, de forma discreta, no palacete da família do barão em Paris. O nobre terminava com um convite e uma rogativa a que Ana Maria fosse passar uma temporada na capital do país, a fim de atender os insistentes rogos de sua irmã, que não mais saía da cama.

Grossas e quentes lágrimas rolaram dos olhos de Ana, enquanto lia a missiva. Sua pobre irmã! A que resultado a havia levado sua conduta inconsequente. O que poderia ou deveria fazer? O nome de Genoveva se tornara praticamente um tabu na família. Arquimedes jamais tocava no nome dela e, por vezes seguidas, era pego cheio de melancolia, a mirar a própria filha, que lembrava a mãe em sua fisionomia de bela morena. Luís riscara a irmã de sua vida. Pedro, egoísta e inconsequente, só queria saber de seus prazeres. Sem ser mau, era leviano em excesso para pensar na desgraça ou no destino daquela irmã desaparecida. Apenas com Joana, Ana Maria falava da irmã. A menina era quem provocava as conversas, na maioria das vezes, desejosa de saber mais daquela que lhe dera a vida e mais tarde a abandonara.

O que faria? Como a família aceitaria aquele autêntico pedido de ajuda? Seria indigno de sua parte mentir para se ausentar do lar. Nunca fora afeita a mentiras e não seria agora que tomaria gosto por elas. Entretanto, a conversa, notadamente com Arquimedes, seria difícil. Poderia recusar o pedido de Genoveva, para quem sempre fora uma segunda mãe? Não gastara longos meses no convento, amparando Doralice? Haveria razão justa para dar tratamento menos generoso para a outra irmã? Ela cometera erros, claro, mas Ana Maria aprendera com o tempo que os erros eram bastante comuns na vida da maioria das pessoas. Elas apenas cuidavam de esconder isso o máximo que conseguiam. No caso de Genoveva, não houvera meios de esconder o ocorrido.

Por aquela época, Ana Maria vivia apenas com Pedro, com quem falou logo mais à noite, durante o jantar.

- Pedro, hoje ocorreu algo importante.

- Mesmo? De que se trata?

- Eu tive notícias de Genoveva.

- Sério? De que modo? Como está ela?

- O companheiro dela, o senhor Cícero, enviou-me uma correspondência.

- Ora, isso é mesmo uma novidade. Após tanto tempo de silêncio, os trânsfugas dão sinal de vida. Mas porque foi ele, e não Genoveva, a enviar a correspondência?

- Genoveva parece estar muito doente.

Lentamente, ela participou ao irmão tudo o que sabia e também o convite que lhe fora feito.

- Você vai visitar Genoveva?

- Parece ser o mais correto. Não acha?

- Francamente, acho que deve pensar bem. Não se trata de uma família respeitável, que você possa visitar sem qualquer consequência negativa. Queiramos ou não, nossa irmã é a amante desse homem.

- Sei bem disso, mas não é exatamente o que me preocupa. Que prejuízo real me poderá trazer eventual permanência na casa de minha irmã doente? Não sou mais uma donzela casadoira para me preocupar em excesso com a própria reputação.

Pedro riu, pois fazia graça de tudo, e respondeu-lhe, um tanto trocista:

- Ao que eu saiba, é, sim, donzela e casadoira. Volta e meia tem de despachar algum homem entusiasmado com a perspectiva de desposá-la.

- Já passei da idade de pensar nisso. Para mim, a questão grave é como Arquimedes, Joana e Luís irão encarar essa visita.

- Luís não deve entrar muito em suas cogitações. Provavelmente, nem notará sua ausência, em especial se tiver muito dinheiro para contar.

- De fato, ele é o que menos me preocupa, embora sempre tenha deixado clara sua pouca simpatia por Genoveva.

- Ela colhe o que semeou, disso não há dúvida possível.

- Sem dúvida, mas continua nossa irmã e precisa de nós.

- De mim, não parece precisar, tanto que o convite foi direcionado a você.

- Entretanto, eu pensei que você talvez pudesse me acompanhar na visita. Ao menos, poderia ir comigo e ficar um pouco, enquanto eu me assenhoreio do que ocorre. Isso preservaria minha preciosa reputação e não precisaria temer a futura falta de pretendentes.

Ambos riram a essa observação trocista.

- A ideia não parece ruim. Se você realmente decidir ir a Paris, eu a acompanharei com gosto, ao menos por um tempo. Será interessante conhecer a vida boêmia da capital.

- Não era o que tinha em mente.

- Não sirvo para enfermeiro. Serei seu acompanhante e o guardião de sua honra, mas também me divertirei, disso não tenha dúvida. Enfim, você vai ou não?

- Queria falar primeiro com você, mas ainda não decidi o que fazer. É imperioso que me entenda sobre isso com Arquimedes.

- Essa, sim, será uma parte difícil. Comigo, como sempre acontece, você levou a melhor. Reparou que como na sua mão feito um gatinho?

- Até parece que presta atenção em minhas palavras. Se me ouvisse, não haveria tantas mulheres desiludidas na cidade. Já que parece arder com um fogo selvagem, faria bem em escolher uma moça bela e boa e tomá-la por esposa.

- Agora, já está pedindo demais. Vamos esquecer esse assunto.

No dia seguinte, Ana Maria foi à casa do cunhado na hora do almoço. Entre eles, reinava uma intimidade que permitia essas visitas em horas consideradas impróprias para as demais pessoas. Não havia necessidade de convites e formalidades. Ela já havia almoçado, mas sentou à mesa com o cunhado e a sobrinha. Mais silenciosa do que de hábito, prestou uma atenção desmedida em Arquimedes. Tristemente, reparou que ele envelhecera precocemente: seus cabelos estavam completamente nevados, suas faces portavam rugas em demasia para a idade, pois não passava muito dos 40 anos, e sua magreza também era notável. Quanta diferença do rapagão vistoso que conhecera no velório de seu pai! A razão daquela transformação era óbvia por demais: a traição e o abandono que sofrera por parte da esposa. O médico se tornara muito grave, meditativo e raramente sorria.

Não obstante, crescera em bondade e compaixão, pois gastava várias horas na semana para atender os pobres, sem nada lhes cobrar. Não apenas os atendia em suas dores, como também lhes fornecia medicamentos. Suas alegrias na época residiam na presença da filha e na gratidão dos pobres infortunados. Isso não o impedia de ser um homem envelhecido e amargurado, que se torturava toda noite com a memória do que havia ocorrido. Em seu coração, havia um sentimento de menos valia, de achar que não fora homem o bastante para manter a esposa junto dele. Genoveva preferira um homem bem mais velho e isso atingia duramente a imagem que tinha de si próprio. Além disso, embora fosse um segredo que guardava no coração, também se ressentia de que a cunhada jamais o olhasse como homem, e sempre como amigo. A confusão que tivera quando conhecera as duas irmãs ainda existia em seu íntimo: confundia admiração com amor romântico. Foi Joana quem notou a atenção desmesurada da tia em seu pai.

- Tia, por que a senhora está tão silenciosa e não para de olhar o papai?

- Desculpe, eu estava perdida em meus pensamentos.

- Quais seriam esses pensamentos tão importantes?

- Nada demais. Arquimedes, eu preciso resolver com você algumas pendências do atendimento que fazemos lá em casa.

- Pois diga.

- Não é assunto para ser decidido rapidamente nem em uma mesa de refeição. Quando você dispõe de tempo livre para uma conversa mais longa?

- É urgente?

- Em certa medida, sim. Mas nada que deva atrapalhar o seu trabalho.

- O que acha de eu passar em sua casa após o jantar?

- Seria perfeito.

Os interlocutores notaram algo de errado em Ana Maria, pois seus olhos continham uma tristeza que não era comum. Entretanto, Arquimedes e Joana respeitavam sua parenta em excesso para tentar forçá-la a lhes dizer o que não queria. Apenas trocaram um olhar de confidentes, como a registrar o inusitado da situação.

Naquela noite, Arquimedes se fez presente na residência dos cunhados. Embora Joana tenha querido ir também, ele achou melhor ir sozinho. Pensara que talvez a cunhada tivesse algo grave a lhe falar em privado. Pedro, como de hábito, estava fora, pois gostava muito da noite e não lhe faltavam compromissos, em sua condição de homem jovem, solteiro, rico e bonito. Um tanto constrangida, Ana Maria abordou o assunto.

- Arquimedes... Sei que nossa conversa lhe será dolorosa, mas, por uma questão de lealdade, preciso lhe participar o que ocorre.

O médico a olhou com certo espanto, e também com algum temor, mas nada falou. Ana Maria prosseguiu:

- Tive recentemente notícias de Genoveva.

O homem empalideceu e pareceu sufocar, precisando afrouxar o colarinho da camisa, mas nada falou. Coube a Ana Maria prosseguir em um monólogo, no qual lhe contou sobre a carta que recebera.

- O que quer de mim? Por que me conta sobre isso?

- Como disse, sei que o tema lhe é desagradável, mas não poderia decidir o que fazer sem falar com você antes. Genoveva está enferma, é minha irmã e clama por mim. Sinto-me no dever de ampará-la.

- O que posso falar a respeito disso? Não tenho nenhum interesse na vida dela, enferma ou sadia, viva ou morta. É uma estranha para mim, por força de seus próprios atos.

- Não se ofenderá se eu for a Paris, juntamente com Pedro, a fim de visitá-la?

- Como lhe disse, não tenho interesse nessa mulher. Quanto a você e seu irmão, são livres para fazerem o que lhes parecer melhor. Apenas gostaria que Joana ficasse fora de tudo isso.

- Não pretendo contar a Joana nada do que acontece com sua mãe, em especial contra a sua vontade. Entretanto, a depender da situação, talvez tenhamos de reconsiderar isso no futuro. Talvez Joana queira ver a mãe um dia.

- Isso nunca acontecerá enquanto eu for vivo. Genoveva está morta e enterrada no que concerne a mim e a minha filha. Peço que não toque mais nesse assunto comigo, para que não nos agastemos inutilmente. Ela resolveu se afastar de nós, sabendo da vergonha imensa que lançava sobre o meu nome e o nome de minha família. Não fui atrás, não a persegui, mas também não darei um passo para socorrê-la ou facilitar a vida dela ou do homem que escolheu.

- Entendo e respeito sua opinião. Apenas preciso arrumar uma desculpa plausível para a minha ausência. Joana estranhará que me afaste da cidade sem lhe falar a respeito.

- Isso não deve ser muito difícil. Pode dizer que recebeu um pedido de ajuda de uma parenta de sua mãe, um tanto afastada, e decidiu ir ver pessoalmente como ela estava. Nem será uma mentira, mas uma meia verdade.

- É uma boa ideia.

A habitual espontaneidade entre os dois não se fez presente naquela noite e o médico foi embora logo que pôde. Decidi acompanhá-lo, pois claramente não estava bem.

Aproximei-me mentalmente, a fim de sondar sua intimidade, e nela descobri um vulcão. Foi embora chorando pela rua, temendo encontrar algum conhecido. À parte seu discurso duro, descobria-se frágil em relação a Genoveva. Uma parte dele se regozijava que estivesse gravemente enferma, e o médico que era se envergonhava disso. Já outra parte sofria com a imagem de sua esposa presa a uma cama. Temia amá-la ainda e isso o denegria aos seus próprios olhos. Que tipo de homem era para continuar amando uma adúltera insensível e cruel? Jamais admitiria para ninguém, mas em seu coração brotou o desejo de lhe dispensar cuidados médicos. Talvez pudesse ajudá-la de algum modo. Vítima dos preconceitos da época, viu em sua compaixão não uma grandeza, mas uma baixeza: um sinal de sua indignidade de homem.

Eu o acompanhei em sua caminhada pela rua, tomado de simpatia e compaixão. Ali estava um espírito a caminho da própria redenção. Malgrado seu, e apesar de sua impossibilidade de ver a questão posta de forma clara, caminhava a passos largos para a autoiluminação. A piedade suplantava o orgulho, embora isso se desse de forma torturante. Ele sofria por ser bom.

Havia um fator preocupante naquilo tudo: a baixa autoestima do médico, no que tange a sua masculinidade, sua capacidade de atrair o amor. Ele se sentia inferior, nesse aspecto, canhestro, carente de tudo o que pudesse interessar uma mulher. Isso poderia se revelar problemático com o tempo, caso não houvesse uma intervenção da misericórdia divina, que recolocasse as coisas em seu lugar, ou seja, que esclarecesse a real condição de Arquimedes, enquanto homem. Nada havia para fazer no momento, a não ser ampará-lo em sua dor de homem bom.

Uma quadra antes de chegar a sua casa, ele parou e tentou aquietar o coração: não queria que Joana percebesse que chorara, pois não teria como explicar aquilo. Intuía que a menina ficara esperando seu retorno com curiosidade, haja vista a estranheza que a conduta de Ana Maria suscitara durante o almoço. Fez o que pôde para se retemperar e entrou silenciosamente em casa.

Como Deus costuma ajudar as pessoas de bom coração, Arquimedes conseguiu o intento de penetrar em seus aposentos sem que Joana notasse sua presença em casa. Abriu a janela que dava para o jardim e pôs-se a pensar. Em sua mente sofrida, passaram as diversas fases de seu relacionamento com Genoveva, desde quando a vira, plena de mocidade e beleza, no velório do próprio pai. Recordou-se dos primeiros tempos de casamento, do nascimento de Joana, de quanto haviam sido felizes, de como era harmônica e emocionante a vida de ambos.

Nisso, com certo choque, lembrou o sonho que ambos tiveram pouco tempo antes de Genoveva engravidar. Aquilo estava tão enterrado em sua memória que se esforçava para juntar os fragmentos da recordação. Ao que recordava, uma bela moça lhes aparecera e dissera que pretendia ser a filha deles. De forma muito emocionante, fizera-lhes ver quão graves eram as responsabilidades dos pais. Parece até que ela lhes fizera prometer algo no sentido de que tudo fariam para manter a família unida!

O que poderia significar aquele sonho? Por alguma razão impenetrável, estaria escrito em algum livro no Céu que o lar deles corria o risco de desfazer-se no futuro e um anjo viera preveni-los? Se assim o fosse, o aviso significaria que estava na liberdade deles agir de forma diferente e preservar o que tinham. Entretanto, Genoveva não o quisera. Ou será que não o pudera? A tentação para ela devia ter sido muito forte, se o Céu cuidara de enviar um aviso com tanta antecedência! Seria realmente o anjo a sua filha?

Joana era realmente uma menina diferenciada, em muito semelhante à tia, no que tange ao proceder. Mas ele sempre pensara em anjos como seres mitológicos, graves demais, inacessíveis mesmo às alegrias terrestres. Sua filha era alegre, tinha uma natureza feliz, sempre disposta a ver o lado bom das coisas. Era uma boa menina, mas não a via como um anjo, talvez porque a mirasse muito de perto. Vira-a amadurecer, ter algumas pequenas crises, o que a tornava muito humana a seus olhos. Perdeu-se em raciocínios que dulcificavam seu coração, ao fazê-lo vislumbrar que talvez Genoveva tivesse apenas sido fraca em face de uma tentação, ao invés de perversa.

Quanto a Joana, evidentemente não era um anjo, mas um espírito de alto gabarito. Gozava as pequenas alegrias da vida com apetite sadio, mas não se perdia nelas. Arquimedes matutou longamente e por fim tomou o leito, mais calmo. Já era madrugada quando conciliou o sono e eu o magnetizei para que tivesse uma noite pacífica e não se afastasse do corpo: no dia seguinte tinha muitos pacientes para atender.

Na tarde desse dia, Ana Maria se encaminhou ao prédio principal dos entrepostos comerciais da família para falar com Luís. Este se surpreendeu com sua presença, que já não era mais habitual: desde que os irmãos cresceram e se ajustaram no trabalho, ela não mais se ocupava de fiscalizar o andamento dos empreendimentos. Luís, em especial, cuidava de tudo com uma competência genuína, fazendo os lucros crescerem como nunca. Quando ela foi anunciada, Luís se levantou para recebê-la, sem esconder o ar de surpresa.

- Boa tarde, meu querido irmão!

- Boa tarde, minha irmã. O que a traz aqui nesta tarde?

- Precisamos conversar sobre algo sério.

- É relativo à empresa?

- Não, trata-se de uma questão de família.

- Seria mais cômodo falarmos em minha casa.

- Creio que não. É melhor falarmos a sós, sem a participação de Maria. Trata-se de Genoveva, nossa irmã.

Luís arregalou os olhos, que logo se tomaram de um brilho antipático, mas nada falou. Ana Maria lhe participou tudo o que ocorrera.

- A adúltera enfim foi punida. Era bem previsível. Deus não falhou em Sua Justiça.

- Deus nunca falha, mas seu raciocínio é cruel. Creio que devamos deixar para Deus toda consideração sobre a justiça, enquanto nos cabe um papel mais fraterno. Nossa irmã está doente e carece de ajuda. Isso é o que nos deve mover, e não os equívocos dela no passado.

- Nunca concordaremos quanto a isso. Sabe que para mim ela morreu no dia em que decidiu se tornar uma perdida.

- Não imaginei que entraríamos em acordo agora. Vim apenas para comunicá-lo de que, após falar com Arquimedes, decidi passar um tempo em Paris a fim de auxiliar Genoveva no que for possível.

- Não posso concordar com isso. Genoveva vive como concubina. E você é solteira. Pode pôr a perder a própria reputação.

- Anoto sua discordância, mas a decisão já está tomada. Não se preocupe com minha reputação. Pedro irá comigo e me fará companhia enquanto eu lá permanecer. Ademais, não pretendo ter vida social em Paris, e em Lyon ninguém saberá o que ocorrer comigo durante o tempo em que estiver fora. De todo modo, estou um tanto velha para excessivas preocupações com a reputação. Quer me parecer que minha preocupação deve ser com a decência, e não com o que as pessoas podem achar de atos em si decentes, como efetivamente o é o de socorrer minha irmã enferma.

- É uma ingênua.

- Não. Apenas não sou hipócrita e creio não ter mais idade para me ocupar em excesso com aparências.

- Se minha opinião não importa, por que se deu ao trabalho de me informar?

- Porque se trata de nossa família, de nossa irmã.

- O que Arquimedes achou de tudo isso?

- Em certa medida, foi menos severo do que você. Disse não ter o menor interesse em Genoveva, apenas não quer Joana envolvida nesse imbróglio. Quanto à visita, não se opôs.

- Pedro vai mesmo com você?

- Sim, embora não exatamente por preocupação comigo ou com Genoveva. Ele deseja conhecer a vida boêmia de Paris.

- Imaginei algo assim.

- De todo modo, a presença de meu irmão haverá de me defender de eventuais comentários maldosos, caso algum dia a história dessa visita venha a público.

- Com efeito. Dos males, o menor. Já temos uma mulher mal falada na família; não precisamos de mais uma.

- Não se preocupe com isso. Não tenciono adotar conduta escandalosa.

- Seria mesmo surpreendente caso você mudasse de diretriz no atual estágio de sua vida.

A conversa a seguir ficou mais amena, enquanto passaram a falar sobre Maria, esposa de Luís, e seus dois filhos, Antenor e Máximo. Uma vez definida a questão, enviou-se resposta positiva ao convite de Cícero, por meio de seu servidor, com o alerta de que Ana Maria se faria acompanhar de Pedro.

Uma pendência relevante consistia na história a ser contada para Joana. O problema é que os familiares não contavam com a certeira intuição da menina. Ela era tão próxima da tia que praticamente permutavam pensamentos. Era muito comum se entenderem com meias palavras ou apenas com olhares. Considerando o passado conjunto de ambas, em especial a encarnação em que possuíram relevantes talentos psíquicos, isso não era de se estranhar.

Assim, em uma tarde, após o atendimento dos pobres, Ana Maria contou seu projeto de viagem para a jovem sobrinha. Esta demonstrou grande curiosidade em saber quem era a parenta distante e carente de atenção. Desabituada de mentir, a tia tentou ser concisa e dar pouca importância a isso, mas não foi bem-sucedida. Logo os olhos de Joana brilhavam de modo estranho e ela falou com a voz trêmula:

- Tia... Peço que seja sincera comigo. Trata-se de minha mãe, não?

Assim interpelada, Ana Maria corou, gaguejou e finalmente calou, limitando-se a olhar a adolescente em um silêncio eloquente.

- Trata-se de minha mãe e a senhora não quer me contar, talvez porque meu pai assim pediu.

- Sim, minha querida, é isso. Prometi que não lhe contaria o real propósito de minha viagem. E de fato não contei, pois você adivinhou.

- Ah, queria tanto conhecer minha mãe.

- Eu gostaria imensamente que isso fosse possível, e talvez o seja no futuro. Mas agora não posso levá-la comigo. Seu pai jamais me perdoaria se achasse que eu incentivo a sua ida a Paris.

- Eu sei, papai sofre muito. Ele acha que sou boba e não percebo que ainda não superou o abandono que sofreu. Mas ela continua sendo minha mãe e ardo de desejo de lhe perguntar por que me deixou.

- Creio que ela não poderia lhe dar nenhum argumento convincente. As pessoas são estranhas e agem de modo inexplicável com grande frequência. Especialmente quando se apaixonam.

- A senhora fala disso com tanta convicção. Alguma vez já se apaixonou?

- Não, minha querida. Mas isso não me impede de observar o que ocorre com os outros, amiudadas vezes, e tirar minhas conclusões. Não é necessário cometer loucuras para ver que elas só causam dor e arrependimento.

- Será que minha mãe está arrependida do que fez?

- Imagino que sim, em especial porque a vida não parece a estar tratando muito bem.

- Ela está mesmo doente?

- Segundo soube, ela está bastante enferma e de cama. Mas só vou saber os detalhes quando a vir.

- Ah, quisera tanto ir junto!

- Infelizmente, não será possível. Para o bem da paz de seu pai, ele nem deve desconfiar de que você está ciente do atual estado de sua mãe e do motivo de minha viagem.

- Sim, a senhora tem razão. Falará de mim para minha mãe?

- Evidentemente, você será nosso assunto principal! Tem alguma dúvida?

- Quanto a minha mãe, tenho todas as dúvidas do mundo. Em meu coração, sinto que nunca fui amada de verdade por ela.

- Não pense assim. A questão é mais complexa. Eu, que acompanhei tudo de perto, posso lhe dizer que ela sofreu muito. Estava um tanto insana naqueles tempos confusos, quando tomou a decisão de ir embora.

- Vou ficar com saudade da senhora.

- Eu também sentirei saudade e desejaria contar com sua companhia. Seria interessante andarmos juntas por Paris.

- Ah, não me torture! Enquanto verá lugares novos, conviverá com mamãe, eu ficarei aqui, esquecida de todos. É muita injustiça!

- Ficará aqui, é fato, mas não esquecida. Ademais, alguém precisa cuidar dos pobres, não é mesmo?

- É um consolo fraquinho esse que me dá.

- Na falta de outro melhor, contente-se com ele.

Elas conversaram longamente e, quando a menina foi embora, já era noite, tanto que teve de ir acompanhada por servos da casa. Embora disfarçasse um pouco, ia triste e silenciosa para casa. Apiedado, por ter percebido seu estado de espírito, eu a acompanhei. Em sua condição de menina moça, sofria bastante em razão do abandono da mãe. Tentava compensar a falta de Genoveva junto ao pai, mimando-o ao extremo, elogiando-o. Sabia que havia na vida dos dois uma lacuna que ninguém poderia preencher. Realmente se indagava se a mãe não a amara o bastante, pois simplesmente a deixara. Não que quisesse ter sido criada longe do pai, mas pensava que, se a mãe a amasse, teria tentado levá-la junto. Ao que soubera, a mãe se fora com a roupa do corpo, sem tentar levar nenhuma lembrança da vida passada.

Aliás, nem tentara saber dela durante tantos anos! Somente agora, gravemente enferma, é que quisera falar com sua tia, e não com ela. A esses pensamentos, lágrimas afloraram em seus formosos olhos escuros. Lembrou-se de que precisava disfarçar perante seu pai e tentou desviar os pensamentos. Enxugou discretamente os olhos e começou a conversar com seus acompanhantes, para se distrair.

Falei-lhe delicadamente aos ouvidos: ao menos você tem a melhor tia do mundo! Ela registrou com clareza a mensagem e sorriu: era verdade, sua tia era maravilhosa. Era tão impressionante que não se houvesse casado! Embora já passasse dos 40 anos, continuava uma bela e elegante mulher. Só podia imaginar quão bela fora em plena juventude: devia ter causado furor na cidade! Sorriu ao pensar que a tia devia ter feito o mesmo sucesso que Pedro, seu tio folgazão.

Isso não era verdade. Em Ana Maria sempre houvera uma gravidade que costumava frear as atenções e torná-las respeitosas. Fora algumas exceções lamentáveis, como o fora o padre Francisco.

Capítulo

20

Rumo a Paris

Passados alguns dias, logo pela manhã, uma carruagem saía da residência de Ana Maria, levando-a e a seu irmão Pedro, rumo a Paris. Ela ia apreensiva, pois temia o que encontraria na casa da irmã. Já Pedro, ainda que folgazão, era bom companheiro e cuidava de tornar o clima leve.

- Ana, Ana, sorria! Estamos partindo em uma aventura. Vamos rever Genoveva, ficar hospedados em um palacete senhoril, conhecer Paris e passear bastante.

- Preocupo-me com Genoveva, em como a encontrarei.

- Não se preocupe com isso, de nada adiantará. Ela está como está, gozemos ou não a viagem. Quando chegarmos lá, cuidaremos de ajudá-la no que for possível.

- Preciso reconhecer que está com a razão.

- Finalmente. Achei que jamais a ouviria falar isso! A viagem já valeu para alguma coisa. E mais: nem pense que ficará o tempo todo presa na casa de Genoveva. Vou levá-la a passear em Paris, aproveitar um pouco a viagem.

Eu não poderia acompanhá-los durante o percurso, haja vista a distância que percorreriam. Voltei a meus afazeres, mantendo apenas contato psíquico com os viajantes, a fim de saber o momento em que se aproximariam da residência de Genoveva, pois desejava presenciar o reencontro entre os irmãos.

Alguns dias mais tarde, eu tive certeza de que era o momento de me juntar a eles. Os irmãos estavam visivelmente exaustos e fartos daquela empreitada, e a carruagem adentrava Paris, quando os alcancei. Pedro parecia encantado com a cidade, em sua natureza feliz e em sua inesgotável disposição de gozar a vida ao máximo. Já Ana Maria tinha o coração opresso pelo receio do que encontraria na casa de Genoveva. O rapaz que conduzia a carruagem precisou buscar informações seguidas vezes, a fim de encontrar o endereço de destino.

Após alguns percalços, ei-los que paravam em frente a um edifício imponente: era o famoso palacete da família de Cícero! Desceram e se encaminharam para a entrada principal, onde foram recebidos por respeitoso mordomo. O serviçal seguramente já estava alertado da visita que se anunciava, pois fez com que os recém-chegados fossem encaminhados aos aposentos que os aguardavam, ao tempo em que informava que a senhora da casa estava descansando e que o barão estava fora.

Meus amigos ficaram visivelmente impressionados com a riqueza da moradia senhoril. Embora vivessem com conforto e tivessem bastante dinheiro, nada os preparara para o espetáculo daquele luxo opulento. Era um tempo em que a nobreza, havendo já perdido seu caráter guerreiro, se afirmava na distinção de maneiras, muitas vezes descambando para a afetação no intuito de muito sofisticar. Nessa época, era muito importante que as residências nobres ostentassem de forma eloquente o seu *status*.

Os irmãos foram colocados em quartos contíguos, enquanto faziam entrar suas bagagens. Imediatamente, servos foram designados para auxiliá-los em tudo o que precisassem, notadamente quanto à arrumação de seus pertences. Era um fato: ao menos no aspecto material, a recepção estava sendo primorosa.

Passado um tempo, Ana Maria já havia descansado e se refrescado e ardia de vontade de ver Genoveva. Não sabia bem como se comportar naquela residência principesca, onde parecia imperar uma formalidade com a qual não estava habituada. Fez soar a sineta de seu quarto e imediatamente a serva que lhe estava destinada se apresentou.

- Em que posso servi-la, senhora?

- Desejo ver minha irmã.

- Vou verificar se ela já acordou e volto para informá-la.

Um tanto indecisa, Ana bateu à porta do quarto do irmão, que demorou um tempo para atendê-la, com ar visivelmente sonolento.

- Estava dormindo.

- Isso é patente em sua cara. Estou um tanto espantada com a formalidade em vigor nesta casa. Mas vim com o objetivo claro de ver Genoveva e pretendo fazê-lo o quanto antes.

- Quanto a mim, quero descansar primeiro. Aliás, Genoveva deseja ver você, pois esse foi o objetivo do contato que fez conosco. Deixarei que se acertem primeiro, pois intuo que se sentirão mais à vontade sem minha presença.

- Creio ser o melhor mesmo.

Nisso, ela ouviu baterem à porta de seu quarto e para lá se dirigiu rapidamente.

- A senhora ainda dorme, mas o barão está em casa e deseja vê-la. A senhora quer me acompanhar?

Bastante desconfortável com a perspectiva de reencontrar Cícero, Ana Maria se resignou a falar com ele antes de rever sua irmã. Tinha fundadas reservas quanto ao caráter de Cícero, mas estava na casa dele como convidada e não poderia mesmo fugir ao seu convívio. Conduzida pela criada, deu entrada em uma imponente sala, com pé direito altíssimo, no qual estava Cícero atrás de uma mesa. Ele se levantou e adiantou-se para cumprimentá-la, enquanto a criada se retirava e os deixava a sós.

- Senhorita Ana Maria! É um prazer recebê-la em minha casa.

- Sou-lhe grata, senhor barão! A preocupação com a saúde de minha irmã foi mais forte do que qualquer outra cogitação.

Enquanto eles trocavam algumas amabilidades, eu observava o barão. Ele estava em seu elemento: cercado de preciosidades, em uma casa faustosa, que bem dizia da vastidão de sua fortuna. Entretanto, parecia alquebrado. Começava a mostrar a idade que tinha, beirando os 60 anos. E 60 anos bem vividos, a se entender por bem vividos como muito agitados. Com os cabelos completamente brancos, principiava a andar um pouco curvado, enquanto seu rosto, um tanto avermelhado, se mostrava riscado por rugas consideráveis. Ou ele sofrera bastante nesse tempo ou cometera muitas loucuras.

Notei também que ele olhava admirado para Ana Maria. Esperava encontrá-la muito mudada, talvez com o aspecto amargurado por uma existência de solteirona. Entretanto, seu olhar brilhava de admiração ao descobri-la bastante desejável, embora algumas sutis mudanças impostas pela idade. Algo não se perdera: aquele aspecto de limpeza, de pureza mesmo, que sempre o intrigara. Pensava se ela ainda levava uma vida sem encantos, se por alguma vez se apaixonara, se tivera algumas aventuras discretas...

Bem vi, pelo teor de seus pensamentos, que continuava um debochado, pois se preocupava com a vida íntima da irmã de sua companheira, antes de qualquer outra coisa. É que aquilo era tão capital para ele, a satisfação dos sentidos, que ficava chocado apenas em imaginar que mulher tão bela não buscasse nada semelhante e se conformasse em viver a vida em torno da própria família. De minha parte, eu o observava apiedado: era um homem envelhecido já e que persistia, em sua mente e em seus desejos, como um jovem fogoso, para quem a satisfação dos sentidos vinha antes de qualquer coisa.

Após as amabilidades de praxe, e com grande desconforto para os envolvidos, ele passou a narrar, ainda que de forma sumária, o que lhe havia sucedido e a Genoveva após sua fuga de Lyon. Temerosos de alguma atitude mais dura por parte de Arquimedes, não vieram a Paris nem passaram por nenhuma das residências que pertenciam à família do barão. Também não se animaram a buscar abrigo em casas de conhecidos, pois a situação de ambos era um tanto complicada para ser convenientemente explicada.

Genoveva em particular ainda digeria o que representava sua nova situação, em termos de relacionamentos. Assim, fazendo paradas em algumas pousadas, encaminharam-se à Itália. Lá, Cícero arrendou uma rica e discreta vivenda, na qual passaram a viver. Genoveva não tardou a engravidar, contudo não conseguiu levar a gravidez a termo. Esse episódio de gravidez interrompida se repetiu inúmeras vezes, sempre lhes causando grande dor. Em Genoveva em especial, tais ocorrências pareciam um castigo divino pelo grave pecado que sentia haver cometido ao abandonar o marido e a filha. O último aborto datara de três anos antes e tivera consequências desastrosas para a saúde de Genoveva.

À época, ela já se encontrava bastante alterada em seu psiquismo, envolta em mortificações, novenas, ladainhas e choros. Sentia-se imensamente culpada aos olhos de Deus e por Ele punida. Havia colocado na cabeça que, se um dia pudesse ser perdoada, conseguiria levar uma gravidez até o fim e a criança nasceria saudável, tal qual ocorrera com Joana. Infelizmente, tal não se dera. A gravidez avançou bastante, mas, lá pelo sétimo ou oitavo mês, sentiu as dores do parto e se apavorou. Sofrera enormemente até conseguir dar à luz um natimorto.

Após isso, começara a ter dores que se tornavam cada vez mais atrozes. Somadas tais dores físicas às dores psíquicas que carregava, ela não suportou. Passara a ficar, por dias, encerrada em seu quarto, chorando e lastimando os filhos que havia perdido. Ela chegava a delirar, momentos nos quais chamava por sua irmã, Ana Maria. Parecia ter pavor das figuras de Arquimedes e de Joana, que a seus olhos eram os testemunhos vivos de sua condição de pecadora. Sempre falava com carinho na irmã e demonstrava o desejo de vê-la.

Intuindo que sua companheira caminhava para a loucura, se algo de muito positivo não lhe ocorresse, Cícero consultara os mais variados médicos da Itália. Após muito deliberar, decidiu que deveriam retornar para a França, pois aqui ele possuía mais contatos e recursos: estava em sua terra. Também pesou na decisão a perspectiva de colocar Genoveva em contato com Ana Maria.

Fizeram uma viagem extremamente sofrida, com longas paradas, mas finalmente, havia uns três meses, deram entrada no palacete em que agora se encontravam. Como resultado da viagem, Genoveva parecera ter perdido por completo a lucidez. Sofrera muito no longo caminho e, como era agora de seu feitio, entendia toda ocorrência dolorosa como uma confirmação de que era uma perdida, uma grande pecadora, e se encontrava a caminho do inferno, sem possibilidade de socorro.

Delirara por semanas, embora assistida pelos médicos mais ilustres da capital. Finalmente, melhorara um pouco e, ao perceber que se encontrava em Paris, insistiu com Cícero que desejava entrar em contato com Ana Maria. Embora temeroso da reação desta a um convite para visitá-los e permanecer no palacete que habitavam, decidiu-se pelo envio da missiva. O resultado era o já conhecido: Ana Maria e Pedro ali se encontravam e ele lhes era profundamente grato por isso.

Ana Maria tudo ouvia com olhar percuciente. Intuía que havia coisas não ditas, que Cícero lhe escondia informações importantes. Também notava nele, à parte uma preocupação aparentemente genuína com a saúde de Genoveva, certo enfado com a situação toda.

Estava certíssima quanto a isso, pois ele de fato estava bastante desgostoso. Tencionara arrumar uma amante bela, jovem e ardente, com quem possuía uma espantosa ligação sexual, e terminara com outra mulher doente e louca, como ocorrera com sua primeira esposa. Realmente tinha afeto por

Genoveva, mas era um homem mundano. Apesar da idade que já avançava, devia manter algumas amantes. Exteriorizava-se de seu ser uma luxúria impressionante, e ele era transparente em seu sentir mais profundo: desejava aproveitar ao máximo a vida, que já se encaminhava para o fim, mas se encontrava vinculado a uma pertinaz enferma.

Sentia que fizera um mau negócio ao estabelecer o vínculo. Mais de uma vez pensara em interná-la em algum convento, mas não conseguira levar o projeto a cabo. Malgrado seu, a consciência lhe doía ao lembrar como perturbara a paz de Genoveva, como insistira até conseguir dobrar sua resistência e seduzi-la. Lembrava-se de Arquimedes, da filha pequena de ambos e, estranhamente, também de Ana Maria. Sentia-se desconfortável com essas recordações e recuava à ideia de interná-la. Vivia em constante crise: Genoveva enferma era-lhe um fardo pesadíssimo.

Em seu projeto original, ostentaria por toda parte a amante jovem e bela e seria invejado por seus pares. Nos círculos pervertidos que frequentava, a ostentação de uma amante não causava grande perplexidade. Seus amigos ou conhecidos certamente perceberiam a sensualidade inata de Genoveva e o invejariam. Contudo, nada saíra como esperara. Desde que haviam saído de Lyon, ela não parara mais de engravidar e abortar. Também logo dera sinais de perturbação mental, a chorar demais e a requestá-lo com ardor. Como havia deixado tudo por ele, queria-o o tempo todo ao lado dela, como que para compensar a família que não mais tinha.

Cícero não era homem de se contentar com o amor terno de uma esposa enferma. Por vezes se sentia culpado ao comparar a imagem da mulher jovem que conhecera com o da enferma precocemente envelhecida que tinha a sua frente. Mas era egoísta demais para fazer algum sacrifício importante e passara a gastar com ela o mínimo de tempo possível. Arrumara compromissos nos círculos sociais da Itália, envolvera-se com outras mulheres, várias delas casadas, sem levar nenhuma a sério. No fundo, havia nele certo amargor e revolta com o que entendia que a vida lhe havia feito. Esse era o homem que ali se apresentava e ao qual Ana Maria mirava com seu percuciente olhar.

Ele se sentia em falta perante ela e se maldizia intimamente. Quem era aquela mulher, para lhe causar tamanho mal-estar apenas ao olhá-lo? Enquanto fazia seu relato, parecia-lhe perceber no semblante da interlocutora certo ar de dúvida, como se soubesse que ele estava escondendo grande parte da história. Maldita solteirona, falou consigo mesmo com raiva. Não se atrevia a fazer qualquer grosseria, embora o desconforto que sentia. À parte o respeito que sentia pela dama a sua frente, era sofisticado demais para ofender uma visita. Assim, a conversa foi-lhe um suplício moral importante.

Quanto a mim, tudo observava, com infinita tristeza, pois a história poderia ter sido muito diferente.

- Senhor Cícero... Ninguém poderia lamentar mais do que eu o rumo que a vida de Genoveva tomou. Apreciaria muito vê-la.

- Ela passa muito tempo dormindo ultimamente. Desde que chegamos de viagem, está bastante fraca.

- Sempre fomos muito íntimas. Creio que não se desagradaria de que eu entrasse em seus aposentos, estando ela acordada ou não. Segundo entendi, mantém um aposento em separado, haja vista a sua condição de enferma.

- É exata a observação.

- Peço-lhe que me franqueie acesso livre aos aposentos de Genoveva e comunique isso à criadagem.

- Se é o que deseja, eu não vejo problema.

- Sim, desejo muito, pois foi para ver e amparar minha irmã que vim para cá.

Cícero tocou a sineta e deu a ordem para o valete. Ana Maria se levantou, a indicar que dava a entrevista por encerrada. Cícero se levantou e lhe fez uma mesura, enquanto ela saía da sala. Seguiu-a com um olhar entre admirativo e perplexo, enquanto pensava com tal vigor, que mais parecia um grito: jamais entenderei essa mulher!

Ele iria entender um dia, disso eu tinha certeza. Mas naquele momento realmente não possuía condições de compreender a psicologia e o móvel das ações da irmã de sua companheira. Faltava-lhe a chave para atingir esse entendimento. Ele vivia para seus prazeres e quedava-se perplexo ante uma dama que encontrava alegria em prestar serviços, com total desprendimento.

Ana Maria foi encaminhada para o quarto de Genoveva. Quando lá chegou, o valete bateu levemente na porta e foi atendido por uma das aias da enferma. Devidamente cientificada das ordens do barão, fez uma mesura ante Ana Maria e a deixou entrar.

O aposento era imenso e estava mergulhado na penumbra. Tudo muito rico e de extremo bom gosto, com uma janela ampla, na qual cortinas impediam a entrada do sol. Em local de destaque no aposento, uma imensa cama cerrada com dossel chamava a atenção. Em voz baixa, Ana Maria pediu para ser deixada a sós com a irmã. As aias presentes consultaram-se com o olhar e saíram do aposento. Lentamente, quase com temor, a visitante se aproximou da cama e afastou o cortinado. Seus olhos ficaram marejados de lágrimas ao ver o espetáculo da irmã que parecia uma criança pequena e frágil, minúscula mesmo, na imensidão daquela cama. Genoveva, pálida e com olheiras fundas, estava também muito magra.

A irmã a contemplou longamente, meditando sobre o resultado do caminho que Genoveva decidira tomar. Lamentou-a profundamente, com uma sensação de inexorabilidade, pois nada havia que pudesse fazer quanto ao passado. Restava-lhe tentar amenizar o presente e, quiçá, ajudar Genoveva a vislumbrar um futuro minimamente feliz. Incomodada com aquela penumbra, dirigiu-se para a janela e abriu as cortinas. A luz do sol inundou o aposento, mas a enferma continuou a dormir. Ana Maria sentou em uma cadeira que ficava próxima à cama e ficou a admirar Genoveva.

Sob a luz viva do dia, percebiam-se mais claramente os estragos que o tempo, as dores e as desilusões haviam feito na aparência de Genoveva. Já não era mais a bela morena que encantara Arquimedes e depois Cícero em sua juventude. Embora Genoveva fosse ainda relativamente jovem, suas faces estavam riscadas por um número considerável de rugas. Seu cabelo estava evidentemente bem tratado, fruto da dedicação das aias que a cercavam, mas já bastante encanecido. O que a dor havia feito com aquela menina doidivanas!

Ana Maria principiou a orar pela irmã. Como sempre ocorria em tais momentos, adornou-se de uma luz suave e atrativa, enquanto a atmosfera do quarto se modificava. A enferma, como se chamada nominalmente, deu sinais de começar a acordar. Em sua perturbação, talvez em razão dos calmantes que tomava, ela não se afastara do corpo ao adormecer. Começou a se agitar e a gemer e abriu os olhos. Volveu a cabeça um tanto confusa, pois não se habituara à luz solar em seu quarto. Notei que era algo que sempre proibia às aias: abrir as cortinas. Depressiva, queria permanecer em silêncio e no escuro, mas agora acordava e o sol invadia o aposento e a cegava. Usando as mãos para proteger um pouco o rosto, começou a dizer algo em tom impertinente para a mulher ali presente.

- Carolina, já não lhe disse...

Mas ela mirou melhor aquela a quem se dirigia.

- Quem é você? Ana Maria!

- Sim, minha irmã, sou eu que venho visitá-la. Não fica feliz em me ver?

Ana Maria se aproximou e fez menção de abraçar Genoveva. Esta prorrompeu em altos soluços e não conseguia falar. As aias, que estavam esperando fora do quarto, entraram rapidamente, mas Ana Maria as dispensou com um gesto.

- Ana Maria, você veio me visitar!

- Claro que vim. Jamais recusaria um convite seu. Ainda mais a sabendo enferma.

- Mas deve me desprezar. Sou uma perdida, uma concubina a quem Deus puniu e pune com severidade.

- Antes de dizer mais nada, é e sempre será a minha querida irmã mais nova. Irei amá-la até o fim dos tempos, o que quer que você faça. E não acredito muito na ideia de que Deus encontra alguma satisfação em distribuir punições severas. Talvez sejam os resultados de nossos próprios atos que nos servem de punição ou recompensa.

- Eu não segui seus conselhos. Abandonei meu esposo e minha filha e me lancei em uma vida de aventuras.

- Sim e eu lamento profundamente que tenha feito isso. Bem sabe o quanto eu desejava que você continuasse firme em seu papel de esposa e mãe. Mas isso é passado. Se o vinho foi vertido, é preciso tomá-lo, pois ele não retorna para dentro da garrafa.

Genoveva foi acometida de novo acesso de choro, que parecia interminável. Soluçava com violência, no conforto do abraço de sua irmã querida. Pela primeira vez em muito tempo, sentia-se amada e segura. A lição do abandono moral por parte de Cícero fora muito dura. Acostumada a se sentir amada por toda a família, em especial pelo esposo e pela irmã mais velha, sofrera horrivelmente quando aos poucos se descobrira um estorvo na vida do amante. Gradualmente compreendera que ele se arrependera da aventura e apenas não a abandonava por um misto de piedade e remorso. Os sucessivos abortos fizeram malograr por completo qualquer expectativa de felicidade de sua parte.

Desde menina, sempre sonhara com uma família grande e feliz. E eis que perdera por completo a chance. Loucamente, abandonara o esposo e a filha e se lançara naquela aventura infeliz. Arrependera-se amargamente no curso dos anos, sem nada poder fazer para melhorar sua situação. Temia o dia em que Cícero a internaria em um asilo ou convento e seguiria com a própria vida.

Agora, com extremo alívio, sentia-se nos braços daquela irmã amada e valorosa. Sabia, sim, sabia, com uma fé profunda, que Ana Maria, em sua bondade, cuidaria dela. Chorava de arrependimento pelo que fizera e de vergonha por ser vista naquela situação triste, mas também de alegria e alívio. Lentamente, a emoção acalmou. Genoveva mostrou-se mais animada e desejosa de saber detalhes da vida da irmã e de toda a família. Ficou espantada ao saber que ela não se havia casado.

– Ana Maria, eu não acredito. Foram tantos os homens que a desejaram em sua juventude que até perdi a conta. Mesmo agora, ainda deve haver candidatos a sua mão. Não pensa mesmo em se casar?

– Francamente, não é a minha prioridade. Não descarto a ideia por completo. Se algum dia surgir um homem que corresponda ao meu ideal, digno e bondoso, será com alegria que receberei um pedido de casamento dele. Mas não vejo razão em casar apenas para ter marido.

– Não quer ter filhos, não deseja ter a sua própria família?

– Teria sido bastante bom, se esse tivesse sido o projeto de Deus para mim. Na minha idade, é pouco provável que chegue a ter filhos. Além disso, tenho meus sobrinhos, a quem estimo, e também os pobres meninos e meninas carentes de tudo que continuam a visitar nossa casa em Lyon.

– Eu havia me esquecido de seus cuidados com os pobres. Mas fica registrada minha surpresa.

– Registrei, tanto a sua como a da família toda, que parece me considerar um ser estranho por não achar graça em casamentos infelizes ou arranjados. Acho que você tem condições de entender o quanto a paixão é má conselheira. A trilhar um caminho estranho, é melhor ficar só.

– Sim, tem razão. Ah, Ana Maria, eu me arrependo tanto do que fiz. Você não imagina!

– Creio não poder imaginar mesmo, pois apenas você tem condições de medir a tragédia em que se atirou. Quais os seus planos para o futuro?

– Eu tenho futuro? Acredito ter a mesma enfermidade que levou mamãe ao túmulo.

– Pouco conheço de medicina para discutir isso. Mas não lhe parece que seu desânimo a prejudica demais?

– Sim, sou mesmo desanimada no presente, após tantas tragédias que vivi.

- Não pensemos mais nisso.

- Sim, o dia é de alegria.

Ana Maria convenceu a irmã a se vestir e a se sentar em uma luxuosa poltrona que havia no aposento. Mais do que isso, fez com que os serviçais colocassem a dita poltrona bem perto da janela, a fim de a enferma poder aproveitar a luz do sol. Um tanto desgostosa com o detalhe, faltou a Genoveva energia moral para se opor às determinações da irmã, sempre tão decidida.

Ali se seguiu uma longa conversa, na qual Genoveva ficou sabendo dos acontecimentos mais importantes que envolveram a família. Soube da estada de Ana Maria no convento, do casamento e do nascimento dos filhos de Luís, do avanço consistente dos negócios familiares. Também foi inteirada quanto à presença de Pedro ali na casa. Esse detalhe deixou-a um tanto contristada: sentia-se envergonhada com a ideia de seu irmão mais jovem vê-la naquela situação, de amante de um nobre e vivendo na casa dele. Senti piedade dela, que não teve vergonha de agir para se colocar naquela situação, mas se envergonhava de que a vissem nela. Tratava-se apenas de vaidade e hipocrisia.

Outro tema parecia circundar a conversa, sem que fosse tocado: Arquimedes e Joana. Ana Maria não queria constranger a irmã com detalhes que a fariam sofrer, ao passo que Genoveva, embora ardesse de curiosidade, temia ser cientificada de coisas que a fizessem se sentir ainda mais culpada.

No final da tarde, Ana Maria propôs trazer Pedro para junto delas. Rapidamente, Genoveva se declarou cansada e disse que seria melhor encontrá-lo no dia seguinte. A irmã lhe lançou um olhar compreensivo, como a sinalizar que acompanhava o rumo de seus pensamentos, mas não a forçou.

Após estar por horas na posição sentada e conversando, Genoveva estava realmente cansada. A visitante a auxiliou a trocar de roupa e a deitar novamente. Era bem a hora, pois logo uma das aias anunciou que serviria a refeição da noite.

Ato contínuo, um valete cientificou Ana Maria de que era aguardada com seu irmão para um jantar de boas-vindas no salão principal. Com muito custo, ela escondeu seu desgosto com esse convite, praticamente uma convocação.

Não desejando ser grosseira, dirigiu-se aos aposentos de Pedro, a fim de combinarem de ir juntos ao tal salão. Aquilo parecia muito artificial e pomposo para ela, mas não tinha muito que fazer. Em rápidas palavras, colocou o irmão a par dos detalhes mais importantes das conversas que tivera com Cícero e com Genoveva.

- De minha parte, fico feliz com a perspectiva de conhecer nosso anfitrião. Hoje, eu tive um dia de preguiça, que veio em boa hora. Estava mesmo muito cansado. Contudo, amanhã, após falar com Genoveva, pretendo começar a explorar Paris.

- Achei mesmo que faria isso. Quando estiver pronto para descer, passe para me apanhar. Temo que será uma noite longa e embaraçosa. Felizmente, você está aqui e a enfrentaremos juntos.

O olhar brilhante de Pedro indicava que não estava muito triste pelo jantar que se anunciava; ao contrário, estava era feliz com a perspectiva. Algum tempo depois, os irmãos desciam a escadaria. Bem vestidos, embora sem os exageros típicos da nobreza da época, impressionavam com sua boa aparência. Pareciam duas versões, masculina e feminina, da mesma pessoa, embora a diferença de idade. Dava gosto observá-los.

Foram conduzidos e anunciados no salão, no qual Cícero já se encontrava. Ele se adiantou para cumprimentá-los, com o seu habitual refinamento. Ao tempo em que lançava um olhar admirativo para a dupla que entrava, logo tratou de comentar:

- Senhor Pedro... O senhor parece-se muito com sua irmã. E creia: isso é um elogio.

O rapaz abriu seu habitual sorriso, amplo e simpático.

- Senhor barão, agradeço-lhe a gentileza da observação e também por nos receber em sua casa.

- Aqui estão como membros da família. E é como desejo que se sintam.

Os três tomaram assento a um canto da vasta mesa, e a refeição principiou, com a presença de vários servos que os atendiam em quaisquer necessidades. De tão bem treinados, os jovens serviçais pareciam adivinhar os movimentos e desejos dos convivas. A conversa foi mais leve e tranquila do que se poderia prever. Cícero cuidou de manter o assunto ameno. Falou de Genoveva apenas de forma rápida e centrou a atenção nos convidados. Seu olhar brilhava de modo estranho ao fitar Ana Maria, que para ele seguia como uma autêntica efígie.

- Acaso a senhorita se lembra de meu amigo Damião, um jovem brasileiro que conheceu em Lyon?

- Lembro-me dele, com certeza. Rapaz simpático e insistente, que parecia ter uma incrível dificuldade para entender o sentido da palavra "não".

Cícero gargalhou ao ouvir a observação.

- Com efeito, Damião é exatamente assim. Pois saiba que a senhorita o marcou de modo perene.

- O que é feito dele?

- Depois que a senhorita o rejeitou de modo peremptório, ainda passou uma temporada em Paris. Após isso, por conta da enfermidade de seu pai, necessitou voltar ao Brasil, para assumir os negócios da família. Mantemos uma correspondência regular, em razão de negócios em comum que nos ligam.

- Já faz tanto tempo isso. Ele deve estar casado.

- Demorou mais do que seria previsto. Ao que parece, ficou procurando uma sósia física e moral da senhorita. Com o passar do tempo, como não surgia uma substituta, contraiu um matrimônio de conveniência, como existem tantos. Sempre me pergunta da senhorita.

- O senhor não devia ter muito para falar sobre minha vida.

- Com efeito, mas agora isso mudou. Ele deverá ficar feliz em saber que o tempo tem tratado bem a senhorita. Sabe como é: com o tempo idealizamos algumas pessoas e até tememos encontrá-las muito modificadas.

- Não gaste seu tempo com isso. Não vejo que bem poderá fazer a um homem casado ter notícias de uma mulher solteira com quem não mantém qualquer vínculo.

- Talvez porque a senhorita não mantenha nenhuma paixão em seu coração. Se tivesse tido alguma experiência frustrada nesse setor, compreenderia a curiosidade de Damião.

A conversa logo tomou outro rumo, com Pedro desejoso de se inteirar da movimentação mundana. Cícero se propôs a ser o cicerone de ambos, nas altas rodas, proposta que Ana Maria prontamente recusou. Afirmou que não estava em Paris para passear, mas para fazer companhia a sua irmã.

- Senhorita Ana Maria, não seja dedicada em excesso a Genoveva, a ponto de não se permitir alguns passeios. Sua irmã sempre está cansada e dorme cedo e bastante. Por mais que se lhe dedique, certamente disporá de tempo para ir a alguns eventos e jantares.

Já Pedro estava mais do que empolgado. Cícero disse pretender apresentá-los como parentes afastados que vinham pela primeira vez à capital. Isso deveria evitar questionamentos inoportunos. Daquela conversa, extraí com facilidade que Cícero voltara a viver em Paris como nos tempos antigos, antes de se juntar a Genoveva. Esta agora não passava em sua vida de uma parenta enferma, por quem mantinha um ligeiro interesse fraterno, além de certo sentimento de culpa.

O jantar não foi ruim e a conversação tomou outros rumos, como as peças em cartaz, possibilidades de passeios e festas. Na noite seguinte, ele se propunha a levá-los em uma recepção importante. Ana Maria não se via muito bem no papel de intrusa, como dos que comparecem a festas sem um convite formal, e indagou:

- Os anfitriões acaso sabem de nossa existência? Como se sentirão se o senhor simplesmente chegar com pessoas extras para serem recebidas?

- São amigos de longa data, que não verão qualquer inconveniente na medida. Para que fique mais tranquila, vou lhes enviar uma missiva no correr do dia, prevenindo-os de que me farei acompanhar de parentes.

- Creio ser melhor que eu fique em casa.

- Ah, não, Ana Maria! Entendo sua preocupação com nossa irmã, mas ao menos nessa primeira noite enfrentará comigo a sociedade parisiense! Depois, se assim o desejar, poderá me abandonar e desfrutar das delícias de uma casa silenciosa e de longas noites ao pé da lareira.

- Ouça seu irmão, senhorita. Acredito que apreciará imensamente. Será um evento cultural, no qual artistas se apresentarão. Terá oportunidade de ouvir poetas, escritores, músicos, que mostrarão o melhor de sua arte. Não deve ter nada parecido em Lyon.

A dama acabou se deixando convencer, embora um tanto temerosa. Assim a noite findou, em clima leve e agradável, embora com muitas reticências, atinentes a temas não abordados.

Capítulo

21

Caminhos cruzados

NA MANHÃ SEGUINTE, APÓS seu desjejum, Ana Maria se dirigiu aos aposentos da irmã. Esperou pacientemente que acordasse para o dia, o que demorou bastante para ocorrer. Ajudou-a em suas abluções, a fazer o desjejum e a se preparar para receber o irmão. Genoveva estava visivelmente tensa. Enquanto era penteada, olhava-se com tristeza no espelho, lamentando seu aspecto abatido e envelhecido. Lembrava-se do irmão ainda bem jovem, pois ele era um adolescente quando ela cometera o grande equívoco de sua vida. O que pensaria dela, ao vê-la naquela situação, abatida, envelhecida e desonrada? Foi com uma ansiedade triste que sentou na poltrona, enquanto Ana Maria ia buscar Pedro.

– Pedro, por favor, controle-se na presença de Genoveva. Ela está bastante abatida e sofre por isso. Não demonstre choque ao vê-la e também não diga nada que a faça entender que não é mais bela.

– Ela está feia?

– Está sofrida.

– Já vi tudo. Você nunca diria que Genoveva está feia. A coitada deve estar horrível!

Ana Maria fez um gesto de desagrado e tomou o irmão pelo braço. Quando entraram no quarto e Genoveva os mirou, caiu no choro. Foi um momento embaraçoso: ela escondia o rosto nas mãos e soluçava com violência. Pedro então se mostrou em seu melhor papel. Era um sedutor consumado, belo e envolvente, e lançou todo o seu charme, tantas vezes já testado, em cima da indefesa Genoveva. Em um gesto que repetia uma cena antiga da infância de ambos, sentou-se aos pés dela e começou a cantar. Era algo que fazia para a mãe e mais tarde para o pai, quando estavam enfermos. Naquela época, suas canções eram ingênuas. Agora, era um artista rematado e cantava com maestria, com sua voz máscula. Entoava uma antiga canção regional lionesa.

O espetáculo daquele rapaz garboso sentado aos pés da irmã doente, cantando carinhosamente, me arrepiou. Ana Maria ficou a observá-los, com os olhos cheios d'água. O rapaz tinha mesmo bom coração, era pena que fosse tão leviano com o sexo oposto. Os soluços logo amainaram e viraram um choro suave. Genoveva tirou as mãos do rosto e fitou o irmão com encantamento. Passou a acariciar-lhe a face, enquanto o ouvia cantar. Quando a canção terminou, já estava bem mais calma. Pedro se levantou, abraçou-a e beijou-a carinhosamente.

- Genoveva, que saudade! Há tanto tempo não a via, sua malvada!

- Por que malvada?

- Poderia ter nos dado notícias antes. Morríamos de saudade de você, sem saber de seu destino. É uma alegria imensa estar assim perto de você.

- Ah, meu irmão, alegre estou eu ao vê-lo. Está tão belo! Por obra de algum milagre, parece a imagem viva de Ana Maria.

- Qual o milagre em dois irmãos se parecerem?

- O milagre real é que ambos estão aqui e ainda gostam de mim.

- Como deixar de gostar de você? Sempre foi horrivelmente chata, mas querida!

- Ah, agora você que é malvado. Mas está tão crescido, tão desenvolto e canta tão bem. Com seu porte, seu rosto e sua voz, você deve fazer chorar inúmeras moças desavisadas.

- Pobre de mim. Sou um enjeitado, ninguém me quer de verdade!

- Ah, imagino! Já eu, infelizmente, pareço avó de vocês dois.

- Quem dera ter uma avó tão charmosa quanto você.

A conversa seguiu mais feliz do que se poderia imaginar. Pedro sentia uma ternura imensa pela irmã sofrida e tomou a resolução firme de ajudá-la como pudesse. Prometeu que viria cantar com ela todos os dias, que leriam juntos, conversariam. Que seria um pouco como na infância dele, quando eram próximos e felizes.

Genoveva volta e meia chorava em um misto de tristeza e de alegria. Sua tristeza vinha da aguda consciência de que possuía uma família maravilhosa e da qual se afastara para viver um pesadelo. Poderia ter sido tão feliz ao lado dos irmãos, do esposo e da filha! Seguramente, se tivesse seguido como uma mulher honrada, Deus não a teria castigado. Teria tido inúmeros filhos, seria feliz e amada... Já a alegria vinha de saber que, apesar de tudo o que fizera, ainda era amada pelos irmãos, que não a abandonariam: jamais deixariam que fosse internada em alguma instituição para loucos.

Esse pavor profundo começava a abandoná-la, o que lhe dava uma paz de que há muito não fruía. Continuava com as dores de seu corpo enfermo, com as limitações orgânicas que a martirizavam, com sua dor de consciência. Mas já não sentia medo de enlouquecer no mais completo abandono, no fundo de uma cela escura. Seus olhos recomeçavam a brilhar.

De minha parte, ao vê-los ali, conversando alegremente, senti um júbilo infinito. Como a generosidade é boa conselheira! Pedro e Ana Maria não julgavam nem condenavam a irmã, de si própria tão infeliz. Amavam-na e pretendiam ajudá-la, na medida de suas possibilidades. Apenas o se sentir querida já causava maravilhas no estado da enferma. Elevei a Deus uma sentida prece de gratidão. Foi uma manhã maravilhosa, mas que exauriu a enferma. Desabituada da felicidade, cansou com aquele turbilhão de emoções. Tão logo almoçou, mergulhou em um sono profundo.

Seus irmãos decidiram aproveitar aquele descanso para passear um pouco pelos arredores. O palacete de Cícero era muito bem situado e saíram a explorar Paris. Encantaram-se com tudo o que viram, embora não tenham ido muito longe. Desconhecedores daquelas redondezas, os irmãos temeram se perder e se mantiveram por perto.

Inúmeros outros passeios se seguiram, nos quais estreitaram seus laços fraternos de modo muito significativo. Na cidade de Lyon, eram muitos os compromissos e distrações e, embora vivessem na mesma casa, nem sempre gastavam bastante tempo juntos. Pedro, em especial, estava sempre envolto em suas canções e em seus romances, cujos detalhes não deixava a irmã saber. Sempre que isso ocorria, ele terminava por receber uma descompostura. Na bela Paris, fizeram-se companheiros de passeios e descobertas.

Uma espécie de rotina se estabeleceu entre os irmãos. Passavam boa parte da manhã com Genoveva. Liam e cantavam, lembrando a infância, os pais e a família. Aquilo fazia parte do tratamento de Genoveva e tinha um efeito maravilhoso. Passara tanto tempo sentindo medo e que era apenas um estorvo, que se sentir amada era um lenitivo.

Contudo, feliz ou não, Genoveva padecia de grave enfermidade. Melhorava quanto ao aspecto psíquico, embora com crises e recaídas, nas quais chorava, fundamente arrependida do rumo que dera à própria vida. Infelizmente para ela, aquele arrependimento deveria lhe servir mesmo em uma futura encarnação, na qual teria a ventura de encarar a família e a honra como os seus bens mais valiosos. A experiência lhe valeria para que não se perdesse novamente por conta das ilusões dos sentidos.

Fora seduzida em várias frentes. A pessoa de Cícero lhe parecera extremamente sofisticada e importante, além de lhe despertar a sensualidade como jamais ocorrera antes. Mas tudo aquilo logo se convertera em dor e desencanto. Cícero permanecia sofisticado aos seus olhos, mas indiferente, por vezes até cruel em sua desconsideração. Em realidade, o barão diminuíra muito aos olhos da companheira, que passara a vê-lo sob um prisma muito desfavorável, em especial quando o comparava com a imagem de seu gentil e dedicado marido. Quanto à sensualidade, os sucessivos abortos que sofrera a traumatizaram de modo terrível. Nos últimos contatos físicos que tivera com Cícero, houvera mais dor e medo do que qualquer arremedo de prazer.

Ela escolhera o caminho da dor e estava a aprender com ele, para sua desgraça. Tudo poderia ter sido muito diferente, se Genoveva tivesse escolhido o caminho do dever retamente cumprido. Não adiantava chorar sobre o leite derramado, mas ela o fazia com frequência. Estava ainda enferma demais para começar a ser reeducada pela irmã, como eu intuía que logo principiaria a ocorrer. Naqueles primeiros tempos, era apenas amada e acarinhada pelos irmãos. Envolta em doces conversas e canções, caminhava para uma frágil convalescença psíquica. Mesmo seu estado orgânico dava tênues sinais de melhora.

Logo após o almoço, Genoveva mergulhava em um sono profundo e sem sonhos, no qual era atendida por sua guia espiritual. Era uma senhora versada em medicina, que a acalentava. Uma dama distinta, com todos os sinais de importante elevação espiritual, estava imensamente satisfeita com a influência saudável que Pedro e Ana Maria exerciam sobre sua pupila. Aproveitava aquelas tardes para restabelecer, quanto possível, a saúde de Genoveva.

Eu muitas vezes a acompanhava naqueles labores, embora sem possuir maiores conhecimentos. Aqueles tempos valeram para mim por um autêntico curso de tratamento espiritual, de manipulação de fluidos, de intervenção curativa no perispírito([6]) e sua influência no corpo físico. A mentora de Genoveva era sincera em admitir que sua tutelada jamais poderia recuperar a saúde. Provavelmente, nem viveria muito, pois, embora ninguém o imaginasse, tinha um tumor maligno em seu útero. Quão rápido evoluiria o tumor era algo a depender muito do estado psicológico da enferma. Justamente por isso, era muito importante a leveza com que os irmãos sabiam envolvê-la.

Genoveva costumava acordar no final da tarde, às vezes já no princípio da noite. Era asseada por suas damas de companhia e aguardava a visita da irmã, que ia ter com ela novamente. Ficavam juntas umas duas horas e Genoveva novamente dormia, exausta. Nessa rotina, Pedro e Ana Maria desenvolveram o hábito de dar longos passeios a pé pela cidade de Paris. Tornaram-se íntimos como nunca na vida e desenvolveram um afeto que os haveria de acompanhar ao longo de sua jornada espiritual. Naquela primeira tarde, a rotina ainda não estava bem estabelecida e não andaram muito, inclusive porque tinham de comparecer no jantar programado por Cícero. Cuidaram de voltar cedo para casa, a fim de prepararem-se para o evento.

Após saber que Genoveva dormia profundamente, Ana Maria, a exemplo de Pedro, tratou de descansar um pouco. Bem mais tarde, ambos desceram a escadaria, lado a lado, enquanto eram aguardados por Cícero no salão principal. Ao vê-los, os olhos do nobre brilharam de admiração. Os irmãos estavam realmente muito bem-postos e sua semelhança, à parte qualquer outra coisa, era digna de nota.

Após as pequenas gentilezas de praxe, instalaram-se em uma carruagem muito requintada, devidamente brasonada, e se encaminharam para a recepção. No caminho, os lioneses ficaram sabendo que os anfitriões pertenciam à alta nobreza e eram íntimos da família real. Aquilo só aumentou o nervosismo de ambos, em especial de Ana Maria, que continuava a não gostar de seu papel de intrusa num meio ao qual não pertencia.

Eu lia seus pensamentos, um tanto divertido, pois refletiam, em certa medida, os preconceitos da época. Ela temia fazer papel ridículo em um ambiente refinado como devia ser o da casa dos nobres a que se dirigia. Embora fosse educada, não costumava frequentar as rodas da nobreza,

---

6 Envoltório fluídico, semimaterial, do espírito. Questões nº 93 e seguintes de *O Livro dos Espíritos*.

ainda mais daquele naipe, tão distintamente situada no concerto social. Já Pedro, mais tranquilo, embora impressionado com o relato de Cícero quanto à importância dos anfitriões da noite, antevia uma diversão bem interessante.

Logo chegaram a um palácio iluminado, de dimensões colossais. A carruagem foi dirigida para o pátio principal e encaminharam-se para a porta. Aparentando estar um tanto nervosa, Ana Maria adotara um ar de reserva que lhe caía muito bem. Na verdade, estava belíssima e seu porte não deixava nada a dever para o de nenhuma dama ali presente. Além de tudo, havia nela um ar de natural dignidade, que nunca deixava de impressionar. A sua superioridade espiritual era sempre notada, sem que os circunstantes conseguissem atinar com a razão pela qual a consideravam uma pessoa diferente.

Foi assim que, um tanto imponentes, mas impressionantes em sua lourice e em sua semelhança física, eles adentraram o palacete ducal, ao lado do barão Cícero de N. Ainda não sabiam, mas naquela noite alguns eventos importantes de suas vidas se desenhariam.

Tudo no recinto resplandecia ao mais rematado luxo, apenas a atmosfera espiritual nada tinha de impressionante. Mais uma vez, pude medir a distância que a essência se encontra da aparência. Ali residiam nobres de velha cepa, com linhagem cheia de glória e entremeada com a própria história do país. Ricos, importantes, requisitados, mas o ambiente espiritual da casa que habitavam deixava muito a desejar. Sem precisar de muito esforço, notei a venalidade que devia imperar naquele casal, ao qual, no preciso momento, os meus amigos estavam sendo apresentados.

Embora eles fossem apenas burgueses, o que poderia sujeitá-los a algum descaso, eram apresentados por um político titulado e influente, o que os redimia, naquela sociedade hipócrita, do que poderia ser considerado um vício de seu nascimento. Ademais, eram apresentados como parentes afastados, de modo que sua origem pouco ilustre passava despercebida.

O duque, senhor na faixa de seus 50 anos, não escondeu singular brilho nos olhos ao cumprimentar Ana Maria. Acostumado ao deboche e às aventuras da corte, não sentia necessidade de esconder o repentino interesse, embora sua duquesa estivesse ao lado, por sua vez também cumprimentando, bastante entusiasmada, o galante Pedro.

Minha amiga não estava em seu melhor momento para perceber a atenção que despertara no anfitrião. Estava um tanto perturbada com a atmosfera do ambiente, que lhe produzia choques desagradáveis, sem que atinasse com a razão. Desconcertada, sentia-se levemente mal e atribuía aquilo à sua canhestrice de interiorana, de todo estranha aos hábitos requintados com os quais estava sendo defrontada.

Não era exatamente aquilo. O ambiente em si era bastante perturbado, e os anfitriões eram circundados por vários espíritos galhofeiros. O duque, em particular, se encontrava envolto em vibrações bastante pestilentas. Estas vinham de seu próprio ser e de dois espíritos entre vingativos e sofridos que o acompanhavam, como a lhe pedir contas de alguns prejuízos que tinham experimentado. Eu era invisível àquela malta, e não tinha tempo nem interesse, confesso, de me inteirar das histórias tristes que poderia ler, se o quisesse, naquelas perseguições.

A duquesa, chamada Ana, logo tomou Pedro pelo braço e se propôs a lhe mostrar algumas atrações interessantes de sua casa, naquela noite de festa. O rapaz era tudo, menos bobo. Acostumado à vivência mundana, rapidamente percebeu as intenções daquela grande dama. Podia não frequentar a nobreza titulada que circulava em volta da família real, mas a falta de vergonha não difere muito de um ambiente para outro. Vivido, Pedro se permitiu conduzir, achando graça nas atenções da duquesa Ana. Nem por isso deixou de demonstrar extrema gentileza.

Seus pensamentos eram claríssimos para mim: não via nada de atraente naquela dama madura, um tanto artificial, que se achava muito esperta e sedutora. Mas não desperdiçaria a oportunidade de conhecer o local conduzido pela anfitriã. Seguramente, essa seria a melhor carta de apresentações que poderia ter no ambiente. Com sorte, pensava, poderia encontrar alguma jovem bela e divertida, para se entreter durante sua estada em Paris.

Não pude conter um sorriso ao vê-los se distanciar. Não tinha de temer que Pedro fosse seduzido pela nobre que o conduzia. Naquele ambiente era pouco provável que ele próprio tivesse oportunidade de seduzir verdadeiramente alguém. Parecia que todos já eram vividos e experimentados demais, para que ainda guardassem possibilidade de ter alguma ingenuidade no capítulo dos sentidos.

Deixei-os ir, pensando, um tanto chocado, que Pedro se encaminhava para ser semelhante à mulher que o conduzia. Também ele se perdia em ilusões e se permitia gastar a vida sem nada produzir de útil. Um dia se descobriria na pele de um senhor idoso tentando despertar o interesse em belas jovens, no desempenho do triste papel de sedutor envelhecido e ridículo.

Relanceei o olhar pelo ambiente, buscando perceber se alguém destoava do conjunto. Estava mesmo curioso, pois era a primeira vez que adentrava local daquela espécie. Já naquela época a nobreza havia perdido sua função no meio social e vivia de fazer intrigas e sugar o dinheiro público, com privilégios injustificáveis e muito custosos. Aqui ou ali eu identificava alguém mais bem colocado espiritualmente. Não eram exatamente seres cintilantes, mas suas companhias indicavam que viviam com dignidade.

Quanto a Ana Maria, foi conduzida pelos dois nobres a um recanto da sala, no qual estavam sendo declamados poemas. Ela gostava de literatura e tomou assento em um coxim, passando a prestar atenção no artista que se apresentava. Seu interesse era genuíno, pois seus olhos brilhavam e acompanhava a evolução do longo poema com um sorriso nos olhos.

Os dois cavalheiros compreenderam que tinham sido esquecidos e a miraram, divertidos. Consultaram-se com o olhar e se afastaram, trocando confidências. Eram parceiros de intrigas políticas e tinham muito a conversar. Por um momento, Ana Maria foi o objeto exclusivo de seu interesse.

- Cícero, quem é essa dama tão singular?

- Já lhe disse: trata-se de uma parenta afastada.

- Vocês não parecem muito íntimos. Ao contrário, ela se afigura um tanto constrangida em sua presença.

- Muito perspicaz de sua parte.

- Vivo na corte, meu caro. O que seria de mim, naquele covil, se não fosse um atento observador? Sabe que ali é preciso se defender de intrigas o tempo todo.

- Bem o sei, bem o sei.

- Diga-me com franqueza: quem é essa Ana Maria?

- Vou lhe contar em absoluto segredo, pois prometi a meus acompanhantes de hoje que não falaria sobre isso com ninguém.

- Estou cada vez mais curioso.

- Trata-se dos irmãos de Genoveva, minha companheira.

- Que interessante!

- Conheço-o de longa data e serei franco. Perca suas ilusões quanto à senhorita Ana Maria. Ela não é dada a aventuras.

- Entretanto, está em sua casa, sem que tenham qualquer vínculo oficial de parentesco. Ademais, a irmã vive com você sem serem casados. Isso quer dizer alguma coisa.

- Sim. Quer dizer que a senhorita Ana Maria veio para cuidar da irmã e se fez acompanhar do jovem irmão, a fim de preservar seu bom nome. Nada além do que lhe digo.

- Talvez seja acessível a belos presentes.

- Esqueça isso, João. Esqueça.

- Não vou deixar de tentar. Isso não é de meu feitio.

- Tente, se o quiser. Contudo, adianto-lhe para não passar dos limites da civilidade. Conheço bem seus métodos. Se não consegue por bem, termina por forçar a situação. Não faça isso com ela. Eu não o perdoaria, aviso.

- Por que tanto empenho na defesa da irmã de sua companheira?

- É uma dama muito diferenciada. Conheço-a de longa data. Gostando ou não, entendendo-a ou não, merece o meu respeito. É uma dama de qualidade, digna e bondosa, o que é muito difícil de encontrar. Ademais, está em Paris a meu convite, hospeda-se em minha casa. Sou o fiador de seu bem-estar. Ouça-me, pois falo sério.

- Esqueçamos esse assunto. Não irei brigar com você por conta de uma bobagem dessas.

Pela primeira vez desde que conheci Cícero, fiquei feliz com uma atitude dele. Aparentemente, também havia aprendido algo com os contragolpes que a vida lhe havia aplicado. Apreciei a firmeza com que se posicionou em defesa de Ana Maria, sem se preocupar em se indispor com uma pessoa tão poderosa como o anfitrião da noite.

Entretanto, eu já era bastante conhecedor da natureza humana para acreditar que o duque havia de fato desistido de seu intento. Restava-me vigiar, orar e agir, nos meus limites de desencarnado. Mas havia algo que sobrepujava a tudo e a todos: a Providência Divina, sempre operante. Confiava que ela atuaria na defesa de minha antiga pupila, tão cheia de méritos espirituais.

Não me animei a acompanhar os dois nobres que se afastavam. Não era necessário ser muito esperto para saber que da conversa deles pouca coisa instrutiva se poderia colher, ao menos não da instrução que me interessava. Voltei o olhar pelo salão, tomado de uma piedade infinita. Ali havia tantos belos trajes, belos nomes, belos rostos... Contudo, a pobreza espiritual era terrível, terrível.

Os mentores daqueles privilegiados do mundo bem que se esforçavam para orientá-los no caminho correto. Isso se dava com vigor pouco comum, que ultrapassava o mérito dos próprios envolvidos. A razão desse aparente privilégio é que muito poderiam fazer, com seu dinheiro e suas relações. Qualquer deles que se decidisse pelo caminho do bem guardava amplas possibilidades de atuação efetiva no mundo. Ali havia dinheiro, poder e influência. Era tão grave a responsabilidade daqueles seres, os quais acreditavam que tudo mereciam da vida, simplesmente pelo seu nascimento tão brilhante, segundo os padrões do mundo! Eu os lamentava, do fundo do coração.

Compreendendo o triste caminho que trilhavam, ergui ao Pai uma prece sentida para que os iluminasse a todos, enquanto houvesse tempo. Sim, enquanto houvesse tempo, pois mesmo as situações aparentemente imutáveis do mundo podem sofrer repentina e inesperada alteração.

Após minha oração, que passou despercebida da maioria dos desencarnados ali presentes, voltei os olhos para o jovem Pedro. Ele volteava alegremente pelo salão, sempre de braços com a duquesa Ana. Esta nem procurava disfarçar: só tinha olhos para o belo burguês que a escoltava. Já Pedro se divertia com a situação, o que se notava pelo brilho alegre de seus olhos, que tudo percebia, pouco disposto a se deixar seduzir.

Caminhavam alegremente pelo local, com o rapaz sendo apresentado a várias pessoas importantes. A esperta anfitriã evitava as aglomerações de mulheres, em especial as que tivessem jovens bonitas, e de preferência apresentava seu acompanhante para os cavalheiros ali presentes. Alguns desses cavalheiros se encontravam conversando a um canto, em uma troca de ideias aparentemente mais séria do que o comum para o local. Era de dinheiro que se tratava, evidentemente, pois todos, nobres ou plebeus, costumam considerar com muita seriedade os recursos com que podem viver com conforto e cuja ausência implica penúria.

Naquele aglomerado havia um banqueiro, o que poderia soar estranho, haja vista os anfitriões serem pessoas tão nobres. Como é sabido, os nobres da época nutriam certo desprezo pelos comerciantes e pelos banqueiros, tidos como os típicos representantes de uma burguesia que consideravam irritante. Esta se tornava mais rica a cada dia e, consequentemente, mais importante. Uma sociedade pode afetar desprezar o dinheiro e cultivar valores outros, como o berço ou a linhagem, ou mesmo os valores da Cavalaria.

Contudo, a transcendência ao capital amoedado constitui ainda hoje exceção. Aliás, mesmo as realizações mais nobres no mundo precisam manter-se, de modo que o dinheiro, como qualquer outro talento com que a divindade felicita os homens, tem o seu papel a desempenhar. Correm por conta dos incautos os prejuízos que experimentam em suas economias espirituais, oriundos do mau uso dos bens recebidos da Providência Divina.

O banqueiro se chamava Jacó e era de origem judia, embora devidamente convertido ao catolicismo. Era rico o suficiente para ser tolerado naquele ambiente, o qual frequentava mais por interesse do que por gosto. Sua fortuna e sua experiência em negócios o credenciavam a estar naquele meio, enquanto conselheiro e credor de muitos daqueles nobres. Suas relações com muitos eram intrincadas, pois lhes financiava as colheitas e muitas vezes lhes fazia adiantamentos sobre elas, a fim de que pudessem desempenhar um bonito papel em sociedade, em especial nos períodos que precisavam passar em Versalhes.

Com esse proceder, possuía hipotecas sobre várias residências senhoris das províncias da França. Esses seus negócios o faziam temido e respeitado no meio da nobreza, mas também detestado por muitos. Bem relacionado, cuidava de adotar o tom certo, aparentemente modesto e obsequioso, para ser tolerado enquanto burguês entre nobres.

Naquelas reuniões, muitos negócios eram iniciados, entre uma distração e outra. Era o meio adequado para alguém necessitado de dinheiro, mas importante demais para comparecer a um estabelecimento bancário, entretecer uma discreta tratativa. Todos o sabiam e ninguém o falava com clareza.

Jacó era um senhor de aproximadamente 50 anos e bem-apessoado. Cuidara de extirpar de sua aparência tudo o que o pudesse denunciar como judeu. Sabia que já era pesado para aqueles nobres tolerar um burguês, ainda mais um banqueiro a quem deviam. Não podia forçar demais aquela tolerância com uma aparência exótica. Vestia-se bem, no melhor estilo parisiense, mas cuidando de não aparentar ser um nobre, para não passar a impressão de querer atravessar a barreira proibida: a nobilitação. Era um homem atraente, com um olhar inteligente e perspicaz.

A duquesa se aproximou dos cavalheiros reunidos e apresentou seu acompanhante. Houve as habituais mesuras e, então, a anfitriã teve de se afastar para resolver algumas pendências, e Pedro ali permaneceu. Era simpático e falante e não teve dificuldades em se integrar à conversa. Esta ali era mais séria do que a reinante nas demais rodas do salão: versava sobre a economia da França e os acertos e desacertos da política monetária imprimida por Versalhes. O rapaz ouviu um pouco e, considerando sua experiência nas empresas da família, conseguiu participar, de algum modo. Visivelmente aquele não era seu assunto favorito. Apenas não se afastou por uma questão de educação.

Nisso se aproximou a filha do banqueiro, jovem beldade morena, que, cansada de circular pelo salão, sentia-se desambientada. Eu observava a cena com interesse, sem saber ao certo a razão pela qual tudo me parecia orquestrado. Era como se eu visse um ato encenado várias vezes, que se dava com uma lentidão estranha.

A donzela se aproximou do grupo de cavalheiros em que seu pai se encontrava e começou a falar com ele, em voz baixa. Estava claramente enfastiada com aquele ambiente, sentindo-se deslocada. Buscava a companhia do pai, talvez para se abrigar um pouco de tantas futilidades, talvez para tentar convencê-lo a ir embora.

Lancei minha percepção sobre a moça e notei que tinha importantes valores espirituais: nela não faltava dignidade. Havia, pois, sobejas razões para que se sentisse infeliz naquele local mundano e fútil, no qual pessoas comprometidas flertavam sem o menor pudor com todos os que conseguissem atrair. A jovem se vestia com sobriedade, mas nem por isso sua aparência perdia algo do brilho que lhe era peculiar. Senti uma simpatia imediata por ela, como se a conhecesse de longa data. Senti igualmente certa piedade ao vê-la tão desconfortável.

Também ela, à semelhança de Ana Maria, devia refletir no íntimo os preconceitos da época: burguesa e, ainda por cima, judia de nascimento, não era considerada uma conviva adequada. Toleravam-na em homenagem ao seu pai, rico e importante, embora também ele fosse apenas tolerado.

Após conversar com o pai, conformou-se em ficar ao seu lado. Não teve sucesso em convencê-lo a ir embora nem a deixá-la se ir. Também ele era orgulhoso e encarava como uma espécie de desforra contra a vida, contra a cristandade, obrigar aqueles nobres a receber sua filha. Sabia que a aceitação de ambos decorria de sua fortuna e de sua condição de credor de muitos deles, mas estava longe de se sentir incomodado com isso. Ao contrário, gozava aquela situação.

No fundo, era um orgulhoso, que encontrava satisfação naquela situação toda. Em seus pensamentos, tudo aquilo era visível, o que me levou a apiedar-me dele. Ao prestar atenção mais detida no banqueiro, notei que seu semblante se tisnou a um pensamento específico: é pena que Ester não esteja conosco e não possa ver quão alto estou elevando nossa filha!

Aquele pensamento, tão carregado de sentimentos, foi uma evocação e, como era previsível, não demorou tempo para adentrar o ambiente um espírito em boa condição: Ester. Ela se aproximou de pai e filha e os beijou. Observou-me a fitá-los e sorriu, em silêncio. Abraçou o esposo e entendi que o intuía a construir a felicidade da filha longe das armadilhas da vaidade. Aquela intervenção gerou certo mal-estar em Jacó, que por um instante sentiu vacilarem suas convicções a respeito do bem que entendia estar fazendo à filha. Mirou a moça, bela e solitária, como uma censura viva, em sua gravidade, à frivolidade reinante, e pensou: minha filha, tão original! O que realmente a faria feliz?

Neste momento, passou-se o inevitável. O olhar de Pedro estava pousado com interesse na figura de Ruth, que, como se magnetizada, levantou os olhos em direção a ele. Não era um olhar entre pessoas que mal se conheciam. Era uma troca de energia que só ocorre entre almas íntimas. Os três, Ester, Jacó e eu, acompanhávamos a cena, que parecia, como já relatei ao leitor, ocorrer com uma estranha lentidão, como um balé ensaiado.

A jovem encontrou o olhar encantado de Pedro, pareceu surpresa com a figura do moço, mas logo, como se tomasse cobro de si mesma, abaixou a cabeça e tomou o braço do pai. Os dois jovens estavam tomados de visível emoção.

De minha parte, eu indagava: será que Pedro se lançaria a mais uma conquista inconsequente? A moça parecia um alvo um tanto difícil para atenções menos honrosas, pelo que percebia de suas emanações espirituais. Ela projetava fluidos verdadeiramente saudáveis. Entretanto, eu bem sabia como os homens no mundo, inclusas aí as mulheres, podem ser frágeis quando tomados pela emoção.

O encantamento de Pedro era visível. No exato instante em que se ensaiava para se aproximar de Jacó e de sua filha, a duquesa Ana apareceu para retomá-lo. Felizmente, ela não observou a troca de olhares tão significativa. Retomou o braço de Pedro, como se fosse sua proprietária e, com autoridade que não admitia contestação, afastou-se com o rapaz pelo salão.

A jovem Ruth observou aquilo com uma estranha pontada no coração. Estava decepcionada: o belo rapaz se permitia atitudes equívocas com uma mulher casada. Ele devia ser como aqueles nobres levianos. Ficou surpresa consigo própria pela profunda tristeza que sentiu. Afinal, ele não significava nada para ela. Entretanto, como ficara impressionada com aqueles olhos azuis! Jamais lhe ocorrera algo semelhante. Precisava tomar cuidado para não se deixar levar por sentimentos impossíveis, em relação a homens levianos.

Eu a observava com atenção, pois a jovem me interessava. Precisava reconhecer: ela estava triste! Bom, não era mesmo a primeira a se decepcionar com a leviandade de Pedro. Um sentimento inexplicável produzia *flashes* de traições que ela tinha a sensação de já ter sofrido...

Considerei bom que aquilo tivesse ocorrido logo de cara, para que Ruth não se enganasse quanto ao caráter dele. Era um rapaz bom, honesto, de natureza feliz, cheio de talentos. A rigor, tudo o credenciava à felicidade, à parte sua notória leviandade em relação às mulheres.

A senhora Ester também olhava a filha com carinho e alguma apreensão. Trocamos olhares e impressões e ela, entendendo o alcance do que aquilo poderia significar, abraçou carinhosamente a jovem. O senhor Jacó estava visivelmente surpreso com a reação da filha aos olhares do belo moço: jamais a havia observado com aquela aparente fragilidade. Sempre considerara a filha um mistério, por sua inacessibilidade aos encantos masculinos. Eis que, de repente, tudo se modificava. Ao experimentado banqueiro não passara despercebida a postura da anfitriã, que tratara o moço como se lhe pertencesse. Jamais havia visto o rapaz, mas cogitava se tratasse de um amante daquela grande dama. Não gostou da ideia e ficou sem saber o que pensar.

A jovem estava muito quieta ao seu lado, com o semblante velado de tristeza. Ele ficou bastante incomodado com a situação e decidiu ir embora. A noite já estava mesmo algo avançada e não mais pareceria indelicadeza de sua parte a retirada um tanto precoce. Como se puxasse pela memória, concluiu que não havia mantido todos os contatos que pretendia. Entretanto, sob a inspiração de sua falecida esposa, decidiu-se por levar a filha para casa. Tomou-lhe o braço com delicadeza e buscou se despedir do anfitrião. Espertamente, não quis falar com a duquesa, a qual imaginava que continuava com o rapagão a tiracolo. Logo os dois se encaminharam para a porta principal.

Eu também me encontrava perplexo com aquilo tudo, pois jamais havia surpreendido Pedro manifestando interesse genuíno por qualquer mulher. Sempre que o via ou sabia envolvido com alguma dama, ele parecia participar de um jogo divertido, que considerava sem consequências. Sabe-se lá quantas moças magoou com esse proceder! Mas agora me pareceu que até aquele rematado sedutor tinha sido atingido. Seria possível?

Localizei-o a um canto do salão, ao qual tinha sido conduzido pela duquesa. Esta o levara para contemplar a beleza da noite, na esperança de ouvir algumas palavras galantes, mas seu acompanhante lhe parecia repentinamente modificado. Pedro, malgrado seu, trazia o semblante um tanto melancólico e pensativo. Aquilo lhe dava um ar de mistério que assentava maravilhosamente a sua aparência privilegiada e atiçou o apetite amoroso da nobre que o acompanhava. Desgostoso, o rapaz lhe respondia aos avanços e aos comentários dúbios apenas com monossílabos.

Habilmente, fazia-a falar de si e fingia prestar atenção, mas seu pensamento era todo da bela morena! Era como se gritasse com certo desespero que queria se livrar das atenções daquela mulher madura e se lançar em busca da beldade que o emocionara. Sentia-se desconfortável, como se desconhecesse a si próprio: nunca antes uma mulher o impressionara tanto! Possivelmente, ficaria decepcionado ao conhecê-la, como ocorrera tantas vezes em sua vida, apesar da sensação de intimidade que aquele olhar inexplicavelmente à sua alma remetia. Era sempre assim: começava a cortejar alguma mulher e logo cansava. Em sua mente e em seu coração, parecia haver uma imagem perdida de mulher, que não devia nem existir. Agora estava estarrecido: aqueles belos olhos negros, de onde os conheceria? Seria ela tão interessante como lhe parecera em um relance, em um rápido trocar de olhares?

Nisso, Pedro olhou para a porta principal e a viu sair de braço dado com o pai. Sentiu vontade de gritar: não vá! Pareceu-lhe que a sala ficara escura de repente. Lentamente se conformou a prestar atenção na dama que não parava de requestá-lo. Sentiu certa raiva dela, embora fosse honesto o bastante para admitir que colaborara para ficar naquela situação. Regozijara-se, a princípio, em ser destacado pela anfitriã, mas jamais planejara ter com ela qualquer romance. Havia, enfim, caído em sua própria armadilha: nunca regateava seu charme e costumava usá-lo sempre em vantagem própria. Estava escrito que naquela noite ele principiaria a se arrepender de sua conduta habitualmente leviana.

Enquanto isso, a duquesa o olhava, encantada, sem sequer procurar disfarçar quão impressionada estava. Ele representava o seu ideal de homem: espadaúdo, alto, loiro, olhos azuis, com feições a um tempo másculas e refinadas. Para rematar, aquele olhar distante, um tanto melancólico, mexia com sua imaginação. Via-se a acalentá-lo, protegê-lo, conduzi-lo naquela sociedade que sabia ser cruel. Com ela o rapaz não sofreria nenhuma humilhação. Iria protegê-lo, amá-lo, enredá-lo. Em seu coração, estava decidido: seriam amantes!

Ah, os planos humanos, quantas vezes são feitos com total descaso pela dignidade e pelos sentimentos dos outros. Àquela dama madura não passou sequer pela mente que o rapaz não se interessasse por ela. Acostumada a ser cortejada, por sua riqueza e sua posição, entendia-se irresistível. Era preciso ser justo e admitir que, se ostentasse alguns encantos, estes deviam mesmo ter sido marcantes na juventude. Contudo, se não fosse uma nobre tão importante, dificilmente atrairia todas as atenções que costumava receber.

Ana buscou obter promessas do rapaz, que se esquivava como podia. Afirmou-se muito compromissado com suas irmãs, uma das quais estava bastante doente. Não sabia de quanto tempo poderia dispor para si. Longe de se desestimular, a duquesa sentiu seu interesse aumentar. Fazia tanto tempo que não precisava lutar para conseguir alguma coisa e ali estava a oportunidade: um rapaz relutante que lhe despertava uma paixão da qual acreditava não ser mais capaz.

Eu olhava aquilo tudo com grande preocupação, por vislumbrar dificuldades de monta nos caminhos de Pedro. Felizmente para ele, em dado momento Ana não pôde mais se furtar a seus deveres de anfitriã. Embora leviana e inconsequente, tinha em alta conta sua fama de grande anfitriã e não se arriscaria em colocá-la a perder. Deixou-o junto à janela, quando precisou se afastar para dar atenção a algumas damas tão importantes quanto ela e que a olhavam com estranheza.

O rapaz permitiu-se ali ficar, mirando a lua, em um mutismo que não lhe era habitual. Nisso, sua irmã chegou para falar com ele.

- Pedro... Confesso-me cansada desta noitada.

Ele a olhou em silêncio, sem responder.

- O que você tem? Está diferente.

- Estou cansado, apenas isso.

- Que novidade! Nunca imaginei ouvi-lo se afirmar cansado em uma festa, ainda mais em uma tão cintilante como esta.

- As coisas mudam quando menos esperamos.

- O que teria ocasionado tão repentina mudança em você?

- Nada de especial.

Ana Maria encarava o irmão intrigada, como se quisesse ler em seu semblante o que o rapaz estava escondendo.

- Pedro, por que não me conta o que o está preocupando? Se não puder ajudar de modo efetivo, poderemos raciocinar juntos. Talvez apenas falar já desanuvie seus pensamentos.

- Não sei a razão, mas receio partilhar o que sinto. É como se não soubesse ou conseguisse colocar em palavras.

- O que houve de tão grave? Nunca o vi assim.

- Nada e tudo ao mesmo tempo. Nada, pois de fato nada de efetivo ou diferente ocorreu. Tudo, na medida em que fiquei transtornado.

- Se quer que eu entenda o que se passou, deixar de falar por enigmas seria um bom começo, Pedro!

- Está bem, está bem. Conheci uma jovem.

- E isso foi algo diferente em sua vida?

- É que não cheguei a conhecê-la de verdade...

- Conheceu uma jovem sem chegar a conhecê-la? Começo mesmo a me preocupar com sua saúde mental. Andou bebendo?

- Sabe que não gosto de beber.

- Fale o que aconteceu, limitando-se aos fatos. Deixe que eu os interprete.

- Na verdade, eu vi uma jovem, a quem não fui apresentado e de quem não ouvi nem a voz. Parecia estar acompanhada do pai, um banqueiro de nome Jacó, se não me engano. Sei bem que não faltam belas jovens no mundo, mas essa, por alguma razão que não entendo, pareceu-me especial. É isso.

- Em que exatamente residiria essa especialidade?

- É justamente esse o problema. Eu não sei porque fiquei tão abalado ao vê-la. Mas fiquei. Aí, quando ia falar com ela, nossa detestável anfitriã apareceu e me levou embora, como se eu lhe pertencesse.

- Creio que ela tem mesmo essa impressão, de que você lhe pertence. Essa dama tem hábitos muito estranhos, considerando-se sua condição de casada.

- Eu me diverti um pouco com a situação, no começo, mas, depois que vi a donzela misteriosa, fiquei imensamente aborrecido com as atenções da duquesa. Aliás, uma ideia horrível acaba de me ocorrer: e se o banqueiro for o marido, e não o pai da bela morena?

- Vai lhe restar apenas que se afaste com dignidade. Nada além.

- As coisas não são tão simples, Ana!

- Ao contrário, são simples demais, para quem deseja viver de forma decente. Quero crer que a proibição do adultério é das mais antigas para a religiosidade ocidental, sem maiores dificuldades para sua interpretação.

- Mas isso é apenas uma ideia. Ela não deve ser casada.

- Sejamos francos, Pedro. O que pretende? Digamos que seja solteira, o que tenciona quanto a ela? Mais alguém para iludir, para embair com suas canções, seu charme, e depois ir embora? Cedo ou tarde, tornaremos a Lyon. Ela vive em Paris. Salvo se firmarem um compromisso sério, e falo em noivado, casamento, família, todas essas coisas que lhe dão horror, ambos não poderão permanecer vinculados por muito tempo.

- Credo, como você é dramática. Estou cá preocupado porque talvez não mais a veja, e já me fala em netos!

Os irmãos acabaram rindo e se descontraindo, embora o semblante do moço continuasse torturado, de um modo indefinível. De braços dados, começaram a passear pelo ambiente, prestando atenção nas atrações e nos convivas. Com aquela intimidade tão nova entre eles, divertiram-se, e o tempo passou.

Um tanto mais tarde, foram procurados por Cícero, preocupado com o avançar da noite. Sabedor de que Ana Maria não era dada a noitadas, desejava saber de sua disposição para ir embora, ou se queria permanecer no ambiente. Houve uma rápida troca de olhares entre Pedro e Ana Maria e acertou-se a imediata partida para casa.

Após as despedidas de praxe, com os irmãos recebendo olhares um tanto brilhantes demais da parte dos anfitriões, logo se encontravam na carruagem, a caminho do palacete. Pedro não perdeu a oportunidade de buscar algumas informações sobre a moça que havia despertado sua atenção.

- Senhor Cícero, porventura conhece o banqueiro Jacó, que se encontrava presente na festa?

- Sim, tenho vários negócios com ele.

- Ele é casado?

- Ao que eu saiba, é viúvo. Por quê?

- A jovem que o acompanhava hoje à noite, acaso a conhece?

- Creio não ter visto a tal jovem. Achei que se encontrava sozinho. Qual a razão da curiosidade?

- Nada. Apenas a achei um tanto diferente.

- Se for quem eu penso, a moça em questão se chama Ruth. Acaso se trata de uma donzela um tanto séria demais, com gestos comedidos e vestida discretamente?

- Uma morena de belos olhos escuros e porte imponente!

Pedro não conseguiu disfarçar seu entusiasmo, e o barão pôs-se a rir.

- Olha só! Pelo jeito a moça o impressionou mesmo!

Pedro corou de vergonha, o que o rejuvenesceu e aformoseou muito. Ana Maria e o barão riram juntos do jeito do rapaz. Tudo aquilo foi um choque para o barão: havia se acostumado a ver sempre Ana Maria em uma postura de grande reserva, cuidadosa em cada palavra. Era a primeira vez que a via rir descontraída. Teve de se conter para não lançar um olhar encantado à irmã de sua concubina. Estava mesmo apreciando a companhia dos dois irmãos, e não queria que aquela intimidade cessasse por um gesto desatinado seu, que, bem o sabia, jamais renderia qualquer coisa de positivo.

- Meu bom Pedro, a moça bela e misteriosa que prendeu sua atenção é a filha do banqueiro Jacó. Pouco sei dela, mas posso me informar a respeito, se for de seu desejo.

- Por favor, faça isso para mim!

Houve novas risadas e logo chegavam à casa.

Capítulo

22

Ruth

No dia seguinte, iniciou-se a rotina de cuidados com Genoveva e passeios à tarde por Paris. No jantar daquela noite, que ocorreu apenas entre os três, Ana Maria, Pedro e Cícero, os olhos do rapaz brilhavam de incontida curiosidade. Ele mal suportava o desejo de saber a respeito de Ruth. O barão, de forma maliciosa, divertia-se com a situação e o fazia esperar.

Ana Maria, observando aquilo, também se divertia. Acostumara-se tanto a ver o irmão tratar as mulheres com desdém que a angústia dele era um capítulo novo e inesperado naquela história.

Finalmente, o barão, com magnanimidade, como se ofertasse um presente de grande valor, abordou o tema.

– Quanto à donzela do baile...

– Sim, o que soube dela?

Seu tom ansioso provocou risadas na mesa, às quais o próprio rapaz aderiu, sabendo o papel que fazia.

– Não vou mais fazê-lo sofrer. Eis o que posso lhe dizer: trata-se de uma jovem de reputação inatacável. É judia de nascimento, mas aparentemente se converteu em uma cristã sincera. Ficou órfã há alguns anos, possui duas irmãs mais jovens e se encarrega da administração da casa em que a família vive. Não tem compromisso com qualquer rapaz nem qualquer antecedente nesse sentido. Tem fama de moça ajuizada e reservada. Não costuma sair de casa, salvo quando acompanha o pai a alguns poucos compromissos.

- Boas notícias, que não simplificam muito a minha vida.

- O que quer dizer, Pedro?

- Não pense bobagem, Ana Maria. Não pretendia nem esperava que tivesse má reputação. A notícia é boa quanto a ela ser livre, mas ruim, na parte em que não sai de casa. Como eu a poderei conhecer?

- Ah, mas você tem um grande trunfo em suas mãos, meu jovem!

- Tenho? Qual?

- Eu sou seu amigo!

- Isso me ajuda exatamente como?

- Como lhe disse, tenho negócios com o banqueiro Jacó.

- Sei disso.

- Se a ideia lhe agradar, convidarei Jacó e sua filha para um jantar em minha casa.

O rapaz abriu um sorriso simpático ao extremo, da mais pura felicidade.

- Crê que eles aceitariam?

- Vou ter de ser muito cauteloso no convite. Ninguém ignora a situação pouco ortodoxa em que vivo. Acho que Jacó não se animará a trazer sua filha para a minha casa, salvo se tudo lhe parecer extremamente respeitável. Para isso, vou contar com o auxílio de minha irmã. Se ela estiver presente, atuando como a anfitriã do jantar, a coisa adquire uma respeitabilidade nova. Além de tudo, vou salientar a presença de parentes do interior que aqui se encontram, a fim de que pareça mesmo um evento em família.

- Ótimo!

- Apenas vou lhe dizer uma coisa.

- Diga.

- Sei bem que é um conselho estranho partindo de mim. Entretanto, sua situação é diferente. Ambos são jovens e livres. Peço-lhe que seja digno com a moça. Vai conhecê-la em minha casa e se trata da filha de um importante parceiro de negócios que tenho. Não lhe recomendo nada de especial no capítulo da moralidade, pois não sou afeito a tais questões. Apenas não seja mau com ela.

- Não se preocupe com isso, senhor. Não me consigo ver sendo mau com essa moça.

Ele percebeu um olhar entre divertido e irônico da irmã.

- Ana, você me olha como se eu fosse um monstro desalmado, um pervertido.

- Não chego a tanto, meu querido, mas nós dois sabemos que seu histórico nesse setor não é dos melhores.

- As pessoas mudam.

- Conto com isso. Confesso que já estou muito ansiosa por esse jantar. Eis um espetáculo que eu não perderia por nada no mundo!

Houve novos risos e a partir dali a conversa e a convivência ficaram muito mais fáceis entre os três. Era como se um muro tivesse sido derrubado e pudessem conviver de forma tranquila e espontânea.

Evidentemente, havia sempre a questão de Genoveva, enferma em seu quarto. Contudo, até Cícero passou a ser mais atencioso e gentil com ela. Justiça seja feita que jamais a tratara realmente mal, jamais lhe tivera qualquer gesto ou palavra grosseira. Apenas se desinteressara de sua presença, uma vez que Genoveva não mais podia atender aos apetites de sua natureza sensual. Mas havia ainda um vínculo entre eles, vindo de um vasto e triste passado. Com aquela atmosfera modificada, o barão passou a visitá-la diariamente e até a gastar um tempo no quarto da enferma, conversando, partilhando algumas das ocorrências de seu dia.

Com tantas atenções, Genoveva se sentia reviver. Não chegava a ser feliz, pois guardava um fundo arrependimento pelo que fizera. Diariamente, media a distância que a separava de uma vida feliz e honrada, a vida que tivera e ainda poderia ter com seu esposo, caso não tivesse cometido aquele desatino de fugir com Cícero. Entretanto, como sempre se falava em sua casa, na infância, se o vinho fora vertido, precisava ser tomado. De nada lhe adiantaria tentar atribuir a responsabilidade a Cícero. Ele a seduzira, claro, mas se deixara seduzir porque o quisera. Não lhe faltaram avisos e socorros. Quando começava a pensar nisso, entristecia e chorava.

Era um fato: em geral, Genoveva estava melhor. Seus irmãos tratavam de ser leves ao lado dela, que gostou imensamente de saber do possível romance de Pedro com uma donzela parisiense. Em sua cabeça, viu-se de algum modo no seio da família novamente. Fantasiou que seus irmãos se mudariam para Paris e sempre estariam ao seu lado. A pobre sonhava com isso e eu me enternecia ao vê-la nesses devaneios.

Sem saber ao certo a razão, temia pelo resultado das investidas de Pedro sobre a antiga judia. Não me animava a buscar maiores informes sobre o caso e torcia para estar errado, em minhas impressões. O rapaz realmente estava modificado. Enquanto aguardava que o já famoso jantar fosse marcado, limitava-se a conviver em família e a passear com a irmã pela cidade. Inclusive mantinha longas conversas com o barão sobre assuntos que não lhe haviam merecido a atenção antes. Falavam de política, economia e influências.

Eu ainda não havia captado qual vínculo poderiam ter aqueles dois, que aparentavam uma intimidade um tanto surpreendente, considerando quão pouco conheciam um ao outro naquela existência. Era notório que Pedro não mantinha qualquer reserva quanto ao barão, embora este houvesse sido a causa de uma importante tragédia em sua família.

Eis que finalmente o jantar foi marcado. A coisa pareceu até uma operação de guerra, tantos foram os cuidados que a cercaram. A irmã de Cícero, possivelmente não de muito boa vontade, aceitou fazer o papel de anfitriã.

Quando chegou ao palacete, passei a observá-la com atenção. Tratava-se de uma mulher sem qualquer destaque espiritual, mas que também não parecia muito comprometida. Estava em condições medianas para a época: educada, orgulhosa, o que era compreensível em sua condição de nobre e privilegiada, embora não má. Era evidente seu desconforto por estar na casa em que seu irmão mantinha uma concubina. Seguramente, recebera algumas vantagens do seu rico irmão, para aceitar desempenhar aquele papel que a diminuía a seus próprios olhos.

Fora exatamente isso o que ocorrera. Embora tivesse casado com um conde, a família de seu esposo era arruinada, de modo que sempre se socorria da fortuna do irmão, para fazer um bonito papel em sociedade. Seu marido estava passando uma temporada em Versalhes e ela, que havia permanecido em Paris, aceitara o pedido do irmão, seu eterno credor. Devidamente instruída quanto ao papel que lhe cabia, e ciosa de sua reputação como anfitriã, veio logo cedo para a residência, a fim de inspecionar os preparativos. Essa providência era ociosa, pois o palacete possuía uma criadagem vasta e bem treinada, coordenada por um mordomo experiente.

Mas a condessa Hermengarda ali se fez presente desde cedo, tudo conferindo e em tudo palpitando; para desespero dos criados, é preciso reconhecer. Cícero havia recomendado à irmã de modo especial que fosse gentil com os parentes de Genoveva. Essa era a parte mais difícil do acordo, pois a senhora entendia estar abaixo de sua dignidade conviver com os parentes plebeus de uma mulher que reputava desclassificada. Como o dinheiro é capaz de fazer muitas coisas, capaz mesmo de seduzir quem se dispõe a ser comprado, na hora do almoço ela colocou no semblante seu melhor sorriso, enquanto aguardava a chegada dos irmãos.

Eu assistia aquilo com uma ponta de piedade. Ela entendia estar descendo de sua dignidade ao tratar com gentileza e mesmo com deferência os meus amigos. Contudo, ao menos quanto a Ana Maria, ela é que deveria sentir-se honrada pelo convívio. Como a matéria tudo embaralha e confunde...

Finalmente os irmãos se apresentaram na sala em que a refeição seria feita. Cícero cuidou de estar presente no almoço e os foi receber à porta, a fim de apresentá-los a sua irmã. Diverti-me ao ver que ela ficou impressionada com a aparência e a elegância de maneiras de Pedro e Ana Maria. Possivelmente, esperava ser defrontada com provincianos toscos e iletrados, mas se enganara redondamente. O clima no almoço, se não chegou a ser leve, também não foi ruim. Serviu para quebrar o gelo e, graças a Cícero, que se esmerou em seu papel de anfitrião, foi um bom encaminhamento para o jantar.

Os irmãos saíram para passear à tarde, mas não foram longe. Pedro estava muito nervoso com a perspectiva de ser formalmente apresentado à moça que o encantara. Sua irmã estava mais do que espantada com tudo aquilo e não fazia questão de esconder.

- Pedro, seja franco comigo. Esta empolgação já lhe ocorreu antes em relação a alguma jovem?

- Não, minha irmã, nunca nada parecido aconteceu comigo.

- Esperemos que a convidada de hoje também simpatize com você.

- Espero que ela não tenha ficado com má impressão de mim, isso sim.

- Mas vocês sequer conversaram no baile. Como isso poderia ter ocorrido?

- Ela viu a odiosa duquesa tomar-me pelo braço e arrastar-me com familiaridade pelo salão. Talvez tenha pensado que sejamos amantes.

- Essa é uma possibilidade real. Se o pai dela frequenta as casas da nobreza, deve estar inteirado desses costumes dissolutos, que se fazem tão comuns nesse meio.

- Pois é. Temo, por isso, que não me leve a sério.

- Quer mesmo ser levado a sério?

- Não sei o que quero, na verdade. Apenas sei que a opinião dela é importante para mim. Ao mesmo tempo, aguardo e temo esse jantar.

- Qual a razão de seu temor?

- Estou muito confuso e meus temores são vastos.

- Meu Deus, quanto drama!

- É verdade, estou dramático como um romance desses que as moças tanto leem por aí e que as deixam com tantas e tão estranhas ilusões.

- Quanto ao temor...

- Temo tanto gostar dela, quanto me decepcionar. Receio que seja realmente diferente e me toque o coração, pois isso seria muito novo para mim. Também receio que, de perto, seja apenas uma pálida cópia do que imaginei ter vislumbrado.

- Não sofra com isso. Seja apenas você hoje à noite. Isso sempre deu certo. Aliás, certo demais.

O fato é que, receando muito ou pouco, com ou sem razão, bem antes do horário marcado para o jantar, Pedro já estava a postos. Havia se combinado de receber os convidados em uma saleta menor, onde seriam cumpridas as formalidades de apresentação. Somente após todos terem tido oportunidade de conversar um pouco é que passariam para o salão de jantar, onde ocupariam uma mesa menor do que a principal. Sendo esta grande demais, acabaria gerando uma sensação maior de formalidade.

Bastante divertida com aquela situação tão nova, Ana Maria também cuidou de descer logo e fazer companhia ao irmão. Foi assim que, muito antes do horário combinado, os quatro lá se faziam presentes, aguardando os convivas: Pedro, Ana Maria, Cícero e Hermengarda.

A última não cessava de pensar como eram surpreendentes a aparência e os modos dos irmãos. Aquela mulher parecia tão distinta e serena, altiva mesmo, que passaria facilmente por uma dama da alta nobreza! E pensar que era a irmã da concubina de seu irmão! Começava a entender que Genoveva, embora sua triste situação atual, talvez não fosse exatamente uma criatura qualquer. Jamais aceitara ter qualquer contato com ela, mas quiçá isso pudesse mudar. Não, jamais poderia se relacionar com uma concubina, por mais impressionantes que parecessem seus parentes!

Nisso, um pequeno burburinho se fez na entrada do palacete: eram os convidados que chegavam. Logo o mordomo os anunciava à porta de entrada da saleta, com uma formalidade desnecessária para a ocasião. Contudo, aquilo estava tão entranhado naquelas pessoas que nem notavam quão ociosas eram tais cerimônias.

O barão, fino político e grande conhecedor da psicologia humana, adiantou-se para receber efusivamente os convidados. Após, tratou de apresentá-los aos presentes, começando por sua irmã.

Em um instante os olhares dos jovens Pedro e Ruth se cruzaram novamente; o dela, surpreso, o dele, encantado. O banqueiro também ficou surpreso com a presença do rapaz ali, mas era um frio homem de negócios e não costumava demonstrar emoções em público.

Feitas as apresentações, todos tomaram assento. Ana Maria ficou ao lado de Ruth, que estava imensamente desconcertada com a situação. Eu notava quão angustiada a moça estava. Visivelmente pensara muito em Pedro e concluíra que não mais o veria. Tratava-se de alguém de fora de seu meio, talvez fosse mesmo o amante da duquesa Ana, e tudo não passara de uma ilusão. Gastara muito tempo e se esforçara bastante para abandonar todas as esperanças. Com o passar dos dias, até se convencera de que se enganara quanto à emoção que a empolgara ao ver o rapaz. Ele não podia ser tão bonito quanto parecera, seus olhos não deviam ser tão azuis, tudo não passara de um grande equívoco: fora vítima de sua imaginação de moça solitária! Mas eis que o rapaz lhe surgia à frente, ainda mais impressionante do que se lembrava.

Ana Maria buscou conversar com a visitante, a qual, após alguma dificuldade inicial, demonstrou tomar cobro de si. Era uma moça educada e jamais se permitiria ter atitudes grosseiras. A conversa entre elas fluiu, pois descobriram algumas afinidades: ambas haviam ficado órfãs um tanto cedo. Ana Maria havia terminado de criar os irmãos, tarefa a que Ruth se dedicava por sua vez. Não demorou e Pedro foi incluído na conversa, que começou a fluir de forma tranquila, embora a emoção entre os três fosse palpitante.

Até Hermengarda notou o que ocorria, chegando a se emocionar com a visão daqueles jovens tão belos e singulares, visivelmente empolgados um com o outro: a moça morena e séria, o rapaz louro e de sorriso fácil. Era mesmo um casal magnífico, mas eu o olhava com uma ponta de apreensão. Até fiquei com raiva de mim mesmo: parecia um agourento, disposto a vaticinar desgraças para todos, quando tudo o que havia ali era uma dança antiga sendo reencenada: um homem e uma mulher se aproximando emocionalmente, talvez retomando antigos vínculos do passado. Mas era um fato: eu me sentia algo triste ao vê-los, sem atinar com a razão.

Hermengarda, tocada pela cena, tratou de ajudar o casal e o fez com grande competência. Cuidou de monopolizar as atenções do banqueiro, juntamente com Cícero, com alguns relatos de sua última estadia em Versalhes. Não era boba e sabia como os burgueses se ressentiam de sua dificuldade de acesso ao palácio real, situado fora de Paris. Relatou, com delicadeza, para não fazer com que o banqueiro se sentisse menosprezado, algumas ocorrências de sua relação, fazendo menção a pessoas da própria família real. Malgrado seu, Jacó se sentiu honrado e distinguido com aquelas atenções e relatos e desanuviou o semblante, passando a aproveitar a noite.

No ambiente também estava a senhora Ester, a mãe já desencarnada de Ruth, que decidira acompanhá-la no evento, sabedora do encontro que ali se daria. Ah, como as mães são previdentes! De minha parte, embora uma inquietação que não me abandonava, comecei a ficar genuinamente feliz por Pedro: o sentimento dele era correspondido, sem a menor sombra de dúvida. Embora Ruth fosse comedida, o rubor de suas faces denotava a profunda emoção que a arrebatava. O rapaz, já mais sossegado, contou anedotas, histórias, divertiu e seduziu magistralmente a moça. Esta, aliás, nem tinha muito como se defender.

Tudo ali tinha um toque de pureza, pois era de emoções profundas que se tratava, não de interesses superficiais. Pedro estava sendo sincero e todo o seu ser vibrava em um padrão diferente. Seus fluidos se tornaram mais puros, ele se modificava espiritualmente, ao se permitir tocar por aquele sentimento novo: ternura por uma mulher! Não era atração sexual, como de hábito em sua vida, mas uma ternura profunda, um desejo imenso de cuidar! Ah, meu bom rapaz, que Deus o proteja...

Ana Maria também notava aquilo tudo, com um sorriso um tanto melancólico. Não era que reprovasse a donzela. Ao contrário, era visível que ela a agradava. Contudo, em suas superiores percepções de espírito evoluído, também Ana devia temer pela felicidade do casal. Ao perceber aquilo, entristeci-me e olhei a senhora Ester, que me devolveu o olhar preocupado.

Alheios à preocupação que causavam nos corações ali presentes, Pedro e Ruth pareciam felizes, como se vivessem um reencontro após longa separação. A conversa entre eles era fácil, embora certa tensão nas palavras e nas frequentes trocas de olhares. Hábil como só ele, quando se tratava de seduzir, Pedro cuidou de deixar extremamente claro que havia ido à casa da duquesa Ana apenas uma vez, e que também não mais a vira. Fizera tal afirmação com um tom de seriedade diferente na voz, olhando com firmeza nos olhos de Ruth, para que esta captasse a sinceridade da afirmativa. A moça corou, entendendo-se compreendida em suas suposições. Acreditou nele e ficou mais relaxada a partir daquele momento.

Logo, todos passaram à sala onde o jantar seria servido. Sem surpresa alguma, vi que Pedro estava ladeado por Ruth e Ana Maria, e poderia continuar seu bem-sucedido trabalho de sedução. No ambiente pequeno, cuidou de dar também atenção ao banqueiro Jacó. A certa altura, os negócios da família lionesa vieram à baila e houve um brilho de reconhecimento nos olhos do pai de Ruth. Sabia quais empreendimentos estavam sendo feitos e passou a considerar com mais simpatia o interesse que sua filha surpreendentemente manifestava por aquele belo rapagão.

A conversa fluiu harmoniosa e divertida, sem que pontos críticos fossem tocados, como o pretenso vínculo de parentesco que os irmãos manteriam com o barão. Verdade seja dita que foi uma noite feliz. Era visível a emoção dos dois jovens, a todos, assim como a certeza de que o jantar fora um pretexto para que se reencontrassem. Já que o rapaz tinha fortuna e aparentemente não era um amante fixo da duquesa Ana, aquela premeditação não tinha importância e se tornava um pequeno detalhe agradável.

Hermengarda, Jacó, Cícero e Ana Maria estavam mesmo emocionados com o encantamento de Ruth e Pedro. A visão daquele casal belo e singular, a um tempo harmônico e contrastante, dava um aperto no coração, sem que se soubesse direito a razão. Os irmãos combinaram de fazer alguns passeios com Ruth por Paris, ideia a que Jacó anuiu, após consultar Ana Maria com o olhar e esta lhe assegurar que estaria mesmo presente. Eu jamais presenciara alguém que não sentisse imediata confiança em minha antiga pupila. Houvera antes quem desgostasse dela, inclusive por inveja, mas ninguém jamais conseguira duvidar de seu caráter, tão diamantino se apresentava. Eis que a noite terminou do melhor modo possível e as visitas se retiraram.

Pedro não conseguia tirar o sorriso do rosto e parecia quase infantil em sua alegria. Os três riram abertamente de sua expressão, mas ele não se incomodava. Agradeceu efusivamente a Cícero e a Hermengarda, chegando a beijar o rosto desta, que, se ficou surpresa, nem por isso deixou de gostar. Não havia mesmo como resistir ao rapaz, quando decidia agradar. Subiu as escadas assoviando, ao lado da irmã.

Capítulo

23

Enferma

No dia seguinte, as questões práticas se apresentariam, e a vida continuaria, mas aquela era uma noite feliz. Aliás, eu orava intensamente, rogando ao bom Deus que manifestasse Sua misericórdia para com aquela família. Genoveva queria saber todos os detalhes do jantar. Pedro e Ana Maria não se fizeram de rogados e lhe participaram tudo. O rapaz não cabia em si de contentamento e de empolgação, e os olhos de Genoveva brilhavam de alegria por ele.

Mas ela por vezes ficava calada, como se uma dor forte a incomodasse. Respirava fundo, para tentar recobrar o fôlego. Os irmãos notaram e desejaram saber de que se tratava. Ela ficou corada, visivelmente embaraçada em tratar de um assunto que entendia íntimo na presença do irmão. Houve uma troca de olhares entre Ana e Pedro, que arrumou uma desculpa e saiu do quarto. A partir daí, a conversa foi franca.

– Genoveva, querida, o que você tem?

– Não sei, mas sinto dores cada vez mais fortes.

– Desde quando isso?

– Faz tempo que sinto dores, mas essa dor específica faz alguns dias. Antes era um desconforto estranho, de há muito tempo tenho hemorragias longas e periódicas. Agora a dor tem se acentuado.

– Já falou com Cícero sobre isso?

– Não, ele não gosta desse assunto.

- Não é o caso de gostar ou de não gostar. Se é preciso, enfrenta-se o tema e pronto. Falou com algum médico?

- Não, tenho vergonha, parece algo muito íntimo.

- Querida, sei que pode ser constrangedor, mas é melhor tentar resolver isso. Após tantos anos convivendo com um médico, não aprendeu que há algo de sacerdócio nessa profissão? Médicos são como padres, a quem se pode revelar, com confiança, os segredos mais íntimos.

- Eu sei, mas é mais difícil do que parece. Queria ver se estivesse em meu lugar se seria tão desembaraçada.

- Desembaraçada eu não seria, mas enfrentaria a questão, pode acreditar.

- É... Não posso negar que sempre encara os problemas de frente.

- Ainda hoje vou pedir para que providenciem a vinda de um médico para vê-la.

Após mais algum tempo de conversa, como ficasse evidente o desconforto da enferma, Ana Maria pediu, a uma das aias, que providenciasse um chá calmante. Depois de acomodar a irmã e orar com ela, invocando a proteção celeste, retirou-se do quarto, com o semblante preocupado.

Pedro a aguardava para saber o que havia ocorrido. De forma sintética, ela o informou e foram ambos atrás do mordomo, para verificar a questão do médico. Em pouco tempo, um moleque de recados foi despachado em busca do facultativo. O rapaz não tardou a retornar com a informação de que o médico apenas poderia vir no final da tarde. Na falta de coisa melhor, conformaram-se com aquilo.

Ana Maria tentou informar a irmã da visita iminente do médico, mas ela estava dormindo. Restou esperarem o passar do dia. Como não havia mesmo nada a ser feito, deram seu tradicional passeio pela cidade e, na hora aprazada, estavam a postos para receber o médico.

Este, tão logo se apresentou à família, não me inspirou muita confiança. Eu nada podia falar sobre a competência dele, mas não parecia espiritualmente muito atrativo. Apenas de perceber suas emanações fluídicas, entendi que ali se encontrava um profissional mais interessado em dinheiro do que na saúde de seus pacientes. Apresentou-se acompanhado não só de seu mentor espiritual, mas de alguns seres bastante debochados. O pobre guardião do facultativo olhou-me como a se desculpar pela invasão que seu tutelado propiciava no local.

Eu tinha de reconhecer que a casa de Cícero não era lá grande coisa nesse setor. Ultimamente, com a presença de Ana Maria e com as orações que tinha o costume de fazer, a coisa melhorara sensivelmente. Ademais, em razão da presença dela e de Pedro, nada ali ocorria de errado. Certas reuniões, que eu sabia terem sido comuns no pretérito, haviam cessado, em respeito às visitas. Tudo isso contribuía para a melhoria de Genoveva, no sentido psíquico, pois parecia que, no aspecto físico, ela estava piorando.

Por pestilento que se apresentasse, em suas exalações fluídicas, o médico foi extremamente obsequioso ao se apresentar. Para isso, seguramente contribuíram a riqueza e a nobreza do palacete a que era chamado, e também a habitual generosidade de Cícero. Ele demonstrava segurança ao se dirigir ao quarto da enferma, como um sinal de que ali sempre se fazia presente. Cuidadoso quanto aos melindres de sua rica freguesia, fazia-se acompanhar de uma matrona que o assessorava, à guisa de enfermeira.

Ao entrar no quarto, pediu para que, além dele, ficassem apenas a enfermeira e Genoveva. Após um quarto de hora, aproximadamente, abriu a porta e permitiu que os irmãos entrassem. Afetava uma jovialidade e uma leveza que não me convenceram, quando afirmou que tudo não passava de um desarranjo da idade, que atingia Genoveva um pouco antes do tempo, em razão de sua condição de enferma de longa data e de seu histórico de abortos.

Havia uma estridência e uma preocupação em sua voz que não passaram despercebidas de Ana Maria. Mesmo Pedro, habitualmente um tanto desligado, cravou com firmeza seus olhos na face do profissional, que não sustentou o olhar. Quando o médico se retirou, os irmãos o acompanharam.

- Doutor Marcos, seja franco. A situação não é tranquilizadora.

- Realmente, senhora, tudo me parece bem preocupante. Pelo histórico da senhora Genoveva, pelo exame de hoje e por seus sintomas, há grande possibilidade de se tratar de algo grave. Não posso ter certeza. É preciso aguardar para ver como reage ao tratamento.

- Esse algo grave o que seria?

- Talvez um tumor maligno, que a pode consumir em pouco tempo.

Os irmãos empalideceram e assentiram em silêncio. Após a saída do doutor Marcos, entreolharam-se tristemente.

- Espero que não seja nada grave, Ana.

- Também espero, mas em meu coração sinto que talvez não tenhamos Genoveva muito tempo conosco.

- Se for isso, o que poderemos fazer?

– Ficar com ela, fazer-lhe companhia, aliviar-lhe os dias.

– Quanto a Arquimedes e Joana? Não deveríamos avisá-los?

– Penso que sim. Se Genoveva não melhorar, escreverei uma carta a Arquimedes, comunicando-lhe o ocorrido. Também penso em lhe sugerir que permita a Joana ver a mãe enquanto ainda está viva. Em face da morte, as convenções, as mágoas e os preconceitos humanos parecem tão vãos!

– Assim também me parece. Mas apenas Arquimedes sabe o quanto sofreu e ainda sofre em razão da conduta de Genoveva.

– Sim, não o julgarei, caso decida impedir a vinda de Joana para, a um tempo, rever e se despedir da mãe.

Foi um dia triste aquele. A título de lenitivo, como um prenúncio de alegria possível, Ana Maria encaminhou uma correspondência a Ruth, convidando-a a que passeasse com eles dali a dois dias. Sugeriu um passeio em um dos famosos jardins da cidade, onde poderia levar também suas irmãs menores.

Essa perspectiva devolveu aos olhos de Pedro seu habitual brilho alegre. Aliás, o rapaz estava mesmo modificado. Seu encantamento com Ruth o humanizava de um modo muito especial, tornava-o sensível ao sofrimento de Genoveva e ao dilema de Arquimedes. Ali se encontrava o caminho da redenção do rapaz, se o bom Deus o permitisse.

Naquela noite, os irmãos cientificaram Cícero a respeito do novo problema de saúde de Genoveva. Eu o observava atentamente, enquanto ele recebia a notícia e se esforçava para demonstrar preocupação e piedade. Em seu íntimo, era um homem dividido. Tinha, sim, um afeto peculiar por Genoveva. Mas era egoísta e sensual demais para achar alguma graça na convivência com uma mulher enferma. Para piorar sua situação, ainda tinha um estranho sentimento de consideração pela família de sua concubina, embora não conseguisse atinar com o motivo daquilo. Em razão daquele convívio novo, sentia-se sem forças para tomar medidas mais duras em relação a Genoveva. Entendia que não a poderia internar de forma compulsória, como tantas vezes pensara em fazer. Aquela doença bem poderia ser a sua porta de libertação! Se ela morresse, estaria livre para viver sua vida com a leveza a que sentia ter direito. Sim, lamentava pelo desastre em que se convertera a vida de Genoveva, desde que decidiram fugir. Mas lamentava muito mais que ela entravasse seus passos de homem que se entendia essencialmente livre.

Ali estava mesmo um egoísta, pensei eu! Em seu pensamento, havia o desejo profundo de que Genoveva morresse logo, para que tudo acabasse rapidamente. Contudo, no rosto ele manteve uma máscara cuidadosamente montada. Ciente de quão intuitiva era sua interlocutora, cuidou de utilizar as palavras certas e afetar preocupação e tristeza.

No semblante de Ana Maria, que se velou um pouco mais, pude perceber que intuía o que realmente se passava na mente e no coração de Cícero. Sentiu uma profunda piedade pela irmã, que abandonara Arquimedes por aquele homem. Também se apiedou de Cícero, ainda tão mesquinho. As grandes almas são assim: não desprezam nem odeiam, antes lamentam as dores e o mal que ainda existem em seu semelhante.

Pedro também detinha o olhar fixo em Cícero e experimentava certo desconforto, embora não soubesse precisar a razão daquilo. Enfim, notícia dada, restou aos três concluírem o jantar. Retiraram-se cedo e Ana Maria ainda foi ao quarto da irmã.

Genoveva se encontrava em uma espécie de sono induzido, fruto dos remédios novos que passara a tomar. Um tanto fora de si, debatia-se, semiconsciente. Como se conversasse consigo mesma, lamentava e chorava a própria situação. Ana Maria se acercou, tomou-lhe as mãos e começou a cantar baixinho uma canção da infância de ambas. Genoveva se acalmou um pouco e passeou o olhar um tanto perdido pelo ambiente, como se tivesse dificuldade em discernir o que ocorria, onde e com quem se encontrava. Finalmente, identificou a irmã.

- Ana Maria, você em minha casa!

- Querida, estou aqui há dias. Não se lembra?

- Sério? Por que não veio me ver antes?

- Venho vê-la todos os dias, conversamos muito. Pedro costuma estar conosco. Recorde.

- Não sei, estou tão perdida. Não será isso um sonho? A presença de vocês comigo no fim de minha vida?

- Não está no final de sua vida e estamos aqui com você, sim. Somos sua família, amamos você!

- Ah, a minha família! Eu a deixei em um ato de completa loucura. Joana, minha filha, nunca mais a vi. Como será hoje? Terá vergonha de mim, sua mãe? E Arquimedes? Ainda pensa em mim? Talvez me odeie pela eternidade.

- Joana pensa em você com carinho. Ela me indaga coisas a seu respeito, desejaria conhecê-la.

- Seria o maior presente que eu poderia receber, mas não mereço. Ah, Ana, querida, se você soubesse quão arrependida eu estou da loucura que cometi em deixar Arquimedes e Joana.

- Sim, querida, imagino. Mas é tarde para remoer isso.

- Não é tarde. Eu devo remoer isso. Só tenho esse remorso de pujante e de verdadeiro em minha vida. Cícero mal me suporta. Deseja ver-se livre de mim. Quando eu morrer, dará uma festa em celebração.

- Não seja injusta. Ele está preocupado com você, providencia tudo para que esteja bem.

- Sim, sou bem cuidada, reconheço. Mas sofro tanto! Havia um monstro em mim naquela época. Um monstro de desejos impuros, que me comandava, Ana. Você não deve saber como é isso. Sempre foi tão sensata, tão parecida com nossa mãe.

- Isso não significa que não a possa compreender.

- Não, não pode. Eu estava consumida de desejos impuros, que me perderam. Durante meses, vivi em uma ardência terrível. Foram os abortos, as dores e a doença que pouco a pouco me livraram daquilo. Hoje, após tanto tempo, sinto-me outra mulher, embora terrivelmente lacerada pela culpa do que fiz. Privei minha filha da presença da mãe. Privei Arquimedes da companhia da esposa. Para quê? Para me lançar nesse desastre de dor e sofrimento!

- Genoveva, os desígnios de Deus são insondáveis, assim como inesgotável é a Sua misericórdia. De tudo isso, você saiu mais experiente, mais depurada. Embora com muito sofrimento, aprendeu uma importante lição.

- Sim, mas aprendi tarde demais!

- Não é tarde demais.

- Sinto que caminho para o túmulo.

- Esse tipo de sentimento costuma ser bem enganoso. Conheci velhos que anunciaram por anos a própria morte para dali a poucos dias.

- Mas eu sinto, de verdade, que minha vida se encaminha para o fim.

- Digamos que assim o seja. A vida é eterna. Somos cristãs, sabemos disso. Irá reencontrar nossos pais e nos aguardará a todos para um amplo reencontro mais tarde. Partirá modificada, cansada das ilusões do mundo. Será recebida pelas almas eleitas.

- Será? Uma pecadora como eu?

- Lembre-se da história de Maria Madalena. Você nunca foi promíscua, apenas cedeu a uma paixão. Não soube resistir a uma tentação, mas é boa, essencialmente digna, seguramente se encaminha para a paz.

- Você acredita mesmo nisso?

- Sim, acredito firmemente. Como acredito que você está dramática demais com essa conversa de morte.

- Ah, Ana, não sei o que dizer.

- Pois vamos orar a Deus, que é sempre algo bom para se fazer.

- Estou tão cansada!

- Nunca está cansada para falar bobagens; deve ter forças para orar comigo. Vou apanhar o breviário. Só trate de ficar acordada. Nem pense em fazer de conta que dormiu, apenas para não orar.

Genoveva sorriu, quase em paz, e logo começaram a orar.

No dia seguinte, Ana Maria e Pedro saíram para fazer o seu habitual passeio. O assunto, além da enfermidade de Genoveva, e das decisões a serem tomadas quanto a isso, era o passeio programado com Ruth.

- Pedro, está animado para conhecer suas cunhadas?

- Nossa! Você fala assim e parece que já estou a caminho do altar. Vai ser meu primeiro passeio com Ruth.

- Sim, mas as irmãs dela irão juntas no passeio. Já que começa a trilhar esse caminho, que envolve uma família, você precisa ir se habituando à ideia.

- Francamente, é a primeira vez que isso me acontece!

- O quê? Passear? Conhecer as irmãs de uma moça?

- Não exatamente. É a primeira vez que penso em firmar compromisso com uma mulher e isso não me enche de pavor!

- É... Você está mesmo mudado!

- Não sei se estou exatamente mudado, pois não entendo o que me ocorre.

- Não sejamos dramáticos. Está apenas conhecendo melhor uma jovem. Trate-a de forma digna e respeitosa, ouça-a. Talvez sinta que nada tem a ver com ela. Ou talvez chegue à conclusão de que seu caminho é mesmo ao lado dela.

Embora o tempo tenha parecido se arrastar para Pedro, na tarde do dia seguinte todos se encontraram no parque para o passeio combinado. Ruth chegou acompanhada de uma aia e das duas irmãs adolescentes. A aia era uma senhora idosa, com um semblante agradável. As meninas também tinham boa aparência, mas evidentemente ficavam a dever à irmã mais velha no quesito beleza.

Ruth, aliás, estava primorosa naquele dia. Embora vestida de forma recatada e sóbria, havia nela um brilho diferente. Estava com as faces coradas de emoção e seus olhos brilhavam. O mesmo eu podia afirmar de Pedro. Embora todo o seu habitual desembaraço, na frente de Ruth, ele se modificava. Deixava-se tocar de uma estranha timidez e ficava com as faces um pouco rosadas.

Era muito divertido ver aquilo, diversão que Ana Maria evidentemente compartilhava. Ela olhava feliz a moça que provocava uma alteração positiva em seu irmão, com a qual já não mais contava. Em seu íntimo, temia que o jovem gastasse a vida em aventuras indignas. Como todos sabiam a razão primordial do passeio, trataram de facilitar a vida dos dois enamorados. Permitiram que se afastassem, a pretexto de admirar alguns arranjos de jardim que se vislumbravam ao longe.

A conversa entre Ana Maria e a aia já começou fácil, pois trocaram um olhar cúmplice e feliz ao ver o par se distanciar.

– Senhora Maria, há muito tempo trabalha para a família do senhor Jacó?

– Sim, trabalho lá desde antes do nascimento da menina Ruth. Tive a alegria de conviver com a senhora Ester, a mãe dela.

– Após tanto tempo, praticamente integra a família.

– É como me sinto e como todos se comportam para comigo, senhora.

Não vi nada de interessante naquela conversa, que se prestava apenas a fazer o tempo passar, e fui ter com os enamorados. Era algo bom de já não mais figurar entre os vivos, pensei: podia acompanhar o colóquio sem constranger os jovens. Quando os alcancei, eles se encontravam sentados em um pequeno banco de jardim e se miravam de modo emocionado.

– Senhorita Ruth... É a primeira vez que vem aqui?

– Surpreendentemente, sim, embora more em Paris há muitos anos. Costumo ficar em casa. Não tenho o hábito de fazer passeios.

– Leva uma vida austera.

– Nem tanto. Minha vida é calma, mas satisfatória. Encontro alegria em cuidar de minhas irmãs e da casa de meu pai.

– Um dia deverá cansar disso, imagino.

– O futuro pertence a Deus.

Eles trocaram um olhar que falava mais do que a conversa hesitante e um tanto desastrada.

– Senhorita Ruth... Preciso confessar que sua presença me emociona muito.

A moça corou violentamente.

- Quando a vi com seu pai na recepção, senti um choque estranho. Não consegui falar com a senhorita mais tarde e temi nunca mais revê-la.

- Isso seria algo ruim?

- Sim, seria terrível, pois senti que precisava confirmar o que havia sentido, aquela impressão estranha.

- Ela se confirmou?

- Sim, para minha desgraça!

- Por que para sua desgraça?

- Porque temo que apenas eu tenha essa impressão de que algo especial ocorre. Parece-me tão hermética que começo a temer que tudo seja uma ilusão minha.

A moça abaixou o olhar e ficou com o semblante ainda mais tocante, com as faces sombreadas por seus longos cílios.

- Sei que tudo isso é muito inusitado e apressado. Eu me sinto diferente do que já me senti em qualquer outra situação. Gostaria imensamente de saber o que pensa de mim: se me acha um tolo desajeitado, ou se de algum modo eu lhe produzo emoção semelhante à que provoca em mim.

A moça levantou os olhos, marejados de lágrimas. O rapaz levou um choque e não soube o que dizer. Finalmente, após muito hesitar, indagou:

- Acaso chego tarde demais? Já tem compromisso com outro?

- Não, não chega tarde demais. Hesito em lhe falar o que sinto. Temo que me ache louca.

- Jamais pensarei nada de ruim da senhorita, prometo.

- Para mim também, toda essa história parece muito estranha. Sei que não vai acreditar, mas eu já sonhei com o senhor.

- Por que eu não acreditaria?

- Porque sonhei várias vezes, e isso foi muito antes de conhecê-lo.

O rapaz abriu os olhos de forma desmesurada, em uma expressão de espanto.

- E me encontrar a faz chorar por qual razão?

- Nunca falei desse modo com nenhum rapaz. Sinto-me em terreno desconhecido, tudo nessa situação é deveras estranho. Eu o havia apelidado em minha mente de "o homem do destino". Quando o vi na festa, não consegui acreditar em meus próprios olhos.

- Mas isso é bom, não? Sente o mesmo que eu? Pode dar-me esperanças?

– Sinto-me muito abalada e temo que essa conversa que estamos tendo não seja muito apropriada.

– Nada há de ilícito em nosso parlatório. Falo-lhe com o coração aberto, como jamais o fiz com nenhuma outra jovem. Estou aqui desarmado em sua frente.

– Acredito nisso, mas eu não sou acostumada a falar sozinha com homens.

– Não sou "homens", sou apenas um, sou o "homem do destino".

Ele falou isso com um ar matreiro e abriu um amplo e belo sorriso, que derreteu qualquer prevenção de Ruth.

– Fale francamente. O que pensa a meu respeito?

– Penso que é um perigo para mim.

– Perigo por quê?

– Sinto-me muito fraca em sua presença, é isso. Já estava conformada em cuidar de minha família para sempre, sem a expectativa de qualquer emoção a mais. Eis que chega e transtorna o meu mundo.

– Quero mesmo transtorná-la, mas para o bem. Quero vê-la feliz. Inclusive porque eu próprio já estou transtornado, e parece justo que nos transtornemos juntos.

Tudo isso dito com aquele sorriso amplo que já havia sido a perdição de inúmeras mulheres, era compreensível que Ruth capitulasse.

– O senhor não tem jeito mesmo.

– Nunca tive jeito, senhorita. Agora que a conheci, espero que se acostume com isso. Não a deixarei em paz facilmente, para que gaste a vida cuidando de seu pai e de suas irmãs. Mas estou curioso. Conte-me os tais sonhos.

– Ah, eram sempre nebulosos, e eu o perdia de vista. Encontrávamo-nos e havia uma emoção de reencontro, como se nos houvéssemos perdido. Mas logo algo parecia nos separar. De repente, uma escuridão se fazia e eu perdia a sua mão, pois corríamos de mãos dadas.

– Credo, que sonhos tristes!

– Sim, eu costumava acordar apavorada. Por isso fiquei tão surpresa quando o vi na festa.

– Esses sonhos talvez representem apenas a festa na qual não pudemos conversar, todas aquelas pessoas chatas e barulhentas. Nós nos perdemos momentaneamente, mas nos encontramos e aqui estamos.

– Tomara seja isso mesmo.

– É isso, tenho certeza. Mas então...

- O quê?

- Posso ter esperanças de que nos conheçamos melhor? Há alguma probabilidade disso?

- Sim, há, não poderia negar.

Os dois trocaram um sorriso cúmplice e já era a soleira do amor. Aliás, era o retomar de um amor antigo. Assim, seguro da boa impressão que causava na jovem, Pedro se soltou e era sempre de forma espontânea que melhor seduzia. A moça, embora sua natural reserva, defendia-se muito mal da sedução.

Não havia qualquer problema nisso, pois pela vez primeira as intenções do rapaz eram sérias e respeitosas. Não é impressionante o liame que o Senhor da Vida estabelece entre certos seres? Apenas as várias existências que se sucedem, sem que delas nos lembremos com clareza, podem explicar essas emoções e esses encontros repentinos, que na verdade são reencontros. Aquele foi um dia feliz, prenúncio de muitos outros.

À noite, em casa do barão, falou-se naquilo, à mesa do jantar. Discretamente, Cícero quis sondar para onde tudo se encaminhava, inclusive para verificar quais eram as intenções dos irmãos: se desejavam ficar bastante tempo em sua casa. Nutria um sentimento dúbio quanto à presença dos dois ali. Ao tempo em que lhes apreciava a companhia, também se ressentia de que sua casa tivesse se tornado muito séria e circunspecta. Não mais ali recebia suas companhias equívocas, limitava-se a conviver em família, com seriedade. Ana Maria entendeu o estado de espírito de Cícero e logo tratou de esclarecer a situação.

- Senhor barão! Já estamos em sua casa há várias semanas. Imagino que começamos a incomodá-lo, o que é bastante normal. Talvez seja mais simples e cômodo se eu e Pedro nos instalarmos em algum hotel.

Malgrado sua ampla convivência mundana, Cícero acusou o golpe da sinceridade da interlocutora. Talvez até tal convivência é que o tornasse desabituado da franqueza. Nos meandros de sedução e politicagem nos quais transitava, tudo era subentendido e muito pouco era dito assim, com clareza, olhos nos olhos.

- De modo algum, senhorita. É uma alegria tê-los aqui em minha casa.

- A alegria que as visitas causam não costuma durar muito.

Ele sorriu a essa observação sincera e não teve o que falar.

- Não seria mesmo melhor que nos colocássemos em outro lugar?

- Genoveva segue enferma, com seu estado incerto. Não creio recomendável que se afastem nesse momento.

- Entretanto, é algo que começaremos a ver. Podemos vir aqui, na qualidade de visitas, sem impormos nossa presença.

- De modo algum, não aceito isso. Ficarão aqui, como meus convidados, pois é o mais conveniente. Aguardaremos que o quadro de saúde de Genoveva se consolide e esclareça. Depois, falaremos novamente nisso. Quanto a você, Pedro... Como estão seus projetos pessoais?

- Se por projetos pessoais refere-se à senhorita Ruth, creio que vão bem!

A conversa foi amena no restante do jantar, embora tivesse ficado na mente de todos que a presença dos irmãos de algum modo modificava a rotina da casa e atrapalhava a vida de seu proprietário.

Infelizmente, a saúde de Genoveva não melhorou. Ao contrário, em poucas semanas, encontrava-se em situação muito mais delicada do que seria possível prever. Tinha muitas dores e hemorragias, vivia com grande desconforto. Fenecia a olhos vistos. Logo ficou evidente para todos que não viveria muito. Uma tarde, após muito refletir, tomou coragem e abordou a irmã quanto a um assunto que muito a interessava.

- Ana, há algo de muito sério que desejo lhe falar.

- De que se trata?

- Sei que estou morrendo.

- Parece-me meio cedo para tanta certeza! Bem sabemos que a vida humana é um dom divino e Deus guarda exclusivamente para Ele a sua exata duração.

- Realmente, mas no meu caso, embora não saiba nada com exatidão, não posso ignorar que estou pior a cada dia. Por isso, gostaria de lhe pedir um favor.

- De que se trata?

- Trata-se de Joana.

Ana Maria apenas a olhou de forma inquiridora.

- Acha possível que eu a veja antes de morrer?

- Essa história de morte está cansando, Genoveva!

- Pare de dissimular e de ser otimista. Sinto que não viverei muito e quero ver minha filha. Pode me ajudar?

- O que tem em mente?

- Sei que continua amiga de Arquimedes, sobre quem sempre teve certa ascendência. Posso dizer agora, pois já não faz mais diferença: acredito que ele era apaixonado por mim, mas era você a quem amava.

- Que loucura é essa agora? Era só o que me faltava. Ouvir um disparate desse a esta altura da vida!

- O que há de disparate nisso? Ambas sabemos que você sempre foi a mais bela. Aliás, em qualquer fase de sua vida de que me lembre, desde a mais tenra juventude, sempre houve homens apaixonados por você!

- Quem pode impedir os homens e suas loucuras, a que nominam amor? Arquimedes a amava, tanto que se casou com você.

- Isso não interessa mais mesmo. O que lhe peço é o seguinte: use sua influência junto a Arquimedes, para que me permita ver Joana.

- Seu pedido me parece razoável, mas ignoro se tenho assim tanta influência. Na última vez em que falei com Arquimedes, ele foi muito claro no sentido de que Joana não deveria ser envolvida nesse assunto.

- Considerando que esse assunto sou eu, a mãe dela, talvez ele possa reconsiderar, tendo em vista minha situação.

- Está bem, vou escrever uma carta a Arquimedes, na qual exporei toda a situação. Mas antes vou falar com o doutor Marcos, para que ele me forneça os detalhes médicos.

- Ah, Ana, eu amo você!

- Também a amo, embora às vezes me irrite. E o faz com força com essa conversa de morte próxima e com a loucura de me reputar amada por seu esposo!

- Perdoe-me, mas não vejo mais sentido em mentir e em fingir na atual fase de minha vida.

No dia seguinte, Ana Maria conversou longamente com o médico que assistia Genoveva, que foi muito claro ao assentar que ela se encaminhava mesmo para o fim. Inclusive fez um relato por escrito da situação, a pedido de sua interlocutora.

Após falar com Pedro, Ana Maria escreveu uma longa missiva a Arquimedes, na qual relatou tudo que sabia, sem omitir qualquer detalhe. Colocou-o a par da tragédia que havia sido a vida de Genoveva após a fuga, de todo o histórico de suas dores e desgraças e relatou o último pedido da enferma. Lacrou e enviou a correspondência, ficando a aguardar a resposta.

De minha parte, entendi que aquilo seria uma dura prova para a generosidade de Arquimedes: teria grandeza de alma bastante para aceder ao pedido de Ana Maria e ao desejo de Genoveva, de rever a filha antes de morrer?

Aguardei o tempo de praxe, no qual calculei que receberia a carta e fui ter com o médico. Aliás, eu ficava me desdobrando entre os cuidados com os amigos de Paris e os necessitados de Lyon. Já por essa época, tinha um bom contingente de boas almas que me ajudavam na tarefa que desenvolvia na antiga igreja. Mas a responsabilidade era minha e o dever sempre precisa vir antes.

As cautelas que adotei lograram êxito e eu estava presente quando a missiva foi recebida. Esta tinha sido entregue na casa do médico, no correr do dia, e ele a encontrou após o jantar. Tinha por hábito retirar-se cedo para seus aposentos, quando tratava de pequenos assuntos atinentes à clínica e ao restante de seu patrimônio. Eu estava a postos quando Arquimedes, com certa apreensão, constatou ser Ana Maria a remetente, reconhecendo sua letra.

Relutou muito em abrir a carta, certo de que o faria sofrer, qualquer que fosse o seu teor. Por um instante, imaginou que Genoveva tivesse morrido e experimentou uma dor terrível, que o levou a perder a respiração. Arquimedes ficou espantado com sua reação, mas preferiu não aprofundar a análise desse seu sentimento tão peculiar em relação à esposa que o abandonara havia tantos anos. Após muito hesitar, reuniu a coragem necessária e começou a leitura. Malgrado seu, sentiu os olhos marejarem de lágrimas ao se inteirar dos detalhes da desdita de Genoveva. Quando terminou a leitura, ficou ali, a cismar, sem conseguir concatenar direito os pensamentos.

Ele realmente não sabia o que fazer, nem se inclinava para lado algum. Era como se estivesse em suspenso, enquanto relembrava os mais variados episódios de sua vida. Finalmente, começou refletir, como o faz uma grande parte dos homens: enveredando pelos mais variados caminhos, contraditórios e por vezes loucos, em seus raciocínios.

Seu primeiro impulso foi atender ao pedido de Ana Maria e ir junto com Joana. Quem sabe não conseguiria algo fazer por Genoveva? Aí pensou, terrificado, o que seu velho pai pensaria, caso soubesse do ocorrido. O pai de Arquimedes jamais se recuperara do vexame pelo qual passara: ter sido enviado a Paris, para fazer papel de idiota junto a amigos de Cícero, enquanto este se aproveitava do evento para manchar a honra de sua família. O idoso político tinha ressentimentos tão fortes que se estendiam até a Joana, em especial quando ela, ao crescer, se tornara muito parecida com a própria mãe.

Como explicaria a seu pai sua imediata adesão a um pedido de ajuda da mulher que o abandonara e traíra? Como ele encararia o fato de seu filho se dispor a tratar de tal mulher?

Outro pensamento o paralisou: viu-se em Paris, defronte a casa em que Cícero e Genoveva residiam. Seguramente, uma casa muito mais rica do que a sua. Conseguiria entrar em tal casa, quem sabe até um palácio, e conversar com os que o atraiçoaram? O que lhes diria, no momento em que estivessem frente a frente? Não, jamais poderia se colocar em semelhante situação!

Aí pensou na situação de Genoveva, enferma e arrependida, a julgar pelos informes de Ana Maria. Sua cunhada jamais lhe mentiria para induzi-lo a aderir ao projeto, sabia disso. Genoveva estava mesmo muito doente, a caminho da morte, e arrependida de tê-lo abandonado e a Joana. Seria justo privá-la de rever a filha? Justo era, estava bem convicto, pois ela abandonara a menina porque o quisera. Mas conseguiria conviver com esse peso em sua consciência? Imaginou-se a carregar esse remorso por anos a fio, em sua velhice, quando todas as ilusões já o tivessem abandonado... Em seu leito de morte, como se sentiria ao lembrar o ocorrido? Ah, não conseguia decidir.

Piedosamente, eu o acariciei e busquei induzi-lo à generosidade e ao perdão. A vida humana é tão efêmera! Mesmo os que acertam bastante de vez em quando erram, até em questões importantes. Se o mestre Jesus se abstivera de julgar a mulher adúltera, quem era ele, Arquimedes, um pecador, para agir diferente com a mulher a quem amara ternamente?

Ele ficou ali, de peito opresso, sem conseguir decidir. Tentei induzi-lo ao sono, para conversarmos diretamente, mas tive dificuldade. Demorou muito a dormir, com o pensamento agitado, a mente inquieta. Finalmente, após um tempo considerável, adormeceu, mas teve um sono perturbado, que não lhe dava muita lucidez.

Conversamos, mas não parecia me registrar de forma minimamente lúcida. Tudo o que consegui foi lhe incutir na mente que Joana merecia ver a mãe ao menos uma vez. Ela não devia nem se lembrar direito da figura materna. Sua filha era tão madura, tão boa, não merecia a honestidade dele em relação a assunto tão crítico? Se mais tarde ela descobrisse o ocorrido, após a morte da mãe, e se tomasse de mágoa? Não era temerário correr o risco de prejudicar o relacionamento tão especial que tinha com sua filha? Quanto ao seu velho pai, não necessitaria saber de nada. Poderia acompanhar a filha em uma viagem de descanso, pois trabalhava há anos sem se permitir qualquer período maior de ócio e refazimento das forças. Tudo poderia ficar entre ele, a filha e os cunhados. Falasse com a filha, desse-lhe a oportunidade de decidir, ou ao menos de dar sua opinião. Enfim, fiz o que pude, sem muita certeza de ter obtido sucesso.

No dia seguinte, ele acordou abatido, o que não passou despercebido a Joana.

- Papai, o que o senhor tem? Está doente?

- Não, Joana. Eu estou bem, apenas dormi muito mal.

- Ocorreu algo que o perturbou?

- Nada de especial. Não se preocupe comigo.

- Sempre me preocuparei com o senhor, papai. É o meu melhor amigo!

Ele sorriu àquela expressão tão típica de sua filha e mirou-a com ternura. Passou-lhe pela mente expor toda a situação e pedir a opinião da moça, mas resolveu pensar um pouco mais. Passou o dia torturado, com a dúvida em seu coração.

À noite eu novamente me fiz presente na casa de Arquimedes e tentei incentivá-lo a que partilhasse sua angústia com Joana. Ele refletiu muito, após o jantar, e finalmente se dirigiu ao quarto da moça, com a carta na mão. Após bater, entrou e sentou-se na beirada da cama da filha. Esta o olhava com preocupação, pois o semblante do pai não pronunciava nada de bom.

- Joana... Precisamos conversar sobre algo muito sério.

- Diga logo, papai. Estou preocupada!

- Trata-se de sua mãe.

A menina empalideceu, pois sabia da doença de Genoveva, embora seu pai ignorasse o que a respeito conversara com a tia. Sem saber o que dizer, para não atraiçoar a confiança de Ana Maria, permaneceu em silêncio.

- Está muito doente. Sua tia e seu tio Pedro estão com ela em Paris. Genoveva deseja vê-la.

- Mesmo? E o que o senhor pensa disso?

- Não sei exatamente o que pensar. Já tomei várias decisões conflitantes e não consigo me posicionar. Você já é madura o suficiente para dar sua opinião quanto a um tema que a envolve de modo tão direto.

- Obrigada, papai.

- Não lhe faço um favor. Antes lhe faço justiça. Quero que leia esta carta atentamente, reflita sobre ela. Pense no que representa esse pedido para sua mãe, para mim e para você. Analise por todos os ângulos, medite, ore. Amanhã, falaremos a respeito.

A menina ficou com os olhos marejados de lágrimas e abraçou o pai fortemente.

- Obrigada de novo, papai. É muito importante que o senhor seja honesto e confie em mim em um assunto tão grave. Prometo que vou refletir bastante. Já que o senhor pede a minha opinião, tentarei ver a questão por todos os ângulos.

- Assim espero, minha filha. É muito amadurecida para sua idade. Eu não me sentiria bem em decidir algo assim sem ouvi-la. Não seria justo.

Arquimedes beijou os cabelos da filha e saiu do quarto com rapidez, a fim de esconder as lágrimas que teimavam em rolar por seu rosto. De sua parte, Joana também ficou chorando. Foi uma noite em que nenhum dos dois dormiu direito.

No dia seguinte, no café da manhã, apenas trocaram olhares significativos, pois os criados presentes os inibiam de abordar o assunto que os martirizava. Logo após o desjejum, retiraram-se para a saleta anexa ao quarto de Arquimedes, para se entenderem.

- Papai, eu quero ver a mamãe. Sei que o senhor pode ficar decepcionado com essa minha decisão, mas é realmente o que quero.

- Imaginei que decidiria isso.

- A vida toda eu imaginei como ela é, sempre quis conversar com a mamãe, ouvir de seus lábios os motivos pelos quais nos deixou.

- Penso que os motivos foram e são bastante claros.

- Para mim, nunca houve essa clareza. Talvez agora, com ela tão enferma, possa ser sincera comigo, como não o seria em outra situação.

- Entendo.

- O senhor vai me deixar ir?

- Joana, minha querida, sua vontade é importante para mim. Se não o fosse, eu não a consultaria, mas há alguns aspectos que devemos considerar.

- Pois não, papai.

- Seu avô não pode saber disso. Ele jamais entenderia.

- O vovô nem liga para mim. Com certeza não se incomodará com nada que se refira a minha vida.

- Seu avô remói antigas mágoas em relação ao episódio do sumiço de Genoveva. Como você é muito parecida com ela, sua presença sempre lhe traz reminiscências dolorosas. Não o julgue muito severamente.

- Não o julgo. Apenas comentei o que realmente ocorre: ele parece preferir me ver sempre longe.

- Fico triste com isso, mas é realmente o que parece ocorrer. Espero que um dia também ele se modifique.

- É só esse o problema?

- Não é apenas esse. Por mais que eu esteja inclinado a atender ao pedido de Genoveva, em consideração a você e a sua tia, há alguns limites que não podem ser transpostos. Jamais consentirei que você conviva com o barão de N. ou que permaneça hospedada na casa dele. Isso eu não poderia tolerar.

- Mas meus tios estão lá!

- Sobre eles, eu não tenho qualquer autoridade.

- Onde vou ficar quando estiver em Paris?

- É justamente o que precisamos definir. Nesta noite, eu muito refleti. Estava bem certo de qual seria sua decisão. De minha parte, também decidi que você não irá sozinha a Paris. Eu a acompanharei.

- Mesmo, papai? Que bom!

- Não sei se será assim tão bom quanto você imagina. Ao contrário, antevejo muitas dificuldades e dores em nosso caminho. Ademais, será uma estadia rápida. Ficaremos em algum hotel, enquanto você se entende com sua mãe. Na sequência voltaremos. Direi a todos que faremos uma viagem de lazer. Não posso abandonar por muito tempo os meus doentes.

- Ah, o senhor é o melhor pai do mundo!

A moça abraçou o pai, com os olhos cheios de lágrimas. Arquimedes recebeu aquele abraço um tanto emocionado, mas também temeroso quanto a estar fazendo a coisa certa. Receava mesmo as dores que iria colher nessa empreitada um tanto louca.

No mesmo dia, ele começou os preparativos da viagem. Escreveu uma carta concisa a Ana Maria, comunicando a decisão que tomara e alertando-a de que ainda gastaria uns dias para conseguir se desvencilhar de seus compromissos.

Arquimedes se lançou em uma atividade febril para tentar antecipar consultas e visitas aos seus clientes, pois possuía uma vasta e boa clientela, bastante fiel. Fez uma autêntica programação de guerra, para conseguir tudo adiantar e organizar. Pelos seus planos, ainda demoraria umas três semanas até conseguir se lançar na estrada.

Capítulo

24

Um adeus

Fiquei bastante feliz com o resultado e decidi tornar a dar atenção aos meus amigos de Paris. Cheguei ao palacete em meio a uma estranha movimentação: Genoveva estava tendo uma profunda crise de dor e delirava. Mesmo no andar de baixo, os criados ouviam seus delírios, para constrangimento geral, em especial de Cícero. Ela se lamuriava quanto ao que havia feito a si própria, lamentava haver abandonado a família.

Cícero, que planejava jantar em casa, mudou de planos rapidamente. Asseou-se, engalanou-se e saiu com a cabeça fervilhando. Notei que pretendia passar a noite na casa de uma amante, para esquecer aquela loucura toda em sua casa.

Quando Ana Maria e Pedro foram cientificados da ausência de Cícero no jantar, demonstraram grande alívio. Para eles também aquilo era profundamente constrangedor. Quando Genoveva ficava febril e delirava, nenhum detalhe de suas desditas era poupado e os habitantes da casa, salvo se fossem surdos, de tudo se inteiravam. Finalmente, pareceu que a febre cedia, pois os delírios diminuíram. Indaguei à tutora espiritual de Genoveva qual era o prognóstico.

– Creio que ela não deve demorar muito tempo na carne, senhor padre. Tenciono mantê-la lúcida e viva ao menos o tempo suficiente para que se entenda com a filha e com o marido.

- Com a filha, creio que o entendimento será doloroso, mas satisfatório. Quanto ao marido, tenho minhas dúvidas de que realmente chegue a ocorrer uma conversa.

- Resta-nos fazer o melhor, rogar a Deus e inspirar os envolvidos para que se acertem.

Não havia o que aditar a tão sábios alvitres, de modo que abençoei Genoveva, presa em seu leito, e me dirigi para a saleta em que Ana Maria e Pedro estavam. Passara vários dias de ausência, tratando de meus paroquianos em Lyon, de modo que não sabia o que andara ocorrendo em Paris. Pelo teor da conversa dos dois, que ainda não sabiam da decisão de Arquimedes, notei que temiam pela lucidez de Genoveva. Receavam que, ainda que o médico anuísse ao pedido para que Joana a visitasse, se isso demorasse muito, talvez de pouco servisse. Estavam muito constrangidos com aquilo tudo. De minha parte, guardava curiosidade quanto ao romance de Pedro e Ruth, de modo que lhe fiz uma indagação mental sobre isso. O semblante do jovem se iluminou ao lembrar a eleita de seu coração. A irmã notou e sorriu.

- Não preciso nem perguntar em quem você está pensando.

- Não mesmo, pois é uma bruxa, bem o sabemos.

- Quisera ser. Assim lançaria algum encantamento para ajudar nossa irmã.

- Para ler meus pensamentos, é muito talentosa, convenhamos.

- Também, ultimamente você só pensa em Ruth.

- Sim, é exatamente isso. E não lamento, pois nunca fui tão feliz.

- Pedro, vamos falar agora com seriedade.

- Quando a conversa com você não é séria?

- Não podemos mais ignorar a situação de Genoveva. Queiramos ou não, ela não deve viver muito tempo. Torço para que Arquimedes autorize Joana a vir e que elas possam conversar e se acertar. Isso será muito importante para ambas.

- Estou de acordo. E...?

- E quando Genoveva morrer? Eu tenciono voltar a Lyon, para junto de nossa família. O que você pretende fazer?

- Eu pretendo ficar em Paris mais um tempo. Com toda essa história de Genoveva, a ocasião não parece propícia para que eu formalize um compromisso com Ruth. Coisas demais teriam de ser ditas, em regime de sinceridade, ao senhor Jacó, sobre a situação de nossa irmã.

- Pretende mesmo se casar com Ruth?

- Sim, não tenho a menor dúvida quanto a isso. Sei que ela me aceitará por esposo e imagino que o pai dela haverá de concordar com a aliança entre nossas famílias.

- Nunca pensei ouvir semelhantes afirmativas de sua parte.

- Sei bem disso, pois eu também nunca imaginei que me casaria um dia. Isso sempre me pareceu um projeto insano e irreal. Mas tudo mudou agora.

- E depois? Você e Ruth tencionam ir viver conosco em Lyon? Ou pretende trabalhar nos negócios do senhor Jacó?

- Francamente, eu prefiro voltar para Lyon. Se isso não a desagradar, eu e Ruth poderemos morar com você, em nossa casa. Imagino que ela encontrará grande alegria em ajudá-la nas atividades que lá desenvolve.

Os olhos de Ana Maria brilharam de alegria.

- Nada me alegraria mais!

- Espero apenas que o senhor Jacó não me embarace muito os planos. Ele não tem filhos homens, talvez insista para que fiquemos aqui e eu o auxilie.

- Essa é uma possibilidade real, que você terá de discutir com Ruth, no momento oportuno. Até lá, eu fico muito feliz com a perspectiva de tê-los morando comigo. Será uma nova e feliz fase em nossas vidas!

- Eu nem acredito que isso está mesmo acontecendo. Parece um sonho estranho e temo que termine de uma hora para outra.

O rapaz falou aquilo em um tom melancólico, quase profético. Ana Maria se arrepiou ao ouvir aquele comentário, que fazia eco a seus próprios temores. Ela soube calar e animar o irmão.

Em poucos dias, chegou a carta de Arquimedes, que encheu os irmãos de alegria. Quando a missiva foi entregue nas mãos de Ana Maria, Genoveva já estava dormindo, de modo que restou a ela partilhar o seu teor primeiro com o irmão.

- Quem diria, hein? Não apenas Joana virá, mas também Arquimedes. Confesso que estou surpreso!

- Eu também estou. Esperava a visita de Joana, embora um tanto receosa de que nem isso ocorresse. Embora não me pareça muito claro se Arquimedes apenas a acompanhará ou se virá aqui conversar com Genoveva.

- Não entendi direito mesmo quais as intenções de Arquimedes. Ele sinaliza que Joana não poderá aqui ficar. Mas não há como Genoveva se locomover.

- Será preciso alguma organização e engenho de nossa parte, a fim de evitar que Cícero se encontre com as visitas. Como eles devem ficar hospedados em um hotel, isso não deve ser muito difícil de providenciar. Bem que o barão poderia ter de viajar!

- Seria perfeito mesmo, mas ainda assim duvido que Arquimedes se sinta confortável em vir a esta casa.

- Sim, e não podemos forçar a boa vontade de nosso cunhado além do razoável.

Naquela noite, no jantar, a questão foi abordada com Cícero. Já estava claro para todos que Genoveva logo deixaria o mundo dos vivos. Apenas o dono da casa ainda não sabia que houvera um pedido formal a Arquimedes para que Joana visitasse a mãe. Ao ouvir a história, ficou em um profundo mutismo, como se não conseguisse digerir direito a informação. Mirou longamente a interlocutora com ar de espanto. Por fim, falou:

- Como pretendem organizar isso?

- Da forma menos traumática para todos os envolvidos. Arquimedes e Joana devem ficar em um hotel, por um período reduzido de tempo. Segundo a carta que recebi hoje, estarão conosco apenas o tempo estritamente necessário para que Genoveva se acerte, na medida do possível, com a própria filha.

O barão demonstrou no semblante certo alívio. Ana Maria foi-lhe de encontro às apreensões.

- Senhor barão, nós jamais convidaríamos alguém para ficar hospedado em sua casa.

- Imaginava mesmo isso.

Era evidente que ele, por um instante terrível, temera ver-se no papel de anfitrião de Arquimedes. Era exatamente este o sentimento de Cícero: temor! Aquele grande cavalheiro, tão sofisticado, temia encontrar Arquimedes. Bem sabia o triste papel que fizera, ao montar uma farsa para manter o médico longe da própria casa, enquanto cuidava de lhe seduzir a esposa. Não devia ter sido a primeira manobra da espécie, na longa e triste vida de Cícero. No entanto, por alguma razão que não conseguia concatenar, fora a única que o marcara, tanto pela desgraça subsequente, com a doença terrível que atingira Genoveva, como por seu desconforto íntimo sempre que pensava em Arquimedes retornando e encontrando a filha sozinha.

Ali mesmo, na mesa de jantar, ele começou a ruminar consigo mesmo que não poderia, de modo algum, ver-se frente a frente com Arquimedes. O grande nobre estava com medo de encontrar o médico interiorano a quem traíra e infelicitara! Como jamais admitiria isso, era de se esperar que encontrasse alguma boa desculpa para sua conduta.

- Senhor barão, quando eles chegarem à cidade, eu o avisarei com antecedência do que for possível organizar. Infelizmente, Genoveva não pode sair desta casa. Desse modo, ao menos Joana terá de vir aqui, a fim de conviver um mínimo que seja com a mãe moribunda.

- Entendo o motivo, claro. Não faria o menor sentido tentar locomover Genoveva em seu estado atual.

A seguir, um silêncio desconfortável pairou no ambiente. De repente, uma bomba foi lançada.

- Pedro, meu jovem, você realmente veio a Paris para destroçar corações!

- Até onde sei sobre isso, só dois corações foram tocados até agora, em razão de minha presença aqui: o meu e o de Ruth, mas nenhum está destroçado! Ao contrário, ambos estamos bastante felizes!

- Se tudo terminasse aí, eu ficaria tranquilo. Mas não é o que ocorre.

- O que acontece? Não tenho ido a lugar algum, salvo passear com Ana Maria e com Ruth, dentro da maior respeitabilidade.

- Sim, mas você esqueceu a duquesa Ana.

- Nem me lembrava mais dela, confesso.

- Mas ela se lembra bastante de você.

- Deveria cuidar do próprio marido, isso sim!

- Seria bom para todos, mas não é o que ocorre. Fez-me entender que está bastante desapontada com seu sumiço.

- Desapontamento não costuma matar. Nunca fiz qualquer promessa para aquela senhora.

- Ela parece ter lido alguma promessa em sua conduta na noite em que se conheceram.

- Enganou-se por completo.

- Folgo em sabê-lo tão decidido em sua posição de rapaz virtuoso. A questão é a seguinte: a duquesa insiste em revê-lo. Na falta de outro recurso, eu a inteirei de que você é irmão de Genoveva e está aqui por conta dela. Disse que sua irmã está muito enferma e o reclama o tempo todo.

- Não deixa de ser verdade.

- Parece que a duquesa lhe enviou alguns convites.

- Sim, enviou, mas eu nem os li direito.

Os olhos de Ana Maria brilharam surpresos a essa informação.

- Você não me contou isso!

- Não vi razão para tanto. Não tenho o menor interesse em continuar a frequentar aquela dama.

- Pedro, ouça um homem mais experiente. A duquesa é influente e perigosa. Não é bom tê-la como inimiga.

- Agora é a minha vez de ser franco. Ela me quer para amante, e isso não faz parte de meus planos. Estou sinceramente enamorado de Ruth e quero permanecer fiel a esse sentimento.

- Louvo seus propósitos. Mas insisto: não se descarta uma mulher como a duquesa como se fosse uma rameira. Seja mais diplomático, em seu próprio interesse.

- O que posso fazer?

- Ela fez questão de me dizer com clareza que insiste em tê-lo presente em sua próxima recepção. Disse que você haverá de arrumar tempo para revê-la. Que gastou muito tempo com você na primeira noite e seria uma descortesia intolerável de sua parte continuar a rejeitar os convites que lhe faz.

- Era só o que me faltava! Talvez eu escreva para ela, comunicando que estou em vias de firmar compromisso com outra mulher.

- Pedro, cuidado com seus atos. Ana não é uma mulher muito fácil de lidar. Não é uma moça inexperiente, a quem se dispensa sem maiores consequências.

- O que me aconselha?

- Aconselho que vá à recepção e trate de se mostrar canhestro e desinteressante. Faça-se de sonso, decepcione-a, seja desastrado. Faça-a ver que sua companhia constante, na qualidade de amante fixo, apenas a envergonharia.

Os olhos de Pedro brilharam entre indignados e divertidos.

- Talvez eu possa fazer isso!

- Não sei se é uma boa ideia fazer essa senhora de palhaça! Talvez seja melhor ser simplesmente honesto. Escrever uma missiva, dizendo-se honrado, mas impossibilitado de atender ao convite. E já esclarecer que nossa irmã está moribunda e que, após seu decesso, retornará a Lyon em caráter definitivo.

- Eis algo em que se pensar. Contudo, pelo que conheço da senhora em questão, ela não se conformará fácil com a perspectiva de não ter ao menos um encontro íntimo com Pedro. É perigoso ela se convidar para vir aqui em casa, a fim de ter com ele.

- Isso não serviria apenas para ela confirmar a verdade: Pedro se encontra às voltas com uma irmã enferma?

- Isso também pode ser dito por ele na recepção a que a duquesa faz tanta questão de que compareça. Ademais, sendo franco, ela sempre está às voltas com inúmeros bajuladores e com rapazes mais do que levianos. A imagem distante de Pedro, sua história de rapaz que se preocupa com uma irmã doente, em detrimento de festas, tudo isso deve mexer com ela. Creio que apenas uma visão ruim dele, que a faça temer passar vergonha, poderá fazê-la desistir do intento de tomá-lo por amante.

- Que costumes estranhos esses da alta nobreza!

- Falando assim, em voz alta, parecem mesmo muito estranhos. Mas ninguém os menciona com essa crueza, eles são simplesmente cultivados e vividos. Quanto aos amantes, desde que mantidos em caráter razoavelmente discretos, não costumam incomodar ninguém.

- Torno a dizer: costumes estranhos esses! Desde que não haja alarido demais, a falta de vergonha não incomoda ninguém.

Cícero não pôde impedir-se de corar, o que foi muito surpreendente para alguém calejado como ele. Pedro notou aquilo e reprimiu um sorriso. Seu pensamento foi bem claro: Ana Maria conseguiria fazer o maior libertino do mundo se empolgar com a ideia da castidade! Eu também ri, embora preocupado com o papel que Pedro desempenharia junto à duquesa. Nada de relevante ocorreu nos dias seguintes, de modo que restou ao rapaz se preparar para ir à recepção. No dia da festa, tentou convencer a irmã a acompanhá-lo.

- Nem pensar, Pedro! Você pretende fazer sabe-se lá qual papel vergonhoso e não quero ser cúmplice ou presenciar isso.

- Não pretendo dar vexame algum. Apenas vou me fazer de sonso, um caipira pouco letrado.

- Acha mesmo que ela se convencerá? Que não verá que está sendo lograda? Afinal, já conversou bastante com você na primeira noite.

- Não falamos muito em particular, foi tudo meio confuso. Ela parecia antes feliz em desfilar comigo pelo salão, como se eu fosse um troféu.

- Creio que imaginava estar exibindo o novo e bonito amante às amigas.

- Devia ser mesmo isso. Só que tal não se dará.

- Tem certeza mesmo? Não vá se lançar em leviandades que mais o complicarão! Pense no que Ruth diria se fosse informada de algo assim.

- Não se preocupe. Tive o cuidado de esclarecer previamente tudo com ela. Sabe o que ocorrerá. Está um tanto receosa, não sei bem o motivo, pois isso não a envolve. Não existe a menor possibilidade de eu de repente me deixar seduzir por aquela velha entrona.

- Seja respeitoso com ela, ainda assim.

- Pode deixar comigo. Você vem ou não?

- Não vou. A primeira festa foi demais para mim. Não achei muita graça nos tais nobres de alta linhagem, suas intrigas e costumes corruptos. Além de tudo, o duque me pareceu estranho, quando nos despedimos. Não tenciono tornar a encontrá-lo.

- Mesmo? Você não me falou nada sobre isso.

- Sua nova condição de enamorado era mais interessante.

Sem conseguir a companhia da irmã, o rapaz combinou de ir com Cícero à festa. Propositalmente, vestiu-se de modo um tanto modesto demais. Não era nada de escandaloso. Aliás, aos meus experientes olhos, pareceu-me que o rapaz ficava mais encantador com aquela simplicidade do que com trajes amplamente elaborados. Talvez até pelo contraste que faria com os sofisticados nobres presentes na festa, o tiro poderia sair pela culatra. Eis que os dois se foram, enquanto Ana Maria se recolheu a seu quarto, com o intuito de orar para que tudo desse certo.

Capítulo

25

Pedras no caminho

Quando Cícero e Pedro chegaram ao palacete ducal, perceberam que o movimento era infinitamente menor do que na vez anterior em que ali estiveram juntos. Havia muitas pessoas, claro, mas, para os padrões habituais e para a importância dos anfitriões, era quase uma reunião íntima. Havia uma explicação para isso: o duque estava em Versalhes, passando uma temporada, enquanto a esposa decidira permanecer em Paris. Era oficialmente apenas uma reunião de amigos, para que ela não se entediasse demais longe da corte.

Logo que os dois foram anunciados, a anfitriã veio em sua direção, toda gentil, mas hábil demais para repetir a encenação da festa anterior a que Pedro se fizera presente. Cuidou de acomodá-los e se retirou, fazendo questão de se afirmar muito atarefada com os convivas. Eles se entreolharam um tanto surpresos, pois haviam imaginado algo diferente.

Foi com alívio que Pedro se pôs a circular pelo ambiente, apenas na qualidade de observador. Cícero logo foi cooptado por alguns conhecidos, que queriam discutir política palaciana, de modo que o rapaz ficou sozinho. De propósito, optou por ficar à parte, parecendo deslocado e apenas observando.

Eu o seguia de perto, captando seus pensamentos. O jovem recordava a vez anterior em que ali estivera e de como tudo fora diferente de seus planos. Imaginara que sua estadia em Paris seria mundana, boêmia, com diversas aventuras galantes e muitas noitadas. Entretanto, já na primeira saída noturna encontrara Ruth. Ah, como aquele encontro o transtornara! Não era mais o mesmo. Se alguém lhe dissesse alguns meses atrás que logo estaria pensando em casamento, diria que esse alguém era louco. Mas era o que ocorria! Sim, estava louco, mas louco de feliz. Se Ruth pudesse estar ali com ele, estariam comentando as ocorrências e rindo, em uma cumplicidade que jamais experimentara antes. Aliás, nunca experimentara antes absolutamente nada do que vivia com Ruth.

Envolto nesses pensamentos, ele adquiria um ar angelical, sob a luz das velas, e foi assim, disperso e sorridente, que a duquesa o encontrou. Ela ficou chocada com a imagem de Pedro, em sua simplicidade e aparente pureza. Sim, pois naquele momento, malgrado seu histórico de experiências infelizes, ele era apenas um jovem que sonhava com a mulher amada, sem nenhuma intenção malsã. Isso se refletia em seu semblante.

Ao vê-lo sob tal luz, a duquesa notou quão diferente ele parecia de seus outros amantes e de todos os homens ali presentes, mundanos e venais como ela própria. Emocionou-se imensamente e decidiu que o tomaria por amante, custasse o que custasse. Após admirá-lo um tempo, estampou no rosto o seu melhor sorriso e o abordou:

- Senhor Pedro, conte-me: o que o faz sorrir assim? Espero que seja por finalmente ter retornado a minha casa!

O rapaz literalmente saltou de susto e se esforçou para não demonstrar o desagrado que aquela voz lhe causava. Malgrado seu, a duquesa traíra a emoção que a empolgava e sua voz soara um tanto desafinada.

- Ah, senhora duquesa, eu estava distraído, pensando em minha infância.

- Quem sabe, um dia, relata para mim como foi em sua meninice.

- Seria um relato muito enfadonho, pois minha vida nunca teve nada de especial.

- Nunca tinha vindo a Paris antes?

- Não, e possivelmente jamais voltarei, após a situação de minha irmã se resolver. Como talvez já saiba, ela se encontra às portas da morte. Aliás, creio que somente aguarda rever a filha para encerrar suas experiências no mundo dos vivos.

- Pretende retornar a sua cidade muito breve?

- Seguramente. Vim acompanhar minha irmã, Ana Maria, e devo seguir com ela, quando retornar.

- Ah, mas não deve mesmo. A família é importante e vejo que se dedica a ela, mas é um rapaz jovem. Em Paris há tanta diversão, tantas coisas interessantes. Faço-lhe uma promessa: se aqui ficar, serei sua cicerone. Irei lhe apresentar as pessoas mais importantes e interessantes. Todas as portas das casas que realmente contam serão abertas ao senhor. Talvez até decida aqui permanecer.

O pobre Pedro não sabia como se sair daquela situação. Foi aí que Cícero, que tinha certo instinto protetor quanto a ele, fez-se presente.

- O que falam de tão grave?

- Eu comentava que o senhor Pedro deve permanecer em Paris quando se desincumbir de sua missão familiar.

- Seria interessante, mas creio que ele tem compromissos com os negócios da família em Lyon.

- É verdade. Além de precisar acompanhar minha irmã no retorno, não posso deixar meu irmão sozinho cuidando de tudo. Necessito auxiliá-lo.

- Toda essa conversa não me parece razoável. Já que está aqui há uns meses, não vejo razão para que se vá tão rápido. Pode perfeitamente ficar mais um tempo. Eu apreciaria muito acompanhá-lo em alguns passeios.

A situação era crítica, o rapaz fazia o que podia para se livrar, mas suas esquivas mais atiçavam o interesse da matrona. Aquilo parecia um jogo entre caça e caçador, sem prenunciar nada de bom. Inclusive porque a duquesa começava a se agastar. Ela não se privou de lançar um olhar irritado para Cícero, demonstrando-lhe claramente que era indesejado naquela conversa. O barão, diplomático, arrumou uma desculpa e se retirou.

Pedro ficou a sós, naquela situação nova e desconfortável para ele. Decididamente, o moço estava pagando caro sua leviandade da primeira noite, em que dera esperanças à ferrenha nobre.

- Senhor Pedro, bem ou mal, ficará aqui um tempo indefinido. Senti-me abandonada pelo senhor, após nos entendermos à maravilha na primeira noite em que esteve em minha casa. Espero que se redima disso e mantenha um contato mais frequente comigo doravante.

- Senhora duquesa, não posso assumir esse gênero de compromisso. Tenho uma irmã à morte, ela é minha prioridade.

- Como não é enfermeiro, imagino que não fica o tempo todo aos pés do leito da enferma. Haverá de conseguir tirar algumas tardes ou noites para conversar comigo.

- Não posso garantir.

- Mas eu posso, acredite. Hei de convencê-lo. Afirmo-lhe que até o rei por vezes se curva a alguns de meus caprichos. Acaso se acha mais ocupado ou importante do que Sua Majestade?

- De modo algum.

- Não fique se fazendo de tão ocupado. Vou enviar-lhe uns convites e espero que os aceite. Ficarei muito brava se os recusar.

O moço balbuciou alguma coisa ininteligível, e a duquesa literalmente se apossou dele. Tomou-o pelo braço e o levou pelo salão, desfilando garbosamente e se imaginando admirada. Fê-lo se sentar ao seu lado na mesa, enquanto presidia o banquete, e a noite toda foi só atenções para com ele.

O meu amigo estava constrangido ao extremo com a situação, mas a certa altura relaxou e se lembrou do plano. Era a primeira vez que ela o via comer e decidiu passar a demonstrar alguma canhestrice. Confundiu-se com os talheres, adotou alguns maus modos, que não passaram despercebidos pelos mais próximos. A duquesa, entretanto, estava apaixonada demais para ligar para aquilo. Seu pensamento era claro: ele necessitava de alguém como ela, uma mulher experiente, que o adestrasse. Pedro também se fez de tonto, na medida do possível, e afirmou ignorar coisas que sabia. Em suma, fez tudo o que estava ao seu alcance.

A certa altura, notei que o olhar que a duquesa lhe dirigia passou a ter um brilho diferente, percuciente. Ela começara a notar que Pedro estava representando, com a finalidade de parecer um camponês tosco. Astutamente, reparou que ele se vestia de modo muito mais simples do que na primeira noite em que ali estivera. Segundo sabia, o rapaz estava longe de ser pobre, de modo que devia ter muitas roupas boas. Um brilho perverso surgiu nos olhos dela.

Aí, começou uma conversa em voz baixa com ele. Fez alusão a suas importantes relações, em como era influente. Rindo de modo descuidado, fez alusão a uma nobre com quem se desentendera e que conseguira afastar do convívio de todas as pessoas importantes. Pedro captou a mensagem, pois não era tolo, e seu coração gelou. Sempre com voz macia, a duquesa lhe falava.

- Querido Pedro, posso lhe falar assim?

- Sem dúvida, senhora.

- Creio que haveremos de nos entender muito bem. Você é jovem, ingênuo e não conhece bem as armadilhas da alta sociedade. Mas eu lhe digo que são muitas. Incontáveis pessoas são boas de trato, se bem tratadas, mas podem virar uma fera, se ofendidas. Eu posso guiá-lo, nesse meio. Creio que só terá vantagens.

- Não vejo motivo para que gaste tanto tempo e atenção comigo. Eu sou um interiorano e fico deslocado aqui. Pretendo ir embora logo, sem nunca mais retornar. Deve ter pessoas mais promissoras.

- No presente momento, não. A cada momento, você mais parece a companhia ideal para mim. Tão logo pare de resistir, sabe-se lá por qual capricho bobo, haveremos de nos entender bem. Não ganhará nada em fugir de meu convívio. Ao contrário, terá todas as vantagens em fazer parte de meu círculo. Não vê que as pessoas mais importantes da cidade frequentam a minha casa?

- Parece mesmo que sua casa é bastante concorrida.

- Você só terá vantagens em quedar-se comigo. Cesse de bobagens. Em seu lugar, eu não abdicaria das vantagens que lhe ofereço em troco de nada. Afinal, sou uma excelente amiga.

- ...

- Creio que começamos a nos entender.

A perversa senhora entendia como uma ofensa qualquer recusa. Habituada a ser cortejada por homens a vida toda, recebia as investidas como homenagens a seus encantos e a sua importância. Ela vivia ali um misto de emoções. Estava enraivecida por perceber a intenção do rapaz de se livrar dela. Quem ele achava que era? Mas também o mirava e o achava a cada instante mais encantador. Ao contrário dos outros convivas, ele praticamente não bebia. Em sua simplicidade e em sua sobriedade, o rapaz lhe parecia como um retorno da juventude. Por alguma razão que não entendia, sentia a necessidade imperiosa de se tornar íntima dele.

Pobre de meu amigo Pedro. Eu não atinava como ele poderia sair daquela situação, mas tudo termina e a noite enfim findou. O moço já estava desesperado para ir embora. A duquesa literalmente lhe arrancou a promessa de que responderia a seus convites. Prometeu isso apenas para se livrar dela, sem ter a menor intenção de retornar àquela casa em que padecera uma autêntica tortura. Quando entrou na carruagem, soltou um fundo suspiro.

- Por Deus, senhor barão! Essa mulher é uma harpia. Infatigável. Não entende recusas. Parece se achar a mulher mais formosa e importante do mundo.

Cícero mostrava preocupação no semblante.

- Vi que seu estratagema não deu muito resultado.

- Não deu resultado algum. A certa altura da noite, ficou mais do que claro que eu a tentava dissuadir de todos os modos, inclusive me comportando de forma desastrada. Por estranho que pareça, isso apenas pareceu torná-la mais agressiva e perseverante.

- A situação pode se complicar bem para o seu lado.

- Complique-se o quanto se complicar, ela não pode me forçar a ser seu amante. Não sou um escravo.

- Ela é perigosa, acredite.

- Acredito profundamente. Ainda assim, não vou virar um joguete em suas mãos. Pretendo me casar em breve e ser um marido fiel e feliz.

- Isso promete, infelizmente.

De fato, a coisa prometia e ainda deveria piorar muito. No dia seguinte, Pedro ficou imensamente desgostoso ao receber uma missiva da duquesa. Nem se animou a abrir, com medo de seu teor. Estava mesmo passando a detestar a nobre que o desejava com ardor. Decidido a não mais encontrá-la, no fundo receava que ela arrumasse algum modo de constrangê-lo. Ficava escandalizado de forma sincera com a insistência daquela senhora já madura, que não parecia conhecer limite algum.

Eu assistia àquilo preocupado, embora já bastante convencido de que se tratava de um reencontro. A mulher era insistente demais, parecia entre fascinada e transtornada, quando mirava o jovem. Devia haver uma matriz espiritual naquilo tudo e na angústia que o jovem vivia.

Ele desejava pela primeira vez manter um relacionamento saudável com uma mulher e justamente nesse momento único de sua vida surgia aquele fator de discórdia. Se aquilo ocorresse em outro contexto, talvez se permitisse alguma leviandade com a duquesa. Mas agora era impossível. Primeiro, porque se arrepiava inteiro, sem saber direito a razão, tão só com a ideia de trair Ruth. Segundo, porque estava tomado de autêntica ojeriza de sua pretendente tão apaixonada. Em sua mente e em seu coração comparava as duas mulheres, o que ainda mais o afastava da possibilidade de qualquer encantamento com a duquesa.

Os dias seguiram, com os convites se acumulando. Eram envelopes muito ricos e perfumados, que chegavam com a constância de um evento da natureza. Era tão certo como o anoitecer: algum envelope chegaria para Pedro.

Cícero notava aquilo tudo com o semblante preocupado, pois gostava genuinamente do rapaz. Na conformidade de sua consciência sem muita ética, achava que ele poderia ter alguns interlúdios com a duquesa, em sigilo, para aplacar o desejo da mulher que parecia quase enlouquecida.

De forma desabrida, ela o chamara a sua casa e falara de forma franca sobre o caso. Mesmo para ele, não deixara de ser desconfortável o teor da conversa. A duquesa parecia dementada, estava praticamente insana, como se ardesse de um fogo selvagem. Queria saber a razão pela qual era desprezada. Fizera ameaças, a princípio veladas, depois muito claras, tanto a Pedro quanto à família dele. Cícero se saíra como pudera, com meias verdades. Negara saber de envolvimento de Pedro com outra mulher e enfatizara ao extremo a dedicação que o rapaz mantinha com as duas irmãs. A duquesa não se dera por muito convencida. Em suma, o encontro fora muito desagradável e preocupante.

Ao retornar a seu palacete, Cícero falara francamente com Pedro, no silêncio de seu gabinete. O rapaz ficara estarrecido.

- O que será preciso fazer para acalmar semelhante fera? Ela não consegue entender que não a acho atraente? Se quisesse alguma coisa com ela, isso já teria ocorrido. Mas não quero. Aliás, ainda que eu não estivesse comprometido. Nem que ela fosse a última mulher do mundo. Tenho horror daquela velha!

- Aconselho-o a ser cauteloso. Não convém que Ana fique sabendo de seu envolvimento com Ruth. Procure ficar mais em casa, para dar crédito à informação de que se dedica a sua irmã. Creio que deve estar sendo vigiado pelos criados da casa ducal.

- Era só o que me faltava! Converti-me em um criminoso, acaso?

- Goste ou não, as coisas estão neste pé.

Após um instante de silêncio, Cícero ajuntou:

- Devo sair de Paris por algum tempo. Preciso passar uma temporada em Versalhes, para tratar de alguns assuntos importantes. Isso vem bem a calhar, por vários motivos. Será mais cômodo para todos se eu não estiver aqui quando seus familiares chegarem de Lyon. A duquesa também não poderá ficar me pressionando a levá-lo para ela, nem para convidá-la a vir a minha casa.

- Quando pretende viajar?

- Amanhã mesmo. Vou comunicar às suas irmãs ainda hoje.

Naquela tarde, Cícero teve uma conversa com Genoveva. Eu me fiz presente, pois tinha interesse no que ocorria entre eles. Após tantas loucuras, naquela e em outras vidas, parecia que o vínculo entre ambos, mercê de dores e decepções, tomava outro rumo.

Enquanto eles conversavam, eu os observava. Embora as vozes suaves e educadas, havia um mar de sentimentos e ressentimentos entre aqueles dois amantes. Surdamente, Genoveva o culpava por sua desgraça. Desejava com ardor jamais o ter conhecido, embora fosse honesta o suficiente para reconhecer que tinha uma boa parcela de culpa na desgraça que infelicitara sua vida. Entretanto, e com razão, sempre refletia que ele montara a armadilha na qual ela terminara por cair. Cícero afastara seu esposo de casa, cuidara de se mostrar da forma mais sedutora possível. Entre fraca, burra e sem-vergonha, caíra na armadilha, para sua grande infelicidade. Jamais esqueceria os anos em que se sentira abandonada junto dele, em sua enfermidade.

Quanto a ele, mantinha sentimentos dúbios em relação a Genoveva. Tinha-lhe um carinho estranho, misto de piedade e de algo mais profundo. Mas fora o desejo que o levara a ela, e esse desejo sumira, após tantos abortos e os constrangedores relatos de enfermidade com os quais tivera de viver. De modo irracional, culpava-a por haver adoecido, por ter definhado, por ter deixado de ser a mulher bela e apaixonada a quem convencera a fugir com ele.

Tudo isso eu notava com uma ponta de piedade. Ambos haviam cavado o fosso no qual entraram. Talvez aquela fosse a conversa derradeira que mantinham, naquela encarnação. Cícero explicava os imperativos de sua ausência e era sincero o bastante para admitir que se valera daquela oportunidade para deixá-la mais à vontade para receber os parentes. Generosamente, deu-lhe carta branca para receber quem quisesse em sua casa. Se o desejasse, poderia abrigar Arquimedes e Joana ali, na qualidade de hóspedes. Ele prometeu enviar um correio alguns dias antes de retornar, para prevenir qualquer encontro indesejado.

Após aquela estranha conversa, na qual tão pouco fora dito, mas tanto fora sentido e pensado, Cícero beijou a mão de Genoveva. Olharam-se, um ao outro, por longo instante, no qual pensaram que talvez fosse a última vez que se viam. Cícero refletiu sobre a diferença que se operara em Genoveva desde que a conhecera. Lamentava sinceramente por ela, embora desejasse se livrar de sua pessoa o quanto antes. Genoveva, por seu lado, fez reflexão semelhante. Mais uma vez, lamentou sua loucura. Via-o agora sob uma luz crua e o reputava egoísta e mesquinho. Comparava-o com Arquimedes e não conseguia entender como outrora o achara mais interessante. Despediram-se assim, melancolicamente, talvez para sempre.

Ao jantar, Cícero comunicou Ana Maria a respeito de sua viagem iminente.

- Agradeço o participar-me pessoalmente, mas Pedro já me havia comunicado sobre sua viagem. Tem ideia de quanto tempo ficará fora?

- Algumas semanas. Pretendo enviar um correio alguns dias antes de minha volta, para evitar um encontro desagradável com Arquimedes e Joana.

- Parece uma medida sensata.

- Pedro lhe contou a respeito da autêntica loucura que se apossa da duquesa no momento?

- Sim e fiquei bastante preocupada.

- Faz bem em se preocupar.

- Talvez não seja para tanto - disse Pedro.

- É para tanto, creia. A duquesa não é conhecida exatamente por sua temperança e bondade. Não lhe faltam recursos nem temperamento para fazer o mal, quando o deseja.

- Deveria ser internada!

- Talvez devesse, mas não o será. É importante demais para isso. Repito meu conselho: seja discreto, evite ser visto em local público com Ruth.

- Na medida do possível, tentarei seguir seu conselho. Mas fico profundamente irritado com a ideia de que aquela matrona tenha a pretensão de dirigir a minha vida.

A conversa tomou outros rumos e logo todos foram para os seus quartos.

Na manhã seguinte, bem cedo, Cícero saiu de viagem, levando amplas bagagens, em um sinal de que não pretendia retornar tão cedo. Nem esperou os irmãos se levantarem para se despedir deles. Praticamente fugia de uma borrasca que intuía estar se formando sobre sua casa, embora aquilo lhe parecesse ainda um tanto difuso. De concreto, temia um encontro com Arquimedes. Temia também pela segurança de Pedro, embora por vezes achasse que estava sendo dramático demais.

Pedro, na mesma manhã, enviou um correio a Ruth, comunicando-lhe todas as ocorrências, sem omitir nenhum detalhe, mas deixando claro que não pretendia seguir o conselho de Cícero à risca. Duvidava um pouco de que a duquesa fosse mesmo tão louca, em seu despeito.

Não houve muito tempo para tais elucubrações, pois no princípio da tarde um moleque de recados chegou trazendo uma carta para Ana Maria. Esta, reconhecendo a letra de Arquimedes, ficou muito feliz. Já estava começando a recear que, se ele e Joana demorassem muito, talvez não encontrassem Genoveva viva.

Era um fato que a enferma a cada dia mais se abeirava do túmulo. Eu inicialmente a imaginara como alguém merecedor de uma moratória espiritual, haja vista sua transformação moral e o conforto que experimentava com a presença dos irmãos. Entretanto, havia algumas peculiaridades no seu caso, conforme me informara sua mentora espiritual, sempre presente e vigilante. A consciência pesada de Genoveva a fazia perder importantes reservas de energia. De outro lado, seu arrependimento sincero a credenciava a um retorno relativamente pacífico para o plano espiritual. Uma coisa era certa: havia aprendido a lição e retornava transformada, cansada do jogo das paixões.

Em sua próxima encarnação, tenderia a ser um modelo de virtudes domésticas, pois a leviandade lhe custara caro demais. Sopesados todos os aspectos, ordens superiores haviam chegado dando a saber que Genoveva não deveria mais viver muito. Seria o tempo dela se acertar, se possível, com Arquimedes e Joana, e logo seria liberada para retornar à verdadeira pátria de todos.

Ana Maria abriu a carta e encontrou a informação que esperava: Arquimedes e Joana se encontravam hospedados em um sofisticado hotel da cidade, no qual permaneciam aguardando a sua visita. Comunicou a Pedro e ambos combinaram de gastar a tarde naquela missão de reencontro com seus familiares. Entendendo que não havia muito tempo a perder, os irmãos também cuidaram de comunicar logo a novidade a Genoveva.

Esta, como era de esperar, ficou muito abalada. Tanto esperava esse reencontro, como o temia. Eu compreendia com perfeição o estado de espírito de minha querida amiga. Não é nada fácil reencontrar pessoas a quem se fez muito mal, sem ter nenhuma justificativa válida para os próprios atos. Em sua condição de quase moribunda, que tinha momentos de paz e lucidez, entremeados a outros, de muita dor e perturbação, não hesitou.

- É bem hora de que eu os reveja, pois sinto que não tenho muito tempo. Quando virão aqui? Apenas Joana falará comigo ou também Arquimedes virá?

- Você quer falar com ele?

- Se ele estiver disposto a ter comigo, quero. Será algo difícil, mas que preciso fazer. Necessito vê-lo, pedir-lhe desculpas. Não há muito a explicar, pois o que fiz não tem qualquer justificativa. Mas está feito. Se ele puder me ver, entender quanto mal eu fiz a mim mesma, talvez possa me perdoar. Se não puder perdoar, entenderei, pois eu mesma não me perdoo. Senão me quiser muito mal, já me darei por feliz.

- Nós já estamos de saída para vê-los. Ainda não sei exatamente o que planejam. Se Arquimedes desejar vê-la, a ausência de Cícero virá bem a calhar.

- Sem dúvida. Apenas eu gostaria de saber antes o que ocorrerá para me preparar. Quer venham ambos, ou somente Joana, peça para que a visita ocorra amanhã à tarde.

- Farei isso.

- Também peça para o médico vir hoje. Talvez ele possa receitar algum medicamento que me ajude a viver esse difícil lance com alguma tranquilidade.

- Pode deixar isso comigo, Genoveva - disse Pedro.

Uma vez tudo acertado, os irmãos tomaram uma das carruagens da casa e se encaminharam ao hotel em que Arquimedes e Joana estavam hospedados. Chegaram ao ambiente e se fizeram anunciar. Imediatamente foram conduzidos ao conjunto de aposentos que seus familiares ocupavam, pois já eram esperados. Lá chegando, depararam com Arquimedes bastante magro, pálido e tenso, e com Joana entre nervosa e entusiasmada.

A moça literalmente pulou nos braços dos tios, a quem amava sinceramente. Pedro a fez rodopiar no ar e eles riram muito, o que quebrou de algum modo a tensão do ambiente. Não havia nada para esconder, de modo que a conversa foi franca.

- Como está mamãe?

- Joana, infelizmente, sua mãe está muito enferma e não deve viver muito.

-Ah, tia, eu temia ouvir isso.

Os olhos da adolescente ficaram brilhantes de lágrimas, que principiaram a escorrer em silêncio por sua bela face.

- Eu lamento por isso, querida, mas não adianta mentir ou manter ilusões que logo se desfarão.

- Eu sei, mas...

- Sim, não é fácil. Ao menos poderá falar com ela, quem sabe esclarecer algumas questões que a perturbam. Arquimedes, você pretende falar com Genoveva?

Assim pego de surpresa, tendo de se posicionar sobre algo que ainda não conseguira decidir, o médico teve um acesso de tosse. Aliás, tinha mesmo uma aparência doentia. Observando-o mais atentamente, identifiquei certa fragilidade em seus pulmões, que me preocupou, mas no momento a prioridade era outra.

- Talvez saber que Cícero se encontra viajando, e não deve retornar sem enviar um aviso, ajude-o a decidir.

Controlando seu acesso de tosse, Arquimedes conseguiu falar:

- A informação é segura? Não há risco de me encontrar com ele?

- Não há. Ele me prometeu que enviaria um correio alguns dias antes de retornar. Seja sincero: pretende falar com Genoveva?

- Ela quer falar comigo?

- Genoveva teme o instante em que se verão frente a frente, mas gostaria muito de vê-lo. Falou-me isso ainda há pouco.

- Não sei o que poderá advir dessa conversa.

- Acaso você a odeia?

- Ódio eu creio que não é mais o termo apropriado. Uma mágoa, contudo...

- Entendo. Quiçá vê-la como se encontra agora ajude a mudar esse sentimento para compaixão. Seria uma libertação para você. Ademais, é uma oportunidade que não se repetirá. Caso não se decida por vê-la agora, e se arrependa depois, muito provavelmente ela não estará mais entre nós.

- Eu sei, eu sei. O que pensa disso, Pedro?

- Cunhado, acho que deve falar com ela. Perto da morte, tudo parece tão pequeno.

- Tem razão, reconheço.

Ficou acertado que, no final da tarde do dia seguinte, quando Genoveva habitualmente acordava de seu repouso matutino, as temidas e aguardadas conversas ocorreriam. O restante da visita foi gasto com trocas de informações sobre as ocorrências de Lyon e também sobre o romance de Pedro com Ruth, o que causou grande surpresa em Arquimedes e Joana.

- É sério mesmo, tio?

- Claro que é sério. Não entendo a razão do espanto.

- Pois deveria entender, cunhado - disse Arquimedes. - De minha parte, imaginei que jamais o ouviria falar sobre planos de casamento, a menos que fosse forçado a tanto.

- Bem se vê que me conhecem mal. Não estou sendo forçado a nada e penso nisso com grande alegria.

- Quando poderei conhecer minha futura tia?

- Muito em breve. Creio que gostará muito dela: é boa e bela como sua tia Ana Maria.

- Seja sincera, tia. O que a senhora pensa disso?

- Fiquei surpresa como vocês, mas estou muito feliz com a escolha de Pedro, embora haja certa complicação.

- Que complicação?

- Pedro não fez apenas uma conquista desde que chegou aqui, digamos assim.

Os olhares se voltaram para Pedro, indagadores.

- É verdade, infelizmente. Uma dama madura e casada se tomou de amores por mim. Se é que pode se chamar isso de amor. Ela parece antes querer ser minha dona. Não para de me importunar com convites e chantagens. Tomei-me de uma profunda ojeriza dela.

- Se é casada, como diz, só lhe restará conformar-se. Não poderá fazer nenhum escândalo.

- Parece que a dama em questão é perigosa. Influente ela é; desequilibrada, também. Mas não quero me ocupar dela.

Já era bem tarde quando os irmãos saíram em direção ao palacete de Cícero. Iam animados, embora apreensivos. Sabiam que o dia seguinte seria muito tenso e temiam que Genoveva não suportasse toda a emoção pela qual passaria. Ao chegarem a seu destino, foram logo conversar com Genoveva. Ao saber que falaria mesmo com Joana e Arquimedes, rebentou em soluços.

- O que tem de errado, minha irmã? Não deseja falar com eles? Sempre é tempo de rever os planos, adiá-los, modificá-los. Não é obrigada a fazer o que não queira.

- Eu sei disso, Ana Maria. Eu quero e temo ao mesmo tempo esse confronto. Será um momento de profunda humilhação para mim. Reverei minha filha e meu esposo e mostrarei em que triste estado me encontro. Entretanto, devo isso a eles e a mim mesma.

- Será que deve mesmo? - disse Pedro.

- Sim. Se eu fui corajosa o bastante para fazer o que fiz, devo ser também para mirá-los nos olhos, após tanto tempo.

- Se quer mesmo fazer isso, relaxe e aguarde. O que poderá ocorrer de tão terrível?

- Tem razão, Pedro. O que tinha para ocorrer, já ocorreu.

- O médico veio vê-la?

- Sim, veio e me prescreveu um calmante que afirmou ser muito poderoso. Inteirei-o por alto do que me espera e não gostou muito da perspectiva. Contudo, fi-lo ver que, em meu estado atual, não faz sentido ficar com muitos pruridos. Não recuperarei a saúde mesmo e todos sabem disso.

Os irmãos conversaram mais um longo tempo, no qual Genoveva pediu os mais detalhados informes sobre suas visitas do dia seguinte. Queria saber o que poderia esperar, tanto da aparência deles, a quem não via há tanto tempo, quanto de seu estado de espírito. Ana Maria esclareceu-a com a franqueza que lhe era peculiar.

- Sim, é justo que Arquimedes guarde uma profunda mágoa de mim. Envenenei-lhe a existência, que poderia ter sido risonha. Poderíamos ter tido outros filhos, tê-los visto crescer. Como não posso mais voltar atrás, resta-me olhar em seus olhos e rogar que tente me perdoar.

- Realmente, querida. É isso que lhe resta fazer.

Já era noite quando Genoveva ficou a sós para dormir. Eu permaneci no ambiente, junto com a mentora da enferma, que estava bastante satisfeita com o desenrolar daquela história. Durante muito tempo, não ousara esperar um desfecho tão benéfico quanto o que se apresentava. Se Genoveva lograsse partir com alguma paz, considerando seu sincero arrependimento e sua profunda transformação, sua existência já teria tido muita valia. Claro que melhor seria se ela tivesse se mantido firme na condição de esposa e mãe honrada. Na falta disso, o arrependimento sincero e a transformação, frutos do sofrimento, já representavam um trunfo importante, em termos de existência imortal. Eu ousava dizer que Genoveva estava curada de sua secular leviandade, e isso não era pouca coisa. A mentora aplicou fluidos calmantes na enferma, fê-la adormecer, mas não permitiu que se desvinculasse do corpo.

- Nossa menina está muito frágil e precisa de forças para amanhã. Desejo apenas que se refaça e tenha uma noite tranquila. É bom que fique entorpecida junto ao corpo, sem maiores perquirições e devaneios.

Anuí de boa mente àquele projeto e busquei ajudá-la, visualizando na mente a menina em sua juventude, quando acompanhava Ana Maria em suas idas à igreja. Também a vislumbrei quando auxiliava a irmã mais velha nos cuidados com os pobres. Fixei na mente uma imagem muito feliz que dela tinha: a de sua primeira comunhão. Projetei as imagens daqueles momentos pacíficos e felizes na mente de Genoveva, que os recebeu com um sorriso calmo e feliz.

Foi assim, acalentada por sua mãe espiritual e com imagens de instantes doces que vivera na presente existência, que ela passou aquela noite tão especial, em preparação para os dramáticos encontros do dia seguinte.

Capítulo

26

Reconciliação e dor

A TERAPIA SURTIU EFEITO: Genoveva acordou com um bem-estar a que não estava mais acostumada. Sentia uma leveza estranha, quase não experimentava dores, sua mente estava lúcida e tranquila. Foi com um sorriso pacífico que recebeu a visita dos irmãos, logo pela manhã.

– Genoveva, você está com uma cara ótima!

– Ah, Pedro, você é bom em me dizer isso. Eu realmente me sinto bem. Tive uma noite pacífica, com sonhos felizes. Não lembro bem o que se passou nesses sonhos, mas eu era feliz, muito feliz!

– Temia que passasse a noite toda acordada, pensando no que dizer a Arquimedes e Joana.

– Eu também temia, mas isso não se deu e estou muito feliz. Espero que o dia passe rápido, pois quero que tudo se dê de uma vez.

A verdade é que toda aquela paz não resistiu ao correr do dia. À medida que as horas passavam, Genoveva ficava nervosa, mais e mais, o que era compreensível. Felizmente, havia o medicamento prescrito pelo facultativo, que permitiu que dormisse após o almoço, como de hábito.

Ana Maria e Pedro nem se animaram a sair para fazer sua costumeira caminhada. Cada qual ficou no próprio quarto, imerso em fundos pensamentos, enquanto aguardavam que as visitas chegassem.

Genoveva ainda dormia quando, lá pelas 16 horas, vieram avisá-los de que tinham visitas. Os dois desceram a escadaria, juntos, fornecendo o costumeiro espetáculo de sua lourice e de sua semelhança. Havia algo estranho naquela imagem, como se tratasse de algo feito antes inúmeras vezes. Os visitantes também acharam a imagem um tanto enigmática, mas estavam nervosos demais para quaisquer comentários que não versassem sobre o objetivo de sua visita.

Tudo parecia sério e orquestrado naquela tarde. Arquimedes e Joana já haviam combinado que a moça falaria com a mãe, primeiramente. Essa conversa possivelmente seria mais tranquila e não convinha que corressem o risco de que, após tanto empenho, Joana fosse impedida de fazer o que tanto queria: esclarecer várias questões que a incomodaram a vida toda. Sentaram e aguardaram que Genoveva acordasse, sem ânimo para conversar. Joana e Ana Maria se sentaram no mesmo coxim e ficaram de mãos dadas, por vezes trocando impressões por olhares, um hábito mais antigo do que podiam imaginar. Após um tempo que pareceu infinito, um dos lacaios veio comunicar que a enferma havia acordado.

Ana Maria pediu um tempo e foi ter com a irmã. Genoveva se encontrava muito ansiosa, mas decidida a resolver aquela situação de uma vez por todas. Gastaram um longo tempo com abluções e com a preparação da aparência da enferma.

Por fim, bem-vestida e bem penteada, Genoveva encontrou forças para se sentar em uma confortável poltrona. A luz do fim de tarde a favorecia e ela não parecia muito mal. Seguramente não era mais bela, pois estava descarnada e envelhecida. Mas ali, à meia-luz, bem cuidada, tinha a aparência de um bibelô antigo, de uma grande fragilidade, e também de uma dignidade que lhe era bem nova. Sim, ela crescera muito moralmente nos últimos tempos. A dor fizera nela o trabalho purificador que anos de bons exemplos e sábios conselhos não haviam conseguido fazer.

Eu a tudo acompanhava, em estado de oração, vibrando intensamente para que aquilo transcorresse da melhor forma possível. Joana era, embora sua mocidade na carne, uma alma intimorata e experiente. Não havia muito a temer por ela. Em sua grandeza íntima, dificilmente se permitiria lesar em termos psíquicos de forma muito profunda. Era boa em essência, generosa, compassiva e perdoava com facilidade. Quanto a Arquimedes, a coisa era diferente. Era por ele que eu mais temia.

Deixando a irmã ali, Ana Maria desceu novamente as escadas para buscar a sobrinha. Em silêncio, tomou-a pelas mãos e a levou até o quarto. Na entrada, a moça hesitou, segurou mais forte a mão da tia e, com o olhar, pediu um tempo. Ela tremia um pouco e parecia indecisa. Principiaram a falar em voz baixa.

- Não há razão para ter medo agora, Joana.

- Eu sei, mas receio tanto me decepcionar com a mamãe!

- O que acha de orarmos um pouco?

- Parece uma boa ideia.

Afastaram-se um pouco da porta do quarto, deram-se as mãos e repetiram algumas preces do breviário que habitualmente liam. Mesmo sem combinar, seus pensamentos e sentimentos se dirigiram à Santa Mãe de Jesus, rogando-lhe as bênçãos para aquele momento crítico. A resposta celeste não demorou a chegar: uma bela luz com tons violáceos derramou-se no ambiente e literalmente tomou conta da casa. Joana se acalmou e elas entraram no quarto de mãos dadas.

Genoveva as observou entrar, oferecendo uma imagem de candura e união. Viu-se na figura da filha e sentiu uma dor profunda, lancinante, ao perceber que a irmã, muito justamente, terminara por ocupar o lugar que ela desdenhara: Joana era mais filha de Ana Maria do que dela. Não era ciúme, inveja ou qualquer sentimento negativo em relação à união de ambas. Havia também gratidão pela irmã boa que Deus lhe dera e que minorara o estrago que sua ausência devia ter causado na vida da filha. Lágrimas escorriam pelos olhos de Genoveva, e ela sofria muito, sem dizer qualquer palavra.

Havia uma poltrona colocada bem em frente àquela ocupada por Genoveva e foi nela que Ana Maria fez Joana se sentar. A menina também estava muito emocionada. A despeito de todos os relatos e prevenções, não esperara encontrar aquela mulher tão frágil. Diziam que se parecia com ela, mas hesitava um pouco em admitir isso. Aquela senhora ali se afigurava tão idosa, tão descarnada, tão distante: já não parecia mais pertencer à Terra. Se ela estava entre eles, devia ser por um engano, pois seu olhar já era de alguém de outro mundo.

Mãe e filha não desgrudavam o olhar uma da outra. Genoveva chorava silenciosamente, enquanto Joana a olhava de modo perquiridor, quase como se duvidasse de que aquela mulher fosse a sua mãe. Coube a Ana Maria quebrar aquele longo silêncio.

- Joana, esta é Genoveva, sua mãe, de quem tanto falamos.

A menina tentou falar, mas a voz não saiu de sua garganta. Ela parecia não saber o que fazer.

- Genoveva, veja como sua filha é bela. É a sua imagem, quando tinha a mesma idade.

Também Genoveva não pareceu conseguir falar nada. Talvez ela não soubesse mesmo o que dizer.

- Vou deixá-las a sós. Não se preocupem com o tempo. Vou aguardar do lado de fora. Se precisarem de mim, é só chamar.

Elas nem pareceram ouvi-la. Ana Maria beijou a testa de ambas, um antigo hábito seu, e se afastou, temerosa. Após um tempo que pareceu infinito, coube a Genoveva encetar a conversa.

- Joana, minha filha...

- Pois não, senhora.

- Não sei como começar esta conversa. Não sei o que posso lhe dizer. Deve ter ouvido falar coisas de mim, possivelmente, muito severas e verdadeiras.

- Não, senhora.

- Não ouviu falar de mim?

- Ouvi falar, sim, mas não foram coisas severas. Somente a tia Ana Maria se dispôs a responder às minhas perguntas. Ela sempre buscou me fazer entender que a senhora me amava, mas fugiu por ilusão, por fraqueza.

- Ah, a minha querida irmã! Ninguém nunca erra ao esperar o melhor dela!

- É verdade. Amo e admiro muito minha tia.

- Se posso lhe dar um conselho é que siga os conselhos dela. É sempre sábia e ponderada. Quem dera, se eu a tivesse ouvido, no momento mais crítico de minha vida.

- A senhora se arrepende de ter me deixado e a papai?

- Ah, minha filha, o arrependimento que sinto é terrível. Aquilo foi a maior tolice que eu poderia ter cometido na vida. Infelizmente, eu os abandonei, por um misto de ilusão e loucura. Arrependi-me amargamente, profundamente. Jamais poderei expressar o quanto sinto.

- Não pensou em me levar junto?

- Sim, pensei, meu primeiro impulso foi esse. Todavia, eu me lançava em uma estrada tão incerta que temi enredá-la em semelhante loucura. Mesmo naquele momento eu sabia que corria riscos infindos. Foi uma espécie de loucura que tomou conta de mim, um desatino sem medida. Felizmente, para nós duas, eu não a envolvi naquilo. Foi doloroso ao extremo deixá-la. Sofri muito. Entretanto, já estava causando uma dor sem fim em seu pai, não poderia privá-lo de sua companhia. Busquei conformar-me com o pensamento de que seria muito amada, que ficaria em segurança. Pedi a seu pai que não se agastasse com meus familiares, em especial com sua tia, que tudo fez para me dissuadir. No íntimo, eu desejava com força que ela representasse junto a você o papel que eu deixava vago. Não foi o que ocorreu?

- Sim, minha tia sempre foi um presente de Deus em minha vida. Entretanto...

- Eu sei disso, querida, eu sei. Causei-lhe uma dor imensa...

Ambas choraram. Joana se adiantou e envolveu a mãe em um profundo abraço. As lágrimas silenciosas viraram soluços que as empolgaram e assim ficaram por um tempo que pareceu sem fim. Finalmente, os soluços diminuíram e elas permaneceram ali, abraçadas.

- Joana, você me quer muito mal pelo que lhe fiz?

- Não, minha mãe. Não lhe quero mal algum.

- Chama-me novamente de mãe.

- Isso a incomoda?

- É o maior presente que me poderia dar. Não me quer mesmo mal?

- Não. Eu lamento que não tenhamos podido ser amigas a vida toda. Foram inúmeras as vezes eu que desejei vê-la, ouvi-la me explicar as razões do abandono. Sempre quis saber se não me amava, se eu lhe parecia de algum modo odiosa como filha.

- Não, querida, nunca, jamais pense algo semelhante. Você foi o mais lindo e meigo dos bebês. Sempre deu mostras de um juízo que eu não cheguei a ter, a não ser quando já havia nos desgraçado a todos.

- Francamente, por que o fez? Seja sincera comigo. Não amava papai ou amava muito o nobre com quem passou a viver?

- Ah, tenho tanta dificuldade para lhe responder isso. Hoje, observando tudo com os olhos da experiência, parece-me que estava possuída por uma força estranha. Mas isso não é desculpa.

- Qual seria ela?

- Joana, minha filha, eu amava o seu pai ternamente. Ele foi o meu primeiro amor, encantei-me com ele quando o vi pela primeira vez. Foi no velório de seu avô, meu pai. Ele nunca me decepcionou, sempre foi o melhor dos maridos.

- ...

- Eu era leviana, para minha desgraça. Cícero surgiu para mim como o símbolo de uma aventura maravilhosa que eu estava perdendo, na província. Experiente, rico, titulado, sedutor consumado, bem falante, soube me enredar. Leviandade e loucura de minha parte, eu o sei. Hoje não consigo entender direito o que me moveu, mas sei que foi algo bem real. Traduziu uma fraqueza minha, egoísmo, falta de juízo. Imaginei que algo maravilhoso me esperava e passei a dar pouco valor ao que tinha. Tudo foi um grande, um imenso equívoco.

- Não sei se chego a entender.

- Nem eu entendo direito. Tente apenas me perdoar.

- Já está perdoada. Vendo-a assim, tão frágil, apenas lamento o tempo que perdemos. Tudo parece tão estranho neste momento. Eu a vejo aí e sinto como se a conhecesse profundamente, de um tempo longínquo. Mas convivemos tão pouco.

- Você é feliz, Joana?

- Sim, sou. Não nego que por vezes me inquietava com o mistério de seu desaparecimento, com as razões que a teriam levado a me deixar. Mas papai sempre foi maravilhoso comigo. Também amo profundamente meus tios, em especial tio Pedro, sempre tão alegre, e tia Ana, maravilhosa.

- Ela ainda faz muito sucesso?

- Ah, ela não gosta de falar nisso. Mas volta e meia precisa se livrar de algum apaixonado.

- Imagine como ela era na juventude!

- Sabe que eu sempre penso nisso? Deve ter sido maravilhosa e causado tumulto na cidade.

As duas se perderam em confidências e foram gradualmente atingindo um nível de intimidade, entre sorrisos e suspiros, que não se imaginaria possível em tão pouco tempo. Após bem mais de uma hora, Ana Maria bateu levemente na porta e entrou. Surpreendeu-as rindo e alegrou-se por sua vez: a primeira parte da empreitada dera muito certo.

- Minhas belas! Vejo que se acertaram!

- Sim, Ana... Estamos aqui sabendo da vida uma da outra e também da sua!

- Tenho até medo de pensar no que falaram da minha modesta existência.

- Não há o que temer. Descobri que Joana é sua fã incondicional!

- Que bom que se divertiram. Entretanto, creio que Arquimedes se inquieta lá embaixo. Não parece justo deixá-lo mais tempo na angústia. Se quiserem, poderão retomar sua conversa amanhã ou em qualquer outro dia.

- Tem razão, é preciso que me aviste e, se possível, me acerte com Arquimedes.

Joana apenas assentiu, beijou a mão da mãe e saiu com a tia, enquanto Genoveva ali ficou pensativa. Ah, que menina maravilhosa era a sua filha! Via nela com clareza o fruto da educação que Ana Maria lhe dera! Felizmente, sua loucura não estragara a vida de Joana. Era boa e feliz, aparentemente sem nenhum medo ou recalque secreto. Louvado fosse Deus, que permitira fossem minoradas as consequências de sua leviandade!

Eu fiquei ali com ela, observando seus pensamentos e reconhecendo que a enferma estava mesmo modificada em sua essência. Sua mentora também ali estava e bastante operante. Ela temia que todas aquelas emoções fossem demais para Genoveva, que não conseguisse se acertar com os familiares antes de partir.

Após certo tempo, houve uma batida na porta. Desta vez, Ana Maria não acompanhava o visitante: Arquimedes entrou sozinho no aposento. Trocaram um olhar emocionado, doloroso e surpreso. Genoveva comparou longamente o homem que entrava e buscava confrontá-lo com a imagem do marido a quem deixara na força da vida. Arquimedes lhe parecia envelhecido, magro, sofrido. Uma dor funda atingiu o cerne de Genoveva: ela causara aquilo! Destruíra a vida de Arquimedes, como destruíra a sua própria! Pela enésima vez, lamentou profundamente o erro cometido, sua falta de dignidade passada. Observou-o avançar, receoso.

Arquimedes, de seu lado, tinha dificuldade em reconhecer naquela enferma, quase terminal, a mulher jovem e vistosa com quem se casara. Seria mesmo ela? Não haveria um equívoco? Estava tão magra, parecia uma anciã. Sua pele e sua aparência toda tinham um ar de fragilidade, como um pergaminho. Seus belos cabelos, outrora escuros, estavam encanecidos, sua face estava riscada de rugas.

Ele se acercou vagarosamente e, após um gesto de Genoveva, sentou-se na frente dela. Ficaram ali, mirando-se. Entre os dois naquele momento não havia qualquer sentimento negativo, mas uma profunda estupefação. Miravam-se como estranhos que se viam pela primeira vez. Entretanto, haviam se casado, moraram juntos alguns anos, tiveram uma filha, teceram planos em conjunto. Finalmente, Genoveva principiou a conversa:

– Arquimedes, boa tarde. Se dissesse que o esperava ver ainda nesta vida, eu mentiria. Mas estou feliz que esteja aqui, na minha frente, e aparentemente tão desarmado.

A voz da mulher pareceu finalmente convencer o médico de que se encontrava mesmo frente a frente com sua esposa. Pareceu ainda mais surpreso, sem conseguir dizer nada. Por um longo tempo, continuaram a se mirar. Aí Arquimedes teve um acesso de tosse. Genoveva reteve a custo o impulso de levantar-se para auxiliá-lo de algum modo. Era a força dos antigos hábitos: vendo-o, sentia renascer em si o antigo carinho que lhe tivera. Aquilo aumentava ainda mais o seu já fundo pesar.

Não havia a leveza do encontro anterior, mantido com a filha; o que estava presente no espírito de Genoveva nada tinha de encantamento, de leveza ou de esperança: era o arrependimento mais cruel, a certeza de que fizera muito mal a quem tanto bem devia. Os olhos dela se nublaram de pranto, enquanto ele tentava se controlar. Após um tempo, ele a olhou, ainda mais espantado.

– Por que chora?

– Choro por absolutamente tudo. Choro pela emoção de reencontrá-lo após tanto tempo e de perceber o quanto me emociono com sua presença. Choro de arrependimento pelo que fiz. Choro pelo que perdi. Há anos o choro tem sido uma constante em minha vida.

– Tudo tem um custo na vida.

– Sim, tem, e estou pagando o preço do que fiz.

– Talvez estejamos todos pagando esse preço.

– Sim, eu o sei, e lamento profundamente. Se estivesse em condições, eu me ajoelharia a sua frente, para lhe rogar o seu perdão.

– Seria um gesto inútil como o próprio pedido, a esta altura de nossas vidas.

– Talvez esse pedido de perdão não surta mais nenhum efeito concreto, agora. Ainda assim, eu preciso lhe dizer: lamento profundamente o mal que lhe fiz, em minha leviandade. Eu estava louca, fora de mim, iludida com tolices, presa a sentimentos inconfessáveis, que hoje me envergonham e dão horror. Lamento, lamento profundamente tê-lo abandonado e à pequena Joana. Se houvesse uma forma de apagar isso de minha história, eu o faria, por maior que fosse o preço, a dor, a pena a ser paga.

– Isso são palavras, Genoveva. Eu a ouço com estranheza. Se algo estava mal entre nós, naquela época, por que não me disse?

- Nada ia mal, até eu cair no encantamento que Cícero me lançou, como uma autêntica serpente.

- Algo devia faltar, tanto que você foi buscar junto a ele. Pode ser franca comigo. Após tanto tempo, não faz mais diferença.

- Não faltava nada, foi uma fraqueza minha, uma loucura. Ignoro a razão, mas ele despertou em mim coisas que eu não sabia existir, e que não existem mais agora. Durante um período crítico, elas pareceram importantes, determinantes. Em uma ilusão terrível, imaginei que precisava do que ele me ofertava.

- Já que estamos aqui, após tanto tempo, talvez pela derradeira vez, por que não é clara comigo? O que de tão especial ele lhe proporcionou, que logrou sobrepujar a paz de nossa família, nossa honra, a ternura do espetáculo de Joana em seu berço?

- Ah, você é cruel ao me falar assim.

- Eu sou cruel? Você não imagina o mal que me fez. Achei que iria morrer de tristeza e de vergonha. Precisei enfrentar uma cidade inteira, que logo adivinhou o ocorrido. Virei uma espécie de pária por vontade própria. Restringi minha vida ao consultório e ao convívio familiar.

- Arquimedes, creia se lhe digo que eu lamento profundamente o ocorrido.

- Será que lamenta mesmo? Ou lamenta ter adoecido e perdido as vantagens que imaginara conquistar? Fugiu com um nobre, imensamente rico ao que se infere de sua moradia, e também sofisticado. Apenas não deu muito certo, pelo que Ana Maria me contou.

- Não deu nada certo. Creio que as sucessivas desgraças que me atingiram foram um corretivo terrível que Deus me aplicou. Ou talvez tenha sido a dose necessária de um remédio de que eu carecia. Não importa mais. Estou perto da morte e você bem o sabe, como médico. A esta altura de minha vida não preciso mentir, não faria qualquer sentido.

- Seja franca. Por que me deixou? Foi por dinheiro, por deslumbramento com um título? Talvez por apelo carnal?

- Sim, infelizmente foi um pouco por tudo isso, em uma terrível ilusão. Nada nos faltava. Eu vivia feliz com você, mas Cícero exerceu um encantamento poderoso sobre mim. Pareceu-me sofisticado e eu passei a imaginar como seria uma vida de baronesa, em Paris, ou mesmo em Versalhes. Fantasiei e aquilo me empolgou de modo enlouquecedor. Sim, já que indaga, foi também algo muito carnal.

Arquimedes sufocou com a informação, pois era o que temia.

- Não pense que havia algo faltando entre nós. Sempre fui mais feliz com você. Nossa vida era feita de plenitude e alegria. Com Cícero, já que insiste, no princípio parecia uma ardência doentia, irritante, inquietante. Era isso: uma doença, uma infecção que eu apanhei e me enlouqueceu durante um tempo, fez-me perder o juízo. A enfermidade que se sucedeu apenas me devolveu a serenidade e o juízo. Por favor, olhe nos meus olhos.

Eles se miraram longamente. Genoveva continuou:

- Você sempre me fez mais feliz, em todos os sentidos, em absolutamente todos. Nada ganhei ao deixá-lo. Logo estava convencida da bobagem que tinha feito. Meu coração começou a pesar poucas semanas após a partida. Comparava o que sentia com você, a doçura de nossa intimidade, a plenitude que sentia ao seu lado, a nossa confiança, tudo o que tínhamos. Não ousava admitir isso para mim mesma, nem nos mais secretos pensamentos. Tinha medo de que um desespero terrível me empolgasse, nessa comparação. Só me restava continuar trilhando o caminho que preparei para mim. Seja franco, se eu voltasse e pedisse seu perdão, você mo concederia?

Apanhado assim de surpresa, Arquimedes não soube o que responder.

- Seu silêncio diz tudo e eu entendo. Calculo que seu pai deve me odiar profundamente e não o culpo. Entretanto você, tão importante para mim, conseguiria me perdoar? Ou ao menos não sentir ódio demais de mim, não me desejar o mal?

Seguiu-se um novo silêncio de Arquimedes.

- Eu vou morrer em breve, Arquimedes. Seu perdão seria muito importante para mim. Sei que não consegue entender, talvez não acredite no que lhe digo. Mas seja franco: na beira do túmulo, já viu alguém mentir?

- Não.

- Já viu várias pessoas morrerem.

- Sim, já assisti incontáveis pacientes em seus derradeiros momentos.

- Então, acredita em mim?

- Com alguma dificuldade, pois seu discurso me parece estranho. Sempre foi sensata; estranho esse seu discurso de loucura momentânea.

- Foi o que ocorreu, de verdade. Sente que consegue me perdoar?

- Vendo-a assim, tão abatida, eu sinto uma raiva profunda pelo que fez conosco. Parece-me que nos tirou tudo para ganhar tão pouco.

- Só ganhei arrependimento e experiência. Juízo também, embora um tanto tardiamente, pois não terei como usá-lo no futuro. Você me odeia...

- Não, Genoveva. Jamais consegui odiá-la.

Ela abriu os olhos de forma desmesurada, em um espanto muito genuíno.

- Nunca me odiou?

- Não. Tive raiva de você, senti uma mágoa profunda que me acompanhou no curso dos anos. Para minha desgraça, nunca consegui desejar o seu mal. Sofria sem poder verbalizar, sem conseguir entender direito a razão pela qual nunca cheguei a desprezá-la. Mas é a verdade, a mais pura verdade. Apesar de tudo, sempre recordei de você com carinho. Com raiva também, o que torna tudo muito contraditório. Em suma, jamais a esqueci de verdade, o que sempre foi causa de grande humilhação para mim. Sempre me desprezei por não conseguir odiá-la.

Lágrimas rolavam pelos olhos do médico, enquanto lavava sua alma ali, na presença da mulher que o abandonara, que lançara seu nome na lama, que tanto lhe dificultara a vida. Genoveva também chorava, pois naquele momento percebia, com clareza solar, a grandeza do homem que abandonara. Perto dele, Cícero não era nada, absolutamente nada. Eles se deram as mãos. Após tantos anos, voltaram a se tocar e juntos choraram longamente pelo que haviam perdido, pela intimidade que tiveram, pela grande família que deixaram de construir, pela filha que não criaram juntos. Choraram porque não envelheceriam juntos. Após um longo tempo, a emoção finalmente arrefeceu e olharam-se com um princípio de paz.

- Arquimedes, você não imagina o bem que me fez com sua visita, com sua presença aqui, com suas palavras generosas. Deus haverá de recompensá-lo por ser tão bom.

- Genoveva, eis um tema que se tornou complicado para mim com o tempo.

- Qual tema?

- De Deus, Suas recompensas e punições. Tenho muita dificuldade em concebê-Lo grande e bom quando medito sobre as dores humanas. Não só as minhas, mas as de todos. Se Deus realmente existe e nos ama, deve haver algo de muito importante que não entendemos. Vejo o tempo todo pessoas boas que sofrem, ao lado de maus que prosperam. E, sim, penso no que me ocorreu e tento identificar o que teria feito em minha então curta vida, para merecer tão grande e humilhante golpe. Talvez eu seja muito obtuso, ou pouco crítico, mas não encontrei ainda, em meus exames de consciência, algo grave o bastante para justificar os golpes que recebi.

- Não vou repetir meus protestos de culpa e lamentos. Para mim a presença de Deus é algo inquestionável. Cometi uma loucura imensa e atraí desgraças terríveis em minha vida. Entretanto, quando tudo parecia perdido, Ana Maria e Pedro surgiram aqui em casa, em resposta às minhas súplicas, e gradualmente tudo melhorou. Consegui rever você e Joana, conversar com ambos. Sei que vou morrer e não me incomodo muito com isso. É o melhor a ocorrer mesmo. Não há espaço para mim junto a vocês, em Lyon, e não mais poderia ser a companheira de Cícero. Enfim, reconheço em minha vida, tanto a mão justiceira e educadora de Deus, como também a Sua misericórdia.

- Entendo o seu ponto de vista. Quanto a mim, não ouso afirmar que Deus não exista. Mas tudo me parece nebuloso demais. Como disse, talvez haja um segredo qualquer que nos escapa e poderia tornar as dores da vida um tanto mais inteligíveis e compatíveis com a bondade e o poder divinos.

Eu os observava com ternura. Arquimedes não chegava a duvidar da divindade, não se rebelava contra ela. Tornara-se um homem ainda mais digno e generoso, depois da grave provação que o vitimara. Eram muitas as orações que se erguiam toda noite em favor dele. O que lhe faltava não demoraria a surgir no mundo: a doutrina espírita, tão esclarecedora e que tudo tornaria simples e lógico. Aliás, seria ali, naquela cidade, que a grande luz espiritual haveria de surgir, para mais tarde se espraiar pelo mundo[7]. Em suma, as inquietações de Arquimedes eram normais, talvez mesmo esperadas de um homem de ciência que muito sofrera e vira sofrer.

Eles conversaram mais um tempo e finalmente entenderam que, porta afora daquele quarto, seres que os amavam estavam aguardando o resultado de seu encontro. A fim de não deixá-los angustiados por mais tempo, Arquimedes abriu a porta e chamou Ana Maria. Esta, ao vê-los de semblante sereno, embora as faces congestionadas de tanto chorar, demonstrou claramente o alívio que sentia. Não foram necessárias quaisquer palavras para ela entender o que ocorrera, em sua essência.

- Meus queridos, estão em paz?

- Sim, querida irmã, com a paz possível.

---

7 Paris. Em abril de 1857, Allan Kardec publicou a primeira das cinco obras da Codificação: *O Livro dos Espíritos*. *(N. R)*

- Vou buscar Pedro e Joana. Parece-me de todo conveniente que nos reunamos aqui um pouco e façamos uma oração de agradecimento pelas bênçãos deste dia.

- Sim, nada parece mais oportuno no momento do que uma oração de agradecimento.

Ana Maria desceu as escadas com o coração leve e feliz. Sentia-se novamente uma menina, encantada com a vida. Seu pensamento era um hino de gratidão ao Senhor da Vida. Quando chegou ao aposento em que tio e sobrinha esperavam, seu semblante luminoso deu a notícia, antes que ela pronunciasse qualquer palavra. Os dois se levantaram felizes e a abraçaram. Juntos, os três subiram as escadas de mãos dadas e a família se reuniu no vasto aposento de Genoveva.

Foi uma tarde feliz, cheia de emoções lenificadoras e de palavras abençoadas. Ana Maria fez a leitura de um trecho do Evangelho, que foi comentado de forma singela por Joana. Oraram e ali permaneceram por um tempo, em paz. Estava ficando tarde e Genoveva começava a dar sinais de cansaço. Malgrado seu, sentia dores e bocejava constantemente.

- Joana, é hora de irmos embora. Sua mãe precisa descansar.

- Claro que sim, papai! Hoje ela teve um dia muito intenso. Amanhã nós voltaremos?

- Vai depender de como sua mãe se sentir.

- Ah, por favor, retornem, retornem. Meu tempo é precioso demais para que eu o gaste de outra forma, que não junto de minha família. Mas ainda há algo que desejo, para que minha felicidade seja completa.

Pedro foi rápido ao dar a resposta:

- Você é gulosa de coisas boas, hein? Depois de tudo de maravilhoso que lhe ocorreu hoje, deveria estar saciada por longo tempo!

- Sim, sou gulosa mesmo. Fui infeliz por tempo demais, preciso mudar de hábito, e é você que haverá de me ajudar.

O rapaz a olhou de modo interrogativo.

- Quero conhecer sua futura esposa. Há como ela vir me visitar?

Joana rapidamente aderiu ao projeto:

- Sim, tio, essa é uma excelente ideia. Eu também quero conhecer minha futura tia. Ela poderia vir aqui?

- Preciso falar com ela a respeito disso. Creio que teria grande prazer em conhecê-las. Apenas terá de arrumar um modo de explicar a situação toda para o senhor Jacó, o pai dela. Bem sabemos que nossa situação aqui é singular.

Ele se arrependeu dessa observação, que poderia parecer indelicada, mas ninguém estava com ânimo para melindres. Ana Maria demonstrou alguma inquietação, embora tenha ficado em silêncio.

- Irmã, você não aprova meu plano de conhecer nossa futura cunhada?

- Não é isso, Genoveva. Creio que Ruth aqui virá de bom grado. Receio um pouco as implicações, pois todos nós sabemos que Pedro está sendo perseguido por uma nobre muito importante, que não se priva inclusive de vigiá-lo.

- Ah, não vou limitar minha vida por conta da odiosa duquesa. Se Ruth conseguir vir aqui, será uma reunião muito feliz a que faremos. Hoje mesmo vou enviar uma mensagem para ela e pedir que me responda amanhã cedo, para que possamos nos organizar. Se ela quiser, que explique tudo ao pai. Se não, que simplesmente diga que virá visitar minha irmã que está doente. Será apenas uma meia verdade, não uma mentira. O pai dela pensará que é você quem está enferma, Ana.

Ana Maria não quis contrariar a expectativa e dissimulou sua preocupação com um sorriso de aprovação. No fundo, intuía que Pedro ainda sofreria bastante com aquele estranho triângulo amoroso em que se encontrava.

Convinha ser justo com ele: desde que encontrara Ruth, nem olhara mais para nenhuma outra mulher. A bela morena parecia o antídoto perfeito para a já conhecida leviandade do rapaz. Era uma pena que a duquesa Ana insistisse em seu tresloucado projeto de tomá-lo por amante, a qualquer custo. Arquimedes e Genoveva se despediram e Pedro foi para seu quarto, a fim de escrever uma missiva.

Eu o acompanhei, pois apreciava o espetáculo de como se modificava quando refletia sobre sua prometida. Era como se recebesse uma lufada de ar fresco e se revigorasse e rejuvenescesse de modo notável. Parecia um rapaz ingênuo, que nada conhecia da vida, apenas sonhando com a concretização de um sonho de amor. Ah, Deus bondoso, que eles pudessem ser felizes como sonhavam! No que tomou o papel e começou a escrever, seu conhecido e amplo sorriso lhe iluminou o rosto. Eu acompanhava o fio de seus pensamentos, entre feliz e temeroso.

Apreciei a delicadeza de sua escrita, o quão corajoso era em desnudar seu coração e sua vida por completo à jovem que escolhera por companheira. Era realmente um belo espetáculo aquele. Para quem duvida do amor e de seu poder regenerador, ali estava um exemplo vivo e inconteste dessa realidade. Terminou a carta e entregou a um dos serviçais, para que a fizesse entregar o quanto antes.

Eu nunca havia ido à casa de Ruth, pois estava sempre dividido entre minhas atividades junto a Genoveva em Paris e aquelas que eu desempenhava em Lyon, em minha antiga igreja. Decidi ir conhecer o local em que ela morava, pois sempre fui curioso quanto à natureza humana. Desde que desencarnara, gostava de conhecer os homens a fundo, verificar quais são suas preocupações e seus sonhos.

Assim, fiz algo novo ali naquela cidade: fui acompanhando o rapaz de recados, em seu trajeto. Partilhei seus pensamentos, seus sonhos e me enterneci ao sabê-lo digno. Embora jovem, já estava comprometido com uma moça que trabalhava na cozinha de uma grande casa. Fazia planos de casar, economizava dinheiro. Era feliz, em suma, embora sua condição humilde. Eu o abençoei, satisfeito, enquanto o acompanhava.

Não demorou muito e ele tocava a aldrava de uma sólida e sisuda mansão. Fiz-me apresentar ao guardião espiritual da residência e nela penetrei sem dificuldades, haja vista minha dignidade espiritual e minhas boas intenções. A casa possuía um ambiente bastante agradável e ostentava um luxo sóbrio, distinto da riqueza opressiva da residência do barão de N.

A correspondência foi encaminhada a Ruth, que se encontrava no quarto das irmãs. Ela reconheceu a letra e se ruborizou, retirando-se, sob os risos das meninas, para ler a carta em particular. O quarto da moça também era sóbrio, o que combinava com sua personalidade, mas nele havia uma delicadeza que se notava nos detalhes: era um toque feminino, pleno de bom gosto. Ela era séria por natureza, mas também sonhadora e feliz.

Eu sabia que a jovem sempre desejara e temera encontrar um pretendente a quem considerasse seriamente. Em sua vida de rica moça burguesa, não faltaram interessados em desposá-la. Apesar de leve insistência do pai para que aceitasse se comprometer com algum rapaz bem-posto na vida, em geral um filho de um de seus companheiros de negócios, jamais se interessara por homem algum.

Quando conhecera Pedro, já estava se conformando com a perspectiva de ficar solteira, cuidando da casa de seu pai. Era um tema crítico para ela, como disse, pois sempre esperara e temera um emblemático encontro com um homem especial. Para complicar sua situação, costumava sonhar com um moço loiro que a emocionava e angustiava. Nesses sonhos, sempre havia mãos que se encontravam e se largavam, sorrisos e lágrimas. Embora não fosse supersticiosa, temia o tal encontro, mas conhecera Pedro e se enamorara perdidamente. Ele vencera sua natural prevenção em pouco tempo. Ah, aquele olhos azuis e aquele sorriso não existiam! Haveria homem mais belo no mundo?

Surpreendentemente para mim, começou a bailar em seu quarto de donzela, enquanto pensava no homem a quem amava. Com um lindo sorriso no rosto e nos olhos, tomou assento e começou a ler a missiva. Seu semblante não se turvou e ela logo aderiu ao projeto: sim, queria conhecer sua nova família. Estava imensamente feliz que o drama da tão falada e ainda desconhecida Genoveva estivesse chegando a um final feliz. Isso se feliz fosse a palavra certa. Da família, só conhecera Pedro e Ana Maria. Esta a impressionara de um modo único, a ponto de adquirir real ascendência sobre ela. Era visível a dignidade da irmã de Pedro! Tratava-se de uma mulher tão impressionante, que não se cansava de imaginar a razão pela qual não se casara. Como podia uma mulher tão bela e cheia de virtudes continuar solteira? Logo concluiu que aquilo não lhe dizia respeito.

Não sabia direito o que fazer em relação a seu pai. Não se conformava em mentir para ele, pois possuía natureza íntegra. E se proibisse a visita? Perderia a oportunidade de conhecer a família de Pedro. E se Genoveva viesse a morrer sem conhecê-la? Seu pai ainda não chegara do banco. Veria na hora como falar com ele. Leu e releu a carta e comunicou a sua criada de companhia que possivelmente sairiam para fazer um passeio na tarde do dia seguinte.

Um pouco mais tarde, o senhor Jacó chegou e logo a filha foi ter com ele. O banqueiro se encontrava em um escritório, debruçado sobre alguns papéis, e seu semblante se iluminou ao ver a moça entrar. Não precisei de mais do que alguns segundos para perceber que ele via na figura da filha a imagem viva da esposa falecida, como era na juventude. À parte isso, ela o conquistava a cada dia mais com os dotes morais de que dava provas. Ester ficaria tão feliz em ver como Ruth se tornara uma moça bela e ajuizada!

Esse pensamento, pleno de emoção, funcionou como uma evocação e, como já eu vira ocorrer outra vez, logo a mãe da moça penetrou no recinto, com um sorriso no rosto. Ao ver-me ali, cuidou de me saudar e me colocar à vontade, em uma reminiscência de quando era a dona da casa. Beijou as testas do esposo e da filha e passou a observar a conversa entre eles.

- Papai, recebi uma carta de Pedro, convidando-me para visitá-lo na casa do senhor barão de N. A irmã dele está doente e deseja ver-me.

- Espero que não seja nada grave.

- Também espero. Gostaria muito de atender ao convite, papai.

- Tenciona ir acompanhada de suas irmãs?

- Na verdade, não. Elas têm aula de piano amanhã à tarde e não seria bom fornecer-lhes alguma desculpa para que se escusassem. Penso em ir acompanhada de dona Maria, apenas.

- Não vejo problema algum nisso. Confio em você mais do que em qualquer pessoa no mundo. A companhia é apenas para preservar sua reputação.

- Agradecida, papai.

Ela saiu dali para supervisionar o jantar, com as faces ardendo. Sentia-se desonesta por contar uma meia verdade e já estava arrependida. Não deveria ser integralmente sincera? Seu pai, tão cioso de sua reputação, permitiria que fizesse uma visita à concubina de um nobre? Por outro lado, ele não acabaria descobrindo o real vínculo mantido por Pedro, Ana Maria e Cícero? Com as faces ardendo, foi-se em direção à cozinha.

A moça também estava feliz, muito feliz: iria conhecer a família de seu futuro esposo. Disso estava bem convicta: casaria com ele e iria morar em Lyon. Lamentava um pouco deixar seu pai e suas irmãs, mas sabia que aquele era o seu destino. Nascera para encontrar Pedro, com quem tantas vezes sonhara, mesmo antes de conhecê-lo. Apenas antes os traços do homem de seus sonhos eram fugidios, tinha dificuldade em precisá-los, e isso a angustiava muito. Agora não havia nenhuma dúvida em seu coração. Aquele homem, a quem terminara por chamar de "o homem do destino", tinha um nome e um rosto e seria o seu marido. Iria conhecer a família dele! Seu coração pulsava forte e tinha leve temor de que não gostassem dela. A moça sonhadora se foi, embalada em seus projetos felizes e já quase esquecida de que seu pai não conhecia toda a verdade.

Eu não a acusava de nada, pois Ruth era sincera em seus receios quanto ao senhor Jacó. Este era muito cioso da reputação de sua filha e poderia dificultar muito a relação entre ela e a família lionesa, caso soubesse do real vínculo que a unia a Cícero.

Tudo poderia se resolver de modo muito simples: Genoveva não viveria muito mesmo e seguramente seu sepultamento não seria noticiado nem comentado em Paris. Ou seja, tudo indicava que o casamento ocorreria sem que o banqueiro lhe colocasse qualquer obstáculo. Quem em sã consciência se sente animado a criticar dois jovens que se esforçam para viver com dignidade o intenso amor que os une? Eu não, seguramente.

Acompanhei-a e vi quão delicada era com as servas da cozinha. Não havia nenhuma dúvida: Ruth era amada e respeitada pela criadagem. Todos a olhavam de modo semelhante a como Ana Maria era olhada pelos criados de sua própria casa. Aquelas duas deveriam ser bastante felizes em Lyon.

Isso se a duquesa não decidisse atrapalhar a vida de todos, naturalmente. Eu iria orar bastante por ela. Quem sabe não decidiria cuidar do próprio esposo? Poderia também se imiscuir mais na vida palaciana em Versalhes, onde era o seu lugar. Qualquer coisa, desde que não complicasse a vida daqueles dois. Eu sempre gostara de Pedro, de seu sorriso, de sua alegria. Sempre se podia contar com seus ditos espirituosos, com sua disposição. Dita a palavra certa, era pronto para ajudar. Feliz com o que vira e ouvira, embora certo receio em meu coração, eu fui embora.

Na manhã seguinte, bem cedo, Pedro recebeu a resposta de Ruth e partilhou-a logo com as irmãs, feliz da vida. Restava aguardar a visita, que deveria se dar no correr da tarde. As horas se arrastaram para o apaixonado rapaz. No fundo, era bom que ele aprendesse a valorizar aquele sentimento. Mesmo alguma angústia não era algo ruim. Assim, haveria de dar valor ao tesouro que Deus lhe colocava nas mãos: o amor verdadeiro de uma moça bela e digna.

Arquimedes e Joana chegaram para o almoço, como haviam combinado no dia anterior. Foi uma ocasião festiva, na qual Pedro foi alvo de troça por sua aparência um tanto boba de tão feliz. No fundo, todos os apaixonados são iguais em seus devaneios. Contudo, eu reconhecia algo de diferente: não era uma paixão boba, era algo muito profundo o que se dava entre aqueles dois. Era um encontro de almas que se haviam amado por várias vidas!

Após o almoço, quando se revelou prudente para Genoveva, as visitas se deslocaram para o seu quarto e lá ficaram, conversando, enquanto aguardavam a chegada de Ruth. Estavam todos felizes e gozavam da companhia uns dos outros. Naqueles momentos, a gravidade da doença de Genoveva estava esquecida, assim como a irregularidade de sua situação.

Eu notava a generosidade de todos, a falta de rancor, a essência bondosa que os caracterizava, e ficava imensamente satisfeito. Com pessoas mais severas ou menos amorosas, um drama semelhante jamais se teria desenrolado daquele modo.

Finalmente, um criado veio avisar que havia chegado uma visita. Pedro literalmente saltou da cadeira, como se tivesse sido cutucado, e se lançou escadaria abaixo, enquanto seus parentes ficavam rindo. Arquimedes comentou:

- Esse é o mesmo Pedro que sempre tinha um ar de enfado em relação a suas conquistas amorosas?

- Também me surpreendo com a mudança, cunhado.

- Isso é para valer? Não será uma empolgação momentânea?

- Espere para vê-los juntos. Poderá tirar suas próprias conclusões.

No andar de baixo, Ruth e sua aia de companhia aguardavam. Ruth já colocara a senhora Maria a par de tudo e não teve a menor dificuldade em fazê-la aderir ao projeto de discrição.

A boa aia amava demais sua senhora para fazer qualquer coisa que lhe dificultasse a vida. Sempre temera, ao vê-la tão séria e desinteressada dos pretendentes, que terminasse como ela, uma solteirona. A menina estava visivelmente enamorada e era correspondida. Aqueles detalhes de uma parenta decaída não lhe interessavam. Qual família não tem sua ovelha desgarrada?

Quando Pedro surgiu no aposento, com um sorriso nervoso no rosto, ambas se levantaram. Ele avançou e beijou a mão de Ruth, com um tremor nas próprias mãos. Era visível e genuína sua emoção: o rapaz, habitualmente tão folgazão, idolatrava aquela mulher! Cumprimentou também a senhora Maria e tratou de conduzi-las para o andar superior, para o quarto de Genoveva. A aia disse que apenas apresentaria seus cumprimentos aos familiares de Pedro e ficaria em outro local, para não constrangê-los.

Ruth dissuadiu-a vivamente:

- De forma alguma, Maria. Você é parte de minha família. Depois que mamãe faleceu, tratou-me e a minhas irmãs como filhas. Desejo que conheça a família de Pedro.

- A nossa família, Ruth!

A moça corou e os três subiram as escadas. Entraram no quarto e foi um belo espetáculo de se ver. Pedro cuidou de fazer as apresentações e de qualificar Ruth como sua futura esposa. Havia nele uma felicidade contagiante que emocionou seus parentes, que tanto o amavam. Ruth estava nervosa naquela situação, com as faces rosadas de emoção. Como sempre, aparentava uma reserva muito distinta, mas aquilo não resistiu por muito tempo. Joana logo se levantou, dizendo, espontânea:

- Nossa! Como é bela a minha futura tia!

Avançou e beijou a recém-chegada nas faces. Quem resistiria ao carinho daquela moça, ainda uma adolescente, com um delicioso sorriso no rosto? Ruth não era fria, apenas costumava guardar uma postura reservada, que era de sua própria essência. Ela, que temera não ser apreciada, sentiu o coração descongelar ante o gesto espontâneo de Joana. Arquimedes de seu turno também se levantou para beijar a mão de Ruth.

- Senhorita Ruth... É uma grande alegria conhecê-la. Nossa família será ainda mais feliz com a sua presença entre nós.

- Agradeço as palavras gentis, senhor.

- Não precisa me tratar de senhor; sou apenas Arquimedes.

Genoveva, sentada na costumeira poltrona, observava aquilo tudo com certa melancolia. Estava feliz, claro, mas reconhecia que jamais conviveria com todos em Lyon. Pensava que tempos felizes se anunciavam. Observava que Ana Maria e Ruth pareciam se entender com olhares e refletiu que a noiva de Pedro tomaria o lugar que um dia fora seu na vida de todos, em especial junto a sua irmã. Seria a confidente dela, talvez com uma afinidade e uma naturalidade ainda mais forte e genuína. Conformou-se, pois estava mesmo transformada: reconhecia que vivia seus derradeiros tempos, talvez até seus últimos dias, e queria apenas emoções felizes. Assim, fixou no rosto seu melhor sorriso.

- Minha cunhada, é um prazer imenso conhecê-la. Agradeço haver aceitado nosso convite.

- Ah, senhora Genoveva, eu jamais deixaria passar a oportunidade de conhecê-los.

- Também peço que deixe o "senhora" de lado e chegue aqui perto de mim, pois não posso me locomover.

Ruth avançou e sentou em uma poltrona colocada ao lado da ocupada por Genoveva. Esta lhe tomou as mãos e a admirou longamente, com um sorriso entre feliz e melancólico no rosto.

- Ruth, você e meu irmão formam um casal maravilhoso. Imagino como seus filhos serão belos!

- Agradecida.

- Não precisa me agradecer, pois apenas falo a verdade. É uma das moças mais belas que já tive a oportunidade de encontrar. Creio que fará meu irmão feliz, pois vejo que o ama de verdade. Isso me basta e já faz com que a ame também.

A conversa seguiu amena e feliz, embora Ruth enfrentasse um autêntico interrogatório, notadamente da parte de Joana, que parecia fascinada por ela e já a chamava por tia.

- Tia, vou lhe confessar que não acreditava que um dia teria a alegria de ser apresentada à futura esposa de tio Pedro.

- Por qual razão?

- Ele nunca se interessava por mulher alguma. Chegava a ser irritante vê-lo sempre tão entediado.

- É que eu esperava a mulher certa, Joana.

Ruth adorou o comentário e trocou com Pedro um sorriso cúmplice e feliz. Os presentes entenderam, para além de qualquer dúvida, que entre os dois reinava uma intimidade e uma cumplicidade muito intensas. Era realmente algo especial o que ali se passava. A senhora Ester estava presente e trocava comigo olhares emocionados. Começamos a conversar.

- Senhor padre, não imagina como fico feliz em ver a minha menina tão bem recebida pelos parentes de seu futuro esposo.

- É visível que formam uma família espiritual. Essa afinidade que vemos entre eles não se improvisa nem surge à toa.

- Sei disso e fico entre confortada e temerosa. Como mãe, tenho certo receio quanto ao futuro de minha filha, sem que saiba bem a razão. Temo que algo muito ruim aconteça a ela.

- Confiemos na Providência Divina. O que for melhor para todos ocorrerá.

- Sim, sim. Apenas espero que Ruth não viva nenhuma grande decepção.

- Ela é sinceramente amada pelo menino Pedro.

- Eu noto isso com facilidade e fico feliz. Contudo...

- Sim, eu a entendo. Devemos vigiar e orar por eles.

Entre os encarnados, a conversa seguia solta e feliz. Improvisaram um lanche no próprio quarto de Genoveva, pois não pareceu justo com ela que se reunissem em outro ambiente, já que não os poderia acompanhar. Fizeram planos infinitos.

Era a primeira vez que Ruth se inteirava de verdade de como era a rotina da família em Lyon e sabia detalhes da casa em que Pedro vivia e dos empreendimentos que se estendiam por vários locais da França. Seus olhos brilhavam e ela já se via residindo na mansão, gastando seus dias no auxílio aos pobres, com Ana Maria, Joana e Arquimedes, enquanto Pedro trabalhava. Toda tarde iria recebê-lo e viveriam o seu amor em completa paz. Com a bênção de Deus, logo teriam alguns filhos, belos e saudáveis. Seria feliz, muito feliz! Assim eram os pensamentos da moça e seus olhos brilhavam.

Eu os olhava, enternecido e torcendo para que o bom Deus abençoasse aqueles planos. Era visível que os dois se amavam com um amor poderoso. Era algo diferente do vínculo que unira e ainda unia, em certa medida, Arquimedes e Genoveva. Entre Pedro e Ruth havia uma força, um encantamento e uma ternura que chegavam a doer: eles não paravam de se olhar. Não era paixão, era amor mesmo.

Chegou a hora de as visitas irem embora e Ana Maria e Pedro foram até o átrio para se despedir. Arquimedes e Joana logo entraram em uma carruagem e foram embora. Restaram Ruth, Maria, Pedro e Ana Maria na frente do palacete. Pedro beijou a mão de Ruth longamente e a olhou nos olhos com grande ternura. Um sorriso denunciava sua alegria.

Nenhum deles notou que muito próxima estava estacionada uma carruagem modesta, cujo cocheiro prestava uma atenção desmedida ao que ocorria. Era um dos criados da duquesa Ana que, em uma carruagem alugada, sem brasão, ali estava na condição de vigia. Notei a presença do homem um tanto dissimulado e fui ter com ele.

Em uma leve perquirição mental, fi-lo me revelar a razão de sua presença ali: a duquesa o incumbira de vigiar Pedro. Postava-se diariamente nas imediações do palacete. Ora, rodava o local a pé, ora ficava em uma carruagem, que sempre cuidava de trocar. Homem vivido, ele sabia bem de que se tratava a sua missão: o rapaz era visado pela patroa. Ou era um antigo amante, ou era o próximo, de quem ela queria um relato das atividades. Notara o vínculo aparentemente mantido por Ruth e Pedro e tencionava fazer o relato do ocorrido à patroa.

Tentei influenciá-lo no sentido de esquecer aquilo, que se tratava de uma bobagem, uma visita de familiares, mas rejeitou minhas ideias com vigor. Jamais correria o risco de se indispor com a patroa com um relato malfeito. Bem sabia o quanto ela podia ser vingativa e perigosa. Além de tudo, ninguém olhava a uma parenta do jeito que o rapaz olhara aquela moça. Aliás, tinha a impressão de já tê-la visto em algum lugar. Quem seria? Decidiu-se por seguir Ruth e a senhora Maria, para ver onde moravam.

Embora preferisse a companhia das duas damas, fui com o estranho cocheiro. Ele tinha algumas companhias de péssima qualidade, que não perceberam minha presença. Resignei-me a seguir aquela tropa, sem me fazer visível e também sem tentar afugentar ninguém. Afinal, eles se afinavam, tinham interesses em comum e o estranho era eu.

Invisível aos olhares daqueles seres, eu me pus em oração pela paz de Ruth e Pedro. Não demorou muito para os acompanhantes espirituais do cocheiro se sentirem indispostos e sonolentos. Desabituados a vibrações saudáveis, sentiram-se enfraquecer. Espertos, logo notaram que algo de diferente ocorria e intuíram uma presença estranha e indesejada: eu.

Com alguns comentários desairosos a meu respeito, pularam fora da triste carruagem, tencionando encontrar seu amigo mais tarde. Segundo entendi, à noite compareceriam todos em uma taberna. O cocheiro, de nome João, era bastante dado a bebedeiras, gostava do que entendia ser uma vida alegre.

No momento, essa era a menor de minhas preocupações. Tentava influenciá-lo para que esquecesse o seu projeto de vigilância naquela tarde, mas era inútil, pois realmente temia sua patroa e tencionava ser fiel à missão que lhe fora confiada.

Após um período relativamente curto de tempo, a carruagem de Ruth adentrou a mansão de seu pai. João observou aquilo com curiosidade e parou sua carruagem um pouco além, na mesma rua. Voltou a pé e indagou a um rapazinho que saía da mansão quem ali morava.

- Aqui é a residência do banqueiro Jacó.

- Ah, bem pensei haver reconhecido a moradia do senhor Jacó. Há tempos não o vejo. Ele segue bem de saúde?

O rapaz era simples, mas não bobo, e estranhou que alguém tão pobremente trajado tivesse algum tipo de relação com seu rico senhor.

- É mesmo? De onde conhece o meu patrão?

- Tive a oportunidade de auxiliá-lo uma vez que se fez presente na casa de alguns nobres para os quais trabalho.

- Quem seriam eles?

- Isso é um interrogatório?

- O senhor me interroga sem nenhuma cerimônia.

- Tudo bem. Nada tenho a esconder. Auxiliei seu patrão na casa do senhor marquês de S. Houve um problema com as rodas da carruagem. Aliás, ele se fazia acompanhar de uma bela moça morena, talvez sua jovem esposa.

- Não era esposa, seguramente. O senhor Jacó não é casado nem dado a aventuras galantes. A moça em questão devia ser a senhorita Ruth, sua filha.

- Uma bela morena de porte altivo e cabelos pretos compridos?

- Exatamente.

Conversaram mais algumas banalidades, pois o rapazinho perdera suas prevenções. A menção a uma casa da alta nobreza, na qual João afirmara trabalhar, predispusera-o a mostrar simpatia e solicitude. Logo João se retirava, a matutar. Sua patroa não gostaria nada da história, mas certamente o recompensaria muito bem pela descoberta. Teve um ligeiro momento de piedade daqueles jovens. Pareciam tão bonitos e apaixonados! Se a duquesa Ana resolvesse complicar a vida dos dois, ai deles! Deu de ombros, como se livrando de uma incômoda sensação. Era sua consciência que o alertava de que estava prestes a dar início a algo com graves consequências. Em alguma medida, responderia por aquilo no futuro, mas ainda era tosco demais para agir com compaixão.

Deixei-o seguir seu destino e voltei para junto de meus amigos no palacete de Cícero. Esperava ali encontrar a maior alegria, mas o quadro era diferente, pois Genoveva passava mal. Talvez como resultado das intensas emoções dos últimos dias, piorara sensivelmente. Ana Maria cogitara mandar chamar o médico que habitualmente assistia a irmã, contudo, desistira da ideia e pensara ser melhor chamar Arquimedes. Seu cunhado era um excelente médico e ninguém melhor do que ele para cuidar de Genoveva naquele momento.

Pedro se encarregou de ir buscar o parente. Quando entenderam que a piora não era um mal-estar passageiro, a noite já havia caído. O rapaz tomou uma carruagem e seguiu rumo ao hotel. Quando lá chegou, Arquimedes e Joana faziam um ligeiro repasto. Ele foi econômico em palavras, mas a tensão em sua voz mostrava que a situação era crítica.

Felizmente, Arquimedes estava bem provido: levara sua maleta e muitos de seus instrumentos de trabalho, inclusive remédios. Joana fez questão de ir junto. Não demorou muito para que os três chegassem ao palacete. Genoveva delirava, extremamente enfraquecida, e padecia com uma hemorragia muito pronunciada. No princípio, assustou-se, quando, em um momento de maior lucidez, identificou Arquimedes a pensá-la, mas logo se resignou e comentou, em voz muito baixa:

- Arquimedes, você representou o meu mais belo sonho nesta vida. Viver com você foi a minha maior alegria. É bom e justo que eu morra em seus braços.

- Nada de falar em morte, Genoveva. Nossa luta é pela vida.

- Lute quanto quiser, mas sei que a minha hora chegou. No fundo, lamento um pouco que sua última imagem minha será a de uma enferma descarnada, suada e sanguinolenta. Quisera que guardasse uma imagem melhor. Mas não há o que fazer. Mostrei-me a você em minhas piores facetas: perjura e moribunda. Lamento por isso, querido.

- Genoveva, você sempre soube ser irritante, quando quis sê-lo. Não me atrapalhe agora. Faz melhor em ficar quieta.

- Ficarei, ficarei.

- Só eu posso falar aqui, e lhe digo: não importa o que ocorreu e ainda ocorrerá entre nós. Guardarei para sempre a imagem que me ofereceu no dia de nosso casamento, quando ficamos a sós em nossa casa. Você com os cabelos em desalinho, em sua longa camisola branca, com as faces coradas de emoção.

- Ah, querido, como é generoso.

- Não sou generoso, falo a verdade. Agora, fique quieta.

Ela nem respondeu, mas, em sua dor, soube manter um sorriso de felicidade. Logo ficou claro para Arquimedes que Genoveva não resistiria muito tempo. Os recursos médicos da época não eram grandes e ela estava enferma há muito tempo. Seu prejuízo orgânico era enorme, com muitas complicações. Entendendo que a morte de Genoveva se avizinhava, reconheceu que era hora de todos se despedirem.

Conversou baixinho com Ana Maria, que o assistia, e ela saiu do quarto. Pedro e Joana se encontravam no corredor e ela os inteirou do que ocorria. Lágrimas escorreram pelas belas faces da moça, Pedro a abraçou e logo os três entravam no quarto.

Nesse instante, a mentora de Genoveva insuflou-lhe forças novas, para que pudesse se despedir dos parentes. Ela se sentiu mais aliviada e ainda sorriu. Experiente, Arquimedes viu o que aquele pequeno alívio representava: o seguro prenúncio de morte próxima. Genoveva também não se enganou com o alívio que experimentava e, muito consciente de sua situação, cuidou de se despedir dos parentes. Principiou por Pedro. Fez-lhe um aceno para que se achegasse a sua cama, tomou-lhe as mãos e começou a falar.

- Meu irmão, é uma alegria tê-lo aqui neste instante.

Ele ia retrucar alguma coisa, mas ela fez sinal para que se calasse, pois sabia que Pedro tentaria dissuadi-la da ideia de que estava morrendo. Não queria se enganar e tencionava se despedir de todos.

- Gostei imensamente de conhecer sua noiva. Vou embora feliz, sabendo que você se casará com uma moça tão notável. Cuide bem dela, pois é visível que ela merece. Também lhe peço que nunca abandone nossa irmã. Foi um pouco nossa mãe e deu-nos os exemplos mais magníficos que seria possível esperar de alguém. Ana Maria decidiu permanecer solteira, sabe-se lá por qual razão. Nunca a deixe se sentir só. Cuide dela, por favor.

- Genoveva, já que você está decidida a fazer de conta que está morrendo, farei sua vontade nessa pequena comédia. Pode deixar comigo. Ana Maria e Ruth são dois anjos em forma de mulher que Deus colocou em meu caminho. Tenciono amá-las e cuidar delas para sempre. Não existe possibilidade de nossa irmã não conviver comigo e com Ruth. Elas se dão bem e certamente, para desespero de Luís, acharão mil modos de gastar dinheiro com os pobres de Lyon.

- Ah, como eu gostaria de trabalhar com elas nessa atividade. Infelizmente, nunca me dediquei aos pobres de Ana Maria quando pude. Paciência.

- Deus é infinito em Seus recursos. Talvez você se surpreenda e ainda as possa auxiliar.

Ela deu um sorriso desencantado, a disfarçar suas dores e terminou as despedidas.

- Pedro, você é a imagem viva de Ana Maria. Procure ser também a imagem moral dela.

- Aí você pede demais, nossa irmã é muito diferenciada. Mas prometo me esforçar.

Pedro depositou um respeitoso beijo na testa de Genoveva e se afastou. Foi a vez de Ana Maria se aproximar.

- Minha querida irmã! Nunca poderei dizer o quanto lhe sou grata. Em todos os instantes de minha vida, você foi um anjo bom. Lamento não ter ouvido mais os seus conselhos. É a mais bela e a melhor das irmãs, nunca conheci ninguém como você. Peço que olhe por minha filha. Sei que a tomou sob sua proteção e que tem sido para ela a mãe que eu terminei não sendo. Sou-lhe tão grata por isso que você nem imagina.

Ana Maria tinha os olhos nublados de lágrimas, que escorriam livremente por suas alvas faces. Naquele momento, em sua emoção, sob a luz suave das velas, parecia uma autêntica madona e inspirava uma espécie de temor reverencial na enferma. Na iminência de desencarnar, Genoveva conseguia ver, de forma ainda mais nítida, a grandeza moral da irmã. Assustava-se um pouco ao se dar conta, com alguns laivos de memórias de ocorrências passadas, do quanto sua irmã soubera se sacrificar por todos, sempre compreensiva, embora por vezes enérgica. Ana Maria lhe tomou as mãos.

- Genoveva, minha querida! Jamais a esquecerei. Você estará para sempre em minhas preces. Foi a companhia de minha juventude. Senti tanto a sua falta enquanto permaneceu longe! Confio que Deus um dia nos unirá novamente e seremos felizes. Todas as ilusões terão passado e, com nossos amores, chegaremos à conclusão de que todas as dores valeram a pena, pois aprendemos e crescemos com elas.

- Quanto a Joana...

- Prometo cuidar dela. Temos uma afinidade impossível de descrever.

- Já percebi isso.

Também Ana Maria beijou a testa de Genoveva e se afastou. Foi a vez de Arquimedes trocar algumas palavras, a contragosto.

- Juro que isso aqui é um despropósito completo. Sinto-me muito estranho nesse ritual de despedida, quando você deve principiar a melhorar a qualquer momento.

- Enquanto eu não melhoro, vamos nos despedir, de qualquer modo. Mal isso não haverá de fazer.

- ...

- Arquimedes, foi contra você que cometi meus maiores crimes. Foi o esposo que Deus me deu e eu jamais poderia ter homem melhor ao meu lado. Peço-lhe perdão novamente por todos os transtornos que lhe causei. Perdão, perdão.

- Isso já foi superado, você bem o sabe.

- Ah, querido, você também é muito generoso. Sei que nada lhe preciso pedir quanto a Joana e a Ana Maria: cuidará delas, juntamente com Pedro. Saiba que vou em paz por ter recebido a graça inefável de olhá-lo nos olhos e lhe falar toda a verdade. Não há justificativa para o que fiz, mas a explicação possível eu lhe dei.

- É tarde para esse discurso. Pense em coisas boas, como a filha maravilhosa que Deus nos deu. Não precisa mais me pedir perdão. Já a perdoei do mais fundo de meu coração.

Genoveva se sentia enfraquecer a cada instante e precisava ainda falar com a filha. Arquimedes notou pelo olhar dela, pelo suor que tomava conta de seu rosto, que o fim se aproximava rápido. Joana se aproximou, tendo o rosto lavado de lágrimas.

- Ah, minha mãe. Foi tão curto o tempo que passamos juntas.

- Sim, minha filha... Foi curto mesmo. Sou a culpada disso, mas acho que seu pai tem razão. Não é mais hora disso. Em vez de lamentar o que já passou, prefiro dizer quanto me orgulho por ter uma filha maravilhosa como você. É linda, inteligente e boa. Nisso, assemelha-se muito a sua tia, embora seja fisicamente parecida comigo. Dou-lhe um último conselho: ouça sempre seu pai e sua tia. Faça deles seus conselheiros. Não receie lhes contar todos os seus sonhos, dúvidas e problemas. Tome sua tia por uma verdadeira mãe. É a melhor mulher que já conheci. Gostaria muito de tê-la ouvido mais.

- Farei isso, mamãe.

- Onde quer que eu vá, sempre estarei em oração para que Deus a faça feliz. Espero que encontre um homem bom como seu pai e seja feliz com ele. Saiba que a amo muito. Sinto-me abençoada em tê-la por filha.

A menina chorava, sem ter condições de falar mais nada, apenas murmurou baixinho alguma coisa, um protesto de profundo afeto e respeito, e começou a soluçar. Nisso, Genoveva pareceu ter uma pequena síncope. Arquimedes se adiantou para tentar ajudá-la, mas era tarde. Ainda durante um tempo, ela oscilou entre a vida e a morte, mas já sem consciência. Finalmente, no meio da madrugada, deu o último suspiro.

Um silêncio profundo pairou entre os quatro encarnados presentes naquele quarto luxuoso, no qual Genoveva havia sido tão infeliz. Joana buscou os braços do pai e soluçou aflitivamente. Ana Maria tomou a iniciativa de convocá-los a orar pela finada, e tomaram de um Evangelho. Pedro fez uma ligeira leitura e todos oraram pela paz de Genoveva. Como era de seu hábito, Ana Maria improvisou uma oração, na qual demonstrava toda a beleza de sua alma. Entregou a alma de Genoveva ao maravilhoso amor de Jesus Cristo, com uma confiança que todos puderam sentir.

O ambiente estava luminoso e pacífico. Logo começaram a chegar os parentes da recém-falecida, em especial seus pais, Constância e Filipe. A mentora espiritual de Genoveva cuidou de tomá-la em seus braços e niná-la, ao tempo em que a pacificava. Desacordada, tinha alguns arrepios e sobressaltos, o que era compreensível, em seu estado de ainda vinculada às vísceras.

Os quatro parentes velaram o corpo de Genoveva o resto da noite, em um silêncio respeitoso.

Na manhã seguinte, com o auxílio dos servos da casa, Arquimedes e Pedro se lançaram nos preparativos para o enterro. Ao final da tarde, o corpo de Genoveva baixava o sepulcro em um dos cemitérios da capital francesa. Eram poucos os presentes; apenas Ruth e seu pai, Jacó. Este foi devidamente apresentado a Arquimedes e a Joana, nas qualidades de viúvo e filha da finada, o que foi conveniente para todos.

Era exatamente essa a realidade. O episódio com Cícero fora um desvio da rota de vida de Genoveva e tudo para ela terminava como nunca deveria ter deixado de ser: rodeada por sua família lionesa. As explicações sobre o passamento daquela irmã desconhecida foram feitas de modo sumário, contendo exclusivamente o essencial: estava enferma de longa data, em tratamento em Paris, e viera a óbito de modo um tanto repentino.

Não tendo nenhum motivo para desconfiar da síntese do relato, e parecendo este absolutamente correto, o banqueiro gostou da união que viu na pequena família: era evidente que todos se gostavam e que também acolhiam sua filha com carinho. Não tinha razão para temer pela felicidade dela na distante cidade.

Ao término do serviço fúnebre, Ruth e Jacó foram convidados para acompanhar Pedro, Ana Maria, Joana e Arquimedes ao hotel, onde fariam uma pequena colação, um trâmite referente à herança. Eu observava tudo, ciente do cuidado que os lioneses tinham com suas palavras, a fim de não despertar suspeitas sobre a real situação de Arquimedes e Genoveva.

O banqueiro, como era próprio de sua profissão, era bastante discreto: muito observava e pouco perguntava. Tomou por consequência do recente óbito as hesitações que presenciava, entendendo que era muito doloroso falar de uma irmã, esposa e mãe recentemente falecida. Gostou mesmo da família, que lhe pareceu muito distinta. Já apreciara a nobreza dos gestos e das palavras de Ana Maria e Pedro e agora via algo semelhante em Joana e em Arquimedes. Ficou intimamente mais tranquilo em relação ao compromisso que se avizinhava.

Pedro aproveitou a oportunidade para sinalizar que em breve pretendia oficializar seu compromisso com Ruth. Delicadamente sondou quando seria uma boa oportunidade para ele e o senhor Jacó conversarem de forma mais detida. Já conformado com a perspectiva de se afastar de sua filha favorita, o banqueiro não opôs dificuldade, mas seu olhar brilhou um tanto surpreso pela ocasião que Pedro escolhera para abordar o tema. Este não se fez de rogado e foi de encontro à possível crítica que lera nos olhos do futuro sogro:

- Sinto que a ocasião lhe parece um tanto estranha. Entretanto, meus parentes moram longe e em breve devem todos voltar a Lyon. Mesmo eu não sei quanto tempo aqui permanecerei, pois os negócios da família reclamam minha presença.

A menção ao dever de trabalho claramente agradou ao interlocutor, que, como burguês, sabia dar o devido valor a esse hábito tão desprezado pela aristocracia.

- Penso que, se a ocasião não é perfeita, dificilmente surgirá outra melhor. Gostaria de, ao me encaminhar para Lyon, deixar tudo acertado quanto aos vínculos que espero em breve unam nossas famílias.

O senhor Jacó consultou com o olhar sua filha, cujo semblante estava corado de emoção, embora a circunspeção que o momento exigia, haja vista a morte de Genoveva. Entendeu que a felicidade da filha estava ligada de modo irremediável ao destino daquele rapaz e aquiesceu.

- Senhor Pedro, quando lhe parecer conveniente, venha falar comigo. Pode ser em meu estabelecimento ou mesmo em minha casa. Após acertarmos os detalhes cabíveis, creio que será conveniente fazer um discreto jantar em minha residência, apenas entre nós e alguns familiares meus. O seu luto faz com que qualquer coisa, além disso, seja inapropriada.

A solução foi perfeita, pois convinha evitar que a duquesa Ana ficasse ciente do que acontecia.

Capítulo

27

Noivado

Alguns dias depois, Pedro compareceu no estabelecimento bancário e acertou os detalhes do noivado. Embora Jacó preferisse que Pedro e Ruth ficassem morando em Paris, com o rapaz a ajudá-lo em seus negócios, não era esse o plano deles. Desejoso de ver a filha feliz, o homem aquiesceu com o compromisso e com a ida dela para Lyon após o matrimônio, sem interpor maiores obstáculos. Cauteloso, já havia tomado informações sobre os negócios da família e sabia que eram sólidos. Seus correspondentes nada de negativo apontaram sobre Pedro e seus irmãos. Por sorte, ou por influência do destino, nenhum deles se ocupara em falar daquela irmã sumida, a quem as más línguas reputavam adúltera.

Arquimedes e Joana passaram a gastar seus dias conhecendo a cidade juntamente com Pedro e Ana Maria, mas o médico se inquietava para retornar a seus pacientes, o que era compreensível. Além disso, desejava ficar sozinho para refletir sobre tudo o que ocorrera, de modo que o retorno a Lyon, de todos, era iminente.

Logo no dia seguinte ao enterro, Ana Maria e Pedro haviam abandonado o palacete de Cícero e dado entrada no mesmo hotel em que seus parentes temporariamente residiam. Alguns dias mais tarde, os namorados marcaram o jantar em que selariam o compromisso de noivado.

Um pouco depois de escurecer, Pedro e seus parentes chegavam de carruagem na mansão do banqueiro. Os noivos estavam felizes de tal modo, que contagiaram a todos. Apenas o luto carregado pelos familiares do noivo lembrava o óbito recente de Genoveva, mas ninguém se ocupou de falar dele.

O momento era de alegria e todos os presentes vibravam pela alegria do casal. Foram feitos discursos e brindes, e a noite correu célere. Combinou-se o casamento para dali a poucos meses. Pedro ainda estaria de luto na ocasião, de modo que o evento não deveria ser muito grandioso.

Jacó não se conformara de bom grado a isso, mas a filha tratara de convencê-lo de que era a vontade dela. Fez-lhe ver que amava profundamente Pedro e que sentiria sua falta, enquanto estivesse ausente, cuidando dos negócios da família. Ele tencionava fazer pequena reforma na casa em que residia com Ana Maria, para renovar os aposentos dos próprios pais, que pretendia ocupar com Ruth. Uma filha é toda poderosa sobre o coração de um pai, especialmente uma filha que só lhe deu alegrias.

Assim, marcou-se a data do casamento, por entre sorrisos e brindes. Combinou-se que Pedro retornaria a Paris um mês antes do casamento, para a finalização de várias providências, como ser apresentado aos familiares da noiva que não estavam ali, naquele momento. Já os parentes dele viriam na semana mesma do casamento. Ah, como os sonhos humanos são lindos e como nós, os espíritos, torcemos para que se realizem!

Seguiu-se um curto período de dias em que os lioneses permaneceram em Paris. Foi uma fase de enlevo para Ruth e Pedro, que estreitaram seus laços de ternura e afeição. Na verdade, eles os retomaram, pois eram almas ligadas há séculos. Devidamente acompanhados pelos familiares, como era praxe na época, passearam por Paris, até um tanto descuidados demais, considerando a vigilância de que Pedro era objeto. Ele estava feliz demais para se ocupar com a irritante duquesa, como a denominava. Entretanto, deveria ter se ocupado dela, no sentido de adotar maiores cautelas. Por irritante que fosse, era uma mulher poderosa, apaixonada e cruel, que muito poderia fazer de mal aos jovens cuja ventura invejava.

Eu observava que sempre havia alguém de olho em Pedro e em seus familiares. Tentava interferir, mas não havia muito a fazer. Restava-me orar e torcer para que a duquesa nada fizesse de irremediável. Ela deveria ter algum pudor, em sua condição de mulher nobre e casada. Sua posição era alta demais, para que a arriscasse por um sentimento não correspondido.

Uma bela manhã, meus amigos tomaram o rumo de casa, em uma espaçosa carruagem. Decidi-me por acompanhá-los um tempo. A perspectiva da longa viagem a nenhum empolgava, mas não iam tristes. De certo modo, a ventura inocultável de Pedro lograva minorar a triste impressão que o passamento de Genoveva causara. Joana e Arquimedes ainda estavam bastante abalados, e a conversa oscilava. Ora se falava do futuro, com alegria e esperança. Ora a lembrança de Genoveva se impunha. Não raro, lágrimas silenciosas rolavam pelas belas faces de Joana. Ana Maria consolava a sobrinha, com um abraço, um aperto de mão, um olhar carinhoso.

Após ficar com eles um tempo, sondá-los em seus pensamentos, e participar, de algum modo, de suas conversas, deixei-os. Minha condição de morto tinha algumas vantagens bem definidas e uma delas era não necessitar viajar por dias a fio para ir de Paris a Lyon. Assim, fui-me, para cuidar de minhas tarefas na antiga igreja.

Lá, tudo estava em ordem. Meu trabalho estava bastante facilitado desde que padre Mário passara a oficiar no local. Embora sem qualquer brilho intelectual, era digno e possuía bom coração. Seus sermões eram formais e protocolares, desinteressantes mesmo. Contudo, nada havia a criticar quanto a sua conduta e seu genuíno interesse pelos pobres. Sua presença ajudava a criar um clima sereno na igreja e eu lhe era grato por isso.

Era comum eu tentar auxiliá-lo em seus sermões, para que se tornassem mais interessantes. Quando ele estava mais suscetível de influência, eu tinha um sucesso razoável. Muitos dos paroquianos até comentavam, nessas oportunidades, como parecia repetir ideias e raciocínios que eu tantas vezes ali formulara.

Logo após a chegada de meus amigos, passei a estar com eles de forma mais detida. Reparei que Arquimedes buscava disfarçar uma doença de pulmões que lhe minava as energias. Sofrera muito, em sua condição de homem sensível, com o doloroso drama que vivenciara em Paris. Seu afeto por Genoveva recrudescera e isso o fazia sofrer bastante. Lamentava tudo o que havia ocorrido, inclusive por não ter conseguido salvá-la. Contudo, racionalmente reconhecia que, quando a reencontrara, ela não tinha mesmo mais salvação. Sempre pensara que a vida fora cruel com Genoveva, que pagara caro o seu erro, mas que ele também pagara e ainda pagaria pelo resto de sua vida um preço bastante alto.

Nunca se animara a tomar alguma amante, após ter ficado sozinho. Agora, viúvo, poderia refazer sua vida, se o desejasse, mas se sentia morto, em um sentido muito importante. Sempre comentava consigo próprio que nunca mais teria a coragem de confiar a própria vida nas mãos de uma mulher. Já fizera isso e sofrera demais. Nunca, jamais repetiria a experiência. Viveria para sua filha e pronto. Fenecia, em sua tristeza, em seu sentimento de que a própria vida já acabara no capítulo das alegrias.

Joana também sofria, embora de forma mais suave, na medida em que possuía recursos psíquicos relevantes. Tinha certa mágoa pelo que não vivera, pela mãe que não conhecera direito. Entretanto, em sua juventude, logo se animou com a iminência do casamento daquele tio de quem tanto gostava. Costumava sorrir sozinha ao lembrar a cara de bobo que ele fazia sempre que o nome de sua futura esposa era pronunciado. Como menina moça, sonhava com algo semelhante para si. Será que algum dia um homem seria assim especial para ela? Também seria feliz?

Pedro, de seu lado, estava transformado. Miraculosamente, não mais saía à noite, embora convites não lhe faltassem. Começara a se interessar verdadeiramente pelos negócios da família, para certo desgosto de Luís. Este não era desonesto e nada tinha a esconder, mas era vaidoso e gostava da ideia de centralizar todas as informações, de ser quem tudo decidia. Tentara dissuadir o irmão daquele interesse novo, sem sucesso. Pedro queria se tornar sério, pois desejava ardentemente ser admirado por Ruth, e passou a trabalhar com afinco. Como era muito carismático, tornou-se logo uma boa aquisição para Luís. Meio desgostoso, este entendeu que o irmão poderia ser útil em coisas nas quais ele próprio não era bom.

Assim, tudo foi se encaixando. Na mansão da família, as reformas iam rápidas e avançadas. Ana Maria passara a viver quase que acampada, enquanto operários labutavam com vigor para tudo deixar pronto até o casamento, mas estava feliz demais com a mudança operada no irmão para se animar a fazer qualquer reclamação.

Uma noite eu fui ter com eles logo após o jantar. Estavam conversando em uma pequena sala, à luz de velas. Ana Maria tinha nas mãos um pequeno bordado e Pedro dedilhava com indolência um instrumento de corda.

- Pedro, eu realmente não cesso de me surpreender com a sua mudança.

- Nem eu consigo acreditar que isso realmente aconteceu. Fui com você a Paris pensando em me divertir muito na noite. E volto comprometido, apaixonado e feliz.

- Quem diria, não?

- Se alguém tivesse me dito que logo estaria reformando a casa para receber minha futura esposa, e muito feliz com isso, eu gargalharia!

- Tudo foi mesmo muito repentino. Espero apenas que você se esforce para fazer Ruth feliz. Eu jamais o perdoaria se a trouxesse aqui e depois retomasse suas noitadas.

- Nem eu me perdoaria! Nem eu. Isso não me passa pela cabeça. Não existe a menor possibilidade.

- Está sendo sincero mesmo?

- Sim, estou sendo completamente sincero.

- Não sente saudade das noitadas?

- Não nego que de vez em quando penso nelas. Mas me parecem tão distantes e desinteressantes... Vou lhe falar francamente. Aquelas mulheres todas hoje parecem semelhantes a fantasmas. Era uma falsa alegria. Ao final de cada noite, havia um vazio mal disfarçado.

- Mas isso morreu mesmo? Falo como sua irmã, e também como sua amiga. Pense na responsabilidade que será trazer Ruth para cá. Ela deixará família, o pai, as irmãs, a aia a quem tanto ama... Deixará a todos eles para ficar conosco.

- Sinto horror à ideia de fazê-la sofrer. Não sei bem a razão, mas às vezes sonho com ela chorando e sinto-me terrivelmente culpado. Como se lhe tivesse feito algo indesculpável. Acordo suando frio, apavorado. Talvez seja um alerta para o futuro. Eu lhe garanto: fique tranquila, pois sou outro homem depois que conheci Ruth.

Na verdade, o rapaz passara por alguns apuros, após retornar de Paris. Tão logo correra a notícia de seu noivado e de seu iminente matrimônio, fora confrontado por mais de uma moça. Levianamente, embora sem assumir qualquer compromisso formal, suscitara falsas esperanças e dera a entender que se interessava de verdade por elas. Eu o conhecia bem e sabia que tudo para ele não passara de um jogo, sem maiores consequências. Contudo, o impacto destas no psiquismo das moças envolvidas fora relevante, senão mesmo em suas vidas, pelo que se permitiram viver com o belo rapaz.

Ele, realmente modificado, não deixava de se arrepender, mas era tarde. Compreendia que talvez tivesse significado na vida daquelas moças um sonho parecido ao que Ruth representava na sua. Se ela também o descartasse, de um momento para o outro, como se sentiria? Esse pensamento lhe dava a real dimensão do que fizera, tornando-o, por isso, gentil e atencioso para com as senhoritas revoltadas, o que terminava por tornar tudo pior para elas.

Em minha condição de profundamente interessado na natureza humana e no funcionamento das leis divinas, imaginei como tudo aquilo repercutiria. Ele reencontrara um antigo e profundo amor, desejava ser feliz com sua eleita e também viver com dignidade. Mas não soubera esperar por Ruth como lhe caberia, sem brincar com a vida e os sentimentos de outras mulheres. A lei divina se manifestaria na vida de Pedro em sua feição de justiça ou de misericórdia?

Até onde eu conseguia perceber, não era a primeira existência em que se perdia em leviandades. Agora, o antídoto real estava aparentemente ao seu alcance: aquele amor antigo que o alcançava. Não estava formalmente comprometido com ninguém, mas a muitas moças sonhadoras comprometera. Claro que a culpa não era integralmente dele, pois o ser humano é dono de si e escolhe sua própria conduta, se digna ou leviana. Mas quem se aproveita das fraquezas alheias e suscita o pior que há no semelhante assume graves compromissos.

Ao vê-lo ali, com sua irmã, cheio de sonhos, roguei ao Pai que lhe desse tempo e oportunidade de retificar a vida, de forma definitiva. Entretanto, meu coração doía, em uma triste intuição, que nunca me abandonava. Costumava ficar irritado comigo mesmo, ao constantemente vaticinar desgraças para aquele casal tão jovem, belo e promissor.

O tempo passou celeremente, entre tantas atividades e projetos e uma bela manhã o jovem Pedro se distanciava de sua casa rumo a Paris. Em poucas semanas, ocorreria o seu casamento e ele ia ao encontro da noiva. Despedira-se da irmã com aquele amplo sorriso, tão devastador para as mulheres em geral.

A própria Ana Maria levara um choque ao notar, mais uma vez, como era sedutor o menino que vira crescer. Felizmente, pensara ela, Pedro se encaminhara na vida, pois, se não tomasse jeito, poderia ser a causa do sofrimento de muitas mulheres. Ao mesmo tempo, minha amiga sentiu uma pontada de angústia ao vê-lo embarcar na carruagem tão feliz, tão transformado.

Havia no rapaz até um toque de pureza e ingenuidade, embora suas aventuras não tão distantes. É que se modificava espiritualmente, produzia fluidos mais saudáveis, e tudo isso se tornava de certo modo perceptível. Não apenas ela notara o rejuvenescimento do irmão, mas todos os que com ele conviviam. Por certo, para isso contribuía a nova vida regrada, dormindo e acordando cedo. Mas eram primordialmente seus pensamentos e sentimentos que o transformavam.

A angústia ao vê-lo partir a engolfou, tão logo Pedro sumiu de sua vista. Meu Deus, e se algo de terrível ocorresse com ele? Se algo desse errado? Será que ele suportaria se a vida frustrasse seus sonhos? Sem saber ao certo por que pensava aquelas coisas, retornou para dentro da mansão e foi orar em frente à imagem da Virgem Maria, pedindo sua proteção para o amado irmão.

De minha parte, partilhava das apreensões e tinha mais motivos do que Ana Maria para me inquietar: sabia da vigilância da duquesa Ana. Nesse estado de espírito, resolvi acompanhar um pouco o menino, em sua viagem. Ele era só alegria e empolgação. Levava um instrumento de corda e ia cantando dentro da carruagem. No tempo livre que tivera, compusera algumas canções para o seu amor. Enquanto rumava a Paris, sua alegria e sua expectativa eram imensas. Era mesmo um artista e eu fiquei feliz ao vê-lo tão enlevado.

Aguardei alguns dias e fui encontrá-lo já instalado em um hotel da capital da França. Havia chegado naquela manhã e mandado uma missiva para Ruth e outra para seu pai, colocando-se à disposição de ambos. Foi convidado para jantar na mansão do banqueiro e gastou seu dia a andar por Paris. Foi assim que, por um acaso do destino, deu de cara, ao atravessar um dos famosos jardins parisienses, com a duquesa Ana.

Esta mostrou imensa alegria ao vê-lo e tratou de interceptá-lo. Pedro procurou desaparecer, fingindo não tê-la visto, mas não teve sucesso. Uma das jovens aias da duquesa foi atrás dele e disse que a patroa queria vê-lo. Pego desprevenido, o moço não conseguiu encontrar uma boa desculpa. Como quem se encaminha para a forca, seguiu para junto da requintada nobre.

À luz do dia, a vida de dissipações da senhora mostrava seus efeitos. Eram muitas as rugas de seu rosto, que a maquiagem não conseguia esconder. Pedro, malgrado seu, demonstrou algum espanto ao fitá-la assim, sob luz tão crua. Seu olhar revelou um pouco desse sentimento, e a duquesa ficou profundamente desgostosa, mas o cumprimentou com alegria:

- Caro senhor Pedro, que satisfação vê-lo. Achei que não mais estava em Paris.

- A satisfação é minha, senhora Duquesa. Há meses fui embora para Lyon e voltei por um curto período de tempo. Tão logo finde alguns negócios, retornarei a minha cidade, para nunca mais voltar.

- Ah, não fale assim, pois a vida é imprevisível. Você deixou aqui tantos e tão ardorosos amigos, que seria ingratidão nos abandonar para sempre.

- Agradeço a gentileza, senhora, mas tenho compromissos muito sérios em Lyon. Trabalho nos negócios de minha família, sou útil e necessário lá.

- Mas é jovem, deve divertir-se.

- Sinto que já me diverti demais, senhora. Doravante, pretendo levar uma vida mais calma e laboriosa.

Ele tentava ser gentil, mas se sentia muito mal perante o olhar daquela matrona. Ela, por seu turno, detalhava a beleza de Pedro e se encantava ao descobri-lo ainda mais sedutor, naquela tarde de sol luminoso. Como era belo, másculo e desejável! Jamais vira rapaz tão belo, jamais tivera amante tão sedutor. Precisava ser dela, precisava... Em determinado momento, o olhar da duquesa ficou tão repleto de luxúria que mesmo suas acompanhantes, que de recatadas nada tinham, ficaram envergonhadas. Pedro não sabia o que fazer e apressou-se nas despedidas.

- Foi um prazer encontrá-la, senhora, mas tenho um compromisso e preciso ir.

- É cedo, senhor Pedro!

- Eu realmente preciso ir.

- Ao menos prometa que me fará uma visita um dia desses.

- Estou aqui a trabalho, tenho muitos compromissos.

- Saiba que não aceito não como resposta. Seria uma desfeita horrível de sua parte, após me fazer sua amiga, desprezar-me assim.

- Mas senhora...

- Mas nada. Enviar-lhe-ei um convite para um jantar em minha casa e não precisa nem responder. Fica desde já combinado que comparecerá ao evento, sem ousar apresentar qualquer desculpa.

A voz da matrona soara desagradável, estridente. Estava mesmo ameaçando o rapaz, que não se enganou. Em vez de ficar com medo, principiou a ficar furioso com a insistência. Aquela mulher achava que ele era um escravo, um servo que podia agenciar para atender suas vontades! Com um tom de voz levemente irritado, despediu-se. A duquesa ficou vendo-o se distanciar, também profundamente irritada. Ou ele cederia a seus desejos e se tornaria seu amante, ou ela se vingaria! Seu semblante estava terrível e suas damas de companhia ficaram temerosas e passaram a guardar silêncio. Sabedoras do mau gênio da patroa, não se arriscavam a desagradá-la, pois costumava desferir bofetadas quando se irritava, o que era bastante comum.

Fiquei um pouco ao lado dela, tentando acalmá-la. Em vão, insuflei-lhe pensamentos de dignidade, fi-la consciente de sua condição de grande dama, uma senhora casada. Se tivesse me dirigido a uma pedra, teria tido mais sucesso em ser entendido. Ardia de forma selvagem, entre a luxúria e a irritação. Em sua mente confusa, imagens se sucediam com incrível rapidez: o olhar chocado de Pedro ao vê-la à luz do sol, a irritação da voz dele, quando o informara de que deveria comparecer em sua casa, a beleza impressionante do rapaz, o modo como quase fugira de sua presença. Com quem ele pensava estar lidando? Era uma nobre de alta linhagem, com livre acesso ao rei e à rainha! Ele não passava de um obscuro burguês de província, que deveria se sentir honrado por ter chamado sua atenção. Veremos, veremos...

Como minha chance de sucesso no momento era nula, fui para junto de Pedro. O rapaz ia furioso em seu caminho. Com ele, tive mais êxito ao partilhar pensamentos. Alertei-o do perigo que representava a duquesa, de como uma mulher apaixonada pode ser imprevisível. Não por ele, mas por Ruth, a quem a nobre poderia decidir prejudicar, era bom que se precatasse. Ante a ideia de que sua noiva pudesse ser incomodada de algum modo, sentiu um arrepio terrível. Tudo menos isso! Não via a hora de ir embora de Paris com Ruth, após o casamento. A esse pensamento, toda a sua raiva e preocupação findaram: iria se casar e voltaria a Lyon com Ruth. Seria feliz, viveria ao lado dela, teriam filhos, envelheceriam juntos. Ah, quanta alegria!

Assim, rápido como surgira, a raiva passou e começou a assoviar de alegria, com os olhos brilhantes que nada viam. Seu olhar mirava o futuro, a vida que teria ao lado de Ruth, como seria feliz, como se dedicaria à esposa! Nesse estado de espírito, passou o dia e foi com seu habitual sorriso franco que se apresentou à noite na casa do futuro sogro.

Ele foi recebido pela noiva ruborizada, um tanto tímida e reservada. Beijou as mãos da moça, com fervor, deixando claro por gestos, olhares e expressões quanta falta sentira dela. O jantar se seguiu feliz e tranquilo, enquanto os detalhes do enlace eram finalizados. A família da noiva já estava toda na capital e, no dia seguinte, deveriam fazer um périplo pelas residências que tais parentes estavam ocupando. Tudo estava bom para o casal, inclusive aquelas visitas familiares que em outro contexto pareceriam chatas. Acertou-se que a aia Maria os acompanharia, a fim de que as irmãs de Ruth não tivessem interrupção em sua rotina de estudos. As meninas olhavam com curiosidade o noivo de sua irmã e simpatizavam com ele. Em suma, tudo corria muito bem.

Após alguns dias, meus jovens amigos estavam dando um passeio despreocupado por um dos jardins da cidade. A aia Maria os seguia a certa distância, desejosa de propiciar ao casal alguns momentos de privacidade. Iam de braços dados, o que parecia aceitável, haja vista o iminente casamento. Formavam um casal notável, o rapaz loiro e a moça morena, ambos altos e belos, com uma felicidade palpável em seus semblantes.

Eis que novamente o destino se pronunciava de uma forma terrível. Eles não perceberam, mas sua passagem foi observada pela duquesa Ana, que ali se encontrava com algumas amigas. Envolta em uma conversa mundana, tendo em seu grupo também algumas parentas do esposo, teve de dissimular a emoção. Entretanto, foi um olhar terrível, assassino mesmo, o que lançou ao jovem casal. Havia enviado o convite para o jantar à casa de Cícero, mas o mensageiro retornara com a informação de que o rapaz ali não se encontrava hospedado. Sua fúria a esse insucesso fora terrível. Ele nem se dera ao trabalho de informá-la de que estava hospedado em outro local! Deixara que fizesse papel de idiota. Depois se acalmara e até conseguira se convencer de que a perturbação do rapaz quando a encontrara fora apenas emoção. Pouco experiente, devia ter se sentido pressionado demais com o assédio de uma dama tão importante quanto ela. Pedro, em sua emoção, simplesmente devia ter se esquecido de lhe avisar seu endereço em Paris. Colocara seus espiões em campo, mas não obtivera sucesso em localizá-lo.

De repente, ele lhe aparecia de braços dados com uma moça. Estavam visivelmente enamorados! Após refletir um pouco, lembrara-se de quem se tratava: a filha do banqueiro Jacó. A informação que seu espião lhe trouxera era ainda mais importante do que imaginara na época. Ele a estava desprezando por uma burguesa!

Furiosa, ainda por cima por ter de disfarçar, alongou o olhar para mirá-los, pois haviam parado próximos, ao lado de uma latada de rosas. Engolindo em seco, com um ódio profundo, vislumbrou o belo casal e compreendeu que ali havia algo que lhe escapava. Aqueles dois pareciam emanar algo de diferente. Sentiu um grande despeito e sua ira se voltou toda para Ruth. Aquela burguesa, filha de banqueiro, lhe pagaria caro a afronta de ter ousado tomar o homem que havia escolhido para si!

Tudo ignorando, Ruth e Pedro riam alegres, sonhando com sua vida futura. Mais sensível, a moça de repente sentiu um profundo arrepio e uma leve tontura. Observando que ela empalidecia, Pedro se preocupou:

- Querida, o que tem?

- Não sei, senti-me mal de repente. Talvez seja alegria demais. Temo que algo ocorra e atrapalhe nossa felicidade.

- Nem fale nisso. Nada acontecerá. Em breves dias, estaremos casados e seremos muito felizes. Você deve estar é cansada, com essa nossa maratona de visitas a seus parentes.

- Deve ser isso mesmo.

Cuidaram de se juntar à senhora Maria e foram embora do jardim. Nem imaginaram que ali ficava a lhes observar uma mulher cheia de ódio. Entendi quão grave era a situação e decidi acompanhar a duquesa, para ver se decidiria algo fazer contra o jovem casal. Acostumada à vida mundana e aos fingimentos, afivelou uma máscara de despreocupação no rosto e voltou sua atenção para as damas que a rodeavam. Ficou em conversas ociosas, plenas de maledicência, por um tempo considerável, o que me deixou bastante aborrecido. Ricas, importantes, cheias de recursos, era lamentável que nada de útil fizessem nem se sentissem incomodadas em suas vidas vazias. Foi uma autêntica penitência permanecer junto delas, sondando os mais íntimos pensamentos da duquesa. Sem alterar sua rotina, despediu-se das damas no horário que devia ser o habitual e, acompanhada de suas aias, dirigiu-se à própria residência.

Apenas com as moças, que não considerava de seu próprio nível, não buscou mais dissimular. No curto trajeto até o palacete, exibiu uma carantonha medonha, que fez gelar de terror as jovens. Um silêncio de sepulcro as envolvia e nenhuma ousava dar um pio. Até respiravam sem profundidade, tal o temor de incorrer em uma cólera que sabiam terrível. Todas, absolutamente todas, revisavam suas consciências para ver se haviam feito algo que pudesse desagradar a senhora. Prendiam-se a detalhes ínfimos, como se tinham ou não afivelado uma roseta ou uma fita com descuido, e sofriam muito. O espetáculo das jovens apavoradas deu-me um retrato muito claro do caráter daquela grande dama.

Capítulo

28

Plano diabólico

Ao chegar ao destino, a duquesa Ana logo mandou que o servo João viesse vê-la. Até ele, que era tudo, menos medroso, ficou desconfortável ao ver o semblante da patroa. Não era para menos: estava com as faces congestionadas, seus olhos brilhavam com ódio assassino. Sua boca estava dura. Pareceu-me que estava em vias de sofrer um ataque. Pouco caridosamente, pensei que aquilo seria bom para todos. Ela se privaria de fazer alguma maldade terrível e Pedro e Ruth poderiam viver em paz.

Sem meias palavras, a duquesa, sem qualquer pudor quanto a sua condição de mulher casada, expôs o que a torturava. Com rudeza e expressões que chocariam as prostitutas e os malandros da periferia de Paris, fez referências desairosas a Pedro e principalmente a Ruth. Incumbiu João de verificar o que ocorria entre os dois, se o relacionamento era sério, se o banqueiro Jacó sabia do que se tratava. Enfim, queria saber tudo, e queria saber de forma muito rápida.

Tão logo pôde, o homem se afastou, para cumprir sua triste missão. Ainda sentiu uma ponta de piedade do jovem casal, cuja imagem ficara gravada em sua retina, mas nem lhe passava pela cabeça a possibilidade de não cumprir a tarefa recebida. Jamais vira sua dama daquele jeito e imaginava que coisas terríveis estavam por vir.

Tentei acalmar a duquesa, incutir-lhe ideias de dignidade e conformação, em vão. Estava demasiado tomada de ódio para me dar a mínima oportunidade de influenciá-la. Ademais, rodeava-se de seres do mais baixo quilate. Alguns desejavam perdê-la de todas as formas possíveis, física e moralmente, sem se importar que outros sofressem com isso. Outros se divertiam com a situação, em sua leviandade. Ainda havia alguns que se identificavam com ela de tal modo que bradavam indignados com o descaso a que entendiam estar relegada por parte de Pedro. De modo completamente insano, comentavam com escândalo o desrespeito que meu amigo cometia com a senhora apaixonada. Ela percebia aqueles pensamentos e mais se indignava. Não demorou e foi acometida de uma dor de cabeça terrível, que a levou ao leito, onde permaneceu envolta por aquela turba pestilenta.

Vendo que nada podia fazer ali, busquei João para ver se conseguia embaraçar-lhe os passos um pouco. Se a duquesa ao menos ignorasse a extensão do envolvimento de Pedro e Ruth por mais três semanas, talvez conseguissem se safar de sua ira. Após estarem instalados como esposos em Lyon, a distância e mesmo o tempo haveriam de amainar todo aquele ódio.

João era hábil na arte da espionagem e da perquirição. Embora eu tudo fizesse para distraí-lo e para alertá-lo quanto à gravidade do que fazia, seguiu em frente. Não demorou muito para saber do casamento que se aproximava. Desejoso de levar as informações da forma mais completa possível, ainda gastou uns dois dias para se inteirar da data correta da cerimônia, da igreja em que se daria e de tudo o mais que envolvia os planos dos jovens. Descobriu onde Pedro estava hospedado e que aguardava a chegada da família para breves dias. Enfim, inteirou-se de absolutamente tudo, com uma riqueza de detalhes impressionante. Para isso, colaborou uma bolsa cheia de escudos que recebera da patroa, com a recomendação de que não poupasse despesas, mas que descobrisse tudo, da forma mais rápida possível.

Foi assim que, três dias após ter visto o casal em seu passeio, a duquesa se inteirava de tudo. Pálida e furibunda, ela recebeu os informes em um silêncio que prenunciava terríveis desdobramentos. Após tudo saber, avançou outra bolsa para João, a título de gratificação, e fê-lo ciente de que em breve lhe daria mais uma missão. Indagou-lhe a respeito de alguns parceiros de baixo calibre que ele tinha e cujos serviços já lhe haviam sido muito úteis no passado.

João se tornou pálido àquela indagação e eu li seus pensamentos, tomado da mais profunda apreensão. Certa feita, ele participara do assassinato de uma senhora da sociedade, mediante envenenamento, a mando da patroa. A dita senhora tivera a infelicidade de atrair a atenção de um amante da duquesa, que se enfurecera e decidira dar uma lição no casal. Embora estivesse pálido, João nem por isso deixou de se colocar à disposição para o que sua senhora necessitasse.

Quando ele se retirou, Ana se permitiu tomar de uma fúria terrível. Quebrou coisas, xingou e blasfemou terrivelmente e até se feriu, parecendo a insana que realmente era. Todo o verniz de sua educação refinada desapareceu e ali apenas ficou uma alma pervertida, em um acesso de loucura. Aquele acesso demorou muito, mas ela finalmente se acalmou.

Começou a respirar fundo e lentamente seu semblante foi se tornando frio e calculista. Em sua mente indisciplinada, passavam as ideias mais baixas e cruéis. Imaginava como poderia castigar Pedro e Ruth pela afronta que lhe faziam. Pensou em matar o rapaz, mas achou que assim ele não sofreria muito. Algo dentro dela também se revoltou à ideia de extinguir para sempre aquele sorriso tão bonito. Malgrado seu, estava terrivelmente enamorada e seus pensamentos se concentraram em Ruth. Poderia raptá-la e encarcerá-la em algum convento, alegando tratar-se de uma prostituta blasfema ou de uma criminosa. Pensou em mandar estuprá-la. Desistiu rapidamente dessas ideias. Imaginou que ela poderia fugir do convento e que possivelmente o casal já havia tido intimidades, de modo que Ruth poderia esconder a história do estupro sem maiores dificuldades. Lentamente se convenceu de que a vingança perfeita consistia em assassinar a noiva de Pedro, a mulher que ele ousara desejar em detrimento dela. Como faria isso? Envenenamento? A megera não conseguia se decidir. E sua mente vagueava nos planos mais loucos.

Não tendo o menor êxito em dissuadi-la de seus tristes intentos, deixei aquele ambiente doentio. Ia triste e bastante preocupado com os meus amigos. Teria a duquesa sucesso em seu propósito de infelicitar Pedro e Ruth por puro despeito? Que vínculos haveria entre aquele trio, para que ela se intrometesse assim no caminho do jovem casal? Eu não tinha certeza de nada, mas algo já começava a germinar em minha mente: havia, sim, algum vínculo anterior. Nos momentos mais desastrosos, a duquesa, de um modo fortuito e imprevisível, terminava por cruzar com Pedro. A paixão violenta de que ela se tomara em poucos contatos era um indicativo de um vínculo doentio, de uma fixação qualquer. Justamente em razão de um passado desconhecido é que, de forma desastrada, terminavam sempre se cruzando. Eu não sabia de que se tratava, mas logo descobriria.

Naquele momento, apenas orava sentidamente para que a lei divina se manifestasse no destino de Pedro e Ruth em sua feição de misericórdia. Que a duquesa tivesse sua atenção desviada, ou seus projetos frustrados, como um benefício a ela própria. Entrevia que o belo jovem se transformaria em definitivo se lograsse consorciar-se com a mulher amada. Esqueceria seu passado de leviandades, superaria suas tristes tendências e se dedicaria à esposa. E se tal não se desse? E se Ruth morresse de repente, talvez até de modo inexplicável, o que ocorreria com ele? Tinha alguns trunfos em seu favor, como a presença daquela irmã, Ana Maria, de quem sempre se podia esperar o melhor. Seria suficiente?

Eu orava e perquiria, esperando um esclarecimento superior, que naquele momento ainda não veio. Uma ponta de medo crescia em mim quando recordava todas as moças a quem Pedro decepcionara. Temia que aquilo tudo fosse como uma tormenta que se formara devagar, em um crescendo de energias malsãs, que poderia atingir o rapaz, tornando-o imensamente infeliz e desiludido no campo do amor e do afeto. Ah, Senhor da Vida, cuide do meu rapaz, por misericórdia!

Os acontecimentos se sucederam e logo a família de Pedro também se encontrava na capital da França. Vieram Luís e sua esposa, Ana Maria, Arquimedes e Joana. Doralice, comunicada do feliz evento, enviara suas bênçãos do convento, do qual não pretendia se afastar. Fábio se encontrava em local ignorado. Alguns primos também aproveitaram a oportunidade para conhecer Paris e se fizeram presentes. Já os poucos tios vivos do noivo se sentiam demasiado idosos para uma viagem de tal magnitude.

Eu cuidava da duquesa, como podia. Ela mantinha estrita vigilância sobre o casal, em especial sobre Ruth. Cuidara de fazer infiltrar não apenas um, mas três criados de sua confiança na mansão do banqueiro Jacó. Eram duas jovens dissimuladas e espertas e um cafajeste, de baixos pendores. Tratava-se de seres da mais baixa estirpe moral, mas com um verniz de boa educação que lhes permitira impressionar seus patrões. As jovens afetavam uma piedade religiosa muito marcante, tomando o cuidado de se deixarem ver a orar em frente a objetos de culto. O rapagão, sedutor, primava por aparência de obsequiosa reserva. Eram vulgares assassinos, que foram ali plantados pela pérfida duquesa. De tudo sabiam, a tudo vigiavam, inteiravam-se da rotina da casa e informavam João, que levava todos os informes para a duquesa.

Esta ainda não havia decidido qual gênero de morte aplicaria a Ruth. Deliciava-se em imaginar as maiores vilanias e esfregava as mãos de alegria, ao imaginar a surpresa de Pedro quando recebesse a notícia do falecimento da noiva. Eu tentava intuir Ruth para que se acautelasse quanto àqueles três, mas ela estava tão envolta nos planos de casamento que não me dava muita atenção. À noite, eu a orientava, esclarecia e a fazia ver os perigos que a rodeavam. Mirava-me com um semblante triste, um tanto resignado, mas não demonstrava pavor com o perigo que corria. Falava pouco e se afirmava entregue aos cuidados de Deus.

Ao amanhecer, a empolgação dos preparativos do casamento a engolfava e não se lembrava o que eu lhe havia dito. Quando ficava só em seu quarto, meditava sobre a razão pela qual sentia uma vaga tristeza. Seria por deixar seu pai e suas irmãs? Sim, sentiria falta de todos eles. Entretanto, e se sentia culpada por isso, tinha a impressão de que Ana Maria, Pedro, Joana e Arquimedes eram mais familiares seus do que seu pai e suas irmãs. Não conseguia entender aquele sentimento, mas lhe parecia que nascera para estar junto aos queridos lioneses. Sentia-se tão acolhida, tão feliz no meio deles! Em especial, amava Pedro perdidamente. Por vezes, experimentava certa nostalgia ao mirá-lo, como se houvesse algumas mágoas ocultas e incompreensíveis a separá-los. Mas ele sempre estava tão atento a seus desejos, tão querido, tão presente, que se sentia até estranha em sua apreensão.

É que Ruth fora traída por Pedro em mais de uma oportunidade no passado, em vidas que já iam longe. Era essa ciência que lhe rondava a consciência e lhe insuflava certa tristeza. Também em Pedro esses eventos do passado produziam efeito e ele procurava se redimir de todos os modos possíveis. Dava claras mostras de dedicação e afeto, transformava-se no homem mais atencioso que já houvera pisado a Terra. Sonhava com o futuro, um futuro no qual se dedicaria de corpo e alma a fazer feliz aquela mulher! Sim, era muito importante que ela fosse feliz.

Eu também acompanhava os pensamentos dele, que se mostrava arrependido de suas leviandades. Nas figuras de Ruth e Ana Maria, finalmente conseguira superar um modo doentio de considerar as mulheres, que o fizera cometer inúmeras indignidades. Essas indignidades foram muito marcantes nas vidas precedentes, mas também se fizeram presentes naquela. Tudo já se apresentava mais diluído em um clima de diversão e indiferença, quando Ruth surgira. Ela retornara ao caminho de Pedro no momento exato em que poderia transformá-lo, com o calor de seu afeto, com sua figura de mulher digna, a inspirar o respeito de um homem.

Tudo dava certo, pois ele se transformava. A Providência Divina lançara mão dos melhores recursos. Primeiro, fizera com que Pedro crescesse sob a força dos exemplos e dos conselhos de Ana Maria. Vira-a sempre bela e virtuosa, invariavelmente prudente, bondosa e digna. Mais tarde, quando se fizera homem, trouxera ao seu caminho a figura também digna e virtuosa de Ruth. Duas mulheres de alto gabarito espiritual - não era pouco, e realmente transformaram e tocaram o coração do rapaz. Mas isso estava feito.

Na véspera do casamento, Pedro e sua família se encontravam hospedados em um hotel da cidade. Ele se encontrava estranhamente calado, o que acabara por gerar inquietação em seus parentes. Ana Maria foi a porta-voz de todos e o inquiriu a respeito de seu mutismo.

- Pedro, o que se passa? Está muito estranho hoje. Calado demais para um noivo. Porventura, está arrependido de seu iminente consórcio com Ruth?

- De modo algum. Casar-me com ela é o que mais desejo.

- O que ocorre?

- Sinto um vago temor, uma apreensão. Nunca fui dado a pressentimentos, mas receio que algo ruim ocorra. Acho que só vou ficar tranquilo quando estivermos todos de retorno a Lyon, juntamente com Ruth.

- Isso deve ser em certa medida normal. Como quer muito o casamento, enche-se de temores infundados.

- Não sei se é normal ou não, mas eu me sinto perturbado mesmo. Acaso todos estão pensando que não quero mais casar?

- Há certo receio de que seja isso.

- Ah, vou tratar de esclarecer isso logo!

Com efeito, na hora do almoço, todos se reuniram e ele fez um discurso para agradecer a presença dos parentes e cuidou de deixar claro o quanto estava feliz. Foi sincero também quanto a suas apreensões. O discurso foi bem recebido e acalmou aqueles corações, pois todos já haviam sido apresentados a Ruth e gostado da moça. Sem exceção, notavam quão bem ela fizera a Pedro no pouco tempo desde que o conhecera.

Havia mesmo um clima de apreensão. Joana e Ana Maria, mais intuitivas, partilhavam do medo de que algo ruim pudesse acontecer. Combinaram de comparecer na casa de Ruth à tarde, para se certificar de que tudo estava bem com a moça. Como eram muitos os compromissos envolvendo todos aqueles lioneses, foi só bem ao final da tarde que se fizeram anunciar na residência. Cautelosas, haviam enviado um mensageiro para indagar se a visita seria oportuna. A resposta fora rápida e efusiva, de modo que se sentiram tranquilas para comparecer à casa da noiva na véspera das bodas.

Essa casa, é preciso reconhecer, estava bastante movimentada, pois nela muitos parentes da noiva se encontravam hospedados, inclusive sua avó, que viera de longe. A idosa senhora estava repousando quando as mulheres foram recebidas por Ruth.

Havia no semblante da noiva uma espécie de alegria melancólica, como se oscilasse entre dois estados de espírito. Ora focava a atenção na figura de seu noivo e seu coração palpitava de alegria, seus olhos brilhavam: no dia seguinte, seria seu marido e ficariam juntos até o final da vida! Ah, isso era bem mais do que sonhara para si, em termos de felicidade. Entretanto, de repente, sem motivo algum, tomava-se de apreensão, como se houvesse algo de inelutável para ocorrer, cujo teor não intuía.

Com a intimidade de futuras parentas, para escaparem do burburinho da residência, Ruth recolheu Joana e Ana Maria em seu quarto. Era um aposento bem espaçoso, com algumas poltronas onde tantas vezes tomara as lições das irmãs mais jovens. Ao ver as duas ali, o pensamento de sua vida futura a inundou e um sorriso maravilhoso lhe embelezou ainda mais o rosto. A alegria assentava maravilhosamente na face daquela moça em regra tão sóbria e comedida.

- Como estão indo os preparativos, Ruth?

- De minha parte, já está tudo findo. Minhas malas estão prontas para despacho a Lyon. O vestido de noiva já está passado e pronto para ser usado. É uma questão de aguardar o momento.

- Está muito nervosa?

- Joana... Estou vivendo um misto de emoções. Quando penso em Pedro, no casamento, na vida em sua cidade, sinto uma alegria avassaladora, como jamais pensei existir. Mas também fico melancólica de repente. Talvez porque deixarei meu pai e minhas irmãs, abandonarei esta casa. Deve ser apenas o temor natural de uma noiva.

- Como nenhuma de nós é casada, ignoramos como se sente uma noiva na véspera de seu matrimônio. Apenas posso lhe repetir, com segurança, que é muito bem-vinda em nossa família. O fato de aceitar residir com Pedro em minha companhia faz-me muito feliz. Adorarei ajudá-la com seus filhos e também sei que sua ajuda me será preciosa nas atividades da mansão.

A noiva corou de prazer com aquela perspectiva. Seu pensamento era claro: sonhava com a maternidade, com alguns garotinhos parecidos com o pai, a rodeá-la enquanto lhes fizesse guloseimas. Entretanto, em dado momento, um silêncio se fez e prolongou entre as três, que não tinham palavras para expressar o que sentiam. Ana Maria quebrou aquele silêncio incômodo.

- Algo a perturba? Receia algo? Podemos lhe ajudar com alguma coisa?

- Não há nada errado. Apenas uma melancolia como lhes disse. Não sei a razão, mas temo por Pedro.

- Por quê? Ele está imensamente feliz com a perspectiva de desposá-la.

- Eu sei. Não duvido disso. O que vivemos é muito intenso, eu não poderia me enganar quanto ao fato de ele me amar. Acho que é tudo bobagem minha, mas eu não quero que nada o faça sofrer.

- Ele não sofrerá. Com a proteção de Deus, tudo dará certo.

- Já que falou em Deus, cunhada, o que acham de me acompanharem em uma oração, rogando a proteção da Virgem para o meu casamento?

- Sim, sim, oremos: é uma boa medida.

As três se encaminharam a um genuflexório que havia no fundo do quarto. Claramente, Ruth costumava ali orar com as irmãs. No passado, também contara com a presença da mãe. Era um local de oração para as mulheres da família, sempre fora assim. Era um momento simbólico aquele, em que Ruth se ajoelhava em frente à imagem da Virgem, não mais com as irmãs, mas com Ana Maria e Joana.

Ela pensou ardentemente em sua falecida mãe, tomada de intensa saudade, quando a senhora Ester ali se fazia presente. Comigo, acompanhava aquela cena, emocionada. Também sabia dos três servos perigosos que se encontravam na mansão a mando da duquesa Ana. Tentara tudo o que estivera ao seu alcance para conseguir que Jacó os dispensasse, mas em vão. Também intuíra a filha, reiteradas vezes, no mesmo sentido, mas não dava certo. Não era da natureza de Ruth implicar com as pessoas e jamais se animaria a despedir um criado, sem motivo justo. A própria integridade de Ruth, naquele contexto, a colocava em situação de perigo.

As três mulheres se puseram a orar e o ambiente ficou saturado de boas vibrações. Dirigiram o pensamento à Virgem, rogando suas bênçãos para o matrimônio do dia seguinte. Em razão da conversa de poucos instantes atrás, rogaram especialmente por Pedro, para que fosse protegido.

Finda a oração, as visitas não se demoraram muito, sabedoras de quanto a noiva devia estar sendo requestada por seus parentes, em especial pela avó. Na despedida, algo de imponderável ocorreu: uma tristeza profunda tomou conta das três, sem que conseguissem atinar com a razão. Despediram-se de forma melancólica, evitando comentar e mesmo prestar atenção naquilo que sentiam. A caminho do hotel, Ana Maria e Joana iam pensativas. Finalmente, a moça rompeu o silêncio, hesitante:

- Tia...

- Sim?

- Saí da casa de Ruth me sentindo tão triste...

- Eu sei disso, querida. Também estou com uma tristeza infinita.

- Pareceu-me que não mais veria Ruth, que me despedia dela para sempre.

- Estava evitando colocar a coisa assim, em palavras tão claras, mas é o que também sinto. Espero que estejamos apenas impressionadas com tudo isso, com o clima de despedida em que Ruth está vivendo, na iminência de deixar seus parentes, sua casa, sua vida, como a conheceu até hoje.

Os olhos da menina marejaram de lágrimas, como se não estivesse bem convencida daquilo, mas calou. De sua parte, Ana Maria também fez um esforço para desviar o pensamento daquela impressão tão impactante: acabara de ver Ruth pela última vez! Ao chegarem ao hotel, cuidaram de estampar serenidade e alegria no semblante, para não preocupar ninguém.

Ana Maria foi ao quarto de Pedro ainda naquela noite, a fim de se certificar de seu bem-estar. O matrimônio ocorreria na tarde do dia seguinte e tinha para com o rapaz ternuras e preocupações de mãe. Orou antes de sair de seu quarto e, ao chegar ao ocupado pelo irmão, seu semblante era sereno. O rapaz abriu a porta e a deixou entrar. No rosto, estava seu habitual sorriso, pois estava mesmo feliz. Havia se convencido de que todas as suas preocupações não faziam sentido e eram indignas daquele momento. Ao ver a face resplandecente de Pedro, Ana Maria sentiu o próprio coração desanuviar, em alguma medida.

- Querido, como está se sentindo em sua última noite de solteiro?

- Não poderia estar mais feliz. Tenho até vontade de me beliscar para confirmar que não estou sonhando. A partir de amanhã, terei Ruth ao meu lado até o fim de meus dias. Viveremos juntos, teremos filhos, envelheceremos. Minha alegria é infinita!

- Que bom saber, querido! Vendo-o assim, também me felicito. Sabe que o amo muito e sempre torci por sua felicidade.

- Também a amo e agradeço por seus cuidados para comigo. Reconheço que lhe dei muitas inquietações, mas era jovem e um tanto leviano. Tudo isso agora é coisa do passado.

- Sei que fala a verdade e isso me conforta. Temi que esse dia não chegasse.

- Também eu temia isso, embora sem suas preocupações morais. Nunca imaginei encontrar uma mulher como Ruth. Era como se desejasse e temesse esse evento, de forma contraditória. Agora está feito.

- Sim. Foi muito feliz em sua escolha e mais feliz ainda por ter sido escolhido também por ela.

- Sabe, irmã, apenas para você eu posso confessar uma coisa.

- O que o incomoda?

- Não é exatamente um incômodo. É mais uma lamentação, um arrependimento tardio. Sendo tão feliz, eu lamento as decepções que causei a várias mulheres. Algumas eram levianas e inconsequentes como eu, mas outras acreditaram que eu lhes tinha um especial afeto. Se pudesse voltar atrás, teria agido de forma diferente. Infelizmente, é impossível.

- Pois é, meu irmão. Algumas dessas moças talvez tenham ficado em situação difícil perante a família. Resta-nos orar para que o melhor lhes aconteça. Quanto a você, cuide de viver com dignidade doravante, fazendo o bem que lhe for possível. Talvez possa me ajudar de algum modo, a título de reparação desses desatinos, no conforto dos pobres. Há tantas mulheres desamparadas no mundo, com filhos para criar, que precisam de auxílio. Não lhe parece uma boa ideia ajudá-las, como uma homenagem e uma reparação àquelas cujo destino infelicitou?

- Minha irmã, você é sempre tão sábia! Acaba de me tirar um peso do coração com esse seu projeto. Sim, eu o farei. Da parte do lucro que me cabe nos negócios da família, de meus próprios vencimentos, frutos de meu trabalho, pretendo retirar o necessário para ajudar essas mulheres. Conto com seu auxílio para fazê-lo do modo mais efetivo possível. Teria pudor em detalhar a Ruth a razão de meu agir, mas você será minha confidente nisso. Claro que Ruth saberá o que faço, mas não quero que saiba o motivo.

- Conte com meu auxílio e com minha discrição.

- É um anjo!

- Deixe os anjos saberem disso e descerão todos do Céu, indignados com a comparação.

Pedro beijou as mãos da irmã. Estavam ambos emocionados. Em seu íntimo, Ana Maria sentia que acabava de findar um importante projeto seu, ao vincular o irmão àquela atividade benemerente. Deixou-o logo, pois o dia seguinte seria cheio e necessitavam renovar as energias.

Eu ainda fiquei um tempo junto ao rapaz, que sonhava acordado, com um sorriso nos lábios, confortavelmente instalado. A vida lhe parecia sorrir, em um desdobramento luminoso, que se estendia a perder de vista. Seria feliz! Cuidaria de se redimir de seus equívocos do passado. Se tivesse como auxiliar algumas das moças a quem infelicitara, trataria de fazê-lo. Para isso, contava com o auxílio de Ana Maria. Se necessário, de forma discreta, providenciaria o dote necessário a lhes garantir um casamento favorável. Principalmente, seria feliz com Ruth, vivendo na companhia de sua querida irmã. Via-se nesse panorama rosado, junto ainda de Arquimedes e Joana. Não pensava muito em Luís, com quem não tinha afinidade, mas de quem também não desgostava. Ele lhe parecia um tanto pedante e cansativo, com suas formalidades sem fim e seu desmedido amor ao dinheiro. Mas, ao seu modo, era uma boa pessoa, vivia quieto e não era de incomodar os outros. Enfim, que o rapaz sonhasse...

Quanto a mim, preocupado, cuidei de me dirigir à casa do banqueiro Jacó. Orava sentidamente para que o bom Deus interferisse nos propósitos maléficos da duquesa Ana e seus asseclas. Quando cheguei à casa, o silêncio imperava, pois já era tarde. Lancei minha percepção, para verificar o que ocorria e notei certa movimentação no quarto de Ruth. Quando lá cheguei, a senhora Ester dava mostras de grande preocupação. A noiva dormia a sono solto. Em seu aposento estavam os três perigosos criados que lhe queriam a perda.

Uma das criadas havia servido à jovem noiva uma xícara de chá com um poderoso sonífero. Haviam recebido instruções precisas da duquesa, que desejava fosse Ruth sufocada, para que a coisa passasse por morte natural. Os pobres recursos médicos da época tal propiciavam, mesmo em se tratando de uma pessoa jovem. Após se certificarem de que a moça dormia, hesitavam em cumprir a ordem recebida da duquesa. No pouco tempo de convivência, tinham simpatizado com Ruth, que sempre os tratara com justiça e bondade. Mesmo o rapagão, muito pervertido, se sentia desconfortável no cumprimento da tarefa. Entreolhavam-se, em silêncio, enquanto refletiam.

Aproveitei aqueles instantes de hesitação para bradar junto a seus sentidos sobre a gravidade do que estavam na iminência de fazer. Embora fossem seres pervertidos, as minhas palavras tocaram os seus corações, de algum modo. Porque eu falava a verdade e podiam sentir que estavam cometendo mesmo algo muito grave. Não era a primeira vez que se desincumbiam de tarefa semelhante. Mas nunca antes haviam agredido alguém cuja nobreza de coração tivessem testemunhado. Em reduzidos dias, Ruth lhes surgira como uma figura plena de bondade. Demonstrara genuíno interesse por suas vidas; também a viram conversar com os criados, mesmo os mais ínfimos, como as ajudantes da cozinha. Sua postura discreta, sua elegância natural, sua voz suave, tudo isso os encantara de algum modo. Aquela noite seria um marco em suas vidas, pelo que fariam ou deixariam de fazer.

Repentinamente, surgiu em suas mentes a figura iracunda da duquesa Ana e também a imagem de João, seu assecla. Compreenderam que, se falhassem na tarefa, não haveria buraco bastante fundo em que se pudessem enfiar, sem que fossem encontrados e punidos. Com esse pensamento, libertaram-se de minha influência.

O rapagão apanhou um grosso travesseiro e começou a forçar no rosto de Ruth. Minha menina se encontrava acoplada ao corpo, embora o sono físico, em sua condição de hebetada pelo fortíssimo sonífero que lhe havia sido ministrado. Por força de seu merecimento, sua mentora a tornou inconsciente naquele momento crítico e ela nada sofreu. Após alguns minutos, a tarefa estava terminada e aqueles três seres foram tomados de um temor supersticioso quanto ao corpo da jovem recém-falecida.

Cuidaram de ajeitá-la, para que parecesse estar em um sono natural. Ruth lhes pareceu imensamente serena, como que indiferente e superior à maldade que haviam cometido. Uma das moças soluçou baixinho por um instante, mas foi rapidamente silenciada pelos outros. Ainda não sabiam, mas aquele ato lhes custaria muito caro no futuro. Iriam se arrepender amargamente e muito teriam de se esforçar para se limpar daquela mácula. Era o fundo do poço para eles, um ato de extrema covardia com alguém que os tratara com bondade, não como criados, mas como seres humanos. Durante o resto daquela existência, teriam pesadelos com a jovem donzela que haviam assassinado na véspera de seu matrimônio. Em vidas posteriores é que se limpariam daquilo tudo.

Saíram do recinto, em um silêncio temeroso, em direção aos quartos que ocupavam na ala dos criados. Ester e a mentora de Ruth permaneceram ao meu lado, com o coração pesado. A jovem ainda dormia um sono tumultuado em razão da violência que sofrera, tanto pelo poderoso narcótico que havia ingerido, quanto pela morte ocorrida por sufocação.

Depois soubemos a razão de tudo aquilo. A existência de Ruth não deveria ser mesmo longa. Se aquilo não houvesse ocorrido, deveria desencarnar em seu primeiro parto. A finalidade primordial de sua encarnação era tocar o coração de Pedro, que deveria vê-la morrer na flor da idade. Com isso, deveria assimilar para sempre quão graves são os traumas afetivos, e profundas as dores causadas pelos sonhos que não se realizam. Tudo para que assumisse outra postura em face da vida e doravante tivesse muito cuidado com a forma como tocava as vidas das mulheres que cruzavam seu caminho. Ruth e Pedro haviam sido unidos em várias encarnações. Ela invariavelmente digna, ele sempre com desvios de ordem afetiva e sexual.

O encontro com a duquesa Ana representava uma prova para esta, que já havia tentado separar o casal no passado e não conseguira. Lograra seduzir Pedro, sempre um tanto leviano, mas que não se decidira por ficar com ela. Para o poderoso senhor que era então, ela representara apenas um passatempo, uma brincadeira. Em razão do ocorrido, fora obrigada por seus pais a contrair matrimônio com um homem idoso. Fora uma vida de intensas frustrações e também de graves perversões aquela, para a atual duquesa Ana.

Ao reencontrar Pedro e Ruth, tomara-se de profundo desejo por ele e de extremado ódio por ela. Não conseguia entender que Ruth nada lhe tomava, em sua condição de eleita de Pedro. Em suma, a duquesa fora provada a experimentar aquela atração e aceitar a rejeição. O projeto espiritual era que, observando a afeição genuína do casal, se tomasse de compaixão e se afastasse. Também deveria meditar sobre os genuínos laços de afeição, ao ver o espetáculo daquele belo casal apaixonado, e questionar o que fazia de sua vida. Falhara de modo terrível.

Como estava programada a desencarnação prematura de Ruth, a duquesa tivera êxito em seus intentos. Deveria ter resistido, pois ninguém renasce com o propósito de fazer o mal. Toda reencarnação engloba amplos projetos de crescimento e sublimação. O mal que cada um se permite fazer somente se concretiza quando não prejudica os projetos divinos em sua essência. Ruth reencarnara sabendo que aquilo poderia dar-se e aceitara a incumbência, no intuito de tocar aqueles dois corações, que já a haviam infelicitado no passado, em sua luxúria. Se a duquesa resistisse a seus maus instintos, seria por ocasião de seu primeiro parto que Ruth desencarnaria.

Ester e eu, ao nos conscientizar de tudo aquilo, ficamos mais conformados, embora infinitamente pesarosos. Eu pensava em Pedro e na dor terrível que sentiria ao saber do ocorrido. Ester se preocupava com o esposo e as outras duas filhas. Ruth era por todos imensamente amada. Quando o dia principiava a amanhecer, a mentora de Ruth rompeu os últimos laços que a ligavam ao corpo, mantendo-a adormecida. A senhora Ester foi para junto de seu esposo, enquanto permaneci em uma melancólica vigília no quarto onde a tragédia se dera.

A manhã já ia um tanto alta quando a aia Maria, inquieta pelo fato de Ruth ainda não ter se levantado, veio ver o que havia ocorrido. Bateu de leve na porta e, como não obteve resposta, entrou no aposento. Sorriu ao ver que a moça, ao contrário de seus hábitos diários, ainda estava na cama aparentemente adormecida. Pensou em deixá-la em paz, mas, como o dia seria corrido e a hora já estava um tanto avançada, decidiu acordar a noiva. Com o desembaraço que uma longa convivência lhe conferia, abriu as janelas e deixou o sol inundar o quarto.

- Ruth, acorde que já é tarde. Há muito a fazer. Sua avó já perguntou várias vezes por você.

A ausência de resposta fê-la novamente sorrir, pensando que a menina tinha sorte em conseguir dormir tão profundamente no dia de suas bodas. Sentou-se na beirada da cama e tomou a mão de Ruth. Foi o bastante para dar um pulo, terrificada: a mão estava dura e gelada. A boa empregada gritou e quase desmaiou. Observou o semblante de Ruth e constatou que algo horrível havia ocorrido. Embora a aparência serena, evidentemente a moça estava morta. Perdeu a respiração e fez algumas tentativas desesperadas de acordar aquela a quem amava como uma filha.

Foi tudo em vão: ali apenas quedava o invólucro físico, sem vida, que Ruth animara durante aproximadamente duas décadas. Com a mão no coração, andando trôpega como uma anciã, Maria se dirigiu ao escritório do patrão. Bateu na porta, não aguardou resposta e entrou. Jacó demonstrou no semblante seu desagrado com aquela conduta, mas, quando ia começar a falar, percebeu no rosto da serva que algo muito grave ocorrera.

- O que houve, Maria?

A boa senhora arfou o peito, sem conseguir articular qualquer palavra. Por fim, reuniu forças para balbuciar:

- A menina Ruth...

- O que tem Ruth?

- ...

- Fale, Maria! Por misericórdia, o que houve com Ruth?

- Acho que ela morreu.

O banqueiro pulou de sua cadeira e correu em direção ao quarto da filha, em uma conduta que chamou a atenção dos ocupantes da casa, que se encontrava repleta de parentes. Ao chegar ao quarto, sentiu-se tomar de um temor terrível, como se vivesse um pesadelo, e foi andando muito devagar em direção ao leito. Ao mirar sua filha mais amada, ali, estirada, com o semblante marmóreo, pálido, sentiu uma imensa dor no peito. Achou que morreria, mas logo pensou que não teria a felicidade de morrer imediatamente. Ao contrário, permaneceria vivo por muitos anos após aquele dia terrível. Acercou-se do leito, tomou a mão gelada da filha nas suas, falou com ela, gritou, agitou-a na louca esperança de que algo ocorresse e tudo fosse um pesadelo. Algo inédito em sua vida, Jacó prorrompeu em altos soluços, segurando o corpo de Ruth nos braços.

O quarto rapidamente se enchia de parentes e um grande alvoroço ali se fez. Aos gritos, Jacó ordenou, sem que se soubesse direito para quem, que fossem chamar um médico com urgência. A medida era tardia, mas ninguém seria insano de contrariar o senhor da casa em um momento daquele. Não um, mas vários homens, entre criados e parentes, se dirigiram à porta. Por fim, acertaram-se entre eles sobre quem iria cumprir a ordem.

A balbúrdia continuou e todos logo entenderam que a presença do médico seria inútil, pois a noiva estava gelada. Concluíram, em silêncio, que havia falecido no correr da noite, e que demorara muito para a triste ocorrência ser percebida. Ninguém ousava falar isso em voz alta, pois o senhor Jacó parecia um louco muito perigoso.

Finalmente, o médico apareceu. Examinou longamente a falecida e disse o óbvio: que nada mais havia a ser feito, salvo providenciar o sepultamento da donzela. O facultativo foi crivado de perguntas e disse que possivelmente a jovem tinha algum problema severo no coração. Ante as muitas emoções daqueles dias, falecera repentinamente.

Não havia mesmo o que fazer, a não ser conformar-se com o ocorrido. Naquele momento, também Jacó revia seus valores e suas prioridades. Seu pensamento era cristalino: daria absolutamente tudo o que possuía para ver a filha com vida. Sua fortuna, sua ambição desmedida, seus negócios, sua astúcia, tudo o de que se vangloriava intimamente parecia agora não ter o mínimo valor.

Capítulo

29

Luto e mistério

As irmãs de Ruth também choravam copiosamente. Era como se perdessem uma segunda mãe. A senhora Ester se desdobrava no socorro aos parentes. A tristeza era tão grande que pareciam nem lembrar que aquele era o dia do casamento de Ruth. Consequentemente, que havia um noivo a ser comunicado. A velha aia da casa veio lembrar isso ao senhor Jacó.

– Senhor.

Ele, que se encontrava acariciando o corpo da filha, lhe endereçou um olhar entre vazio e irritado. Não queria ser interrompido, não queria prestar atenção em mais nada. Justo ele, tão ativo e racional, não queria pensar. Contentava-se em ninar a moça morta, como se fosse novamente um bebê.

– É preciso avisar o senhor Pedro e sua família.

– Pedro?

– Sim, o senhor Pedro, o noivo da menina.

O semblante espantado do senhor Jacó demonstrou que aquilo nem de longe estava em suas cogitações. Simplesmente esquecera que dia era aquele.

– É verdade. O noivo de minha filha precisa saber o que houve. Como devo fazer isso? Não é algo que dê para comunicar em um bilhete.

– Se quiser, eu posso ir até o hotel levar a notícia.

– Sim, minha boa Maria. Parece correto que seja você a fazer isso. Sabe que a Ruth a amava como a uma segunda mãe, não?

A aia assentiu com a cabeça, com grossas lágrimas correndo dos olhos. Arrumou-se, mandou preparar uma carruagem e tomou o rumo do hotel. No caminho, pensava em como dar aquela notícia. Seu coração parava quando pensava na dor que o rapaz sentiria. Até a mais desatenta das pessoas conseguia ver que adorava sua menina e era correspondido. Ah, Senhor, por que aquilo tivera de ocorrer?

Resolveu que não tinha condições de dar a notícia diretamente para o rapaz. Decidiu que falaria com a irmã dele, Ana Maria. Por alguma razão, esta sempre lhe parecera de uma fortaleza moral inabalável. Se havia alguém que poderia dar essa notícia a Pedro, com todas as cautelas necessárias, esse alguém era a irmã dele.

A boa aia chegou ao hotel e pediu para ver Ana Maria. Ficou aguardando em pé, sem sequer se lembrar de sentar. Com o coração despedaçado, pensava na menina que criara como uma filha e que estava morta. Havia em seu semblante uma dor tão profunda que as pessoas do ambiente se indagavam sobre o que poderia ter ocorrido com aquela senhora. Não demorou muito e Ana Maria desceu as escadas. Ao vislumbrar o rosto da senhora Maria, sentiu o sangue gelar nas veias: algo horrível havia ocorrido!

- O que houve aqui, senhora Maria?

- Ah, senhorita Ana, nem lhe conto, nem lhe conto.

- O que houve?

- A menina Ruth...

- O que tem Ruth?

- Ela faleceu.

Ao dizer isso, começou a soluçar de forma incontida.

- Mas como isso se deu? Foi algum acidente?

Tratada com carinho, sem precisar parecer forte ou desempenhar o papel a que se acostumara, de pessoa habituada a servir, a imensa dor que a senhora Maria sentia ganhou intensidade e ela chorou longamente. Compreendendo que davam um espetáculo para os passantes, Ana cuidou de conduzir a visita aos aposentos que ocupava no hotel. A aia chorou até se acalmar e conseguir contar a história.

Ana Maria tudo ouviu com uma tristeza profunda, mas também com a sensação de que sempre soubera de que algo assim poderia ocorrer. Sem que atinasse com a razão, desde o princípio temera que o romance entre Pedro e Ruth findasse cedo e de forma muito dolorosa. Entendeu a gravidade da situação, pois aquilo destruiria todos os sonhos de seu amado irmão.

Após se inteirar de tudo, acalmou a senhora Maria, teve para com ela palavras de conforto e carinho. Lembrou que Ruth, como boa cristã, seguramente se encontrava no paraíso a que fizera jus por sua conduta. Algum tempo depois, a criada do banqueiro Jacó tornava a entrar na carruagem, auxiliada por Ana Maria.

Com o semblante carregado, esta se dirigiu ao seu quarto e ficou a matutar sobre como dar a notícia a Pedro. O irmão era jovem e vigoroso, haveria de sobreviver àquilo. Mas sobreviveria de que modo? O que sobraria da alegria de Pedro, após uma decepção daquele vulto? Pensou em contar primeiro a Arquimedes e pedir seu auxílio para dar a notícia ao irmão, mas sentia que aquele era o seu papel. Fora uma segunda mãe para Pedro. Incumbia-lhe comunicar ao rapaz que sua noiva querida estava morta, que não se casaria mais, que todos os seus projetos de felicidade haviam malogrado.

Em seu íntimo, lamentou o instante em que pedira para o rapaz acompanhá-la em sua vinda a Paris. Fizera bem em vir, claro, pois tudo se acertara entre Genoveva, Arquimedes e Joana. Mas teria sido melhor que Pedro jamais tivesse encontrado Ruth. A esta altura, duvidou da justeza de seus pensamentos. Seria mesmo? O bom Deus tinha meios misteriosos de conduzir as criaturas. Após conhecer Ruth, Pedro se transformara, abandonara seus hábitos levianos. Não, jamais poderia lamentar aquele encontro de almas que presenciara. Seria injusto com Ruth lamentar que houvesse cruzado seus destinos. Entretanto, como Pedro reagiria?

Orou longamente, rogando inspiração e apoio ao Alto naquele momento tão crítico. Ana Maria amava o irmão como a um filho. Divertia-se com ele, preocupava-se com sua leviandade, regozijava-se em vê-lo transformado. Só de imaginar a dor do rapaz, perdia o fôlego, mas não era medrosa e cumpriria o seu papel.

Lindamente aureolada de luz, após aqueles momentos de oração, dirigiu-se ao quarto ocupado pelo irmão. Ouviu vozes lá dentro, pois alguns de seus primos estavam confabulando alegremente com Pedro. Um tanto desgostosa, entendeu que se tratava das habituais brincadeiras que precediam as bodas. Inspirando fundamente, bateu na porta. Um dos primos a abriu, vermelho de tanto rir.

– Prima, entre... Estamos nos divertindo muito.

Ela experimentou um sentimento de compaixão por aqueles rapazes, cuja alegria estava por findar. Não eram maus, apenas eram jovens e se permitiam alguns pequenos hábitos que não aprovava. Pedro se encontrava em pé, sorrindo despreocupado. Ana Maria sentiu o coração parar ao vê-lo ali, ciente de que aquela talvez fosse a última vez em que o via tão feliz.

- Pedro, eu preciso falar com você a sós.

- Ana, querida, sempre tão séria! Hoje é um dia de alegria. É o dia mais feliz de minha vida!

Ela não soube o que responder a isso. Apenas repetiu:

- Preciso falar com você, Pedro. Pode vir ao meu quarto, por favor?

Ele sorriu para os primos e se encaminhou para a porta. Ao nela chegar, abraçou longamente a irmã.

- Ah, minha irmã, falemos, falemos. Que tudo seja como você quer. Já lhe disse o quanto a amo e admiro?

Ela ficou em silêncio, com receio de arrebentar em soluços se falasse algo naquele momento.

- Ana, o momento é solene, eu o sei, mas também muito feliz. Sei que deve querer me dar algum conselho, e eu a ouvirei de bom grado. Aliás, eu a ouvi a vida toda. Mesmo quando não tencionava seguir seus alvitres, não deixava de ouvi-los. É um anjo que Deus colocou em minha vida, para cuidar de mim.

Ela desmanchou os cabelos de Pedro, como fazia quando ele era criança, em momentos de carinho.

- Assim você vai me enfear! Se Ruth não quiser mais casar comigo, por me achar feio, a culpa será sua!

Ele riu abertamente, tomou a mão da irmã e seguiram para o quarto dela. Ao chegar ao ambiente, finalmente pareceu se dar conta de que algo importante estava ocorrendo. Ana Maria estava com o semblante triste e sério demais para apenas lhe dar alguns conselhos prévios ao matrimônio.

- Minha irmã, há algo errado?

- Sim, infelizmente.

- De que se trata?

- Sentemo-nos.

Sentaram-se em duas poltronas que ficavam próximas a uma ampla janela. Pedro já estava bem preocupado. Ali, sob a luz do sol da manhã, Ana Maria olhou longamente o rosto do irmão, como se para gravá-lo em sua memória. Sentiu um real temor pela vida dele. Era como se aquela conversa fosse um prenúncio de despedida. Lágrimas silenciosas rolaram pelo rosto de Ana, que as secou em um gesto triste. Pedro apenas a mirava, pois jamais a vira daquele jeito.

- Pedro.

- Fale, por compaixão, que está me deixando muito preocupado.

- Pedro, meu irmão... Lamento lhe dizer isso: Ruth morreu.

A informação não pareceu atingir a mente de Pedro, que continuou a olhar a irmã, sem entender o que ela lhe havia dito. Continuaram a se olhar alguns instantes, sem reação alguma. Apenas lágrimas rolavam pelas faces de Ana Maria. Finalmente, Pedro falou, como se quisesse se defender da informação, que finalmente havia penetrado sua consciência.

- Que bobagem é essa? Quem inventou isso? É alguma brincadeira infeliz de nossos primos a que você resolveu aderir?

- Crê que eu faria parte de uma brincadeira assim?

- Ruth é jovem, saudável, nós nos casaremos hoje. É claro que ela não pode morrer. Não faz muito tempo que a vi, com as faces coradas de emoção, a própria imagem da saúde.

- Pedro... Ruth morreu.

O rapaz a olhou incrédulo, mas a informação começava a produzir efeitos. A realidade começava a se impor sobre os sonhos e desejos dele. Continuava a mirar a irmã, como se tentando decifrar no rosto dela algum indício de que se tratava de uma brincadeira. Mas ali estava a face sofrida de Ana Maria, molhada de lágrimas, com seus olhos tomados de intensa dor e compaixão. Muito lentamente, ele pareceu começar a acreditar naquela informação louca: sua noiva querida havia morrido. Empalideceu terrivelmente, como se todo o sangue tivesse sido drenado de seu corpo. Uma dor imensa aflorou em seus olhos. Continuava a mirar a irmã, enquanto todo o seu ser era atingido por uma dor tão terrível que jamais imaginara existir. Por um momento, um pensamento varreu o seu cérebro: morreria imediatamente, não precisaria viver depois daquele dia, pois ninguém conseguiria sobreviver a tamanha dor. Mas ele não morria e a dor apenas se intensificava a cada minuto, enquanto a imagem da mulher amada era detalhada em sua mente. Parecia que a via ali, a sua frente, tal qual a vira pela última vez: feliz e ansiosa pelas bodas! Mas jamais a veria novamente! Sua noiva amada estava morta! Seria possível isso?

Pedro foi tomado de uma violenta crise de choro. Seu corpo era balançado por soluços tão fortes quanto seu íntimo era devastado por uma dor moral inenarrável. A irmã o abraçou e ele apenas se permitiu abraçar, sem retribuir. Estava além de sua capacidade estabelecer contato com qualquer outro ser humano naquele momento. A crise foi longa e devastadora. Finalmente, pareceu tomar cobro de si e se forçou a raciocinar.

- Isso é verdade mesmo? Quem lhe deu a notícia?

- A aia Maria veio aqui me falar há pouco. Não há dúvida possível.

- Como pode?

- Foi algo repentino, ocorreu durante a noite.

- Deve haver algum engano, tem de haver. Ruth é jovem, saudável, formosa.

- Suspeita-se de algum problema ignorado do coração, que teria eclodido em razão das emoções desses dias.

Pedro falava como um autômato, sua voz parecia vir de muito longe ou como se ele fosse muito velho. Ana Maria o olhava com grande preocupação.

- Pedro.

- O que tem?

- Não sei o que dizer. É ridículo perguntar como se sente. Mas...

- Não sei como me sinto. Isso não é real, não pode ser real. Preciso ir à casa dela, vê-la. Ainda não é verdade.

- Eu vou com você. Apenas devemos nos arrumar de acordo com a ocasião.

Ele pareceu não entender a alusão.

- É um velório, Pedro.

Ele a olhou em extremo choque, como se novamente a realidade visitasse sua consciência, e recomeçou a chorar. Ana Maria o confortou como pôde, mas havia algo inatingível nele, como se nenhum conforto e nenhuma presença o pudessem tocar. Seus sonhos ruíam todos e estava sem rumo. Desembaraçou-se com delicadeza dos braços da irmã, encaminhou-se à cama, deitou-se e colocou-se em posição fetal. Ali ficou chorando sentidamente, muito além de qualquer possibilidade de consolo. Tentava reagir à realidade, recusava-se a acreditar que houvesse ocorrido de verdade.

Entretanto, gradualmente uma ideia crescia em sua consciência: era o culpado da morte de Ruth! Sim, por suas leviandades, por sua falta de vergonha, por suas atitudes de jovem inconsequente. Deus o punira na figura de Ruth. Todo o mal que fizera, às vezes de forma inconsciente, mas sempre sem nenhuma justificativa válida. Tudo aquilo. Deus fizera daquilo, de todas aquelas dores espalhadas, uma única e imensa dor, e lhe jogara em cima. Por causa dele, de sua indignidade, Ruth estava morta. Jamais a veria, nunca mais contemplaria seus belos olhos escuros, suas faces rosadas de emoção, o modo gracioso e imperioso como se movia. Tudo estava morto. Era culpa dele, só dele. Era justo que sofresse. Era o propósito de Deus. Deus nunca errava. Se Deus decidira puni-lo, era porque merecia. Era como se houvesse matado Ruth com suas próprias mãos. À dor terrível que já sentia, somou-se a dor nova de um remorso pungente.

Eu olhava aquilo tudo com impotência. Apenas orava para o Senhor da Vida interferir de algum modo, em sua misericórdia. Ana Maria não sabia o que fazer. Pediu que o irmão ali permanecesse um pouco, enquanto conversaria com Arquimedes. Dirigiu-se rapidamente ao aposento ocupado pelo cunhado e pela sobrinha e, em rápidas palavras, cientificou-os do ocorrido.

Chocados ao extremo, perplexos, eles captavam as informações com dificuldade. Arquimedes ficou encarregado de comunicar aos familiares o ocorrido, enquanto Joana e Ana Maria ficariam com Pedro. Quando elas chegaram ao quarto, o rapaz ainda se encontrava deitado na cama, na mesma posição, chorando baixinho. Joana deitou ao lado dele e o abraçou. Pedro se deixou abraçar, sem demonstrar qualquer receptividade.

Expedito, Arquimedes cuidou de informar os parentes e também de encarregar Luís de ir à casa do banqueiro Jacó para saber mais detalhes sobre o velório. Pedro, embora sua declarada disposição de ver a noiva, não dava sinal de se levantar da cama. Alheio a tudo, ficava chorando, como se fechado em si mesmo, tal a enormidade da dor e do remorso que sentia.

Algum tempo depois, Luís retornou com as informações necessárias. Ana Maria convenceu Pedro de que precisava reagir um pouco e se preparar para ir ao velório. Caso contrário, corria o risco de não participar das cerimônias fúnebres. Afinal, há bem mais de uma hora ele se encontrava ali, naquela situação. O rapaz demonstrava captar as informações com lentidão e dificuldade. Finalmente penetrou em sua consciência a necessidade de ir ver Ruth pela última vez. Foi convencido a banhar-se e a arrumar-se, a fim de ter uma aparência razoável.

Aproximadamente na hora do almoço, a família, que viera para um matrimônio, encaminhava-se enlutada para um velório. Pedro seguia em uma carruagem com Ana Maria, Joana e Arquimedes, e seu semblante começava a se tornar duro. Não parecia registrar as mãos de Joana nas suas, a título de consolo. Em sua dor, estava distante demais de todos aqueles que lhe eram caros.

Quando chegaram à residência, havia um pequeno burburinho nas redondezas, pois o povo ficara sabendo da história da noiva que morrera no próprio dia de seu casamento. Assim, os curiosos se aglomeravam em frente ao portão.

Quando a família saiu da carruagem, não demorou muito para Pedro ser alvo de curiosidade, pois se aventou que fosse o noivo. O caso, que atiçava a imaginação, corria de boca em boca. Falava-se de um jovem noivo, loiro e muito belo, e ele logo foi identificado. Mas meu amigo se encontrava em estado de ânimo que não possibilitava o registro da atenção de que era objeto. Ladeado por Ana Maria e por Joana, subiu a escadaria da frente da mansão, cuja porta estava aberta e cuidada por alguns lacaios.

Reinava no recinto um silêncio respeitoso, quebrado apenas pelos soluços discretos de algumas parentas da noiva e de algumas criadas da casa. No grande salão, o corpo de Ruth estava sendo velado. Jacó se encontrava em pé ao lado do caixão, e sua imagem era a da própria desolação. Pedro o cumprimentou de forma que poderia ser considerada um tanto seca, como um simulacro de cortesia, mas naquele momento não se interessava por mais nada. Colocou-se ao lado do caixão e seu olhar, incrédulo, mirou o rosto da amada.

Alguém tivera a ideia de usar o vestido de noiva como o último ornamento daquela que deixara a vida tão cedo. Um pequeno véu adornava sua cabeça e ela parecia repousar tranquilamente. No entanto, nesse momento, Ruth, já consciente e livre dos efeitos do trauma que sofrera, docemente acariciava os cabelos de Pedro, lançando meigo olhar a Jacó.

Senti-me voltar a Algarve. A cena se repetia: a linda donzela novamente tendo seu corpo prestes a ir para a sepultura com trajes de núpcias. Outra vez, Ruth partia pelas mãos da mulher que agora se apresentava como duquesa Ana. Porém, diferentemente de outrora, Pedro e Jacó não participaram da perfídia. Os ambiciosos jovens de antanho, sem limites morais que os freassem, levaram a bela Ruth a desgosto muito profundo, ao tomar ciência das intenções do amado noivo. No auge do desespero, desejou fugir da cena presenciada, onde os dois rapazes e a infame amiga riam-se da facilidade com que havia assinado termo dando ao noivo todos os poderes na administração da fortuna que lhe cabia. As lágrimas cobriam-lhe a visão e o desespero tirava-lhe a tão habitual cautela; assim, não se deu conta de que a ponte havia sido avariada pelo vendaval e pela tempestade da noite anterior e mergulhou para a morte. O remorso, no entanto, não permitiu que os jovens usufruíssem da fortuna como pretendiam. A imagem da moça preparada para o féretro, vestida de noiva, jamais se apagou da mente do rapaz que novamente via a cena se repetir, assim como da do amigo, agora na figura do pai que via a filha amada partir em trajes de núpcias.

Ruth olhava-os compadecida. Sentia agora a plenitude do amor e um desejo imenso de proteger o noivo amado; sabia que o crescimento moral e espiritual pode ser muito dolorido, mas compensador. Naquele momento, havia no rapaz um distanciamento preocupante de tudo e de todos. Apenas olhava fascinado o corpo de sua noiva e não chegava a formular qualquer pensamento. A dor moral era intensa demais para que conseguisse concatenar as ideias.

Ruth o abraçava longamente, com uma intimidade que nunca se permitira naquela existência, em sua condição de moça casta que sempre fora. Passou-lhe as mãos pelos cabelos, confortou-o, falou-lhe ao ouvido com um carinho infinito. Confesso que, naquela hora, chorei feito uma criança, tal a beleza pungente da cena que observava.

Talvez pareça estranho, a quem lê essa história, que um espírito recém-desencarnado tenha tanto desembaraço poucas horas após a morte. Mas não se tratava de qualquer espírito. Ruth possuía relevantes conquistas evolutivas e desencarnara sem ter se entregado a qualquer vício do corpo ou do sentimento. Equilibrada e sóbria em vida, assim permanecia em sua condição de desencarnada.

Ao influxo daquela presença, o íntimo de Pedro pareceu reagir de algum modo. Como se viesse de muito longe para junto dos outros, sua face se humanizou novamente. Recordou-se vivamente de Ruth, de seu perfume, sentiu-lhe a presença, imaginou ouvir-lhe a voz novamente. O rapaz recordou então algumas conversas entre eles, seus sonhos de ter filhos, de envelhecerem juntos. Compreendendo que tudo aquilo findara, que nenhum dos sonhos se realizaria, começou a chorar.

Em pé, ao lado do caixão, com lágrimas silenciosas rolando pelas faces, sua beleza era tocante por demais. Praticamente todas as mulheres presentes começaram a chorar com ele, emocionadas com a imagem daquele rapaz tão belo, que sofria pela morte da noiva. Após ter cumprimentado os parentes de Ruth, em especial as irmãs, o pai e a avó dela, Ana Maria se colocou ao lado de Pedro. Este lhe notou a presença, acolheu a mão que colocou entre as suas, mas nada disse. Enquanto as horas passavam, permanecia ali, como uma estátua viva, a representar a dor de um amor perdido.

Após permanecer um tempo, Ruth foi embora. Ao final da tarde, em atenção aos costumes da família, começou uma agitação para o enterro. Pedro foi tomado de surpresa por aquilo, mas não se insurgiu. O féretro se encaminhou para um dos cemitérios de Paris. Atendidos os ritos próprios, quando a noite se aproximava, o corpo de Ruth baixou à sepultura.

Os parentes de Ruth se despediram de Pedro, que os observava se irem com certo estranhamento. As irmãs da finada choraram muito nessa despedida e o mesmo ocorreu com a avó, uma senhora distinta que parecia ter sido bastante visitada pela dor em sua longa existência.

Com Jacó, a despedida foi mais protocolar. Não é que não se gostassem. O problema é que gostavam demais de Ruth e de algum modo a presença do outro causava um estranho mal-estar. É como se a dor de um aumentasse a dor do outro. Não se olhavam nos olhos, falavam baixinho. Houve alguns protestos para que Pedro fosse vê-los nos dias seguintes, para que não desaparecesse. O rapaz respondeu com monossílabos, pois evidentemente não se interessava por manter aqueles vínculos. Talvez houvesse dor demais em voltar à casa de Ruth sem que ela estivesse presente.

Logo, o cemitério foi esvaziando, e os primos de Pedro, seu irmão Luís e a esposa foram embora. Ali ficaram apenas Ana Maria, Pedro, Joana e Arquimedes. Delicadamente, Ana puxou o irmão pelo braço.

- Vamos, Pedro. Não há mais nada a fazer aqui.

- Podem ir. Eu vou ficar mais um tempo.

- Está anoitecendo. Venha conosco.

- Ainda não me despedi direito. Toda essa gente me incomodou.

- Iremos esperá-lo.

- Não precisa. Vão embora, por favor. Deixem-me... Eu lhes peço.

- Como irá embora? A cidade é perigosa e está anoitecendo.

Ele sorriu tristemente, mais um esgar do que um sorriso.

- Crê realmente que algo pior pode me ocorrer? Não temo mais nada. Nada mais tenho a perder.

- Pedro, não seja ingrato. Ruth morreu, é certo, mas somos sua família e o amamos muito. Pense na angústia em que nos deixará, se ficar aqui sozinho. Venha conosco.

Nisso, Arquimedes começou a tossir. Era o seu problema de pulmões que constantemente dava sinal. Pedro parecia a um tempo distante e irritado com aquela interferência toda. Não queria ir embora, desejava ficar ao lado do túmulo de Ruth. Em seu psiquismo, havia um sentimento infinito de culpa. Não conseguia precisar o que sentia, mas fazia a ligação do sucedido com seu comportamento pouco honroso com as moças que haviam cruzado seu caminho, algumas ingênuas, outras, nem tanto.

A matriz real da culpa residia na existência em que levara Ruth à morte, com sua conduta indigna. Muito tempo havia passado, amadurecera e desenvolvera um sentimento profundo pela noiva. Entretanto, ela novamente se fora, em condições bastante parecidas, e no íntimo do rapaz as coisas se confundiam.

Finalmente, concordou em ir embora, desde que lhe dessem alguns minutos a mais ali. Que se afastassem um pouco e o deixassem se despedir. O pedido foi atendido, pois era mesmo razoável e os parentes estavam dispostos a fazer quaisquer concessões, desde que conseguissem levar o rapaz com eles.

Pedro ficou finalmente sozinho em frente ao túmulo de Ruth. Seu íntimo estava devastado e tinha dificuldade para articular alguma linha de raciocínio. Revivia antigas conversas, que ficariam em sua memória para sempre. Pediu perdão e chorou sentidamente, com a forte impressão de que sua vida estava terminada. De algum modo terrível, havia falhado e tudo desmoronava a sua volta.

Após um tempo, a custo se arrancou do local, ciente de que ali deixava o melhor de si. Foi com o rosto coberto de lágrimas que encontrou os que o aguardavam e se encaminhou para fora do campo santo. Em sua perturbação, não chegou a notar determinada presença. Era a duquesa Ana, com alguns acólitos, que ali se encontrava disfarçada sob um amplo véu negro. Ele não a percebeu, mas ela, sim, o notou.

O que se passaria no íntimo daquela alma envilecida e que por várias vezes agira de forma criminosa? Confesso que não me animei a descobrir isso. Apenas a lamentei pelo papel que fizera e ainda fazia, ao parecer desejar se certificar da dor que infligira naquele a quem quisera por amante e a rejeitara. Ficava por conta da Justiça Divina a obra de promover os necessários ajustes.

Meus amigos logo chegaram ao hotel. Pedro estava até sem forças para falar e dirigiu-se a seu quarto. Tirou a roupa como um autômato e deitou, sempre com lágrimas correndo pelas faces.

Não havia muito que eu pudesse fazer, a não ser orar para que fosse forte. Era uma provação extremamente dura para ele, com significação profunda, em termos de sua jornada imortal. Havia naquilo tudo uma simbologia demasiado impactante, era um genuíno chamado da Vida a que retificasse seus rumos, abandonasse as ilusões do mundo e se dedicasse a questões mais transcendentes.

Não era necessário ser vidente para compreender que as chances de ele ser feliz, segundo os padrões mundanos, estavam terminadas naquela existência. Pelo resto de seus dias, carregaria a imagem da noiva morta e seu coração dificilmente seria tocado por outra mulher. Feliz dele se, ao influxo da irmã, do cunhado e da sobrinha, se tomasse de interesse pelas dores dos outros. Estava recebendo uma duríssima lição, como a sinalizar que o tempo da inconsequência e da indiferença havia passado.

Capítulo

30

Perigo à espreita

Na manhã seguinte, Pedro não se levantou, não quis se alimentar e apenas ficou no quarto. Os parentes que iriam embora naquele dia foram despedir-se e ele os recebeu sem se levantar, limitando-se a agradecer a presença e a lamentar o ocorrido, como se fosse mesmo culpa sua.

No hotel, ficaram apenas Joana, Arquimedes e Ana Maria, que não concebiam a ideia de deixá-lo sozinho e entendiam que não tinha condições de fazer uma longa viagem de carruagem, logo em seguida a um evento tão infeliz. Vigorosos e decididos, não se conformaram com a postura do rapaz e o forçaram a se levantar e a comer. Ele estava muito fraco, em termos psíquicos, para resistir à energia daquele trio. Obedecia, mas parecendo mais um sonâmbulo do que qualquer outra coisa. Era quase um morto-vivo.

Alguns dias depois, foi um quarteto triste que entrou na carruagem com destino a Lyon. Pedro estava magro e pálido, com fundas olheiras, pois muito chorava e dormia pouco e mal. Eu esperava que a natureza sadia dele levasse a melhor sobre aquilo. Afinal, Arquimedes também passara por transe muito doloroso, com o abandono de Genoveva, e encontrara forças para seguir adiante.

Quando chegaram a Lyon, a situação estava igual, inclusive porque uma longa viagem de carruagem está longe de ser o melhor tratamento para tristeza. Restava ver como a coisa caminharia quando Pedro retomasse sua rotina. Ele não demonstrou muito interesse em retornar às atividades nos empreendimentos da família, embora a insistência de Ana nesse sentido. Para se livrar da irmã, pediu um prazo para se recompor. Acertada a data, ficou entregue a si mesmo.

A notícia da tragédia de Pedro correra a cidade, onde era bem conhecido. Recebeu várias cartas de mulheres. Algumas desejavam consolá-lo, outras destilavam certo fel: enquanto as missivistas diziam lamentar sua dor, era visível que se regozijavam de que também ele fosse infeliz. O rapaz as recebeu com indiferença, mas não se animava a sair de casa, pois não queria encontrar conhecidos e dar explicações.

Finalmente, adquiriu o hábito das longas caminhadas, o que acabou sendo um lenitivo. De manhã muito cedo, fazia o desjejum e se lançava para fora da cidade, caminhando a esmo. Saía ainda de madrugada para não ver ninguém e, se acaso encontrava algum conhecido, abaixava a cabeça e se fazia de distraído. Andava por estradas marginais e mesmo pelos campos. Foi a forma que encontrou para mitigar sua dor: o cansaço físico.

Naqueles longos passeios em plena natureza, gradualmente começou a se recuperar, embora se tratasse de uma recuperação bastante imperfeita. Voltava para casa já no meio da tarde, sempre cuidando para não precisar falar com ninguém.

Ao cabo de algumas semanas, estava mais sereno. Bem mais magro, tinha o semblante sério e pouco fazia recordar o rapaz alegre que fora até recentemente. A vida o havia marcado de modo indelével. Embora fosse muito jovem, trazia no rosto a marca da tragédia que vivera, na forma de um olhar melancólico e triste. Isso estava longe de lhe ficar mal. Ao contrário, aquilo lhe conferia certa gravidade que nunca existira, e também algum mistério. Quem não o conhecia e cruzava com ele costumava ficar surpreso com sua figura.

Na data combinada com Ana Maria, finalmente reassumiu suas funções nos empreendimentos familiares. Foi a custo que deixou de caminhar a esmo, para se adaptar à rotina de comerciante. Diferentemente do passado, sua presença não era mais a razão da alegria nos entrepostos. Muito sério e pouco falante, fazia seu trabalho de forma metódica, como se aquilo também funcionasse como um apaziguamento de sua consciência e uma forma de sobreviver.

Ana Maria tudo acompanhava com o coração oprimido. Estava, contudo, aliviada ao ver que Pedro não retomara seus antigos hábitos levianos, pois não mais houvera notícia de nenhum romance seu. Por vezes, ele saía à noite apenas para caminhar, sempre envolto em um mutismo novo. Não mais tocara seus instrumentos musicais, não mais cantara, era uma sombra do que fora no passado. Como era jovem, não demorou muito para recuperar as carnes e mesmo alguma paz, plena de tristeza. Parecia sempre guardar luto pela noiva que morrera. Após certo tempo, deixou de falar nela, mas a dor presente em seus olhos mostrava que não a esquecera.

Não faltaram convites para festas, jantares e serestas, nos quais sua presença costumeiramente alegre e sua música foram sempre bem-vindas no passado, mas Pedro não se interessava por nada disso.

Gradualmente, encontrou uma rotina à qual se apegava para não naufragar na dor que trazia no íntimo: acordava muito cedo e passava o dia todo trabalhando com ferocidade. À noite, jantava com a irmã, que sempre buscava confortá-lo e era a única com quem, embora muito raramente, falava na tragédia que vivera. Após o jantar, ou se recolhia a seu quarto para ler, ou saía para caminhar pela cidade.

Às vezes, eu o acompanhava nessas caminhadas noturnas, pois intuía que corria grave perigo, embora ainda não atinasse em que isso consistiria. O rapaz andava a esmo, observando as casas com seus interiores suavemente iluminados. Mais de uma vez, ao vislumbrar a figura de um casal jovem por alguma janela, ele chorava silenciosamente pela dor do que perdera para sempre. Continuava a caminhar meio cego pelas lágrimas, até ficar cansado o suficiente para conseguir dormir, quando retornasse à residência.

Era um rapaz muito sensual, mas em quem a lembrança da noiva querida funcionava como um poderoso impeditivo a que se relacionasse com outra mulher. Sentia-se culpado pelo ocorrido e lidava com dificuldade com o que se passava em seu íntimo. Pouco mais de um ano havia transcorrido desde o falecimento de Ruth e ele seguia nessa rotina, que imaginava manter inalterada pelo resto da vida.

De vez em quando, interessava-se pelos trabalhos que Ana Maria, Arquimedes e Joana mantinham em sua casa, mas algo nele parecia haver morrido. O trauma fora mesmo grande. E eu torcia para que o superasse algum dia.

Foi por essa época que notei algo estranho: Pedro estava sendo seguido. Sempre tinha a impressão de um perigo iminente, de modo que ficava atento, embora com o passar do tempo meu temor tivesse arrefecido. Certa noite, eu notei um homem que me pareceu suspeito, com o rosto meio coberto, que acompanhava a caminhada de Pedro a certa distância.

Aproximei-me para verificar o que ocorria e tomei um susto: era João, o espião da duquesa Ana! Fora quem relatara em primeira mão para a pérfida nobre o relacionamento de Pedro com Ruth, ao vê-los em atitude romântica em uma despedida na frente do palacete de Cícero. Também fora quem providenciara os asseclas que assassinaram Ruth na véspera de seu casamento. Ali estava o mesmo homem, a seguir o meu amigo.

Não precisei fazer muito esforço para saber que a terrível duquesa continuava interessada em Pedro, a ponto de mantê-lo sob vigilância. O que passaria na mente daquela senhora? Queria se assegurar de que continuava sozinho? Acaso tencionava mandar matar qualquer mulher com quem o rapaz eventualmente se relacionasse? Fiquei aliviado quando Pedro entrou em sua casa e fechou a porta.

Passei a acompanhar o inditoso João, que se encaminhou para uma pequena pensão, onde se encontrava um assecla seu. Ambos tinham sido enviados para vigiar o rapaz, o que faziam havia alguns dias. A duquesa esperava relatos pormenorizados da rotina do jovem lionês, especialmente quanto à vida afetiva. Ciente do perigo, eu passei a vigiá-los também e constatei que, desde a manhã até a noite, sempre estavam perto de Pedro, onde se encontrasse. Aquilo não prenunciava coisa boa, mas não havia muito a fazer, a não ser orar e vigiar.

Ao cabo de alguns dias, João escreveu um relatório do que havia presenciado e enviou a sua patroa. Cuidava-se de uma descrição minuciosa da árida nova vida do rapaz. Nela, ficava claro que o vigiado nada fazia a não ser trabalhar, conviver com os familiares e andar a esmo. Se a duquesa queria ter certeza de que o infelicitara para sempre, a narrativa haveria de satisfazê-la. Em meu íntimo, contudo, intuía e temia que ela não se limitasse a isso.

Passei a recear que a duquesa adotasse alguma medida, após receber a correspondência. Ciente de que talvez não tivesse muitos dias, pensei em uma linha de defesa. Já havia percebido que os dois espiões tinham apenas ordens de vigiar o rapaz, mas isso bem poderia mudar em breve. Comecei a tentar infundir medo em Pedro, quanto a seus passeios noturnos, que consistiam na maior fragilidade de sua rotina. É verdade que aos domingos e nos dias santos também fazia longas caminhadas durante o dia. Por ser nos campos que caminhava em tais oportunidades, eu também via aí um possível perigo. Enfim, era preciso exterminar com a vida de andante do rapaz.

A ideia foi mais fácil de elaborar do que de colocar em prática. Pedro não possuía natureza medrosa nem era impressionável. Ademais, sua tristeza era tão marcante que secretamente quase desejava morrer. Não procurava a morte, pois tinha natureza sadia, a qual fora feliz até recentemente.

Fiz o que pude para dissuadi-lo de seus hábitos, mas em vão. Inclusive mantivemos longas conversas durante o sono, mas ele não conseguia recordar o teor do que faláramos. Ignorava o crime cometido pela duquesa e não me cabia fazer esse tipo de revelação, que talvez tivesse consequências funestas. O papel de delator nunca é desempenhado por espíritos cientes da tarefa que lhes cabe no mundo. Assim, para Pedro toda aquela preocupação com a duquesa Ana não fazia sentido. Quando recordava pequenos trechos de nossos encontros em seus sonhos, tomava-os por delírios. Achava que nunca mais veria a duquesa e não se preocupava com ela.

Vendo que minhas tentativas falhavam junto ao rapaz, busquei apoio mais definido com Ana Maria. Esta não teve dificuldade de acolher e lembrar meus conselhos e avisos, tanto por força de sua maior evolução, quanto pela afinidade marcante que tínhamos. Em uma noite, fiz-lhe um relato pormenorizado do que estava ocorrendo e lhe lancei imagens vivas e fortes na mente, para que delas se recordasse vivamente no dia seguinte. Foi exatamente isso o que ocorreu, e ela passou o dia todo preocupada com Pedro. No jantar daquela noite, abordou o assunto com o irmão.

- Pedro, você vai sair hoje?

- Sim, como de hábito. Cansar o corpo me ajuda a dormir e gosto de ver a cidade à noite, dá-me certa calma. Tenho curiosidade sobre as vidas que adivinho por trás das janelas iluminadas. É bom para mim.

- Gostaria que abandonasse esse hábito.

- Por qual razão?

- Tenho um pressentimento ruim quanto a suas caminhadas. Sinto que você corre algum tipo de perigo.

- Desde quando você é dada a pressentimentos inexplicáveis? Sempre foi muito racional e serena.

- Continuo racional, mas preocupada com você. Por favor, pare de sair à noite.

- Ana, seja razoável, esse pedido não faz sentido. Eu já parei com tudo o que me distraía e divertia no passado. Não canto nem toco mais, não vou a festas ou jantares, não tenho romances, praticamente nem amigos tenho. Os de antes não me interessam e também devem me achar enfadonho. Trabalho feito um asno, leio e caminho. Ainda quer me tirar o prazer das caminhadas?

- Não quero lhe tirar nada, mas estou muito preocupada com sua segurança.

- Já faz mais de um ano que caminho pela noite e nada me ocorreu.

- Eu tive um sonho ruim com você. Senti que estava em perigo. Por favor, atenda a esse meu pedido.

- Ana, Ana, acha mesmo que eu tenho coisas bastantes na vida, para abrir mão de algo de que gosto?

- Faça isso, ao menos por um tempo. Para me tranquilizar. Sou uma solteirona velha e cheia de temores e é seu dever cuidar e ser bom para mim.

- Saiba que me pede algo muito difícil. Não quero falar naquilo novamente, mas é nas andanças que me sinto melhor. Quanto à história de você ser velha e temerosa, não convence ninguém.

- Por favor, Pedro.

- Vou refletir sobre isso, mas não gostei da novidade. Para acalmá-la, vou ficar em casa hoje.

- Poderia tocar e cantar para nós.

- Não tenho vontade.

- Nunca mais pegou em nenhum instrumento, nem cantou mais. Antes, vivia cantarolando e assoviando.

- Isso foi antes, Ana. Não existe como comparar o homem que eu era com o homem que sou hoje.

- A vida segue Pedro. Ela precisa seguir e você é muito jovem.

- Sou jovem, de fato, e continuo vivo. Mas não sou mais o mesmo. Algo em mim se perdeu para sempre.

- O tempo talvez o ajude nisso.

- Quem sabe?

- Poderia tentar cantar alguma coisa para nós dois. Se não conseguir, não tem problema.

- Não posso cantar Ana, não posso.

- Tem certeza?

- Eu havia composto algumas canções que pretendia cantar para Ruth em nossa noite de núpcias. Na carruagem para Paris, fui ensaiando. Cada vez que vejo um instrumento, recordo essas canções. É uma dor tão grande, tão grande...

Os olhos do rapaz se encheram de lágrimas, ele pediu licença e foi para seu quarto. Ana Maria ali permaneceu, igualmente com os olhos marejados de lágrimas. Ah, como lamentava o ocorrido. Em seu íntimo, sentia que algo passara despercebido naquela tragédia. Não conseguia atinar com o que fora, mas a coisa toda lhe parecera um tanto suspeita. Lembrava-se bem da sensação de perigo que tivera naqueles tempos, mas as emoções foram tantas na época que não aprofundara seu raciocínio. Mais de uma vez, sentira vontade de inquirir Arquimedes sobre o tal mal súbito de Ruth, mas jamais o fizera.

Também se lembrava, arrepiada, de que, ao falar com Pedro sobre o falecimento da noiva, sentira que vivia um princípio de despedida. Agora, estava muito inquieta pela sorte do rapaz. Por um lado, estava aliviada ao vê-lo trabalhador e caseiro como nunca fora. Não ignorava que recebia muitos convites e não eram poucas as mulheres que lhe enviavam recados, na esperança de consolá-lo. Pedro só fazia trabalhar, ler e andar, estava mesmo bastante modificado. O problema é que o preço fora muito alto para essa mudança, pois a alegria de seu irmão estava morta. Nem se lembrava mais da última vez em que o vira sorrir, logo ele que sempre tivera um sorriso franco e fácil. Também não mais cantava ou tocava seus instrumentos. Havia ficado sério demais. Entretanto era jovem. Será que permaneceria daquele jeito para sempre? E o temor que sentia?

Por alguma razão que desconhecia, por vezes pensava na nobre que se sentira seduzida por Pedro. Aquela dama madura teria esquecido seu irmão? Cícero os avisara de que era poderosa, além de vingativa e perigosa. A tal duquesa teria sabido do noivado de Pedro e do falecimento de Ruth? Tomara que jamais ouvissem falar dela novamente!

De minha parte, estava bem convencido de que aquele desejo de Ana Maria não seria atendido. Aliás, não demorou muito para o meu temor quanto à duquesa se concretizar. De modo surpreendente, eis que um belo dia chegou à cidade a importante nobre, com uma vistosa equipagem de muitos cavalos. Vinha com uma pequena corte, alegadamente para repousar de sua afadigada vida na corte e na capital do reino. Havia arrendado um castelo nas redondezas, pertencente a alguns nobres falidos, e lá se instalou ruidosamente.

Não demorou muito para a notícia de suas festas, nas quais compareciam muitos artistas, varrer a cidade. Evidentemente, não se fez acompanhar de seu duque, o qual estava em Versalhes, envolto na política palaciana.

Não era a primeira vez que a nobre dama se tomava de amores por algum rapaz e buscava se distanciar um tempo do marido, enquanto vivia seu romance de ocasião. Em geral, procedia de forma mais discreta, sob a justificativa de que fazia um retiro em algum convento, para cuidar da alma. Passava uma temporada longe de tudo e de todos, salvo de alguns poucos acólitos, nos quais confiava, pois tanto a temiam que jamais abririam a boca.

Ana Maria e seus familiares não eram dados a festas e viviam de forma bastante reservada, especialmente após os infortúnios que os haviam atingido, com as mortes de Genoveva e de Ruth. Pedro sempre fora o mais sociável e festeiro, mas agora vivia completamente recluso.

Foi com surpresa que o moço deparou com um vistoso convite que lhe fora enviado e que o aguardava em sua residência, quando nela chegou no princípio de uma noite. Não era raro ele receber convites, mas aquele destoava dos demais, em sua visível riqueza e sofisticação. Olhou o convite em cima de uma mesa e não imaginou que lhe fosse dirigido, até que a irmã o alertasse disso.

- Pedro, essa correspondência está endereçada a você.

- Ora, de quem é?

- Não sei, mas deve ser de alguém importante, pois está brasonada e fechada com um selo bem imponente.

Ele apanhou a carta, sopesou-a, um tanto curioso. Quando a abriu, fez uma expressão de espanto.

- Era só o que me faltava!

- Quem é o remetente?

- A remetente, minha irmã, a remetente. Lembra-se da desagradável duquesa Ana?

- Não acredito. Acaso pretende que você vá a Paris ter com ela?

- É muito pior do que isso. Ela está em Lyon passando uma temporada e me convida para uma festa no castelo em que temporariamente habita.

- Pretende ir?

- Nem que fosse a última festa a ser dada no mundo, antes do dilúvio. Tenho horror daquela velha dissoluta, que se acha muito sedutora.

- Mas o que ela faz aqui em Lyon?

- Ignoro por completo. Aliás...

- Aliás, o quê?

- Havia mesmo ouvido falar de uma dama da alta nobreza que se encontrava nas redondezas, causando estrépito com suas festas e passeios. Parece que até caçadas anda promovendo nas terras de um castelo das vizinhanças. Deve ser a duquesa.

- Continuo curiosa quanto ao motivo da presença dela aqui. Deve ter suas próprias terras, nas quais possa descansar, caçar e dar festas. Temo que ela esteja aqui por sua causa.

- Será?

- Temo que sim.

- Perderá o tempo e o dinheiro que está gastando. Não vou nem responder ao convite.

- Faz bem, mas convém que você se acautele enquanto a duquesa estiver nas redondezas.

- Por qual razão? Porventura sou uma donzela que pode ser comprometida por falatórios e nunca mais conseguir casamento?

- Não temo falatórios, mas que ela faça algo de efetivo contra você.

- O que poderá fazer? Raptar-me e abusar de mim?

- E se o fizer?

- Seria mesmo o cúmulo. Por insana que seja, imagino que não chegará a esse extremo. O que poderia conseguir? Que eu a desprezasse ainda mais?

- De todo modo, acautele-se. Em especial, pare com suas andanças enquanto sua admiradora permanecer por aqui.

Pedro teve um gesto de desagrado, jogou o convite fora e foi para seu quarto, preparar-se para o jantar.

De minha parte, cuidei de ir verificar quais eram as reais intenções daquela nobre desatinada e criminosa. Não quis ir à noite da festa, pois calculei que o clima psíquico seria muito triste. Assim, na tarde do dia seguinte, após findar meus atendimentos na igreja, dirigi-me ao castelo.

Havia nele uma grande movimentação, pois os nobres da redondeza estavam muito interessados naquela dama tão importante. Ela havia dado uma pequena recepção no correr da tarde e naquele momento recebia em audiência particular algumas pessoas. Um tanto surpreso, entendi que recebia pedidos, os quais se comprometia a encaminhar, por meio de seu marido, ao núcleo do poder do reino: Versalhes.

Se tudo aquilo correspondia mesmo à realidade, a duquesa Ana era mais importante e influente do que eu imaginara. Desde o princípio, achei que fosse apenas uma criatura venal, gastando a vida em romances e bobagens. Mas parecia ser uma grande intrigante, que se interessava por política e encontrava muito prazer nisso. Buscava se inteirar de detalhes comprometedores das vidas alheias, com o intuito de se aproveitar deles, quando a oportunidade surgisse. Sua fortuna, seu título, suas relações e uma vida toda gasta em ardis e intrigas tornavam-na temível.

Pior, tudo isso junto a fazia se considerar acima do bem e do mal. Achava que jamais responderia por seus atos e tinha a certeza de conseguir absolutamente tudo o que queria. Haviam sido tantos os homens e mulheres que dobrara a sua vontade, ou cujos destinos infelicitara! Era aquela figura complicada e perigosa que se interessava por Pedro.

Após as entrevistas, a dama finalmente ficou só no refinado aposento. Tinha um sorriso maldoso nos lábios, enquanto recordava todas as conversas, as fragilidades que entrevira. Realmente apreciava ter domínio sobre os destinos alheios.

Repentinamente, o sorriso findou e sua expressão se tornou soturna. Pensava em Pedro e aquilo a modificava. Desde que o conhecera, vivia sob o império de uma paixão violenta. Nunca conseguira esquecer a sua figura de moço belo e simples, pelos seus padrões. Por alguma razão, a imagem da última vez em que o vira, enlutado e choroso, ao sair do cemitério, a transtornava e indignava ao mesmo tempo. Ele chorava desolado por aquela judia, aquela filha de banqueiro! A duquesa arfava de indignação ao pensar nisso. Queria e merecia ser amada daquele jeito! Era uma questão de honra, Pedro precisava gostar dela. Ele se apaixonaria por ela ou morreria!

Aquela linha de pensamentos deu-me a medida exata da loucura da duquesa e do perigo que Pedro corria. Tinha certeza absoluta de que ele não cederia à paixão da matrona, de modo que o pior poderia lhe ocorrer.

Saí do ambiente extremamente preocupado, por entender que ela não teria medida alguma para realizar seus desejos, nem para se vingar da rejeição que se afigurava como certa. Cuidei de intuir Ana Maria para que instruísse Pedro a não correr nenhum risco desnecessário. No fundo, temia que isso de nada adiantasse. O rapaz não era uma freira reclusa em uma cela de convento. Trabalhava, vivia, andava pela rua, movimentava-se pela cidade. Ainda que cessasse com as caminhadas que tanto apreciava, não seria impossível que a duquesa mandasse alguns capangas interceptarem-no. Quiçá colocasse alguém dentro da casa ou dos estabelecimentos comerciais, com a finalidade de envenená-lo.

Os dias se passaram... A tal festa ocorreu, e Pedro nela não se fez presente. Pouco tempo depois, soube que o evento fora grandioso, que todos os nobres e figuras importantes da região nele tinham comparecido. O rapaz evitava pensar na nobre que já lhe despertava uma profunda ojeriza e seguia com sua nova vida afanosa e tranquila.

Não era feliz, mas também não estava mais desesperado. Desesperançado e melancólico seriam os termos corretos para descrevê-lo. Isso lhe dava um ar de seriedade e mesmo de mistério que não ficava nada mal. Era como se seu semblante jovem ocultasse alguma mágoa profunda, alguma dor secreta, o que constituía uma espécie de desafio para muitas mulheres, que desejavam consolá-lo.

Esse novo Pedro, amadurecido, melancólico e calado, foi perseguido tenazmente pela duquesa. Muitos outros convites chegaram a sua casa e mesmo ao seu local de trabalho. Reconhecendo o lacre, nem se dava ao trabalho de abri-los, simplesmente os deitava fora. Ana Maria estava muito preocupada e não cessava de instá-lo a que tomasse cuidado.

- Ana, você está mais preocupada do que eu. Nunca a vi assim, tão temerosa. A dama é inconveniente e infatigável, reconheço, mas não passa de uma lunática, que cedo ou tarde terá de desistir e ir embora.

- Tomara seja assim mesmo, mas tenho um mau pressentimento.

- Não vejo nada que ela possa fazer de tão grave. Invadir nossa casa e me arrastar pelos cabelos? Estamos na França, em pleno século 18... Eu sou um homem livre.

- Não creio que ela vá fazer nada tão ostensivo, mas temo que seja desequilibrada bastante para ignorar quaisquer limites.

- Desequilibrada ela é mesmo, disso não tenho dúvida.

- Pedro, claramente ela se deu ao trabalho de vir a Lyon, arrendar um castelo, ao que parece com um vasto cortejo de pessoas, tudo isso por sua causa. Isso é sério para ela se dar a tanto trabalho.

- Uma louca completa que não percebe que apenas me irrita. Nem que fosse a última mulher do mundo eu me interessaria por ela. Prefiro virar padre, tornar-me um eremita. Tenho horror dessa mulher, já disse.

- Eu sei. Apenas lhe peço que se cuide. Faça-o por mim. Já houve desgraças demais em nossa família. Não sei se suportaria se algo de mal lhe ocorresse.

- Está bem, Ana, vou me cuidar ainda mais, enquanto a duquesa estiver por perto. Espero apenas que não fique tempo demais aqui. Será que o marido não estranha essa longa estadia em Lyon?

- Pelo que entendi de nossas conversas com Cícero, creio que nas altas rodas a infidelidade é tida como um passatempo inofensivo, desde que não cause escândalo.

A vida seguia nesse diapasão quando, ao se encaminhar para o trabalho em uma manhã, Pedro foi literalmente interceptado em seu caminho por uma rica carruagem. Assustou-se e deu um salto. Nisso, o rosto da duquesa surgiu na janelinha, com um sorriso que pretendia parecer amável.

- Senhor Pedro! Que alegria encontrá-lo.

A voz soava estridente, pois a dama estava nervosa, transtornada mesmo. Pedro mostrou no semblante o desagrado com aquela novidade e não fez nenhuma questão de parecer feliz.

- Assustou-me, senhora, com sua carruagem e seus cavalos.

- Perdoe-me, não foi essa a intenção. Seguia para a igreja, a fim de orar no silêncio da manhã, quando o vi atravessar a rua. Pedi para o cocheiro me ajudar a alcançá-lo e ele se empolgou um pouco. É muito prestativo, sempre se esforça para atender meus desejos.

- Está perdoada. Desejo-lhe um bom dia.

Dizendo isso, fez menção de ir embora.

A duquesa se opôs com estridência.

- Espere, eu lhe dou carona, suba na carruagem.

- Não há necessidade, gosto de caminhar e costumo ir a pé para o trabalho. É melhor que a senhora siga seu destino, rumo à igreja.

- Não, por favor! Suba, eu faço questão.

- Não vejo necessidade disso. Bom dia, senhora.

- Espere, espere!

Ele não ocultou a irritação na voz.

- Sim?

- Está sendo muito ingrato comigo. Enviei-lhe vários convites e não se dignou a responder.

- Não é nada pessoal. Não tenho aceitado convites para nada, limito-me a trabalhar e a ficar em casa, com minha irmã.

- Mas é jovem, precisa se divertir.

- O tempo da diversão passou em minha vida, de forma definitiva.

A duquesa fez uma expressão de espanto, que em nada a embelezou, e ficou sem reação. Pedro foi embora rapidamente, sem dar tempo a outros comentários. A dama ficou vendo-o se distanciar, sentindo um desespero e um ódio profundos. Fechou a portinhola da carruagem e se entregou a um acesso de raiva, dos muitos que se permitia. Despedaçou o leque, feriu-se, bateu nos assentos e nas paredes da carruagem.

Percebendo o que ocorria, o cocheiro, que a servia há longo tempo, cuidou de conduzir a carruagem de retorno ao castelo. Sabia que permaneceria naquele estado por muito tempo e não era prudente interferir.

Ao chegar ao castelo, ela se retirou para seu quarto, vociferando, e nele ficou. Pouco a pouco, acalmou-se e entrou em uma espécie de apatia, com o semblante terrível. Eu a tudo assistia, entre curioso e temeroso. Curioso, pois a mulher era um fenômeno da natureza, em suas iras e destemperos. Temeroso, na medida em que alguma resolução muito tenebrosa poderia ser tomada pela tresloucada.

Quando se acalmou e recuperou a capacidade de articular algum raciocínio, inicialmente se deleitou em detalhar a aparência e a conversa que tivera com Pedro. Ele estava tão mudado, tão sério. Não era mais um rapaz; era um homem, firme e decidido, com o semblante marcado por uma seriedade nova. Ah, como era desejável, como ela o queria!

Após um tempo nesse deleite, recordou-se que ele fizera tudo para se livrar dela, como se fosse uma pestilenta. Sua ira aumentou desmedidamente a esse pensamento e oscilou longamente entre vários estados de espírito. Finalmente, tomou uma decisão: daria ao rapaz uma chance derradeira para tratá-la com o respeito devido. Se a respeitasse e se permitisse ficar perto dela, tinha certeza de que a amaria. Foram tantos os homens que a amaram! Muitos ainda desejavam seus favores. Era bela, desejável e muito experiente. Poderia fazê-lo esquecer aquela judia infeliz. Se o rapaz fosse irredutível, tomaria medidas drásticas para puni-lo pela insolência.

Capítulo

31

Vingança

Os DIAS TRANSCORRERAM EM relativa tranquilidade até que a nobre colocou em prática seu plano de abordar o rapaz de forma mais direta. Ele se encontrava em suas atividades, conferindo algumas mercadorias, quando foi avisado por um empregado de que uma visita importante o esperava na sala que habitualmente ocupava para conversas mais reservadas. Seu pensamento estava muito longe da duquesa, de modo que nem imaginou que fosse ela a tal visita. Aliás, nem pensou que fosse uma mulher. Por visita importante, presumiu que se tratasse de algum cliente ou fornecedor. Dirigiu-se a sua sala e nela entrou de forma despreocupada. Quando deu de cara com a duquesa, que observava uma janela e se voltou para ele, quase desfaleceu.

- Senhor Pedro, boa tarde.

- Boa tarde, senhora. A que devo sua visita?

- Vim porque é muito importante. Vou-me embora para Paris em breves dias e decidi fazer uma derradeira festa para me despedir da cidade. Foram todos tão amáveis comigo. Pretendo reunir a fina flor da sociedade lionesa e desejo que compareça.

- Não sei se será possível.

- Será, sim, basta que faça um pequeno esforço. Aliás, vim convidá-lo com bastante antecedência e faço absoluta questão de que compareça. Se quiser, pode levar sua irmã. Creio que a conheci em minha casa.

- Conheceu, sim, mas Ana Maria é pouco dada a festas.

- Será um evento especial e vim aqui pessoalmente para convidá-lo. Não tenho esse hábito. Espero que perceba como o distingo das outras pessoas. Se faltar, será uma ofensa muito grave que me fará.

- Agradeço o convite, senhora.

- Não agradeça, apenas compareça.

- Conversarei com minha irmã sobre isso.

- Saiba que conto com sua presença. Ela é essencial para mim. Aliás, senhor Pedro, penso que devemos nos entender claramente a respeito de algumas questões.

- Que questões?

- Não sei se aqui é o ambiente apropriado para isso.

- Se há algo a ser dito entre nós, é preferível que fale já.

- Feche a porta para que ouvidos indiscretos não acompanhem nosso entendimento.

O rapaz estava pálido e com o coração palpitante. Acertadamente, intuía que iria passar por momentos muito desagradáveis. A duquesa se sentou e ele rodeou a escrivaninha e sentou-se do outro lado, extremamente tenso. Ela o mirou e lambeu os lábios, em uma atitude predatória. Seu olhar era pura luxúria, enquanto o mirava, cheia de desejo. Pedro estava muito desconfortável sob o peso daquele olhar, que o fazia se sentir pequeno e sujo. Por não aguentar mais o silêncio, decidiu fazê-la falar.

- O que deseja me falar de tão importante?

- Penso que entre nós chegou o momento da honestidade.

- ...

- Pedro, vou esquecer as formalidades e chamá-lo assim. Preciso lhe fazer uma confissão. Estou profundamente apaixonada por você. Desde que o conheci, em minha casa, experimentei uma emoção diferente. Senti que algo nos unia, que precisávamos ficar juntos. Vim para esta cidade apenas por você e para vê-lo.

O rapaz estava literalmente sem palavras, enquanto observava aquela mulher madura, que, sob a luz desfavorável que vinha da janela, parecia uma velha debochada, sem nada que o seduzisse.

- Creio que já sabia de tudo isso. Sempre fugiu de mim, de modo inexplicável. Logo que nos conhecemos, vi que ficou feliz em estar comigo, sentiu-se bem. Depois, mudou sua conduta. Não sei o que o assustou ou o fez mudar de proceder. Entretanto, penso que merecemos uma chance. O que quer que tenha ocorrido, não pode ser muito importante, não pode ser definitivo. Nada tema. Podemos ser felizes juntos.

Olhava-o de forma lúbrica e parecia muito patética ali, envelhecida e trêmula, a declarar sua paixão por um homem jovem e bonito. Apenas uma mente muito viciada e perturbada como a da duquesa para não perceber o papel ridículo que fazia. Pedro não sabia o que falar, de modo que decidiu ser sincero.

- Senhora, acho tudo isso um grande equívoco.

A duquesa recebeu muito mal a observação e quis retomar sua arenga, mas ele pediu, por meio de um gesto, que o ouvisse.

- Sem dúvida, fiquei honrado quando a senhora decidiu me mostrar sua casa naquela noite já distante. Mas é uma dama casada, titulada e importante, cuja vida nada tem a ver com a minha.

- Esses são meros detalhes, que não podem atrapalhar um amor como o nosso.

- Não existe amor entre nós, senhora.

- Existe, sim, eu não me engano quanto a isso. Demonstrou apreço por mim naquela noite e depois mudou, possivelmente por receio de minha posição. Mas não me importo com nada disso. O importante é que somos especiais um para o outro.

- Senhora... Peço que me ouça. Eu não a amo. Talvez não saiba, mas naquela mesma noite conheci uma jovem donzela em sua casa, Ruth, a filha de um banqueiro de nome Jacó. Foi um encontro de almas, algo muito especial, que me modificou para sempre. Ficamos noivos e ela faleceu no próprio dia do nosso casamento. Ela está morta e eu também estou, em certo sentido. Jamais poderei amar outra mulher.

A duquesa ficou vermelha de raiva e indignação, mas se esforçou por conter a própria ira e manter o que imaginava ser uma aparência sedutora. Tentou falar com doçura, o que a tornou ainda mais ridícula, pois sua voz desafinou.

- Pedro, isso tudo vai passar, já passou. Eu soube do noivado e do falecimento da jovem. Não vê nisso tudo o dedo de Deus? Você não deveria mesmo ficar com ela, mas sim comigo, e Deus interferiu.

- Com o devido respeito, acho pouco provável que Deus faça algo para favorecer a ligação entre uma mulher casada e outro homem, que não o seu esposo.

Ela bufou de raiva e abandonou a aparência de candidez.

- Calma lá, meu jovem. Não lhe dou o direito de falar assim comigo.

- Não a ofendi, apenas falei a verdade. A senhora é casada e não podemos ter absolutamente nada.

- Quer me convencer de que nunca teve um romance com uma mulher casada?

- Se tive ou não, eis algo que não interessa e pertence ao passado. Trata-se da minha vida. Sou sincero em lhe dizer que vivo para a memória de minha amada noiva. Sinto-a junto a mim todos os dias de minha vida e isso funciona como um freio. Jamais faria algo que me diminuísse aos olhos dela.

- Essa moça está morta e bem enterrada. Nós estamos vivos.

- Sim, estamos vivos, e a senhora é casada com o senhor João, o duque. É esse o nome, se não me engano.

- O nome é esse mesmo, mas João não se importa em como levo a minha vida.

- Tanto melhor para ambos, mas nada tenho a ver com esse arranjo.

- Quer dizer que me despreza e rejeita o amor que lhe ofereço?

- Não se trata de desprezo nem de rejeição. A verdade é que sou um homem marcado por um amor profundo que não se concretizou como eu esperava. Creio que jamais amarei outra mulher enquanto viver.

- Isso tudo é uma bobagem.

- Para mim, é algo muito sério. Abandonei sonhos em demasia para viver como se nada tivesse acontecido, como se não os tivesse alimentado em meu coração por meses a fio.

- Não pode me desprezar assim. Vim para esta cidadezinha apenas por sua causa.

- Não me lembro de ter pedido isso, mas ainda assim agradeço. Sinto-me honrado, mas lhe afianço: nunca haverá nada entre nós.

Os olhos dela fremiam de ódio, seu peito arfava. Era uma completa insana em um esforço imenso para se controlar. Temendo ter uma crise ali mesmo e despedaçar tudo, levantou-se para ir embora. Pedro imediatamente fez o mesmo. Aí o semblante da duquesa se transformou, mostrando a louca terrível que era. Seu olhar se tornou maldoso e ela falou com voz soturna e pesada, em uma clara ameaça:

- Creio que está falando por falar. De todo modo, o convite fica com o senhor. Saiba que espero sua presença em minha festa. Será a oportunidade para se redimir de tudo o que me disse e fez.

- Não lhe fiz nem disse nada de ofensivo.

- Isso eu que sei. Abalei-me de Paris aqui e fui tratada como uma mulher qualquer. Se não se retratar, jamais poderei perdoá-lo. Tem alguns dias para refletir e compreender quão importante é o laço que nos une. Perto do que podemos ter, o que teve com aquela filha de banqueiro não significa nada.

Pedro fez uma expressão de indignação a esse comentário, mas conseguiu calar. A senhora se dirigiu à porta, esperou que ele a abrisse e saiu, com andar decidido. Do lado de fora, os empregados do estabelecimento estavam com ar de espanto. Ao vê-los, Pedro entendeu que aquela conversa infeliz havia sido ouvida por todos, a partir do momento em que as vozes se elevaram. Deu de ombros, fechou a porta e ficou ali, quieto. Pela primeira vez, sentiu que corria mesmo um grande perigo. Vira de perto quão louca era a dama. Até onde ela iria naquela insanidade?

Embora não quisesse preocupar a irmã, decidiu partilhar com ela seu sentimento de perplexidade e indignação quanto à conduta da duquesa.

Os dois combinaram que Pedro deveria expor-se o mínimo possível, enquanto a nobre e seus acólitos permanecessem em Lyon. Iria trabalhar mais tarde, voltaria mais cedo e permaneceria em casa. Embora desgostando do projeto, o moço reconheceu que era uma medida prudente. Havia vislumbrado com clareza lampejos de luxúria, ódio e loucura nos olhos de sua admiradora e não tinha o menor desejo de se colocar submisso a ela.

O dia da famosa festa chegou e foi mesmo um evento memorável na cidade. Praticamente todos os que gozavam de alguma consideração social se fizeram presentes. Houve de tudo, inclusive fogos de artifício. Se algo faltou na ocasião festiva, foi Pedro, que estava bem quieto, lendo em sua cama, enquanto a duquesa se despedia festivamente da cidade.

No dia seguinte, os comentários corriam soltos sobre a riqueza e a sofisticação da festa e de quão notável era a dama, em sua generosidade. Ardilosa, ela cuidara de fazer uma rica oferta para a igreja local, no intuito de que se melhorassem as instalações da casa paroquial, e também para as atividades pias.

A notícia daquilo tudo repercutiu junto a Pedro e Ana Maria, que não chegaram a entender o ocorrido. Até cogitaram que a duquesa fosse uma figura contraditória, a um tempo religiosa e dissoluta. Infelizmente, tais pessoas não são raras no mundo.

A duquesa fez questão de se encaminhar com sua comitiva, quando da retirada do castelo, para a igreja local, onde combinara com o padre a realização de uma missa de gratidão pelo período de paz e refazimento de que gozara.

Assim, alguns dias depois da grande festa, a muito nobre Ana se retirou com estardalhaço da região, com uma comitiva de várias carruagens. Nelas, seguiam algumas visitas suas de Paris, sua criadagem, as damas de seu círculo mais íntimo e tudo o mais que se pudesse imaginar em um rico e faustoso séquito.

Por motivos óbvios, eu tinha muito interesse na dama e prestei atenção no cortejo e nos preparativos, espantando-me com quão rico e aparatoso era o modo como vivia e viajava.

Ao bem observar as ocorrências, notei que ela produzia uma grande encenação, com a finalidade de que sua partida fosse notada e comentada. Ninguém poderia mesmo duvidar de que a comitiva tivesse se deslocado rumo a Paris em um específico dia.

Ocorre que a dama não pretendia seguir com todos. Sob a desculpa de que era necessário consertar pequenos estragos que haviam sido feitos por ela e pelos seus durante a estadia, combinou que o castelo somente seria devolvido algum tempo depois de sua retirada. Fez saber aos proprietários, aos quais remunerou regiamente, que um criado de sua confiança lhes avisaria quando o local fosse devidamente desocupado pela criadagem encarregada dos reparos.

Felizes pela decência que viam naquela dama de alta estirpe, os donos da propriedade perderam-se em agradecimentos e elogios. Inclusive porque muitos dos consertos que ela tencionava fazer seguramente não se referiam a nenhum estrago recente. "Não era mesmo uma senhora muito generosa?", comentaram entre si.

Nos dias antecedentes a sua despedida oficial, Ana, acompanhada de três servos de sua estrita confiança, inclusive o já conhecido João, fez alguns passeios pela propriedade. Em um desses passeios, identificou pequena construção muito sólida e bastante retirada. Após ligeira vistoria, mandou que os homens a consertassem, reforçassem portas e fechaduras e lacrassem as janelas. Também lhes recomendou que providenciassem, dentre outras coisas, uma cama confortável.

Seus pensamentos eram mais do que claros: pretendia prender Pedro naquele local, para ver se o faria rever sua recusa em aceitá-la como amante.

Caso se arrependesse e pedisse perdão de forma convincente, e a amasse como ela merecia ser amada, tencionava perdoá-lo de forma magnânima. Haveria de levá-lo a Paris, instalá-lo e mantê-lo como um príncipe. Imaginava-se desfilando com o belo rapaz e fazendo as pessoas certas saberem que era loucamente amada, a fim de despertar inveja e cobiça. Entretanto, caso não a valorizasse devidamente, iria matá-lo.

No dia da despedida oficial, sua carruagem foi uma das últimas a seguir no cortejo, acompanhada de duas outras. Em uma, estavam aqueles três homens de sua estrita confiança. Com a duquesa, iam algumas de suas damas de companhia, que a temiam em excesso para fazer qualquer comentário desairoso. Na terceira carruagem, estava uma parte da rica bagagem da senhora.

Após se afastar da cidade, fez saber aos demais viajantes que de última hora resolvera visitar uma nobre sua amiga, que estava enferma. Ninguém acreditou, mas quem se animaria a manifestar qualquer dúvida? Ela era perigosa demais para ser desafiada e afrontada, e todo mundo o sabia.

As três carruagens retornaram ao castelo por uma estrada secundária, de modo discreto. Atento a tudo aquilo, eu procurei intuir Ana Maria para que se prevenissem. Ela registrou minhas ideias e tentou convencer Pedro de que talvez devesse viajar para longe, a fim de se distrair. Se ficasse em Lyon, deveria manter-se recluso mais um tempo, até terem certeza de que a dama não retornaria.

O rapaz não se animou com nenhuma das duas perspectivas. Após vários dias sentindo uma ameaça pairando sobre sua cabeça, foi com alívio que vira o cortejo da duquesa se afastar. Respirava, aliviado, e só queria retomar sua antiga rotina. Não tencionava viajar, na medida em que o trabalho funcionava como uma distração. Se permanecesse ocioso, ficaria o tempo todo pensando em alegrias passadas e em tristezas presentes, e isso não o empolgava.

Enfim, apesar de todos os meus esforços, e da insistência de Ana Maria, já na primeira noite após o aparente retorno da duquesa rumo a Paris, Pedro retomou sua rotina de longas caminhadas.

Conhecedora dos hábitos do rapaz, em razão da longa vigilância exercida sobre ele, a duquesa aguardou até o próximo domingo para colocar seu plano em prática. Com isso, esperava que nenhuma suspeita pairasse sobre sua pessoa, após o sumiço. Também sabia que um homem jovem e forte não se deixaria prender sem rebuliço, o que poderia chamar demasiada atenção dentro de uma cidade, ainda que tal se desse durante a noite.

Em uma bela manhã ensolarada de domingo, Pedro saiu de casa, atravessou uma parte da cidade e tomou o rumo do campo. Como de praxe, levava pequeno farnel, a fim de poder se demorar em seu passeio. Ia distraído quando, ao atravessar um bosque, logo na saída de Lyon, foi abordado por três homens armados. O moço se surpreendeu e cuidou de esclarecer.

- Tenho pouco dinheiro comigo. Estou apenas passeando.

João, como chefe da empreitada criminosa, respondeu:

- Não queremos seu dinheiro. Fique quieto e não resista, pois não queremos machucá-lo.

- Deve haver algum engano. Meu nome é Pedro C., sou mercador aqui em Lyon. Creio que procuram outra pessoa.

- Nosso assunto é com você mesmo.

O moço ficou imensamente surpreso com aquilo e rápido lhe veio à mente a figura da iracunda duquesa. Não teve muito tempo para esboçar qualquer reação. Sob a mira de três pistolas, fora da cidade, entendeu que suas chances de escapar eram mínimas. Ainda assim, não se preocupou demais, na expectativa de algum entendimento racional com a dama.

Cautelosos, tendo em vista o visível vigor de sua vítima, os três bandidos cuidaram de amarrá-lo e amordaçá-lo. Nesse estado, fizeram-no entrar em uma carruagem, na qual foi conduzido à nossa já conhecida construção, nas terras em que ficava o castelo arrendado pela duquesa.

Pedro, em um rápido olhar, entendeu que o ambiente fora preparado para recebê-lo. Reparou que o local era ermo e teve o primeiro sentimento de medo real. Começou a suar frio. Teve tirada sua mordaça e imediatamente indagou:

- O que querem de mim?

- Não queremos nada. Estamos aqui a mando de uma pessoa que logo virá ter com você.

Tudo estava preparado para reter um homem forte no local. Pedro foi amarrado em uma sólida cama e ali ficou, sozinho, enquanto os três se afastaram. A mente do rapaz funcionava em ritmo vertiginoso. Imaginava até onde a duquesa iria. Será que apenas queria lhe dar um susto? Devia confiar em sua completa imunidade, tendo em vista sua qualidade de nobre ligada à família real. Ele apenas queria se ver livre daquilo tudo, não pensava em se vingar da dama, em fazê-la pagar pela afronta. Decidiu tentar ser diplomático, até por saber o quanto louca era a sua apaixonada. As horas foram se arrastando lentamente, para extremo desconforto do jovem, quando a porta se abriu e a duquesa entrou.

- Senhor Pedro, boa tarde. Veja a que sua teimosia nos conduziu.

- Boa tarde, senhora. Peço que me liberte, pois estou muito desconfortável aqui.

- É cedo para isso. E não está desconfortável, bem o sei. A cama é boa e recomendei que cuidassem para não feri-lo, ao darem os nós. Um dos rapazes foi marinheiro e é perito em cordas e nós. Creio que já pôde notar.

- Senhora, sou um homem livre. Não pode me reter aqui. Minha família logo vai ficar preocupada.

- Esqueça sua família. Não tem mais nada a ver com ela.

- Como assim?

- Sua vida agora é comigo. Daqui, haveremos de seguir diretamente para Paris, a fim de viver nosso amor. Se fizer muita questão, de lá enviará uma carta a seus familiares, contando sobre sua nova vida.

- Isso não tem o menor cabimento.

- Pedro, eu o trouxe aqui para que reflita. Ofereço-lhe tudo de melhor: meu amor, dinheiro, posição, uma vida boa e cheia de prazeres, na qual será amado, mimado, admirado. Apenas lhe peço que reveja seu capricho, de todo incompreensível. Não faz sentido que resista ao sentimento que nos une.

Ela falava com um sorriso maldoso nos lábios. Após tantas afrontas que entendia haver sofrido, saboreava vê-lo ali, dominado, a sua inteira disposição. Sentia uma satisfação violenta com a situação toda, além de um desejo desmedido pelo rapaz. Em sua mente, perdia-se em imagens lúbricas que deveriam começar naquela cama que fizera transportar com tantas cautelas e dificuldades.

- Não pode me manter preso aqui. Crê que passarei a amá-la nessa situação?

A duquesa perdeu a linha e principiou a gritar, tomada de uma ira descomunal.

- Cale-se. Dei-lhe todas as oportunidades para que viesse a mim de livre vontade. Fiz-lhe convites, declarei-lhe meu amor, rebaixei-me. Passou o tempo de minha boa vontade. Ou faz votos perpétuos de amor a mim, vincula-se a minha pessoa, ou não mais sairá daqui.

- Senhora, não é assim que as coisas se passam. Raciocine comigo. Como terá certeza da sinceridade de um amor que lhe declare assim, nessas condições? Como saberá que eu não estaria mentindo apenas para escapar?

- Tenho meios de assegurar sua fidelidade.

Naquele momento, ele não quis se certificar que métodos seriam aqueles e continuou argumentando. Mas falava com uma insana, de modo que nenhuma conversa poderia ser razoável. Ela demonstrou toda sua ira e seu despeito, ofendeu a memória de Ruth com violência, rebaixou ao máximo o vínculo que os dois haviam tido e insistiu em que Pedro gostara dela de início, e depois recuara por um medo de sua posição, o que não conseguia sequer admitir. Não houve o que a dissuadisse dessa ideia. Após um longo período de gritos e destemperos, decidiu ir embora.

- Pedro... Vou lhe dar até amanhã para que reflita sobre sua situação. O silêncio costuma ser bom conselheiro. Para que não guarde mágoa de mim, vou mandar que fique desamarrado. Mas não se iluda, o local é isolado, de modo que gritos não seriam ouvidos, e também é bastante sólido. Não conseguirá escapar. Além disso, dois dos rapazes montarão guarda do lado de fora desta cabana, devidamente armados. Irei lhes recomendar que não hesitem em feri-lo gravemente, e mesmo em matá-lo, caso tente fugir.

- Minha irmã deve estar muito preocupada comigo. Por favor, deixe-me ir embora. Outro dia nos encontraremos para conversar.

- Acha que sou tola? Já lhe dei tempo bastante para que decidisse vir a mim de forma espontânea. Resistiu, humilhou-me, fez pouco de mim. Agora é tudo nos meus termos. Aproveite a noite. Será alimentado e ficará confortável. Só não pense que minha generosidade durará para sempre. Pense bastante nesta noite, que amanhã cedo conversaremos.

Ao dizer isso, retirou-se e ficou aguardando do lado de fora. Os três asseclas entraram, colocaram comida e bebida em uma pequena mesa e desamarram o moço, sempre sob a mira de armas de fogo. Após, retiraram-se e Pedro ouviu a voz da duquesa se afastando. Também ouviu a voz de João, por trás da porta.

- Moço, não nos dê trabalho. Temos ordem de abatê-lo, se necessário. Preferimos não fazer isso. Não nos force.

O jovem lionês tinha até dificuldade para acreditar que aquilo estava mesmo acontecendo. A nobre libertina o tinha feito prender e não tencionava libertá-lo, a menos que se tornasse amante dela. Era uma completa louca, mas uma louca perigosa, que desconhecia quaisquer limites. O que poderia fazer? Haveria algum modo de convencê-la de que não a desejava? Só de se imaginar em situação mais íntima com a duquesa, sentia o estômago embrulhado. Não, jamais poderia ser amante de semelhante mulher. Era uma impossibilidade moral e física absoluta. Como sairia daquela situação? E sua irmã, o que pensaria de sua prolongada ausência? Consultou o relógio e viu que era muito tarde, que logo anoiteceria. Pobre Ana Maria! Ficaria transtornada de preocupação. Por que não a ouvira?

Naquele estado de ânimo, não sentiu fome e apenas tomou água. Experimentou em silêncio e com cautela a janela e a porta, mas eram extremamente sólidas. Verificou que havia sinais de reforço feito na véspera, seguramente para bem retê-lo. O que poderia fazer para sair de semelhante enrascada? Será que a velha chegaria a matá-lo? Talvez o ferisse de modo irremediável. Quem sabe, quando verificasse que não a queria mesmo, tivesse um surto de dignidade e se retirasse, deixando-o livre.

Em seu coração, pouco a pouco se instalava o temor e mesmo a certeza de que a dama não teria nenhuma mercê. Sentiu um suor frio lavar seu corpo, enquanto refletia que podia estar em suas últimas horas de vida. Experimentou uma sensação de brutal solidão e rememorou sua vida, que agora lhe parecia longa. Antes era muito irrefletido, mas, após a morte de Ruth, tudo se modificara. Não era mais o mesmo. Se morresse, será que a encontraria? Provavelmente, não, pois não era merecedor de ir para o Céu, onde ela devia estar.

Aquelas foram horas de muita meditação, nas quais reviu toda a sua vida e lamentou muita coisa. Era como se estivesse se preparando para a morte. Não conseguiu dormir, enquanto as horas avançavam e a noite se aprofundava. Estava triste e temeroso do que lhe ocorreria no dia seguinte, convicto de que não conseguiria, mesmo que tentasse muito, corresponder aos avanços da duquesa.

Eu o confortei como pude, mas a situação era mesmo desesperadora e tudo sinalizava um possível desfecho trágico. Condoí-me também dos parentes de Pedro, em especial de Ana Maria, que àquela altura devia estar ralada de angústia, pois já era noite. Dirigi-me rápido para a mansão da família, onde a encontrei, coisa completamente inabitual, em pé na rua, olhando ansiosamente para ver se distinguia a conhecida silhueta de seu irmão se aproximando.

Imensamente aflita, Ana Maria tinha o coração opresso e descompassado e orava de forma um tanto desconexa, rogando ao Céu que a auxiliasse naquela hora. Após muito esperar em vão, convencera-se de que algo horrível ocorrera com Pedro. Talvez tivesse se acidentado ou estivesse ferido. Mas em sua mente preponderava a figura da duquesa Ana. Cada vez que pensava naquela grande dama, e em tudo o que Cícero dissera dela, sentia vontade de chorar.

Há pouco, enviara recados a Arquimedes e a Luís, comunicando o sumiço de Pedro e solicitando o auxílio de ambos. Não sabia o que fazer e torcia as mãos, nervosa. Os servos da casa, que estavam acostumados a vê-la sempre serena, buscavam confortá-la. Inventavam hipóteses, lembravam que Pedro tinha muitos amigos e podia ter ido visitar algum. Talvez tivesse arrumado alguma namorada nova. Mas nada daquilo servia de lenitivo para a dona da casa. Sabia que o irmão jamais a sujeitaria àquela tortura, se pudesse evitar. Na melhor das hipóteses, estava ferido ou retido em algum lugar, sem poder se comunicar. Não queria nem pensar em uma hipótese pior.

Não conseguia deixar a frente da casa, alongando o olhar em direção a cada sombra que se movimentasse. Os criados ardiam de vontade de confortá-la, em vão. Finalmente, chegaram Luís, Arquimedes e Joana, com os semblantes preocupados. Ana Maria se conformou em sair da frente da casa, ali deixando alguns criados, como se fizesse diferença a presença de sentinelas. Não podia externar seu pensamento com sinceridade perante a criadagem e se retirou com os parentes para uma saleta íntima. Uma vez ali, colocou-os a par do ocorrido, com os detalhes que conseguiu lembrar. Narrou as peripécias envolvendo a duquesa, como ela perseguira e ameaçara Pedro, ali mesmo na cidade.

– Essa senhora não foi embora de Lyon há alguns dias?

– Aparentemente, sim, Luís. E se tiver sido tudo um simulacro, para fazer Pedro se descuidar?

– Crê mesmo que ela seria louca o bastante para raptar um homem?

– Pelas conversas que tive com Cícero, parece que é mesmo uma tresloucada.

– O que podemos fazer? – indagou Joana.

– Proponho que se avise a polícia sobre o sumiço de Pedro, mas sem falar na duquesa. Não temos como provar nada e parece uma história um tanto louca. Aliás, se não fosse você a contar, eu não acreditaria, Ana.

- Sim, façamos isso, mas o que a polícia poderá fazer? Onde andará Pedro?

- Se ele não aparecer até amanhã cedo, vamos reunir os empregados todos e colocá-los para procurá-lo. Ao menos você tem alguma ideia de por onde ele anda?

- Infelizmente, não faço a menor ideia.

Foi uma noite de horrível tensão e angústia. Após comunicarem a polícia, os parentes de Pedro permaneceram em uma triste e sobressaltada vigília. Vezes sem conta, Ana Maria se encaminhou até a frente da mansão, na esperança de divisar o irmão. Ah, o que não daria para vê-lo se aproximar, com seu andar tão característico...

Pedro não apareceu e, ao amanhecer, seus parentes estavam roídos de preocupação. Os homens se lançaram para arrebanhar todos os empregados e sair à cata do rapaz, sem ter muita noção de qual rumo tomar. Iriam formar tropas e espalhá-las, para que fossem perguntando pelos caminhos se alguém o vira. Ana Maria e Joana ali ficaram. Viram Luís e Arquimedes se distanciar, com alguns dos empregados da mansão, notadamente os homens jovens. Entreolharam-se, tomadas de angústia, e decidiram se internar no quarto de Ana, a fim de orarem.

Deixei-as naquele belo projeto e me afastei para encontrar Pedro. O pobre rapaz estava transido de frio e mergulhado em imensa perturbação. Não lhe faltavam cobertas, mas havia nele um gelo, como se fosse o prenunciar da morte. Ensaiava discursos na mente, na esperança de convencer seu algoz de que devia libertá-lo.

Um burburinho se fez, anunciando a aproximação da duquesa. A voz soou agourenta para o rapaz e ela entrou no ambiente, acompanhada de seus acólitos e de uma multidão de autênticas feras desencarnadas. Eram as suas companhias habituais, alguns seres trevosos que a vampirizavam terrivelmente, outros que tentavam induzi-la a cair muito fundo, para terem a chance de se vingar, e ainda vários desatinados que se afinavam com ela de modo terrível e entendiam que fazia bem em prender o rapaz.

Também - ó surpresa! - fazia-se acompanhar de Ruth, aureolada de luz e tomada de intensa compaixão. A bela jovem tentava influenciar a duquesa para que recuasse de seu projeto insano. Em rápidos instantes, notei que não estava tendo sucesso. Saudou-me graciosamente e se aproximou de Pedro, fazendo novamente aquele seu gesto tão peculiar, que devia vir de um passado longínquo: passou a mão nos cabelos dele, com um carinho infinito.

Com os olhos denotando a extrema perturbação de seu íntimo, a duquesa inquiriu Pedro de modo desagradável, como se estivesse falando com um criado que descumprira uma ordem ou fora relapso:

- Meu jovem... Decidiu ser razoável?

- Senhora! Peço que me ouça e entenda. O que deseja é impossível, só posso lhe ter respeito, quiçá amizade, nada mais.

- Não quero sua amizade. Já que o tom da conversa será esse, convém que fiquemos sozinhos. Amarrem-no!

Pedro foi submetido à indignidade de ser amarrado à cama por um dos ajudantes da duquesa, enquanto os outros o mantinham sob a mira de suas pistolas. Experimentava um desalento extremo, misto de fraqueza e desgosto. A operação foi rápida e logo os homens se dirigiram à porta.

- Ele está bem amarrado?

- Sim, para além de qualquer possibilidade de fuga.

- Vão para longe, quero falar com ele a sós, sem que ouçam o teor de nossa conversa. João!... Cuide disso para mim: vão para onde não nos possam ouvir.

Os homens se retiraram, após uma respeitosa saudação. Pude perceber que em seu íntimo algo se rebelava com o papel que faziam. Sentiam-se desconfortáveis, alguma coisa no rapaz que tratavam de modo tão indigno os tocava. Eram outros que gastariam muito tempo se recuperando da conduta que se permitiam ter. Obedientes, retiraram-se. Poderiam agir de modo diverso, claro. Contudo, ao tempo em que temiam a duquesa, também gostavam de seu dinheiro. Era primordialmente a cobiça que os mantinha ao lado da megera. Pagariam caro no futuro por esse desmedido amor ao dinheiro.

- Pedro, Pedro... Agora é entre nós dois. Quem sabe nos acertamos.

- Senhora! Peço a sua misericórdia! Nada lhe fiz de mal. Se lhe dei a entender algo diferente quando a conheci, lamento profundamente, mas foi um equívoco. Tenho-lhe só respeito. Não posso ser seu amante.

- Por que não pode? Acha-se bom demais para mim?

- Sei muito bem que não sou bom para ninguém. Mas não a amo nem a desejo. Já lhe disse que amei ternamente a noiva que perdi e ainda não me desembaracei desse sentimento. Provavelmente, ficarei ligado a ela até a minha morte.

- Eu vou apressar o fim desse vínculo. Se é morrer o de que precisa, posso muito bem providenciar isso.

Falava com um ódio terrível, pois ficava realmente possessa ao lembrar a figura de Ruth e o espetáculo que vislumbrara no jardim em Paris, quando observara o casal tão belo que formava com Pedro. Seguiu-se um rosário de ofensas que não compensa relatar, enquanto a dama bufava como um touro, tomada de grande ódio.

Ruth a tudo observava com tristeza e compaixão. Tentava influenciar sua amiga de remotas eras, que a atraiçoara, de há muito seduzida por seu noivo, que a seu tempo também a lograra. Agora, os papéis eram diferentes, mas a duquesa, falsa amiga do passado, continuava em estado de grande desequilíbrio. Sentia-se preterida, e isso a enfurecia de modo desmedido.

Após uma longa arenga, aquietou-se, fazendo esforço por acalmar a respiração. Apanhou a cadeira que havia no ambiente, colocou-a perto do leito e sentou. Colocou a mão sobre o peito de Pedro, que estremeceu ao toque.

- Pedro, vou ser franca. Amo-o perdida, apaixonadamente. Nunca amei, nunca desejei ninguém assim. Peço perdão pelo que lhe faço. Meus atos apenas mostram meu grande amor. Ame-me, eu lhe rogo. Faça ao menos um esforço. Prometa que irá comigo a Paris e lá ficará um tempo, tentando me amar. Mostre sua boa vontade, não me rejeite, não rejeite meu amor.

Ela estava realmente se humilhando naquele momento. Pedro sentiu os olhos marejarem de lágrimas, mas não conseguia disfarçar o seu real sentimento.

- Senhora, se me ama, peço que me liberte. Não faz sentido que me ame e tolha minha liberdade, ameace minha vida. Como eu a poderei amar sob a mira de armas, recebendo ameaças?

- Eu o liberto, após prometer solenemente que seguirá comigo a Paris, dedicar-se-á a mim com sinceridade e será fiel.

- Senhora...

A duquesa se exasperou novamente, pois era de temperamento sanguíneo.

- Não pense que me poderá enganar. Tenho meios para garantir que cumprirá a promessa que me fará aqui e agora. Seu tempo está esgotando. Minha paciência tem limite. Tenho sido bondosa com você, providenciei uma cama confortável, deixei-o livre durante a noite, cuidei para que tivesse comida e bebida. Não teste demais minha bondade, pois uma hora acaba.

O rapaz começou a ficar irritado.

- Chama isso de bondade? Deus me livre de ter gente bondosa assim ao meu lado. Prende-me, submete-me a tratamento indigno, causa angústias infinitas em minha família.

- É a sua família que o preocupa? Prometa-me fidelidade e logo enviamos uma carta a eles, comunicando que decidiu viajar um tempo.

- Francamente, crê no valor de semelhante promessa de fidelidade? Tomada à força, sob ameaças?

- Sim, creio, pois tenho meios de fazê-la ser cumprida.

A dama estava novamente furiosa, do mesmo modo que Pedro estava irritado com a situação. Ruth lançava eflúvios calmantes sobre os dois, mas era inútil. Após um tempo de arengas sem fim, a dama sentenciou.

- Se decidir tomar juízo e honrar as promessas que me fez quando nos conhecemos...

- Não lhe fiz nenhuma promessa!

- Fez, sim, se não com palavras, com sua conduta, com sua atenção. Agora, cale-se e me ouça. Caso decida me lograr, hei de me vingar em sua preciosa família. Não me faltam meios para tanto. Sou poderosa, influente, posso complicar muito a vida de todos. Não me custa nada mandar envenenar sua preciosa irmã.

- Era só o que me faltava!

- Seu idiota, crê que não tenho coragem para isso?

Aquela conversa não terminava mais, e a duquesa pareceu ter se convencido de que nada conseguiria daquela forma. Aí alterou sua tática e começou a acariciar o moço amarrado. Pedro demonstrou em alto e bom som seu desagrado, mas ela não se deu por achada.

- É tão belo, meu amigo. Deixe-me amá-lo, posso fazê-lo muito feliz.

Ele se torcia, amarrado na cama, enquanto a mulher o acariciava de forma impudica, abria sua camisa, tomava mil liberdades que seriam impensáveis em qualquer dama digna desse tratamento. Sentindo-se humilhado ao extremo, naquela situação em que não podia se defender, ele gritou, a princípio, rogando que o deixasse em paz. A dama só ficava mais furiosa e começou a agredi-lo de forma vil, ferindo-o de todas as formas, arranhando-o. A certa altura, ferido em sua dignidade, sentindo-se aviltado, Pedro começou a chorar. A duquesa ficou ainda mais furiosa e agrediu-o repetidas vezes com toda a violência de que foi capaz, buscando causar o máximo de dor possível.

- Seu cretino, chora ao receber meus carinhos. Entretanto, certamente se alegrava ao se acoitar com aquela judiazinha infame. Pois vou lhe dizer uma coisa. Eu matei aquela meretriz. Coloquei criados na casa dela, fiz com que fosse assassinada na véspera de seu casamento. Pois não merecia estar em meu caminho. Você devia ser meu, só meu.

Ouvindo aquilo e entendendo a extensão do drama que vivera e ainda vivia, em especial o perigo em que se encontrava, Pedro soluçava baixinho. Ruth os observava, igualmente com lágrimas nos olhos, enquanto se esforçava por infundir calma e piedade na dama pervertida. Contudo, a duquesa estava complemente dominada por seu ódio, sua paixão e pelos seres pervertidos que gritavam em torno dela.

Após um longo tempo de carícias indignas e agressões vis, a dama entendeu que nada conseguiria, que tudo estava perdido para ela. Observou as roupas meio estraçalhadas de Pedro, sua aparência contundida e arranhada, sua expressão de dor, tristeza e desespero, e experimentou algo estranho em seu íntimo. No fundo, estava um tanto chocada ao perceber quão baixo havia descido, o tanto que se permitira. Chocava-se ao ver que transformara aquele rapaz tão alegre e garboso em um homem ferido que soluçava amarrado em uma cama. Mas já tinha ido longe demais e não via possibilidade de retroceder.

Em vão, eu e Ruth a incentivamos a que agisse com um mínimo de dignidade. A malta que a envolvia percebeu que algo ocorria, com nossa interferência, e se lançou com fúria sobre a duquesa, instigando-lhe pensamentos e sentimentos de ódio e indignação. Habituada ao jugo deles, a dama cedeu.

- Pedro... Dei-lhe todas as chances, fui boa com você. Sua maldade e sua indiferença o condenaram. Saiba que irá morrer aqui, não sairá vivo deste lugar.

Encaminhou-se para a porta, olhou por um longo momento para o rapaz, com um leve desassossego em sua consciência, e se retirou a passos largos. Chamou os asseclas, deu-lhes algumas ordens e afastou-se.

Os homens entraram no local, meio receosos, e ficaram genuinamente chocados com o espetáculo do rapaz com as roupas estraçalhadas, ferido e soluçante. Entretanto, obedeceram às ordens da duquesa. Retiraram os parcos móveis do aposento, desamarraram Pedro e removeram também a cama. Após, retiraram-se, deixando-o deitado no solo, gemendo de dor, pois a dama o ferira muito.

Embora o rapaz inspirasse cuidados, Ruth e eu seguimos juntos com a duquesa, na esperança de convencê-la a ter piedade e deixá-lo livre para seguir com a vida. A dama ia furiosa pelo caminho, vociferando, por vezes até gritando a esmo, demonstrando toda a imensa ira que sentia pelo projeto que entendia ser de um amor malogrado.

Seus auxiliares a deixaram ir à frente, pois precisavam dar fim à mobília. Resolveram isso rapidamente, ateando fogo naqueles parcos móveis, compostos de uma mesa, uma cadeira e a famigerada cama.

Capítulo

32

No colo maternal

A DUQUESA CHEGOU AO castelo e nele fez um autêntico rebuliço, instando todos para que se aviassem com rapidez, pois tinha pressa de retornar a Paris. Esbofeteou com violência uma das moças que a serviam, a ponto de deixar a jovem com a face cheia de sangue. Um terror se instalou no local e todos se apressaram. Segundo entendi, a partida já era prevista, de um modo ou de outro. Até o último instante, Ana acreditara que retornaria à capital do reino na companhia de Pedro. Frustrada ao extremo, ela fazia todos sentirem o peso de sua ira.

Poucas horas após sair da cabana em que prendera o rapaz, a duquesa e sua comitiva se dirigiam a Paris, em nossas três conhecidas carruagens, deixando o local em completo silêncio.

Eu não tinha muita esperança de que a duquesa revisse a terrível sentença que lançara contra Pedro, mas Ruth decidiu seguir com ela mais um tempo. Entendia que, no correr da viagem, sem ter com que se distrair, a dama poderia ter uma crise de consciência. No fundo, contava que sua presença, de amiga, várias vezes traída, tivesse alguma influência.

Deixei-a em seu projeto, desejando-lhe sorte, e retornei para a cabana. No tempo em que eu passara longe, meu amigo se recuperara um pouco, pois era jovem e vigoroso. Quando lá cheguei, tentava abrir a porta jogando seu corpo contra ela, sem sucesso. O local era muito sólido e a duquesa tomara todas as providências para que não conseguisse mesmo escapar.

Após um longo tempo, desistiu de investir contra as portas e a janela e também de gritar. Estava preocupado, embora não desesperado. No fundo, contava que alguém passasse pelo local e o salvasse. Não conseguia acreditar que pereceria naquela situação que reputava ridícula, preso por uma velha fogosa em uma cabana no meio do mato. Ignorava por completo sua localização, pois viera até ali dentro da carruagem.

Não havia mais móvel algum no local, nem comida nem bebida e ele principiava a sentir sede. Não tinha fome, embora não ingerisse nenhum alimento desde que saíra de casa na manhã do dia anterior. Sofrera baques em demasia para ter apetite, mas a falta de água começava a incomodá-lo.

Sem ter o que fazer, sentou no chão, na esperança de ouvir o som de algum caçador que passasse pela região. Lembrou-se de que era um dia normal de trabalho, de modo que podia esperar que algum camponês ou lavrador por ali transitasse.

As horas se arrastaram sem que pudesse identificar qualquer movimento. A angústia de Pedro aumentava a cada hora, enquanto a noite se aproximava. Começou a ter fome e sentia o estômago roncar furiosamente. Mas era a sede que mais o incomodava.

Novamente, esmurrou a porta, atirou-se contra ela com violência, feriu as mãos tentando abrir a janela, sem sucesso. Entendia que, naquele ritmo, logo estaria com as forças prejudicadas, de modo que precisava fazer o possível para sair. Gritou muito tempo e feriu-se, até que desistiu e se deitou no chão frio, extenuado. Não tinha cobertas e sentia grande desconforto, tanto pela falta de comida e de água, quanto pelos arranhões e ferimentos que sofrera nas mãos da duquesa.

Custava a acreditar que aquilo estava mesmo acontecendo. Será possível que morreria ali, pelo capricho da megera? E sua pobre irmã? E Joana, Luís e Arquimedes? O que pensariam de seu sumiço?

Sim, o que estaria ocorrendo com a família de Pedro? Sabendo que nada podia fazer por ele, restava-me tentar intuir os familiares a que o procurassem no local certo. Entretanto, eu temia que o destino de meu jovem amigo já estivesse selado.

Deixei-o ali e me dirigi à mansão. Quando cheguei, a noite já estava avançada, e a família estava reunida, em clima de desolação. Haviam acabado de ler um trecho do Evangelho, rogando ao Céu proteção para o familiar sumido e orientação sobre o que fazer. Ana Maria estava com o semblante consumido de dor e preocupação. Experimentava a dor de uma mãe cujo filho sumiu e corre grande perigo. Criara mesmo Pedro desde que a mãe de ambos morrera e ele era ainda um menino.

Pelas conversas, rapidamente entendi que, durante o dia todo, os empregados da mansão e dos estabelecimentos da família, além de outros homens voluntários ou assalariados para a ocasião, haviam corrido a região, na tentativa de localizar o sumido. Ninguém o vira em lugar algum, não se tinha a menor notícia. Sugeriu-se que no dia seguinte fossem em direção ao castelo em que a duquesa se hospedara, embora reinasse o temor de que ela o houvesse levado como prisioneiro a Paris. Como a dama havia se retirado da cidade com estrépito, talvez tivesse deixado ou enviado alguns capangas para fazer o rapto.

Tudo aquilo parecia inverossímil, e não podiam informar a polícia. A noite se arrastou em vigília, sem que ninguém conseguisse dormir direito. Os homens a certa altura, pelo cansaço das andanças, adormeceram, com o intuito de acordar muito cedo no dia seguinte. Havia um sentimento de urgência, como se lutassem contra o tempo.

Tentei conversar com Ana Maria, que registrou de forma imperfeita algumas de minhas ideias. Tinha o íntimo anormalmente tumultuado e estava exausta física e emocionalmente. O que eu tinha para lhe transmitir infelizmente não iria acalmá-la. Apenas consegui que sua mente se fixasse de forma definida na figura da duquesa e do castelo em que se hospedara. Ocorre que a propriedade era extremamente vasta e a cabana em que o rapaz estava encerrado ficava em local muito ermo, no extremo oposto da cidade. Embora Pedro fosse jovem e vigoroso, estava ferido, passando fome e frio. Quanto tempo resistiria?

O dia seguinte amanheceu colhendo a todos em lamentável estado de desesperação e tristeza. Mais de uma vez durante a longa noite, Ana Maria havia ido à frente da mansão, orar sozinha e alongar o olhar, na esperança de ver a silhueta do irmão se aproximando. Sua tristeza era infinita, pois não se tratava apenas de aceitar as ocorrências inelutáveis da vida, como a doença, a morte ou o afastamento voluntário de alguém querido. Tratava-se de um filho de seu coração que estava sumido, vítima da violência e da maldade de uma nobre rica, poderosa e insensível. Sem ter o que fazer, chorava em frente da mansão, implorando a ajuda divina.

Era o terceiro dia desde que Pedro desaparecera, e o segundo em que estava ferido e sem água ou comida à disposição. Houve uma série de percalços na busca, como a dificuldade em conseguir convencer os guardas da propriedade a deixar que os homens fizessem uma busca no local. Os donos se encontravam em outra de suas propriedades, que não ficava muito perto. Foi preciso enviar recados, formular pedidos e esperar a boa vontade dos nobres, que não viam muita lógica naquela busca exatamente em suas terras. O rapaz sumido era um invasor de propriedades alheias? Não lhes parecia crível que ele tivesse vindo a pé tão longe da cidade, em um dia de simples passeio. Ademais, o que pensavam aqueles burgueses que poderia ter acontecido nas cercanias do castelo?

As dificuldades opostas eram inúmeras, e a resposta foi negativa ao pedido de acesso. Não havia muita esperança e finalmente Arquimedes, que havia tratado um dos parentes dos nobres, pediu a este que os ajudasse. Precisou inventar uma história, de que Pedro sempre admirara aquela região em especial e falara nela na véspera de seu sumiço. Tudo aquilo demorava e naquele dia não houve nenhuma resposta positiva. O paciente de Arquimedes foi ter com os orgulhosos nobres, mas não dava sinal de vida, de modo que restou aos familiares de Pedro fazer suas buscas nas cercanias. Assim, mais um dia findava, sem que ele fosse socorrido.

Ocioso dizer do desespero de todos, que com razão sentiam que precisavam agir rapidamente. Embora esse sentimento, também lhes passava pela mente que Pedro poderia estar longe, talvez a caminho de Paris, isso se fora mesmo raptado. Pois podia ter sido atacado por alguns bandidos e estar ferido em qualquer outro local.

Fiz tudo o que estava ao meu alcance, seja para inspirar os que procuravam o rapaz, a fim de que crescesse neles a vontade de vasculhar a propriedade, seja para tentar insuflar compaixão nos nobres orgulhosos.

Com o cair da noite, os homens voltaram para a cidade, sem notícia alguma. Ana Maria e Joana os esperavam, envoltas em grande tristeza, após um dia todo de vigília e orações. Ao ver os criados, Arquimedes e Luís chegando em plena noite, sem Pedro, Ana Maria se retirou ao seu quarto para chorar. Consolei-a como pude, sabendo da grave provação que atravessava e que provavelmente não teria um término feliz. Em sua mente, ela acalentava a esperança de que o irmão estivesse preso e incomunicável, mas bem tratado, apenas esperando uma oportunidade de fugir ou aguardando ser resgatado.

Tremia quando cogitava algo diferente. Eu não desejava arruinar as esperanças de minha amiga, de modo que me abstive de cientificá-la da realidade. Afinal, todos já sentiam que deveriam procurar nas terras do famigerado castelo e só não o faziam pela insensibilidade de seus donos.

Como fizera várias vezes durante o dia, fui para junto de Pedro, que se encontrava em triste situação. Faminto e desidratado, Pedro sofria horrivelmente, sentindo tonturas e dores pelo corpo todo. Por várias vezes investira contra a porta, até que finalmente desistiu. Começava a entender que eram grandes suas chances de não sair vivo dali. Rememorava sua vida, pensava em seus parentes e em Ruth. Tristemente, recordava as palavras da duquesa de que o falecimento da noiva não fora obra de uma enfermidade desconhecida, mas de um assassinato premeditado. Como aquela mulher podia odiá-lo tanto sob o disfarce do amor? Nada lhe fizera, além de uns ligeiros galanteios na noite em que a conhecera, mas ainda assim nada de explícito. Apenas fora gentil e flertara levemente, mas nada de diferente do que ocorria entre muitas outras pessoas. Nenhuma delas se atirava a praticar assassinatos por conta disso.

Sofria física e moralmente e lembrava-se vivamente da figura de Ruth. Com tristeza, pensava que morreria em breve, de forma cruel e desumana. A sede o martirizava de modo horrível e as dores só aumentavam a cada instante. O pior de tudo era a certeza de que, mesmo se tudo corresse do modo mais triste, com sua morte naquela situação, jamais reveria Ruth. Sempre fora leviano e não merecia ir para o Céu, onde ela seguramente se encontrava. Lamentava muito do que vivera e especialmente por entender que morreria de uma forma indigna e ridícula, de fome e sede.

No correr da noite, começou a ter alucinações, com a mente em desalinho. Foi de madrugada que Ruth finalmente veio para junto dele. Disse-me que as esperanças junto à duquesa estavam perdidas. Ela se encontrava longe demais para poder retornar em tempo de salvar a vida de Pedro. Restava esperar que os familiares o encontrassem. Mesmo isso era improvável, pelo local ermo em que ele se encontrava e também pela dificuldade de seus parentes terem acesso à propriedade.

Com a mente perturbada, padecendo grande tortura física e moral, Pedro por vezes nos vislumbrava a seu lado e murmurava coisas sem nexo. Sentia estar enlouquecendo, mas também buscava tocar Ruth, sem sucesso.

De repente, parecia cair em si. A noiva estava morta e jamais a veria novamente. O que lhe aconteceria depois da morte? Iria para o inferno ou para algum outro local no qual as almas que não mereciam o Céu deveriam ficar por um tempo ou pela eternidade? Não se preocupava com aquilo, eram somente ideias. Sua mente perturbada pela tortura física vagava entre vários pensamentos sem muito nexo.

De repente, dentre esses muitos pensamentos, um se fixou: era bom que jamais revisse a noiva. Como morta, talvez soubesse o que lhe ocorrera e teria muita vergonha de vê-la novamente. Fora tão vilipendiado, tão abusado pela duquesa, que se sentia menor, sujo. Nunca imaginara que algo daquilo pudesse ocorrer a um homem. Sentia-se indigno. Era bom que jamais tornasse a ver sua noiva. Se ela permanecia viva, após a morte, era melhor que guardasse dele uma boa memória, uma recordação positiva. Jamais poderia saber o que lhe ocorrera naquele galpão, nas mãos da insana duquesa.

A noite terminou e o terceiro dia de sofrimento de Pedro começou, com ele preso de uma sede torturante, dores atrozes e também de grande agonia moral. Sua noiva confortava-o, com pensamentos de coragem e confiança no Pai, sabedora de que o tempo fluía rapidamente e que seria muito difícil ocorrer algum auxílio em tempo hábil.

Entre idas e vindas, com recados e esperas, o tempo passou. Finalmente, houve a resposta negativa. Os donos do castelo se recusavam a permitir a entrada de pessoas que pretendiam vasculhar o local. Ele oficialmente continuava arrendado pela duquesa e não ficaria bem que permitissem uma autêntica invasão, após terem sido tão generosamente gratificados. Os empregados da dama ainda não se haviam retirado do local, ocupados em sua reforma.

Na verdade, as tais reformas haviam sido concluídas, mas alguns operários permaneciam sob as ordens de nosso conhecido João, que os mandava fazer e refazer várias coisas. Quando recebeu um recado dos parentes de Pedro, foi ter com eles na entrada da propriedade. Endurecido, fez-lhes ver que não podia permitir a entrada de ninguém e disse não conhecer o rapaz que procuravam. Costumava andar pela propriedade, coordenando vários consertos, e nada vira de diferente.

Em desespero de causa, Arquimedes e Luís pediram que os operários fizessem algumas buscas pelo local, já que eles próprios não o podiam fazer. João prometeu que faria o possível, embora a vastidão da herdade tornasse pouco provável que encontrassem alguém eventualmente ferido em algum recanto ignorado. A comitiva se afastou tristemente e continuou sua busca pelos locais das vizinhanças, sem muita esperança de sucesso.

Outro dia se passou sem nenhuma novidade e, no correr da madrugada seguinte, Pedro entrou em agonia, após muito sofrer. Eu estava presente e velava por ele, juntamente com Ruth, além de alguns amigos espirituais. Aparentemente abandonado de todos, em uma cabana fortificada nos confins de uma grande propriedade, condenado à morte pela tirania de uma nobre viciada e cruel, era cuidado por sua família espiritual, embora não o percebesse.

A experiência estava sendo muito traumática, pois desencarnava na plenitude da mocidade, com fluidos vitais em abundância. Contudo, saía da experiência como vítima, o que militava em seu favor. Possuía importantes recursos psíquicos, que nunca se animara em utilizar ou cultivar, a partir de determinado momento de sua jornada milenar, quando se perdera em leviandades. Recebera agora um chamamento extremamente forte a que voltasse a atenção para questões mais transcendentes. Em especial, para que cuidasse com os vínculos que estabelecia. Fora por leviandade que ligara seu destino ao da atual duquesa Ana, quando se deixara seduzir por ela no passado remoto, e também quando se deixara levar por seu plano de convencer Ruth a lhe passar a administração de sua fortuna. Aquela existência estava praticamente finda, enquanto velávamos por ele, em seus derradeiros instantes no corpo.

Alhures, Ana Maria e seus parentes encarnados estavam desesperados e preocupados ao extremo, mas ali estávamos tranquilos. A programação principal não era aquela, pois seria melhor que Pedro vivesse mais, para se mirar nos exemplos recebidos de sua irmã e também nos que no futuro haveria de receber de Joana, sua sobrinha. Entretanto, sua condição de devedor da lei divina, por seguidas leviandades cometidas em relação às mulheres, sujeitava-o àquela expiação, que deveria encerrar um importante ciclo. A duquesa Ana representava, por assim dizer, incontáveis mulheres que tinham motivo de mágoa contra ele.

A desgraça atual, severa, representava o começo da libertação. Felizmente para ele, não se detivera em odiar a duquesa no período em que ali ficara prisioneiro. Gastara seu tempo em recordar o passado, em examinar sua consciência, em pensar nos parentes e especialmente em Ruth, com quem mantinha o vínculo psíquico mais forte. No final das contas, estava se saindo bem da empreitada, embora muito traumatizado. Sempre vivera cercado de afetos e cuidados, de modo que aquele abandono, aquela privação de tudo, o impactara de modo marcante.

Algo havia se modificado em seu psiquismo, eu podia perceber. Alguma coisa havia se perdido naquele processo, talvez a alegria, o amor pela música, a confiança irrestrita em que tudo sempre daria certo. Mas também abandonara sua inconsciência, sua indiferença e - tomara! - seu gosto por aventuras que reputava sem consequência.

Dentre os presentes, Constância e Filipe, seus pais, o observavam com especial carinho. Doía-lhes o espetáculo daquela dor, daquele abandono, da agonia que parecia não findar. A imagem era mesmo triste: um rapaz que fora tão belo, que nascera rico e dotado de tantos talentos, sempre tão alegre, desde a infância, ali se encontrava estirado no chão, em seus derradeiros momentos de vida física.

Era a destruição de um corpo físico que se dava, para que a essência espiritual de Pedro se renovasse e purificasse. Contudo, nossas sensibilidades estavam bastante tocadas pela ocorrência. O rapaz já estava inconsciente, nos dois planos da vida, e era apenas seu corpo que agonizava. A mãe o sustinha nos braços e o acalentava com uma antiga cantiga com que o ninara em criança. Constância tinha os olhos marejados de lágrimas e sua voz fraquejava, mas nós a sustentávamos psiquicamente.

Finalmente, quando o dia amanhecia, o moço deu o último suspiro, após longa e intensa agonia. Findava aquele episódio, e Pedro, rico burguês de Lyon, morria assassinado pela duquesa Ana e seus sequazes. Eu me indagava como aquilo repercutiria na economia espiritual dos envolvidos, no tanto que precisariam lutar e se esforçar para se redimir da crueldade e da covardia que praticaram.

Em razão do forte trauma sofrido, dos abundantes fluidos vitais que o vinculavam ao corpo físico, pela morte em plena mocidade, era necessário que o espírito permanecesse vinculado ao corpo material algum tempo. Felizmente, a dor física cessara, embora ele tremesse em visível desconforto, muito traumatizado em seu psiquismo pela terrível experiência. Encontrava-se agora livre da crueldade dos homens, no seio de integrantes de sua família espiritual.

Deixei-os ali e fui à mansão, onde todos já estavam em pé. Ninguém dormira direito e os semblantes estavam macerados. Não sabiam o que fazer, por quanto tempo adiantaria manter todos mobilizados naquela tarefa. Inclusive porque havia muitos compromissos a serem atendidos. Não podiam simplesmente falhar com todos aqueles com quem mantinham negócios, embora a gravidade da situação. Arquimedes também estava com muitos clientes enfermos aguardando que retomasse seus atendimentos.

Decidiram que uma boa parte dos empregados retornaria às atividades habituais naquele dia, enquanto agenciariam tantos homens quantos conseguissem para manter as buscas. Arquimedes, com sua fragilidade física cada vez mais evidente, em razão da doença dos pulmões que progredia silenciosa, mas irreversivelmente, foi convencido a retomar sua rotina. Foram sinceros uns com os outros no sentido de que, se Pedro não fosse localizado em mais alguns dias, dificilmente o seria depois. Nesse caso, restaria a esperança de que estivesse preso em algum lugar e conseguisse fugir ou mandar recado. Os semblantes devastados bem demonstravam que não acreditavam naquilo. No fundo, temiam que ele tivesse sido morto por sua estranha pretendente.

Busquei ampará-los psiquicamente e intuí Ana Maria a que se afastasse para orar no silêncio de seu quarto, como frequentemente fazia. Ela seguiu meu conselho. Quando entrou em oração, em uma bela confabulação com o Alto, eu lhe falei com clareza. Não registrou com perfeição as ideias que lhe sugeri, mas pareceu ter captado o essencial. Entendeu que Pedro não mais sofria neste mundo, que não havia mais motivo de urgência e que lhe restava se entregar resignada à vontade celeste.

Sentidas lágrimas lhe rolaram pelas faces, ao captar tais pensamentos, enquanto seu coração em essência materno registrava que o filho não mais vivia. Pedro possivelmente já estava além de toda dor. Permaneceu um longo tempo, entregue a seu entendimento com Jesus, rogando forças para que tudo se esclarecesse e o melhor ocorresse. Não havia mais desespero, pois sua preocupação sempre fora com os sofrimentos que seu irmão pudesse estar experimentando.

Após cuidar de meus afazeres e dos atendimentos na igreja, dirigi-me à cabana em que Pedro ainda se encontrava. Ali, era acalentado pela mãe e velado por alguns amigos queridos, inclusive por Ruth. Foi só na manhã do dia seguinte que o rapaz recuperou a consciência. Ele não pareceu entender o que ocorria, o que toda aquela gente estava fazendo no local, e imaginou ainda estar delirando. Experimentava grave desconforto generalizado em sua estrutura espiritual, em decorrência do trauma dos últimos dias, em especial na região da garganta. Ainda impactado pela matéria, acreditava sentir a sede que tanto o martirizara.

Aproximei-me e lhe apliquei fluidos calmantes na região, enquanto buscava revigorá-lo de um modo geral. Sorri-lhe e disse que tudo estava terminado. Pedro pareceu não entender, mas experimentou significativo bem-estar, em especial na região da boca e da garganta. Ainda muito impressionado pela matéria, pareceu engolir em seco e se surpreendeu. Olhava-nos a todos com desconfiança, pois lhe parecíamos estrangeiros. Encontrava-se deitado no colo de Constância, que lhe acariciava os cabelos.

O rapaz parecia haver ficado mudo, embora sua condição de desencarnado. Seus pensamentos não se fixavam e simplesmente não entendia o que ocorria. É que sua mente experimentara grave desalinho em razão da desidratação extrema e se habituara no correr daqueles tristes dias com uma situação de descontrole mental. Recém-desencarnado, era com dificuldade que se assenhoreava da nova situação.

Finalmente, deteve a atenção de modo específico naquela senhora, relativamente jovem, que o acariciava de modo tão familiar. Dirigiu-lhe um olhar indagador e ela respondeu.

- Sou Constância, sua mãe. Não se lembra de mim?

O moço visivelmente concluiu que ainda se encontrava em delírio, em razão da sede. Entretanto, havia algo de diferente naquilo tudo. Enfim, se animou a travar contato.

- Minha mãe já morreu.

- Morrer não é nada terrível nem definitivo. Apenas o corpo fica para trás, mas continuamos vivos.

Ele processava a informação, um tanto confuso.

- Acaso estou quase morto, para começar a ver as almas do outro mundo?

- Querido filho, toda a dor física já acabou para você. Esses dias tão longos findaram e nunca mais hão de retornar. Está entre nós agora, seus amigos.

- Está me dizendo que eu já morri?

- Sim, é isso mesmo. Não há razão para rodeios. Pensou tanto na morte no correr desses dias de dor que pode reconhecer a verdade sem maiores dramas.

Ele se emocionou e ficou com os olhos marejados de lágrimas.

- A senhora é mesmo a minha mãe?

- Sim, não se lembra de mim?

- Minha mãe morreu quando eu ainda era muito menino. Tenho dela uma imagem fugidia, mas parecia mais velha do que a senhora.

- Sou Constância, sua mãe.

Ao dizer isso, aconchegou-o junto ao peito. Após se sentir desamparado por tanto tempo, ele registrou o imenso carinho de sua mãe e algo se partiu em seu íntimo. Começou a chorar, mas não era um choro desesperado. Havia nele certa desilusão, pois não fora mesmo salvo. Entretanto, por obra de algum milagre, parecia estar junto a pessoas que o amavam.

Filipe, igualmente remoçado, também se aproximou. Como havia morrido bem mais tarde do que a esposa, Pedro o reconheceu com mais facilidade, quando nele fixou a atenção.

- Papai, é o senhor?

- Sim, meu filho! Nós estamos juntos novamente. Velamos todos por sua dor, nunca ficou sozinho aqui. Mas agora tudo isso está acabado.

Fortalecido por aquelas emoções balsâmicas, registrando o amor familiar, Pedro passou a se sentir mais forte. Levantou-se e abraçou o pai, sempre um tanto estupefato. Relanceou o olhar pelo ambiente, vislumbrou seu próprio corpo lançado ao chão, mas não se preocupou com ele. É que acabara de identificar Ruth, que o mirava com os olhos marejados de lágrimas.

- Ruth! Meu Deus, eu a reencontro!

Enquanto sua antiga noiva se aproximava, Pedro reparava como ela lhe parecia mais bela, como se diáfana, aureolada de uma luz que lhe parecia estranha e impunha certa reverência. Era a superioridade espiritual da moça que se revelava sem nenhum disfarce.

Aquilo tornou Pedro tímido e inseguro, como se percebendo que havia algo diferente, algo que lhe escapava. Intimidado, embora sua grande emoção, ficou a mirá-la, encantado, como o fizera na primeira vez em que a vira, na casa da duquesa.

Foi de Ruth a iniciativa de se aproximar. Em obséquio aos costumes em voga, de que Pedro seguramente não tinha condições de se libertar, deu-lhe a mão a beijar. Ele o fez, com devoção, tomado da alegria mais intensa que se pode imaginar em um recém-desencarnado.

- Pedro, meu querido! Finalmente você me revê. Acompanhei todo o seu drama.

Aquela informação foi recebida por Pedro com grande constrangimento.

Sentia vergonha da sujeição a que fora submetido pela duquesa, por toda a indignidade que ela lhe infligira. O rapaz perdeu a graça, ficou envergonhado, experimentou o intenso desejo de se retirar do ambiente, de fugir dos olhares de todos. Finalmente, havia captado o sentido do que lhe diziam: tinham visto tudo, sabiam de tudo. Fez um movimento de recuo, desejoso de escapar, mas não conseguiu. Nós o cerceamos em sua liberdade, pois não lhe faria bem, naquele momento de tanta fragilidade, afastar-se de nós. Ademais, ainda se mantinha fortemente atado ao corpo físico, para ter grande desembaraço.

Ruth entendeu e lhe dirigiu um sorriso compreensivo e generoso.

- Pedro, esqueça tudo isso. O que nos desonra nunca é o que nos fazem, mas o que fazemos aos outros. Se você tivesse feito o mal para Ana, teria razão para ficar triste. Eu sei tudo o que você fez e viveu após a minha partida, no dia de nosso casamento. Não houve nada em sua vida que pudesse me desagradar. Na verdade, senti-me imensamente honrada por ver que abandonou muitos maus hábitos, em minha memória. Ao notar sua grande dor, sua mudança e seu desalento, senti-me amada como nunca antes. Não fique envergonhado perto de mim, nem tema os olhares de seus pais e amigos.

Pedro chorava envergonhado. A argumentação era forte, mas ainda estava preso a suas concepções de homem e se sentia menor pelo que passara nas mãos da duquesa.

- Querido, ainda não é o momento de mergulhar no passado, mas precisa saber que vivemos várias vidas. Elas se sucedem, enquanto aprendemos a respeitar as leis da Vida. Irá descansar um tempo, antes de mergulhar em algumas recordações que se farão necessárias. O que se passou com você, de forma bastante traumática, deve representar o fechamento de um ciclo. As leviandades devem ficar para trás.

Pedro a olhava com perplexidade, pois tudo aquilo era muito para ele. Entretanto, reconhecia haver certa lógica nas observações da noiva amada. Em especial pela viva emoção que ela lhe suscitara desde o primeiro momento. Desabituado da prática de partilhar pensamentos, não entendia que era como um livro aberto para todos nós e estranhava que fosse tão prontamente entendido. Achava que gozávamos de algum poder oculto.

- Sim, querido, você tem razão ao intuir que nos conhecemos há muito tempo. Não foram poucas as vidas que partilhamos e nas quais Ana também se fez presente algumas vezes. Um vínculo infeliz nos unia e ainda não foi desta vez que se desfez por completo. Para sua felicidade, sua conduta nesta vida quanto a ela foi acertada e terminou como vítima. Em algum momento futuro, será necessário buscar Ana para que seja feliz.

A observação foi mal recebida, mas o rapaz não se animou a redarguir nada. A conversa seguiu amena, com algumas revelações não muito traumatizantes e variadas recordações da vida que findara. Havia muita emoção nos presentes e alguma alegria quanto à rápida recuperação de Pedro. Era sua condição de vítima que o credenciava, perante o Alto, a se restabelecer de forma rápida. Em razão do forte vínculo que o prendia ao corpo, ainda permaneceriam um tempo no local. Quando fosse possível promover a libertação completa de Pedro, todos iriam embora.

Eu os deixei com o coração parcialmente em paz. Sabia que para o rapaz começaria uma nova fase, na qual deveria recuperar o tempo que perdera em leviandades e loucuras. Contudo, ainda era triste a situação de seus familiares encarnados, que ignoravam o seu destino.

Mantive-me em contato psíquico com os amigos desencarnados presentes na cabana, enquanto fui prestar assistência a Ana Maria e seus familiares. Por meio desse contato, soube que João, o assecla da duquesa Ana, compareceu no local para se certificar de que Pedro realmente morrera. Ele abrira a porta, observara longamente o corpo estirado no chão e persignara-se. Prática curiosa essa de fazer o sinal da cruz perante um homem que ajudara a assassinar. Após isso, afastou-se com a intenção de retornar a Paris, a fim de dar a notícia para sua patroa.

Na mansão da família de mercadores, o clima continuava desolado. Não havia como retomar a rotina normal sem que se soubesse o destino do rapaz desaparecido.

Isso ocorreu alguns dias depois, quando Pedro já havia sido levado pelos seus para uma colônia espiritual, com a finalidade de se refazer e planejar os novos rumos de sua existência imortal. Deveria recordar o passado, assenhorear-se de algumas memórias seculares. Com isso, entenderia a razão pela qual tanto padecera naquela existência, primeiro pelo noivado malogrado, depois pela tenaz perseguição que lhe fora movida pela duquesa. Com base nesses elementos, iria, com a colaboração de seu núcleo familiar, elaborar planos de outra vida. A última existência fora como um ajuste de rota.

Alguns dias depois o destino de Pedro foi desvendado. Um camponês que passava próximo à cabana notou o forte cheiro de um corpo em decomposição. João havia deixado a porta apenas encostada e o jovem campônio, muito curioso, resolveu ver o que causava aquele cheiro tão peculiar. Imaginou tratar-se de algum animal selvagem que entrara na cabana e não conseguira sair. Ao ver o corpo de um homem, espantou-se. Como havia ouvido a história do rico burguês sumido, acercou-se para ver as feições do cadáver. Mirou longamente o corpo, tomando o cuidado de tapar o nariz, e decidiu ir até o principal entreposto da família de mercadores. Resolveu não avisar os donos da terra, como seria seu dever, pois esperava receber alguma recompensa.

Naquela tarde, Luís estava em sua sala, envolto na análise de várias faturas, quando foi informado de que um camponês desejava lhe falar sobre seu irmão. Rapidamente, fê-lo entrar. O jovem entrou um tanto constrangido e cumprimentou o rico burguês com grande respeito.

- Sabe alguma coisa sobre meu irmão desaparecido?

- Talvez eu saiba de algo, senhor.

- Pois, diga.

- O assunto é melindroso e posso receber punição dos donos da propriedade em que labuto.

Luís logo entendeu que ele desejava receber alguma recompensa pela informação.

- Se a informação que me der implicar a descoberta do paradeiro de meu irmão, você será bem recompensado. Tem minha palavra.

O campônio sorriu meio tímido, mas contente, mostrando alguns dentes amarelos e estragados.

- O que sabe de meu irmão?

Com desembaraço, o rapaz lhe descreveu sua triste descoberta, dando os detalhes do cadáver e suas feições. Luís estremeceu, pois a descrição batia. Mandou que o rapaz esperasse e foi pessoalmente à polícia. Fez o comunicado e logo voltou com alguns policiais. De posse daquela informação nova, acompanhados do rapaz e de alguns poucos empregados, foram em direção à propriedade. Antes, porém, Luís passou no consultório de Arquimedes, a fim de inteirá-lo do ocorrido e incorporá-lo à caravana. Em sua condição de médico, haveria de ser útil, por seus conhecimentos de anatomia e saúde, quanto aos cuidados a serem tomados no transporte do corpo, caso se tratasse mesmo de Pedro.

Arquimedes recebeu a informação com profunda tristeza. Foi assim que a melancólica caravana novamente seguiu, em duas carruagens, em direção ao castelo anteriormente ocupado pela duquesa Ana. Confrontados com informação tão precisa, no sentido da existência de um corpo em uma cabana em sua propriedade, os nobres desta vez não se opuseram a que os familiares de Pedro nela penetrassem.

Após uma longuíssima caminhada, todos se acercaram da nossa já conhecida cabana. O cheiro desagradável a todos impactou de modo desagradável e foi com o coração opresso que Luís, Arquimedes e os policiais penetraram no local. Não precisaram de muito tempo para reconhecer o cadáver de Pedro.

Foi a primeira vez que vi Luís chorar. Logo ele, sempre tão frio e racional, por vezes implacável, desmoronou ao se defrontar com o cadáver daquele que fora seu colega de brincadeiras infantis. Uma dor funda dominou-o, repleta de memórias nas quais a figura alegre de Pedro reinara, e soluçou longa e intensamente.

Arquimedes também estava impactado com aquele triste espetáculo, que não convém relatar em minúcias. Como eu, ele ficou surpreso com a intensidade da dor manifestada por Luís. Buscou consolá-lo como pôde, mas não havia muito a fazer. Estava tudo consumado: Pedro morrera de modo atroz, vítima de uma trama sórdida que eles apenas desconfiavam.

Tudo o que se seguiu foi muito triste: a remoção do corpo, seu rápido sepultamento, a profunda dor de Ana Maria ante o túmulo do irmão. Todas essas lágrimas debitadas na conta da duquesa Ana e de seus assalariados, perante a justiça cósmica, a exigir futuras reparações.

Joana também estava desolada no sepultamento, assim como os inúmeros primos e alguns poucos tios que ainda eram vivos. Após o sepultamento, todos se reuniram na mansão, conversaram sobre o que havia ocorrido e a superioridade moral de Ana Maria se impôs. Ela leu um trecho do Evangelho e o interpretou de forma bastante feliz, concitando todos a entregar a Deus a realização de qualquer justiça.

Havia um gosto amargo na boca de muitos deles, em especial de Luís e de alguns primos de Pedro, que com ele tanto haviam folgado na infância e na juventude. Sua figura de rapaz alegre, sempre boa companhia, parecia pairar no ar. Desolados, no fundo indignados, seus parentes não se conformavam com facilidade com o ocorrido. Entretanto, a presença de Ana Maria era demasiado forte. Se ela, que evidentemente mais sofria, e isso se via em sua face, conclamava ao perdão, ninguém se animava a contradizê-la. Mas visivelmente um fundo ressentimento ficou como uma brasa ardendo no peito de muitos, suscetível a um sopro mais forte.

Ana Maria não se animou a passar a residir com Joana e Arquimedes, mesmo que temporariamente, e ficou sozinha na mansão. Eu costumava ir ter com ela, em suas noites solitárias. Longe de todos os olhares, minha amiga costumava chorar, enquanto recordava a figura do irmão querido. Embora generosa e portadora de grande fé, sua sensibilidade fora fundamente ferida com todos os detalhes do que ocorrera com Pedro. Era como se tivesse falhado com seu irmão, a quem cuidara como se fosse um filho.

Resguardava-se na oração, na qual pedia forças para suportar a provação, proteção para seu irmão e discernimento para quem o houvesse assassinado. Em seu coração, guardava a certeza de que fora a duquesa Ana. Também se convencera de que a misteriosa morte de Ruth devia ter sido obra da estranha nobre. Não se animando a julgar, estarrecia-se com a maldade daquela senhora a quem vira de forma tão fugidia. Generosamente, orava por ela.

Sofria em solidão na enorme casa em que agora vivia com os criados. Se não fosse o atendimento aos pobres, que consumia muita mão de obra, não faria sentido a manutenção da criadagem em número tão significativo. Mas a dona da casa mais do que nunca se entregava ao cuidado dos desvalidos, inclusive para se distrair da grande dor que trazia em seu íntimo. Recuperava-se fazendo o bem, o qual oferecia em memória de seus familiares já mortos, em especial do irmão, que partira de forma tão trágica.

Essa última morte a atingira de forma mais grave. Estivera perto dos pais, acompanhara todos os lances de sua enfermidade, cuidara deles, confortara-os. Também pudera fazer algo semelhante com Genoveva. Todos partiram, para a verdadeira vida, envoltos em seus cuidados e em seu carinho.

Quanto a Pedro, morrera sob maus-tratos, padecendo fome, frio e sede, longe dela. Restava-lhe a fé como socorro e lenitivo de sua dor. Em poucos meses, todo aquele sofrimento dava sinal de sua presença: os cabelos de Ana Maria encaneceram bastante e suas faces estavam fundas, sulcadas de rugas.

Eu a acompanhava e amparava como podia. Lentamente, ela melhorava e sempre encontrava no socorro aos pobres e aos doentes uma razão para viver. Mas a experiência traumática cobrava seu preço. Ainda era bela, mas sua beleza estava fanada, parecendo a de uma mártir. Sua figura, entretanto, estava ainda mais impressionante. Havia algo nela, em sua gravidade, na melancolia de seu olhar, que chamava a atenção e impunha grande respeito.

As pessoas de forma intuitiva sempre baixavam o tom de voz quando lhe dirigiam a palavra.

Isso sem falar na história de sua vida, pois sempre se dedicara a cuidar dos desvalidos da cidade e da região. Ana Maria era praticamente uma lenda, em sua condição de mulher rica, bela e piedosa, que gastava a vida apenas a amparar os familiares e a socorrer os desgraçados.

Capítulo

33

Fábio

O TEMPO PASSOU E uma bela tarde, quase ao cair da noite, Ana Maria se encontrava no interior da mansão, após despedir os últimos pobres, devidamente aquinhoados de alimentos, remédios e cobertores, pois era época de frio. Uma criada veio abordá-la.

– Senhora, tem visita.

– Não espero ninguém. Quem é?

– É um senhor um tanto estranho, com ar de militar, que não quis se identificar.

– Você o deixou entrar?

– Deixei-o entrar, senhora, pois fiquei meio sem jeito. E ele parece que a conhece. Um dos rapazes ficou lá na sala com ele.

Tomada de curiosidade, Ana Maria se dirigiu para a sala principal da mansão, onde as visitas eram recebidas. Deu de cara com um homem já bastante maduro, talvez envelhecido demais para a idade, com a aparência e os modos de um militar. Ela lhe lançou um olhar inquiridor, sem dar mostras de que o reconhecia.

– Não está me reconhecendo, Ana Maria?

– Meu Deus, Fábio... É você!

O militar se adiantou para abraçá-la, sob o olhar espantado do criado presente na sala.

– Estou assim tão modificado?

– Claro que está. E sabe disso. Quando foi embora, ainda era um rapaz de seus 20 anos. Hoje é um homem.

- Sim, o tempo passou para todos nós. Cheguei à cidade no correr da tarde, passeei a esmo por aí e tomei algumas informações sobre a família. Soube que você mora sozinha aqui.

- Sim, é verdade. O tempo passou mesmo.

- Você precisa me inteirar das ocorrências.

- São décadas de eventos, Fábio. Isso vai demandar um bom tempo.

- Tempo é o que não me falta. Posso me hospedar aqui?

- Claro que pode. A casa é de nossa família; é sua, portanto. Será uma alegria tê-lo novamente aqui.

- Gostaria de tomar um banho, trocar de roupa. Sinto-me um andarilho, após dias na estrada.

- Sim. Sugiro que fique no aposento que era de nossos pais.

Fábio se dirigiu ao quarto que fora de seus pais e posteriormente de Pedro, arrumou-se e algum tempo depois foi ter com Ana Maria na sala de refeições.

A criadagem ficou alvoroçada com a notícia da chegada de um membro da família de quem só tinham ouvido falar, sem jamais tê-lo visto, salvo os mais antigos.

Logo, Fábio e Ana Maria estavam jantando na antiga mesa da família. Fábio estava mesmo modificado, devia ter passado por muita coisa. Seu olhar era impenetrável, mas demonstrava satisfação com a companhia da irmã. Conversaram amenidades, enquanto jantavam. Após isso, foram para uma pequena saleta, na qual Ana costumava fazer trabalhos de agulha. Aí, Fábio quis se inteirar de tudo o que ocorrera em sua ausência.

Ana Maria relatou as ocorrências com fidelidade e charme, pois era uma boa contadora de histórias. Fábio ficou sabendo da morte do pai, de meu próprio óbito, do casamento de Genoveva, das peripécias de Doralice no convento, da defecção de Genoveva, do casamento de Luís, da ida de Ana e Pedro a Paris, do noivado malsucedido e finalmente da morte do rapaz. Este último relato pareceu abalá-lo de modo especial.

- Pedro foi assassinado?

- Sim, infelizmente.

- Tem ideia de quem foi o assassino?

- Há apenas algumas suspeitas que não fazem muito sentido.

- Gostaria de ouvi-las.

- Para quê? De que isso servirá?

- Se o assassino está à solta, não será bom fazer justiça?

- Deixemos toda justiça nas mãos de Deus.

- Você continua religiosa, pelo que vejo.

- Sim, felizmente. Quando tudo desandou, à medida que os nossos iam tomando estranhos caminhos, ou morrendo, a certeza do amor de Deus a velar por todos foi o que me socorreu.

- Entendo, mas eu não sou assim. Fale sobre suas suspeitas.

- Francamente, não quero fazer falsas acusações. Isso de nada adiantaria agora. Pedro morreu... Eis um fato. Vamos falar e cuidar dos vivos.

O militar não quis contrariar a irmã, o que bem demonstrava que estava modificado. Talvez estivesse mais temível, com certa crueldade no brilho do olhar, mas parecia prezar e respeitar mais aquela que sempre fora um freio para seus maus instintos.

Cuidou de se informar o máximo possível das ocorrências da vida de Pedro, da noiva a quem perdera de forma tão dramática. Por alguma razão desconhecida, aquele moleque alegre de suas lembranças tocava seu coração de forma peculiar. Durante toda sua ausência, sentira falta apenas de Ana Maria e de Pedro. Nem pensara muito nos outros. Ana ali estava a sua frente, com o semblante que mal disfarçava a tristeza que sentia quando falava no irmão que morrera tão jovem. Mirava-a longamente e entendia muito do que ela não lhe falava às claras. Uma raiva surda de quem matara seu irmão e entristecera sua irmã o empolgava, mas cuidava de disfarçar. Não tinha a intenção de incomodar aquela a quem terminara por admirar.

Soube que gastava a vida cuidando dos pobres da região, embora a forma discreta e superficial como o tema fora tocado. Aliás, quando se fora, a irmã já tinha esse hábito. Visivelmente, não a entendia, considerando-a um autêntico enigma. Mas a respeitava. Segurava-se para não rilhar os dentes ao mirar seus cabelos grisalhos, os olhos brilhantes demais por lágrimas não derramadas. Eu assistia à cena e começava a temer pelo que Fábio faria a partir daquele sentimento.

As horas passaram céleres e os irmãos foram dormir. Fábio não conseguiu conciliar o sono e perambulou pela mansão, entrou em vários cômodos, como se recuperando algumas lembranças. Naquela noite, pouco falara de si, limitando-se a ouvir e a perquirir sobre as ocorrências da família. Como as novidades eram muitas, Ana nem teve tempo de fazer grandes indagações.

Enquanto circulava pela casa, lembrava-se da família, parecia ouvir as vozes dos que tinham morrido e lidava com sentimentos estranhos. No fundo, sentia-se culpado por ter estado ausente por tanto tempo. Sim, estava mudado, já que começava a valorizar a família que abandonara por longos anos. Entretanto, à melancolia do tempo perdido, somava-se uma funda raiva pelo sucedido com Pedro. Todo o resto absorvera com tranquilidade: óbitos, loucuras, adultérios, nascimentos, casamentos e reconciliações. Eram eventos normais da vida. Mas o assassinato de um jovem de 20 e poucos anos destoava do conjunto. Aquela raiva ainda não tinha destinatário, mas eu podia intuir que ele não demoraria a formar juízo certeiro sobre quem fora a responsável pelo evento triste: a duquesa Ana.

No dia seguinte, ambos levantaram cedo e Fábio disse que iria visitar Luís nos entrepostos da família. Ana ficou feliz pela novidade, pois o recém-chegado nunca se interessara pelos negócios familiares. Acompanhei aquele homem singular pela rua e reconheci que impunha respeito, talvez medo mesmo. Sua cara não era de muitos amigos, crestada pelo sol, com um andar decidido, mesmo marcial. Tinha o semblante de um homem que vivera muito, fizera coisas horríveis, batera-se, guerreara e sobrevivera a todos aqueles com quem se defrontara. Lia-se em sua figura que não temia nada e que talvez pudesse ser muito cruel.

Chegou ao local de destino e pediu uma entrevista com Luís, afirmando-se parente. Não demorou muito para ser recebido. Luís estava atrás de uma escrivaninha, envolvido com a análise de muitas contas e faturas, e se levantou para receber aquele estranho que se afirmava seu parente. Como ocorrera com Ana Maria, não reconheceu o irmão e lhe lançou um olhar curioso. A figura de Fábio era mesmo impressionante.

- Pelo que vejo aqui, você também não se lembra de mim.

- Confesso que não. Acaso é algum primo distante?

- Não, Luís. Sou Fábio, seu irmão.

Luís abriu a boca de espanto, enquanto tentava identificar naquele homem maduro e envelhecido o jovem que vira ir embora certa manhã, para nunca mais voltar.

- Fábio?

- Sim, Fábio, seu irmão.

Desenvolto, Fábio contornou a mesa e abraçou seu mais do que surpreso irmão. Após sentarem novamente, ficaram se admirando mutuamente, com ar de alegria. Eu precisava reconhecer que Fábio estava mudado, pois se emocionava ao reencontrar os familiares e parecia genuinamente feliz com isso. Tudo o que vivera, e eu até temia saber a extensão dessas vivências, havia produzido alguma mudança positiva. Não me animava mesmo a perquirir o que forjara aquele olhar cruel, aquele semblante marcado, seus cabelos completamente brancos.

- Luís, você lembra muito nosso pai!

- Sim, todos sempre me falam isso. Em especial a tia Eva, que sempre comenta sobre a juventude de nossos pais. Já Pedro era a imagem viva de Ana Maria. Não fosse a diferença de idade e passariam por gêmeos.

Ao dizer isso, o semblante do mercador se anuviou e seus olhos se tornaram tristes. A tragédia ainda era muito recente e era processada com dificuldade, em especial pela injustiça e pelos detalhes cruéis que a envolveram.

Fábio notou aquilo, mas trocou de tema. Quis saber da família de Luís, da vida dele, dos negócios. Passou a manhã toda com o irmão, visitando entrepostos, inteirando-se do andamento dos negócios e ficou impressionado e feliz ao ver a competência com a qual tudo fora gerido. Luís quis levá-lo para almoçar em sua casa, mas ele rejeitou, pois havia combinado com Ana Maria que retornaria para o almoço. Também isso me pareceu uma grande diferença: Fábio, tão inconsciente no passado, egoísta ao extremo, dava sinal de se importar com a irmã. Combinaram que à noite iria jantar na casa de Luís, a fim de conhecer sua esposa e seus filhos e para poderem conversar mais.

Após o almoço, Fábio perambulou pela cidade, com o olhar percuciente que agora o caracterizava. Surpreendentemente, entrou na antiga igreja e sentou-se em um dos bancos. Pensou em mim e sorriu, lembrando nosso último desentendimento. Entendi que não me queria mal nem guardava má lembrança a meu respeito. Ao contrário, parecia nutrir certo carinho pela minha figura, que reputava séria demais. Não é impressionante a força da vida e como ela modifica os seres? Aquele homem maduro parecia valorizar tudo o que desdenhara enquanto jovem.

Deixei-o livre o resto da tarde, embora o cuidado que me inspirava a raiva que ele sentia quando se lembrava de Pedro. Fábio media quão impactante fora para seus parentes a morte do rapaz. Os olhares de Luís e Ana Maria se velavam de modo indisfarçável, seus semblantes se toldavam de tristeza cada vez que o nome do finado surgia. Mas eu precisava cuidar de meus afazeres na igreja e somente pretendia voltar a tutelar Fábio à noite, quanto fosse ter com Luís.

Algumas horas mais tarde, fiz-me presente na mansão e acompanhei uma conversa entre os irmãos, que me pareceu tranquila e fraterna. Fábio se mostrava interessado em tudo, não criticava os evidentes gastos que a irmã fazia com os seus protegidos. Perquiria-a, desejava saber de tudo o que a envolvia e genuinamente se espantava de como Ana Maria era singular, em seus gostos, ideias e hábitos. Deixara para trás uma jovenzinha e se deparava com uma mulher na força da idade, forjada nos sofrimentos, e que revelava um caráter superior. Percebi que a comparava com um impressionante número de mulheres que haviam passado por sua vida e a considerava superior a todas. Frequentemente sorria a esses pensamentos, e eu ia de espanto em espanto.

Logo ele saiu em direção à casa de Luís. Dissuadiu a irmã de acompanhá-lo, sob o argumento de que desejava conversar com seus parentes todos em particular, para formar uma ideia de conjunto a partir das perspectivas de cada um deles. O argumento foi muito bom e novamente eu me surpreendi. Sua leviandade de rapaz impedira que se atinasse com o quanto era inteligente. Até Ana Maria mostrava surpresa com a presença forte do irmão, com seu tirocínio a partir de algumas pequenas observações que fazia. Ela tinha uma instintiva cautela quanto ao efeito que Fábio produziria na família, pois era evidente que possuía grande inteligência, falava com desenvoltura e mostrava uma capacidade nata de liderança. Sim, pois não era boba e reconhecia que o irmão devia ter tido uma vida muito movimentada. Era um homem desencantado, que sabia ser cruel quando queria.

Lá se foi Fábio em direção à casa de Luís. Era uma vivenda muito confortável, embora menos vasta do que a mansão em que Ana Maria continuava a residir. Foi recebido com alegria por Luís e Maria e também pelos filhos deles. A visita soube ser charmosa, contou histórias que encantaram as crianças, mostrou-se respeitoso e interessado para com a figura apagada de Maria. Após o jantar, fez Luís entender que gostaria de conversar a sós com ele. Sentindo-se sozinho, desde a morte de Pedro, Luís se alegrava com a presença daquele irmão a quem se afeiçoava rapidamente.

Instalaram-se em uma confortável saleta e Fábio pediu para ser colocado a par de tudo o que ocorrera com os familiares em sua ausência. Disse que já falara com Ana Maria, mas achava que cada um tinha a sua perspectiva. Era como se quisesse se redimir por sua ausência, inteirando-se e participando de tudo com várias narrativas sobre o mesmo tema, sob óticas distintas.

Lançou um olhar interessado em Luís e soube fazê-lo falar. Era um bom ouvinte e demonstrava vivo interesse pela narrativa, fazia específicas perguntas, incentivava, sorria, aprovava. Finalmente, a história de Pedro surgiu e entendi que era exatamente aquilo que Fábio tencionava: inteirar-se do ocorrido com seu irmão.

Luís sabia da história da perseguição promovida pela duquesa em relação a Pedro em Paris, de como o ameaçara na própria sede dos negócios da família. Não se fez de rogado e contou tudo, tomado de intensa emoção. Relatou todos os episódios tristes, de como sofreram com a negativa de acesso às terras em que a duquesa estivera hospedada. Rememorou o evento do falecimento da noiva na véspera das bodas, da extrema dor de Pedro com aquilo, de como se modificara, dos meses que passara andando a esmo.

Quando finalmente narrou a descoberta do corpo, começou a chorar. Fábio se levantou e enlaçou o irmão, que soluçou longamente em seus braços. Pela narrativa, ficou evidente o quão traumáticos foram os eventos e que a duquesa Ana era a principal suspeita. Os olhos de Fábio brilharam com uma raiva incontida, enquanto segurava o irmão soluçante nos braços. Conversaram mais um tempo, até que Fábio se despediu de todos e tomou o rumo da mansão. Ia pela rua, tomado por sentimentos de fúria, todo o seu ser vibrava de indignação. Tencionava colher todos os elementos necessários, para depois se lançar no encalço da duquesa.

Cuidei de inspirar Ana Maria quanto aos sentimentos e intenções do irmão, para que se acautelasse e tentasse dissuadi-lo. Sempre sensível a minha influência, registrou minhas ideias com grande clareza e logo no dia seguinte resolveu sondar o espírito de Fábio. Ele dormira bastante e estava tomando o desjejum em um horário bem avançado, quando minha amiga o encontrou e encetou a conversa, tateando.

- Fábio, ainda não me contou muita coisa de suas andanças. O que fez durante todo esse tempo?

- Creio que não a surpreenderei ao dizer que me ocupei bastante de guerra, fiz-me soldado e me bati um pouco por toda parte.

- Por que isso? O que o levou a semelhante opção?

- Lembra-se de João?

- Como poderia esquecer aquele jovem desrespeitoso a quem você chamava de amigo e que ficava me cercando em todo lugar?

Fábio sorriu a essa imagem.

- Sim, João foi um de seus inúmeros apaixonados. Mas não precisa se preocupar com ele, pois morreu em uma batalha.

- Lamento saber, mas não respondeu minha pergunta.

- Sem dúvida. Após algumas peripécias, vimo-nos em situação de apuro e, para nos livrar da prisão, aceitamos ser engajados em uma milícia. Uma coisa leva a outra... E descobri que tinha talento para a coisa, era bom estrategista, acabei me envolvendo e gostando.

- Ocupou-se disso durante todo esse tempo?

- Sim, envolvi-me com o exército, fiz-me guerreiro e travei muitas batalhas. Contudo, agora isso é passado. Aqui estou e não tenho interesses em tais lembranças.

- O que exatamente pretende fazer? Vai ajudar Luís nos negócios da família?

- Creio que ele não precisa de nenhuma ajuda. É bastante competente e se sai muito bem, pelo pouco que pude perceber.

- Isso é verdade, mas os negócios também são seus. Nos últimos tempos, Pedro estava completamente enfronhado nos empreendimentos, passava o dia todo trabalhando.

- Para esquecer, talvez?

- Sim, também por isso. Mas creio que ele principalmente descobriu como o trabalho é importante na vida de um homem. Enquanto se distraía de sua dor, encontrava prazer em ser útil. O mesmo pode ocorrer com você.

Fábio sorriu, divertido.

- Ana, eu não sou um inútil nem o fui nestes últimos anos. Ficaria surpresa se soubesse em quanta coisa importante andei envolvido.

- Não disse que é inútil e gostaria realmente de saber o que fez em todos esses anos.

- Quem sabe um dia eu lhe conte. Agora, pelo visto você quer me ver como um sólido burguês, um mercador. Talvez queira me casar também.

- Não sou muito casamenteira, tanto que nem eu própria me casei. Quanto a vê-lo trabalhando com Luís, confesso que gostaria mesmo. Se não fizer isso, o que fará?

- Percebo que se inquieta quanto a meus planos.

Ao dizer isso, Fábio lançou um olhar peculiar à irmã, sinalizando que a entendia em suas preocupações. Aquela troca de olhares perdurou, enquanto Ana Maria mais uma vez se surpreendia com a argúcia do irmão. Ele não se fez de desentendido e colocou às claras o que ambos pensavam.

- Sim, minha irmã, eu sou esperto. Fui chefe de guerra por muitos anos. Não teria sobrevivido se não tivesse um bom tirocínio.

- Que tal me tranquilizar?

- O que quer que lhe diga? Que vou virar um mercador, que passarei as noites todas com você, conversando, enquanto faz tapeçaria?

- A ideia lhe é assim tão odiosa?

- Não, mas tenho alguns negócios para acertar em Paris primeiro. Estou aqui apenas de passagem. Vou visitar nossos parentes, conversar com nossos tios e primos, quedar-me um pouco entre vocês.

- O que pretende fazer em Paris?

- Tenho vários contatos e assuntos pendentes. Desde minha última campanha, tirei uma licença do exército, mas há muita coisa para acertar.

- Faz parte do exército real?

- É mais ou menos isso.

- Fábio, você sabe ser irritante quando quer. Por que não me diz exatamente qual papel desempenhou em todos esses anos?

- Isso não lhe traria paz alguma, acredite. Apenas vou lhe dizer que não são tempos de paz os que se anunciam para nosso reino. Há muita agitação, muita efervescência.

- De que tipo?

- Algumas ideias novas estão surgindo, que podem pôr em xeque as nossas estruturas sociais. A recente guerra da América fez com que alguns pensamentos novos chegassem até nós.

- O que tem você a ver com isso?

- Meu papel ainda não está definido, por isso nada lhe falo. Mas não se preocupe comigo, sei cuidar de mim. Até agora, sobrevivi a tudo e a todos.

- A sorte pode mudar de uma hora para outra. Deveria quedar-se conosco, cuidar de sua família. Estou envelhecendo, sua presença em nossa casa seria muito boa.

- Querida irmã, por alguma razão que desconheço, sinto que você é mais forte do que todos nós juntos. Não sei se algo conseguirá abalar sua paz.

Ao ouvir aquilo, Ana Maria se lembrou do episódio com Pedro e sentiu os olhos marejarem de lágrimas. Fábio não se fez de desentendido.

- Pensa em Pedro, não?

- Sim, a morte dele foi algo terrível. Mas já ocorreu, nada há para fazer.

- Será?

- Já que estamos falando às claras, serei muito franca. Quero que saiba que desaprovo com veemência qualquer tentativa de vingança com quem quer que seja o responsável pelo ocorrido.

- A responsável, Ana Maria, a responsável. Nós dois sabemos que foi uma mulher, uma nobre poderosa e cruel, que vocês dois conheceram em Paris. Ela até chegou a vir a Lyon, para perseguir nosso irmão. Não há dúvida possível. Foi a famosa e famigerada duquesa Ana quem torturou e matou Pedro.

- Não temos certeza.

- De que você precisa para ter certeza? Ela o perseguiu em Paris, veio a Lyon, incomodou-o quanto pôde, com convites e abordagens diretas. Na própria sede de nossos negócios, fez ameaças a Pedro. Pouco após sua partida, ele sumiu e seu corpo foi encontrado na propriedade que ela ocupou aqui. De que mais você precisa?

- Não quero pensar nisso. A justiça pertence a Deus. O papel dos homens é o perdão e o auxílio mútuos.

- Esses são pensamentos de mulher.

- São pensamentos de todo cristão digno desse nome, seja homem ou mulher.

- Não tenho certeza se sou cristão.

- Fábio, à parte qualquer questão religiosa, olhe para mim. Eu estou lhe pedindo. Eu criei Pedro após o falecimento de nossos pais. Orientei-o, aborreci-me com ele vezes sem conta, regozijei-me quando tomou juízo ao conhecer Ruth, sofri quando sofreu pela morte dela. Angustiei-me por seu mutismo, embora me felicitasse ao vê-lo positivamente transformado. Eu, Fábio, fui em parte a mãe de Pedro. Eu que mais sofri com toda essa história. E sou eu que lhe peço, em homenagem a meu sofrimento de irmã e de mãe: deixe o assunto nas mãos de Deus. Não envenene essa ocorrência. Por enquanto, nossa família sofreu inocente nessa história. Não nos cubra de vergonha e pecados.

Fábio observava a irmã, sem saber o que dizer.

- Não acha que Pedro deve ser vingado?

- Acho que ele deve ser honrado em sua memória pelo nosso perdão. A que uma vingança nos levaria? O que nos traria de bom? Após fazermos o mal, iríamos nos sentir bem, de algum modo? A vingança sempre corrói o íntimo de quem a pratica. Não; perdoemos! É o melhor para todos.

- E deixar a duquesa livre para fazer o mesmo com outros jovens?

- Deus haverá de cuidar disso, quando entender oportuno. Não é o nosso papel distribuir vingança, a título de justiça. Ademais, já pensou que ela é rica e extremamente importante? Tem livre acesso à família real, frequenta Versalhes, seu marido parece ser um dos conselheiros do rei.

- Ninguém está sempre bem protegido.

- Esqueça isso, Fábio, eu lhe peço. Faça-o por mim e pela memória de Pedro. Vamos sacrificar todo sentimento mau que tenhamos como uma homenagem ao jovem alegre que ele era.

- Nunca fui mentiroso e estou velho demais para começar a mentir agora. Não lhe prometo nada, a não ser que vou refletir sobre suas razões. Não vejo muita lógica em seus argumentos, mas, como é a sua opinião, vou ponderar a respeito.

- Prometa-me ao menos que ficará conosco um tempo razoável, antes de se lançar em seus projetos, quaisquer que sejam eles.

- Seja, minha irmã, seja. Se é a minha presença que deseja, tê-la-á por um bom tempo.

Minha amiga sorriu agradecida, esperançosa de que o tempo amainasse o sentimento negativo que Fábio mantinha pela duquesa.

Ele realmente cumpriu a promessa e permaneceu em Lyon um bom tempo. Até chegou a se interessar pelos negócios familiares, embora a eles não chegasse a se dedicar de verdade. Era mais curiosidade o que tinha. Surpreendentemente, não pedia sua parte nos lucros nem o recebimento de qualquer valor atrasado, concernente aos longos anos em que permanecera ausente. Trazia uma algibeira bem fornida de dinheiro e eu intuía que era tudo, menos pobre. Suas andanças e suas guerras deviam ter rendido bons lucros.

Mas não foi apenas isso que elas lhe renderam. Ao observá-lo mais detidamente durante os meses em que permaneceu na cidade, pude perceber que era um debochado, um libertino. Não tardou a encetar alguns relacionamentos de conveniência, plenos de cinismo, nos quais gastava algumas tardes e noites. Discreto, cuidava de não incomodar a irmã nem causar qualquer escândalo que pudesse prejudicar sua família.

Nesse período, conheceu Arquimedes e Joana, como era de se esperar, sem que com eles tenha estabelecido qualquer vínculo mais próximo. Nutria certo sentimento de piedade pelo médico que fenecia a olhos vistos, enquanto achava a própria sobrinha séria demais para a idade. Divertia-se ao compará-la com Ana Maria e pensava que bem poderia ser filha dela, tal era a afinidade entre ambas.

Em seu íntimo, considerava um desperdício que senhorita tão bem-posta tivesse o hábito de passar várias tardes da semana socorrendo pobres e enfermos, cuidando de crianças e até ministrando lições de higiene, quando não de moral cristã. Seu pensamento era claro: de onde teriam saído as beatas que eram suas parentas?

Por vezes, ao observá-las em plena atuação, sentia vontade de gargalhar, tão espantoso lhe parecia o espetáculo daquelas duas, a um tempo tão distintas e tão semelhantes, apartadas pela idade e pela aparência, mas tão identificadas, a ponto de uma parecer adivinhar o pensamento da outra.

No período que permaneceu em Lyon, Fábio trocou muitas cartas com seus companheiros do exército, que pareciam estar altamente colocados, mas não lhes fez qualquer revelação ou pergunta a respeito da duquesa e seus familiares. Também manteve contato com o restante da família, de forma premeditada e cautelosa, sondando o estado de espírito de alguns dos jovens quanto ao ocorrido com Pedro. Entendeu que havia campo fértil, no coração de muitos, para uma ação organizada de vingança, se a ocasião se apresentasse.

Por essa época, ocorria certa agitação na França, como um prelúdio da revolução que varreria o seu solo por vários anos, infelicitando a tantos, ao tempo em que eram semeados ideais que apenas seriam vividos muito tempo depois. Fábio não era estranho a tais agitações, embora guardasse postura discreta junto aos familiares. Nas sucessivas missivas que enviava e recebia, ficava claro que o assunto o interessava vivamente.

Após mais de um ano de permanência em Lyon, Fábio comunicou a Ana Maria que precisava cuidar de seus negócios e de sua carreira na capital do reino. Minha amiga não gostou da novidade, mas compreendeu que não tinha como impedir o irmão de fazer o que queria. Indagou se ele queria dinheiro para a empreitada e obteve uma pronta resposta negativa. Após todas as despedidas de praxe, em uma bela manhã de inverno, fria e ensolarada, Fábio tomou o rumo de Paris, em uma carruagem bem-posta.

Ocioso dizer que não ia bem acompanhado, no sentido espiritual, pois eram muitos os espíritos perturbados, belicosos e licenciosos que o circundavam. Ficou olhando a figura da irmã ficando cada vez menor, à medida que se distanciava, e teve o pressentimento de que não mais a veria. Como não era supersticioso nem temia a morte, aquilo não o incomodou.

A ideia de acompanhá-lo não me seduzia, pois suas companhias espirituais tornavam pestilento o ambiente em que se encontrava. Assim, deixei-o se encaminhar a Paris, com o plano de encontrá-lo alguns dias mais tarde, quando já tivesse chegado ao destino. Tencionava mesmo verificar o que ele faria por lá, sabedor de seus sentimentos vingativos em relação à duquesa.

Capítulo

34

Sombras que se atraem

Cuidei de meus afazeres durante um tempo e finalmente decidi verificar o que era feito de Fábio. Em uma manhã, fui encontrá-lo hospedado em um hotel discreto e confortável, vestido de forma a não ser notado e prestes a sair para a rua. Acompanhei-o e não me surpreendi ao verificar que se encaminhava para o nosso tão conhecido palacete ducal. Rondou o local, observou, tomou informações nas redondezas e, finalmente, decidiu bater em uma porta que não a principal, por onde entravam e saíam os criados. Apresentou-se e pediu para falar com o mordomo, dizendo-se necessitado de emprego.

Coincidência ou não, estavam mesmo precisando de serviçais, pois havia certo alvoroço em Paris na época, e conseguiu ser recebido pelo mordomo da residência. Fábio afirmou ser recém-desligado do exército e muito necessitado de trabalhar. Poderia garantir a segurança do casal ducal, se fosse o caso, mas não se negaria a cuidar dos cavalos, a conduzir carruagens, o que quer que fosse necessário. O mordomo o olhou com certa desconfiança, pois Fábio parecia um pouco desenvolto demais para exercer funções tão subalternas. Esperto, foi ao encontro da dúvida que sentia em seu interlocutor.

– Senhor, eu preciso morar e comer. A vida de um ex-militar não é simples nem fácil. Não tenho direito à pensão nem talento para cozinheiro ou mercador. Servir em uma grande casa é o que de melhor pode me acontecer.

A explicação foi bem recebida. Não demorou muito e Fábio foi conduzido para um pátio interno, no qual estava João, o assecla da duquesa. Após alguns acertos, o irmão de Ana Maria ficou como ajudante de João, que na época se encarregava especialmente da segurança da dama. Os tempos estavam tumultuados e ela sempre se fazia acompanhar de homens armados, quando saía na rua.

Eu observava tudo com apreensão e também com grande curiosidade. O que Fábio iria fazer? Já que estava ali, decidi ver a duquesa Ana. Cautelosamente, lancei minha percepção e identifiquei que se encontrava em seus aposentos, aviando-se junto a algumas jovens que a serviam. Entrei no ambiente e notei que o tempo havia feito muito mal à nobre. Seus cabelos estavam grisalhos, e ela se irritava muito com isso, disfarçando com perucas. Também estava bem mais enrugada e magra. Observei-a com piedade. Talvez ao sentir minha influência, de modo automático fixou a mente em Pedro e em Ruth.

Seus olhos se injetaram de sangue e seus dentes rilharam de ódio a essa evocação. Espantosamente, sentia-se lesada pelos dois jovens a quem assassinara. Entendia que a haviam privado do que lhe era de direito: a felicidade. Sim, pois se dedicara a muitos homens, mas a nenhum amara. Sempre se envolvia um tempo, mas trocava frequentemente de amantes, como se estivesse à procura de algo especial, a que sentia ter direito inquestionável.

O duque, igualmente leviano e já desinteressado da esposa mandona e de trato difícil, não se incomodava com nada disso, desde que ela mantivesse as aparências. Assim, um tanto por descuido de seu marido, outro tanto pelo medo que ela própria suscitava nas pessoas, há anos vivia livremente, entregando-se às paixões mais doentias. Pouca gente tinha coragem de incorrer em sua cólera e ser apontada como a origem de algum falatório. Era demasiado perigoso ser um inimigo declarado da duquesa, por sua importância, fortuna, relações, maldade e falta de escrúpulos.

Ao encontrar Pedro, algo nela se modificara. Sentira que era por ele que esperava havia tanto tempo. Por alguma razão misteriosa, quisera desesperadamente ser amada pelo jovem. No entanto, ele se apaixonara por Ruth, e todo o esforço de Ana fora em vão. Agora, nutria um profundo sentimento de ódio por ambos.

As jovens acompanhantes, ao perceberem o semblante furibundo da dama, tomaram-se de grande pavor, pois os espetáculos de violência e as punições físicas e morais eram cada vez mais frequentes. A mais jovem, que era pouco mais do que uma adolescente, penteava a dama naquele momento, e ficou com a mão tremendo, enquanto seus olhos se enchiam de lágrimas. A mais velha das acompanhantes cuidou logo de substituí-la, encaminhando-a para a cozinha, com a desculpa de que devia pegar uma jarra de água fresca.

Eram três irmãs que serviam a duquesa, parentas pobres dela, que pagavam a acolhida com muito trabalho e humilhação. A mais velha buscava se colocar como anteparo nas agressões, em especial em favor da mais jovem, que se desequilibrava ao ser maltratada, pois possuía os nervos frágeis.

Triste espetáculo aquele que presenciei e imaginei quanta dor devia acompanhar o dia a dia daquelas jovens sem herança, que se viam obrigadas a servir a parenta importante e irascível. Abençoei-as, extremamente condoído, e deixei-as ali, desejando que fossem fortes. Quanto à duquesa, parecia pouco provável que se emendasse, já que não estava em condições sequer de reconhecer seu papel de vilã no assassinato de dois jovens apaixonados.

Fui sondar o espírito de Fábio, que se retirava para buscar suas coisas, a fim de instalar-se junto aos criados da mansão. Iria assumir o posto de guardião da duquesa, como auxiliar de João, e precisava quedar-se no local, estar sempre à disposição. Ela possuía hábitos irregulares, saía e voltava nos dias e horários mais estranhos, movimentava-se sem cessar, indo e voltando de Versalhes. Isso sem falar em estadias eventuais em suas terras senhoris. Com os filhos já criados e uma vasta criadagem, restavam-lhe a intriga e as leviandades como distração. Fazia-se rodear de admiradores que cumulava de vantagens, na ilusão de permanecer desejável e desejada.

Fábio ia assoviando pela rua, bastante feliz com a facilidade com que conseguira se instalar junto à duquesa, ocupando destacado posto a seu serviço. Poderia observá-la, inteirar-se de seus hábitos, obter informações importantes. Contava que os distúrbios políticos ganhassem força, ao tempo em que pretendia conquistar a confiança da dama, para um dia tê-la completamente a sua mercê.

Ao chegar ao hotel, comunicou ao proprietário que permaneceria ocupando o quarto, mas ali apenas compareceria eventualmente. Tencionava deixar suas melhores roupas e muitos pertences no aposento, o qual também serviria para alguns encontros e reuniões que demandassem sigilo. Deu uma gorda gorjeta, para assegurar que seus bens ficassem em segurança. Diante da rica prebenda, e também da aparência temível do hóspede, o hoteleiro desdobrou-se em atenções, firme no intento de garantir que fosse sempre bem atendido.

Era um fato: naturalmente Fábio inspirava temor. Seus olhos eram duros e penetrantes, sem o menor traço de doçura ou misericórdia. Ninguém se animava com a perspectiva de desagradá-lo. Menos desequilibrado, em certa medida lembrava a duquesa. Ainda não o havia visto em estado de destempero, o que não me impedia de reconhecer que seus fluidos espirituais eram pestilentos e indicavam um caráter violento e cruel. Eu teria oportunidade de verificar como era correta essa percepção.

Satisfeito, Fábio se encaminhou novamente para o palacete ducal. Ao adentrar o local, cuidou de afixar no rosto uma máscara de respeito e polidez, que em nada o tornava menos temível. Foi encaminhado a um pequeno quarto, onde se instalou, e na sequência procurou João, que se encontrava em uma espécie de dispensário cheio de armas.

Um bom juiz de caráter, Fabio soube adotar o tom correto, entre o respeito a um chefe e uma natural camaradagem, e logo os dois estavam conversando espontaneamente. Em meu modesto entendimento, deviam mesmo se dar bem, na medida em que eram parecidos em muitos aspectos importantes.

Sem esperar qualquer ordem, Fábio começou a auxiliar João no trabalho de revisar e limpar as armas, no que demonstrou grande destreza. Os olhos de seu companheiro brilharam admirados.

- Vejo que entende do assunto.

- Entendo, sim. As armas são minhas companheiras fiéis há longos anos. Como sempre soube cuidar delas, nunca me falharam.

- Sim, as armas são boas companheiras. São como mulheres, precisam ser bem tratadas, senão se voltam contra nós.

- Na posição de guarda desta casa, o companheiro tem muita oportunidade de usar essas preciosidades?

- Nunca saio sem estar bem armado. A dama exige, e o faço com grande prazer. Sinto-me mais seguro com uma boa peça na algibeira. Agora, usar não é tão comum. De vez em quando acontece.

- Qual será exatamente o meu trabalho?

- Ainda não tive oportunidade de falar com a senhora, que me recomendou adotasse medidas para reforçar sua segurança. Ela é esperta, sempre muito bem informada, e entende que há agitação demais por aí. Também imagina que algum inimigo pode se aproveitar de alguma arruaça para lhe fazer mal.

- Esse é um perigo real?

- Sim, a duquesa é muito importante e decidida, não se priva de fazer o que acha correto, mesmo que desagrade meio mundo. Não é bom se tornar inimigo dela.

- Deus me livre disso. Tudo o que quero é bem servir a esta casa tão rica. Em tempos tumultuosos, boas colocações são raras.

- São palavras de sabedoria. Vou lhe dar alguns conselhos. Para aqui permanecer, mantenha os olhos e os ouvidos bem abertos e a boca bem fechada. Aguarde que a dama lhe dirija a palavra, nunca use de familiaridade para com ela. Esteja sempre muito atento com a segurança quando estiver cuidando da pessoa da duquesa fora desta casa.

Fábio assentiu, respeitosamente, indicando que apreciava aqueles conselhos em seu justo valor.

Naquela mesma noite, a duquesa foi a uma recepção, pela primeira vez cuidada por aquela dupla tão singular: Fábio e João. Ciente da existência do novo ajudante, nem por isso se dignou a cumprimentá-lo ou mesmo a registrar sua presença. Entretanto, ela o observou algo impactada, pois o irmão de Ana Maria era mesmo uma figura impressionante. Um brilho singular se apresentou nos olhos da dama e fiquei a cismar qual seria o seu significado. Observei-a bem, atentei para os fluidos que produzia e notei que se sentiu estranhamente atraída por Fábio!

Acompanhei seus pensamentos, um tanto lúbricos, e me apiedei com sinceridade daquela figura tão estranha de mulher. A que a levaria aquela fraqueza tão pronunciada? Ela tencionava observar Fábio de perto, sondá-lo, para ver se compensava gastar seu tempo com ele. Entendi que não seria a primeira vez que se interessava por um serviçal. Incontáveis vezes no passado, a duquesa distraíra-se com homens que entendia serem inferiores seus, muitos de baixa estirpe, descartando-se deles e de seus serviços, tão logo se cansava e se interessava por outros.

A recepção era faustosa e a duquesa nela ocupou um papel de destaque. Recebida de forma efusiva pelos anfitriões, foi colocada na mesa principal. Divertia-se a emitir ditos picantes e comentários maldosos sobre presentes e ausentes. Era temida, seguramente, embora todos também se divertissem com sua maldade, sempre cuidando para não ferir a suscetibilidade daquela figura tão perigosa.

A certa altura, os comentários versaram sobre a agitação das massas, de forma desdenhosa e despreocupada, como se fosse uma bobagem passageira. A duquesa fez o papel que dela se esperava, embora experimentasse certo receio com os possíveis desdobramentos daquilo tudo. A essa altura, recordou de que estava bem cuidada e seu pensamento se fixou em Fábio. Um sorriso desagradável se estampou em sua face, enquanto se lançava em conjecturas vis. Foi uma noite sofrida para mim, pois o ambiente era pestilento e a pessoa que eu observava não destoava do conjunto.

Ao se retirar do local, Ana prestou especial atenção em Fábio, que se encontrava empoleirado na parte traseira da carruagem, em postura marcial, visivelmente armado. Houve uma rápida troca de olhares e o homem cuidou de abaixar o rosto, de forma respeitosa, logo que percebeu o ocorrido. Algo se deu ali e notei que eram almas conhecidas, embora não soubesse de que tipo de conhecimento se tratava. Ambos pareceram ter se reconhecido, em algum nível inconsciente. A duquesa ficou feliz e subiu na carruagem com o peito arfante, devidamente acompanhada de suas damas. Já Fábio, esperto, entendeu que produzira algum efeito naquela a quem observava com intuito de vingança. Uma dúvida pareceu assaltá-lo. Sentiu certa familiaridade, pensou que talvez já a conhecesse de algum lugar. Esboçou um sorriso um tanto maldoso, ao pensar que poderia ter um trunfo a mais, uma vantagem inesperada, se a megera se apaixonasse por ele.

Experimentou um estremecimento ante a ideia de manter alguma intimidade com aquela velha, que ainda por cima matara seu irmão e infelicitara toda a sua família. Se fosse realmente necessário, tencionava se sujeitar. Tentaria manipulá-la, evitando ao máximo se tornar seu amante. Entendendo que seus negócios avançavam rapidamente, experimentou uma alegria selvagem, embora cuidasse de dissimular.

João a nada atentara, pois havia se ocupado de auxiliar a dama a subir na carruagem e apenas depois de fechar a portinhola é que se instalara ao lado de Fábio, enquanto o condutor instava os cavalos a que se movimentassem. Eu fiquei um tanto receoso por qual seria o final daquela história triste, pois certamente presenciaria cenas muito lamentáveis.

A trama demorou um tanto a se consolidar, pois entre os dois parecia haver se instalado um jogo de gato e rato. A dama aproveitava toda oportunidade para se fazer notar por Fábio, embora aparentando desdém. Já este experimentava sentimentos contraditórios. Buscava fazer o papel de servo respeitoso, embora eventualmente tivesse algum olhar ou gesto de admiração para com a dama. Achava-a feia e desagradável, sentia ódio quando se recordava do que ela fizera. Entretanto, ficava aquela fugidia impressão de reconhecimento, como se algo lhe escapasse. Como era frio, não se deixava tomar por escrúpulos, permanecendo no firme propósito de conseguir sua vingança.

Numa tarde, a duquesa tratou de enviar João para entregar um recado que disse ser importante demais para ser levado por um mensageiro qualquer. Depois, sabedora de onde Fábio ficava, fez de conta que inspecionava a casa e se pôs a andar por ela, como se verificasse a ordem, a limpeza e a conduta dos criados. Proibiu as aias e mesmo o mordomo de acompanhá-la, enquanto transitava aparentemente a esmo.

Contudo, seu destino estava determinado: ia para onde Fábio se encontrava. Após um tempo, ei-la que surge no conhecido compartimento das armas, no qual o irmão de Ana Maria se entretinha em examinar e lustrar, com evidente paixão, uma rica e rebuscada pistola. Ao vê-lo ali, naquele ambiente tão masculino, a duquesa experimentou uma forte sensação de luxúria. Fábio notou que era observado pela dama, que se postara à porta, mas se fez de desentendido.

Permaneceu naquela situação de observado, deleitando-se com o se saber admirado pela mulher a quem queria perder. Muito lentamente, levantou o rosto e a mirou longamente, como se fascinado. Era mesmo um artista da dissimulação! Repentinamente, pareceu tomar consciência do que ocorria, abaixou os olhos e tossiu como se estivesse muito embaraçado.

- Perdoe-me, senhora duquesa. Pegou-me de surpresa.

Feliz em se sentir admirada, ela pensou que ainda era uma bela mulher se aquele homem tão diferente, tão interessante, tão vivido, perdia o prumo e a razão por ela. Com um sorriso que pretendia amável e sedutor, mas que na verdade evidenciava as rugas de seu rosto magro, aproximou-se.

- Não precisa se desculpar. Está em seu ambiente, vejo-o bem. É natural que aqui fique distraído. É Fábio o seu nome, se não me engano.

- Exatamente, senhora. Fábio, ao seu dispor.

- Manuseava a arma com tanta paixão que hesitei em interrompê-lo.

- Gosto muito de armas. São uma paixão antiga. Tem uma bela coleção delas aqui.

- Nunca me interessei por isso, não gosto de violência. Armas me parecem algo masculino demais para ser manuseadas por mulheres.

- Tem razão. A senhora não deve mesmo se ocupar com isso, pois está sempre bem protegida.

- É verdade. João sempre foi muito cuidadoso com minha pessoa. Mas agora os tempos andam muito turbulentos.

- Sabe que pode contar comigo. Defenderia sua vida à custa da minha.

A conversa se estendeu entre os dois grandes hipócritas. Ela se fazendo de delicada e avessa à violência, ensaiando um papel de mulher ingênua e indefesa que não combinava com sua idade e muito menos com sua índole. Já Fábio cuidava de se mostrar entre galante e protetor, mesclando sabiamente sedução e respeito. A certa altura, pôs-se a mostrar as armas, explicar as diferenças entre elas, enquanto a duquesa observava fascinada a habilidade dele, o grande traquejo que tinha com as armas; admirava suas mãos, literalmente perdida de luxúria.

Eu padecia ao assistir aquela cena, que seria seguida de outras tantas, semelhantes. Por alguma razão que me escapava, aquelas raposas velhas e com um número espantoso de aventuras indignas encontravam prazer em se abordar de forma quase temerosa. Era um jogo de sedução em que se compraziam. Fábio costumava sair deles se sentindo sujo e ridículo, enquanto Ana, essa sim, se sentia jovem e sedutora.

Ao observá-los naqueles jogos lascivos, percebi que pareciam reencenar situações já vividas. Detendo bem minha atenção, identifiquei a origem daquele vínculo estranho. Em uma vida remota, quando Ana se envolvera com Pedro, então marido de Ruth, ela fora forçada pelo pai a se casar com um homem bem mais velho e muito pervertido. Tratava-se de Fábio, que reencontrava a antiga esposa, a jovem a quem praticamente comprara do pai no passado. Naquela existência remota, eles se entregaram a deboches vis, com estranhas festas na ampla residência que possuíam.

Assim, novamente envoltos em um jogo ordinário, eles lá estavam. Isso explicava os sentimentos contraditórios de Fábio, que desprezava a duquesa, achava-a velha e ridícula, em sua pretensão de permanecer jovem e sedutora. Quando se lembrava de que matara seu irmão por entre torturas e lhe infelicitara a família, especialmente sua irmã Ana Maria, sentia um ódio profundo.

Contudo, no fundo de sua consciência, algo ficava inquieto. Ela era tal qual ele a ajudara a ser. Quando se casaram no passado, já era leviana, tanto que tivera um romance com um homem casado. Mas, se bem conduzida por um companheiro que a respeitasse e amasse, poderia ter se recuperado e encaminhado para uma situação de dignidade. Em vez disso, ele levara o afeto do passado a explorar muito fundo os seus maus instintos. Fora assim que ambos se embrenharam em um cipoal de vícios, do qual ainda não se haviam recuperado. A inquietude de Fábio refletia certa culpa pelo que fizera.

Aquele reencontro dava a Fábio a oportunidade de começar a se recuperar perante a Justiça Divina. Por vias tortuosas, naqueles tempos de grande perigo, poderia se tomar de piedade pela antiga companheira, relevar-lhe a fraqueza e garantir sua segurança. Contudo, ele ainda não havia sofrido o suficiente para que a notável dureza de seu coração se amainasse.

Quanto a Ana, ao reencontrar seu antigo marido, a quem nunca amara, sentia-se inexplicavelmente jovem e tomava gosto por fazer papel de moça ingênua e inexperiente. Era uma reminiscência do que séculos atrás ambos efetivamente haviam vivido. Em sua condição de mulher leviana, coquete ao extremo, que se angustiava com a ideia de envelhecer e ter de deixar os jogos amorosos, agarrava-se àquele sentimento fugidio e falso. Era justamente a fantasia de ser jovem e ingênua que a mantinha sem tomar nenhuma medida efetiva para que se tornassem logo amantes. Ana esperava que Fábio tomasse a iniciativa, enquanto este se retorcia diante da ideia do interlúdio amoroso.

Como a tensão sexual entre eles era grande, um dia o desatino foi cometido. No quarto mesmo da dama, eles começaram um terrível jogo de perversões, cujos ecos eu apenas percebia, tomado de compaixão e um pouco de asco. Lamentava o papel que faziam ali, da traição que se dava no próprio lar ancestral do duque. Os criados e as damas de companhia da duquesa não eram bobos, mas nenhum deles tinha coragem para atrair a cólera da dona da casa com algum comentário indiscreto.

A situação apenas se acalmou quando, após um tempo, o duque chegou de forma imprevista, demonstrando grande nervosismo. Era a situação política que se complicava, com notícias de revoltas populares, de saques e massacres. Conversou longamente com a esposa e fê-la entender quão grave era a situação. Os filhos do casal, com as respectivas famílias, logo se fizeram presentes no palacete.

Após muita discussão, o duque João deixou claro que a situação era crítica e que seus espiões alertavam para o grande perigo que todos corriam.

Desejava partir com os familiares para as suas terras, nos confins da França, quase na fronteira com a Alemanha, por entender que ali seria mais seguro.

A discussão que se seguiu foi longa e áspera. A duquesa temia ver findar seu interlúdio amoroso com Fábio. Vislumbrava que, com toda a família presente, especialmente as noras, que a detestavam, não teria mais oportunidade para aqueles encontros que qualificava de encantadores. Acusou o marido aos gritos de traidor da monarquia francesa, de estar abandonando os reis em um momento crítico. Era tudo um jogo de cena, pois ela própria não se animava com a ideia de ir passar uma temporada em Versalhes, naquela situação. Sua única preocupação era com seu novo romance, como o qualificava.

Seguiram-se dias de discussões, gritos e acusações, nos quais a duquesa mostrou o pior de si. O duque também não era exatamente uma figura dócil. A certa altura, ele deu um ultimato: no dia seguinte pela manhã, partiria para suas terras para ali permanecer pelo tempo que julgasse necessário. Contava com a localização geográfica privilegiada de suas terras, para, em último caso, evadir-se um tempo da França. Quem desejasse acompanhá-lo, seria bem-vindo. Possuía uma pequena milícia, que arregimentara para garantir sua segurança pessoal. Os filhos logo aderiram ao projeto, sem permitir que as esposas sequer palpitassem. É que o espetáculo dos saques nas ruas e das violências diárias contra comerciantes e mesmo contra casas nobres estava assustador.

A duquesa não se deu por achada. Afirmou-se corajosa e leal demais à família real para adotar aquela postura covarde. Ficaria em Paris, em sua casa, contando com o apoio de seus próprios seguranças. Se visse necessidade, iria a Versalhes demonstrar lealdade aos monarcas.

No dia seguinte, várias carruagens, bastante carregadas, saíram do palacete durante a madrugada. As três jovens que auxiliavam a duquesa bem que quiseram ir junto. Júlia, a mais velha, pediu que ao menos a mais jovem delas pudesse ir. Justificou que a adolescente tinha nervos frágeis e poderia enlouquecer se fosse envolvida ou presenciasse alguma situação de violência. A resposta da duquesa foi dada com violento golpe, pela mão cheia de anéis, que tirou sangue do rosto da moça.

Ela se retirou para chorar em seu quarto, ralada de ódio. Jurou que um dia a dama pagaria caro por tudo o que lhe fazia. As irmãs foram ter com ela e choraram juntas, com medo do destino que as aguardava. Confabularam tristemente sobre o que poderiam fazer, pensaram em pedir a ajuda do duque. Júlia bem que tentou isso, mas foi dispensada como se fosse um animal pestilento. O grande egoísta do duque simplesmente não se interessava pelas parentas pobres da esposa. Não desejava se encarregar delas e jamais arrumaria confusão com a harpia que era a sua duquesa, apenas para confortar aquelas jovens sem vintém.

Foi assim que a duquesa permaneceu em Paris, seduzida por Fábio e imaginando-se protegida por ele. Ali ficou com suas damas, a quem infligia sem piedade uma refinada tortura psicológica, enquanto sua família se encaminhava em segurança para uma região fronteiriça com a Alemanha. Com essa decisão, selou o destino de todos.

As agitações na França só fizeram crescer e atingiram o auge em Paris, logo após o episódio conhecido como a Queda da Bastilha. João, o sequaz da dama, após se inteirar de tudo, buscou falar com ela, para alertá-la quanto ao perigo que corria. A senhora, embora tresloucada, era bastante ciosa de sua pessoa e de seus bens. Quando foi cientificada da violência que tomava conta das multidões, a duquesa começou a refletir que talvez não tivesse sido muito sábia ao não seguir junto com a família. Nem passava por sua cabeça a possibilidade de se juntar à família real, a título de prestar sua solidariedade.

Por outro lado, parecia-lhe que os próprios criados a olhavam de modo estranho na residência. Isso não deixava de ser verdade, pois seguramente era temida, mas nunca fora amada nem respeitada. Em um momento em que a hierarquia perdia a força na sociedade, era natural que os serviçais começassem a refletir sobre tudo o que haviam suportado. Receosa de ser vítima da plebe, a senhora refletia sobre o que fazer. Parecia-lhe que o melhor era se ausentar de Paris durante um tempo. Reuniu seus seguranças, notadamente João, Fábio e Antônio, um novo contratado, que havia sido indicado pelo irmão de Ana Maria. Na verdade, era um seu antigo companheiro de armas, disposto a auxiliá-lo na vingança que apenas esperava o momento certo para colocar em prática.

Capítulo

35

Ligados pelo ódio

DE MODO INÉDITO, A dama resolveu tomar conselhos junto àquele trio de plebeus, como os identificava. Os homens foram unânimes em afirmar que seria prudente sair da capital um tempo, tomando rumo diferente de Versalhes, local objeto da fúria da plebe.

Após alguma meditação, a dama decidiu que deveria tomar o rumo de suas terras, para se juntar ao duque e ao restante da família. Encarregou o mordomo de tomar todas as providências e logo uma intensa movimentação se produziu no palacete. Os seguranças se faziam ostensivamente presentes, inclusive para impor medo aos serviçais. Foram providenciadas carruagens e combinou-se de partir de madrugada, para evitar os tumultos que se faziam tão comuns na cidade naquela época.

A manhã do dia seguinte surpreendeu a duquesa e sua comitiva já longe de Paris, no louvável intuito de chegar às terras ancestrais da família, sãos e salvos.

Iam todos muito atentos, e os seguranças portavam suas armas de modo ostensivo. A dama se fazia acompanhar de suas jovens parentas, que deveriam servi-la, dos homens encarregados de sua segurança e de alguns poucos criados, cuja função era cuidar das joias e da prataria que ela levava e preparar alimentos durante a viagem.

Ao todo, a comitiva contava com pouco mais de dez pessoas. Após algum tempo, percebi que Fábio e Antônio tinham algum plano. Ambos se propuseram ir à frente de todos, a cavalo, a título de sentinelas. A duquesa ficou extasiada ao perceber o quanto Fábio se preocupava com sua segurança.

Eu estava particularmente preocupado com aquela empreitada, pois entendia que algo de bastante grave poderia dela surgir. Isso de modo específico quanto à programação espiritual que presidira a vinda de Ana Maria e seu grupo para aquela encarnação.

Os dois pareceram sumir de vista. Por várias horas, não se teve notícia deles. Quando finalmente retornaram ao cair da noite, traziam o semblante preocupado. Fábio se dirigiu diretamente à carruagem da dama, em cuja boleia João estava de prontidão. A duquesa colocou a cabeça para fora, mal dissimulando a ansiedade que passara com a longa ausência de seu amante.

- Fábio! Quer nos matar de preocupação? Por que sumiu por tanto tempo?

- Foi preciso, senhora. Há uma grande anarquia no vilarejo logo à frente. O poviléu se revoltou e fez alguns nobres de reféns. Não devemos nos aproximar de lá, de modo algum.

A dama demonstrou nas feições o quanto se escandalizava com aquela inversão da ordem social. À parte seu orgulho de casta, preocupava-se com a própria segurança. No fundo, tinha um medo insano de morrer, ainda mais em situação de desrespeito, na mão do povo. Sempre contara ter tempo para pensar na própria alma. Tencionava, ao sentir que as próprias forças iam decaindo, recolher-se a um convento, orar e fazer ricas doações, a fim de merecer o paraíso. Pobre mulher iludida, que pensava enganar Deus com algumas poucas medidas sem maior valor. O relevante é a vida digna, e não alguns remendos de última hora!

Fábio sugeriu que buscassem abrigo em uma pequena clareira que havia nas vizinhanças, dentro da floresta que margeava a estrada. O projeto original da duquesa era se instalar em hospedarias ao longo do caminho, mas aquela emergência não fora de todo desconsiderada. Tinham meios para alguns pernoites semelhantes, sem maiores transtornos.

João rapidamente aderiu ao projeto e trataram de se embrenhar na mata. Ninguém reparou que Fábio parecia conhecer o local bem demais, pois guiou o comboio com segurança e precisão. Já era noite quando se instalaram na clareira, bastante erma. Os criados cuidaram de providenciar alimento e dispor algumas mantas, para que todos pudessem se ajeitar. Após a refeição, a duquesa se recolheu para dormir sozinha em sua carruagem, enquanto as damas de companhia se instalaram em outra.

Os homens ficaram conversando mais um tempo, até que o sono bateu. Aí os criados se ajeitaram para dormir em algumas mantas. Fábio, João e Antônio persistiram mais um tempo a conversar. Havia certa tensão entre eles, cuja origem João não sabia precisar. Já eu, que a tudo observava, sabia de que se tratava: Fábio e Antônio pretendiam matar os homens da comitiva.

Extremamente preocupado, orei intensamente ao Senhor da Vida, rogando Seu auxílio para aquele momento crítico, que me inspirasse e fortalecesse, a fim de que fizesse o possível para evitar a tragédia que se anunciava.

Fábio, para conseguir sua vingança contra a duquesa, tencionava matar não apenas João, carregado de crimes como ele, mas alguns inocentes pais de família. Os criados não tinham nada a ver com as loucuras da dama, apenas sua pobreza e sua necessidade de trabalho ligavam-nos a ela. Havia também as três irmãs, imensamente sofridas e sujeitas de longa data aos caprichos da nobre. Júlia, Guilhermina e a pequena Maria, o que seria delas naquela triste situação, sujeitas à impiedade daqueles dois?

Orei longa e sentidamente e me senti fortalecer. Sim, eu faria o meu melhor, faria tudo ao meu alcance, mas acima de mim, felizmente, imperava o amor do Altíssimo, que jamais desampara algum de Seus filhos. Embora as crises e as paixões humanas, as experiências apenas se sucedem no que possam ser úteis de alguma forma para os envolvidos.

Fábio e Antônio naquela noite poderiam refletir e retroceder em seus atos, rever suas intenções. Ou poderiam cair tão fundo que a partir daquele momento o remorso seria seu companheiro constante, impelindo-os, ainda que timidamente de início, a refazer o caminho de crueldade e devassidão que trilhavam.

Aproximei-me de Fábio e tentei influenciá-lo. A tarefa não era fácil, pois tinha em torno de si uma autêntica malta de seres malfazejos. Eram não apenas os seus companheiros espirituais, mas inúmeros inimigos da duquesa, que desejavam vê-la humilhada e punida por incontáveis malefícios que havia distribuído nas vidas alheias.

A batalha era feroz, mas eu estava fortificado pelas orações e por meu ardente desejo de fazer o bem. Não consegui desvincular Fábio de seus companheiros, pois era de sua liberdade que se tratava. Ele buscava aquelas companhias, regozijava-se com elas. Vendo isso, limitei-me a lhe lançar imagens na mente. Tentei fazê-lo recordar as figuras de sua mãe e de seu pai; inspirei-o a que refletisse sobre como eles se sentiriam ao vê-lo naquele estranho papel. Também lhe recordei com firmeza sua conversa com Ana Maria, quando tentou convencê-lo a perdoar. Aí eu tive mais sucesso. Mais do que aos seus pais, Fábio tinha consideração pela irmã, embora ela lhe parecesse uma incógnita.

Registrando minha sugestão, pareceu hesitar um momento em seus propósitos. Fez um sinal a Antônio para que o aguardasse e saiu andar um pouco pela mata. O comparsa entendeu que ainda era muito cedo e que deveriam esperar até que todos estivessem dormindo pesado. Fez de conta que se ajeitava para dormir.

Fábio, com o coração estranhamente opresso, saiu para caminhar, mas não foi longe. Havia uma pequena lagoa ali perto; sentou em uma pedra e ficou a cismar. Refletia sobre sua vida, sobre a irmã, sempre tão enigmática. Imaginou como ela se sentiria se algum dia viesse saber o que estava prestes a fazer. Jamais entenderia, pensou. Sua irmã era tão diferente, realmente acreditava em princípios religiosos.

Fábio ficou cismando, como se seu espírito oscilasse. Estava pairando sobre um abismo. Aquele poderia ser um momento de redenção, de retificação de rumos. Fiquei feliz, pois estava conseguindo algum progresso. Nisso João deu sinal de sua presença.

- O que o companheiro está a matutar aí?

Fábio deu um pulo, como se o outro pudesse de alguma forma ter percebido seu projeto de matá-lo.

- Não consigo dormir. Estou refletindo sobre a situação crítica em que nos encontramos aqui na floresta, responsáveis por várias pessoas.

- Não se agaste muito com isso. Amanhã bem cedo, tenciono ir eu mesmo ao vilarejo para sondar o que está ocorrendo.

- Não há necessidade disso. Eu posso fazer esse serviço.

João olhou Fábio de um modo estranho, como se entendesse que algo inusitado poderia estar acontecendo.

- É desta região?

- Não, não sou.

- De onde você é mesmo?

- De Paris.

- Parece bem ambientado na floresta, orienta-se com facilidade.

- Isso é resultado de minha vida de soldado.

- Integrou o exército real mesmo?

- Sim. Por quê?

- Não sabia que o exército real costumava se embrenhar em florestas.

- Esta conversa está estranha. Acaso está desconfiando de mim?

- Não, apenas estou conversando, para passar o tempo.

- Conte-me algo de você. Serve a dama há muito tempo?

- Sim, há muitos anos. Já viajei muito com ela. Aliás...

- O que tem?

- Não é da minha conta, mas sei que ela o está tratando com especial deferência.

- O que tem isso?

- Não se engane. Não é o primeiro nem será o último.

- Você também já recebeu tratamento especial?

- Sim, mas foi há muitos anos.

- Como continua vivo e trabalhando para a dama, é sinal de que não devo me preocupar muito.

- Sim, desde que saiba o seu lugar. Quando ela decidir se afastar, aceite, sem questionar, sem incomodá-la de qualquer modo. A senhora não gosta de ser contrariada.

- Nunca vi ninguém fazer isso. Apenas o duque parece enfrentá-la. Ainda assim, não consegue sustentar a discussão por muito tempo.

- É verdade.

- Alguém já negou algo que a duquesa quisesse?

- Que eu me recorde, apenas uma vez ela foi rejeitada mesmo, sem meias palavras.

- Quem foi o corajoso?

- Um rapaz que estava em Paris a passeio.

- Sério? O que houve?

- Ah, ele pagou muito caro pela afronta. Virou uma espécie de desafio para a duquesa. Ela não se deu por satisfeita enquanto não lhe destruiu a vida.

- Como foi isso?

- Não convém entrar em detalhes, mas a coisa foi feia. Fiquei mesmo com pena do moço.

- Pelo jeito, participou da empreitada.

- Sim, sou o homem de confiança da dama.

- Esse rapaz, a vida dele foi destruída mesmo? O que faz hoje?

- Seguramente, não faz mais nada.

- Ele morreu, pelo visto.

- Sim. Esse é o destino de todos os que desafiam a dama.

- Era da nobreza?

- Não. Era um burguês, um mercador de Lyon. Jovem muito bonito.

No decorrer da conversa, Fábio foi se tomando de cólera, em especial pelo tom displicente com que João falava. Na verdade, este estava meio enciumado, pois a dama parecia dar a cada dia mais valor à opinião e à presença de Fábio. O segurança não a amava, claro; mas era orgulhoso e cioso de sua posição. Ressentia-se de que um recém-contratado estivesse se tornando mais importante do que ele. Temia logo estar obedecendo a Fábio. Assim, vangloriava-se, de um modo estranho, contando o caso do assassinato de Pedro como se fosse uma banalidade, para demonstrar que tinha um longo histórico de serviços, que sua ligação com a patroa era grande e antiga.

Naquele momento, perdi a influência sobre Fábio, que rilhava os dentes de ódio e disfarçava como podia. João se despediu, dizendo que tencionava descansar para logo cedo sair, a fim de sindicar a vizinhança.

Fábio deixou-o se adiantar um pouco no caminho que levava à clareira. Após, com passos silenciosos, uma faca bem afiada na mão, alcançou João, dominou-o, de repente, pelas costas e abriu-lhe um rasgo na garganta. Demonstrando grande destreza, tapou a boca da vítima, enquanto a segurava com força.

O homem se esvaiu em sangue por um tempo que pareceu infinito, até dar sinal de perder as forças. Fábio o conduziu ao chão, sempre mantendo-o sob controle, enquanto o observava lutar desesperadamente pela vida. Seu olhar era do mais profundo ódio.

- Sabe o burguês de Lyon que você matou, a mando de sua patroa? Era meu irmão, Pedro. Agora, você estava pagando o que fez. Se existe inferno, você está a caminho dele.

João ainda se debateu um tempo, até perder a consciência, empapado com o sangue que vertia de sua garganta. O irmão de Ana Maria se levantou e, a passos decididos, foi até a clareira. Quando lá chegou, seu comparsa Antônio era o único acordado e levantou rapidamente, ao reparar o sangue na roupa de Fábio. Este confirmou com o olhar o que havia ocorrido. Entenderam-se, um ao outro, com poucos sinais e se posicionaram bem próximos aos criados que ressonavam ao redor de uma fogueira. Sacaram de suas pistolas e, com uma frieza e uma rapidez espantosas, exterminaram aquelas vidas preciosas.

Aquilo seguramente repercutiu de modo extremamente grave na ordenação cósmica, e os dois assassinos gastariam muito tempo para se reabilitar de ato de tamanha covardia, praticado contra quem nunca lhes tinha feito nada de mal. Eram simples trabalhadores, pais de família, que seguiam ordens. As famílias possivelmente jamais saberiam de seus paradeiros, esposas e filhos passariam o resto da existência a indagar o que fora feito deles. Nada daquilo impressionou Fábio e Antônio, naquele instante triste em que lançavam contra si próprios uma sentença de condenação terrível.

As mulheres que dormiam nas carruagens acordaram com os tiros, mas não tinham coragem de sair para verificar o ocorrido. Após os estampidos das armas, reinou no local um silêncio lúgubre, prenunciador das maiores desgraças. Eram muitos os espíritos desequilibrados ali, regozijando-se com a chacina e torcendo para que o pior se desse.

Os dois começaram a falar em voz baixa, embora não sussurrassem, pois se sabiam donos da situação, na medida em que estavam sós com as quatro mulheres desarmadas.

- Fábio, você sabe que espero o meu butim.

- Deseja a aia Maria.

- Sim, acho-a sedutora em suas frescuras e tonteiras. Acho que posso lhe ensinar muita coisa.

- De minha parte, ela é sua. Bem sabe que só me interesso por punir a duquesa.

Fábio se dirigiu à carruagem em que a dama estava, enquanto Antônio foi em direção à das damas de companhia.

Fábio abriu a portinhola, sem qualquer cerimônia, e falou com grosseria.

- Venha para fora, já.

- Que é isso, Fábio? O que ocorreu? O que foram esses tiros?

Ela não pôde terminar suas indagações, pois foi puxada de dentro da carruagem com grosseria. Ana vestia uma camisola rebuscada e caiu no chão da floresta.

- Enlouqueceu?

- Não. Apenas chegou a hora de acertarmos nossas contas.

Assim falando, puxou-a em direção aos corpos dos criados mortos.

- Veja o que ocorreu com seus serviçais.

Ana estava perplexa. Não compreendia a nova postura do amante.

- Quem...?

- Eu e Antônio matamos estes infelizes. Como eu também matei João, seu comparsa.

- Você fez o quê?

- Matei todos eles. Agora somos apenas nós aqui. Eu, você, Antônio e suas aias.

A dama era tresloucada, mas inteligente, e rapidamente compreendeu a situação delicada em que se encontrava.

- Quer dinheiro? Sabe que sou muito rica. Meu marido pagará um bom resgate por mim.

- Duvido muito. Ele vai ficar é feliz de se ver livre de uma megera como você.

- Olha como fala.

Fábio fê-la se calar com um sonoro bofetão.

Ana jamais sofrera violência de qualquer espécie e levou a mão ao rosto, espantada. Nisso, Antônio chegou com as três irmãs, trêmulas de medo. As quatro foram colocadas na frente deles, sentadas no chão frio da floresta, sob a mira das armas.

Os dois se deleitaram com aquela situação, sem refletir que as três irmãs nada tinham a ver com as maldades da duquesa. As mulheres estavam muito assustadas, inclusive a duquesa, cujos lábios estavam feridos e sangrando. Aquele espetáculo era singular demais para as moças, que a olhavam como se não conseguissem acreditar no que viam.

- Há algo muito importante que precisa saber sobre mim. Sou irmão de Pedro, o rapaz que você torturou e matou em Lyon.

A mente da duquesa trabalhava vertiginosamente.

- De onde tirou essa fábula? Nunca matei ninguém!

- Não adianta fazer-se de desentendida. João me confessou sua façanha. Aliás, eu já sabia de tudo. Quando de sua estadia em Lyon, eu estava fora, no exército. Mas voltei e fui participado de tudo. Sei que se apaixonou por Pedro, que a desprezou como era bem merecido. Não nota que é velha e feia e que só por conveniência algum homem pode fazer de conta que a ama?

Ana abriu a boca, mas não emitiu nenhum som.

- Eu suportei suas perversões e seus jogos para vingar a memória de meu irmão. Sei que o perseguiu e infelicitou toda a minha família e pagará por isso.

- Sou muito rica!

- Eu também sou. Não tenho o menor interesse em seu dinheiro. Apenas quero vê-la sofrer, nada mais.

Ao falar isso, Fábio desferiu um violento chute na duquesa, que rolou no chão. As moças observavam aquilo, sem saber o que fazer. Coube à aia mais velha, Júlia, algo tentar em defesa de todas.

- Senhor.

- Diga.

- Nada tivemos a ver com isso. Viveu conosco no palacete em Paris. Sabe que somos praticamente escravas da duquesa. Deixe-nos ir, por favor.

- Não tenho certeza de qual foi o seu papel nisso tudo. Talvez por covardia, podem ter sido cúmplices do assassinato de meu irmão.

- Não, senhor. Não fizemos nada.

- Mas sabem quem era ele.

- Sim, vimo-lo no palacete uma vez e mais algumas vezes quando encontrou por acaso o grupo da senhora em parques e jardins da cidade. Contudo, não nos envolvemos em nada disso. Juro por Deus!

- Há algo a ser feito antes de decidirmos o seu destino.

Fábio e Antônio trocaram um sorriso matreiro, cheio de maldade, enquanto este último se adiantava e tomava a pequena Maria pela mão.

- Você vem comigo!

A menina tomou um susto e começou a chorar.

- Por favor, senhor Fábio. Não façam mal a Maria. Ela é doente dos nervos, não aguentaria.

O pedido de clemência ecoou no vazio.

Fábio mirava as mulheres sentadas no chão com a pistola, enquanto Antônio se afastava arrastando a pequena e apavorada Maria para o meio da floresta.

A vítima escolhida por Antônio era pouco mais do que uma menina. Possuía compleição delicada e traços quase infantis. Fora colhida pela morte dos pais ainda criança e levada para a casa da duquesa, onde crescera experimentando toda sorte de desrespeito e humilhação. Era profundamente impressionável e a violência que se anunciava poderia ser pesada demais para sua já instável sanidade. Tentava se agarrar em arbustos para não ser levada para longe das irmãs, mas Antônio, homem grande e forte, colocou-a nos ombros e gargalhou de modo odioso, enquanto conduzia a carga para longe.

Tudo o que havia em mim de paternal se revoltou àquele espetáculo e roguei sentidamente ao Céu que me amparasse naquele momento. Talvez eu nada pudesse fazer pela duquesa, complicada demais perante as leis divinas, mas já me daria por feliz se tivesse algum êxito no socorro às três irmãs. Claro que, se estavam naquela situação, é porque alguma razão havia. Algum vínculo infeliz do passado as ligava àquele estranho casal e ao malvado Antônio.

Minha preocupação primeira era o socorro a Maria, tanto quanto fosse possível. Notei-me fortalecido e mais lúcido do que o habitual, embora a gravidade da situação. Era como se uma força estranha me habitasse, como se minhas possibilidades espirituais tivessem aumentado. A situação era urgente, de modo que não tinha tempo para deter minha atenção naquela experiência que vivenciava, mas parecia que realmente me tornava uma espécie de fenômeno da natureza. De modo um tanto vago, registrava uma corrente de forças que vinha do Alto e me circundava, qual se fosse uma aragem fresca e luminosa.

Acompanhei a caminhada de Antônio, que se afastou um bom tanto da clareira e depositou Maria no chão. Esta chorava desesperadamente, enquanto seu algoz ria-se, tomado de uma luxúria extremamente cruel.

- Não chore assim, Maria, haveremos de nos dar bem.

A menina não conseguia falar, seus olhos estavam esbugalhados e soluçava de forma incontida. Sempre rindo muito, ele tentou começar a despir a vítima, que resistia. Era um jogo terrível aquele. Se não houvesse uma intervenção qualquer, evidentemente Maria seria violada de modo cruel.

Lancei minha percepção sobre Antônio, na busca de identificar algum ponto fraco em seu organismo. Era um homem de constituição forte, a qual até aquele momento preponderava sobre seus vícios, que eram muitos. Após um tempo, veio-me claro na mente que a tensão em que ele se encontrava poderia ser trabalhada. Observei o modo como se posicionava sobre Maria, lutando com ela, no qual suas pernas estavam por assim dizer tracionadas. Busquei o auxílio do Alto, senti-me integrar na natureza, plena de fluidos e recursos, e emiti um jato poderoso de energia sobre a parte inferior da perna direita de Antônio.

Mercê de Deus, ele registrou minha interferência na forma de uma atroz contratura, uma cãibra violenta o fez rolar no chão da floresta, deixando Maria um tanto em paz. Justificado pela situação, eu cuidei de intensificar a dor em Antônio o máximo possível, ativando específicas áreas de seu cérebro para que a registrasse com toda a força. Ele arfava de dor.

Enquanto isso, Maria parecia não entender o ocorrido. Temerosa, olhava aquele homenzarrão gemendo de dor, a contorcer-se. Deixei Antônio entregue a si mesmo e cuidei de amparar a jovem. Gritei-lhe com força nos ouvidos que aproveitasse a ocasião e fugisse. Ela se assustou, pois era de natureza impressionável e temia a escuridão da floresta. Contudo, entre a perspectiva de ser violentada e o medo do escuro e do desconhecido, aquela pareceu mais terrível e finalmente se levantou. Antônio percebeu o que ocorria e tentou se levantar para impedir a debandada de Maria. Mas esta foi mais rápida e se embrenhou correndo para dentro da mata.

Apesar da situação da jovem, sozinha, assustada e possivelmente perdida em uma mata, senti-me em certa medida feliz pelo êxito de minha intervenção. Ao auxiliá-la, temia tanto por sua sanidade mental quanto por sua vida. Antônio era mesmo um bruto e, no que pretendia uma diversão, seguramente não teria medidas. Deixei-o ali, a se debater com a que deveria ser a maior cãibra de sua vida, e retornei para junto dos outros partícipes daquela noite de dor e loucura.

Na clareira, as irmãs choravam abraçadas, lamentando o destino de Maria e rogando ao insensível Fábio uma misericórdia que ele não tinha condições de conceder. Sim, pois precisaria sofrer muito ainda para amolecer seu coração insensível. A duquesa, extremamente egoísta, sequer pensava em Maria e também não se importava com o que ocorresse com aquelas jovens que acolhera em sua casa.

Eram filhas de uma prima sua, que contraíra casamento com um homem de família arruinada. O pai das meninas morrera, e a mãe, ao sentir que perdia as forças, enviara uma correspondência para a parenta rica e influente, rogando que auxiliasse na colocação de suas filhas. Em uma missiva longa e tocante, expôs a situação triste em que se encontrava: viúva, pobre e às portas da morte, tendo sob sua responsabilidade as filhas sem dote. Rogou que as protegesse, se possível conseguisse bons casamentos para elas. Se as pudesse dotar, mesmo que de forma modesta, contaria com sua gratidão para sempre.

Na época, a duquesa leu a carta tomada de tédio e a jogou fora. Alguns meses depois, surpresa, viu chegar a seu palacete uma triste carruagem com aquelas três jovens que lhe causaram irritação e antipatia desde o início. Recebeu-as com arrogância e desdém, deixando claro que não eram esperadas nem bem-vindas. Se quisessem, poderiam partir imediatamente. Se ficassem, deveriam trabalhar muito, pois não iria sustentar vagabundas, fossem ou não parentas.

Dolorosamente surpreendidas, as jovens logo foram convertidas em serviçais, encarregadas das tarefas mais árduas. Era com prazer que a duquesa as humilhava. Após um tempo, meio por acaso, notara o talento de Júlia, que ajeitava o cabelo das mais jovens com arte e beleza. Vaidosa ao extremo, a duquesa convocou a moça ao seu serviço. Isso, se livrava a jovem do trabalho mais pesado do palacete, sujeitava-a a reprimendas e crueldades de Ana, que se esmerava em exigências e em punições.

Como o guarda-roupa da nobre era vasto, e as meninas eram mesmo jeitosas, pois tinham sido bem educadas por sua finada mãe, as três acabaram como aias pessoais da duquesa, para pesadelo de todas. A nobre traíra vilmente a esperança que sua prima e mãe das jovens havia lhe depositado, ao tratá-las com crueldade, aproveitando todas as oportunidades para humilhá-las.

Agora, as três estavam sentadas no chão da floresta e a duquesa maquinava uma forma de escapar, quando Antônio se aproximou mancando terrivelmente. Ele cuidou logo de esclarecer:

- Tive uma cãibra horrível, a ponto de não poder sequer andar um tempo. Maria se aproveitou disso e fugiu.

- Fugiu para onde? Quis saber Guilhermina, extremamente nervosa.

- Sumiu pela floresta. Chamei-a, tentei procurá-la, mas em vão.

Fábio não se conteve e gargalhou com a situação.

- A franguinha lhe escapou!

- Foi ajudada pelo próprio capeta, parece. Nunca senti tanta dor na vida.

As irmãs mostravam grande angústia em seus semblantes. Não tiveram coragem de perguntar, mas intuíram que Maria escapara de Antônio. Apavoravam-se com a ideia de que a menina frágil se encontrava perdida na floresta, descalça e vestindo uma camisola.

- E agora, Fábio? Como daremos fim em nossa empreitada?

- Tenho interesse apenas em Ana. Pouco me importa o destino das outras.

- Eu também não me interesso por elas. Ajudo-o a finalizar a empreitada, pelo preço que combinamos. Depois, é cada um para o seu lado.

Novamente, coube a Júlia tentar alguma misericórdia. Espertamente, entendeu que talvez fosse o último momento em que algo pudesse tentar de efetivo.

- Senhor Fábio.

Foi mostrando irritação na voz que o irmão de Ana Maria respondeu.

- Nada nos liga ao destino da duquesa, salvo os maus-tratos que sempre recebemos. Nunca fomos cúmplices em nenhuma maldade, muito menos contra sua família.

- E daí?

- Deixe-nos ir, liberte-me a mim e a Guilhermina. Prometemos nunca falar nada do que houve aqui nesta noite. Não tornaremos a Paris nem buscaremos o apoio do duque, que não se interessa mesmo por nós.

- Para onde irão?

- Se nos permitir, tentaremos encontrar Maria na floresta. Ela possui a saúde frágil, os pulmões delicados e está pouco vestida e descalça. Permita-nos apanhar nossas roupas e nos embrenhar pela mata. Nunca mais ouvirá falar de nós.

Antônio interveio.

- Não sei, não, Fábio. Não será melhor matá-las logo? Não vejo lucro em manter testemunhas do sumiço da duquesa. Ela é rica, possui parentes importantes.

- Entendo, mas não costumo matar mulheres, ainda mais à toa.

- À toa?

- Sim, pois o que poderão fazer contra nós?

- Poderão nos delatar.

- Não é o meu maior temor. A história toda é fantástica demais. O que poderiam contar ao duque? Que sua esposa foi morta pelo irmão do homem que mandou assassinar porque não quis ser amante dela?

- Senhor... Nada falaremos. Juramos pelo Crucificado.

Essa jura pegou Fábio despreparado. Por vezes, Ana Maria se referia ao Senhor Jesus como o Crucificado. Aproveitei a oportunidade e reavivei nele a imagem da irmã. O que ela pensaria se soubesse que friamente matara mulheres desprotegidas no meio de uma floresta? Mulheres que nada de mal haviam feito, que só tiveram a desdita de ser massacradas pela duquesa? Tive sucesso. E Fábio decidiu. Teve um gesto de desdém e falou com irritação.

- Vão embora. Mas vão logo.

- Podemos apanhar nossas roupas?

- Façam isso. Peguem o que quiserem, mas que eu nunca mais as veja nem ouça falar de vocês.

Júlia e Guilhermina se levantaram e correram para a carruagem. O coração das moças estava disparado. Era imensa a apreensão e o medo que sentiam, mas o melhor que conseguiam imaginar no momento era se distanciar daquele trio de loucos. Apanharam rapidamente seus pertences, calçaram os sapatos e, de camisola mesmo, entraram rapidamente na floresta. Contudo, como se fosse algo combinado, um instante antes de se embrenharem, lançaram um longo olhar para aquele trio. A duquesa lhes devolveu um olhar de puro ódio, como se fosse uma maldição. As moças sentiram um arrepio, voltaram suas costas para o triste espetáculo da duquesa vigiada por Fábio e Antônio e sumiram de vista.

Eu as acompanhei um tempo, preocupado com a sua segurança. Andaram um tanto, a passos rápidos, e apuraram os ouvidos para se certificar de que não eram seguidas. Como só ouviram os sons da mata, experimentaram certo alívio e decidiram compor suas vestimentas. Combinaram de andar mais um tempo, antes de começar a gritar por Maria.

Entendendo que eram prudentes e não estavam sob perigo imediato, decidi voltar minha atenção para o que ocorria na clareira. Nela, Antônio estava sentado em um tronco, enquanto Fábio andava de um lado para o outro, provocando a duquesa.

- Sua megera! Realmente acredita que algum homem pode ter interesse por você? Não costuma se olhar no espelho? Magra, enrugada, encanecida, ainda por cima com temperamento odioso e hábitos viciosos, como consegue se achar sedutora?

A duquesa entendia que era melhor calar, pois sabia quão frágil era sua posição.

- Vamos falar de meu irmão. Sempre foi bonito, desde a primeira infância. Como pôde sequer conceber a ideia de que se apaixonaria por uma doida como você? Vamos, responda!

Ele desferiu outro violento chute em Ana, que novamente rolou pelo chão e começou a chorar.

- Por que faz isso comigo? Sempre o tratei bem. Demo-nos bem desde o primeiro instante. Confesse que algo diferente sempre houve entre nós.

Fábio registrou aquilo e reconheceu em silêncio que era verdade, mas não se deu por achado.

- Era apenas meu plano de vingança. Desde o primeiro instante, fiz de conta que simpatizava com você. Quanto a meu irmão...

- Já que quer saber, eu amei seu irmão!

Fábio caiu na gargalhada.

- Amou, não! Desejou e o matou porque não a quis.

- As coisas não são tão simples. Foi uma história complicada. No princípio, ele demonstrou muito interesse por mim.

- Da mesma espécie de interesse que viu em mim, imagino. Ou em João e em tantos outros homens que teve à custa de pagamento, ou por medo. É uma meretriz, viciada, malvada, que merece morrer. E vai morrer aqui mesmo!

O ambiente espiritual era nefando, com incontáveis entidades inimigas dos três envolvidos e desejosas de que o pior se desse. Com Fábio e Antônio vibrando em faixas deletérias de sentimentos, e com Ana sem qualquer mérito espiritual, minhas possibilidades de atuação estavam muito reduzidas, assim como as dos amigos espirituais daqueles insanos.

Seguiu-se um espetáculo de covardia e crueldade inominável. Ana foi vilmente agredida, enquanto Fábio assumia uma carantonha de dar medo. Parecia que incorporava o que de pior já houvera em sua personalidade no curso dos séculos, enquanto se empenhava naquela vingança sem sentido que apenas o desonrava e vinculava ainda mais àquela mulher.

A certa altura, Ana estava sôfrega, deitada no chão, ensanguentada e sem forças. Foi quando algo brilhou nas mãos de Fábio, que ateou fogo na camisola de sua vítima. Extremamente fraca, ela deu um guincho de desespero quando percebeu o que ocorria e lutou para levantar-se e fugir. Mas estava muito ferida e conseguiu apenas se arrastar enquanto suas vestes eram tomadas pelas chamas que Fábio tratava de alimentar.

Ah, quanta tristeza naquilo tudo! Naqueles momentos de dor física e moral extrema, Ana, que já portava significativos desequilíbrios, perdeu por completo o domínio de suas faculdades mentais. Após um período que pareceu infinito, desmaiou para não mais acordar naquela existência.

Não houve possibilidade de lhe prestar qualquer socorro mais efetivo, pois, tão logo deu o último suspiro, foi cercada por entidades degeneradas, que passaram a lhe sugar os derradeiros fluidos vitais. Seguiu-se um pesadelo sem nome para ela, ao qual, entretanto, havia se candidatado com sua vida de leviandades e crueldades. Sua mentora, apiedada, informou-me que a tutelaria como possível, mas que no momento nada de efetivo havia a ser feito.

A antiga duquesa da França, rica e poderosa, possuía um histórico espiritual muito lamentável. Em especial naquela vida, falhara terrivelmente em todas as provas que lhe foram propostas. Desencarnava extremamente endividada. A seu favor, militava apenas o haver recolhido as parentas pobres, embora o tivesse feito de malgrado e as tivesse tratado com crueldade. Como não as deixara ao léu e lhes concedera o abrigo de sua casa, aquilo seria levado em conta. Finalmente, os maus-tratos recebidos de Fábio e Antônio lhe concediam uma espécie de desconto em seus débitos clamorosos. Contudo, a conta ainda lhe era muito desfavorável.

Ao menos por alguns anos, ficaria vinculada àquela malta sanguinária. Eram muitos os seus inimigos. Além dos mais primitivos que vampirizavam suas energias, havia os que bradavam em uma alegria insana, ao vê-la finalmente vencida. O período de dor que se seguiria talvez a fizesse repensar seus valores e entender a importância da dignidade e da compaixão. Orei fervorosa e sentidamente em favor de Ana, que se debatia em uma espécie de pesadelo, ainda inconsciente, mas seguramente já louca.

Voltei minha atenção para Fábio, que lentamente se acalmava e experimentava certo horror de si mesmo pelo que acabara de fazer. Tentava se justificar evocando a imagem do irmão, a quem vira pela última vez em menino. Também pensava nas lágrimas brilhando nos olhos de Ana Maria, quando ela recordava o sucedido. Mas isso não lhe adiantava muito, pois um raciocínio infalível se projetava em sua mente: sua irmã choraria muito mais se algum dia soubesse o que fizera naquela noite. Além da duquesa, matara vários homens inocentes e lançara três pobres mulheres a um destino incerto, dentro de uma mata desconhecida.

A mente de Fábio também flertava com a loucura, naquele momento em que se conscientizava de toda a maldade de que era capaz. Eu lia em seu psiquismo e identificava imagens de incêndios, pilhagens, estupros e mortes. Seus anos de guerreiro não haviam se limitado ao cumprimento dos deveres de um soldado. Seguidas vezes, encontrara prazer nas pilhagens e nos abusos de toda ordem.

Após contemplar durante um longo tempo o corpo inerte da duquesa, decidiu se afastar. Foi ter com Antônio, que se encontrava junto das carruagens. Forçaram um sorriso sem alegria, pois o espetáculo da mulher queimando viva fora forte. Havia certo choque, certo desconforto entre eles. Entendi que nunca mais se buscariam ou se sentiriam confortáveis na presença um do outro.

Fábio passou a Antônio uma bolsa de dinheiro, que constituía a paga pelo auxílio que lhe prestara. Ah, que dinheiro triste aquele, sujo de sangue! Aquela noite os vincularia por muito tempo, quisessem ou não. Até que se limpassem dela, os séculos rolariam e as dores os visitariam sem trégua.

Desatrelaram os cavalos das carruagens, cada um apanhou um e deixaram os demais livres. Achei interessante o raciocínio deles, que não desejavam condenar os animais à penúria, atrelados às carruagens. Era algo bom e justo, claro. Mas haviam se preocupado menos com os seres humanos que tinham envolvido na tragédia. Bem poderiam ter poupado ao menos os pobres criados, a quem mataram sem pensar muito.

Despediram-se secamente, sem formular qualquer voto de reencontro e cada um tomou uma direção diferente. Eu jamais havia visto algo tão lamentável quanto o espetáculo proporcionado pela ferocidade daqueles dois. Restava agora deixar que seguissem seus caminhos, pois Deus seguramente encontraria os meios necessários a lhes ensinar a trilhar a estrada de retorno a Ele.

Orei por eles e os abençoei, enquanto manifestava solidariedade e compaixão a seus mentores espirituais, que lamentavam vivamente todo o ocorrido. Notei que falavam vivamente a seus tutelados, na tentativa de fixar em suas mentes certos detalhes que haveriam de, no tempo certo, despertar a necessária culpa.

Quando desapareceram de vista, o dia já havia amanhecido. Voltei minha atenção para o destino das três irmãs perdidas na mata. Saí no encalço delas, lançando minha percepção o mais longe que podia e rogando o auxílio celeste para aquela nova empreitada.

Capítulo

36

Júlia e Guilhermina

Após um tempo, identifiquei-as perto de um regato. Miraculosamente, Júlia e Guilhermina, quando o dia já amanhecia, haviam encontrado Maria. Esta correra o máximo que pudera, mas estava muito abalada pelo seu quase estupro, fragilizada ao extremo, ainda por cima pouco vestida e descalça. Desabituada a andar no mato, ferira-se de todos os modos possíveis, especialmente nos pés. Embora a temporada não fosse de frio, a noite havia sido de temperaturas bem amenas. Possuía os pulmões frágeis e começara a arder em febre.

Após um tempo em que perambulara a esmo, tremendo de medo, desmaiara perto de um regato. Suas irmãs a haviam procurado por horas, quando finalmente a encontraram. Foi com desespero que a descobriram, desmaiada e ardendo em febre. As moças não sabiam o que fazer. Cuidaram de vestir convenientemente a pequena, calçar seus pés feridos e aquecê-la, como puderam. Tentavam orar, mas seus psiquismos a isso não se amoldavam com facilidade: havia muito ódio e ressentimento em seus corações.

Choravam tanto de desespero, quanto de raiva e animosidade. Seus pensamentos eram incandescentes de maus votos para Ana, Fábio e Antônio, a quem culpavam pelo que lhes havia sucedido. Em especial, nutriam uma mágoa profunda da duquesa, que as maltratara desde que lhes pusera os olhos em cima. Por que, perguntavam-se, por que aquela mulher parecia odiá-las tanto?

Tentei reanimar Maria, mas a tarefa não era fácil, pois o trauma fora grande e ela era mesmo uma menina frágil, física e moralmente. Após um tempo que pareceu infinito, deu sinal de vida. Ao despertar e ver pessoas perto dela, soltou um grito terrível e tentou fugir. Com muito custo, identificou as próprias irmãs, que tentaram acalmá-la. Maria chorava desesperadamente e não conseguia falar. Sua mente havia se destrambelhado, ao tempo em que seu corpo adoecera. Tossia e sentia todo o desconforto de uma febre bastante alta.

As irmãs não sabiam o que fazer, que rumo tomar, e ali permaneceram, na esperança de que a mais jovem melhorasse. De minha parte, saí para dar uma olhada nas redondezas. Muito ao longe, identifiquei pequena fazenda. Como não era ingênuo a respeito da natureza humana, fui sondar os seres que nela moravam e identifiquei um viúvo com dois filhos, um rapaz e uma moça. Nada neles sinalizava crueldade, de modo que me tranquilizei e tomei do propósito de intuir as irmãs a que se dirigissem para lá.

Foi mais fácil planejar do que colocar o programa em prática. Não tinha grande afinidade com elas, que de sensíveis nada tinham. Embora cuidadas espiritualmente, estavam muito embrutecidas pelos maus-tratos recebidos durante anos no palacete de Paris. Foi só no correr da tarde, como a fome apertasse, que se decidiram por caminhar para ver se achavam comida e abrigo.

Iam cautelosamente, com medo de que Fábio e Antônio houvessem se arrependido e se lançado no encalço delas. Quanto a Ana, Guilhermina e Júlia torciam para que houvesse morrido após muito sofrimento. Como é compreensível, esse estado de espírito em nada as beneficiava, nem me auxiliava no projeto de conduzi-las para a fazenda que havia identificado.

Para complicar a situação, Maria estava muito fraca, reclamava e debatia-se, enquanto as irmãs, também não muito fortes, amparavam-na. Estava mesmo sendo uma provação para elas. Após algumas horas de caminhada, em que seguidas vezes haviam tomado rumo distinto do que eu pretendia, foi no cair da noite que vislumbraram a pequena fazenda. Alegraram-se, mas também se atemorizaram, pois não sabiam o que as aguardava.

Quando se acercaram da casa, os cachorros do local as ladearam e começaram latir ferozmente. Maria chorava em desespero, enquanto Júlia tentava ser forte por todas. O dono da casa, um senhor de aparência simpática, mas bastante desgastada, seguramente pelo trabalho duro do campo, apareceu com uma arma na mão. Ao ver as moças em triste estado, compreendeu que as cautelas não eram necessárias. Seu falar foi tranquilizador.

- Por Deus, minhas jovens, o que as traz a minha casa neste estado tão triste?

- Ah, meu bom senhor, estamos perdidas na mata desde ontem à noite.

Sendo um homem prático e de bom coração, o camponês cuidou de fazê-las entrar na cozinha, onde seus filhos estavam. Imediatamente gostei dele, que se preocupou em socorrer, antes de se perder em perguntas. Seus jovens filhos se encontravam no recinto, a moça em torno do fogão, onde parecia cozer uma sopa, que lançava no ambiente um aroma atrativo. Assustaram-se com a entrada das desconhecidas, mas logo se tomaram de compaixão, ao verificar seu estado. Em especial, Maria parecia estar mesmo muito mal.

A bondade daqueles campônios foi um refrigério para as sofridas moças. Em pouco tempo, estavam alimentadas e lhes foram fornecidos os meios para algum asseio. Maria foi instalada em uma pequena cama e logo dormiu um sono extremamente perturbado, entremeado de alguns gritos. Após retornarem ao estado humano, alimentadas, aquecidas e limpas, Júlia e Guilhermina entenderam que precisavam explicar o que lhes havia ocorrido. Já haviam combinado uma história e a contaram aos três atentos ouvintes.

- Seremos gratas para sempre por sua acolhida e amparo. A carruagem em que viajávamos foi assaltada ontem à noite e escapamos por pouco. Houve mortos e Maria foi perseguida mata adentro por um homem com más intenções. Felizmente, ele acabou se ferindo na corrida. De nossa parte, aproveitamos a confusão e fugimos com os poucos pertences que conseguimos apanhar. Encontramos Maria apenas hoje cedo, desmaiada e ardendo de febre. Andamos a esmo pela mata, quando felizmente vimos a sua casa.

- Meu Senhor! Que perigo vocês correram!

- Sim, foi o maior susto de nossas vidas.

Maria começou a tossir e a chorar no quarto, o que interrompeu a conversa. A moça ficou nesse estado por dias, sem apresentar melhora alguma. Aliás, desde o momento em que acordou na mata, não mais falou e demonstrava estar com as ideias perturbadas. Ali, naquela região erma, só fez piorar e desencarnou, após um tempo, vítima de pneumonia. Era mais um agravante na conta de Fábio e de Antônio.

A pobre moça havia mesmo perdido o controle da mente e foi nessa condição, a de alienada, que regressou ao mundo espiritual, sendo socorrida e encaminhada a uma instituição adequada ao tratamento de que necessitava. Seu enterro foi um episódio muito triste, ali mesmo na pequena fazenda, com Júlia e Guilhermina completamente desoladas e se sentindo abandonadas por Deus. Especialmente a mais velha passava a nutrir um sentimento de ódio em relação não apenas a quem lhe havia feito mal diretamente, mas também quanto ao Criador de todas as coisas. Ressentia-se dos pais que haviam morrido cedo, deixando-as sem herança nem abrigo. Odiava a duquesa, seu esposo e os filhos deles, assim como a Fábio e a Antônio. Enfim, seu psiquismo também adoecia em meio a tanto ressentimento.

A situação de Guilhermina era menos dramática, mas também sofria e sentia muito medo pelo futuro. Não tinham patrimônio algum, salvo os poucos pertences de suas sacolas, e ninguém a quem pudessem recorrer. A situação acabou se ajeitando naturalmente, em especial pela bondade do fazendeiro e de seus dois filhos. As moças foram simplesmente ficando e logo os donos do local compreenderam que elas não tinham mesmo para onde ir. Após um tempo, parecia que as moças haviam se recuperado um pouco do ocorrido e, como não eram preguiçosas, desde a chegada ajudaram nos trabalhos da propriedade.

Um evento feliz acabou tornando tudo mais simples e fácil: o jovem Frederico, filho do fazendeiro, começou a se interessar romanticamente por Guilhermina. Sendo ambos desastrados e de todo inexperientes, a aproximação foi difícil e cheia de lances cômicos, ridículos mesmo. O pai de Frederico, o fazendeiro Jonas, percebendo o que ocorria, chamou-o às falas. Correto, afirmou que não permitiria qualquer conduta indigna em sua propriedade. Mas não havia necessidade de cautela, pois o jovem campônio, simples que só ele, não tinha mesmo têmpera para se fazer de sedutor. Estava em idade de casar, queria fazê-lo e simpatizara com Guilhermina, que ali estava.

Devidamente inteirado das intenções de seu filho, Jonas falou primeiramente com Júlia. Esta já havia notado o clima estranho entre os dois jovens e nada tinha a opor. Em seu íntimo, ressentia-se pelo que considerava um casamento desigual que se anunciava para a irmã. Embora pobres, eram oriundas de importantes famílias da nobreza da França. Entretanto, de que isso lhes servira até agora? Pelas agitações que havia em Paris quando dela saíram, de que adiantaria invocar seu *status* nobre, sem qualquer vintém para sustentá-lo? Desiludida, não quis ofender a quem a abrigara com suas irmãs de forma tão generosa.

Júlia sondou o espírito de Guilhermina. Esta, se não estava exatamente apaixonada, era prática e vislumbrava no casamento uma possibilidade de conduzir sua vida a um estado de relativa normalidade. A propriedade da família que as acolhera, se não era rica, tinha o mínimo de que era preciso para viverem com decência. Disse ter interesse em desposar Frederico.

Algum tempo depois, o casamento se fez, a situação das irmãs se consolidou e permaneceram com ânimo definitivo na propriedade. Não foram felizes, pois haviam ficado traumatizadas pelo ocorrido e deixaram-se invadir pelo ódio e pelo ressentimento. Guilhermina também odiava Ana, mas não tanto quanto Júlia, que não passava um dia sem remoer os maus-tratos que dela havia recebido. Em especial, ambas a culpavam pela morte de Maria.

Aquele era um vínculo para a sabedoria divina resolver, em alguma futura encarnação. Naquela, não havia mesmo solução possível. De minha parte, dei-me por feliz quando as senti um pouco mais conformadas com o novo viver campesino. Após tantas peripécias e humilhações junto à duquesa, uma vida sem brilho, mas também sem crises, era tudo o de que precisavam. Era apenas lamentável que não conseguissem perdoar nem entregar a Deus o que não tinha conserto.

Quanto a Fábio, perdeu-se por completo nas intrigas da revolução que assolou a França por longos anos. Periodicamente, eu o visitava e sempre o encontrava em companhias tristes. Enviou algumas cartas à irmã em Lyon, sem precisar o que fazia. Não retornou à cidade natal, pois temia que Ana Maria, sempre tão intuitiva, lhe fizesse perguntas às quais talvez acabasse respondendo com a verdade. A irmã não merecia sofrer com a ciência do que ele fizera.

Havia algo de autodestrutivo em Fábio, em especial após a trágica noite em que agredira, à exaustão, uma mulher indefesa e depois incendiara suas vestes, cuidando para que ardesse até a morte. Aquela lembrança enchia suas noites de pesadelos e o amargurava muito. Como consequência de seu desassossego íntimo, tomou-se de uma belicosidade ainda maior do que a habitual. Seu falar ganhou uma rispidez surpreendente e costumava ferir todos os que o rodeavam, ao menor pretexto e das mais variadas formas.

Com esse estado de espírito, fez muitos inimigos, cuja animosidade cultivava com volúpia. Gostava de humilhar, de perseguir e de fazer sofrer. Em reuniões de revolucionários, costumava expor ao ridículo muitos de seus companheiros, com o relato de seus equívocos.

Naqueles tempos tumultuosos, em que era fácil morrer, entendi que Fábio não viveria muito. Com efeito, algum tempo depois, no auge do furor revolucionário, ele encontrou a morte em uma noite em que voltava para seus aposentos, após uma reunião que se seguira de visita a um local pouco recomendável. Um tiro certeiro de pistola o atingiu pelas costas, dado por um daqueles a quem humilhara.

Foi assim que Fábio, nascido em uma família que deveria influenciá-lo para o bem, resistira a todos os exemplos bons que lhe foram dados, em especial por sua irmã e mentora, Ana Maria.

Quando caiu no solo, já estava na condição de assediado por muitos de seus inimigos, inclusive de vítimas que fizera nas andanças daquela vida. A sua existência fora um desastre, pois retornava ainda mais comprometido do que nela entrara. De bom, restava esperar que a figura da irmã querida, os conselhos e exemplos que dela recebera frutificassem no momento correto. Isso haveria de demorar bastante, pois Fábio ainda era uma alma muito endurecida.

Foi preciso deixá-lo com as companhias que elegera para si, em cujo convívio haveria de tomar sábias resoluções e entender a importância da compaixão. Já que resistira a evoluir ao contato de almas bondosas, restava que meditasse e aprendesse junto a pervertidos tão cruéis quanto escolhera ser.

Capítulo

37

Últimos anos

Como a história conta, não demorou muito para a revolução atingir de forma extremamente dura a cidade de Lyon, em razão da oposição feita por muitos de seus cidadãos influentes à sanha destruidora oriunda de Paris.

Luís, após um tempo do início da anarquia, foi se tomando de desgosto com a situação, que lhe prejudicava os negócios. Sempre fora apaixonado por dinheiro e se ressentia dos prejuízos que era obrigado a contabilizar, pelas imensas dificuldades da época em promover o comércio. Não há nada tão desastroso para o andamento de empreendimentos burgueses como uma guerra civil.

Ana Maria tentava acalmá-lo, mas sem sucesso, pois Luís vivia tomado de fúria e costumava alardear sua opinião pouco generosa em relação aos comandantes da revolução, então muito sanguinária.

Logo ele se irmanou com outros importantes burgueses locais, em um partido que se pretendia mais moderado. Vários parentes também se emocionaram com o que entendiam ser uma forma de preservar o patrimônio familiar.

Verdade seja dita que, na época, se os negócios não chegavam a ir bem, nem por isso a família corria o risco de ficar pobre. Mas Luís se inquietava com aquele estado de coisas, que não apenas impedia seu costumeiro avanço, como o fazia amargar alguns prejuízos.

Não tardou a haver um movimento de represália vindo de Paris, a princípio conduzido por um homem moderado. Contudo, os revoltosos da capital, irritados com o que consideravam um desrespeito com a causa, trataram de providenciar uma repressão extremamente cruel.

A esta altura, Luís estava demasiado envolto, juntamente com vários de seus primos, nas questões políticas. Cometera repetidas vezes a temeridade de expor a própria opinião em termos fortes, o que o fez ser visado pelas forças repressoras, juntamente com a família.

Seguiu-se um período triste, com a cidade sendo alvo de bombardeios e finalmente se rendendo. O irmão de Ana Maria e vários outros parentes foram presos e executados, de forma bastante cruel, a título de exemplo. As residências em que Ana Maria e Luís moravam foram bombardeadas e saqueadas e seguiu-se uma cruel perseguição.

Foi assim que, certa noite, Ana Maria, Joana, Arquimedes, Maria, seus filhos e alguns criados de confiança se encontravam na casa do médico. O clima era de desolação, pois havia poucos dias que tinham ocorrido as execuções. Maria e seus filhos estavam em estado de choque. Decidiram permanecer na casa de Arquimedes um tempo, de forma discreta. Em sua condição de médico, era considerado útil pelos revolucionários invasores, para socorrer seus próprios feridos.

Organizaram-se de modo que Maria, as crianças e os criados idosos que os acompanhavam ficariam dentro de casa. Enquanto isso, Joana e Ana Maria auxiliariam Arquimedes em sua tarefa de médico, como enfermeiras. Arquimedes não gostou muito da ideia de vê-las expostas, em andanças pelas ruas, naqueles tempos terríveis, mas não conseguiu opor-se à tempera das duas. Era da natureza delas auxiliar e não conseguiam conceber a ideia de permanecer em segurança, escondidas dentro de casa, se podiam ajudar de algum modo homens feridos.

Tais homens eram primordialmente os invasores, claro, mas isso não fazia diferença para elas, o que acabou influenciando também Arquimedes. Assim, o trio passava o dia atendendo e pensando feridos os mais diversos. À noite, quando se recolhiam na casa do médico, era a vez de atenderem os lioneses feridos, que buscavam seu socorro de modo mais discreto, inclusive porque muitos deles eram conhecidos e marcados por suas opiniões políticas.

Aquele estado de coisas durou um tempo considerável, até que as tropas invasoras, após a cidade ter sido praticamente destruída e seguramente muito humilhada, se retiraram.

A esta altura, a saúde de Arquimedes periclitava de modo irremediável. Sofrera e se desgastara muito durante o período da invasão, quando fora obrigado a atender feridos por um número de horas absurdo a cada dia. O médico era doente dos pulmões havia tempos e aquele período crítico, no qual pouco repousara e muito sofrera, minou por completo suas forças. Quando da retirada das tropas, já se encontrava acamado.

Após algumas semanas de muito sofrimento, desencarnou. Resistiu até o último momento, pelo receio do que ocorreria com Joana e Ana Maria, sem a sua presença. Mas finalmente a moléstia venceu. Pela vida sofrida, digna e compassiva que levara, Arquimedes foi socorrido e encaminhado a um local de paz e refazimento.

Ficaram na casa Maria, Joana, Ana Maria, as crianças e alguns criados. Algumas semanas depois, Maria decidiu voltar a morar com sua mãe, que estava sozinha em razão de incontáveis óbitos ocorridos na própria família.

Com a morte de Arquimedes, Joana herdara a fazenda de seus avós, os quais não haviam resistido àqueles períodos tumultuosos. Depois de alguma hesitação, ela e Ana Maria decidiram se mudar para a propriedade rural, levando os criados idosos que haviam permanecido ao seu lado.

A fazenda era bem estruturada, de boas proporções e fornecia recursos suficientes para que minhas amigas logo retomassem suas práticas de caridade. Na verdade, havia bem menos dinheiro do que no auge dos negócios familiares, mas isso não as incomodava.

Não demorou muito para a generosidade de tia e sobrinha ser descoberta por inúmeras famílias que haviam perdido seus chefes e se debatiam na miséria. Muitas mulheres viúvas com seus filhos acabaram se instalando no local, encontrando ali abrigo, trabalho e cuidados. Antigos combatentes inválidos e abandonados também foram se achegando.

Era uma mistura curiosa de gente, que poderia ser perigosa, mas Ana Maria nunca fora tola e tratara de organizar as coisas com bastante cautela. Fizera com que se instalasse uma vila de viúvas e seus filhos de um lado, ao passo que os homens, muitos deles mutilados ou enfermos, ficavam em uma espécie de vivenda coletiva bastante distante. Havia também outras famílias que, embora contassem com a figura do pai, se debatiam na pobreza e encontraram na fazenda uma pousada satisfatória.

Ana Maria velava pela decência, cuidando de deixar as regras de convivência bem claras. Se alguém começava a incomodar a paz reinante, chamava-o para uma conversa clara e advertia a que se emendasse. Seus cabelos brancos e sua firmeza impunham um respeito notável, mais do que se suporia possível, em se considerando que tratava com seres rústicos, muitos deles bastante brutalizados. É que havia naquilo um ingrediente oculto: a superioridade moral da filha de meu coração, que a cada dia mais se percebia.

Claro que houve alguns incidentes. Mais de um homem fora convidado a se retirar do local, ao passo que Ana Maria também tivera de orientar com firmeza algumas viúvas. Não havia óbice a relacionamentos sadios, que se orientassem no sentido do refazimento das vidas daqueles seres abandonados pela sorte. Mas ali não se admitiam aventuras levianas ou comportamentos desvirtuados de qualquer ordem.

Havia outro ingrediente importante naquele pouso de paz. Ana Maria e Joana juntas, em meio à natureza, não tardaram a reviver de modo instintivo suas práticas de cura do passado. Começaram a pensar os feridos e os doentes e logo seus cuidados se revelaram extremamente eficazes. Parecia haver algo especial no toque de suas mãos.

Acompanhada pela jovem Joana, Ana Maria assumia o papel de mãe espiritual de todos aqueles desvalidos. Orientava-os moralmente, cuidava de seus ferimentos, incentivava-os no trabalho. Amava ternamente as crianças e fazia com que recebessem instrução. Também cuidava para que as vítimas da vida e da guerra se recuperassem psiquicamente de suas amarguras e derrotas.

Toda noite, a casa grande se abria para receber quem tivesse interesse em conversações saudáveis e na leitura do Evangelho. Aquela prática começou de forma um tanto improvisada, com poucos interessados. Aquelas pessoas haviam sofrido bastante na vida e muitas nutriam alguma desconfiança quando se falava na bondade divina. Vários colonos se fizeram inicialmente presentes como forma de demonstrar respeito e gratidão.

Gradualmente a prática foi crescendo, pois Ana Maria era uma intérprete inspirada dos Evangelhos e conseguia dar um colorido muito especial a certas passagens mais herméticas ou cheias de simbolismo. Também debatia com propriedade os problemas comuns da vida, fornecendo roteiros de equilíbrio e paz.

Foi naquele contexto de muito trabalho e dedicação ao próximo que minha amiga envelheceu. A certa altura, já andava com dificuldade pela fazenda, sempre acompanhada de algumas crianças.

Joana se casara e tivera dois filhos. Seu marido, antigo conhecido da história deste livro, chamava-se Júlio, o menino a quem Arquimedes salvara, enquanto também se salvava, quando padecia graves torturas íntimas por conta do abandono da esposa.

Homem de hábitos sadios e bom coração, ele se amoldara bem àquela situação que talvez incomodasse alguém mais mundano. Sim, pois a fazenda, embora produtiva, não enriquecia os proprietários. Estes não passavam necessidades, mas as sobras sempre eram destinadas ao cuidado dos desvalidos.

Com o tempo, chegou a notícia do falecimento de Doralice. Foi um dia triste para Ana Maria. Após a leitura do Evangelho, todos se recolheram, ela colocou uma cadeira na varanda e ficou olhando o céu.

Eu acompanhava seus pensamentos, tomado de compaixão. Ela recordava todos os familiares que haviam morrido. Pensava na infância, na morte precoce da mãe, na longa enfermidade do pai e nos irmãos. Recordava Fábio, sempre tão tresloucado, com o hábito de praticar pequenas crueldades desde pequeno, seja com os criados ou com pequenos animais. Pensava em Doralice e seus problemas no convento; em Genoveva, que vivera tantas dores desnecessárias; em Luís, que tombara em parte vítima da própria ganância e do hábito de proferir palavras duras; também pensava em Pedro, que morrera de forma tão triste e dolorosa. Isso sem falar em Arquimedes.

Refletia sobre o que realmente ocorria após a morte, como estariam aqueles seres que lhe eram tão caros. Por alguma razão que desconhecia, Deus quisera que sobrevivesse a todos. Agora, com Doralice também falecida e os filhos de Luís distantes, só lhe restavam Joana e sua pequena família. Nunca soubera o que ocorrera com Fábio, mas guardava a certeza de que tombara nas loucuras da revolução. Fora um período tão triste aquele, em que perdera tantos familiares, de modo tão cruel.

Ela refletia e se sentia sozinha, com o pensamento voltando a outros tempos, quando fizera parte de uma grande família. Aquele estado de espírito não durou muito. Embora a melancolia continuasse aguda, logo se consolou ao pensamento de que, vivendo bastante, tivera a oportunidade de cuidar de muitos necessitados. Quase todos os seus familiares haviam morrido, mas eram tantas as crianças a quem amava, foram tantas as que vira crescer e se tornar homens e mulheres de bem! Pudera socorrer incontáveis estropiados, soldados mutilados, cujo desespero impedira ou minorara.

Sim, era uma mulher feliz. Muito passara em sua vida, mas guardava a consciência em paz e tinha a ventura de possuir recursos para amparar o semelhante. Em seu devido tempo, Deus bondoso haveria de reuni-la com os amores que Ele havia decidido levar antes dela. Lágrimas rolavam pelas faces enrugadas de Ana Maria a esses pensamentos.

Ainda demorou alguns anos, mas em uma fria noite de inverno minha amiga morreu dormindo, com a paz que cultivara em toda a sua vida. Em uma obscura e desconhecida fazenda, chegava ao fim a vida daquela mulher tão singular, extremamente bela na juventude e na maturidade, e que se dedicara incansavelmente ao bem do próximo.

A fazenda era obscura, a noite era fria e chuvosa, aos olhos humanos. Entretanto, espiritualmente foi um momento de glória. Havia uma autêntica corte celeste presente no local. Entidades de grande evolução iluminavam o ambiente, enquanto se aguardava que o processo físico da morte findasse. Ouviam-se cânticos de grande beleza, provindos das esferas superiores, e luzes espirituais resplandeciam.

Isso sem falar em incontáveis espíritos que se faziam presentes para demonstrar sua gratidão. Os familiares de Ana Maria também ali se encontravam em grande número: Doralice, Genoveva, Arquimedes, Luís, Filipe e Constância, além de vários de seus tios e primos. Fábio não comparecera, em razão de sua difícil situação, enquanto Pedro já havia reencarnado.

Após um tempo, Ana Maria retomou a consciência e se viu no regaço de uma entidade intensamente luminosa e de olhar doce e calmo, de nome João Carlos. Inicialmente ficou um pouco confusa, mas logo foi se assenhoreando de sua situação. A entidade que conduzia o evento respondeu a um questionamento que adivinhou no semblante de sua pupila:

- Sim, minha filha... Terminou.

Ana Maria chorou de alegria ao se inteirar do que ocorria, de tantas presenças queridas ali reunidas para saudá-la. A entidade angelical continuou:

- Querida filha, você venceu! Fez o melhor que pôde, sua influência positiva mudou a vida de incontáveis pessoas. Mesmo alguns, que não conseguiram se sair muito bem, eles guardarão para sempre sua imagem e seus exemplos. No devido tempo, os frutos surgirão. É uma vitoriosa do amor!

Ah, que alegria infinita ao ver ali o coroamento de tantos atos de abnegação, de tanto devotamento ao semelhante. Ana Maria refulgia de alegria e luz. Indagada do que desejava fazer, se tencionava ir embora logo ou acompanhar o sepultamento de seu corpo, respondeu:

– Gostaria de orar a Deus em agradecimento por tudo o que vivi...

Fim